Stuttgarter und Wiesbadener Empfehlungen
Entstehungsgeschichte und politisch-institutionelle Innenansichten
gescheiterter Rechtschreibreformversuche von 1950 bis 1965

D1731657

Theorie und Vermittlung der Sprache

Herausgegeben von Gerhard Augst und Rudolf Beier
Universität·GH·Siegen

Band 16

PETER LANG
Frankfurt am Main · Berlin · Bern · New York · Paris · Wien

Hiltraud Strunk

Stuttgarter und Wiesbadener Empfehlungen

Entstehungsgeschichte und
politisch-institutionelle Innenansichten
gescheiterter Rechtschreibreformversuche
von 1950 bis 1965

PETER LANG

Frankfurt am Main · Berlin · Bern · New York · Paris · Wien

Die Deutsche Bibliothek - CIP-Einheitsaufnahme

Strunk, Hiltraud:

Stuttgarter und Wiesbadener Empfehlungen :
Entstehungsgeschichte und politisch-institutionelle
Innenansichten gescheiterter Rechtschreibreformversuche von
1950 bis 1965 / Hiltraud Strunk. - Frankfurt am Main ; Berlin ;
Bern ; New York ; Paris ; Wien : Lang, 1992
    (Theorie und Vermittlung der Sprache ; Bd. 16)
    Zugl.: Siegen, Univ., Diss., 1991
    ISBN 3-631-45344-2

NE: GT

D 467
ISSN 0724-9144
ISBN 3-631-45344-2

© Verlag Peter Lang GmbH, Frankfurt am Main 1992
Alle Rechte vorbehalten.

Printed in Germany 1 2 4 5 6 7

VORWORT

1901 fand in Berlin auf Einladung der Reichsregierung die II. Orthographische Konferenz "betreffend Erzielung einer einheitlichen deutschen Rechtschreibung" statt. Man einigte sich auf einen einzigen Regeltext, der sich auf das "Preußische Regelbuch" von 1880 stützte. Durch den Beschluß des Bundesrates von 1902 wurde das neue amtliche Regelwerk für die staatlichen Behörden und die Schulen des damaligen Reichsgebiets eingeführt. Österreich und die Schweiz schlossen sich dieser Regelung an.
Da bei der Berliner Konferenz das Einigungsbestreben (notwendigerweise?) im Vordergrund stand, verzichtete man auf eine inhaltliche Reform mit dem Hinweis, diese später durchzuführen. Diese Absicht löste eine Diskussion über notwendige (?) Rechtschreibreformen aus, die bis heute nicht zur Ruhe gekommen ist. Reformvorschläge wurden zunächst hauptsächlich von privaten Vereinen oder Berufsorganisationen vorgelegt, staatliche Initiativen blieben äußerst selten (und kamen über Absichtserklärungen kaum hinaus).
Nach dem Zweiten Weltkrieg entstanden auf internationaler Ebene die Stuttgarter Empfehlungen (1954), denen aber kein Erfolg beschieden war. Es folgten 1959 die Wiesbadener Empfehlungen als Vorschlag der Bundesrepublik Deutschland. Obwohl ihre Umsetzung ebenfalls scheiterte, blieben sie der Bezugspunkt aller darauf folgenden Vorschläge, auch des jüngst (1989) vorgelegten Reformvorschlages einer Kommission des Instituts für deutsche Sprache.

Ziel der hier vorliegenden Arbeit ist daher, die Entstehungsgeschichte, den Reformvorschlag und das Scheitern dieser Wiesbadener Empfehlungen genau darzulegen. Bisher gibt es dazu nur eine Untersuchung (Küppers 1984), welche die Presseberichterstattung über diesen Reformabschnitt dokumentiert. Durch systematische Recherchen konnte ich zahlreiche Akten und Dokumente (Briefe, Aktennotizen, Kommissionsvorlagen, Gesprächs- und Sitzungsprotokolle) auffinden und eine Reihe der Beteiligten ausführlich interviewen.

Damit ergab sich die Möglichkeit, von der Ebene der Pressediskussion auf eine tieferliegende Ebene, nämlich die des Handelns
der Beteiligten und deren Motive vorzudringen. Für den Zeitraum
von 1950 bis 1965 ließen sich so die konkreten Ereignisse rekonstruieren und darstellen, um auf dieser Basis eine Antwort
auf die Frage nach dem Scheitern zu versuchen.

Da es sich ausschließlich um bisher unveröffentlichte Quellen
handelt, wurde daraus ausführlich zitiert (was dem Umfang der
Arbeit erklärt); auf diese Weise wird es jedoch dem Leser möglich, meine Schlußfolgerungen nachzuvollziehen oder eventuell
gegenteilige Deutungen zu entwickeln.

Die Arbeit hat in chronologischer Reihenfolge vier Kapitel:
1. Kapitel: In der Geschichte der Reformbewegung läßt sich in
den 50er-Jahren insofern eine Zäsur ausmachen, als die Diskussion des Problems sich in eine andere soziale Gruppe verlagerte; traditionell, d. h. von 1901 bis 1950, kamen Reformvorschläge aus den Berufsgruppen der Lehrer und Drucker; mit den
Stuttgarter Empfehlungen vollzog sich die Übernahme des Themas
durch die Wissenschaftler. Diese soziologische Verlagerung berührte wegen der Teilnahme von Wissenschaftlern aus vier Staaten gleichzeitig das Problem der rein nationalstaatlichen Entscheidungen.
2. Kapitel: Durch die Aktivitäten des Politikers Dehnkamp und
damit des Bundes (Bundesministerium des Innern) und der Länder
(Ständige Konferenz der Kultusminister der Länder) wird die
staatenübergreifende Diskussion zurückgenommen und zur vorläufig innenpolitischen Maßnahme der Bundesrepublik erklärt.
3. Kapitel: Der "Arbeitskreis für Rechtscheibregelung" verhandelt in Wiesbaden im staatlichen Auftrag, aber ohne Einfluß von
politischer Seite und arbeitet die bisher vorhandenen Vorschläge zu einer Rechtschreibreform wissenschaftlich so auf, daß alle weiteren Vorschläge auf der Basis der Wiesbadener Empfehlungen diskutiert werden.
4. Kapitel: Trotz wissenschaftlicher und politischer Vorbereitung scheitert die Reform an den damaligen innen- und außenpolitischen Konstellationen. Ein tatsächlicher oder vermuteter
Einfluß der Presse auf Politiker liefert nur einen Teilaspekt
zur Erklärung der Ursachen des Scheiterns.

Jedes der vier Kapitel ist in sich abgeschlossen, so daß für
den nur an einzelnen Themen interessierten Leser eine Teillek-
türe möglich ist. Informationen über die wichtigsten im Text
erwähnten Personen enthalten die biographischen und bibliographischen Anmerkungen im Anhang. Dort befindet sich auch eine
Chronologie der Ereignisse von 1901 bis 1966.

Ich habe während der Arbeit an diesem Projekt vielfältige Un-
terstützung erfahren; allen voran von den Zeitzeugen.
Mit folgenden Personen konnte ich Gespräche führen:
Prof. Dr. Paul Böckmann, Köln
Prof. Dr. Hennig Brinkmann, Senden
Prof. Dr. Hans Glinz, Wädenswill
Ministerialdirigent a. D. Dr. Carl Gussone, Bonn
Dr. Werner P. Heyd, Oberndorf
Dr. Rudolf Köster, Bensheim
Dr. Rudolf Krämer-Badoni, Wiesbaden
Frau Kübler, Berlin
Prof. Dr. Lutz Mackensen, Bremen
Prof. Dr. Hugo Moser, Bonn
Prof. Ernst Pacolt, Wien
Oberschulrat Pühn, Bremen
Bernhard Puschmann, Augsburg
Karl-Heinz Schweingruber, Bremen
Hannelore Wilken geb. Thierfelder, Gerlingen
Prof. Dr. Christian Winkler, Marburg

Allen meinen Gesprächspartnern danke ich für die Bereitwilligkeit, sich zu erinnern, für die Geduld, mit der sie meine Fragen beantworteten, und für ihre teilweise sehr ausführlichen
Darlegungen.

Für die Überlassung der Akten und zahlreicher anderer Schriftstücke danke ich dem Institut für deutsche Sprache (Mannheim),
dem Senator für Bildung, Wissenschaft und Kunst (Bremen), Herrn
Prof. Dr. Hans Glinz (Wädenswill), Herrn Dr. W. P. Heyd (Oberndorf), Herrn Dr. Rudolf Köster (Bensheim), Herrn Bernhard
Puschmann (Augsburg) und Frau Hannelore Wilken (Gerlingen).

Die vorliegende Arbeit wurde im Wintersemester 1991/92 vom Fachbereich Sprach- und Literaturwissenschaften der Universität-GH Siegen als Dissertation angenommen. Für die Erstellung der Gutachten danke ich Herrn Prof. Dr. G. Augst, Herrn Prof. Dr. C. Knobloch (beide Siegen), Herrn Prof. Dr. R. Bergmann (Bamberg) und Herrn Prof. Dr. D. Nerius (Rostock). Sehr geholfen haben mir Herr Prof. Dr. B. Schaeder (Siegen), und Frau Dr. R. Baudusch (Berlin) durch ausführliche Gespräche und wertvolle Hinweise. Mein besonderer Dank gilt Herrn Prof. Dr. G. Augst; durch seine ständige Gesprächsbereitschaft hat er das Dissertationsprojekt auf vielfältige Weise gefördert.

Da diese Monographie einen Ausschnitt aus der Geschichte der Rechtschreibreform des 20. Jahrhunderts darstellt, der deutliche Parallelen zur gegenwärtigen Situation aufweist, stellt sich natürlich die Frage nach dem "Lernen aus der Geschichte". Die Aufarbeitung dieser historischen Ereignisse kann zum Verständnis der augenblicklichen Situation beitragen, aber nur in der bewußt reflektierten veränderten Situation läßt sie sich als Entscheidungshilfe funktional machen.

Nur in Einzelfällen können aus der Reformgeschichte konkrete Handlungsmuster abgeleitet werden. (An den entsprechenden Stellen wird auf diese Möglichkeit verwiesen.) Aber die Vermittlung historischer Kenntnisse über die gescheiterten Reformversuche könnte Denkstrukturen erzeugen, die es den heute Verantwortlichen ermöglichen, aus dem so gewonnenen geschichtlichen Wissen im veränderten zeitlichen Kontext für gegenwärtiges Handeln Konsequenzen zu ziehen.

Die Ereignisse um die Reformbemühungen zwischen 1950 und 1965 werden aus der Sicht der handelnden Personen "erzählt" und in deren Erlebniszusammenhängen gesehen; diese narrative Darstellung könnte die Leser befähigen, deren Argumente zu verstehen und in der aktuellen Situation nachzuvollziehen oder Gegenargumente zu formulieren.

Darüber hinaus kann als sprachsoziologisches Problem einsichtig werden, wie Prozesse ablaufen, die eine Veränderung der Rechtschreibnorm initiieren oder verhindern können. Dies führt zu der Erkenntnis, daß eine rein systematisch-linguistische Übereinkunft für eine Reform nicht ausreicht, sondern daß es sich auch um ein gesellschaftlich-politisches Phänomen handelt, das letztendlich von anderen Kräften entschieden wird als von Linguisten.

Siegen, im Mai 1992   Hiltraud Strunk

Und nun gedenken wir auch der Größe unserer Verpflichtung gegen die Vergangenheit als ein geistiges Kontinuum, welches mit zu unserem höchsten geistigen Besitz gehört. Alles, was im entferntesten zu dieser Kunde dienen kann, muß mit aller Anstrengung und Aufwand gesammelt werden, bis wir zur Rekonstruktion ganzer vergangener Geisteshorizonte gelangen. Das Verhältnis jedes Jahrhunderts zu diesem Erbe ist an sich schon Erkenntnis, d.h. etwas Neues, welches von der nächsten Generation wieder als etwas historisch Gewordenes, d.h. Überwundenes zum Erbe geschlagen werden wird. Auf diesen Vorteil verzichten zunächst nur Barbaren, welche ihre Kulturhülle als eine gegebene nie durchbrechen. Ihre Barbarei ist ihre Geschichtslosigkeit und vice versa.

Jacob Burckhardt

XIII

INHALT

EINLEITUNG

Politisch-soziale und wissenschaftlich-historische Prämissen
für die Entstehung der Stuttgarter und Wiesbadener Empfehlungen
und ihre methodische Aufarbeitung
oder:
Probleme eines Normenwandels

Es ist über diesen Gegenstand seit
anderthalb hundert Jahren so viel
gesprochen und geschrieben worden,
daß man es einem ehrlichen Manne
kaum zumuten kann, noch eine Zeile
mehr darüber zu lesen.

J. C. Adelung 1782

Dennoch....!

1. Das Forschungsdesiderat

Zum ersten Mal (und bisher auch letzten Mal) in der langen Ge-
schichte der Diskussion um eine Rechtschreibreform saßen sie
alle an einem Tisch:
- Sprachwissenschaftler, zuständig für die wissenschaftlichen
Prämissen
- Vertreter der Berufsverbände, zuständig für die praktische
Anwendung
- Politiker, zuständig für die staatliche/gesetzliche Sanktionierung einer zu ändernden Rechtschreibnorm.
Sie waren Mitglieder des "Arbeitskreises für Rechtschreibregelung", eines von der Kultusministerkonferenz der Bundesrepu-
blik (KMK) und dem Bundesminister des Innern (BMI) eingesetzten
und finanzierten Gremiums, dem es gelang, sich nach fast drei-
jährigen Verhandlungen (1956 bis 1958) auf einen Vorschlag, die
"Wiesbadener Empfehlungen" (WE), zu einigen.
Diese "Wiesbadener Empfehlungen" (mit umfangreichen Anlagen)
wurden von den beiden Vorsitzenden des Arbeitskreises Jost
Trier und Paul Grebe am 17. Dezember 1958 dem Bundesminister
des Inneren und dem Präsidenten der Kultusministerkonferenz in
Bonn überreicht.
Im Vergleich zu allen Versuchen seit 1902, dem Zeitpunkt der
staatlich sanktionierten Normierung der deutschen Rechtschreibung, waren dies ideale Voraussetzungen für eine "Reform von
Grund auf", denn:
- alle Gruppen, die für Sprache und Schrift zuständig waren
  oder dieses Selbstverständnis für sich in Anspruch nahmen,
  waren im "Arbeitskreis für Rechtschreibregelung" vertreten,
  und
- der Arbeitskreis besaß ein politisches Mandat.

Obwohl die WE seither die Grundlage aller Reformdiskussionen im
wissenschaftlichen Bereich bildeten, ist die Tatsache, daß sie
in staatlichem Auftrag erarbeitet wurden, in den drei seither
vergangenen Jahrzehnten offensichtlich in Vergessenheit geraten. Bei der Sitzung der KMK im Juni 1984 in Saarbrücken kam
(wieder einmal) die Rechtschreibreform zur Sprache, und es wurde - so die Presseverlautbarung (Süddeutsche Zeitung vom

16./17. Juni 1984) - beschlossen, man sollte "zuerst einmal vorsichtig abklären, ob bei den anderen deutschsprachigen Ländern der Wille und die Bereitschaft zur Reform vorhanden sei". Abgesehen davon, daß diese Erklärung eine Entwicklung von fast einem Jahrhundert negiert, beleuchtet sie aber auch die Frage nach den politischen "Zuständigkeiten", die als übergreifendes und durchgängiges Motiv in der Reformgeschichte sehr häufig auftauchte. Als scheinbar ungelöstes Problem wird diese Frage immer wieder so diskutiert, als sei sie in der Vergangenheit nie gestellt worden. So wurde laut einer Pressemeldung vom 13. März 1989 vom Bundesminister des Innern Auskunft darüber verlangt, "ob das Institut für deutsche Sprache in Mannheim legitimiert sei, in Wien mit Fachleuten aus der Schweiz, Österreich und der DDR über die Groß- und Kleinschreibung verbindliche Absprachen zu treffen". Daraufhin bemühte der Minister sich, einen vermeintlichen Widerspruch aufzuklären:

> Der Bundesminister des Innern und die Kultusministerkonferenz hätten das Institut für deutsche Sprache mit einem Gutachten zur Rechtschreibreform beauftragt und dabei (...) den Wunsch ausgesprochen, daß die Frage der Groß- und Kleinschreibung nicht behandelt werde. (...) Das Institut für deutsche Sprache besitze nicht das Mandat des Innenministers, über die Groß- und Kleinschreibung Verhandlungen zu führen. (Frankfurter Allgemeine Zeitung Nr. 61 vom 13. März 1989)

Aber nicht nur bei den Politikern, auch bei den Wissenschaftlern ist in Vergessenheit geraten, daß es schon einmal ein politisches Mandat für Reformer gegeben hat. So berichten Gallmann und Sitta über die "Wiener Gespräche zu Fragen der Rechtschreibreform", die im Dezember 1986 stattgefunden haben:

> Anders als in früheren Gesprächen hatten die Teilnehmer ein politisches Mandat (die beiden letzten Wörter im Original kursiv, H.S.). Es haben nicht - wie oft zuvor - Sprachwissenschaftler oder Vertreter bestimmter interessierter Berufsgruppen miteinander diskutiert - ohne sichere oder auch nur begründete Aussicht auf Verwirklichung ihrer Vorschläge: Die Teilnehmer an dieser Konferenz waren legitimierte Vertreter staatlicher Stellen (die letzten vier Wörter im Original kursiv, H.S.). Damit ist die Diskussion einer Orthographiereform erstmals seit 1901 wieder Thema politischer (das letzte Wort im Original kursiv, H.S.). Verhandlungen geworden." (Gallmann/Sitta 1988:7)

Es scheint aus dem Blick geraten zu sein, daß die WE als ein
neues Regelwerk konzipiert waren, das die amtliche Festsetzung
von 1902 ersetzen und komplementieren sollte. Diese Fehlein-
schätzung spiegelt sich auch in mehreren Synopsen (Reichard
1980, Mentrup 1983, Jansen-Tang 1988 u.a.), in denen die WE im
Vergleich mit anderen Vorschlägen von Berufsverbänden, privaten
Initiativen oder Einzelpersonen stehen. In diesen Übersichten
fehlt eine Differenzierung zwischen den "privaten" Forderungskatalogen und den "amtlich" initiierten Vorschlägen, das heißt,
es wird nicht deutlich genug, daß ein im staatlichen Auftrag
erarbeiteter Vorschlag eine andere Bedeutung haben muß als der
von einer Einzelperson oder einer anderen Interessengruppe aufgestellte Reformkatalog.
Bezogen auf die Verwirklichung der Reform gelten diese Rele-
vanzkritierien allerdings nicht, denn alle Vorschläge blieben
gleich folgenlos. Auch mit den WE ist es den Mitgliedern des
"Arbeitskreises für Rechtschreibregelung" und den zuständigen
Politikern nicht gelungen, die nach der Berliner Konferenz von
1901 amtlich festgesetzte Norm zu ändern. Deshalb wird die vorliegende Abhandlung von einer rückwärts gerichteten und einer
gegenwarts- bzw. zukunftsbezogenen Intention geleitet, wenn sie
die kausalen Zusammenhänge des Mißlingens dieses 1958 initiierten Reformversuches aufzeigt.
Daß eine Rechtschreibreform auf der Basis der WE trotz der eingangs beschriebenen günstigen Voraussetzungen scheiterte, erscheint in der Forschungsliteratur als politisch-diplomatischer
Mißerfolg: 1958 wurden die WE den staatlichen Auftraggebern -
BMI und KMK - vorgelegt und gleichzeitig den zuständigen Ministerien in Österreich und der Schweiz übermittelt, die sie mit
großer zeitlicher Verzögerung (Österreich 1962, Schweiz 1963)
ablehnten; aus der DDR wurde - wegen der politischen Situation
nur inoffiziell - Zustimmung signalisiert.
In der bisher vorliegenden Forschungsliteratur, die sich lediglich auf Sekundärquellen und Presseberichte stützen konnte,
ließ sich nur das vordergründige Scheitern dieses Reformversuches konstatieren und als ein Glied in eine lange Kette von
Mißerfolgen einreihen. Weisgerbers in der Wiesbadener Schlußsitzung 1958 formulierte Beschreibung über die erste Hälfte

dieses Jahrhunderts (mit der er die Motivation des Arbeitskreises begründete) gilt auch für die zweite:

> ..., daß wir aus dem Zustand herauskommen, den wir genau genommen seit etwa 50 Jahren schon haben, daß alle 5 Jahre eine Reformbewegung in Gang kommt, in sich zusammenfällt, um dann nach kurzer Zeit wieder aufzuleben. Diese immer wieder aufbrechenden und ergebnislos ablaufenden Bewegungen sind auf das Ganze gesehen eine Verschwendung von gutem Willen und Energie. (A4/23:36a)

Ausgehend von der Rechtschreibkonferenz von 1901 und der 1902 erfolgten amtlichen Festlegung der Schreibnorm, die auch von den Regierungen Österreichs und der Schweiz sanktioniert wurde, können alle folgenden Reformvorschläge als Reparaturversuche gedeutet werden. Damals wurde die Vereinheitlichung der deutschen Rechtschreibung als vorrangiges Ziel angestrebt und die Orthographie nur geringfügig verändert; durchsetzbar war nur "ein Kompromiß zwischen konkurrierenden Schreibweisen" (Gallmann/Sitta 1988:7), so daß ein Regelwerk entstand, dem eine linguistische Einheitlichkeit weitgehend fehlte.

Da dieser Lösung von Anfang an der Makel des Kompromisses anhaftete, war die Kritik schon vorprogrammiert; diese manifestierte sich in den folgenden Jahrzehnten in einer Fülle von Reformvorschlägen, die aber kaum geeignet waren, die Grundlage für eine neue Orthographieregelung zu bilden. Über die Reformgeschichte seit 1901 liegt eine große Menge Forschungsliteratur vor; stellvertretend für alle Kritiker sei hier das Urteil von Jansen-Tang zitiert:

> Gemeinsam ist den Reformvorschlägen jedoch, daß sie fast nie konkretisiert oder linguistisch untermauert werden, sondern sich darauf beschränken, plakative Forderungen bzw. Postulate zu erheben. Demgemäß lassen sich aus den Reformprogrammen der letzten Jahrzehnte kaum konkrete Lösungsmöglichkeiten für Orthographieprobleme ableiten. Abhilfe schaffen hier die erst in den letzten Jahren intensivierten Forschungen zu einzelnen orthographischen Teilgebieten. (Jansen-Tang 1988:552)

Soziologisch gesehen fand die Diskussion - abgesehen von einigen exotischen Einzelvorschlägen - nur in zwei Berufsbereichen statt: den Verbänden von Lehrern und Druckern bzw. Korrektoren. Diese Tradition setzte sich nach 1945 ungebrochen fort.

Erst 1952 ist eine Zäsur insofern anzusetzen, als die Reformbemühungen zum einen von einer neuen Motivation getragen wurden -
Furcht vor Verlust der nationalen Identität als Folge der politischen Ereignisse - , zum anderen als Teil der in dieser Situation von Thierfelder und den anderen Mitgliedern der "Arbeitsgemeinschaft für Sprachpflege" als Heilmittel für den befürchteten Untergang des "Deutschen Geistes" propagierten
Sprachpflege gesehen wurden. Hinzu kommt noch ein weiteres Moment, das die Stuttgarter Empfehlungen und in Folge davon die
Wiesbadener Empfehlungen als einen markanten Einschnitt in der
Entwicklung erscheinen läßt: Da dieser Arbeitsgemeinschaft mehrere namhafte Sprachwissenschaftler (Frings, Weisgerber, Moser,
Hotzenköcherle, Glinz) angehörten, wurde schon bei dem ersten
Treffen 1952 in Konstanz die Notwendigkeit einer wissenschaftlichen "Vorarbeit" erkannt, aber nur in Ansätzen verwirklicht.
In mehreren Sitzungen erarbeitete die Arbeitsgemeinschaft, deren Mitglieder aus Österreich, der Schweiz und den beiden deutschen Staaten kamen, Reformvorschläge, die als "Stuttgarter
Empfehlungen" (STE) 1954 vorgelegt wurden. (1. Kapitel)
Angesichts dieser neuen persönlichen, politischen und wissenschaftlichen Motivation innerhalb der Reformgeschichte wundert
es nicht, daß dieser Vorschlag eine intensive und kontroverse
öffentliche Diskussion auslöste. Hier ist auch der Grund dafür
zu suchen, daß zu diesem Zeitpunkt zum ersten Mal bei einem
deutschen Politiker ernsthaftes Interesse für die Rechtschreibreform geweckt wurde. Im zweiten Kapitel wird berichtet, wie es
Dehnkamp, dem damaligen Präsidenten der KMK, gelang, einen von
der Bundesregierung beauftragten und finanzierten "Arbeitskreis
für Rechtschreibregelung" zu konstituieren. (2. Kapitel)
Vorprogrammiert durch seine Mitglieder - Interessenvertreter
aus den für feste Normen eintretenden traditionellen Reformergruppen (Lehrer und Drucker) und eher zu Gewährung von Freizonen neigenden Intellektuellen und Wissenschaftlern - waren die
Verhandlungen dieses Arbeitskreises über sechs orthographische
Phänomene stark geprägt durch den Konflikt Norm - Freiheit. Abweichend von der bisherigen chronologischen Darstellung wird
über diese Diskussionen auf der Basis wissenschaftlicher Ein-
zeluntersuchungen der Teilnehmer, die mit der Formulierung der
"Wiesbadener Empfehlungen" (WE) endete, in systematischer Rei-

henfolge referiert. (3. Kapitel) Daran anschließend wird dargestellt, welche Ereignisse die WE sowohl auf der Ebene der Politik als auch auf der Ebene der öffentlichen Diskussion zum
Scheitern brachten. (4. Kapitel)

Jedes der vier Kapitel ist in sich abgeschlossen, so daß für
den nur an einzelnen Themen interessierten Leser eine Teillek-
türe möglich ist. (Informationen über die wichtigsten im Text
erwähnten Personen enthalten die biographischen und bibliographischen Anmerkungen im Anhang.)

Über die Rekonstruktion des chronologischen Ablaufs der Ereignisse hinaus ist diese Entwicklung aus einer analytischen Perspektive in zwei weiteren Dimensionen zu erfassen: Einmal erfolgt eine Einordnung in den politischen und geistesgeschichtlichen Kontext der frühen Bundesrepublik, die gleichzeitig eine
politisch-soziologische Bewertung der Argumente für und gegen
eine Normänderung erlaubt; zum andern ist die Erarbeitung der
"neuen" Vorschläge (WE) in die bisherigen Forderungskataloge
einzuordnen und ihre wissenschaftliche Relevanz zu bewerten.

Innerhalb der Darstellung erscheinen diese Intentionen als
übergreifende, durchgängige Motive der historischen Entwicklung; in der Phase der Vorbereitung schlugen sie sich in kritischen Fragen an die Akteure (indirekt innerhalb der Dokumente,
direkt während der Interviews) und in der Auswahl der in den
Quellen vorhandenen Informationen nieder.

Für die Art der Darstellung ergaben sich daraus insofern Konsequenzen, als das zweite (Konstituierung des Arbeitskreises) und
vierte Kapitel (Scheitern der WE) und ein Teil des ersten (Entstehung der STE) in einem narrativ-aktionistisch geprägten Stil
geschrieben wurden; dagegen erforderten das dritte (systematische Darstellung der WE) und der Teil des ersten Kapitels, der
die Diskussionen über die Einzelvorschläge schildert, einen
diskursiv geprägten Stil.

Schon in der ersten Arbeitsphase wurde deutlich, daß das Forschungsprojekt nicht nur als eine rein sprachwissenschaftliche
Abhandlung realisiert werden konnte, sondern die Beschreibung
allgemein-geschichtlicher Entwicklungen in die diachron be-
trachtete Reformgeschichte einbeziehen mußte; die in einer solchen historischen Monographie formulierten Deutungen der Ereignisse können nicht losgelöst aus ihrem zeitlichen Kontext dar-

gestellt werden; sie müssen stets auch im synchronen Zusammenhang interpretiert werden.

Damit überschreitet das Projekt den engeren Rahmen der Linguistik, was nicht nur zur Folge hatte, daß hier Arbeitsmethoden
der historischen Forschung anzuwenden waren, sondern daß auch
innerhalb der bisher vorliegenden Forschungsliteratur zum Thema
Reformgeschichte eine neue Fragestellung ermöglicht wurde:
Warum sind die WE wie alle Reformversuche im 20. Jahrhundert
bisher gescheitert,

- obwohl die Voraussetzungen wegen des politischen Mandates und
  wegen der soziologisch-repräsentativen Zusammensetzung des
  Arbeitskreises fast ideal waren,
- obwohl sie innerhalb der Reformgeschichte auf Grund der all-
  gemeinpolitischen und der wissenschaftlichen Entwicklung eine
  Zäsur markieren,
- obwohl in den ersten Jahrzehnten nach dem Zweiten Weltkrieg
  (trotz Restauration) es immer wieder Phasen gab, in denen ein
  günstiges Reformklima vorherrschte?

Innerhalb der sprachwissenschaftlichen Auseinandersetzung
scheint die Bewertung der STE und WE abgeschlossen; in fast allen Beiträgen, die sich neben der Entwicklung der Forderungskataloge und der Beurteilung der Einzelregelungen auch mit den
äußeren Bedingungen einer möglichen Reform auseinandersetzen,
schwingt ein gewisser Unmut über die bisherige Erfolglosigkeit
mit. Gründe für das Scheitern wurden häufig innerhalb der linguistischen Entwicklung gesucht, außerhalb liegende Ursachen
konnten nur angedeutet oder vermutet werden, da die entsprechenden Quellen nur spärlich vorlagen.

Einen Versuch, externe Gründe für das Scheitern darzustellen,
hat Küppers mit seiner 1984 erschienenen Abhandlung "Orthographiereform und Öffentlichkeit" gemacht, indem er die in der öffentlichen Diskussion (besonders in der Presse) vorgebrachten
Argumente systematisierte und kritisierte. Seine Analyse (Küppers 1984:171-218) ergab, daß die linguistischen Argumente
weitgehend verdrängt wurden von soziologischen, psychologisch-
pädagogischen, ökonomisch-technischen, bildungs- und außenpolitischen; dieses gesamte Argumentationsgefüge entlarvt er als
ideologisch (im Sinne einer Stabilisierung der bestehenden Ver-

hältnisse). Die häufig geäußerte Vermutung, die permanente Emo-
tionalisierung der Diskussion sei einer der Hauptgründe für die
jahrzehntelangen Mißerfolge, trifft seiner Meinung nach nur bedingt zu; ihm stellen sich die Ursachen konkreter faßbar dar:

> Es schienen vielmehr zwei Gruppen zu sein, die eine Recht-
> schreibreform seit ca. 100 Jahren mit Erfolg verhindern.
> Zum einen das sogenannte "Bildungsbürgertum", das in der
> Beherrschung der Orthographie (220) ein Privileg erblickt,
> das es vor anderen Schichten auszeichnet und ihm darüber
> hinaus auch materielle Vorteile sichert. Auf der anderen
> Seite sind die Verleger und Buchhändler zu nennen, die bei
> einer Neuregelung der Rechtschreibung erhebliche Verluste
> in ihrer Branche befürchten. (Küppers 1984:219f)

Die Frage, ob diese Einschätzung zutrifft oder ob die Gründe an
anderer Stelle zu suchen sind und differenzierter herausgearbeitet werden können, kann erst gestellt werden, nachdem nun
Quellen vorliegen, die es erlauben, die Initiativen der handelnden Personen genau zu beschreiben.
Die hier vorliegende Darstellung kann also ihre Thesen in der
Auseinandersetzung mit schon vorhandenen Deutungen nur in den
Teilen entwickeln, welche sich mit der wissenschaftlichen Diskussion der Vorschläge und mit den Auseinandersetzungen um die
Rechtschreibreform in der Presse beschäftigen. Die Berichte
über die Entstehung der STE und der WE sind, weil Primärquellen
hier zum ersten Mal (im Zusammenhang) ausgewertet wurden, eine
erste Deutung, der eine spätere Veröffentlichung der Dokumente
folgen wird, um die notwendige Auseinandersetzung durch eventuell abweichende Interpretationen zu initiieren.
(Ein weiteres Forschungsdesiderat innerhalb dieser Diskussion
wären ähnliche Untersuchungen in Österreich, der Schweiz und
der ehemaligen DDR auf der Basis der dort vorhandenen Quellen.)

2. Determinierender Faktor: die Quellen
    (Beschaffung und Beschreibung)

2.1 Dokumente

Folgende Dokumente standen zur Verfügung:

1. Die Akten des "Arbeitskreises für Rechtschreibregelung",
    aus den Beständen des "Instituts für deutsche Sprache" in
    Mannheim (Akten A: A1 bis A14)
2. Akten aus den Beständen des "Senators für Bildung der
    Freien Hansestadt Bremen" (Akten B: BO bis B8)
3. Die "Sammlung Puschmann" (Akten SP: SP1 bis SP7 und SP0)
    aus dem Nachlaß von Bernhard Puschmann
4. Einzelne Aktenstücke (von mir geordnet; Akten H: H1 bis
    H42), Zeitungsausschitte (H/Zei), Zeitschriften aus den
    Beständen von Dr. Werner P. Heyd, Oberndorf
5. Einzelne Aktenstücke (von mir geordnet; Akten NT: NT1 bis
    NT18), ungeordnete Zeitschriftenausschnitte und eine nicht
    veröffentlichte Biographie einer amerikanischen Autorin
    über Thierfelder (NT 19) aus dem Nachlaß von Dr. Dr. Thier-
    felder aus den Beständen von Hannelore Wilken (Tochter von
    Thierfelder), Gerlingen
6. Einzelne Blätter aus den Beständen von Prof. Dr. Glinz,
    Wädenswill (Akten Gl: Gl1 bis Gl8)

Bei Arbeitsbeginn lagen mir lediglich die Akten A vor, die das
Institut für deutsche Sprache in Mannheim zur Verfügung gestellt hat; alle übrigen Dokumente habe ich im Laufe der Re-
cherchen gefunden und gleichzeitig von den jeweiligen Besitzern
die Einwilligung zur Auswertung erhalten.
Die Bezeichnung der Akten (A, B, SP, H, NT, Gl) und die im Text
verwendeten Siglen (z. B. A3, SP2, A4/14) stammen von mir. Die
Zuordnung der Ziffern beruht auf einer von mir durchgeführten
Numerierung der einzelnen Aktenbände und Aktenstücke; bei den
Briefen innerhalb der Akten A habe ich die vorhandene alphabetische Ordnung übernommen (z. B. A6/M).
Die Dokumente, die in einem Verzeichnis im Anhang einzeln auf-
gelistet sind, sollen im folgenden nur kurz beschrieben werden:

1. Die Akten A

Die Ordner A1 bis A14 enthalten einige Unterlagen über die Entstehung der Stuttgarter Empfehlungen, sämtliche Protokolle der Wiesbadener Verhandlungen, die wissenschaftlichen Vorentwürfe und Ausarbeitungen der Mitglieder des Arbeitskreises sowie die von den Vorsitzenden verfaßten Rundschreiben. Der gesamte Briefwechsel (zwischen 1957 und 1975) des geschäftsführenden Vorsitzenden Grebe mit den auftraggebenden Behörden der Bundesrepublik (BMI und KMK), mit Behörden, Wissenschaftlern, Reformergruppen und Privatpersonen in Österrreich, der Schweiz und der DDR, mit den im Arbeitskreis vertretenen Institutionen und mit den einzelnen Mitgliedern ist in den Aktenordnern A5 bis A13 alphabetisch und chronologisch abgeheftet. Dort befinden sich auch zahlreiche Vorschläge, kritische Zuschriften und sonstige Hinweise von interessierten Privatpersonen. Der Ordner A14 enthält Unterlagen und Briefwechsel über eine in Wien geplante Rechtschreibkonferenz.

2. Die Akten B

Nach dem ersten Lesen der Akten A wurde schon deutlich, daß der damalige Bremer Senator für Bildung Dehnkamp eine wesentliche Rolle bei der Gründung des Arbeitskreises gespielt hatte. Diese Beobachtung wurde mir von dem Ministerialdirigenten a. D. Dr. Gussone (früher BMI) in einem Gespräch bestätigt, so daß es sich anbot, in Bremen nach weiteren Unterlagen zu forschen. Der beim Senator für Bildung zuständige Referatsleiter Oberschulrat Pühn ermöglichte mir die Einsicht in die dortigen Archivschränke. Dort befanden sich sämtliche Akten, die Dehnkamp im Zusammenhang mit der Erarbeitung der WE hatte anlegen lassen. Es handelt sich um Briefwechsel mit allen zuständigen Stellen im In- und Ausland, um alle Unterlagen über die Konstituierung des "Arbeitskreises für Rechtschreibregelung" und deren Sitzungen und um eine Sammlung von Presseberichten aus dieser Zeit. Auch diese Akten wurden mir zur Auswertung überlassen.

3. Die "Sammlung Puschmann" (SP)

Bernhard Puschmann, der als Delegierter der IG Druck und Papier an den Wiesbadener Verhandlungen teilgenommen hatte, zeigte mir bei meinem Besuch in Augsburg die von ihm angelegte und so genannte (Stempel) "Sammlung Puschmann". Er hatte über viele Jahrzehnte Berichte aus (Fach)Zeitschriften und Zeitungen gesammelt und diese zusammen mit Reformvorschlägen verschiedener Institutionen, den Unterlagen über die Wiesbadener Verhandlungen und seinen eigenen Aufsätzen (vorwiegend in der Zeitschrift "Der Sprachwart" veröffentlicht) und Briefwechseln über dieses Thema zu einer Dokumentation zusammengestellt. Auch er überließ mir die gesamten Unterlagen zur Auswertung.

4. Die Akten H

Eine große Fülle von Material befindet sich im Besitz von Dr. Werner P. Heyd. Er hatte nicht nur in den Gremien von Stuttgart und Wiesbaden gesessen, sondern auch 1952 nach dem Vorbild der Schweizer "bundes für vereinfachte rechtschreibung" (bvr) die "arbeitsgemeinschaft neue rechtschreibung" (agnr) gegründet. Sämtliche Unterlagen über diese Vereinigung und über die von ihm 1959 herausgebrachte Bibliographie, fast alle Zeitschriften zu dieser Thematik, alle Belegexemplare seiner eigenen zahlreichen Veröffentlichungen, Briefwechsel, Akten über die Verhandlungen in Stuttgart und Wiesbaden und eine Reihe von Einzelstücken hatte er aufbewahrt. Die Bestände wurden von mir geordnet und mit seinem Einverständnis ebenfalls ausgewertet.

5. Die Akten NT

Hannelore Wilken, die Tochter der Initiators der Stuttgarter Empfehlungen Dr. Dr. Franz Thierfelder, gestattete mir, den Nachlaß ihres Vaters durchzusehen. Auch dort fand sich eine Reihe von Unterlagen, unter anderem eine unveröffentlichte Biographie, die wichtige Aufschlüsse über den Charakter und das Denken von Thierfelder zuließen.

6. Die Akten Gl

Hier handelt es sich nur um einige Blätter aus dem Besitz von Prof. Dr. Hans Glinz; sie enthalten die vorbereitenden Notizen für die Verhandlungen zu den STE, an denen Glinz teilgenommen hat. Auch er gestattete mir, dieses Material in die Darstellung einzubeziehen.

So erfreulich einerseits diese außerordentlich günstige Quellenlage ist, so schwierig schien es zunächst, dieses Material, das bisher weder veröffentlicht noch in Archiven zugänglich ist, adäquat zu präsentieren. Der ursprüngliche Plan, als ersten Teil die Ereignisse in einem chronologischen Bericht darzustellen, innerhalb dessen auf die in einem zweiten Teil zusammengestellten Dokumente verwiesen wird, mußte nach wiederholtem Quellenstudium revidiert werden, weil er nicht der geplanten Konzeption entsprach. Es ging mir vor allem darum, pragmatische und wissenschaftliche Prämissen für Entscheidungen und das daraus resultierende Handeln sichtbar zu machen. Dies ist nur möglich, wenn es gelingt, die agierenden Personen so genau und zutreffend zu beschreiben, daß deren Handlungsmotivationen vor dem Hintergrund der Entwicklung ihres Denkens und ihrer Wertekonzeption begreifbar werden. Überzeugungen und Anschauungen von Menschen können aber erst im Zusammenhang mit ihrer Biographie und dem politisch-sozialen Kontext adäquat gewertet werden.

Sowohl für das Charakterisieren der Personen als auch für die Kennzeichnung und Beschreibung des Zeitgeistes erwies es sich als besonders günstig, daß von fast allen Beteiligten Briefe existieren und daß die Sitzungsniederschriften als Verlaufsprotokolle nach den wörtlich mitstenographierten Beiträgen der Diskussionsteilnehmer erarbeitet worden waren; die Art zu reden und zu schreiben jedes einzelnen ist also in den Quellen ziemlich genau wiedergegeben.

Durch eine sorgfältige Auswahl der Zitate können die Personen in vielen Fällen zutreffender und wahrheitsgetreuer charakterisiert werden als durch einen noch so ausführlichen Bericht. Ähnliches gilt auch für die Darstellung des Verhältnisses der Akteure zueinander; Ausführlichkeit bzw. Knappheit der Mitteilungen, Briefstil, Anredeformen und viele gezielte Formulierungen geben Aufschluß über Abhängigkeiten, Feindschaften, Freundschaften, Institutionen- und Interessenkonflikte. Die handelnden Personen mit markanten eigenen Aussagen zu zitieren, schien mir der beste Weg, der historischen Wahrheit möglichst nahe zu kommen. (Die Dokumente werden in der dort vorgefundenen Orthographie zitiert.) Daher muß der quantitative Umfang der Arbeit in Kauf genommen werden.

So hat die Qualität der Auswahl nicht nur Einfluß auf die Qualität der Darstellung, sondern auch auf die Qualität der Wahrheitstreue. Da aber der Vorgang des Auswählens subjektiv bestimmt ist, kann auch dies nur eine Annäherung an eine subjektive Wahrheit sein. Aus diesem Grund erscheint es notwendig, die Dokumente zu einem späteren Zeitpunkt für andere Interpreten zugänglich zu machen.

2.2 Zeitzeugen

Bei einer Darstellung über eine erst kurz zurückliegende Zeit bietet sich die einmalige Chance, Zeitzeugen über die Ereignisse zu befragen. Deren Erinnerungen haben eine völlig andere Qualität als die schriftlichen Quellen und müssen deshalb anders gewertet und ausgewertet werden. Ich hatte mich von Anfang an vor dem Irrtum zu hüten, hier nun erfahren zu können, wie es wirklich gewesen sei; natürlich konnten sich einige meiner Gesprächspartner noch recht gut erinnern, was besonders dann von Wichtigkeit war, wenn es sich um nicht protokollierte Vorgänge handelte.

Von großer Bedeutung waren die Zeitzeugenberichte aber für die Interpretation der schriftlichen Quellen (besonders der Briefe), wenn es z. B. darum ging herauszufinden, in welchem Verhältnis der Schreiber zu dem Adressaten oder zu den Personen stand, über die er berichtete, oder was er mit seiner Darstellung bezwecken wollte.

Schließlich wurden mir durch die Interviews - vor allem wenn es spontan zu längeren, wie mir zunächst schien abschweifenden Erzählungen kam - historische Rahmenbedingungen so anschaulich, daß sich neue Interpretationswege öffneten.

Mit folgenden Personen habe ich Gespräche geführt:
Prof. Dr. Paul Böckmann, Köln
Prof. Dr. Hennig Brinkmann, Senden (Telefongespräch)
Prof. Dr. Hans Glinz, Wädenswill
Ministerialdirigent a. D. Dr. Carl Gussone, Bonn
Dr. Werner P. Heyd, Oberndorf
Dr. Rudolf Köster, Bensheim

Dr. Rudolf Krämer-Badoni, Wiesbaden
Frau Kübler, Berlin (Telefongespräch)
Prof. Dr. Lutz Mackensen, Bremen
Prof. Dr. Hugo Moser, Bonn
Prof. Ernst Pacolt, Wien
Bernhard Puschmann, Augsburg
Karl-Heinz Schweingruber, Bremen (Telefongespräch)
Hannelore Wilken geb. Thierfelder, Gerlingen
Prof. Dr. Christian Winkler, Marburg
(Leider konnte ich Prof. Dr. Paul Grebe, Senator Willy Dehnkamp
und Dr. Karl Korn nicht mehr interviewen; Dehnkamp und Grebe
sind 1985 bzw. 1987 gestorben, Korn mußte wegen Krankheit ab-
lehnen.)

Die in diesen Interviews gewonnenen Erkenntnisse trugen wesentlich dazu bei, von den damaligen Ereignissen eine konkrete Vorstellung zu gewinnen, die handelnden Personen auf Grund ihrer
individuellen Erfahrungen besser zu verstehen, die Zusammenhänge ihrer persönlichen Existenz mit dem kulturellen, sozialen
und politischen Zeitgeschehen einsichtig zu machen und so zu
einem zutreffenderen Urteil zu gelangen.
Nicht alle meine Gesprächspartner waren direkte Zeitzeugen, in
manchen Fällen handelte es sich auch um deren Angehörige (Frau
Kübler, Frau Wilken) oder Mitarbeiter (Dr. Köster, Herr
Schweingruber). Die Dauer der Gespräche, die nicht in allen
Fällen der Wichtigkeit der Informationen entsprach, war sehr
unterschiedlich; sie reichte von einem Gespräch, das sich über
ein ganzes Wochenende erstreckte (Dr. Heyd) bis zur kurzen, telefonischen Beantwortung einer einzigen Frage (Frau Kübler für
ihren schwer erkrankten Mann).
Zunächst erwies es sich als notwendig, die Interviews sorgfältig vorzubereiten. Dazu gehörten Recherchen über den Lebens-
lauf, das Lesen der wichtigsten (besonders der die Rechtschreibreform betreffenden) Schriften und eine vorläufige Rekonstruktion des Verhaltens während der Verhandlungen anhand
der Briefe und Protokolle. Sich während der Interviews von dieser erarbeiteten Vorstellung zu lösen und Raum für eine gewisse
Spontaneität und Intuition zu lassen, wie das in einigen Fällen
notwendig erschien, fiel nicht immer ganz leicht.

Schon bei den ersten Interviews wurde deutlich, wie sehr die in
großer Menge vorhandenen Quellen der Erinnerung der Zeitzeugen,
was die Menge der Fakten und den genauen Ablauf der Ereignisse
angeht, überlegen war. Diese Feststellung hat die Bedeutung der
Gespräche in keiner Weise geschmälert: Vieles gewann an Bedeutung, was ich vorher kaum oder nicht beachtet hatte, und umgekehrt erhielten von mir überschätzte Ereignisse oder Äußerungen
erst durch die mündlichen Berichte ihren richtigen Stellenwert.
Diese Probleme der Auswertung werden an den entsprechenden
Stellen im Text thematisiert.

Eine Unwägbarkeit, die ich während der Vorbereitungsphase nicht
bedacht hatte, tauchte - mehr oder weniger relevant - in fast
allen Interviews auf. Zunehmend registrierte ich bei mir selbst
die Befürchtung, etwas von der sogenannten Objektivität zu verlieren, weil ich mich im persönlichen Kontakt Regungen wie Sympathie oder Antipathie nicht entziehen konnte. Ein Denkprozeß,
der diese emotionalen Reaktionen bewußt macht und nicht sie zu
verdrängen versucht, kann nicht nur vor Fehlschlüssen und Fehl-
interpretationen bewahren, sondern diese als eine zusätzliche
Möglichkeit der Interpretation funktionalisieren.

Eng verbunden damit ergab sich noch ein anderes Problem: Rück-
sichtnahme kann dazu verleiten, unangenehme Wahrheiten zu un-
terdrücken oder zu schönen, um die Gesprächspartner nicht zu
kränken oder sich nicht deren Kritik auszusetzen.

Um den Wahrheitswert dieser mündlichen Berichte richtig zu beurteilen, mußte in Betracht gezogen werden, daß das menschliche
Gedächtnis kreativ arbeitet im Sinne eines ganz persönlichen
Geschichtsbildes; es gestaltet die Erinnerung permanent um, so
daß diese auch schon eine Interpretation des tatsächlichen Ge-
schehens ist. Die Art dieser Interpretation hängt wiederum davon ab, ob und in welcher Form persönliche schriftliche Aufzeichnungen über den Vorgang vorhanden sind. Der Literaturwissenschaftler Böckmann, der im Wiesbadener Arbeitskreis die Arbeitsgemeinschaft der Akademien vertreten hatte, besaß noch
seine damaligen Taschenkalender, in die er jeweils kurze Notizen über die Verhandlungen eingetragen hatte. Da er sich für
orthographische Fragen nur sehr wenig interessierte, spielten
diese Eintragungen in den folgenden Jahren innerhalb der Gestaltung seiner Erinnerung kaum eine Rolle. Für mich bestätig-

ten seine Notizen die Richtigkeit der entsprechenden Quellen, führten aber darüber hinaus nicht zu weiteren Erkenntnissen. Konträr dazu präsentierten sich die Erinnerungen von Puschmann; für ihn waren die Wiesbadener Verhandlungen nicht wie für Böckmann oder Gussone (BMI) ein Geschehen am Rande, sondern ein zentrales Ereignis seines Lebens. Er hatte seine Erinnerungen über viele Jahre hinweg besonders ausführlich "gestaltet" (zu der schon beschriebenen "Sammlung Puschmann"), damit sein Gedächtnis aber auf keinen Fall zuverlässiger gemacht. Seine Darstellung der Ereignisse mußte fast spekulativ gedeutet werden (s. 3.Kap.6).

Wiederum völlig anders stellte sich die Erinnerung von Hugo Moser dar; er besaß keinerlei Aufzeichnungen mehr und erinnerte sich kaum an einzelne Vorgänge, um so mehr aber an einige Personen. Besonders über Grebe, mit dem ihn eine langjährige Freundschaft verbunden hatte, konnte er wichtige Hinweise geben. Seine Erinnerung als "Gesamtbild" betrachtet, war geprägt von einer starken Enttäuschung darüber, daß es nicht gelungen war, innerhalb der Reformbemühungen wissenschaftliche Erkenntnisse durchzusetzen.

Auch Hans Glinz erinnerte sich noch gut an die Verhandlungen zu den STE; außerdem konnte er wertvolle Hinweise über die Entwicklung in der Schweiz geben; besonders deutlich in Erinnerung geblieben war ihm die Fernsehsendung im August 1954, an der er zusammen mit Thierfelder teilgenommen hatte.

In diesen markanten Beispielen manifestieren sich einige hermeneutische Probleme und Möglichkeiten bei komplementärer mündlicher und schriftlicher Überlieferung: Dokumente und Zeitzeugenberichte lassen sich nicht getrennt voneinander auswerten, sondern nur in einem integrativen Prozeß immer wieder von neuem deuten.

Die Dokumente, die materiellen Spuren, galt es zu lesen und zu interpretieren, um daraus ein Bild der historischen Ereignisse zu konstruieren. Die Erinnerung der Zeitzeugen half die Spuren zu lesen und ihre spezifischen Besonderheiten zu deuten, ermöglichte es dann aber auch, das rekonstruierte statische Schwarzweißbild in einen bewegten, farbigen Handlungsablauf zu verwandeln.

3.   Determinierender Faktor: Subjektivität der Forscher.
     Historisches Wissen - ein Konstrukt

Die Absicht, die Vorgänge so lückenlos und umfassend aufzuklären, wie dies auf Grund der vorhandenen Dokumente und Zeitzeugenberichte möglich ist, und darüber hinaus die Hintergründe
und Zusammenhänge aufzuzeigen, verband sich schon vom ersten
Arbeitsschritt an mit der Erkenntnis, daß jedes geschichtliche
Wissen - wie alles, was Menschen erkennen, - nur eine Konstruktion ist: Aus vorhandenen Informationen entsteht ein aus einzelnen Elementen planvoll zusammengefügtes Bild, ein Konstrukt.
Mit dem Terminus Konstrukt wird darauf verwiesen, daß Ereignisse der Vergangenheit nicht so dargestellt werden können, "wie
sie wirklich gewesen sind".
Das gilt vordergründig gleichermaßen für persönliche Erinnerungen wie für wissenschaftlich erarbeitete historische Abhandlungen, zeigt aber hintergründig den wesentlichen Unterschied auf,
daß Wissenschaftler den Vorgang des Konstruierens offenzulegen
haben. In dem hier vorliegenden Bericht über einen bestimmten
Zeitraum sollen explizit und implizit Informationen über die
Arbeitsvorgänge des Auswählens, Gliederns, Zuordnens, Analysie-
rens, Interpretierens gegeben werden, so daß der Leser gedanklich nachvollziehen kann, wie sich die aus dem Quellenmaterial
herausgelösten Einzelelemente zu einem Wissensgebäude zusammen-
gefügt haben. Explizit dann, wenn z. B. handschriftliche Änderungen und Zusätze auf einem Schriftstück als relevant für das
weitere Geschehen beschrieben werden; implizit insofern, als
sich im Laufe des wiederholten Lesens verschiedener Dokumente
vor meinem inneren Auge allmählich die Figuren mit ihren cha-
rakteristischen Eigenschaften so entwickelten, daß ihre Handlungsmotivationen sich häufig daraus ableiten ließen; das
heißt, Quellen wurden auch als Beurteilungs- und Auswahlkrite-
rien oder als Interpretationsmodi funktionalisiert. Das galt
auch für das Eingebundensein der handelnden Personen in ihren
persönlich-biographischen und ihren allgemein-politischen Kontext.
Die Strukturprinzipien für dieses Wissensgebäude, in dem sowohl
die Elemente selbst und auch ihr Standort und der Modus ihrer
Kombination relevant sind, waren abzuleiten aus der Intention,

Gründe für das Scheitern der Rechtschreibreform zu diesem bestimmten Zeitpunkt im besonderen und für das Mißlingen einer Normänderung im allgemeinen zu finden und zu formulieren. Mit Hilfe dieser Strukturprinzipien war ein Konzept zu entwickeln, von dem einerseits die einzelnen Arbeitsschritte abhingen, das aber andererseits durch die einzelnen Arbeitsschritte weiter differenziert und modifiziert wurde.

Im ersten Arbeitsabschnitt entstand eine Chronologie (s. Anhang), die Basis des zu errichtenden Konstruktes. Während des weiteren Aufbaus der Darstellung waren die verschiedenen Modi der Geschichtsvermittlung komplementär einzusetzen: "erzählerische Vertiefung einzelner Ereignisse, Konflikte, Konstellationen"; Rekonstruktion der Biographien der wichtigsten Akteure (dazu Anlage eines Registers aller beteiligten Personen); Klassifizierung der Argumente und Klärung der Argumentationsstrukturen; Kommentierung und Beurteilung der Ereignisse und der Akteure innerhalb des damaligen und gegenwärtigen historisch-politisch-sozialen Kontextes; Fragestellungen in der bisherigen Forschungsliteratur; Auswahl der Zitate aus den Dokumenten; Bewertung der Zeitzeugenberichte; sprachwissenschaftliche Beurteilung der Reformvorschläge.[1] Auf diese Weise wurden einzelne Aspekte besonders betont, andere wiederum vernachlässigt und damit den Ereignissen ein bestimmter Sinn unterlegt - eine zwangsläufig subjektive Deutung.

Das entstandene Konstrukt - Entstehungsgeschichte der STE und der WE - soll ein "durchsichtiges Wissensgebäude" sein, dessen Einzelteile und Konstruktionsprinzipien sowohl von seinem Konstrukteur als auch den Rezipienten betrachtet und bewertet werden können. Durch diese Metaphorik läßt sich verdeutlichen, daß erst aus der Position des außenstehenden Betrachters nach der Fertigstellung des Konstruktes, in Kenntnis der Einzelelemente

---

1 Benz (1986:267) zählt folgende "Elemente der Geschichtsvermittlung" auf: "erzählerische Vertiefung einzelner Ereignisse, Konflikte, Konstellationen; Gesamtdarstellung und Deutung; Dokumentation mit ausgewählten Quellentexten, Statistiken, Zeittafeln; Workshop-Informationen über die Quellenproblematik, leitende Fragestellungen und Kontroversen der historischen Literatur". Dieser Katalog von Benz wurde für die vorliegende Untersuchung modifiziert und ergänzt.

und im historischen Abstand von 30 Jahren, eine Struktur sichtbar wird, die Kritik ermöglicht - allerdings eine Kritik,
gleichgültig ob positiv oder negativ, nicht im Sinne von nör-
gelnder Besserwisserei oder überheblicher Belehrungsbemühungen,
sondern aus einer, den gesamten Handlungsablauf und die Ergebnisse überschauenden Perspektive. Erst von diesem Standpunkt
aus kann beurteilt werden, ob bestimmte Einschätzungen, Handlungsweisen oder Entscheidungen die damalige Rechtschreibreform
dem angestrebten Ziel näherbrachten oder sie davon entfernten.
Zum Beispiel ist Dehnkamps Entscheidung, zunächst einen Vorschlag nur im Auftrag der Bundesregierung ohne die Mitarbeit
der anderen deutschsprachigen Staaten (s. 2. Kapitel)
erarbeiten zu lassen, wohl nicht richtig gewesen, weil die anderen Staaten (wenn sie an den Verhandlungen beteiligt gewesen
wären) durch ihre ablehnenden Stellungnahmen (s. 4. Kapitel)
zumindest auf diesem Wege die Reform nicht hätten verhindern
können. Ein weiteres Beispiel für eine falsche bzw. unzutreffende Einschätzung von Gefahren, die der Reform drohen könnten,
sind Grebes Reaktion auf das Verhalten des Deutschen Normenausschusses und seine restriktive Pressepolitik. Er hat die Initiativen des DNA, der einen Ausschuß für Rechtschreibung gründete
und eine Tagung zu diesem Thema organisierte (s. 3.Kap.1), als
eine Gefahr eingeschätzt und dabei die Chancen einer möglichen
Kooperation übersehen; auch wäre eine bestimmte Art von Öffentlichkeitsarbeit, die er wegen einiger negativer Erfahrungen mit
der Presse konsequent unterband, nur von Nutzen gewesen.
So gesehen ist Kritik an historischen Ereignissen eine Interpretation, die Raum läßt für Spekulationen und für Phantasie,
die "Mutmaßungen über ungeschehene Geschichte" (Demandt 1984:9)
evoziert. In den historischen Wissenschaften galten "Erwägungen
zu nicht eingetretenen Möglichkeiten, hypothetische Alternativen zum wirklichen Geschehen (...) als müßiges Gedankenspiel,
als unseriöse Spekulation". Einbezogen in die Strukturierungs-
prinzipien einer historischen Abhandlung können solche Fragestellungen aber eine neue Dimension der Beurteilung und der
daraus resultierenden Konsequenzen für das gegenwärtige Handeln
eröffnen, könnte eine "durch die Regeln der Wahrscheinlichkeit
gezügelte historische Phantasie (...) ein Novum organon der
Wissenschaft werden". Das hergestellte Konstrukt - das Bild von

der Geschichte - bliebe unfertig, "wenn es nicht in den Rahmen der unverwirklichten Möglichkeiten gerückt " würde. (Demandt 1984:10)

> Die Geschichtswissenschaft muß spekulieren, wenn sie sich um Verständnis bemüht; sie tut es sobald sie Urteile fällt; sie kann es, indem sie Gründe findet; und sie darf es, weil jede Tatsache über sich hinausweist. (Demandt 1984:15)

Bezogen auf die leitende Fragestellung dieser Untersuchung, in der alle mündlichen und schriftlichen Äußerungen, persönliche Kontakte, Entscheidungen u. a. in einen Kausalzusammenhang zum Scheitern der Reformversuche der 50er-Jahre gebracht werden, geschieht dies immer nur durch ein "Urteil", eine durch Spekulieren gewonnene Hypothese. Werden die "Gründe" für diese Handlungsweisen gesucht, müssen die in der Phantasie angesiedelten (nicht realisierten) Alternativen auf ihre Relevanz hin überprüft werden. Und alle "Tatsachen weisen" insofern "über sich hinaus", als die Gründe in der Vergangenheit, in der Biographie der handelnden Personen, liegen können oder in die Zukunft weisen, weil sie spätere Handlungsweisen beeinflußt haben. Letzteres gilt vor allem für den Einfluß der parteipolitischen Polarisierung und der Presse auf das Scheitern aller Reformversuche. Was für die Arbeit auf der Ebene der Interpretation, der Formulierung von Thesen gilt, ist aber auch schon für das Vorgehen auf den ersten Stufen der Beschäftigung mit dem Thema relevant: für das Sammeln und Auswählen der Quellen. Ciceros Forderung an die Geschichtsschreibung - Nichts Falsches behaupten, die Wahrheit nicht verschweigen - gilt ganz besonders für den Umgang mit den Quellen; denn es thematisiert zwei wesentliche Gefahren, denen man nur zum Teil entrinnen kann.
"Falsches behaupten" ist noch nicht einmal durch Zitat auszuschließen, denn durch Verkürzen oder Einbetten in andere Zusammenhänge kann auch durch Zitieren eine Aussage manipuliert werden. Vordergründig läßt sich dieses Problem (nichts Falsches behaupten) dadurch lösen, daß durch die Formulierung kenntlich wird, ob an der entsprechenden Stelle eine Quelle referiert oder interpretiert wird. Die Auswahl der in den Quellen vorhandenen Informationen und die Entwicklung der Hypothesen stellen einen komplexen Arbeitsprozeß dar, an dessen Ende schließlich

eine oder mehrere Thesen stehen, in denen das, was als richtig erkannt wurde, ausgesagt wird. Dieser Prozeß muß für den Rezipienten nachvollziehbar sein (weswegen die hier in Frage kommenden Quellen später veröffentlicht werden sollen), denn seine Kritik an den aufgestellten Behauptungen oder, anders gesagt, sein Zweifel an der berichteten historischen Wahrheit, ist nur auf dieser Basis möglich; das heißt, er muß den Weg, der ihn zu anderen Thesen führt, ebenso aufzeigen.

Das Postulat "die Wahrheit nicht verschweigen" zielt auf das Problem der Auswahl der Quellen, dem das der Wertung a priori inhärent ist. Da sich fundierte Ergebnisse nur korrespondierend mit dem Quellenstudium entwickeln ließen, konnte man bei den einzelnen Informationen nicht sukzessive entscheiden, welche für das gestellte Thema relevant waren; wegen des ständig erforderlichen Modifizierens der Befunde mußte das Nachlesen und erneute Auswählen - oft in der Art der Echternacher Springprozession - immer wieder von neuem beginnen. Was dann schließlich dargestellt wurde, ist nicht die absolute Wahrheit, sondern das, was ich nach sorgfältiger Prüfung mit Hilfe bisher erworbener Erkenntnisse, auf Grund eines bestimmten Weltbildes und der in bisherigen Lebenszusammenhängen entwickelten Wertvorstellungen als wahr erkannt habe. Ehrlich - auch in dem Sinne, die Wahrheit nicht verschwiegen zu haben - wird die Aussage dadurch, daß diese Einstellungen offengelegt werden.

Im vorliegenden Fall waren Suchen und Auffinden der Dokumente, besonders aber die Interviews mit den Zeitzeugen im wesentlichen abhängig von meinen persönlichen Möglichkeiten. Die Fülle des Materials machte das Problem des Auswählens besonders folgenreich; schon dieser erste Arbeitschritt beinhaltete ein Werten nach subjektiven Kriterien; noch stärker spiegelt das Ordnen, Beschreiben und Erklären der ausgewählten Informationen die eigene Persönlichkeitsstruktur, sowohl was den Wissensstand und die geistige Entwicklung als auch die Arbeitstechniken einschließlich der vorhandenen Defizite (und das Bemühen um deren Ausgleich) angeht.

Das Wissen um die unabwendbare Subjektivität entbindet in keinem Fall von der Verpflichtung, eine möglichst genaue und sachliche Beschreibung der Ereignisse zu geben; mir war sehr wohl bewußt, daß in einer solchen Darstellung eine gewisse Sympathie oder auch Antipathie für die handelnden Personen (sowohl für die Zeitzeugen als auch für die durch die Dokumente erschlossenen) mitschwingt - eine Möglichkeit der Wertung, auf die ich nicht verzichten wollte und konnte.

Das Geschehen ließ sich also nicht objektiv als Handlungsablauf darstellen, sondern das erkenntnisleitende Interesse an dem gesamten Forschungsprojekt führte immer wieder zu den Fragen, _warum_ geschah das, und _warum_ entwickelte sich dies in die eine oder in die andere Richtung? Inwiefern waren Entscheidungen der handelnden Personen beeinflußt durch ihre individuell biographischen Bedingungen? Jede Antwort, die gefunden wurde, ist eine durch Interpretation gewonnene These, eine Aussage ohne absoluten Wahrheitsanspruch.

Auseinandersetzungen wie der Historikerstreit um die Geschichte des Dritten Reiches oder auch die Diskussion um Restaurations- bzw. Neubeginnsthese machen am Ereignis mit weltweiter Bedeutung klar, was auch für vergleichsweise unbedeutende Entwicklungen wie die deutsche Rechtschreibreform gilt: Die Interpretation historischer Quellen und die daraus resultierende Geschichtsschreibung, die subjektive Darstellungen der Ereignisse enthält, kann zu konträren Beurteilungen führen. Es ist dem Historiker unmöglich, die Dinge so zu erforschen, herauszufinden und darzustellen , "wie sie wirklich gewesen sind". Zwar stehen Fakten fest, sind in den zahlreichen Dokumenten belegt, aber sie lassen sich nicht als neutrale Tatsachen darstellen, weil der Forscher/Interpret niemals neutral sein kann, auch dann nicht, wenn er das explizit behauptet. Weil er wie alle anderen Menschen schon eine "Geschichte" in seiner Biographie mitbringt, kann auch er niemals losgelöst von allen Bindungen, wertfrei und ahistorisch argumentieren. "Niemand steht der Gesellschaft als neutraler Beobachter gegenüber. Auch der kritischste Sozialwissenschaftler ist leidend und handelnd in sie verwickelt. Seine Konflikte drücken sich auch in seinem Werk, in dem er beschreibend, analysierend und interpretierend auf die gesellschaftlichen Verhältnisse reagiert, aus." (Richter 1986:10) Sein jeweiliger gesellschaftspolitischer Standort präformiert sein wissenschaftliches Denken, was die Tatsache erklärt, daß Wissenschaftler von vergleichbarem Rang zur gleichen Zeit für die gleichen Probleme durchaus unterschiedliche Lösungen finden können. Der Glaube an die politische Abstinenz des Wissenschaftlers ist eine gefährliche Illusion, welche die Gefahr des Mißbrauchs seiner Ergebnisse in sich birgt.

Auch die Wahl der Darstellungsweise historischer Ereignisse ist eine subjektive Entscheidung, die eine bestimmte Interpretation impliziert. "Geschichte ist kein Steinbruch für aktuell interessierende Fakten und Argumente, sondern ein zusammenhängender Prozeß, den wir nur vergegenwärtigen können, indem wir mit ihm wie mit allen Geschichten verfahren: indem wir ihn erzählen." (Schulze 1987:13)

Ereignisse werden nacherzählt, aber auch Nacherzählen formt Geschichte, weil hier implizit analysiert und argumentiert werden muß. So wird zum Beispiel das im zweiten Kapitel wiedergegebene komplexe Geschehen, das fast ausschließlich in Briefen dokumentiert war, durch episodenartiges Berichten strukturiert. Diese Strukturierung ist eine Interpretation, welche die von meiner Einschätzung geprägte "Wahrheit" wiedergibt.

Erzählen setzt aber auch voraus, daß es aus einer bestimmten Perspektive geschieht; durch die drei gewählten Personenperpektiven kommen jeweils auch die entsprechenden biographischen Gegebenheiten auf einem bestimmten geistig-politisch-soziologischen Hintergrund in den Blick:
- Thierfelder ein idealistischer, konservativer Schöngeist
- Dehnkamp ein progressiver, durchsetzungsfähiger Realpolitiker
- Grebe ein sprachwissenschaftlich kompetenter, pragmatischer "Managertyp", mit der Fähigkeit, Handlungsspielräume realistisch einzuschätzen.

Diese drei Personenperspektiven stützen die drei Hauptthesen:
1. Durch Thierfelder gerät die Diskussion um eine Rechtschreibreform in einen anderen Personenkreis als bisher, was einer der Gründe für unsachliche Kritik und harte Polemik war.
2. Wie im Falle von Dehnkamp ist es wichtig, daß ein Politiker eine Rechtschreibreform für wichtig hält und versucht, entsprechende Maßnahmen durchzusetzen.
3. Für die internen Verhandlungen wird ein wissenschaftlich kompetenter "Manager" wie Grebe gebraucht.

Für die Darstellung der drei Geschehenskomplexe bietet es sich hier an, die Perspektive des jeweiligen Hauptakteurs zu wählen:

- Thierfelder für die Entstehung der "Stuttgarter Empfehlungen" (1. Kapitel)
- Dehnkamp für die Konstituierung des "Arbeitskreises für Rechtschreibregelung" (2. Kapitel)
- Grebe für die Verhandlungen zu den "Wiesbadener Empfehlungen" (3. Kapitel)

Daß sich für das 4. Kapitel (Chronik des Scheiterns) nur noch scheinbar eine Personalperspektive (Grebe) finden läßt, ist keineswegs ein Zufall, sondern bedeutsam für die weitere Entwicklung innerhalb der Reformgeschichte. Auch die Kürze dieses Kapitels und die im Vergleich zu den beiden ersten weniger differenzierte Gliederung ist kein Zufall.

Die Einsicht, nur subjektiv urteilen zu können, konzediert von Anfang an die Möglichkeit des Irrtums, verweist aber auch in verstärktem Maße auf die Notwendigkeit konstruktiver Kritik an den formulierten Thesen. Der Prozeß der Wahrheitsfindung, der durch das Vorwissen, die Arbeitsweise, die Informationsmöglichkeiten und das historische Bewußtsein des Forschers beeinflußt wird, bleibt also immer offen. Entscheidend ist, daß der Zeitpunkt, zu dem keine wesentlichen zusätzlichen Beurteilungselemente oder -kriterien mehr zu erwarten sind, erkannt wird; anders gesagt, es ist ein bewußter Entschluß zur endgültigen "Freigabe der gefundenen Wahrheit" notwendig - eingedenk der Tatsache, daß diese festgelegten Ergebnisse vielfach hinterfragt werden können; der Weg der Wahrheitssuche führt von jetzt an in die Gefilde der Kritik von außen.

Auch bei sorgfältigstem Studium der Quellen können keine endgültigen wahren Aussagen formuliert, sondern nur gut fundierte wissenschaftliche Thesen aufgestellt werden.

4. Die Forschungshypothese

Die Fragestellung ist eine soziolinguistische bzw. sprachpoli-
tische: Welche Aktionen konnten/könnten die deutsche Rechtschreibung, eine amtlich sanktionierte Norm, verändern oder
dies verhindern? Am Beispiel der Entstehung der Stuttgarter
Empfehlungen und der Wiesbadener Empfehlungen – einem markanten
Ausschnitt aus der Reformgeschichte (1952 bis 1965) – soll aufgezeigt werden, unter welchen Bedingungen es zum Scheitern einer Rechtschreibreform kam, wobei die hypothetische Frage nach
den Möglichkeiten des Gelingens inhärent mitschwingt.
Das aus dem vorhandenen Quellenmaterial entstandene Konstrukt
läßt sich in verschiedene Richtungen interpretieren:
Zum einen als ein Stück Sozialgeschichte der frühen Bundesrepublik – dabei drängt sich die Frage auf, warum die Änderung der
Rechtschreibnorm im Zusammenhang mit Normänderungen in vielen
anderen Bereichen, wie sie in dieser politischen Umbruchsphase
verstärkt zu beobachten waren, nicht möglich gewesen ist.
Zum anderen eingebettet in eine Diagnose des Standes der deutschen Linguistik, die während des Dritten Reiches fast ausschließlich in der Isolation betrieben wurde und erst in den
60er Jahren (also nach dem hier zu beschreibenden Zeitab-
schnitt) wieder internationalen Anschluß fand – dabei ließen
sich vielleicht Gründe dafür finden, weswegen orthographische
Phänomene sich nur geringer Wertschätzung erfreuten und deshalb
nur selten untersucht wurden.
Oder läßt sich dieses Stück Kulturgeschichte der deutschen
Nachkriegszeit als Teil der restaurativen Nachkriegspolitik in
Deutschland interpretieren? Mit dieser Einordnung wird auf die
beiden Hauptthesen der historischen Forschung im Bezug auf die
Nachkriegszeit bzw. Anfänge der Bundesrepublik rekurriert (Ruhl
1982:7): Die Restaurationsthese, die besagt, deutsche Nachkriegspolitik sei die verpaßte Chance einer politischen und
wirtschaftlichen Korrektur unter dem Einfluß der westlichen
Alliierten, steht gegen die Neubeginnsthese, deren Vertreter
behaupten, die Niederlage habe die gesellschaftlichen Bedingungen, die den Nationalsozialismus ermöglichten, vernichtet;
statt Untertanengeist herrsche in dem neuen deutschen Staat
Bundesrepublik eine liberale, parlamentarische Gesinnung.

Auch für die Bearbeitung des vorliegenden Themas war die Alternative - Kontinuität oder Bruch - von Bedeutung; die sofortige Wiederaufnahme der alten Reformdiskussionen nach 1945 und das Scheitern der Reform sind nur vordergründige Phänomene der Restauration. Belegen läßt sich die Restaurationsthese nur - und sie wird in dieser Untersuchung modifiziert, aber mit Nachdruck vertreten - durch einen Forschungsansatz, der die politischen und wissenschaftlichen Motivationen und Argumentationsstrukturen der beteiligten Personen eingehend beleuchtet.

ERSTES KAPITEL

Historische Vorstufe: Stuttgarter Empfehlungen 1954

"Die Männer im feurigen Ofen"
Franz Thierfelder, 24.Dezember 1953

1. Neue Motivation für Reformbestrebungen: Sprachpflege als
    Legitimation für nationale Identität

"In einem burgartigen Amtssitz(es) am Stuttgarter Charlottenplatz" - Residenz des Instituts für Auslandsbeziehungen - saßen
die Mitglieder der "Arbeitsgemeinschaft für Sprachpflege" an
"langer Hufeisentafel, zu Füßen der Dürerschen Apostel" und be-
rieten über eine deutsche Rechtschreibreform; immer wieder wurden sie "vom Hausherrn, Dr. Franz Thierfelder (...) zum teils
taktischen Maßhalten ermahnt, teils in ihren erlahmenden Hoffnungen gestärkt". (Süskind 1954a) Diese Schilderung kennzeichnet treffend die konservativ-restaurative Atmosphäre, in der zu
dieser Zeit im Sinne eines ungebrochenen idealistischen Geistes
über Reformen verhandelt wurde.
Waren es wirklich "25 Verschwörer", die den Deutschen "eines
Tages auf drastische Weise den sicheren Boden unter den Füßen
wegziehen könnten" (Süskind 1954a)? Ganz sicher nicht! Von allen Gruppen, die sich seit 1902 um eine Rechtschreibreform bemüht hatten, war diese Arbeitsgemeinschaft die am wenigsten revolutionär gesonnene, wenn auch ihr Entwurf den spektakulärsten
Presseskandal in der Geschichte der Rechtschreibreform verursachte. (Vgl. 1.Kap.4.1)
Sprachpflege war für Franz Thierfelder[1], den Initiator dieses
"Verschwörertreffens", das Gebot der Stunde, denn "die Spracheinheit Mitteleuropas" schien bedroht - so begründete er einige
Jahre später seine damaligen Aktivitäten. Was er in diesem im
Ausland (Zagreb) gehaltenen Vortrag (NT5) diplomatisch als Be-
drohung der "Spracheinheit Mitteleuropas" bezeichnete, wurde
von ihm und vielen anderen Deutschen in den ersten Jahren nach
Kriegsende mit einigem Recht als Bedrohung der nationalen Iden-
tität empfunden.
Das Wort "Zusammenbruch" bezeichnete nicht nur die militärische
Niederlage, sondern auch den sowohl unter geographischem als

---

[1] Biographische Angaben über Thierfelder und alle anderen Personen, die in dem hier und den folgenden Kapiteln beschriebenen
Abschnitt der Reformgeschichte eine Rolle spielten, befinden
sich im Anhang.

auch demographischem Aspekt desolaten Zustand der Nation. Alle Verlautbarungen der Alliierten ließen den Schluß zu, ein "Deutsches Reich", von dem noch einmal eine Bedrohung für andere Staaten in Europa ausgehen könnte, sollte nicht wieder erstehen. Statt eines deutschen Staates existierten vier Besatzungszonen und die sogenannten Ostgebiete.

Thierfelder hielt die Sprache für den "kostbarsten Besitz (...), der uns als Volk noch geblieben ist" (NT2:5), und glaubte, Sprachpflege sei die wirksamste Methode, mit der man den Deutschen ihre nationale Identität wieder bewußt machen könne. Dabei zielten seine Absichten weniger auf eine kollektive Orientierung des Bewußtseins als auf eine individuelle Identitätsfindung. Ihm war sehr wohl bewußt, daß in Zeiten nationaler Krisen - wie es die militärische Niederlage und die totale Destruktion eines deutschen Staatswesens ja waren - die Sprache insofern ein wichtiges Politikum ist, das es dem einzelnen erlaubt, sich damit auf seine nationale Identität (Kultur) zu berufen. Um den Deutschen zu einem neuen nationalen und internationalen Bewußtsein zu verhelfen, wollte er eine "Zentralstelle für Sprachpflege" einrichten. In dem dafür entworfenen Programm (NT 2) begründete seine Pläne mit der Notwendigkeit, individuell eine durch Kultur und Tradition bedingte nationale Identität zu erhalten.

Zum Zeitpunkt der Gründung der "Arbeitsgemeinschaft für Sprachpflege" (die nach zweijährigen Verhandlungen die Stuttgarter Empfehlungen veröffentlichte) im Jahre 1952, hatten sich die beiden deutschen Staaten schon konstituiert, aber immer wieder wurde die "einigende Kraft" der gemeinsamen Muttersprache beschworen. In seinem Aufsatz "Einheit der Muttersprache - Einheit des Vaterlandes" (erschienen in der DDR-Zeitschrift "Sprachpflege") konstatiert Kammradt "mit banger Sorge, daß die Deutschen in Ost und West sich nicht zusammen-, sondern auseinanderleben; statt sich zusammenzulieben, reden sie sich auseinander" (Kammradt 1952:31). Er sah zu diesem Zeitpunkt die Gefahr des "Auseinanderredens" zwar nur im vermehrten Gebrauch der Fremdwörter - auch die puristischen Tendenzen hatten die Katastrophe überdauert - tatsächlich entwickelte sich aber in den folgenden Jahrzehnten eine sprachliche Differenzierung in den beiden deutschen Staaten, deren Art und Grad seither immer

wieder Gegenstand der Forschung war. Es wurde nachgewiesen, daß
das grammatische System sich als stabil erwies, in Ost und West
nahezu unverändert blieb bzw. "den gleichen langfristigen Wand-
lungstendenzen unterlag", hingegen aber Wortschatzdifferenzen
wie unterschiedliche Neuprägungen, Bedeutungs- und Wertungsdif-
ferenzen auf Grund der unterschiedlichen politischen Systeme
u.a. zunehmend evident wurden. (Hellmann 1979:1021)
An der Rechtschreibung als der einzigen staatlich festgelegten
Norm wurde allerdings niemals gerüttelt. Es gab zwar gelegentlich Äußerungen von Einzelpersonen, die einen Alleingang in
diesem Punkt als das Recht eines souveränen Staates einforderten, von offizieller staatlicher Seite wurde aber 40 Jahre lang
jeglichem sprachlichen Separatismus abgeschworen und gleichzeitig gemeinsames Vorgehen postuliert.
Diese Entwicklung war aber in der frühen Nachkriegszeit bis zum
Beginn der 50er-Jahre nicht vorauszusehen, denn die damalige
kulturpolitische Entwicklung schien eine sprachliche Zersplitterung durchaus in den Bereich des Möglichen zu rücken. Es hätte nahe gelegen, die Idee der Sprachpflege in der Schulpolitik
zu verwirklichen; daß dies nur in Ansätzen geschah, lag unter
anderem an der sich abzeichnenden föderativen Kulturpolitik.
Die Gründung der Bundesländer, verbunden mit Landtagswahlen innerhalb der westlichen Besatzungszonen, und die 1947 einberufe-
ne - wenn auch gescheiterte - Konferenz der Ministerpräsidenten
ließen schon früh ein föderatives Konzept erkennen, das in den
folgenden Jahren besonders die Bildungspolitik bestimmte: Die
Kulturhoheit der Länder wurde im Grundgesetz festgeschrieben
(GG Artikel 74a).
Für die Bemühungen um eine Rechtschreibreform spielte diese
Tatsache eine entscheidende Rolle, weil es sowohl bei der Entstehung der STE als auch der WE immer wieder Probleme mit den
staatlichen Zuständigkeiten gab. Bis zum Zeitpunkt der Gründung
der beiden deutschen Staaten war die schulpolitische Entwicklung in den vier Besatzungszonen so unterschiedlich verlaufen,
daß Guggenheimer 1948 in den "Frankfurter Heften" sicher zu
recht eine kulturelle und damit auch sprachliche Zersplitterung
befürchtete: "...ein Leipziger Jurist" könnte "seinem Kollegen
aus Charkow ähnlicher sein (...) als dem aus Bonn", und "ein
Altphilologe aus der amerikanischen Zone" würde "vor einer Un-

tersekunda in der französischen vielleicht nicht bestehen"
(Guggenheimer 1948:488). Ursächlich für diese Auseinanderent-
wicklung war das Fehlen eines einheitlichen bildungspolitischen
Konzeptes der Alliierten. Erst im Juni 1947 stellte der Alli-
ierte Kontrollrat "Grundsätze zur Demokratisierung des deutschen Erziehungssystems" auf (Benz 1986:184), die aber so allgemein formuliert waren, daß sie zonenspezifische Sonderent-
wicklungen nicht aufhalten konnten. (So hatte es z.b. schon
einmal den später allerdings nicht realisierten Beschluß gegeben, für das Territorium der britischen Zone die Kleinschreibung einzuführen.)

> Parteipolitische, konfessionelle oder regionale Motive, In-
> teressen und Traditionen in den wiedererstandenen Ländern
> hatten zu höchst verschiedenen Schulsystemen geführt:
> Strukturelle Reformen in einem Land standen in scharfem
> Kontrast zur Restaurierung alter Schultypen aus der Weima-
> rer Zeit in einem anderen Land. (Benz 1986:185)

Um einer weiteren Zersplitterung des Schulwesens entgegenzutreten, lud der damalige niedersächsische Kultusminister Adolf
Grimme zu einer Konferenz der Erziehungsminister ein. Bei dieser Zusammenkunft unter Vorsitz des damaligen württem-bergba-
dischen Kultusministers Bäuerle am 19. und 20. Februar 1948 in
Stuttgart-Hohenheim - sie gilt als die Geburtsstunde der KMK -,
an der die Kultusminster aus allen vier Zonen teilnahmen, zeigte sich, daß die Unterschiede in der Schulpolitik inzwischen zu
groß waren, um noch zu einer gemeinsamen Linie zu finden. (Benz
1986:190f)
Diese Entwicklung mußte alle Intellektuellen zutiefst beunruhi-
gen und bei allen Bürgern die Furcht vor einer sprachlichen
Zersplitterung und damit vor dem Verlust der nationalen und
kulturellen Identität nähren. Zum einen lag es also nahe, in
dieser politischen Situation die Sprache als ein reaktionä-
res(!) Argument im Sinne der Wiederherstellung eines National-
staates zu benutzen[1], was in der politischen Diskussion um die
Wiedervereinigung durchaus üblich war.

---

1 Analoge Argumentationsstrategien lassen sich auch bei der
Neugründung von Staaten feststellen. So hat das israelische
Parlament bei der Neugründung des Staates beschlossen, das nur

Zum anderen bot sich hier aber ein treffendes Argument an,
durch intensivierte Sprachpflege sowohl ein neues kulturelles
Selbstbewußtsein zu begründen als auch das nationale Zusammen-
gehörigkeitsgefühl aller Deutschen neu zu beleben. Thierfelder
können in diesem Zusammenhang keine chauvinistischen Tendenzen
unterstellt werden; dagegen spricht seine Biographie.[1]
Aus dem Ersten Weltkrieg war er mit schweren Verwundungen zurückgekehrt, die eine geplante musikalische Ausbildung unmöglich machten; aber auch seine menschliche und politische Einstellung war durch das Kriegserlebnis stark geprägt worden. Er
erkannte, daß "ein Volk so lange nicht verloren war, so lange
es noch seine Sprache besaß" (NT19 Hardcastle S. 13, Überset-
zung von mir, H.S.), und er träumte den großen Traum vom Frie-
den und von der Völkerverständigung im wahrsten Sinne des Wortes: durch das Lernen der jeweiligen Sprachen und durch die
Verbreitung der deutschen Sprache im Ausland. 1925 konnte er
seinen Traum teilweise realisieren; er wurde der Pressereferent
der neu gegründeten Deutschen Akademie in München.[2]

---

im religiösen Leben tradierte alttestamentliche Hebräisch zur
offiziellen Staatssprache zu erklären. Die über die Sprache
mögliche nationale Identifikation hielt man für so wesentlich,
daß man dafür die Probleme und Schwierigkeiten, die sich bei
den vielfältigen politischen, wirtschaftlichen und kulturellen
Kontakten mit den anderen Ländern der westlichen Welt ergaben,
in Kauf nahm. Ein anderes Beispiel ist die Gründung des Staates
Indonesien. Hier wurde sogar eine neue Nationalsprache synthe-
tisch konzipiert.

1 Die biographischen Angaben über Thierfelder basieren auf der
in Familienbesitz befindlichen, nicht gedruckten Biographie von
Helen Hardcastle (NT19) und auf mündlichen Mitteilungen von
Hannelore Wilken, der Tochter von Thierfelder, vom 5. Mai 1986.

2 "Deutsche Akademie. Akademie zur wissenschaftlichen Erforschung und Pflege des Deutschtums, in München, gegründet 1925.
Abteilungen: 1) wissenschaftliche Abteilung mit Sektionen für
Sprache , Geschichte, Kunst, Musik usw.; 2) praktische Abteilung, die die kulturellen Lebensäußerungen des Deutschtums, namentlich auch des Auslanddeutschtums, zusammenfassen und fördern soll." (Artikel "Deutsche Akademie" in: Der Neue Brockhaus. Allbuch in vier Bänden und einem Atlas. Leipzig 1938.
Erster Band A-E, S. 528.)

36

Die Namenliste der "Senatoren"[1] belegt, daß es sich bei der
Deutschen Akademie um eine Organisation von einiger Bedeutung
handelte. Auch an der Gründung des Goethe-Instituts 1932 war
Thierfelder maßgeblich beteiligt. Er schrieb nach dem Zweiten
Weltkrieg, in der Zeit von 1927 bis 1932 habe sich "in den
Kreisen der Deutschen Akademie in München die grundlegende
Wandlung" vollzogen, weil man der Sprache die internationale
Aufgabe zuschrieb, "Mittel des Brückenschlags und der atmosphä-
rischen Reinigung " zu sein. "Die Gründung des Goethe-Instituts
in München war das äußere Signal für eine geistig-politische
Neuorientierung" (Thierfelder 1956:150). Sein Traum, der sich
hier in Ansätzen zu verwirklichen schien, wurde bald nach 1933
zum Albtraum und führte schließlich 1937 zu seinem Ausscheiden
aus der Deutschen Akademie. Schon bald nach Kriegsende suchte
er nach Möglickeiten, seine Ideen erneut in die Tat umzusetzen.
"In den Jahren 1948/49 fanden sich Mitglieder und Freunde der
Deutschen Akademie zusammen" und prüften "in freier Aussprache", wie der geistige Zusammenhang Deutschlands mit der Außen-
welt wieder hergestellt werden könnte"; dieser "Wiesbadener Arbeitskreis" schuf "die geistigen Grundlagen für die Wiederer-
richtung des 'Goethe-Instituts' in München und des 'Instituts
für Auslandsbeziehungen' in Stuttgart", dessen Generalsekretär
Thierfelder wurde. (Thierfelder 1956:151f).

---

1 In der Biographie von Hardcastle befindet sich ein Zeitungs-
foto (Quelle unbekannt), das eine Gruppe von Senatoren der
Deutschen Akademie bei der Tagung in Köln am 22. Oktober 1926
zeigt: Geheimrat Dr. Duisberg (Leverkusen), Geheimrat Prof. Dr.
Oncken (München), Prälat Prof. Dr. Mausbach (Münster i. W.),
Ministerpräsident Held (München), Oberbürgermeister Dr. Adenau-
er (Köln), Präsident der Deutschen Akademie Geheimrat Prof. Dr.
Pfeilschifter (München), Geheimrat Prof. Dr. Sering (Berlin),
Geheimrat Prof. Dr. Krehl (Heidelberg), Prof. Dr. Hugo Lederer
(Berlin), Geheimrat Prof. Dr. E. v. Drygalski (München), Dr. E.
G. v. Strauß (Berlin), Geheimrat Prof. Dr. Richard Schmidt
(Leipzig), Handelskammerpräsident Klawitter (Danzig), General-
konsul Kommerzienrat Dr. Wanner (Stuttgart), Geheimrat Kißkalt
(München), Geheimrat Prof. Dr. Penck (Berlin), General (!)
Prof. Dr. Haushofer (München), Geheimrat Prof. Dr. Franque
(Bonn), Geheimrat Prof. Dr. Eckert (Köln), Geheimrat Prof. Dr.
Jäckel (Greifswald), Prof. Dr. Neumann (Heidelberg), Staatsse-
kretär a.D. v. Welser (München), Kommerzienrat Alfred Neven
DuMont (Köln).

Seine Tochter erinnert sich, daß ihm dieser "Wiesbadener Arbeitskreis" ganz besonders wichtig war und daß er mit großer
Freude und Begeisterung zu den Sitzungen fuhr (mündliche Mitteilung von Hannelore Wilken am 5. Mai 1986). Er glaubte, nun
seinen Traum fortsetzen zu können, bedachte dabei aber nicht,
daß sich auf Grund der Ereignisse der letzten Jahre in Europa
eine völlig veränderte politische Situation ergeben hatte. Probleme, die jetzt anstanden, waren nicht mehr mit den alten Mitteln wie "Sprachpflege" zu bewältigen, wie Thierfelder das in
seinem Programm für die vom Wiesbadener Arbeitskreis geplante
"Arbeitsstelle für Sprachkultur" geschrieben hatte:

> Die Notwendigkeit, eine Zentralstelle für Sprachpflege zu
> schaffen, steht seit langem ausser Frage. Sie ist aber seit
> der Katastrophe 1945 eine der vordringlichsten Forderungen
> unseres nationalen Daseins geworden. Die geistige und see-
> lische Zerrüttung unseres Volkes spiegelt sich nicht nur in
> einer Auflösung der Sprach- und Sprechformen wider, in ei-
> ner zunehmenden Unfähigkeit des Einzelnen, seine Sprache
> schriftlich und mündlich zu handhaben, sie wirkt auch umge-
> kehrt mit ihren tauben Worthülsen, ihren ausgelaugten
> Wen-Odungen, ihrer aufgeblasenen Umständlichkeit ihrer
> ganzen stilistischen Unordnung unheilvoll auf den
> Nationalcharak- ter zurück. (...)
> Sprache schafft nicht nur den Erlebnisraum des Individuums,
> sondern auch den der Nation. Da die Nation, wie sie uns je-
> weils gegenübersteht, nicht einfach nur die Summe der le-
> benden Volksangehörigen ist, sondern das geistige Erbe al-
> ler vorausgehenden Geschlechter in sich schliesst, da sie
> als Massengemeinschaft eine ganze Reihe überindividuelle
> Funktionen zu erfüllen hat, bedeutet auch die Sprache als
> Ausdruck eines nationalen Bewusstseins und Willens mehr und
> anderes als die Sprache im Alltag des Einzelnen.(2)
> Seit der Aufspaltung Deutschlands in Länder und Zonen ist
> die deutsche Sprache zum wichtigsten Band der Deutschen un-
> tereinander geworden. (NT2:1f)

Sprachpflege bedeutete für Thierfelder zum einen, Bestehendes
bewahren, Auswüchse und Unreinheiten zu entfernen, organisches
Wachstum zu fördern. Es hätte nahe gelegen, die Idee der
Sprachpflege als pädagogisches Postulat zu formulieren und in
die schulpolitische Diskussion hineinzutragen; daß Thierfelder
zunächst in dieser Richtung keine Aktivitäten entfaltete, lag
nicht nur an seiner spezifischen Biographie, sondern auch an
der schon beschriebenen schulpolitischen Entwicklung in den
beiden deutschen Staaten. Zum anderen sah er in Sprachpflege
ein geeignetes politisches Instrument, um die nationale Identi-

tät der Individuen über neu entstandene Staatsgrenzen hinaus zu
festigen und das verlorene internationale Ansehen wiederherzustellen. In seinem Entwurf heißt es weiter:

> In einer noch vielfach misstrauisch und feindselig geblie-
> benen Aussenwelt bildet die deutsche Sprache häufig das
> letzte Gemeinsame, was uns mit dem Ausländer verknüpft, der
> unsere Sprache als Fremdsprache lernte. (...) Gäben wir die
> interzonalen und internationalen Sprachverflechtungen
> preis, vernachlässigten wir sie auch nur, wäre die Isolie-
> rung und Atomisierung des Deutschen Volkes vollständig, und
> wir hätten schuldhaft das Werk der Selbstvernichtung voll-
> endet. (NT2:2)

Aus diesen Worten spricht eine ungebrochen idealistische Einschätzung der realen politischen Lage, in der die Entstehung
neuer militärischer Machtblöcke, die Durchsetzung wirtschaftlicher Interessen und zahlreiche andere machtpolitische Konstellationen nicht zu existieren scheinen. Dieses mangelnde historische Bewußtsein ist symptomatisch für die Gründungsphase der
Bundesrepublik; man glaubte, an die alten Ideen anknüpfen zu
können, ohne die Last einer schweren Hypothek und das Enstehen
einer völlig neuen weltpolitischen Lage zu bedenken. Bei Thierfelder erstaunt diese Einstellung um so mehr, als gerade er im
Dritten Reich erfahren hatte, wie wenig solche Ideen bewirken
oder auch nur verhindern konnten.

Auch im Jahre 1949 mußte er zunächst erleben, daß der Plan von
der "Arbeitstelle für Sprachkultur", den er im Juli 1949 ausgearbeitet hatte (NT2), nicht konkurrenzlos dastand und sich ohne
politische und finanzielle Unterstützung nicht verwirklichen
ließ. Im "Mitteilungsblatt des WIESBADENER ARBEITSKREISES e.V."
No. 3 vom September 1949 (NT3) berichtete er über die Gründung
der "Deutschen Akademie für Sprache und Dichtung":

<u>Zwei Akademien für deutsche Dichter.</u>
Am 28.8.1949 nahmen der Vorsitzende des Wiesbadener Arbeitskreises Dr. M a g n u s und der Geschäftsführer Dr.
T h i e r f e l d e r an der Goethe-Feier der Stadt Frank-
furt/M. in der Paulskirche teil, in deren Verlauf von Minister a.D. Dr. G r i m m e , dem Generaldirektor des Nord-
westdeutschen Rundfunks die Gründung der Deutschen Akademie
für Sprache und Dichtung mitgeteilt wurde. Da die Errich-
tung einer solchen Organisation schon seit längerem geplant
war und angenommen werden konnte, daß sie mit bestimmten
Absichten des Wiesbadener Arbeitskreises in Wettbewerb treten werde, schien es notwendig, das Programm der Deutschen

Akademie und die an ihrer Gründung beteiligten Persönlichkeiten so rasch wie möglich kennen zu lernen (sic!). Zur
allgemeinen Überraschung wurde beinahe um dieselbe Zeit eine Parallelgründung in Mainz vollzogen, die offenbar die
gleichen Ziele verfolgt. Ein Programm im einzelnen wurde
nicht vorgelegt, so daß vor der Hand noch nicht festgestellt werden kann, ob und in welchem Umfange etwa die Tätigkeit der beabsichtigten Arbeitstelle für Sprachkultur
durch die Gründung beeinflußt wird. Unter den Kommentaren
zu den Gründungsakten in Frankfurt/M. und Mainz scheint der
in der "Welt" vom 1.9.49 veröffentlichte besonders bemerkenswert. Es heißt dort u.a.: "Schlicht gesagt: wir empfanden es als peinlich, daß fast am gleichen Tage und kaum 50
km von einander (sic!) entfernt, zwei deutsche literarische
Akademien gegründet wurden. In der Frankfurter Paulskirche
verlas Dr.Grimme ein von 49 Persönlichkeiten unterzeichne-
tes Manifest, in der die Gründung der "Deutschen Akademie
für Sprache und Dichtung" verkündet wurde.In Mainz konsti-
tuierte sich indessen eine "Dichterakademie", worin sich
Schriftsteller aus allen vier Zonen zusammengeschlossen haben. Mit der Frankfurter Akademie werde seine, Grimmes,
Person die Tradition der ehemaligen Dichterakademie ("Preußische Akademie der Künste, Sektion Dichtkunst") im gewissen Sinne fortgeführt, denn er verwaltete die vor 1933 als
preussischer Kultusminister. Von den 49 Mitgliedern des
"vorläufigen Arbeitskollegiums" gehöre jedoch niemand jener
Institution an. (...) Ob aber Akademien infolge gleichen
oder ähnlichen Anspruchs einander Konkurrenz machen sollten, darf füglich bezweifelt werden, zumal beide Gruppen
versprechen, "Stätten der Freiheit" zu werden, in denen
"unabhängig von Staat und Politik" die deutsche Sprache und
Dichtung gepflegt würden.
Allein das Wort "Akademie" verpflichtet. Die Frankfurter
Gründung soll nach dem Vorbild der Académie Française
(sic!) ein "Ort geistiger Repräsentanz der Deutschen" werden - was auf die alte Dichterakademie (...) zweifellos zu-
traf. Die personelle Zusammensetzung des Frankfurter Arbeitskollegiums erscheint uns jedoch im Hinblick auf dieses
Ziel sehr uneinheitlich und zufällig. (NT3; Sperrungen im
Original, H.S.)

Sowohl der Bericht über den Festakt in der Paulskirche als auch
die Auswahl des Zeitungszitates lassen Thierfelders Enttäuschung darüber erkennen, daß die von ihm geplante Institution
nicht zu realisieren sein würde. Außerdem hat die folgenreiche
Reaktion der Darmstädter Akadadmie auf die STE und die WE - besonders das Verhalten von Storz (s. 2.Kap. und 4.Kap.) - hier
eine ihrer Wurzeln. Thierfelder wurde zwar kurze Zeit später
Generalsekretär des "Institus für Auslandsbeziehungen" in
Stuttgart, wo er mit viel Elan und Idealismus arbeitete, aber
diese Enttäuschung hat in der Folgezeit seine Beziehungen zur
Akademie für Sprache und Dichtung und zu einigen ihrer Mitglie-

der belastet, was für die Reaktion der Öffentlichkeit auf die STE und die WE einen nicht unerheblichen Einfluß gehabt hat.

Diese Entwicklung in den ersten Nachkriegsjahren erklärt auch, warum Thierfelder die 1952 aus Österreich an ihn herangetragene Anregung, Verhandlungen über eine Rechtschreibreform zu organisieren, wenn auch zunächst zögernd, gerne annahm. Er kam aus einer ganz anderen Tradition als alle bisher in Erscheinung getretenen Rechtschreibreformer, die meist Vertreter bestimmter Berufsgruppen - besonders der Lehrer und Drucker, selten der Sprachwissenschaftler - waren, und brachte zunächst eine umfassendere Intention in die Diskussion um eine Änderung der Sprachnorm ein. Sprachpflege als populäre Variante der Sprachwissenschaft war für ihn wesentlicher Teil einer deutschen Kultur, die nicht an eine staatlich kontitutionalisierte Nation gebunden war. In seinem Entwurf zur "Arbeitstelle für Sprachkultur" hatte er schon drei Jahre zuvor geschrieben:

> Ausserdem dürfen wir nicht vergessen, dass sie (die deutsche Sprache, H.S.) ausserdeutsche Teilhaber in der Schweiz, in Oesterreich, Luxemburg, Südtirol in überseeischen Siedlungsgebieten u.a. hat, die vom Schicksal der deutschen Sprache wesentlich berührt werden und daher bei allen unseren Massnahmen sorgfältig berücksichtigt werden müssen. (NT2:2)

Es ist deshalb kein Zufall, daß in der unter seiner Regie gegründeten "Arbeitsgemeinschaft für Sprachpflege" zum ersten Mal Vertreter aus vier deutschsprachigen Staaten an einem Tisch saßen. Die von Thierfelder zunächst intendierte Zielsetzung bestand darin, im Sinne von Sprachpflege bestehende Formen zu bewahren, nicht aber eine bestehende Norm zu verändern. Wenn am Ende der Diskussionen die Forderung stand, die 1902 staatlich festgeschriebene Rechtschreibnorm zu verändern, dann liegt die Ursache dafür in der Tatsache, daß Vertreter der Gruppen, die den Reformgedanken seit der Jahrhundertwende getragen hatten, hier ihre Ideen durchsetzen konnten. Aber auch diese waren keineswegs alle "Revolutionäre", sondern die meisten von ihnen waren "Konservative", die lediglich das einforderten, was 50 Jahre vorher einem Kompromiß zum Opfer gefallen war. Und selbst hier machten sie noch Abstriche: Einige der Forderungen von damals fielen ganz weg und die jahrzehntelang diskutierte Dehnungsfrage landete im Anhang der STE ("Kennzeichnung langer und kurzer Vokale").

Alle späteren öffentlichen Auseinandersetzungen um die STE und auch die WE, die schließlich zum Scheitern aller Reformversuche geführt haben, waren deshalb so heftig und so folgenschwer, weil es sich um einen Kampf der konservativen Kräfte untereinander handelte und die Gegner im eigenen Lager für besonders gefährlich gehalten wurden.

2. Die Gründung der "Arbeitsgemeinschaft für Sprachpflege" und ihre Vorgeschichte

2.1 Thierfelders persönliche Motivation für Sprachpflege

Schon der Name - Thierfelder sprach von einem "glücklichen Ausdruck für das, was diese Zusammenkunft angestrebt habe" (H1:XIX) - verrät, daß er hier das Konzept zu verwirklichen dachte, das er im Zusammenhang mit den Plänen zu dem Wiesbadener Arbeitskreis entworfen hatte: Eine "Arbeitstelle für Sprachkultur".

Die Arbeitsstelle soll zunächst 5 Abteilungen errichten:
1) für Rechtschreibung und Zeichensetzung
2) für Publizistik und Stilkunde
3) für Sprechpflege und Rundfunk
4) für Wortbildung
5) für Druck und Schrift (NT2:3)

"Die Methode des Vorgehens" hatte er damals folgendermaßen umrissen:

1) die Hauptmängel des gegenwärtigen Sprachzustandes festzustellen
2) ihre Ursachen zu untersuchen
3) Massnahmen zu ihrer Beseitigung zu ersinnen und durchzuführen (NT2:3)

Dazu erläuterte er, daß es sich bei den Punkten 1) und 2) um Forschungsarbeit handele, deren Ergebnisse entsprechend publi-

ziert werden müßten, der Punkt 3) aber "praktische Sprachpflege" darstelle, die sich auf unterschiedliche Weise verwirklichen lasse:

Die Arbeitsstelle wird:
a) enge Beziehungen zu den Unterrichtsbehörden pflegen und
anregend auf den deutschen Sprachunterricht einwirken
b) sie wird die Wirtschaft in ihrem Bestreben unterstützen,
in ihren Veröffentlichungen und Werbeschriften die Wirksamkeit der Sprache zu steigern und durch sprachliche Konzen-
triertheit Geld zu sparen
c) sie wird bereit sein, die Veröffentlichungen der Verwaltung und Gesetzgebung auf ihre sprachliche Form zu prüfen,
um das Deutsch der Ämter für jedermann verständlich zu machen
d) sie wird dem Rundfunk jede nur denkbare Hilfe geben, damit diese wichtigste Einrichtung für die Sprach- und
Sprecherziehung des deutschen Volkes ihre pädagogischen
Möglichkeiten voll ausschöpfen kann
e) sie wird mit den Institutionen, die im besonderen auf
die Wirkung des Wortes angewiesen sind (Kirchen, Volkshoch-
schulen, Gerichte, Parlamente usw.) gemeinsam Wege suchen,
um der Sprach- und Sprechverwilderung zu begegnen
f) sie wird wichtige und schwierige Probleme, wie z.B. die
Rechtschreibreform, die Zeichensetzung, die Fremdwörterfra-
ge in besonderen Konferenzen erörten und dafür sorgen, daß
unüberlegte Einzelaktionen vermieden werden
g) sie wird sich um eine Zusammenarbeit mit den zuständigen
Stellen deutschsprachiger Länder jenseits der Grenzen bemühen, um dort auftauchende sprachliche Bedürfnisse mit den
eigenen in Einklang zu bringen
h) sie wird Hilfsmittel schaffen, die der Einzelne zur
sprachlichen Selbsterziehung mit Nutzen verwenden kann
(NT2:4)

Thierfelder wollte diese Aufzählung nur als einen Katalog von
Beispielen verstanden wissen; andere Wege des Vorgehens sollten
sich im Laufe der Arbeit von selbst entwickeln (NT3:4).
Da die geplante Arbeitsstelle nicht realisiert werden konnte,
die neu gegründeten Akademien Thierfelder verschlossen blieben
und das "Institut für Auslandsbeziehungen", dessen Generalsekretär er seit 1950 war, sich andere Aufgaben gestellt hatte,
schien es zunächst keine Möglichkeit zu geben, den Plan einer
institutionalisierten Sprachpflege zu verwirklichen.
In dieser Situation erreichte ihn am 15. Mai 1952 ein Brief[1]
des Vorsitzenden der österreichischen Wörterbuchkommission, des

1 Dieser Brief ist nicht erhalten; er wird im Protokoll der
Arbeitsbesprechung von Konstanz (H1) erwähnt.

Ministerialrates Dr. Josef Stur, in dem dieser vorschlug, das "Institut für Auslandsbeziehungen" möge doch Fachleute aus Deutschland, Österreich und der Schweiz "zu einer Besprechung über Fragen der gemeinsamen Sprache" einladen. (H1:I) Zunächst zögerte Thierfelder noch, weil er glaubte, "eine andere deutsche Stelle" sei wohl eher berufen, hier aktiv zu werden (H1:I). Mit dieser Formulierung deutete er an, daß er um Bemühungen anderer Stellen - er meinte wohl die KMK - wußte und schon über die Frage der Zuständigkeit nachgedacht hatte. Wahrscheinlich war er sich im klaren darüber, daß eine Institution wie die Akademie für Sprache und Dichtung eine solche für sich in Anspruch nehmen könnte, das Institut für Auslandsbeziehungen hingegen für diese Aufgabe nicht unbedingt die richtige Stelle sei. Bewußt oder unbewußt hat bei seiner Entscheidung, sich dem Vorschlag aus Österreich nicht zu verschließen, sicher seine Erfahrung mit der Deutschen Akademie und die von ihm kritisch bewertete Gründung der Darmstädter Akademie mitgespielt. Möglicherweise hat er es als Genugtuung empfunden, daß die Österreicher ihn und nicht eine der Akademien angesprochen hatten. Klar gewesen ist ihm aber auch, daß eine Änderung der Rechtschreibnormen von einer politischen Instanz sanktioniert werden muß, denn im weiteren Verlauf der Konstanzer Sitzung stellte er fest, "von deutscher Seite" seien "alle nötigen Institutionen vertreten" und nannte ausdrücklich Prof. Dr. Basler als Beauftragten der KMK für Rechtschreibfragen (H1:XIX).

2.2 Bisherige Aktivitäten der KMK in der Rechtschreibfrage

Der hier von Thierfelder erwähnte Auftrag war Basler bei der Plenarsitzung der KMK am 27./28. Oktober 1950 in Freiburg erteilt worden. Dort hatte die KMK auf Vorschlag des niedersächsischen Kultusministers über das Problem einer Rechtschreibreform diskutiert und folgenden Beschluß gefaßt, der offiziell aber nie veröffentlicht wurde:

> Die Kultusministerkonferenz wird die deutsche Rechtschreibung vereinheitlichen und organisch weiter entwickeln. (sic!)

Unter dem Vorsitz von Prof. Dr. Basler an der Universität
München wird ein vorbereitender Ausschuß nach Prüfung der
gegenwärtigen Rechtschreibung eingesetzt. Die Bearbeiter
der amtlich eingeführten Rechtschreibbücher sowie der Bearbeiter des "Duden" werden aufgefordert, sich an der Arbeit
dieses Ausschusses zu beteiligen.
In Zweifelsfällen wird bis auf weiteres die Schreibweise
des "Duden" als richtunggebend angesehen. (B2/4a)

Thierfelder hat sich hier also keineswegs eine Rolle angemaßt,
die ihm nicht zustand, sondern er wurde erst aktiv, als er erfahren hatte (wahrscheinlich von Basler), daß von der KMK keine
Aktivitäten ausgehen würden. Der 1950 in Freiburg eingesetzte
Ausschuß ist überhaupt nicht zustande gekommen - vermutlich wegen mangelnder Initiativen von seiten Baslers und wegen finanzieller Probleme. Ob Thierfelder Basler von sich aus eingeladen
hatte oder ob Basler sich um eine Mitarbeit in der Arbeitsgemeinschaft bemühte, ließ sich nicht klären. Im Protokoll der
Konstanzer Sitzung ist vermerkt, daß Basler - in seiner Eigenschaft als Beauftragter der KMK für Rechtschreibfragen (H1:XIX)
- den Auftrag erhielt, Dr. Eugen Löffler, dem damaligen Vorsitzenden des Schulausschusses der KMK[1], die dort erarbeiteten
Vorschläge zu überbringen.
Thierfelder berichtete mehrmals über seine Kontakte zu Löffler
und erwähnte in der Einladung zu der Salzburger Sitzung, daß
"der Ausschuss für Fragen der Rechtschreibung bei der Kultusministerkonferenz (..) eine engere Verbindung zu" ihm hergestellt
und um "brauchbare Vorschläge für eine umfassende Rechtschreibreform" gebeten habe (H2:1). Die Mitglieder dieser Arbeitsgemeinschaft zeigten aber kaum Interesse für den staatlichen Auftrag; wie wenig man über Kompetenzen nachgedacht hatte, zeigt
sich an einem in Konstanz gefaßten Beschluß:

Es wurde abgelehnt, dass bereits im Namen der Arbeitsgemeinschaft die Verbindung mit dem Unterrichtsministerium
(Österreich) oder der Kultusmnisterkonferenz (Deutschland)
zum Ausdruck gebracht werden solle. (H1:XXI)

Bezeichnend ist auch, daß Glinz, Heyd und Moser, die Mitglieder
der Arbeitsgemeinschaft für Sprachpflege waren und an den Ta-

---

1 Der Schulausschuß, einer der vier ständigen Ausschüsse der
KMK, ist mit Ministerialbeamten aus den Kultusministerien der
Länder besetzt.

gungen in Salzburg, Schaffhausen und Stuttgart (Moser nur in Stuttgart) teilgenommen hatten, sich trotz gezielter Nachfrage (Interviews 1986 und 1987) an einen solchen Auftrag nicht erinnerten. Wie es dazu kam, daß die "Arbeitsgemeinschaft für Sprachpflege" einen Auftrag der KMK erhielt, die damit den 1950 gefaßten Beschluß realisierte, läßt sich heute mit Hilfe der Akten B rekonstruieren: Im Herbst 1955, als der Bremer Senator für das Bildungswesen Dehnkamp (inzwischen Sonderbeauftragter der KMK für Fragen der Rechtschreibreform) einen neuen Vorstoß plante (vgl. dazu 2.Kap.1), ließ er diesen Vorgang aufklären. Er bat am 8. November 1955 den Generalsekretär der KMK, "aus den dortigen Akten festzustellen, wann, wie und womit Herr Dr. Thierfelder bzw. (sic!) die Arbeitsgemeinschaft für Sprachpflege beauftragt worden ist, 'der Kultusministerkonferenz Material für eine Verbesserung der Rechtschreibung zu unterbreiten'" (B1/75). Diese Anfrage wurde von Löffler sofort wie folgt beantwortet:

> Zum letzten Absatz Ihres oben genannten (sic!) Schreibens erlaube ich mir auf die Beratung in der Plenarsitzung der Kultusministerkonferenz vom 23./24.Januar 1953, NS.S.3 zu verweisen. Ich habe den dort erteilten Auftrag sofort ausgeführt. Dr. Thierfelder war bereit, den Auftrag der Kultusministerkonferenz vom 27./28.Oktober 1950 in den unter seiner Leitung im November 1952 geschaffenen privaten Ausschuss zu übernehmen. Professor Dr. B a s l e r sagte seine Mitarbeit zu und trat in den Thierfelder'schen Ausschuss ein. Sodann habe ich den Beschluss der Kultusministerkonferenz vom 27./28.Oktober 1950 Herrn Dr. Thierfelder mitgeteilt. Der Ausschuss, der sich später den Namen "Arbeitsgemeinschaft für Sprachpflege" beilegte, hat Material im Sinne dieses Auftrages erarbeitet. Er ging aber ohne amtlichen Auftrag weit über die ursprünglich zugewiesene Aufgabe hinaus und hat konkrete Vorschläge gemacht. Darüber habe ich in der Plenarsitzung vom 9.Oktober 1953 (NS.S.20/21) berichtet. Einen weiteren Bericht habe ich in der Sitzung vom 27./28.Januar 1955 erstattet (NS.S.13) und zuletzt wurde in der Sitzung vom 28./29.April 1955 darüber verhandelt. (B1/83)

Da später in einem anderen Zusammenhang (s. 2.Kap.3.3 - Treffen in München) eruiert werden mußte, ob Basler von dem Beschluß der KMK (23./24. Januar 1953) unterrichtet worden war, "der lediglich seine Mitgliedschaft in dem vorbereitenden Ausschuß zur Prüfung der gegenwärtigen Rechtschreibung (gemeint ist der im

Oktober 1950 berufene Ausschuß, H.S.) vorsieht, ihm aber den bis dahin innegehabten Vorsitz aberkennt" (B3/128; Meinzolt/ Bayerisches Kultusministerium an Dehnkamp 6.4.56), entstand ein Schriftsück, das weitere Details dieses Vorgangs klärt. Im Generalsekretariat der KMK wurde im April 1956 auf Bitten von Dehnkamp eine Abschrift des Briefes hergestellt, den Löffler in seiner Eigenschaft als Vorsitzender des Schulausschusses am 13. April 1953 an Basler geschrieben hatte; dort heißt es:

> Seit meinem Brief vom 22. Dezember 1952 -Sch.Nr.1313- und Ihrem fernmündlichen Anruf anfangs Januar d.Js., in dem Sie mir Ihren Besuch in Aussicht stellten, habe ich leider nichts mehr von Ihnen gehört. Ich habe der Ständigen Konferenz der Kultusminister der Länder in einer Sitzung vom 23./24. Januar d.Js. an Hand Ihrer Ausführungen vom 27. November v.Js. eingehend berichtet und habe ihr auch Mitteilung von der Arbeitsbesprechung gemacht, die vom 21. - 23. November in Konstanz stattgefunden hat. Die Kultusminister-Konferenz hat von den als "Nahziele" bezeichneten Empfehlungen Kenntnis genommen, glaubte aber, zunächst von einer Stellungnahme absehen zu sollen, weil die Formulierungen, die sich in der Niederschrift über die Konstanzer Besprechung finden, sehr zurückhaltend sind und weil, abweichend von dem in ihrer Sitzung von 27./28. Oktober 1950 erteilten Auftrag, die Bearbeiter der amtlich eingeführten Rechtschreibbücher bis jetzt nicht gehört worden sind.
> Die Kultusminister-Konferenz legt Wert darauf, daß möglichst bald der Öffentlichkeit konkrete Vorschläge unterbreitet werden können, die sowohl den pädagogischen Erfordernissen der Schule, als auch den Bedürfnissen des praktischen Lebens Rechnung tragen. Nachdem sich nun, einer von österreichischer Seite ausgehenden Anregung folgend, unter der Federführung von Herrn Dr. T h i e r f e l d e r eine freiwillige Arbeitsgemeinschaft über Sprachfragen gebildet hat, der auch Sie angehören, hält es die Kultusminister-Konferenz für zweckmäßig, diese Arbeitsgemeinschaft um Weiterführung der Vorarbeiten zu ersuchen mit der ausdrücklichen Bitte an Sie, im Rahmen dieser Arbeitsgemeinschaft mitzuarbeiten. Auf diese Weise würden Sie von den büromäßigen Arbeiten entlastet, die mit der Tätigkeit des federführenden Vorsitzenden einer Arbeitsgruppe unvermeidlicherweise verbunden sind, und Sie könnten sich ganz der sachlich wissenschaftlichen Mitarbeit widmen.
> Da Herr Dr. Thierfelder im Institut für Auslandsbeziehungen die nötigen büromäßigen Hilfsmittel zur Verfügung stehen, wären Sie zugleich der Sorge enthoben, die angesichts des Mangels an Geldmitteln für diese Arbeiten am Schluß Ihres Berichtes vom 27. November 1952 anklingt. (B3/157)

Hier ist eindeutig belegt, daß die Arbeitsgemeinschaft für Sprachpflege sofort nach ihrer Gründung in Konstanz einen Auftrag der KMK erhielt, die damit de facto den 1950 beschlossenen

Ausschuß einsetzte, indem sie sich an eine andere Initiative anhing. Thierfelder hatte nach der Unterredung mit Löffler Ende Januar 1953 allen Grund anzunehmen, von jetzt an in staatlichem Auftrag zu handeln. Die Bemerkung von Löffler, die Arbeitsgemeinschaft für Sprachpflege habe "ohne amtlichen Auftrag weit über die ursprünglich zugewiesene Aufgabe hinaus" gehandelt und "konkrete Vorschläge gemacht" muß als nachträgliche Schutzbehauptung gewertet werden, mit der er sich von dem späteren Presseskandal um die STE distanzieren wollte. Außerdem zeugt es von wenig Sachkenntnis, wenn hier kritisiert wird, über die geforderte Materialsammlung hinaus seien konkrete Vorschläge gemacht worden: Wo sollte da eine Trennunglinie liegen?

Der KMK-Auftrag hatte schließlich auch noch ein finanzielles Nachspiel. Daß Thierfelder zunächst zögerte, ein solches Treffen zu organisieren, hatte nämlich noch einen anderen Grund; in der Satzung des Instituts für Auslandsbziehungen[1] ist von Sprache und Sprachpflege nicht die Rede, sondern nur von der Förderung internationaler Beziehungen.

Da es sich hier aber nicht "um innerdeutsche, sondern um internationale Zusammenhänge" handelte, entschloß er sich, im Einvernehmen mit dem Vorsitzenden des Instituts eine Zusammenkunft zu organisieren, wobei er zunächst wohl nicht mit finanziellen Problemen rechnete. Als es sich dann ergab, daß mehrere Arbeitssitzungen an verschiedenen Orten (nach Konstanz dann Salzburg, Schaffhausen und Stuttgart) notwendig wurden, hatte das

---

1 Dort stellt sich das Institut vor allem folgende Aufgaben:
1. Die Kenntnis fremder Länder und Völker, ihrer natürlichen Gegebenheiten, ihrer geschichtlichen Entwicklung, ihrer kulturellen Eigenart, ihres gesellschaftlichen und wirtschaftlichen Aufbaus, sowie ihrer Beziehungen zu Deutschland zu fördern und auf diese Weise zur Herstellung eines dauerhaften ersprießlichen Verhältnisses friedlicher Zusammenarbeit des deutschen Volkes mit anderen Völkern beizutragen.
2. Die Verbindung zwischen Deutschland und dem Ausland auf allen Gebieten intenationaler Zusammenarbeit zu vertiefen und internationale Treffen und Tagungen herbeizuführen,
3. Den Abschluß internationaler Kulturabkommen zu fördern und ihre Durchführung zu unterstützen.
4. Bei der Beratung Auswandernder mitzuarbeiten und sie auf die Verhältnisse in den Aufnahmeländern vorzubereiten.
5. Gäste aus dem Ausland über die Verhältnisse in Deutschland zu unterrichten. (Thierfelder 1956:174)

Institut in Stuttgart Mühe, die dafür notwendigen Mittel bereitzustellen. Das BMI hatte für die Tagung in Konstanz einen
einmaligen Zuschuß von 974,34 DM gezahlt, das Auswärtige Amt
für die Tagung in Salzburg 376,-- DM; alle Tagungen der Arbeitsgemeinschaft für Sprachpflege zusammen verursachten Kosten
in Höhe von 3.478,94 DM, so daß noch 2.128,60 DM zu tragen
blieben. Als sich herausstellte, daß die STE nicht als Vorlage
für eine administrative Entscheidung in Frage kamen, Thierfelder ausgebootet worden war und schließlich nicht an der konstituierenden Sitzung des "Arbeitskreises für
Rechtschreibre-gelung" (WE) in Frankfurt am 4. Mai 1956
teilnahm (vgl. 2.Kap. 5.3.1 und 5.5), richtete er am 7. Mai
1956 an den Generalsekre- tär der KMK ein Schreiben (BO/5) mit
der Bitte, die KMK möge nachträglich einen Zuschuß für die
Zusammenkünfte der Arbeits- gemeinschaft für Sprachpflege
gewähren.

Dehnkamp in seiner damaligen Eigenschaft als Beauftragter der
KMK für die Rechtschreibreform empfahl dem Präsidenten, den
gleichen Zuschuß zu zahlen wie das BMI. Seinen Rat begründete
er trotz formal haushaltsrechtlicher und sachlicher Bedenken
damit, "daß die Arbeitsgemeinschaft für Sprachpflege nur dadurch notwendig und wirksam wurde, daß der von der Kultusmin-
sterkonferenz im Oktober 1951 (lies: 1950, H.S.) eingesetzte
Ausschuß nicht tätig geworden ist" und man sich deshalb wohl
hier nicht ganz entziehen könne. (BO/7)

2.3 Sprachseparatistische Tendenzen im deutschsprachigen Aus-
     land

Der Einladung zu der "Arbeitsbesprechung über Sprachfragen in
Konstanz am Bodensee vom 21. - 23.11.1952" - so die Überschrift
des Protokolls - waren Sprachwissenschaftler aus vier Staaten
gefolgt: zwei Österreicher - Josef Stur und Rudolf Dechant -,
zwei Schweizer - August Steiger und Erwin Haller -, drei Deutsche - Walter Mitzka, Leo Weisgerber und Otto Basler; Franz
Thierfelder hatte die Organisation übernommen ("Federführend
ist somit für die Arbeitsgemeinschaft das Institut für Aus-

landsbeziehungen in Stuttgart." - H 1:XXI) und fungierte als Vorsitzender der Arbeitsgemeinschaft, Dora Schulz führte das Protokoll über die Besprechungen.

Die Anregung aus Österreich war keinesfalls die spontane Idee des Vorsitzenden der österreichischen Wörterbuchkommission gewesen, sondern sie hatte schon eine längere Vorgeschichte, über die Stur bei der Sitzung in Konstanz am 22.11.1952 berichtete (H1:VII-IX):

In Österreich habe es schon um 1850 Bestrebungen gegeben, die Rechtschreibung zu vereinfachen; in den 80er Jahren des vorigen Jahrhunderts sei dann das österreichische Regelbuch erschienen; Österreich habe an der Konferenz von 1901 teilgenommen, daraufhin sei dann das österreichische Regelbuch 1902 neu aufgelegt und bis 1940 unverändert gedruckt worden. Von diesem letzten Neudruck hätten 1945 nur noch zwei oder drei Exemplare existiert; außerdem seien die meisten Lehrbücher zu diesem Zeitpunkt veraltet oder - weil aus der NS-Zeit stammend - unbrauchbar gewesen. Er - Stur - habe damals angeregt, "das alte österreichische Regelbuch neu zu schaffen". Daraufhin sei eine Kommission von 45 Leuten gegründet worden, die aber kaum arbeitsfähig gewesen sei und sich deshalb darauf beschränkt habe, die Arbeit der aus drei bis vier aus der Schule und aus der Lehrerschaft kommenden Mitgliedern zu beurteilen (H1:VIII). Weiter berichtete Stur, daß aus dieser Arbeit das Österreichische Wörterbuch (ÖW) entstanden sei, "ein Wörterbuch für die Schule und auch für die Schreibkräfte im Büro", "ein Ersatz für das alte Regelbuch" (H1:IX). Mit dem ÖW solle nichts gegen den Duden unternommen werden, beteuerte er und übergab allen Teilnehmern der Sitzung je eine Exemplar des ÖW und einen Abzug des Aufsatzes von Dr. Franz Wollmann (1952 in der Zeitschrift "Sprache und Rechtschreibung" unter dem Titel "Das österreichische Wörterbuch und Duden" erschienen), in dem der Unterschied des ÖW zum Duden herausgearbeitet ist.

Im weiteren Verlauf seiner Ausführungen ging Stur auch auf die Reaktion der österreichischen Presse zum Erscheinen des ÖW ein:

> Die Öffentlichkeit hat sich bereits sehr früh mit dieser Sache befasst, weil ein Prof. Dr. Wolf, ein Jurist, im Wiener Sender einen Zyklus über Rechtschreibfragen gehalten hat und dabei alles, was auf diesem Gebiet irgend möglich

gewesen wäre unsachgemäss erörterte.- Das ging soweit, dass ein Vertreter der Presse (...) fragte, ob es wahr sei, dass Österreich aus der deutschen Sprachgemeinschaft austreten wolle. Die Bestrebungen, eine österreichische Sprache zu schaffen, seien vor allem von kommunistischer und russischer Seite stark propagiert worden. Die Presse habe diese Gedankengänge ziemlich leichtfertig aufgenommen und aus Glossen über vermutete Sensationen in dem neuen Wörterbuch sehr viel profitiert. (H1:VIII)

In der Tat hatte die Zeitung "Vorwärts! Organ der Gewerkschaft der Arbeiter der graphischen und papierverarbeitenden Gewerbe (Wien)" schon bevor das ÖW Ende 1951 erschienen war, heftig dagegen polemisiert. In der Ausgabe vom 17. Februar 1950 wird "einer der frischgebackenen Enthusiasten" dieses Wörterbuches zitiert, der sich zu der Äußerung verstiegen habe, daß "die Herausgabe des 'österreichischen Wörterbuches' hoffentlich der Tyrannei des Duden ein Ende bereite(n)". Dieses Zitat läßt zumindest den Schluß zu, daß die Meinung von Stur, es solle nichts gegen den Duden unternommen werden, nicht von allen Herausgebern geteilt wurde. Mehrmals wird in der genannten Zeitung darauf hingewiesen (so in den Ausgaben vom 17. Februar 1950 und vom 5. März 1950), daß das geplante Wörterbuch die 1902 mühsam erkämpfte Einheit der deutschen Orthographie gefährde, was einem Rückfall in die Zustände des 19. Jahrhunderts gleichkäme, und die Setzer und Korrektoren zu einer Zweigleisigkeit nötige, die zwangsläufig zu einer Leistungsminderung führen müßte. Folge einer solchen Entwicklung müsse ein riesiger wirtschaftlicher Schaden sein, denn "Verlegerschaft und graphisches Gewerbe in Österreich " müßten ihre Erzeugnisse auch im Ausland absetzen bzw. "Werke bedeutender deutschsprachiger Autoren des Auslandes" herausbringen (Vorwärts vom 5. März 1950). Mit deutlichem Hinweis auf die (bundes)deutsche Untätigkeit auf diesem Gebiet schrieb die genannte Zeitung am 17.Februar 1950:

Es ist denkbar, daß, wenn die Entwicklung in Deutschland (gemeint ist, daß die "Dudensche Orthographie (...) noch immer (...) maßgebend ist", H.S.) so weitergeht, das letzte sichtbare Band, die gemeinsame Orthographie, zerrissen wird und der eine Teil eine reformierte fortschrittliche Orthographie besitzt und der andere traditionsgemäß beim Duden verbleibt.

Zur Debatte stand immerhin, ob die Orthographie des ÖW in den Druckereien, die sich bisher ausschließlich am Duden orientierten, einzuführen wäre. Dies hätte einen Rückfall hinter das 1901 Erreichte bedeuten können. "Der Duden hätte niemals die Verbreitung und den Eingang in die Buchdruckereien gefunden, wenn der Wille zur Vereinheitlichung unserer Orthographie nicht überall so groß gewesen wäre." (Vorwärts vom 17. Februar 1950) Die resümierende Feststellung des Artikels, mit der Einführung der österreichischen Rechtschreibung würde niemandem ein Dienst erwiesen, verweist auf die Gefahr eines Sprachseparatismus, die man offensichtlich auch politisch nicht richtig eingeschätzt hatte. Das ÖW wurde nämlich vom österreichischen Bundesverlag im Auftrag des Bundesministeriums für Unterricht herausgegeben und u.a. von Ministerialbeamten und Schulräten (Stur, Simonic, Krassnigg - alle Mitglieder der Arbeitsgemeinschaft für Sprachpflege) bearbeitet. Kritik an dem Wörterbuch war also gleichzeitig auch Kritik an dem politisch verantwortlichen Minister. Jedenfalls hat diese öffentliche Diskussion einige Jahre später das Verhalten eines für die Rechtschreibreform maßgebenden Politikers, des Unterrichtsministers Drimmel, so stark beeinflußt, daß hier einer der Gründe für das spätere Scheitern der Wiesbadener Empfehlungen zu suchen ist. (Vgl. 4.Kap.4 und 5) Stur schrieb nämlich im November 1954 an Thierfelder, daß

> dieser Tage der Kultusminister Kolb, der ganz und gar für die Reform eingestellt war, abgetreten ist, und sein Nachfolger Drimmel sich - zunächst jedenfalls - viel zurückhaltender äussert. Er ist damals in Auseinandersetzungen über das österreichische Wörterbuch von der eigenen Presse sehr gezaust worden, und möchte jetzt als Minister nicht abermals in eine solche Angelegenheit hineingeraten. (A2/20)

Aber nicht nur in Österreich, sondern auch in Deutschland ist diese Entwicklung als Gefahr gesehen worden. Jedenfalls schätzte Weisgerber die Vorgänge, "die leicht zu einer 'österreichischen Schrift' hätten führen können" (Weisgerber 1960a:133), als den Versuch einer Spaltung ein, was ihn unter anderem dazu bewogen haben mag, über viele Jahre hindurch nicht nur wissenschaftliche Grundlagen für die Rechtschreibreform zu erarbeiten, sondern auch immer wieder sein Ansehen als einer der führenden deutschen Sprachwissenschaftler für die Reform einzusetzen.

Sprachseparatistische Bestrebungen hat es aber auch in der Schweiz gegeben, wie August Steiger, der Vorsitzende des Deutsch-schweizerischen Sprachvereins, in Konstanz erwähnte:

> Vor etwa drei Jahren hat zwar einmal ein Basler Korrektor unter dem Titel "Schreibdummheiten" den Duden mächtig ange-fochten und einen schweizerischen Ersatz gefordert - es spricht kein Mensch mehr davon, und unsere Setzer und Kor-rektoren stützen sich auf den Duden, wenn auch im Bewusst-sein, dass er kein unfehlbares Werk ist. (H1:XV)

Hier spielte Steiger diplomatisch und höflich einen Vorgang herunter, der offensichtlich dem Ansehen des Dudens in der Schweiz geschadet hatte. Der "Basler Korrektor" war K. E. Rotz-ler, der 1947 unter dem Titel "Dudens Schreib- und Sprachdumm-heiten" ein Wörterverzeichnis herausgebracht hatte, das nach seinen Worten kein "Ersatz für den Duden oder ein anderes Rechtschreibebuch", sondern "ein kritischer Kommentar, (...) eine Ergänzung zum Duden" sein sollte (Rotzler 1947:3); dort wird die Bearbeitung des Dudens zur NS-Zeit (von Basler) scharf kritisiert. (Thierfelder hatte sich in zwei Zeitungsartikeln mit Rotzlers Veröffentlichung auseinandergesetzt: 1950a Der "Duden " am Pranger zu Bern und 1950b Polemik gegen den "Duden".)
In einer eindrucksvollen, fast beschwörenden Rede (H1:X-XVII), die in dem Satz gipfelte "Die deutsche Schweiz bleibt die deut-sche Schweiz", setzte Steiger sich mit der Lage der deutschen Sprache in der Schweiz auseinander. Zunächst ging er auf die geographische und demographische Verbreitung des Deutschen in der Schweiz ein und stellte fest, daß sich die deutsch-franzö-sische Sprachgrenze als Folge der wirtschaftlichen Entwicklung der Stadt Biel etwas von Westen nach Osten verschoben habe, gleichzeitig aber die Zahl der deutschsprechenden Schweizer seit 1900 um 3% von 69% auf etwas über 72% der Gesamtbevölke-rung gestiegen sei. "Zahlenmässig ist das Deutsche nicht in Ge-fahr, aber es hat etwas an Raum verloren." (H1:XI) Dagegen konnte er eine qualitative Bedrohung nicht ganz von der Hand weisen, da hier Mundart und Schriftsprache nebeneinander exi-stierten und von den meisten deutschsprechenden Schweizern si-tuationsabhängig benutzt würden. Ein Professor

hält seine Vorlesung in seinem besten Hochdeutsch, aber in der Pause plaudert er mit einem Studenten immer schwyzertütsch. Das ist immer noch so, erst recht. Zu Anfang unseres Jahrhunderts sah es darnach aus, als ob die Schriftsprache auch Umgangssprache, wenigstens der höheren und mittleren Schichten werden sollte. (H1:XIII)

Hätte man dies zunächst als fortschreitenden Prozeß konstatiert, so ließe sich um die Mitte des Jahrhunderts, also nach 50 Jahren, feststellen: "Die Mundart hat sich die öffentliche Rede zurückerobert." (H1:XIII)

Diese Renaissance der Mundart führte Steiger auf die politische Entwicklung zurück, denn "durch die beiden Weltkriege, besonders aber in der Abwehr des Nationalsozialismus" sei diese Tendenz verstärkt worden

und hat 1936 sogar zu dem lächerlichen Versuch der Schaffung einer schweizerischen Schriftsprache geführt. Die Bewegung ist aber bald zusammengebrochen und hat einer gemässigten Vereinigung, dem "Bund für Schwyzertütsch" Platz gemacht. Versuche, die Mundart in den Gottesdienst, insbesondere in die Predigt einzuführen, sind vereinzelt geblieben und in Zürich z.B. vom Kirchenvolk abgelehnt worden. (H1:XIV)

Einerseits gab er zu, wie sehr die deutsche bzw. die europäische Politik des 20. Jahrhunderts soziologische Einschätzungen beeinflußt hatten, wenn er äußerte:

Dass wir deutscher Zunge sind, wird unbewusst als selbstverständlich anerkannt. Da aber das Wort "deutsch" in der Presse meistens in politischem Sinne gebraucht wird, hört es der Deutschschweizer nicht gern, wenn man ihn auch einen Deutschen nennt. (H1:XI)

Andererseits stellte er auch mit einem gewissen Stolz fest:

Das Schweizer Schriftdeutsch ist immer noch Schweizer Schriftdeutsch, was Sie ja auch an mir beobachtet haben (H1:XIV). (...) Wir bekennen uns auch zur deutschen Rechtschreibung, wie sie in Dudens Wörterbuch niedergelegt ist. Unser Bundesrat hat diese Vorschrift 1902 für die Schweiz verbindlich erklärt. (H1:XV)

Deutlich wird, daß hier ein Schweizer durchaus mit einem gewissen Stolz seine nationale Identität im historischen Sinne betont, andererseits aber genau weiß, daß die deutsche Sprache

ihn an eine bestimmte Kultur bindet, aus der man sich nicht
durch das Verschriftlichen einer Mundart herauslösen kann. So
ist es auch verständlich, daß er zu diesem Zeitpunkt - sieben
Jahre nach dem Ende des Dritten Reiches - den durchaus ernsthaft gemeinten sprachseparatistischen Versuch von Rotzler bagatellisiert.

Den ebenfalls 1947 vom Deutschschweizerischen Sprachverein und
dem Ausschuß der Schweizer Korrektoren gegründeten Duden-Aus-
schuß, der sich mit Rechtschreibfragen befaßte, erwähnte er
nicht; ebenso unerwähnt blieben seine Aktivitäten bei den Abstimmungen über die Groß- und Kleinschreibung in der Schweizer
Lehrerschaft und einigen anderen Berufs- und Fachverbänden und
die Tatsache, daß er nach Auswertung dieser Abstimmungsergebnisse der Schweizer Erziehungsdirektorenkonferenz die Einführung der Kleinschreibung empfohlen hatte (Müller-Marzohl
1972:61), obwohl er selbst ein Anhänger der Großschreibung war.

Sowohl die Österreicher, die das Treffen in Konstanz und damit
die Gründung der Arbeitsgemeinschaft angeregt hatten, als auch
die Schweizer, die der Einladung gerne gefolgt waren, hatten
mit den Deutschen das gemeinsame Interesse, die Einheit der
deutschen Sprache zu erhalten. Das gleiche läßt sich von der
DDR, deren Vertreter an den späteren Verhandlungen ebenfalls
teilnahmen, behaupten. Die Gefahr des Auseinanderfallens der
deutschen Orthographie war zu diesem Zeitpunkt sicher nicht
evident, was sich aber nur aus dem zeitlichen Abstand von 40
Jahren und mit dem Wissen um die politische Schwerfälligkeit in
dieser Beziehung behaupten läßt.
Denen, die sich aus ideellen Gründen für die Sprache verantwortlich fühlten, und auch denen, die volkswirtschaftliche Interessen zu vertreten hatten, zeichneten sich sprachseparatistische Überlegungen am Horizont wie ein Schreckgespenst ab,
weil sie in der öffentlichen Diskussion eine gewisse Rolle
spielten; wobei die Argumente in Österreich mehr auf die Zukunft und befürchtete wirtschaftliche Nachteile zielten, sich
in der Schweiz dagegen stärker auf die Auseinandersetzung mit
der NS-Vergangenheit konzentrierten. Das Protokoll der Konstanzer Sitzung (H1), das die Reden der einzelnen Teilnehmer wörtlich wiedergibt, vermittelt den Eindruck, daß unter den hier

Versammelten ein hohes Maß an gutem Willen, an Toleranz und an Optimismus vorhanden war. Allen fehlte damals noch die frustrierende Erfahrung, daß die Chancen einer Reform durch unsachliche Diskussionen in der Presse zunichte gemacht werden können und daß die Aussichten, sprachliche Änderungen politisch durchzusetzen, nur sehr gering sind. Spürbar ist in vielen Äußerungen aber auch die Erleichterung darüber, daß man sich international wieder mit Toleranz begegnen konnte; und um diese neue Gemeinsamkeit auf keinen Fall zu gefährden, wurden alle brisanten Themen, besonders was das Dritte Reich anbetrifft, ausgeklammert. Das später so vehement kritisierte Verdrängen, das in dieser Zeit vorherrschte und sicher mit dazu beigetragen hat, daß die "Vergangenheitsbewältigung" heute immer noch andauert, wird beim Lesen solcher Dokumente plötzlich eher begreifbar.

In dieser Atmosphäre konnte Thierfelder hier ganz offensichtlich wieder an seinen alten Traum anknüpfen: Völkerverständigung und -versöhnug durch gemeinsame Sprache. Wenn es gelänge, die Österreicher und die Schweizer, evtl. auch die Luxemburger - Prof. Dr. Bruch aus Luxembourg hatte zwar abgesagt, seine persönliche Mitarbeit aber für die folgenden Sitzungen in Aussicht gestellt - und in ferner Zukunft auch noch die Elsässer für die Idee einer gemeinsamen Sprachpflege zu gewinnen, so hätte man in Europa das Deutsche nicht nur geographisch in den Mittelpunkt gebracht. Daß dies ein Traum bleiben mußte, lag sicher nicht an der Kompetenz und dem guten Willen der in Konstanz Versammelten. Die Entwicklung des Englischen zur Weltsprache war auch zu diesem Zeitpunkt nicht mehr aufzuhalten.

2.4 Sprachpflege - Aufgabe der Sprachwissenschaft und der
     "Sprachpolitik"

Schon hier in Konstanz wurde ganz deutlich, daß "Sprachpflege" bisher nicht eindeutig definiert, aber immer wieder postuliert und institutionalisiert worden war. Thierfelder resümierte in seinem Einleitungsreferat in Konstanz die bisherige Entwicklung:

Eine ganze Reihe von Organisationen (...) hat (...) vor allem in Deutschland, aber auch in Österreich und in der Schweiz eine erfolgreiche Tätigkeit ausgeübt, um die deutsche Sprache zu pflegen und organisch in bestimmter Richtung zu gestalten. Der zeitweilig gültige Grundsatz, die Sprache sei ein Gewächs, das ohne den Menschen wachse, ist heute nicht mehr allgemein anerkannt. Wir glauben sehr wohl, dass eine Sprache bewusst fortgebildet werden kann von denen, die sie sprechen. So entstand die älteste Organisation der Allgemeine Deutsche Sprachverein[1]. (H1:III)

Thierfelder erwähnte als weitere Vorkriegsgründungen die Deutsche Akademie in München, an deren Aufbau er selbst maßgeblich beteiligt gewesen war (s. 1.Kap.1), und die beiden Sprachpflegeämter in Berlin und München, die aber nie zu einer "nachdrücklichen, allgemeinen Wirksamkeit gelangt sind", als Nachkriegsgründungen "die Gesellschaft für deutsche Sprache in Lüneburg und die Deutsche Akademie für Sprache und Dichtung, die aber über eine gewisse programmatische Erklärung nicht hinausgekommen ist" (H1:III). Hoffnung setzte er auf das gerade gegründete Goethe-Institut und die "Erweiterung des Sprachwissenschaftlichen Instituts in Bonn unter der Leitung von Professor Dr. Weisgerber und schliesslich das Institut für die deutsche Sprache in Ost-Berlin, das über ungewöhnlich große Mittel für seine Arbeit verfügt" (H1:III). Da alle diese Bemühungen von der Überzeugung getragen würden, die Sprache sei "besserungsbedürftig", zählte er diese Mängel, die "zum Teil schon seit langem empfunden, zum Teil (...) erst auf die elementaren Ereignisse in der letzten Generation zurückzuführen" seien, auf:

1. Die Frage der Rechtschreibung: sie ist von besonderer Wichtigkeit und wurde ja schon unmittelbar nach dem zweiten Weltkrieg in der Öffentlichkeit lebhaft diskutiert. Hier kämpfen drei Gruppen miteinander: Die radikale Gruppe tritt für vollkommen lautgerechte Rechtschreibung ein, die gemässige Gruppe will nur Übelstände abgestellt sehen, z.B. überflüssige Buchstaben, Dehnungsvereinfachung u.a.m. Die letzte Gruppe hält nur in verhältnismässig wenigen Fällen etwas für besserungsfähig und besserungsnotwendig.

---

1 Wegen seiner sprachpuristischen Tendenzen, besonders in bezug auf die Fremdwörter als Teil seiner betont chauvinistischen Ideologie wurde dieser Verein während des Dritten Reiches zunächst gefördert, 1942 aber verboten. Die 1947 gegründete Gesellschaft für deutsche Sprache (GfdS) kann als Nachfolgeorganisation bezeichnet werden.

2. Auch bei der Grosschreibung unterscheiden sich die Ziele. Die radikale Gruppe ist für die völlige Abschaffung der Grossbuchstaben, die gemässigte möchte die Grosschreibung für Satzanfänge, Namen und Titel beibehalten wissen, während die dritte Gruppe nicht für die Abschaffung der Grosschreibung bei Substantiven und substantivierten Adjektiven ist.

3. In der Frage der deutschen oder der lateinischen Schrift ist es noch nicht zu einer endgültigen Klärung gekommen. Es ist so, als ob die Abschaffung der deutschen Schrift als eine der wenigen unbestrittenen "Errungenschaften" des Dritten Reiches erhalten bleiben würde, doch sehen wir gerade in letzter Zeit wieder ein Zunehmen der Publikationen in deutschen Druck.

4. Ein wesentlicher Punkt ist die Betonung. Wir stellen eine fortschreitende Wandlung in der Betonung deutscher Wörter jetzt schon seit längerer Zeit fest. Es sind Änderungen (V) eingetreten, die in ihrer weitreichenden Wirkung kaum mit etwas anderem als mit der deutschen Lautverschiebung verglichen werden können. Lebhafte Bestrebungen für eine Neubearbeitung des Siebs, hier endlich auch mit starker Unterstützung des Rundfunks, sind im Gange. In der Ostzone ist man schon vorangegangen, wo ein Frl. Dr. Weithase, Jena, mit der Neubearbeitung des Siebs beauftragt wurde.

5. Man muss auch zu der fortschreitenden Verkürzung unserer Wörter Stellung nehmen. Wir haben jetzt bereits so viele deutsche und internationale Abkürzungswörter, dass soeben das etwa 150 Seiten erschienen ist. (sic!) Das muss schliesslich zu der Bildung einer Geheimsprache führen, die nur noch ein Eingeweihter versteht.

6. Der Bedeutungswandel unserer Wörter ist eine Erscheinung, die es immer gegeben hat, der aber nach grossen katastrophalen Ereignissen eine ganz besondere Rolle zukommt. Hier spielt auch der Duden der Ostzone mit herein, der gewisse Begriffe anders erklärt, als es bei uns der Fall ist.

7. Eine bestimmte Anschauung in der Beurteilung der Mundarten ist jetzt besonders wichtig wegen der Durchmischung Deutschlands mit auswärtigen Dialekten, vor allem auch im Rundfunk.

8. Die Beseitigung der Fremdwörter, nicht aller Fremdwörter, aber der überflüssigen, sollte nicht aus nationalen Gründen gefordert werden. Die Fremdwortfrage ist im wesentlichen eine soziale Frage - denn das Fremdwort ruft die Spannung zwischen den Gelehrten und Nichtgelehrten hervor.

9. Schliesslich sind auch die Wandlungen im grammatischen Aufbau überhaupt und

10. Fragen der Stilentwicklung, namentlich für den Deutschunterricht in den Schulen, von allgemeiner Bedeutung. (H1:IV-V)

Im Anschluß an diese Aufzählung legte er nun dar, was der un-
klare Terminius Sprachpflege nach seiner Auffassung zum einen
beinhaltet - "Die Sprachwissenschaft muss (...) durch praktische Betreuung ergänzt werden" (H1:V) - und wie er zum anderen
in zwei Begriffen definiert werden sollte - "Sprachwissenschaft" und "Sprachpolitik" (H1:VI). Mit dieser gleichzeitig
globalen und differenzierenden Definition erklärte er indirekt,
daß keine Organisation diese umfassende Arbeit leisten könne.
Seine Zweiteilung in Theorie (Sprachwissenschaft) und Praxis
(Sprachpolitik) nimmt sowohl die wissenschaftlichen Teildiszi-
plininen als auch die konkrete Sprachverwendung auf. Es kam ihm
aber nicht in den Sinn, danach zu fragen, an welcher Norm sich
die Sprachpflege orientieren solle. Diese Debatte wurde hier
überhaupt nicht geführt, was einer der Gründe dafür zu sein
scheint, daß die Teilnehmer der Arbeitsgemeinschaft sich später
in der öffentlichen Diskussion um die STE so hilflos fühlten
und nicht angemessen reagieren konnten. Wären hier schon klare
neue Normen formuliert bzw. die Veränderung der bestehenden
Normen von 1901 präzisiert worden, hätte man die späteren Kritiker zu einer konkreten Diskussion zwingen können, anstatt sie
ungestört Phrasen und Teilwahrheiten verkünden zu lassen. Noch
1954 (kurz nach der Veröffentlichung der STE) ließ Weisgerber
in einer Diskussion die an ihn gestellte Frage nach dem Normbe-
griff der Sprachpflege unbeantwortet. (Weisgerber 1954a:37)
In den folgenden Jahren hat er allerdings mehrmals den Versuch
unternommen, innerhalb einer Konzeption "leistungsbezogener
Sprachbetrachtung" den Begriff "Sprachpflege" mit Inhalt zu
füllen (Weisgerber 1960, 1963, 1967). Er stellt fest, "daß die
'Sprachpflege' mit der Ablehnung eines bestimmten Sprachge-
brauchs einsetzt", diese Ablehnung aber auf emotional bestimmten Werturteilen beruht; dementsprechend gerät Sprachpflege zum
"Kampf gegen das Fremdwort (kursiv, H.S.), Kampf gegen Schlam-
perei, Sprachverwilderung, Sprachverhunzung (kursiv, H.S.)"
(Weisgerber 1963:97). Er nennt die "Steine des Anstoßes": Abkürzungswörter, Fremdwörter, "-ung-Seuche" - und formuliert das
Ziel: "die Erhöhung der sprachlichen Schlagkraft" (Weisgerber
1960:6) oder an anderer Stelle: "gesichert werden sollen vor
allem die Leistungen der Muttersprache, die Leistungen, die sie
zu erfüllen hat, die Ziele, die in ihrem Dasein beschlossen

sind" (Weisgerber 1963:101). Statt konkreter Vorschläge, wie dieses Ziel zu erreichen sei, folgt "die Forderung an die Sprachpflege, sich selbst am Erforschen der Sprachleistungen zu beteiligen" (Weisgerber 1963:102). Diesen Rat erteilt er der "Gesellschaft für deutsche Sprache", einer Institution, die sich in der Tradition der Sprachgesellschaften des 18. Jahrhunderts sieht und ihrem Selbstverständnis nach Rat in sprachlichen Fragen erteilt. An der selbstgestellten Aufgabe, Grundlagen für eine zeitgemäße Sprachpflege zu erarbeiten, muß sie scheitern, weil "Sprachpflege" so global ist, daß sie jeder linguistischen Teildisziplin als Ziel vorgegeben werden kann und weil sie, wie Weisgerber schließlich konstatiert, ein Tun ist, "das aus den Lebensnotwendigkeiten der Sprachgemeinschaft erwächst und dementsprechend für jedes Mitglied der Sprachgemeinschaft nicht nur offensteht, sondern letztlich gefordert ist" (Weisgerber 1967:4).

So hielten sich denn alle, die sich an den emotional und polemisch geführten Auseinandersetzungen um die STE (s. 1.Kap.4) beteiligten, für kompetent; diese dort vorgebrachte, teilweise reaktionäre Kritik an einem Vorschlag zur Veränderung einer Schreibnorm erscheint so mit einem doppelten Boden: Zum einen wollen die Kritiker, die sich als Sprachfreunde verstehen, eine Tradition fortsetzen, die spätestens seit dem Einfluß der Massenmedien Zeitung und Rundfunk auf die Sprache ihren Sinn verloren hat; zum anderen glauben sie, daß man den ihnen vertrauten Sprachgebrauch als einen der geheiligten Werte, der von der Vergangenheit der großen Nation noch geblieben ist, konservieren könne.

Rahn, der von Thierfelder zu der Stuttgarter Schlußsitzung eingeladen worden war, begründete seine Absage mit seinem unbedingten Festhalten an der Großschreibung:

> Das persönliche Ergebnis für meine Anschauungen war ein starker Konservativismus, eine Neigung zu äußerster Vorsicht und Behutsamkeit und die denkbar größte Bescheidenheit gegenüber einer geschichtlichen Manifestation deutscher Geistigkeit von ganz unabsehbarer Bedeutung und Sinnbildlichkeit. (H10; Rahn an Thierfelder Anfang Mai 1954)

Die so geführte Diskussion, die sich von der Kritik an einer geplanten Reform der Rechtschreibung zu einer allgemeinen De-

batte über die Sprache als einen hohen Traditionswert ausweite-
te, ging genau den Weg wieder zurück, den man in Konstanz vorangegangen war: Obwohl Thierfelder dort betonte, daß neben den
Rechtschreibfragen "eine ganze Reihe weitere Aufgaben und Ziele
(...) von der gleichen Wichtigkeit seien" (H1:VII), und konkrete Vorschläge einbrachte, verengte sich die Diskussion sofort
auf das Problem der Rechtschreibung, der einzigen Teildisziplin, in der zu diesem Zeitpunkt konkrete Sprachpflege realisiert werden konnte. Damit hatten sich die Österreicher und
Schweizer, die von Anfang an nur an dem Problem der Rechtschreibreform interessiert waren, durchgesetzt, ohne daß eine
solche Entscheidung ausdrücklich formuliert worden wäre. Der
Schweizer Reformer Haller schrieb später, die Arbeitsgemeinschaft für Sprachpflege sei

> ursprünglich überhaupt nicht im hinblick auf die recht-
> schreibung gegründet worden; vielmehr sollte ihr zweck
> sein, nach den trennenden kriegsjahren wieder fühlung über
> die grenzen hinweg zu nehmen in allerlei fragen, die die
> deutsche sprache betreffen. Es zeigte sich dann allerdings
> bald, dass das problem der rechtschreibreform als das bren-
> nendeste betrachtet wurde. (Haller 1956:2; Kleinschreibung
> im Original, H.S.)

Ob Thierfelder diese einengende Entwicklung sofort bemerkte,
läßt sich aus seinen im Protokoll festgelegten Äußerungen nicht
schließen. Jedenfalls machte er weder in Konstanz noch in den
folgenden Verhandlungen in Salzburg, Schaffhausen und Stuttgart
einen Versuch, die Diskussion wieder auszuweiten oder in Richtung Sprachpflege zu verallgemeinern. Dagegen gewannen die alten Reformbewegungen wieder an Einfluß und Bedeutung.

> Vor Beginn der eigentlichen Aussprache dankte zunächst
> Prof. Dr. Haller ganz besonders dafür, dass durch die Ein-
> ladung zu dieser Zusammenkunft die Reformbewegung, die er
> seit 1924 leite (gemeint ist der bvr, H.S.), eine gewisse
> öffentliche Anerkennung über die Grenzen der Schweiz hinaus
> gefunden habe. (H1:XVIII)

Viele der Forderungen aus der Reformbewegung der ersten Hälfte
des Jahrhunderts kamen durch Haller (bvr), Heydt (agnr) und die
anwesenden Österreicher wieder auf den Tisch. Trotzdem handelte
es sich nicht um eine ungebrochene Tradition. Indem Thierfelder
das Problem der Rechtschreibreform in die Diskussion um die

allgemeine Sprachpflege, einen der Garanten für das Fortbeste-
hen einer deutschen Kulturnation, einbettete, verloren die Forderungen ihren sektiererischen Charakter: vornehmlich die Berufsgruppen der Lehrer und der Buchdrucker (Setzer und Korrektoren) und einige Exoten hatten bisher Vorschläge veröffentlicht mit der Intention, den Kompromiß von 1901 in eine Ideallösung zu überführen. Soziologisch gesehen bedeutete es eine
eminente Aufwertung, daß diese Forderungen nun von der Arbeitsgemeinschaft, "ein(em) hochachtbare(n)s illustren Gremium" (ius
1954), in dem sich "ausnahmslos akademische Sprachpfleger
Deutschlands, Oesterreichs und der Schweiz (...) zusammengetan"
hatten (STÜBI-RENGGLI 1955), vertreten wurden. Aus der Sicht
der Sprachwissenschaft hat Thierfelder hier insofern den entscheidenden Anstoß gegeben, als er mit Weisgerber und später
auch Moser zwei renommierte Wissenschaftler für die Diskussion
um die Rechtschreibreform gewann, deren Verdienst es ist, mehrere Problemkreise der Rechtschreibung untersucht und weitere
Arbeiten dazu angeregt zu haben.

3.   Die Verhandlungen zur Durchführung einer Rechtschreibre-
     form

Die Mitglieder der "Arbeitsgemeinschaft für Sprachpflege" trafen sich in den folgenden Jahren zu vier Sitzungen:
   1. 21. bis 23. November 1952 in Konstanz
   2. 2. und 3. Juni 1953 in Salzburg
   3. 20. bis 22. November 1953 in Schaffhausen
   4. 15. und 16. Mai 1954 in Stuttgart
Auf der Letzten Tagung in Stuttgart wurden die "Stuttgarter
Empfehlungen" (STE) formuliert und anschließend veröffentlicht
(Stuttgart 1954).

3.1   Konstanz (1952): Vorgespräche zur Organisation, Einengung
      auf Rechtschreibreform und erste Vorschläge

Im Protokoll (H1) sind folgende Teilnehmer aufgezählt:
aus Österreich
    Ministerialrat Dr. Josef Stur, Wien, Vorsitzender der
    österreichischen Wörterbuchkommission
    Hofrat Dr. Rudolf Dechant, Wien, Direktor des österreichi-
    schen Bundesverlages
aus der Schweiz
    Prof. Dr. A. Steiger, Vorsitzender des deutsch-schwei-
    zerischen Sprachvereins und Mitglied der Schweizer Duden-
    Kommission
    Prof. Dr. E. Haller, Leiter des "bundes für vereinfachte
    rechtschreibung"
aus Deutschland
    Prof. Dr. Mitzka, Marburg, Leiter des Deutschen Sprachatlas
    und Bearbeiter der neuen Auflage des "Duden"
    Prof. Dr. Leo Weisgerber, Direktor des Sprachwissen-
    schaftlichen Instituts der Universität Bonn
    Prof. Dr. Otto Basler, Herausgeber des Bayerischen Schul-
    wörterbuches
Organisation und Vorsitz
    Dr. Franz Thierfelder, Generalsekretär des Instituts für
    Auslandsbeziehungen
Protokoll
    Dr. Dora Schulz, Redakteurin der Zeitschrift "Deutschunter-
    richt für Ausländer" (Goethe-Institut, München)

Obwohl für eine Debatte über die einzelnen Rechtschreibphä-
nomene nach den langen Einführungsreferaten über die Entwicklung in den drei beteiligten Ländern und dem wiederholten Versuch, das Selbstverständnis der Gruppe als Sprachpflegeor-
ganisation zu definieren, nur noch wenig Zeit blieb, einigte
man sich erstaunlich schnell auf die Formulierung einiger Empfehlungen:
- Schreibung des ß (H1/XX)
- Groß- oder Kleinschreibung im Zusammenhang mit der Zusammen-
  und Getrenntschreibung (H1/XXIV)

- Silbentrennung nach Sprechsilben (H1/XXIV)
- Kleinschreibung für adverbiale Ausdrücke (H1/XXIV)
- f, t, r statt ph,th,rh in der Fremdwortschreibung (H1/XXIV)

Im Vergleich zu den späteren Verhandlungen in Wiesbaden, wo während der Diskussionen und häufig auch noch in anschließenden Briefwechseln um Formulierungen gerungen wurde, erstaunt dieses Tempo zunächst. Bei näherem Hinsehen wird aber klar, daß es sich nicht um eine besonders zügige Arbeitsweise, sondern um fehlende Vorbereitung handelte.

Neben dem Protokoll (H1) liegen keine weiteren Dokumente vor; dort werden alle an die Sitzungsteilnehmer verteilten Arbeitsmaterialien erwähnt - je ein Exemplar des ÖW und von Baslers Wörterbuch "Deutsche Rechtschreibung" (wahrscheinlich 11. Auflage); Veröffentlichungen des bvr; der schon erwähnte Aufsatz von Wollmann -, deshalb kann man davon ausgehen, daß keine weiteren Ausarbeitungen vorhanden waren. Da das Treffen in Konstanz als vorbereitende Arbeitsbesprechung ohne feste Tagesordnung geplant war und vordringlich der Klärung organisatorischer Fragen dienen sollte, war das nicht anders zu erwarten und kann auch von daher nicht kritisiert werden.

Befremdlich erscheint allerdings, daß fünf Empfehlungen mit dem Ziel, sie in dieser Form den zuständigen politischen Stellen vorzutragen, gegen Ende der Sitzung formuliert wurden. Von den 25 Seiten des Protokolls umfaßt der Bericht über diese Arbeitsphase einschließlich der Formulierungen etwa drei Seiten. Selbst wenn man davon ausgeht, die drei einleitenden Referate und die Besprechung der organisatorischen Fragen seien ausführlicher protokolliert worden als die Debatte über die genannten Rechtschreibthemen, so bleibt immer noch ein Mißverhältnis bestehen, oder anders gesagt: Man hatte nur sehr wenig Zeit für die Behandlung der Änderungsvorschläge, die in "Nahziele" und "Fernziele" eingeteilt wurden. Entscheidungskriterium für die Zuordnung der Einzelprobleme zu einer der beiden Gruppen war der Grad der Durchsetzbarkeit.

> "Miniterialrat (sic!) Dr. Stur bezeichnete die Ziele der
> Rechtschreibreform teils als Nahziele, teils als Fernziele.
> Für die Durchsetzung der Nahziele hält er den kalten Weg,
> die direkte Verständigung zwischen den in Konstanz vertre
> tenen Stellen für den richtigen: z.B. für die Frage ph, rh
> und th. Als Fernziele bezeichnete er einschneidendere Din-

ge: Gross- und Kleinschreibung, f und v, Dehnungsvereinfachung usw. Für diese Fernziele könne man allein wenig machen, diese Dinge müssten von der Bevölkerung getragen werden. Dazu aber sei eine gewisse Vorbereitung nötig, man
müsse sie erst in das Publikum hineintragen. (H1:XXII)

Thierfelder hatte zu der Vorgehensweise wesentlich konkretere
Vorstellungen - er wollte eine "allgemeine Rechtschreibkonferenz" (H1:XXIII) vorbereiten -, und er bestand deshalb darauf,
daß die Einzelfragen besprochen und als Empfehlung formuliert
wurden.

Am ausführlichsten wurde über die ß-Schreibung diskutiert;
Mitzka referierte,

> die Schreibung des ß hätte mit der Fraktur begonnen und
> bringe nun Sorgen in Schule und Elternhaus. Im praktischen
> Leben würde bereits im gesamten Sprachgebiet das ß durch ss
> ersetzt.Es sei seinerzeit versäumt worden, in der Schrei-
> bung einen Unterschied zwischen stimmhaftem und stimmlosem
> s allgemein durchzuführen, wie es etwa bei den Niederlän-
> dern und auch den slawischen Sprachen der Fall sei. ß sei
> aber ein Zeichen, das keineswegs durchgängig für stimmloses
> s stehe. (H1:XIX)

Mitzka schlug vor, das ß durchgängig durch ss zu ersetzen. Die
Österreicher waren damit einverstanden, Steiger hingegen hielt
es für notwendig, das ß nach langen Vokalen beizubehalten. Dem
widersprach Haller mit der Begründung, daß der bvr sich dagegen
wehren werde, weil man das ß in der Schweiz schon weitgehend
abgeschafft habe. Nach dieser kurzen Debatte wurde ein äußerst
merkwürdiger Vorschlag, den Basler der KMK vorlegen sollte,
formuliert:

> 1. Jedes ß wird in der lateinischen Schrift (Antiqua) durch
> ss ersetzt. Bei Gebrauch der deutschen Schrift (Fraktur)
> bleibt es bei der bisherigen Regelung. Wer auch bei der la-
> teinischen Schrift das ß beibehalten will, dem empfehlen
> wir, dieses nur nach Längen zu setzen (Fluss, Fuß - Flüsse,
> Grüsse) (sic!). (H1:XX)

Merkwürdig ist diese Formulierung deshalb, weil sie eine neue
Norm vorschlägt - ß wird in der Antiqua durch ss ersetzt, in
der Fraktur aber beibehalten - gleichzeitig aber jedem frei-
stellt, diese teilweise wieder zu durchbrechen - ß nur nach
Längen - und zudem noch ein unzutreffendes Beispiel anfügt -
Grüsse. Offensichtlich hat keiner der Anwesenden diesen Widerspruch bemerkt.

Und da hier gerade auch das Problem des Zusammentreffens von drei s auftauchte - Haller schlug ergänzend vor, im Falle eines Zusammentreffens von drei s nur zwei s zu schreiben (H1:XX) - wurde noch schnell eine zweite Empfehlung angefügt:

> 2. Bei Zusammensetzungen, in denen der Mitlaut dreimal zu schreiben wäre, wird er stets nur zweimal geschrieben: Bettuch, Schiffahrt, fettriefend, Rohstoffrage. Diese Regel gilt nicht für das Zusammentreffen von ck un k: Rückkehr, rückkoppeln. Bei Silbentrennung erscheint der weggelassene Mitlaut wieder: Brennessel, Brenn-nessel; Grosschreibung, Gross-schreibung. (H1:XX)

Zu kritisieren ist nicht die Tatsache, daß hier noch keine wissenschaftlichen Untersuchungen vorlagen, sondern die offenkundig werdende Einschätzung, daß man diese nicht benötigte und hier quasi aus dem Stand Regeln formulierte, um sie der KMK, dem staatlichen Gremium, das evtl. über eine Anerkennung zu entscheiden hatte, empfahl. In den folgenden Sitzungen in Salzburg, Schaffhausen und Stuttgart hatte sich diese Auffassung allerdings gründlich geändert, wahrscheinlich dadurch, daß - entgegen der Absichtserklärung von Konstanz, den Personenkreis nicht zu erweitern - weitere namhafte Fachleute an der Diskussion beteiligt waren.

Offensichtlich haben sich die Sitzungsteilnehmer in Konstanz durch die von Stur vorgeschlagene Vorgehensweise, die sich als Einteilung in Nahziele und Fernziele manifestierte, zur Eile treiben lassen; seine Äußerungen lassen die Interpretation zu, daß er für die gesamte Rechtschreibreform den "kalten Weg" befürworten würde, den man bei der Sitzung in Konstanz schon praktiziert hatte: Zwischen der Redaktion des Duden und des ÖW wurde folgende Abmachung vereinbart:

> "Die Schreibung von Familien- und Firmennamen unterliegt nicht den Rechtschreibregeln; der Vorname bleibt in der Form, die bei der Namensgebung gewählt worden ist." Es wurde nicht für nötig erachtet, diese Regelung einer amtlichen Stelle noch besonders zu empfehlen. (H1:XX)

Da auch Mitzka, als Vertreter der Dudenredaktion, an anderer Stelle für eine Reform "auf kaltem Wege" (H1:XXII) plädierte und gleichzeitig von einer großen Konferenz mit Beteiligung von Politikern abriet, läßt sich hier eine Gemeinsamkeit der Wörterbuchmacher konstatieren, welche die hypothetische Frage erlaubt, ob dieser Weg nicht eher zum Erfolg geführt hätte. Sturs Vorschlag basierte jedenfalls auf der Erfahrung, daß Diskussionen in der Presse, in der Öffentlichkeit ganz allgemein und politische Initiativen einer Reform nicht förderlich sind. Thierfelder dagegen hielt an seiner Idee einer allgemeinen Rechtschreibkonferenz nach dem Muster der Berliner Konferenz von 1901 fest und drängte deshalb darauf, noch weitere Empfehlungen zu verabschieden, die man bei einer solchen Konferenz vorlegen könnte. Für die Regelung der Groß- und Kleinschreibung bei Zusammen- oder Getrenntschreibung einigte man sich auf folgenden Vorschlag:

> Bei einheitlich gewordenen Zusammensetzungen wie radfahren, autofahren, kopfstehen, schlittenfahren, maschinenschreiben, ist bei der Trennung jedes Wort klein zu schreiben. Bessere Ausdrücke sind radeln oder rodeln. (H1:XXIV)

Zu dem Problem der Silbentrennung wurde folgende Formulierung festgehalten:

> Es ist nach Sprechsilben zu trennen, also auch Fens-ter, da-ran,wa-rum. (H1:XXIV)

Die Österreicher schlossen sich zwar dieser Empfehlung an, hielten es aber für wahrscheinlich, daß diese Regelung in ihrem Land nicht sofort durchzusetzen sei, weil es einen "zu schwerer(n) Eingriff in das Altgewohnte" darstelle.
Hier scheint ein Beispiel vorzuliegen für die Tatsache, daß Reformer sich gelegentlich in ihren eigenen Stricken verfangen. Wenn man - wie die Österreicher das später bei der Stuttgarter Sitzung getan haben - so vehement für die Kleinschreibung, die einen ungleich schwereren "Eingriff in das Altgewohnte" darstellt, eintrat, daß man unter Umständen den Abbruch der Verhandlungen in Kauf zu nehmen bereit war, scheint die vergleichsweise unauffällige Änderung bei der Silbentrennung hier falsch gewichtet zu sein. Wahrscheinlich waren sie selber an die Forderung nach der Kleinschreibung, die einige von ihnen auch praktizierten, und auch an das neue Schriftbild schon so gewöhnt und empfanden eine Änderung nicht mehr als gravierend. Für sie war die Silbentrennung nach Sprechsilben das Ungewohnte und wurde deshalb als besonders einschneidende Neuerung eingeschätzt.

Wahrscheinlich ist einigen der dort Versammelten die Ambivalenz
der eigenen Reformermentalität zum Bewußtsein gekommen, wenn es
auch keinen Beleg dafür gibt, daß darüber diskutiert worden wäre. Schon hier mag Weisgerber sich Gedanken über die menschliche Psyche in bezug auf Veränderungen eingefahrener Gewohnheiten gemacht haben; über die "List des objektivierten Gebildes"
(Weisgerber 1955:45), wie er die menschliche Schöpfung Schrift
bezeichnet, die sich so weit verselbständigt hat, daß sie ihrerseits die Menschen beherrschen und "überlisten" kann, wird
im Zusammenhang mit der öffentlichen Diskussion um die STE (s.
1.Kap.4) noch ausführlicher die Rede sein.

Daß die Forderung nach Kleinschreibung nicht leicht durchzusetzen wäre, muß allen bewußt gewesen sein, denn es wurde zunächst
nur eine Teiländerung vorgeschlagen und die Lösung des Gesamt-
problems nur als "Fernziel" angepeilt.

> Die Frage der Gross- oder Kleinschreibung wurde als ein
> Fernziel bezeichnet, doch soll bereits jetzt folgende Emp-
> fehlung an die zuständigen Stellen weitergeleitet werden:
> "In adverbialen Ausdrücken gibt es keine Grosschreibung
> (abends, nachts, des nachts, montags usw.)" (H1/XXIV)

Bei dem Beschluß, ph durch f zu ersetzen und in der Fremdwortschreibung das h bei th und rh zu eliminieren, wird noch einmal
deutlich, wie immer wieder versucht wurde, wenigstens Teile der
Reform auf den eher erfolgversprechenden "kalten Weg" zu schieben:

> Die Schreibung f für ph besonders zu empfehlen wurde nicht
> für nötig gehalten, diesen Schritt können die Wörterbücher
> selbst machen.
> Dagegen soll wegen des h nach r und t vorgeschlagen werden:
> "Einstimmig raten wir dazu, bei rh in fremden Wörtern r zu
> schreiben. Die Umwandlung von th zu t kann fortan nicht
> mehr als Fehler gelten (Rombus, Rytmus, Katarr, Apoteke,
> Teater, Tron, Tema, Teorie usw.)"
> Zur Eindeutschung fremden Wortgutes wird geraten: "Tour
> kann wie Turist, also tur (!), geschrieben werden. Ähnli-
> ches gilt für Kautsch, Klaun Ingeniör, Montör, graziös."
> (H1/XXIV)

Nachdem auf diese zügige Weise die "Nahziele" diskutiert und
als Empfehlungen für die zuständigen staatlichen Stellen formuliert worden waren, wurde noch beschlossen, die Fernziele -
"Gross- und Kleinschreibung, f und v, Dehnung, grammatische Bezeichnungen, y" - inzwischen "publizistisch vor(zu)bereiten"

(H1:XXIV). Die als Nahziele definierten Vorschläge der Arbeitsgemeinschaft sollte Basler an Löffler weiterleiten; erst nach
dessen Zustimmung sollte "über diese Fragen in der deutschen
Presse gesprochen werden" (H1:XXV). Da die Österreicher bei der
Herausgabe des ÖW schon mit einer Pressekampagne konfrontiert
worden waren, ist zu vermuten, daß sie es waren, die hier zur
Vorsicht mahnten; es wurde deshalb nur eine kurze Mitteilung
formuliert, die dann in einigen Tageszeitungen erschien.

> "Vom 21. - 23. November 1952 traten Vertreter Deutschlands,
> Österreichs und der Schweiz in Konstanz zu einer Arbeitsge-
> meinschaft zusammen, um gemeinsame Probleme des Sprachle-
> bens der drei Länder, darunter auch Rechtschreibfragen, zu
> behandeln. In den wesentlichen Fragen konnte eine erfreuli-
> che und aussichtsreiche Übereinstimmung erzielt werden."
> (H1:XXV)

Man beschloß, sich zu weiteren Sitzungen in Österreich und der
Schweiz zu treffen und diesen Turnus für die Zukunft beizubehalten, vorausgesetzt, daß "dadurch die Teilnahme Ostdeutschlands nicht unmöglich gemacht würde" (H1:XXII). In seinem
Schlußwort, in dem Thierfelder das Konstanzer Treffen als einen
"historischen Moment" bezeichnete, klang noch einmal an, wie
stark er eine neue Motivation (Angst vor Sprachseparatismus als
Folge politischer Ereignisse), die in späteren Jahren als
Furcht vor einem Alleingang der DDR immer wieder auflebte, zu
diesem Zeitpunkt in die Diskussion getragen hatte: "Es sei die
erste Fühlungsnahme (sic!) nach einer Zeit gewesen, die so gefährlich war, dass sie sogar den Sprachzusammenhang zwischen
den drei Ländern zu sprengen drohte." (H1:XXV)
Er sprach nur von drei Ländern und meinte damit Österreich, die
Schweiz und das geteilte Deutschland.

3.2   Salzburg (1953): Verhandlungen über Empfehlungen aus Wien

"Auf Einladung von österreichischer Seite fand die zweite Tagung der Arbeitsgemeinschaft für Sprachpflege vom 1. - 3. Juni
1953 in Salzburg statt." (H3:1) Die Teilnehmer waren Gäste des
"einladenden Landes"; die Fahrtkosten "3. Klasse Schnellzug"
übernahm das "Institut für Auslandsbeziehungen" in Stuttgart
(H2:1). In seiner Einladung, die Thierfelder am 6. Mai 1953 an

alle Mitglieder der Arbeitsgemeinschaft verschickt hatte, berichtete er über seine bisherigen Kontakte mit der KMK:

> Schon in Konstanz hat sich gezeigt, dass im Vordergrund des
> allgemeinen Interesses die Erneuerung der Rechtschreibung
> steht. Die Nahziele, die in unmittelbarer Aussprache der
> Wörterbuchbearbeiter behandelt wurden, sind in Empfehlungen
> an die zuständigen Behörden der beteiligten Länder geklei-
> det worden. Deutscherseits hat der Ausschuss für Fragen der
> Rechtschreibung bei der Kultusministerkonferenz daraufhin
> eine engere Verbindung zu dem Unterzeichneten hergestellt
> und gebeten, möglichst bald brauchbare Vorschläge für eine
> umfassende Rechtschreibreform zu erhalten. Es darf angenom-
> men werden, dass die Kultusministerkonferenz einer allge-
> meinen Tagung für die Erneuerung der Rechtschreibung im
> Frühjahr 1954 zustimmen wird. (H2:1)

In dieser Äußerung klingt noch einmal an , daß die Wörterbuch-
bearbeiter sowohl aus Österreich als auch aus Deutschland eine
Reform "auf kaltem Wege", also nur durch die Neubearbeitung der
Wörterbücher vorgezogen hätten, um diese dann nachträglich von
den staatlichen Behörden genehmigen zu lassen. Aus heutiger
Sicht scheint es ebenfalls so, als hätte dieser Weg eher zum
Erfolg geführt. Da es aber in Wien schon vor dem Erscheinen des
ÖW öffentliche Diskussionen gegeben hatte, suchten die Bearbeiter zunächst den Kontakt zu den Deutschen; das Treffen in Konstanz brachte dann das Ergebnis, daß die eigene Initiative mit
der staatlichen wenigstens koordiniert werden sollte. Dazu kam,
daß Thierfelder gerne seinen Lieblingsplan vom "Wiener Kongreß"
nach dem Muster der Berliner Rechtschreibkonferenz von 1901
durchsetzen wollte. Bestärkt sah er sich in diesem Vorhaben dadurch, daß Bezirkslehrerkonferenzen in Österreich die gleiche
Forderung erhoben (H5:1) und auch die deutsche KMK diesen Weg
für geeignet hielt.
Damit war der Arbeitsgemeinschaft "eine verantwortliche Aufgabe
zugefallen": Sie sollte nun "die Grundlagen für diese Tagung
schaffen und" konnte "damit die Reform wesentlich mitbestimmen"
(H2:1). Wegen dieser Ausweitung des Arbeitspensums und der
Wichtigkeit der Aufgabe schien eine "gewisse Erweiterung des
beratenden Kreises zweckmässig" (H2:1). Allerdings war von einer Beteiligung der Praktiker - Baslers Vorschlag, "Personen
aus dem Kreis der Korrektoren und Setzer in den Arbeitskreis
aufzunehmen", war in Konstanz abgelehnt worden - nicht mehr die

Rede; es sollte "eine Konferenz von Wissenschaftlern zur Schaffung einer Prämisse" bleiben (H1:XXI).
Die Österreicher luden zunächst noch einige "Gäste" nach Salzburg ein: "Hofrat Dr. Albert Krassnigg und Hofrat Dr. Anton Simonic beides Landesschulinspektoren in Wien, sowie Kommerzialrat Wiedling, den 2. Verleger des Österreichischen Wörterbuches"; Thierfelder schlug deshalb "von deutscher Seite noch Herrn Professor Dr. Wittsack/Frankfurt vor als Vertreter des Deutschen Ausschusses für Sprechkunde und Sprecherziehung (...), der die Verhandlungen über die Neuherausgabe (2) des 'Siebs', führt und über den Stand dieser Angelegenheit berichten will". Den Schweizern wurde freigestellt, noch zusätzliche Vertreter zu benennen. Aus Kostengründen verzichtete Thierfelder auf weitere deutsche Vorschläge. (H2:1f)
Aus der Teilnehmerliste geht aber hervor, daß noch vier weitere Deutsche nach Salzburg gekommen waren: Dr. Werner Paul Heyd, Geschäftsführer der agnr, Dr. Paul Grebe, Leiter der Wiesbadener Dudenredaktion und der Verleger Franz Steiner, der in seinem Verlag den Duden in Lizenz herausgab. Im Protokoll (H3) ist nichts darüber vermerkt, ob über die Erweiterung des Kreises noch einmal gesprochen wurde. Bemerkenswert ist, daß neben Mitzka, der in Konstanz allein die Wiesbadener Dudenredaktion vertreten hatte, Grebe u n d Steiner nach Salzburg gekommen waren. Aus einer Aktennotiz von Grebe (A2/16) geht hervor, daß Steiner über einige Umwege von der geplanten Tagung in Konstanz erfahren hatte und beide Dudenvertreter es für dringend erforderlich hielten, sich dort einzuschalten.

Soeben von Berlin zurückgekehrt, lese ich einer (sic!) Zeitungsnotiz, aus der ich ersehe, daß eine Konferenz über Rechtschreibfragen geplant ist, an der Sprachwissenschaftler aus Ost- und Westdeutschland, aus der Schweiz und aus Österreich teilnehmen sollen. Aus der DDR scheint Herr Prof. Dr. Frings, Leipzig, in Frage zu kommen. Der betreffende Passus dieses Zeitungsaufsatzes lautet: "Auf eine Frage an den Vortragenden (es handelt sich um einen Vortrag von Herrn Prof. Dr. Steinitz, Berlin) nach der Orthographie des neuen Wörterbuches teilte dieser mit, daß gerade ein Anfrage aus Westdeutschland gekommen ist wegen der Entsendung eines Vertreters der DDR zu einer gemeinsamen Konferenz der Schweiz, Österreichs, der DDR und Westdeutschlands zum Zwecke einer evtl. Reform der deutschen Orthographie. Prof. Frings wird die DDR auf dieser Konferenz vertreten."
Auf Rückfragen haben wir bisher nichts näheres (sic!) über

diese geplante Konferenz ermitteln können; ich habe mich aber bei Herrn Prof. Steinitz für die übernächste Woche zu einer Rücksprache angemeldet. Bitte versuchen Sie doch etwa über ihre Verbindungen zu Prof. Mitzka Näheres zu erfahren. Wenn ich auch nicht glaube, daß eine solche Konferenz zu kurzfristigen Ergebnissen führen wird, ist es doch dringend erforderlich, daß wir sowohl von Ihrer als auch von unserer Seite aus uns einschalten.
Brief von Herrn Becker an Herrn Steiner.
Von Herrn Steiner telefonisch am 10.10.52 durchgegeben.
(A2/16)

Mitzka hatte dann in Konstanz die Wiesbadener Dudenredaktion vertreten; bei dieser Entscheidung mag mitgespielt haben, daß Steiner und Grebe keine Philologen waren und daß Mitzka als einer der bekanntesten deutschen Sprachwissenschaftler sowohl die Kompetenz als auch das Ansehen hatte, dem Duden bei einer solchen Konferenz den nötigen Einfluß zu sichern. Da nun die Verhandlung in Konstanz ergab, daß eine Rechtschreibreform durch eine Vereinbarung der Wörterbuchbearbeiter nicht erreicht werden könnte und sich außerdem für die Zukunft staatliche Initiativen in den drei beteiligten Staaten abzeichneten, entschloß man sich wohl zu der gemeinsamen Reise nach Salzburg. Für die spätere Entwicklung war dies insofern von Bedeutung, als sich schon bald abzeichnete, daß die "Führung" von Thierfelder auf Grebe überging.

Frings, "der Vertreter Ostdeutschlands", hatte mitgeteilt, es sei ihm nicht möglich, seine Arbeit in der Schweiz zu unterbrechen, um nach Salzburg zu kommen (H3:1). Aus dem oben zitierten Brief von Becker an Steiner geht hervor, wie stark man in der DDR an den Aktivitäten der Arbeitsgemeinschaft interessiert war, denn schon im Herbst 1952 war die Delegierung von Frings beschlossen worden. Aus der Schweiz war noch der Sprachwissenschaftler Dr. Hans Glinz hinzugekommen, der die folgenden Verhandlungen durch seine Mitarbeit stark beeinflußte.

"Es wurde zunächst festgestellt, dass von jedem der beteiligten Länder ein Vertreter anwesend war, der von seiner Regierung den Auftrag hatte, an Empfehlungen zur Vereinfachung der Rechtschreibung mitzuarbeiten."(H3:1) Hierbei handelte es sich um eine Art Vorstufe zu einem politischen Mandat: ein halbprivater Auftrag an Einzelpersonen, durch wissenschaftliche Vorarbeiten und Sondieren der Lage in den anderen beteiligten Staaten eine später notwendig werdende politische Entscheidung vorzubereiten. Zu diesem Zeitpunkt war dies eine durchaus angemessene und auch geschickte Vorgehensweise. Im einzelnen stellte sich der halbamtliche Auftrag als recht unterschiedlich heraus, und in der Reihenfolge der Aufzählung liegt durchaus eine Steigerung, was das Engagement der staatlichen Stellen betrifft:

Der österreichische Kultusminister (Kolb, H.S.) hatte Ministerialrat Dr. Stur gegenüber erklärt, dass sich Österreich, wenn eine Rechtschreibreform durchgeführt werde, nicht ausschliessen wolle.
Dr. Thierfelder berichtete, dass die Kultusministerkonferenz die Vorschläge der Arbeitsgemeinschaft erwarte, um sie für ihre eigene Beschlussfassung als Ausgangspunkt zu benutzen. Die Vorschläge werden dem Vorstand des Schulausschusses der Kultusministerkonferenz, Präsident Dr. Löffler übergeben werden.
Dr. Haller verlas darauf ein Antwortschreiben des Schweizer Bundesrates auf die Eingabe der Schweizer Herren zur Rechtschreibfrage. Es zeigte seine zustimmende Einstellung u.a. auch dadurch an, dass es einlud, die nächste (letzte) Sitzung der Arbeitsgemeinschaft in der Schweiz abzuhalten.
(H3:1)

Ermutigt von diesen unterschiedlich zu wertenden staatlichen Aufträgen stieg man sofort in die Tagesordnung ein.

T a g e s o r d n u n g

1. Aussprache über die Denkschrift Roemheld zur Neuordnung der deutschen Rechtschreibung.

2. Aufstellung von Grundsätzen für die Neuordnung der deutschen Rechtschreibung und die Vorlage an die zuständigen Behörden Deutschlands, Österreichs und der Schweiz

3. Abstimmen der deutschen und österreichischen Wörterbücher in Einzelheiten

4. Vorbereitung einer allgemeinen Rechtschreibtagung für das Frühjahr 1954

5. Die Neuherausgabe des Siebs und seine Anerkennung als Regelbuch für die Aussprache in Deutschland, Österreich und der Schweiz

6. Verschiedenes (H3a)

Zunächst wurde "allgemein festgestellt, dass sich eine Aussprache über die Denkschrift Roemheld erübrige, weil die hier gestellten Forderungen nicht zu einer wirklichen Reform der

Rechtschreibung führten" (H3:2). Hinter dieser kurzen Feststellung verbirgt sich eine folgenschwere Entscheidung, die später eine Spaltung im eigenen "Lager der Konservativen" verursachte, damit die Gegner auf den Plan rief und alle folgenden Verhandlungen bis in unsere Zeit hinein entscheidend beeinflußt und letztlich auch die Durchführung der Reform mit verhindert hat.

Die "Denkschrift Roemheld" (SP9)[1] war vom "Rechtschreibungsausschuss der Gesellschaft für Deutsche Sprache (Leiter: Dr. Roemheld, Hannover)" vorgelegt worden, stellte aber - wie Weisgerber in Salzburg betonte - nicht die Meinung dieser Organisation dar (H3:2). Thierfelder hatte zu dieser Ausarbeitung eine Stellungnahme (H5a) verfaßt und beides zusammen mit der Tagesordnung und der Einladung zu dem Salzburger Treffen an alle Mitglieder der Arbeitsgemeinschaft verschickt. Um die gleiche Zeit bat er Heyd um eine Stellungnahme zu Roemhelds Ausführungen, die dieser dann - verbunden mit der Darstellung von Ziel und Arbeitsweise der agnr - in einer 23-seitigen Denkschrift (H5b) niederlegte. Diese Vorgehensweise spricht für Thierfelders Toleranz und seine Offenheit für neue Entwicklungen, aber auch für ein bestimmtes diplomatisches Geschick, das ihm später vor allem von Grebe abgesprochen wurde und schließlich zu seiner Ausbootung führte. (Vgl. dazu 2.Kap.5.3.1)

Roemhelds apologetische Euphorie für die Wiederbelebung der deutschen Schrift und die Beibehaltung der Großschreibung lagen ganz auf Thierfelders Linie:

> Ich selbst bin von jeher ein Freund der deutschen Schrift (...), deren Erhaltung und Gebrauch auch ich wünsche, (...) gewesen. Der Besitz der Grossbuchstaben ist ein Gewinn, den wir unter keinen Umständen preisgeben dürfen;" (H5a:1)

---

1 Dieses Dokument befand sich weder bei den Protokollen von Heyd (H) noch in Grebes Unterlagen (A), sondern in der Sammlung Puschmann (SP); Puschmann, der sich im Interview 1986 natürlich nicht an die Herkunft einzelner Aktenstücke aus seiner Sammlung erinnern konnte, muß es von Roemheld oder von der GfdS bekommen haben, was den Schluß zuläßt, daß man von dieser Seite eine gewisse Propaganda für diesen Vorschlag machen wollte. Für diese Annahme spricht auch die Veröffentlichung in der Zeitschrift Muttersprache (Roemheld 1954), die im wesentlichen die gleichen Gedanken enthält.

Diese Ansicht hat Thierfelder schon vorher in Vorträgen und
Aufsätzen vertreten, z. B. in einem 1946 erschienenen Artikel
in der Zeitschrift "Pandora".
Trotzdem bat er Heyd, der damals als fanatischer Reformer galt
- so lautete jedenfalls die Auskunft, die Dehnkamp von Löffler
im Februar 1956 (B3/56) erhielt (vgl. dazu 2.Kap.5.3.3) - , um
die obengenannte Stellungnahme.
Roemheld formuliert in seiner Denkschrift als obersten Grundsatz für eine Änderung der Rechtschreibung: "Keine Neuerung,
die das Lesen erschwert!" und gliedert dann seine Vorschläge
folgendermaßen:

   A. Die Buchstaben in ihrer Zusammensetzung zu Wörtern
      (Die Rechtschreibung im engeren Sinn)
   I. Buchstaben als Lautzeichen
   II. Die Buchstaben als Lesezeichen
   III: Die Buchstaben als Blickfang

   B. Die graphische Form der Buchstaben
   I. Die Großschreibung
   II. Die Zweischriftigkeit (SP9:1)

Als Anhang fügt er zwei kurze Wörterlisten und einen historischen Abriß über die Entwicklung der Großschreibung bei.
(SP9:1-11)
Das Postulat, eine Rechtschreibreform müsse vor allem der Lesbarkeit der Schrift dienen und sie fördern, findet sich als
übergeordnetes Prinzip noch in seinem ein Jahr später veröffentlichten Aufsatz (Roemheld 1954), in dem er in den Fragen
der Großschreibung, der Fremdwortangleichung, der Laut-Buchstaben-Beziehung und der Vokalquantität die gleichen Thesen vertritt wie in der für Salzburg vorgelegten Denkschrift. Die Frage der "Zweischriftigkeit", das heißt Bedeutung der deutschen
Schrift für die Rechtschreibung, wurde hier nicht mehr thematisiert: Auch er hatte wohl inzwischen eingesehen, daß sich dieses Problem von selbst erledigt hatte.
In der Frage des Arbeitsprogramms setzten sich dann die Österreicher durch, so daß von jetzt an nicht von einer "Neuordnung
der Rechtschreibung" (Roemheld), sondern von einer "Rechtschreibreform" die Rede war. Es wurde nämlich beschlossen, auf
der Basis der "Vorschläge der Bezirkslehrerkonferenz in Wien"
(H5) zu diskutieren und zunächst die darin aufgeführten 15
Punkte zu besprechen.

Dieses Arbeitspapier "Antrag der Bezirkslehrerkonferenz ... zur Reform der Rechtschreibung" (H5) wird in Thierfelders Einladung vom 6. Mai 1953 (H2) nicht erwähnt. Dort ist nur von der "Denkschrift Roemheld" die Rede. Da aber das Dokument (H5) aus dem gleichen Papier besteht und auch die gleiche Drucktechnik aufweist wie alle von Thierfelder hergestellten Unterlagen, muß es schon vor der Salzburger Tagung eine Absprache mit den Österreichern gegeben haben. Dafür spricht auch, daß laut Protokoll nicht über die Ablehnung des zunächst vorgeschlagenen Arbeitspapiers von Roemheld diskutiert wurde.

Den 15 Einzelvorschlägen waren zwei Anträge vorangestellt:

Der Stadtschulrat für Wien möge das Bundesministerium für Unterricht ersuchen, den nachstehenden Vorschlag durch einen Arbeitsausschuss bestehend hauptsächlich aus Vertretern der Lehrerschaft, der Germanisten, der Buchdrucker und der Buchverleger überprüfen zu lassen.
Ferner möge das Bundesministerium für Unterricht in Angelegenheit der Reichschreibreform mit den zuständigen Ministerien in den deutschsprachigen Ländern in Verbindung treten, damit von einer gemeinsamen Konferenz die dringlichen Fragen der Rechtschreibreform ehestens beraten werden können. (H5:1)

In Wien hatte man die Reform "von oben" - durch die Bearbeitung des ÖW im Auftrag des Unterrichtsministeriums - und "von unten" - durch den Vorschlag der Bezirkslehrerkonferenz - initiiert und die Vertreter aus beiden Bereichen nach Salzburg geschickt: die Ministerialbeamten Stur und Dechant und die Schulräte Simonic und Krassnigg.

In Salzburg wurden alle in dem Wiener Papier vorgeschlagenen Punkte besprochen.

VORSCHLAG ZU EINER REFORM DER RECHTSCHREIBUNG
1. Kleinschreibung
2. Eindeutschung der gebräuchlichsten Fremdwörter
3. Beseitigung der Doppelschreibungen
4. Vereinfachung der S-Schreibung
5. Getrennt- oder Zusammenschreibung
6. Vereinfachte Schreibung der Strassennamen
7. Abteilen der Wörter nur nach Sprechsilben
8. Vereinfachung der Rechtschreibregeln (Beseitigung oder Einschränkung der Ausnahmen)
9. Vereinfachung der Wort- und Satzzeichensetzung
10. Abschaffung der Dehnungszeichen
11. Vereinheitlichung der Zwielaute (ai-ei; äu-eu)

12. Vereinheitlichung der Lautverbindungen: ks,cks,chs,x;
    gs, zuks (sic!)
13. Ersatz des q durch kw
14. Vereinfachung in Verbindung bestimmter Lautzeichen
    (dt-t), (tz-z), (tzt-zt), (sch-sh)
15. Ausgleich von Rechtschreibformen   (H5:1)

Was die zeitliche Planung einer zukünftigen Reform betraf, wich
man aber von den Wiener Vorschlägen ab. Dort war nämlich geplant worden, die Reform entweder in zwei ("am dringlichsten
Punkt 1 bis 9") oder in drei Abschnitten (1. Punkt 1 bis 6; 2.
Punkt 7 bis 11; 3. Punkt 12 bis 15) durchzuführen. Der in Salzburg formulierte Vorschlag dagegen zielte auf eine "Reform in
einem Zuge (...), um auf lange Sicht hinaus eine feste Grundlage und eine allgemeine Befriedung in Rechtschreibfragen zu
schaffen" (H4:1).[1]
In der durch den Wiener Entwurf vorgegebenen Reihenfolge wurde
nun über die einzelnen Punkte gesprochen, und zwar zuerst über
die Groß- und Kleinschreibung. Von Anfang an schien die Absicht
zu bestehen, sofort Empfehlungen zu formulieren; die Notwendigkeit wissenschaftlicher Voruntersuchungen wurde erst im Laufe
der Salzburger Verhandlungen erkannt. Zunächst diskutierte man
nur über die Endformulierung der Vorschläge.

1. Groß und Keinschreibung

Die meisten der Anwesenden schlossen sich dem Wiener Vorschlag
an:

1. Kleinschreibung (mit Ausnahme der Satzanfänge, der Ei-
gennamen/Familiennamen, geographische Namen und der Höflichkeitsformen: Sie,Ihnen, Ihr)

Sind Grossbuchstaben zum Erkennen der Hauptwörter notwendig? Es werden ja auch hauptwörtlich gebrauchte Zeit- und
Eigenschaftswörter gross geschrieben. Die Behauptung der
besseren Lesbarkeit der Grossbuchstaben ist unbewiesen.
Stenographie, Telegraphie, Fernschreiben, Blindenschrift
benützen nur Kleinbuchstaben. Germanistische Zeitschriften

---

1 Bei den Beratungen zu den WE ist man dann wieder einen
Schritt zurückgegangen, indem man auf die Reform der Dehnungszeichen für den ersten Abschnitt verzichtete. Man war dort der
Meinung, es ließe sich immer nur ein wesentliches Phänomen - in
diesem Fall die Großschreibung - reformieren; eine zweite Stufe
sei erst nach 50 Jahren durchzusetzen.

erscheinen ebenso in Kleindruck wie die reformfreundlicher
Sprachvereine. Keine Sprache ausser der deutschen bedient
sich mehr der Grosschreibung. Zuletzt haben Niederland
(sic!) und Dänemark (1948) diese abgeschafft. Die deutschsprachigen Gebiete müssen sich wohl schon im Hinblick auf
den werdenden Europabund den anderen Ländern anschließen.
Die Großschreibung zur Bezeichnung der Satzanfänge wäre zu
belassen, da durch sie eine deutliche Abgrenzung der Sätze
ersichtlich wird, besonders dann, wenn alle anderen Wörter
mit kleinen Anfangsbuchstaben geschrieben werden.
Selbst Eigennamen (Familien- und Vornamen, geographische
Namen sowie die Höflichkeitformen: Sie,Ihnen, Ihr, (sic!)
könnten kleine Anfangsbuchstaben tragen. Nur wenn etwa die
Möglichkeit einer Verwechslung von Familiennamen mit Berufsbezeichnungen, z.b. Wagner eintreten könnte oder die
"klein" geschriebenen Höflichkeitsformen: sie, ihnen, ihr,
auf mehrere Personen bezogen werden könnten, müsste die
Grosschreibung gestattet sein.
Schwierigkeiten der Gross-Kleinschreibung treten auf
Schritt Tritt und auf.
Man schreibt z.B.: ins reine schreiben, aber: ins Schwarze
treffen; angst machen - Angst haben; ernst nehmen - Ernst
machen; bis ins unendliche - ins Endlose; ins unabseh-
bare - ins Ungewisse; kopernikanisches Weltsystem; Linne-
sches Pflanzensystem; goldene Hochzeit (ÖWB.G) - Goldener
Sonntag; die weisse Kohle (ÖWB.W) - der Weisse Tod; es geschieht ihm recht - es geschieht ihm Unrecht; in bezug auf
- mit Bezug auf; es beim alten lassen - aufs Neue erpicht
sein; zum besten geben - zum Besten der Armen; tausend Menschen - Tausende von Menschen; er fährt rad - er fährt
Kahn, Schlitten; er läuft eis - er läuft Schlittschuh; er
läuft sack - er läuft Stelzen; er steht kopf - er schiebt
Kegel; manchmal - manches Mal... (H5:2)

Über die lebhafte Debatte zu diesem Vorschlag wird im Protokoll
(H3) nur resümierend festgestellt, daß die m e i s t e n der
Anwesenden für eine gemäßigte Kleinschreibung eintraten. Auch
diese Formulierung (meisten) verrät indirekt, daß in der Frage
der Groß- oder Kleinschreibung Mehrheitsverhältnisse von Anfang
an eine große Rolle spielten. In Konstanz hatte der in Salzburg
nicht anwesende schweizerische Vertreter Steiger, selbst ein
Anhänger der Großschreibung, schon eine Umfrage durchgeführt
mit dem Ergebnis: fünf für die Einführung der Kleinschreibung,
drei für die Beibehaltung der Großschreibung (H1:XXV).
In späteren Auseinandersetzungen, besonders in den öffentlichen
Diskussionen, trifft man immer wieder auf diese Strategie, mit
Abstimmungsergebnissen zu argumentieren, offensichtlich in der
Absicht, hier besonders demokratische Vorgehensweisen zu doku-
mentieren.

Thierfelder machte sich in Salzburg zum Advokaten der "gemässigten Großschreibung (Hauptwörter und substantivierte Adjektive)"; gemäßigt bedeutet in diesem Zusammenhang: Beseitigen der Spitzfindigkeiten, die in dem Wiener Vorschlag aufgeführt werden. Als einziges Argument führte er die leichtere Lesbarkeit an, dem entgegengehalten wurde, diese Frage sei im Augenblick nicht zu entscheiden. Daraufhin wurde beschlossen, die gemäßigte Kleinschreibung vorzuschlagen; die Formulierung im Protokoll, die Arbeitsgemeinschaft sei nicht nur bestimmten Vorschlägen gefolgt, sondern habe "sich auch mit dem, was gegen diese Vorschläge spräche, eingehend auseinandergesetzt", klingt wie eine prophylaktische Absicherung.

2. Fremdwortschreibung

Zu dem zweiten Punkt - Fremdwortschreibung - enthält das Wiener Arbeitspapier eine Reihe von Beispielen.

2. __Eindeutschung der gebräuchlichsten Fremdwörter__ (mit Ausschlus (sic!) der fachwissenschaftlichen Ausdrücke ("Termini technici")
__Schreibung f statt ph__
Frühere Schreibung (Altschreibung): Elephant, Epheu, Sopha .... Durchgedrungene Schreibung (Schonschreibung): fotografieren, Telefon, Telegraf, Stenografie, Fantasie (Musikstück) .... Reformierte Schreibung (Neuschreibung): Mikrofon, Apostrof, Strofe, Geografie ....
In Italien, Spanien und Portugal ist man schon vor langem zu f übergegangen (3)
__Schreibung t statt th:__
Altschreibung: Walther, Thon (Erde) .... Schonschreibung: Walter, Ton... (Nur Thron blieb uns erhalten, angeblich wegen Einspruchs des Kaisers Wilhelm II.)... Neuschreibung: Lotar, Teater, Termometer..
__Schreibung r statt rh:__
Altschreibung: Rhachitis..... Schonschreibung: Rachitis... Neuschreibung: Rytmus, (Ritmus), Rombus, Reumatismus .....
__Schreibung -ör statt -eur:__
Altschreibung: Liqueur, Marqueur ... Schonschreibung: Likör, Markör, Schofför....Neuschreibung: Frisör, Ingeniör, Redaktör...
__Schreibung ö statt eu:__
Altschreibung: Meubel, Peubel .... Schonschreibung: nervös, kariös,.. Neuschreibung: adjö, Miliö, Sufflör, Sufflöse
__Schreibung -u- statt -ou-:__
Altschreibung: Tour, Tourist..... Schonschreibung: Tur, Turist..... Neuschreibung: Jurnal, Epruvette.....
__Schreibung sch für ch und sk:__
Altschreibung: Chiffon, Chok, Charme, Ski ....
Schonschreibung: Schiffon, Schock, Scharm, Schi ....
Neuschreibung: Schef, Schofför, Schampion.....

Schreibung i für y:
Altschreibung: Krystall, Cyps, Syrup .... Schonschreibung:
Kristall, Cips, Sirup .... Neuschreibung: Zilinder,
Piramide, Himne, Ritmus... (H5:2f; unterschiedliche Anzahl
der Punkte im Original, H.S.)

Inhaltlich herrschte über diesen Vorschlag bei den Teilnehmern
Einigkeit, lediglich die Formulierung der Überschrift wurde geändert: "Angleichung an die deutsche Schreibweise" (H3:3). Zwischen den Zeilen läßt sich hier eine historisch-politische Sen-
sibilität erkennen: Das Wort "Eindeutschung" konnotiert die Ereignisse des Dritten Reiches so stark, daß es nicht mehr vorur-
teilsfrei zu gebrauchen ist. Evident wird hier ein Problem, das
nie expressis verbis formuliert wurde, in vielen Verhandlungen
aber diskussionsimmanent blieb; von deutscher (bundesrepubli-
kanischer) Seite wurde stets vermieden, eine Führungsrolle zu
beanspruchen, obwohl dies auf Grund der zahlenmäßigen Verteilung der Sprachteilhaber durchaus berechtigt gewesen wäre.
Bei diesem Vorschlag zu Fremdwortschreibung war offensichtlich
niemandem aufgefallen, daß die Dreiteilung in Alt-, Schon- und
Neuschreibung historisch gesehen nicht konsequent eingehalten
worden war. Die Schreibweise der Wörter "Tour", "Tourist",
"Chiffon", "Charm" und "Ski" war 1901 nicht verändert worden;
die Beispiele "fotografieren", "Telefon", "Likör", "nervös",
"Schock", "Kristall", "Sirup", "Walter" und "Ton" - ganz abgesehen davon, daß es sich bei den beiden letzten nicht um Fremdwörter handelt - gehören nicht auf die gleiche Ebene (Schonschreibung) wie "Tur", "Turist", "Schöfför", "Schiffon",
"Scharm", "Schi"; außerdem wird das Beispiel "Schofför" einmal
der Schonschreibung und einmal der Neuschreibung, also dem reformierten Vorschlag zugeordnet. Auch wenn zu konzedieren ist,
daß die Grenzen hier durchaus fließend sein können, kann dies
nicht der Grund für diese Ungenauigkeiten sein; man hatte ja
die Absicht, die orthographischen Doppelformen zu beseitigen
und strebte keinesfalls eine gezielte Variantenführung an.
Außerdem war im ÖW die eindeutschende Schreibweise - von der
österreichischen Presse heftig kritisiert - schon weitgehend
durchgeführt worden (Ebene Schonschreibung), und man hätte sich
daran orientieren können, zumal allen Teilnehmern ein Exemplar,
das in Konstanz verteilt worden war, vorlag.

Es fehlte noch weitgehend die Einsicht, daß es nicht genügt, einige Beispiele aufzuzählen, sondern daß umfangreiche lexikologische Untersuchungen (wie Moser 1958 im Zusammenhang mit den WE) durchgeführt werden müssen, um eine Grundlage für orthographische Reformvorschläge zu erhalten.

Bestätigt wird diese Schlußfolgerung durch einen weiteren Beschluß, der zur Fremdwortfrage gefaßt wurde: Haller meldete wegen der beiden neben dem Deutschen in seinem Land gesprochenen romanischen Landessprachen Bedenken gegen eine totale eindeutschende Schreibweise in der Schweiz an; deshalb wurde beschlossen, "nicht alle möglichen Änderungen in der Schreibung von Fremdlauten vorzuschlagen, sondern nur eine Reihe von Beispielen zu bringen" (H3:3). Auf diese Weise schrumpfte die Liste der Beispiele auf neun Wörter.

3. Doppelformen

Beschlüsse, wie sie hier über die Fremdwortschreibung gefaßt wurden, perpetuieren das Problem der Doppelformen, das eigentlich beseitigt werden sollte, weil hier besonders die Berufsgruppen der Pädagoggen und der Drucker auf eine eindeutige Lösung insistiert hatten.

Der Vorschlag des Wiener Grundlagenpapiers zu diesem Problem war nur kurz:

> 3. Beseitigung der Doppelschreibungen.
> Weit über tausend Doppelschreibungen befinden sich in den Wörterbüchern. Einige Beispiele genügen: rören-röhren (brüllen), Email-Emaille, Sinfonie (Musikstück) - Symphonie, linieren-liniieren, Hube-Hufe, planschen-plantschen, um das begreifliche Verlangen der Lehrerschaft, besonders der Setzer und Korrektoren in den Buchdruckereien nach der Festsetzung einer Wortform zu verstehen. (H5:3)

Alle Mitglieder der Arbeitsgemeinschaft waren der Meinung, orthographische Doppelformen müßten verschwinden, sprachliche Doppelformen - gemeint sind wohl Homonyme - sollten aber unangetastet bleiben. Offensichtlich ist darüber gesprochen worden, ob es sich überhaupt lohnt, eine Empfehlung zu formulieren, wenn es sich eventuell nur um sehr wenige Wörter handelt. Bemerkt wurde hier die fehlende Vorbereitung, allerdings nur auf einer quantitativen Ebene. Um dem abzuhelfen, erbot sich Basler, eine Liste solcher Wörter mit Doppelschreibungen zur nächsten Tagung vorzulegen. Bei der Tagung in Schaffhausen stellte sich dann heraus, daß der Begriff "Doppelformen" wegen der fehlenden Differenzierung von Homonymen, Homophonen und Homographen nicht richtig definiert worden war. Von diesem Punkt der Verhandlungen an wuchs dann kontinuierlich die Einsicht, daß in Salzburg wohl doch noch nicht die endgültigen Empfehlungen, die den politischen Gremien zur Entscheidung vorgelegt werden sollten, formuliert werden könnten. Am Ende der Sitzungen wurde beschlossen, zu allen Einzelpunkten von je einem oder mehreren Mitgliedern der Arbeitsgemeinschaft Ausarbeitungen anfertigen zu lassen.

4. S-Schreibung

In der Frage der S-Schreibung wurde die kuriose Formulierung von Konstanz noch einmal bestätigt, obwohl in dem Wiener Papier Abweichungen vorgeschlagen worden waren:

4. Vereinfachung der S-Schreibung
Drei "S-Verbindungen" sind möglich:
a) Langer Selbstlaut und "mildes" s: s
b) kurzer Selbstlaut und "scharfes" s: ss (Tasse, Messe ...)
c) langer Selbstlaut und "scharfes" s: ß (Maße, Füße...)
Das "ß" durchgehends (sic!) durch "ss", auch nach einem langen Selbstlaut, zu ersetzen, ist kaum möglich. Man müßte dann schreiben: Fluss-Flüsse, aber auch Fuss-Füsse. Das wäre wieder eine Ausnahme der Regel. Das "ß" könnte nur nach kurzem Selbstlaut durch "ss" ersetzt werden (Fluss-Flüsse ...), nach langem Selbstlaut muß "ß" geschrieben werden (Fuß-Füße ...). (4)
Nach dieser Regel müßte dann "ß" in Großantiqua durch die naheliegende Ligatur SZ bezeichnet werden. Man schreibt daher STRASZE aber: GASSE. Beim Zusammentreffen von SZ un S in einer Zusammensetzung hätte ein Bindestrich diese Buchstaben voneinander zu trennen (GROSZ-STADT).
Man könnte aber eher das "ß" durch s ersetzen, denn das s in Ast, ist, (sic!) spricht man ebenso scharf aus wie in: er ißt. Es müßte heißen: Fus-Füse und Fluss-Flüsse. In der Groß- antiqua: STRASE, GROSSTADT. (H5:3f)

5. Getrennt- und Zusammenschreibung

Über die Probleme der Getrennt- und Zusammenschreibung entspann sich wieder eine ausführlichere Diskussion, weil man den Wiener Vorschlägen nicht glaubte folgen zu können.

5. Getrennt- oder Zusammenschreibung

Es gibt keinen Zweifel mehr in der Schreibung, wenn der früher gebräuchlichen Getrenntschreibung wieder allgemeine Geltung verschafft werden würde. Die Unterscheidung der ursprünglichen (wirklichen, sinnlichen) Bedeutung von der übertragenen (bildlichen) geht aus dem Zusammenhang unzweideutig hervor.
Bisher schrieb man: Kinder auseinander setzen, aber: einem etwas auseinandersetzen (erklären); einen Platz frei lassen - einen Vogel freilassen; der Redner hat frei gesprochen - der Angeklagte wurde freigesprochen (nicht verurteilt). Unübersichtliche Zusammenschreibungen wie Lehrerdienstrechtskompetenzgesetzesnovelle (12 (recte 13) Silben) wären durch Bindestriche sinngemäss zu trennen:
Lehrerdienstsrechts-Kompetenzgesetz-Novelle.
Bei allen Zusammenschreibungen wird die optische Aufnahme erschwert, sie sind unübersichtlich, und damit wird auch die Auffassung des Wortinhaltes verzögert. (H5:4)

In der Diskussion wurde die Möglichkeit erwogen, eine weitgehende Getrenntschreibung zuzulassen. Hier gewann vor allem der Schweizer Sprachwissenschaftler Glinz Einfluß, der "Klammerwörter" auch für den Fall zur Einheit erklärte, in dem sie innerhalb eines Satzes getrennt würden. Man einigte sich schließlich auf eine Formulierung, die zwischen dem "ursprünglichen Sinn" und der "verblaßten Einzelbedeutung" der Komposita unterscheidet. Daß sich in dieser Empfehlung der Zusatz "dem neuen Duden angeglichene Formulierung" (H3:4) findet, läßt sich dahingehend interpretieren, daß hier Grebe und Steiner begannen, die Reformdiskussion zu beeinflussen.

6. Straßennamen

Bei der Erörterung der Schreibung von Straßennamen tauchte ein Argument auf, das in der gesamten Geschichte der Rechtschreibreform nur sehr selten - und dort nur bei der Zeichensetzung und bei der Getrennt- und Zusammenschreibung - zu finden ist: die Intonation. Nicht etwa Wittsack, der Vertreter des Siebs-Ausschusses, brachte diese neue Variante in die Diskussion, sondern die Österreicher. Sie führten an, daß "Wörter wie Kremserstrasse nur eine Tonspitze, und zwar auf der ersten Silbe hätten" (H3:5), was die Zusammenschreibung rechtfertige. Die Gegenfeststellung, es gäbe zahlreiche Beispiele - genannt wurde Leipzigerstrasse -, die einen sehr starken Nebenton auf der Silbe "stra-" hätten, verdeutlichte sofort, wie hier Argumente aus verschiedenen Ebenen vermischt wurden. Nachdem man schon so

weit gekommen war, eine phonetische Schreibweise nicht mehr als
das non plus ultra zu fordern, wäre es ein Rückfall in eine historisch schon überwundene Epoche, mit der Intonation zu argumentieren. Dem steht auch entgegen, daß Aussprache und Intonation im deutschen Sprachgebiet sich in mehreren Varianten manifestieren.

Der Wiener Vorschlag zu diesem Punkt enthielt zwei Postulate:
erstens konsequente Zusammenschreibung bei allen eingliedrigen
Bestimmungswörtern, zweitens Weglassen oder Reduzieren der Bindestriche:

> 6. Vereinfachte Schreibung von Strassennamen und analoger
> Zusammensetzungen
> Bisher schrieb man die von Orts- oder Ländernamen abgelei-
> teten Strassennamen auf -er getrennt: Mariahilfer Strasse,
> Lerchenfelder Gürtel. Hier wäre wegen der rascheren Schrei-
> bung (Adressierung vereinfachte Handhabung der Schreibma-
> schine!) die Zusammenschreibung am Platze:
> Mariahilferstrasse, Lerchenfeldgürtel.
> Die verschiedenen Schreibungen: Kremser Strasse (nach der
> Stadt Krems benannt) und Kremserstrasse (nach dem Komponi-
> sten K); Lange Gasse (nach der Ausdehnung!) und Langegasse
> (nach einem Personennamen) wäre aufzugeben. Die Zusammen-
> schreibung ist wegen der schon früher erwähnten Gründe vor-
> zuziehen.
> Bisher war es Gepflogenheit, bei Strassennamen, die als Be-
> stimmungsort einen zusammengesetzten Personennamen tragen,
> diesen vom Grundwort und die einzelnen Glieder der Bestim-
> mungsgruppe durch Bindestriche zu trennen. Johann-Nepomuk-
> Berger-Platz, Abraham-a-Sancta-Clara-Gasse. Auch ohne Bin-
> destriche (weder zwischen dem Grundwort und dem Bestim-
> mungswort, noch zwischen den einzelnen Gliedern der Bestim-
> mungsgruppe) gibt es keine Missverständnisse: Johann Nepo-
> muk Berger Platz, Abraham a Sancta Clara Gasse... Dagegen
> muss geschrieben werden: Strass-Lanner Denkmal. (5)
> Wenn das Bestimmungswort auf -er von einem Orts- oder Län-
> dernamen abgeleitet ist, könnten, analog den Strassennamen,
> Grund- und Bestimmungswort zusammengeschrieben werden: Neu-
> siedlersee. (H5:4f)

Diesem Vorschlag wurde in Salzburg gefolgt und darüber hinaus
noch die Empfehlung formuliert, bei der Neubenennung von Straßen nach Personen nur den Familiennamen zu benutzen.

7. Silbentrennung

Zur Silbentrennung war aus Wien ein klarer Vorschlag gekommen:

> 7. Abteilen der Wörter nur nach Sprechsilben
> Deutsche Wörter, die nach Sprechsilben abgeteilt werden
> (wa-rum, dar-aus...) sollten ebenso wie die schwierig abzu-

teilenden Fremdwörter, die nach ihrer Zusammensetzung getrennt werden müssen (päd-agogisch, Ma-gnet, Lin-oleum
....), der Vereinfachung halber nur mehr nach Sprechsilben
getrennt werden: wa-rum, da-raus,...; pä-da-go-gisch, Mag-
net, Li-no-leum... Das "untrennbare" st müsste nach dieser
Regel auch getrennt werden: Fens-ter, Pols-ter ....
Nur dort, wo Wörter noch als Zusammensetzung empfunden werden, wäre auch weiterhin nach Bestandteilen zu trennen:
Himmel-an ... (H5:5)

Erstaunlicherweise wurde die Trennung der Fremdwörter nach
Sprechsilben ohne kontroverse Diskussion beschlossen. Dabei
spielte die in der Schlußbemerkung ausgesprochene Intention,
die "Kluft zwischen den Gebildeten und den Ungeschulten" (H4:4)
nicht noch weiter zu vertiefen, sicher eine große Rolle. In der
Tat war in der Reformdiskussion gelegentlich das Argument aufgetaucht, der Gebildete könne seine philologische Gelehrsamkeit
durch das richtige Trennen der Fremdwörter demonstrieren.
Auch das bisher untrennbare st wurde in diese Regelung einbezogen; Komposita hingegen sollten nach ihren erkennbaren Bestandteilen getrennt werden. Damit erfolgte eine Differenzierung von
Sprechsilben und Sprachsilben (Morphemen), die aber eine eindeutige Entscheidung dann nicht mehr zuläßt, "wenn die Zusammensetzung nicht ohne weiteres erkennbar ist" (H3:5). Als einziges Beispiel wurde das Wort "empfindlich" in die Diskussion
gebracht, die Notwendigkeit einer umfassenden Untersuchung wurde auch hier nicht erkannt.

8. Vereinfachung der Rechtschreibregeln

Zu diesem Problem, das in dem Wiener Vorschlag als "Beseitigung
oder zumindest starke Einschränkung der Ausnahmen" (H5:5) definiert war, "wurde nicht Stellung genommen, weil dieser Punkt
als Forderung über der ganzen Tagung stehe und in allen Punkten
enthalten sei" (H3:6). Diese Verweigerungstrategie läßt sich
nur so erklären, daß wenigstens einigen Beteiligten an dieser
Stelle ein Defizit bewußt wurde, das aber als solches noch
nicht klar benannt werden konnte: Der Katalog aus Wien enthielt
Forderungen, die verschiedenen Ebenen angehörten (Prinzipien
der Orthographie - Regeln - Einzelphänomene) und jeweils auf
dieser Ebene untersucht bzw. diskutiert werden müßten; dafür
fehlten aber die wissenschaftlichen Vorarbeiten, und diese wa-

ren auch in dem zur Verfügung stehenden Zeitraum nicht zu leisten.

9. Zeichensetzung

Das Problem der Zeichensetzung wurde wieder ausführlich diskutiert, weil hier besonders die Vertreter der Wiener Lehrerschaft - sicher zu recht - eine Quelle häufiger schulischer Fehlleistungen sahen:

9. Vereinfachung der Wort- und Satzzeichensetzung
a) Der <u>Punkt</u> sollte nur noch beim Satzende, nach der Ordnungszahl und nach bestimmten Abkürzungen gesetzt werden.
b) der <u>Beistrich</u>. Die Regeln über die Beistrichsetzung müssen vereinfacht werden, da sie den schwierigsten Abschnitt der Zeichensetzuung bilden.
c) der <u>Strichpunkt</u> wäre entbehrlich
d) die Verwendung des <u>Auslassungszeichens</u> (des Apostrophs).
   Das Auslassungszeichen sollte nur gesetzt werden
   1. um den 2. Fall der Eigennamen, die auf s, x oder z ausgehen, ersichtlich zu machen: Voß' Louise, besser: Vossens Louise oder die "Louise" von Voß; Felix' Briefe, besser: Felixens Briefe oder die Briefe von Felix; Horaz' Gedichte, besser: Horazens Gedichte oder die Gedichte von Horaz,
   2. um die Auslassung des e in "es" und das verkürzte "das" anzuzeigen: 's ist nicht leicht. Wer's Glück hat..
e) Die Regeln der übrigen Wort- und Satzzeichen zu vereinfachen. (H5:5)

Über die Setzung des Punktes kam es zu einer schnellen Einigung. Der Wiener Vorschlag wurde übernommen, nur bezüglich der Abkürzungen noch etwas differenziert; hinzugefügt wurde eine Regelung über den Wegfall des Punktes bei Überschriften und Buchtiteln. Auf eine Diskussion über die Setzung des Strichpunktes glaubte man verzichten zu können, weil diese Angelegenheit "im neuen Duden eindeutig geregelt" (H3:6) sei; auch diese Formulierung ist ein Indiz für den Einfluß von Grebe und Steiner.

Erwartungsgemäß entspann sich dann über die Kommaregeln eine sehr lange - auch während und nach dem Abendessen andauernde (H3:6) - Diskussion, in der wohl allen Teilnehmern bewußt wurde, daß noch Forschungsarbeiten notwendig seien, bevor man zur Formulierung von Regeln schreiten könne. 1902 war die Zeichensetzung überhaupt nicht amtlich geregelt worden, was dazu geführt hatte, daß ab 1915 die Dudenredaktion sich dieses Problems annahm und die Regeln von Auflage zu Auflage erweiterte und - wie Kritiker behaupten - unnötig komplizierte. (Vgl. dazu 3.Kap.1) Auch die Wiener Lehrerschaft hatte vor diesem Problem kapituliert und sich in das allgemeine Postulat nach einer Vereinfachung der Regeln geflüchtet. Deshalb blieb als Diskussionsgrundlage nur die Dudenregelung, eine Tatsache, die Steiner und Grebe sofort als Chance erkannten und auch entsprechend nutzten. Grebe erklärte sich bereit, bis zur nächsten Tagung der Arbeitsgemeinschaft einzelne Vorschläge zur Vereinfachung der Kommaregeln vorzulegen. Auf der Grundlage dieser Ausarbeitung (A2/2) wurde in Schaffhausen die Frage der Kommasetzung diskutiert und später in Stuttgart der endgültige Vorschlag formuliert. Auch der Aufsatz von Grebe (1955) zu den STE geht auf diese Vorarbeit zurück. (Vgl. dazu auch 3.Kap.2.1) Ebenfalls auf die nächste Sitzung (Schaffhausen) verschoben wurde die Regelung der Anführungszeichen; für das Apostroph hingegen einigte man sich noch schnell, dasselbe zwar nicht abzuschaffen, aber eine weitgehende Einschränkung seines Gebrauchs zu empfehlen.

10. Dehnungszeichen

Diese Eile hatte ihre Ursache darin, daß unbedingt der Tagesordnungspunkt 10, Abschaffung der Dehnungszeichen, noch abgehandelt werden mußte; man ging nämlich davon aus, die Reform könnte in einem Zuge durchgeführt werden. Da die Wiener Empfehlung die Lösung dieses Problems erst für die zweite Phase der Reform vorsah, gab es hierzu keinen Vorschlag, auf dessen Basis man hätte diskutieren können. Zunächst wurde von Thierfelder in die Debatte geworfen, zwei Alternativ-Vorschläge zu formulieren, also entweder die Längen- oder die Kürzebezeichnungen abzuschaffen. Damit hätte man dann allerdings Politikern eine Entscheidung zugemutet, die allein in die Kompetenz der Wissenschaftler gehört. Für die Abschaffung der Dehnung wurden dann zwei Argumente vorgebracht, die offensichtlich alle Anwesenden überzeugten: Die "Mehrzahl der statistisch untersuchten Fehler" würden "bei den Längenbezeichnungen gemacht" (H3:9), trug Krassnigg vor, ohne eine Quelle für diese Behauptung zu nennen; Haller argumentierte sowohl linguistisch - die Doppelkonsonanz als Kennzeichnung der Kürzung sei wesentlich konsequenter durchgeführt als die Bezeichnung der Dehnung - als auch historisch - schon Konrad Duden habe 1876 die Abschaffung der Dehnung vorgeschlagen. Thierfelders ästhetisches Argument, das Schriftbild würde durch den Wegfall des Buchstabens h, einer der wenigen mit einer Oberlänge, noch einförmiger (er dachte offensichtlich an das von Roemheld erwähnte "Blickfang -h") wurde offensichtlich von keinem der Anwesenden unterstützt. Die Feststellung, die unterschiedliche graphische Realisierung der Dehnung (Nichtbezeichnung, h, ie, Doppelvokale) sei "eine wesentliche Klippe" (H3:9), führte zu dem Beschluß, diese Klippe quantitativ zu verkleinern: Abschaffung von Dehnungs-h und Doppelvokalen. Da hier nur auf der Ebene abstrakter Regeln diskutiert wurde, kam keiner auf den Gedanken, daß sich das Schriftbild durch die Anwendung dieser Regeln sehr stark verändern würde. Obwohl in Schaffhausen und später in Stuttgart Wörterlisten und Beispieltexte in der vorgeschlagenen Schreibweise (H33, H34) vorlagen, tauchte dieses Argument, das später in der öffentlichen Auseinandersetzung eine so große Rolle spielte, nicht auf.

Offensichtlich waren alle Diskussionsteilnehmer auf Regelveränderungen bzw. -vereinfachungen fixiert, was sich ja schon in Konstanz in der frühzeitigen Formulierung von Vorschlägen und dem nachträglichen Anfügen der Beispiele gezeigt hatte. Erst nach zwei jeweils mehrtägigen Konferenzen (Konstanz und Salzburg) stellte sich für die Teilnehmer heraus, daß auf der Ebene der Regeln erst dann argumentiert werden kann, wenn über die Nennung einiger Belegbeispiele hinaus die notwendigen lexikologischen Vorarbeiten geleistet sind. Obwohl man sich dieser Mängel - zumindest ansatzweise - bewußt war und mehrere Fragen und Probleme "zur endgültigen Klärung auf die Schweizer Tagung verwies(en)" (H3:10), wurde beschlossen, die in Salzburg erarbeiteten "Vorschläge zur Reform der deutschen Rechtschreibung" (H4) den amtlichen Stellen der drei beteiligten Länder vorzulegen. Hinter dem Argument, eine weitere Verschiebung der Reform könne zur Aufspaltung der deutschen Sprachgemeinschaft führen (H4:4), steckte nicht nur die Angst vor dem Verlust der deutschsprachigen Identität, sondern auch die Meinung, es müsse etwas geschehen, bevor die Neuauflagen der deutschen Wörterbücher herauskämen. Es war bekannt, daß Steiner und Grebe an der

Neuauflage des Dudens arbeiteten und daß Mackensen ein neues
Wörterbuch vorbereitete. Schon zu Beginn der Salzburger Tagung war ein Redaktionskomitee
bestimmt worden, das die während der Diskussionen gefaßten Be-
schlüsse in den Arbeitspausen formulieren sollte. Diese Arbeit
wurde von folgenden Mitgliedern der Arbeitsgemeinschaft übernommen: Simonic (Österreich), Haller und Glinz (Schweiz),
Thierfelder und die Protokollführerin Schulz (Deutschland).
Im folgenden wird das von dieser Gruppe formulierte Papier (H4)
vollständig zitiert, weil es im Laufe der Zeit zu einigen Mißverständnissen führte.

Vorschläge zur Reform der deutschen Rechtschreibung
vorgelegt von der Arbeitsgemeinschaft für Sprachpflege
ausgearbeitet in Salzburg, 2.und 3. Juni 1953

Die Arbeitsgemeinschaft, die sich aus Vertretern der
Sprachpflege in Deutschland, Österreich und der Schweiz zu-
sammensetzt, unterbreitet den amtlichen Stellen der drei
beteiligten Länder die folgenden Vorschläge. Die Arbeitsgemeinschaft ist sich einig , dass die geplante Rechtschreibreform unsere Rechtschreibung wesentlich vereinfachen soll.
Damit werden die Forderungen erfüllt, die seit mehr als einem halben Jahrhundert von weiten Kreisen der drei beteiligten Länder immer wieder erhoben worden sind. Vor allem
im Interesse der Schule, des Verlags- und Druckereiwesens
und der Wirtschaft empfiehlt die Arbeitsgemeinschaft nachdrücklich, die Reform in einem Zuge durchzuführen, um auf
lange Sicht hinaus eine feste Grundlage und eine allgemeine
Befriedung in Rechtschreibfragen zu schaffen.

1.
Gross- und Kleinschreibung
Die Arbeitsgemeinschaft hat beschlossen, den zuständigen
Behörden die Einführung der gemässigten Kleinschreibung
vorzuschlagen. Sie versteht darunter die grundsätzliche
Kleinschreibung aller Wortarten. Dagegen sollen die grossen
Anfangsbuchstaben beibehalten werden für Satzanfang, persönliche und geographische Eigennamen und für Höflichkeits-
bezeichnungen. Als Mittel zur Hervorhebung eines Wortes in
besonderen Fällen kann die Großschreibung auch weiterhin
verwendet werden.
Die Arbeitsgemeinschaft hat die Einwände gegen die Abschaffung der Großschreibung eingehend geprüft. Sie erkennt insbesondere an, dass sich die Wirkung der Kleinschreibung auf
die Lesbarkeit zusammenhängender Texte erst in Zukunft erweisen wird. Sie ist jedoch davon überzeugt, dass diese Bedenken zurücktreten müssen gegenüber den Vorteilen, die die
Kleinschreibung allen Teilen der Bevölkerung bringen wird.

2.
Angleichung der gebräuchlichsten Fremdwörter an die deutsche Schreibweise

Die Arbeitsgemeinschaft empfiehlt, in der Angleichung der gebräuchlichsten Fremdwörter an unsere Schreibweise weiter zu gehen als bisher, da der Alltagsgebrauch der schriftlichen Festlegung bereits vorausgeeilt ist. Zum Beispiel soll in Zukunft das ph durch f (Photograph - Fotograf), das th durth (sic!) t (Theater - Teater), das rh durch r (Katarrh - Katarr) ersetzt werden. Die französische Schreibung ai wird zu ä (Necessaire - Necessär), eau (au) zu o (Niveau Nivo wie schon Büro), eu zu ö (Souffleur - Sufflör wie schon nervös) und ou zu u (Tourist - Turist). Anstelle des y tritt je nach der heute vorherrschenden Aussprache i oder ü (Zylinder - Zilinder, Hymne - Hümne).

Namenswiedergaben in englischer oder französischer Umschreibung sind zu vermeiden, vor allem in Kartenwerken. Orte und Landschaften, bei denen neben den amtlichen Fremdnamen deutsche Gebrauchsnamen bestehen, (2) sind mit diesen zu bezeichnen. Die Arbeitsgemeinschaft wird eine Liste der wichtigsten Bezeichnungen aufstellen und empfiehlt, diese in die amtlichen Wörterbücher aufzunehmen.

In der Schweiz ist bei allen Regelungen, die die Angleichung der Schreibweise von Fremdwörtern betreffen, auf die zweite und dritte Landessprache Rücksicht zu nehmen.

3.
Beseitigung orthographischer Doppelformen

Die Arbeitsgemeinschaft empfiehlt in den Fällen, wo ein Wort einheitlich ausgesprochen, aber verschieden geschrieben wird, _eine_ Schreibform festzulegen. Sie wird eine Liste dieser Wörter aufstellen.

4.
Vereinfachung der s-Schreibung

Die Arbeitsgemeinschaft schlägt vor, das ß (SZ) in lateinischer Schrift (Antiqua) durch ss zu ersetzen. Bei Gebrauch der deutschen Schrift (Fraktur) bleibt es bei der bisherigen Regelung.

5.
Getrennt- oder Zusammenschreibung

Um dem übertriebenen Umsichgreifen der Zusammenschreibungen entgegenzutreten, schlägt die Arbeitsgemeinschaft vor, folgenden Richtlinien anzunehmen:

G e t r e n n t schreibt man gedanklich zusammengehörige Wörter, wenn der ursprüngliche Sinn der einzelnen Wörter noch vorhanden ist.

Z u s a m m e n schreibt man gedanklich zusammengehörige Wörter, wenn sie, in der Einzelbedeutung verblasst, zusammen einen neuen Begriff bilden, den das blosse Nebeneinander nicht ergibt.

Da es sich bei der Frage "Getrennt- oder Zusammenschreibung" um eine Entwicklung handelt, also um einen Vorgang, der noch nicht abgeschlossen ist, ergeben sich Sonderfälle, bei denen das Sprachgefühl zu entscheiden hat.

6.
Schreibung von Strassennamen

Die Arbeitsgemeinschaft ist der Meinung, dass Strassennamen mit eingliedrigen Bestimmungswörtern grundsätzlich zusammengeschrieben werden sollten (Tirolerstrasse). Bei mehrgliedrigen Bestimmungswörtern tritt nur vor das Grundwort der Bindestrich (Albrecht Dürer-Platz). Die Arbeitsgemeinschaft empfiehlt, bei Benennungen von Strassen, Plätzen usw. nach Personen nur den Familiennamen, nicht aber Vornamen und Titel zu verwenden; Bildungen wie "Philipp II. Monument" sollten vermieden werden, weil sie sprachwidrig sind. (3)

7.
Silbentrennung am Zeilenende

Hierzu schlägt die Arbeitsgemeinschaft vor:
a) Zusammengesetzte Wörter werden nach ihren erkennbaren Bestandteilen, also nach Sprachsilben, getrennt (Schulpflicht).
b) Wenn die Zusammensetzung nicht ohne weiteres erkennbar ist, wird nach Sprechsilben getrennt, d.h. ein einzelner Konsonant kommt auf die folgende Zeile, von zwei oder mehreren Konsonanten nur der letzte. st bildet keine Ausnahme mehr und wird wie sp behandelt. (Fens-ter). Wörter wie hinaus, da-ran können nach Sprechsilben getrennt werden; das gleiche gilt für Fremdwörter (Pä-da-go-gik).

8.
Vereinfachung der Zeichensetzung

<u>Der Punkt:</u> Die Arbeitsgemeinschaft schlägt vor: Der Punkt soll nur noch am Satzende, nach der Ordnungszahl und nach Abkürzungen gesetzt werden, die man im vollen Wortlaut spricht (z.B., vgl., usw.), nicht aber nach Überschriften, Buch- und Zeitungstiteln. Ohne Punkt schreibt man die als selbständige Wörter gesprochenen Abkürzungen (Hapag, Unesco), ferner Abkürzumgen aus Wissenschaft und Wirtschaft (DA, GmbH, AG).

<u>Der Beistrich (das Komma):</u> Die Arbeitsgemeinschaft empfiehlt, die Regeln über die Setzung des Beistrichs (Kommas) weitgehend zu vereinfachen, im besondern für den Schulgebrauch. Da der Beistrich (Komma) auch ein wichtiges Mittel für die persönliche Gestaltung des Textes ist, muss in seinem Gebrauch eine grössere Freiheit gewährt werden als auf anderen Gebieten der Rechtschreibung.

Im Gegensatz zum bisherigen Gebrauch soll der Beistrich <u>vor</u> <u>und</u> und <u>oder</u> zwischen gleichgeordneten Hauptsätzen wegfallen. Auch vor allen Infinitivgruppen (zu, um zu, ohne zu usw.) fällt der Beistrich weg, soweit die Eindeutigkeit des Ausdrucks nicht darunter leidet. Im übrigen bleibt es einer genaueren Untersuchung vorbehalten, noch andere Fälle vorzuschlagen, bei denen der Beistrich wegfallen kann.

<u>Der Apostroph:</u> Der Gebrauch des Apostrophs ist möglichst einzuschränken.

9.
Kennzeichnung langer und kurzer Vokale
Die Arbeitsgemeinschaft schlägt vor:
Die Kennzeichnung der Vokalkürze durch Doppelkonsonanten
wird beibehalten, da sie schon in der gegenwärtigen Rechtschreibung fast ausnahmslos durchgeführt ist. Dadurch wird
es möglich, auf eine besondere Kennzeichnung der Vokallänge
zu verzichten. Das Dehnungs-h im Inneren der Wörter wird
beseitigt, für einzelne Unterscheidungsschrei-(4)bungen,
die sich als notwendig erweisen sollten, wird die Arbeitsgemeinschaft noch genauere Vorschläge unterbreiten. h am
Wortende und silbentrennendes h bleiben bestehen (froh, sehen, Ruhe). Steht ie für langes i, so soll es durch einfaches i ersetzt werden.

10.
Vereinheitlichung der Lautverbindungen
Die Arbeitsgemeinschaft empfiehlt, an Stelle von ck kk zu
setzen, wie das bisher bereits bei der Silbentrennung her-
vortritt.
Die bisherige Schreibung des "chs", die im Schulunterricht
leicht zu falscher Aussprache verleidet (sic!), sollte
durch ks ersetzt werden (Ochse, Fuchs, Lachs).
Tritt an ein Wort, das auf Doppelkonsonant endigt, ein
zweites Wort, das mit gleichen Konsonanten beginnt, so
bleiben alle drei Konsonanten erhalten (Schifffahrt,
Wolllappen). Ebenso bleibt das stammbildende h vor der
Nachsilbe heit bestehen (Rohheit).

11.
Schlussbemerkung
Die Arbeitsgemeinschaft hat in ihren Vorschlägen nur die
wichtigsten Reformwünsche berücksichtigt, die in den letzten Jahrzehnten in Aufsätzen, Denkschriften und Ent-
schliessungen geäußert worden sind. Ihre Annahme durch die
zuständigen Behörden würde gleichwohl zu einer Erleichterung des Unterrichts, zu einer gesunden Vereinfachung unserer Rechtschreibung und zu einer Verringerung des Minder-
wertigkeitsgefühls führen, das in der Vergangenheit die
Kluft zwischen den Gebildeten und den Ungeschulten so ver-
hängnisvoll vertieft hat. Die Arbeitsgemeinschaft ist sich
im Klaren (sic!) darüber, dass die Einführung jeder Änderung der Rechtschreibung Widerstand und Missbehagen in einzelnen Bevölkerungskreisen hervorrufen wird; sie ist indessen davon durchdrungen, dass das schliessliche Ergebnis der
vorgeschlagenen Reform nach einer verhältnismässig kurzen
Übergangszeit die segensreichsten Wirkungen für Schule und
Haus, für Stadt und Land, kurzum für die grosse Gemeinschaft aller Deutschsprechenden haben und auch die Bedeutung des Deutschen als Verkehrssprache im internationalen
Leben steigern wird. Alle Mitglieder der Arbeitsgemeinschaft haben beträchtliche Opfer gebracht, um einen ein-
stimmigen Vorschlag unterbreiten zu können; sie erwarten
deshalb auch, dass verwaltungstechnische und andere Bedenken hinter dem grossen Ziel einer echten Neuordnung unserer
Rechtschreibung zurücktreten werden. Eine weitere Verschie-

bung der Reform - das haben die Tagungen in Konstanz und Salzburg klar ergeben - ist nicht mehr möglich; es könnte sonst der Augenblick kommen, in dem Teile der deutschen Sprachgemeinschaft ihre eigenen Wege gehen müssten und dadurch könnte die geistige Stellung Mitteleuropas ernstlich erschüttert werden. (H4)

In späteren Jahren ist diese Zusammenfassung (H4), die ebenso wie das Protokoll den Vermerk trug "Streng vertraulich! Nicht zur Veröffentlichung bestimmt!" stark überbewertet worden. 1980 wurde der Inhalt dieses Papiers von Reichardt als eigenständiger Vorschlag in eine Synopse übernommen. Die gleiche Bewertung findet sich bei Mentrup (1985) und Jansen-Tang (1988), was zu der unzutreffenden Bezeichnung "Salzburger Empfehlungen" führte. Vermutete Ursache dieser Fehlinterpretation: Dieses Papier befand sich als Anlage zu den Einladungen der Arbeitsgemeinschaft für Sprachpflege im Nachlaß von Frings, der in der Akademie der Wissenschaften Berlin aufbewahrt wird. Im Zusammenhang mit den jetzt zur Verfügung stehenden Dokumenten (H, NT und A) muß dieses Papier völlig anders beurteilt werden. Aus der von Thierfelder formulierten Schlußbemerkung (H4:4) könnte man zwar entnehmen, daß es sich hier um einen endgültigen Vorschlag für die staatlichen Behörden handelte. Aber Thierfelder hatte dieses Nachwort (11. Schlussbemerkung, H4:4) schon während seiner Vorbereitungsarbeiten entworfen, also zu einem Zeitpunkt, da er noch davon ausging, daß in Salzburg ein endgültiger Reformplan verabschiedet werden würde. Seine Formulierung wurde von den in Salzburg Versammelten, die sich im Zeitdruck wähnten, gebilligt. "Es wurde festgestellt, daß eine Verschiebung der Reform tatsächlich die Gefahr einer Spaltung des deutschen Sprachraums mit sich bringen könne" (H3:11). So erklärt sich die Eile, mit der hier ein Reformvorschlag, der dem Vorhaben bei den Behörden einigen Nachdruck verleihen könnte, zu Papier gebracht wurde. Der Vorläufigkeit und Unvollständigkeit dieses Kataloges waren sich die Beteiligten aber voll bewußt, denn sie beschlossen in der gleichen Sitzung, die noch offenstehenden Fragen zu bearbeiten, um diese dann bei dem nächsten Treffen zu diskutieren.

3.3 Schaffhausen (1953): Diskussion der in Salzburg formulierten Empfehlungen

Zu der dritten Tagung der Arbeitsgemeinschaft für Sprachpflege,
die vom 20. bis 22. November in Schaffhausen stattfand, lud Dr.
Steiger, der Vorsitzende des Deutschschweizerischen Sprachvereins, ein; alle Teilnehmer waren Gäste der Eidgenossenschaft
und des Kantons Schaffhausen (H8).

> Fast alle Teilnehmer der Konstanzer bezw. (sic!) der Salz-
> burger Tagung waren anwesend. Es wurde besonders freudig
> begrüsst, dass es dem Direktor des Instituts für Deutsche
> Sprache und Literatur an der Deutschen Akademie der Wissen-
> schaften, Berlin, Professor Dr. Theodor F r i n g s mög-
> lich war, zu der Tagung zu kommen, und somit diesmal der
> berufene Vertreter Ostdeutschlands nicht fehlte. (H9:1)

Einige Wochen vorher hatte Frings nämlich an Thierfelder geschrieben, daß jetzt alle Schwierigkeiten überwunden seien und
er nun an den Beratungen der Arbeitsgemeinschaft teilnehmen
könne (A2/17). Er bezeichnete die Einstellung der DDR als "positiv für eine Reform im Sinne der Salzburger Empfehlungen"
(H9:2). Seine Anwesenheit in Schaffhausen und diese Äußerung
nur wenige Monate nach dem Aufstand des 17. Juni sprechen dafür, daß man in der DDR an einer gemeinsamen Lösung interessiert war und keine sprachseparatistischen Absichten hegte.
Hinzugekommen war auch noch Dr. Gieselbusch als Vertreter des
Klett-Verlages Stuttgart; wahrscheinlich hatte Thierfelder ihn
eingeladen in der Hoffnung, in diesem Verlag die Möglichkeit
zur Veröffentlichung der Ergebnisse der Verhandlungen zu haben.
Ob es zu diesem Zeitpunkt schon diesbezügliche Absprachen gab,
kann nur vermutet werden. Jedenfalls organisierte Gieselbusch
1955 die Veröffentlichung der wissenschaftlichen Ausarbeitungen
zu den STE in der im Klett-Verlag erscheinenden Zeitschrift
"Der Deutschunterricht".
Für die spätere Entwicklung von großer Bedeutung war die Teilnahme des Schweizer Sprachwissenschaftlers Rudolf Hotzenköcherle, eines engagierten Gegners der Kleinschreibung. Die Anwesenheit der beiden Vertreter der Konferenz der schweizerischen Erziehungsdirektoren (dem der bundesdeutschen KMK entsprechenden

Gremium), der Regierungsräte Dr. Fritz Stucki (Glarus) und Theo Wanner (Schaffhausen) zeugt davon, daß die Schweizer Behörden auf jeden Fall an der Entwicklung interessiert waren. (Ob sie sich für eine Reform einsetzen oder sie verhindern wollten, müßte in einer Untersuchung über die Schweizer Reformgeschichte geklärt werden.) Jedenfalls hatte die "Konferenz der Kantonalen Erziehungsdirektoren" sich in einem Brief an den Vorsitzenden der Deutschschweizerischen Sprachvereins Dr. Steiger vom 27. August 1953 ziemlich zurückhaltend geäußert:

> Tout en reconnaissant l'intérêt qu'une réforme de l'orto-
> graphe peut présenter, non seulemant au point de vue sco-
> laire mais aussi au point de vue culturel, la Conférence
> considère que la Suisse n'est qu'une petite partie des ter-
> ritoires de langue allemande et que sa position lui dicte
> une certaine réserve. Elle estime, d'autre part, que la ou
> les questions essentielles concernant la réforme de l'orto-
> graphe devraient étre resolues (sic!), avant que soient
> examinées les questions de moindre importance ou les cas
> particuliers. (H9:2)

Auch die bundesdeutschen Kultusminister hatten sich zurückge-halten, wenn auch ihre Stellungnahme etwas differenzierter aus-gefallen war, wie aus Löfflers Brief an Thierfelder vom 9. No-vember 1953 hervorgeht:

> Abgesehen von den Vorschlägen über Gross- und Kleinschrei-
> bung, über die Kennzeichnung langer und kurzer Vokale sowie
> über die Vereinheitlichung der Lautverbindungen hält die
> Kultusminsterkonferenz diese Vorschläge für zweckmäßig. Sie
> geht jedoch davon aus, dass sie noch genauer präzisiert und
> durch Beispiele belegt werden. Die drei Vorschläge Nr. 1, 9
> und 10 (gemeint sind Groß- oder Kleinschreibung, Kennzeich-
> nung langer und kurzer Vokale und Vereinheitlichung der
> Lautverbindungen, H.S.) jedoch sind so weittragend, dass
> sie noch weiterer Klärung bedürfen. In der Kultusminister-
> konferenz wurden erhebliche Bedenken geäussert. (H9:1f)

Die besten Aussichten, eine Rechtschreibreform politisch durch-zusetzen, schienen in Österreich zu bestehen, denn dort hatten die Reformer direkte Kontakte zu der höchsten Stelle:

> Ministerialrat Dr. Stur berichtete dann über ein längeres
> Gespräch, das er in dieser Angelegenheit mit dem öster-
> reichischen Kultusminster Kolb geführt hatte. Der Minister
> habe besonders erwähnt, wie gut es gewesen sei, dass die
> Arbeitsgemeinschaft ihre Vorschläge zunächst nur intern be-
> arbeitet und Presse und Öffentlickkeit noch nicht zugezogen

habe. Er stehe den Vorschlägen der Arbeitsgemeinschaft durchaus positiv gegenüber und habe vor allem betont, dass er den Vorschlag, die gemässigte Kleinschreibung einzuführen, besonders begrüsse, weil dadurch wirklich eine wesentliche Vereinfachung der Rechtschreibung gewährleistet sei. (H9:2)

Thierfelder, der auch auf dieser Tagung den Vorsitz führte, kommentierte diese Stellungnahmen nur kurz, betonte aber noch einmal, daß in der Sitzung der KMK wiederholt nachdrücklich erklärt worden sei,

dass eine Regelung der Rechtschreibung nur dann einen Sinn habe, wenn nicht nur in Österreich und in der Schweiz, sondern vor allem auch in Ostdeutschland das gleiche beschlossen werde. Die Teilnahme des Vertreters der DDR sei entschieden ein Fortschritt. (H9:2)

Zieht man die politischen Verhältnisse in Betracht, so war damals eher zu befürchten, das Reformvorhaben könnte am Widerstand der DDR scheitern als am Unwillen der beiden anderen beteiligten Staaten.

Daß die Mitwirkung von Politikern dem Reformvorhaben nicht förderlich sein würde, hatte Thierfelder richtig erkannt; er meinte nämlich, es sei "das wichtigste (...) für das Fortschreiten der Arbeit (...), dass sich in der Arbeitsgemeinschaft nicht Behörden, sondern ein Kreis freier Mitarbeiter zusammengefunden habe" (H9:2).

Einstimmig angenommen wurde dann die von Thierfelder vorgeschlagene Tagesordnung:

1. Durchberatung der Salzburger Empfehlungen, beginnend mit den Punkten 1, 9 und 10
2. Vorbereitung der Rechtschreibkonferenz
   a) wo und wie soll die Konferenz stattfinden?
   b) Vorbereitung der Öffentlichkeit
   c) Versuch, die massgeblichen Behörden, Parlamente usw. für eine Zustimmung zu den Vorschlägen zu gewinnen.
3. Bericht über die Neugestaltung des Siebs.
4. Die Frage der grammatischen Terminologie. (H9:2)

An dieser Tagesordnung wird zum einen noch einmal deutlich, wie nachdrücklich Thierfelder seine Lieblingsidee von der Wiener Konferenz (Punkt 2 a - c) weiter verfolgte, ohne von seinem Konzept der allgemeinen Sprachpflege (Punkt 3 und 4) abzulassen; zum anderen läßt sie aber auch die Einsicht in die Forde-

rung der KMK erkennen, die in Salzburg schon endgültig formulierten Empfehlungen noch einmal "durchzuberaten".
Zunächst wurde über die Groß- oder Kleinschreibung gesprochen,
wobei es nur um die Frage ging, wie man die Kleinschreibung
durchsetzen könne. Die Vorschläge reichten von der Änderung der
"Diktion" (Thierfelder) - statt gemäßigte Kleinschreibung "gemässigte Großschreibung" - über Abstimmung in den beteiligten
Berufsgruppen zu dem "plausiblen" Argument, "dass wir die einzige Kulturnation seien, die dieses System noch habe" (H9:3)
und sich die Kleinschreibung historisch (mittelhochdeutsche
Schreibweise) begründen lasse. Aber nur der Vorschlag, nach den
schon erfolgten Abstimmungen unter den Lehrern in der Schweiz
(6:1 für Kleinschreibung), in Österreich ("die österreichische
Volksschullehrerschaft" ist "geschlossen für die gemässigte
Kleinschreibung") und der DDR ("die Gewerkschaft der Lehrer und
Erzieher" ist ebenso für die Kleinschreibung wie "einzelne Mitglieder der Duden-Redaktion") auch "in Westdeutschland" eine
entsprechende "Befragung der Lehrer, Setzer u.a." durchzuführen, wurde angenommen. Außerdem sollten noch "sprachpsycholo-
gische Gründe" angeführt werden.

Um Punkt 1 eindringlicher darzustellen, wurde beschlossen,
eine Prämisse vorauszuschicken, etwa in folgendem Sinne:
Die Arbeitsgemeinschaft ist nach wie vor der Meinung, dass
der grösste Übelstand der Rechtschreibung die Großschreibung ist. (H9:3)

Damit war die Diskussion über diesen Hauptproblempunkt abgeschlossen; auch als am Ende der Tagung mehrere Themen zur Bearbeitung vergeben wurden, fehlte die Groß- oder Kleinschreibung.
Es gibt im Protokoll kein Indiz dafür, daß einer der Teilnehmer
hier eine sprachwissenschaftliche Diskussion oder Untersuchung
vermißt hätte. Erst bei der Stuttgarter Sitzung wurden zur
Groß- oder Kleinschreibung einige Regeln formuliert, nachdem
zuvor abgestimmt worden war. Dieser Vorgang beleuchtet noch
einmal im Detail, wie sehr die Intention Sprachpflege und das
damit verbundene pädagogische Anliegen die Bemühungen um eine
Rechtschreibreform zu dieser Zeit auf die Frage der politischen
Durchsetzbarkeit konzentrierte und dabei die linguistischen
Grundlagen vernachlässigte. Auch die Zwischendiskussion, in der
die Frage aufgeworfen wurde, "ob man die Punkte 1, 9 und 10

beibehalten solle oder schon jetzt einen von ihnen opfern müsse" (H9:3), sich dann aber wie in Salzburg für eine Reform in einem Zug entschied, belegt dieses Defizit ebenso wie das taktische Argument, man müsse "bei der großen Rechtschreibkonferenz noch (4) Dinge haben, auf die man verzichten könne, um das andere sicher durchzubringen" (H9:3f).
Als nächstes wurden die beiden anderen von der KMK beanstandeten Vorschläge erneut beraten. "Zu Punkt 9: Kennzeichnung langer und kurzer Vokale betonte Prof. Frings, dass dieser Punkt materiell noch geklärt werden müsse"; Basler und Glinz erhielten daraufhin den Auftrag, "eine Liste über den materiellen Inhalt dieses Punktes anzulegen"(H9:4). (Über die Ausarbeitung mit beigefügter Wortliste, die Glinz daraufhin anfertigte, wurde später in Stuttgart ausführlich gesprochen.)
Bei der Behandlung von Punkt 10 (Vereinheitlichung der Lautverbindungen) wurde zu der Änderung von ck zu kk noch die Änderung tz zu zz hinzugefügt; das Ersetzen des chs durch ks wurde gestrichen, da es sich nur um einen Teil des x-Komplexes handele, der so unbefriedigend gelöst sei. Über den Absatz 3 dieses Punktes (zwei oder drei gleiche Konsonanten) kam es noch einmal zu einer heftigen Debatte über die Frage, ob man hier nicht besser eine Trennung durch Bindestrich vorschlagen sollte. Hotzenköcherle hielt die Bindestrichlösung zwar auch für logischer, plädierte aber dafür, "in diesen Fragen nicht immer nur logisch" vorzugehen; der Bindestrich, der bei anderen Zusammensetzungen ja auch nicht vorkomme, mache auf den Leser einen zu ungewohnten Eindruck. Offensichtlich als Antwort auf einen weiteren Einwand gegen die Schreibung von drei Konsonanten führte er noch ein weiteres Argument an: Die Tatsache, daß die drei Konsonanten nicht ausgesprochen würden, sei unwesentlich, weil es sich nicht um eine phonetische Schrift handele. Glinz hingegen wollte dem Bindestrich die Funktion eines Stilmittels, mit dem man bei den Komposita jedem Wort sein volles Gewicht wieder geben könne, nicht rauben. Auch nach diesen Beiträgen waren die Meinungen offensichtlich kontrovers geblieben, denn der Vorschlag, die drei Konsonanten zu belassen, wurde schließlich durch Abstimmung (8:7) entschieden.
Wenn auch diese Diskussion im Protokoll nur kurz wiedergegeben wird, so scheint mir an dieser Stelle ein markanter Wendepunkt

in den gesamten Verhandlungen zu den STE zu liegen - nämlich in der Tatsache, daß die Sprachwissenschaftler Frings, Hotzen- köcherle und Glinz die ihnen zustehende führende Rolle übernah- men und ihre überzeugend vorgetragenen Argumente auch durchset- zen konnten. Hatte man sich bisher, orientiert an der politi- schen Durchsetzbarkeit, vorwiegend an der Oberfläche bewegt, so ging es an dieser Stelle zum ersten Mal in die Tiefe, und zwar sofort über zwei Stufen - die Ebene der Regeln auslassend auf die Ebene der Prinzipien: das phonetische Prinzip ist in der Verschriftlichung der deutschen Sprache nur punktuell reali- siert (Hotzenköcherle); auch stilistische Prinzipien spielen in der Orthographie eine Rolle (Glinz). Auch die Forderung von Frings nach einer "Liste über den materiellen Inhalt dieses Punktes", womit er eine lexikologische Untersuchung meinte, markiert diesen Wendepunkt von einer an pragmatischen Kriterien orientierten Diskussion zu einem wissenschaftlichen Diskurs. Es war deshalb auch kein Zufall, daß erst nach der Schaffhausener Tagung die schon in Salzburg geforderten und beschlossenen Aus- arbeitungen zu den einzelnen Punkten angefertigt wurden, auf deren Grundlage man dann in Stuttgart diskutieren konnte.

In diesem Sinne wurde dann die Diskussion über die "Angleichung der gebräuchlichsten Fremdwörter an die deutsche Schreibweise" (Punkt 2) verschoben, da die im ersten Abschnitt aufgeführten acht Beispiele durch eine Liste ersetzt werden sollten. Grebe hatte nämlich angeregt, "eine <u>Liste der eindeutschfähigen Fremdwörter</u> aufzustellen" (H9:5) und darauf hingewiesen, daß ein Wort "jahrelang ein wirkliches Fremdwort" sein, dann "aber wieder auf den Stand des fremdem Wortes" zurücksinken könne (Beispiel: Trottoir). Eine auf den gesamten Wortschatz anzuwen- dende Regel wie - ph, th, rh werden in Fremdwörtern durch f,t,r ersetzt - konnte also nicht formuliert werden. Die sonst oft zitierte italienische Praxis, radikal phonetisch vorzugehen und fantasia, filosofia usw. zu schreiben, mußte allen als Phänomen bekannt und auch als Postulat formuliert schon begegnet sein. Diese Möglichkleit wurde überhaupt nicht erwähnt - ein Indiz sowohl für die elitäre Haltung, am vermeintlich humanistischen Bildungsgut festzuhalten, als auch für das Bestreben, den Re- formgegnern dieses Argument a priori vorzuenthalten. In den Wiesbadener Verhandlungen hat diese flexible, am aktuellen

Sprachusus orientierte Eindeutschung zu einem praktikablen Vorschlag geführt.

Für eine flexible Lösung trat auch Stur ein, indem er "eine
enge Zusammenarbeit der Wörterbücher" vorschlug: "Man solle
nicht immmer schon entscheiden, sondern zur Wahl stellen"
(H9:5). Damit redete er natürlich - offensichtlich ungewollt -
den Doppelformen das Wort, die aber hier, wie sich später herausstellen sollte, nicht richtig definiert und deshalb als orthographisches Problem auch nicht adäquat erfaßt worden waren.
Denn es sollte vermieden werden, die "für die Setzer so unangenehmen 'Kann'-Regeln aufzustellen" (H9:5); das wäre geschehen
durch die Formulierung: "Anstelle des y tritt je nach der heute
vorherrschenden Aussprache i oder ü" (H4:1). Aber auch die neue
Formulierung - "Anstelle des y tritt i, wenn wirklich i gesprochen wird" (H9:5) - wurde nicht als befriedigende Lösung empfunden. Die Rettung war einfach: "Es ist anzustreben, den Buchstaben y auf die Dauer ganz fallen zu lassen." (H9:5) (Da
drängt sich dann die Frage auf, ob Reform durch Eliminieren eine Lösung sein kann.) Einstimmig angenommen wurde der Vorschlag
ti durch z zu ersetzen.

Zu den Fremdwörtern hatte man in dem Salzburger Papier auch die
Schreibung von Ortsnamen im Ausland gezählt. Thierfelder fertigte dazu ausführliche Listen (H/30) an, das Thema wurde aber
in Stuttgart ohne weitere Begründung aus dem Katalog gestrichen.
Der Punkt 3 - Doppelformen - konnte überhaupt nicht behandelt
werden, weil man in Salzburg den Begriff nicht exakt definiert
hatte; infolgedessen wurde eine Wörterliste (H23; Verfasser
nicht zu ermitteln) vorgelegt, in der bis auf wenige Ausnahmen
Homophone aufgezählt werden, die bei Kleinschreibung und Wegfall der Dehungsbezeichnung auch noch zu Homographen werden.
(Beispiele: alt, der Alt / alt, der alt; er floh, der Floh / er
floh, der floh; malen / mahlen; mehr / das Meer; die Mine / die
Miene) Es mußte zunächst klargestellt werden, "dass es sich
nicht um Wörter wie Mohr - Moor handele, sondern um Wörter mit
gleicher Bedeutung, aber ungleicher Schreibweise (Bretzel-
Bretsel)" (H9:6). Zu solchen Mißverständnissen konnte es kommen, weil bisher stets nur über ein Schlagwort - hier: Beseitigung der Doppelformen - aus dem Reformkatalog unter dem Aspekt
der Akzeptanz in der Bevölkerung und der politischen Durchsetz-

barkeit gesprochen wurde. Im günstigen Fall wurden einzelne
Beispiele angeführt, niemals aber eine Untersuchung des Phäno-
mens am Wortschatz für notwendig gehalten. Gerade aber eine
"Panne" wie diese, wo eine falsche Definition durch das Fehlen
einer solchen Untersuchung verursacht worden war, hätte deren
Notwendigkeit besonders bewußt machen müssen.
Im Zusammenhang mit der Vereinfachung der s-Schreibung war es
sowohl in Konstanz als auch in Salzburg zu der schon beschriebenen, "merkwürdigen" Formulierung gekommen, weil man von einer
weiter bestehenden "Zweischriftigkeit" (Fraktur und Antiqua)
ausging. Davon war nun hier in Schaffhausen nicht mehr die Rede. Man tendierte zwar dazu, das ß ganz abzuschaffen, wie es
laut Haller in einigen Kantonen der Schweiz schon geschehen
war, konnte sich aber auch nicht endgültig dazu entschließen.
Hallers Vorschlag, einen Akzent einzuführen, wurde von "Hotzenköcherle mit der Begründung abgelehnt, dass man damit ein neues
Prinzip in die Sprache einführe. Er glaube, in jedem sprachlichen System gäbe es Sackgassen - und dies sei zweifellos eine"
(H9:12). Da ein Ersetzen des ß durch s oder ss von der Quanti-
tät des vorangehenden Vokals abhängt und nach der Meinung von
Glinz "noch eine Klärung geschaffen werden müsse, wie die Länge vor ss in Zweifelsfällen bezeichnet werden könne" (H9:12),
bot es sich an, dieses Problem dem Dehnungskomplex einzuverlei-
ben, was auch geschah. Dieser Schritt hatte aber für die gesamte zukünftige Entwicklung zur Folge, daß die s-Schreibung im
Katalog der WE nicht mehr vorkommt.
Über den Punkt 5 (Getrennt- und Zusammenschreibung) kam es gar
nicht zur Diskussion, nachdem Glinz angeregt hatte, diesen
Punkt "grammatisch zu detaillieren":

> 1. Komposita; 2. Präpositionale Verbindungen (wie anstatt,
> zu Gunsten) 3. Verbindungen eines Verbs mit einer trennba-
> ren Vorsilbe: Dieser Punkt sei der wichtigste: Grundsätz-
> lich zusmamengeschrieben werden müsse bei reinen Vorsilben
> (abfahren, untergehen); zu regeln ist die Zusammenschrei-
> bung der Verbindungen Verb-Adjektiv (freimachen - frei ma-
> chen) oder Verb-Substantiv (radfahren - Rad fahren). Auch
> für diesen Punkt ist es notwendig, möglichst viele Beispie-
> le zu bringen. (H9:6)

Ob Glinz die Beispiele aus linguistischen oder aus taktischen
Gründen für notwendig hielt, ist aus dem Protokoll nicht zu ersehen.

Im Anschluß an die Ausführungen von Glinz wurde noch einmal über die Schreibung von Straßennamen (Punkt 6) gesprochen, ein Reformpunkt, der in den folgenden Jahrzehnten ganz in den Hintergrund trat, und dessen Regelung den Wörterbuchbearbeitern überlassen blieb. Der Antrag von Steiger, "bei mehrgliedrigen Strassennamen (...) zwischen jedem Glied einen Bindestrich zu setzen" (H9:6), wurde abgelehnt. Die Salzburger Formulierung dieses Punktes sollte beibehalten werden, allerdings durch eine Liste von Straßennamen ergänzt werden,

> aus der die verschiedenen Möglichkeiten der Bildung hervorgehen (z.B. Klärung der Frage der Innenreflexion: in der Freiestrasse, in der Freienstrasse oder in der Freien Strasse; Verbindungen mit dem Genitiv wie Platz der Republik usw.) (H9:7)

Grundlage dafür sollte eine Veröffentlichung von Hottenroth sein. Auf Veranlassung von Stur wurde auch noch die Schreibung bestimmter geographischer Namen (Kitzbühler Alpen oder Kitzbühleralpen) hinzugeommen.

Der Punkt 7 - Silbentrennung am Zeilenende - blieb inhaltlich unverändert, wurde aber teilweise anders formuliert:

> (...) wenn die Zusammensetzung nicht ohne weiteres erkennbar ist, <u>wird nach dem Prinzip getrennt, dass</u> ein einzelner Konsonant auf die nächste Zeile kommt, von zwei oder mehreren Konsonanten nur der letzte. Das gilt auch für die Konsonantenverbindung st wie bereits jetzt für sp. Wörter wie hi-naus, da-ran <u>werden</u> auch nach diesem Prinzip getrennt; das gleiche gilt für Fremdwörter (Pä-da-go-gik). (H9:7)

Erwartungsgemäß gab es zu dem Fragenkomplex Zeichensetzung (Punkt 8) wieder eine ausführlichere Debatte. Während man den Absatz über den Punkt unverändert ließ, wurden zu den Empfehlungen über die Setzung des Kommas mehrere Änderungen beschlossen. In diesem Zusammenhang scheint es bemerkenswert, daß von Glinz erwähnt wurde, es gäbe zum Thema Interpunktion kaum Vorarbeiten, an denen man sich orientieren könne. "Das sollte in der Formulierung besonders zum Ausdruck kommen." (H9:7) Bei den vorangegangenen Verhandlungen in Konstanz und Salzburg war ein solcher Mangel von niemandem konstatiert und offensichtlich auch nicht als solcher empfunden worden.

Hier in Schaffhausen referierte Grebe ausführlich über die Kommaregeln und machte gleichzeitig Reformvorschläge: Das Komma
sei zu setzen bei hinzugefügten Satzteilen (Beispiel: Er gab
ihr das Messer nicht, aus Sorge ...), herausgehobenen Satzteilen (Beispiel: Am Brunnen vor dem Tore, da steht ein Linden-
baum.) und Beifügungen (Beispiel: Die Preise, namentlich die
der Lebensmittel, sind sehr gestiegen.). Des weiteren führte er
aus, daß die Grundregel, wonach Haupt- und Nebensatz durch Komma zu trennen sind, auch für den verkürzten Nebensatz und für
den nachgestellten Infinitivsatz zu gelten habe (Sich selbst zu
besiegen ist der schönste Sieg, aber: Es ist der schönste Sieg,
sich selbst zu besiegen). Der Infinitivsatz solle künftig ohne
Komma angefügt werden, wenn kein hinweisendes Wort ihn besonders betone (Es ist besser zuzugreifen. Wir freuen uns alle ihn
zu sehen. Aber: Wir freuen uns alle darauf, ihn zu sehen. Zu
lernen, das ist mein grösster Wunsch.). Eingewendet wurde hier-
nach, daß bei allen Infinitivgruppen das Komma entfallen könne,
wenn die Eindeutigkeit gewährleistet sei.
Zuvor war noch über die Kommasetzung vor "und" oder "oder" de-
battiert worden; ein Komma müsse gesetzt werden können, um Mißverständnisse zu vermeiden (Ernst, mein Vetter,[1] und ich -
Ernst, mein Vetter und ich), solle aber sonst wegfallen; gleiches gelte für die anreihenden Bindewörter (teils - teils,
nicht nur - sondern auch, je - desto u.a.). Wegfallen sollte
das Komma auch zwischen attributiven Adjektiven (gutes bayerisches Bier),

beim Datum (München den 20. November 1953 (...)), bei Woh-
nungsangaben (Berlin W 8 Weidenstr. 16 Hof rechts 3. Stock
bei Bauer) und bei Angaben des Geburtsnamens (Hofmann geb.
Müller) und endlich bei Interjektionen (Ach wie ists möglich dann). (H9:8)

Die Empfehlung zur Setzung des Punktes sollte

dahingehend erweitert werden, dass vor 'und' oder 'oder'
nur dann ein Komma steht, wenn ein Zwischensatz vorangeht
(Er fuhr mit dem Wagen, der seinem Bruder gehörte, und kam
bald am Ziel an.) oder wenn es einen Zwischensatz einleitet. (H9:8)

---

1 An dieser Stelle steht das Komma nicht wegen "und", sondern
wegen der Apposition "mein Vetter".

Auf Anregung von Haller wurde auch die Setzung der Anführungszeichen den Empfehlungen hinzugefügt:

> Es soll nicht auf das Anführungszeichen verzichtet werden,
> da es ein vorzügliches Mittel zur Heraushebung ist. Beim
> Zitieren ist es unentbehrlich, auch wenn es sich nur um
> einzelne Wörter handelt, die zitiert werden. Es wurde be-
> schlossen, <u>dass bei wörtlicher Rede nur am Anfang und am
> Schluss ein Anführungszeichen zu setzen ist</u>, nicht aber vor
> und nach eingefügten Sätzen. Diese sind nicht durch Gedan-
> kenstriche, sondern durch Beistriche von der Rede zu tren-
> nen. ("Ich kann nicht kommen, sagte er, denn ich habe wirk-
> lich keine Zeit.") (H9:8)

Im Gegensatz zum Punkt Groß- oder Kleinschreibung kam es bei
dem Thema Zeichensetzung zu einer ausführlichen Diskussion, was
daher rührte, daß Grebe sich auf das Thema gründlich und umfas-
send vorbereitet und eine Ausarbeitung (A2/2) vorgelegt hatte.
(Vgl. dazu auch 3.Kap.2.1)
Der am Ende der Schaffhausener Tagung gefaßte Beschluß, eine
Reihe von Themen bis zur nächsten Sitzung von Mitgliedern der
Arbeitsgemeinschaft bearbeiten zu lassen, entsprang wohl der
Erkenntnis, daß man auf dem bisher eingeschlagenen Wege - eine
Regel zu zitieren und sich durch Mehrheitsbeschluß zu einigen,
ob diese zu ändern, zu streichen oder beizubehalten sei - nicht
zum Ziel kommen könne. Erst nach Eingang dieser Ausarbeitungen
sollte das Redaktionskomitee (Thierfelder, Basler, Grebe, Haller, Krassnigg) die in Salzburg formulierten Empfehlungen gemäß
den in Schaffhausen beschlossenen Änderungen neu formulieren.
Unklar blieb bei diesem Auftrag, ob die einzelnen Bearbeiter
eine Untersuchung des jeweiligen Rechtschreibphänomens durchführen sollten oder ob ihre Aufgabe darin bestand, zu dem jeweils gefaßten Beschluß eine Liste von Belegbeispielen anzufertigen. Frings sagte dazu einerseits, man müsse den Behörden eine "klare Formulierung des Grundtextes (gemeint sind die als
Regeln formulierten Änderungsvorschläge, H.S.) mit Anlage von
vielen, möglichst vollständigen Beispielen zu den einzelnen
Punkten" vorlegen, plädierte aber andererseits dafür, daß sich
die Mitglieder der Arbeitsgemeinschaft vor der geplanten Konferenz noch einmal treffen müßten und daß man dann eventuell einen weiteren Vertreter der Deutschen Akademie der Wissenschaften zuziehen sollte. (H9:9) Hinter diesem Doppelvorschlag verbirgt sich das Dilemma der gesamten Verhandlungen zu den STE:

Einerseits bestand von Anfang an die Absicht, Änderungsvorschläge so zu formulieren, daß sie den zuständigen staatlichen
Behörden als Entscheidungsgrundlage dienen konnten; andererseits wuchs aber im Laufe der Diskussionen - zumindest bei den
beteiligten Sprachwissenschaftlern - die Erkenntnis, daß die
zur Erfüllung dieser selbst gestellten Aufgabe notwendige wissenschaftliche Basis fehlte und erst noch erarbeitet werden
müsse. Diese "verkehrte" Reihenfolge führte dazu, daß die wissenschaftlichen Untersuchungen schießlich "nachgeschoben" wurden. (Der Deutschunterricht 7, H.3; Themenheft: Die deutsche
Rechtschreibreform; DU 55)
Die Ursache für das hier zutage tretende Dilemma liegt in der
Art und Weise der bis dahin geführten Reformdiskussion. Für
Sprachwissenschaftler war die Rechtschreibung kein Forschungs-
gegenstand; Reformvorschläge kamen vorwiegend aus den Berufsgruppen, die sich mit den ungelösten Problemen von 1901 herum-
schlagen mußten: Volksschullehrer, Setzer, Korrektoren; die
hier vorherrschende Intention, eine Änderung bzw. Vereinfachung
politisch durchzusetzen, bestimmte alle Aktivitäten. Der eigentliche Angelpunkt der Geschichte der Rechtschreibreform im
20. Jahrhundert liegt in den STE: Sie markieren den Übergang
von verbandspolitischen zu wissenschaftlich argumentativen
Durchsetzungsstrategien. Damit ging einher, daß das Thema in
eine andere soziale Gruppe - Intellektuelle und Wissenschaftler
- getragen wurde und innerhalb dieser Gruppe zu harten Auseinandersetzungen (s. 1.Kap.4) führte.
In Schaffhausen manifestierte sich diese Zweiteilung schon in
der Tagesordnung: Als Punkt 1 erscheint die Beratung der in
Salzburg formulierten Empfehlungen ohne weitere Untergliederun-
gen; symptomatisch für die starke Gewichtung der Punktes 2 -
Vorbereitung der Rechtschreibkonferenz - ist dessen differenzierte Formulierung und innerhalb der Verhandlung die ausführliche Diskussion darüber. Über einen möglichen Konferenzort
wurde in Schaffhausen überhaupt noch nicht gesprochen, wohl
aber über einen Zeitpunkt: Herbst 1954. Gleichzeitig wurde auf
Anregung von Frings eine weitere Zusammenkunft der Arbeitsgemeinschaft beschlossen, bei der dann die große Rechtschreibkonferenz in allen Einzelheiten geplant und vorbereitet werden
sollte. Zunächst stand aber zur Debatte, welcher Personenkreis

an einer solchen Konferenz teilnehmen sollte. Während Thierfelder von einer Teilnehmerzahl von etwa 150 Personen ausging, weil es leichter sei, "eine grosse Gruppe zu dirigieren als eine kleine Gruppe" (H9:9), vertrat Mitzka die Meinung, den Kreis möglichst klein zu halten, weil alle bisherigen Gremien klein gewesen seien und eine große Gruppe ihm zu riskant erschiene. Worin das Risiko bestünde, sagte er nicht; aber da er schon früher (Konstanz) für eine Reform "auf kaltem Wege", d.h. über Absprachen der Wörterbuchbearbeiter, plädiert hatte, ist anzunehmen, daß er Kompetenzgerangel, Einmischungen von seiten der Presse, unsachliche Diskussionen in der Öffentlichkeit u. ä. befürchtete. Die Entwicklung in den folgenden Jahrzehnten bis zum heutigen Tage gibt ihm nachträglich recht.

Thierfelders Traum von der großen Konferenz manifestierte sich in der von ihm vorgetragenen Einladungsliste:

1. Behörden: Kultusministerkonferenz, Bundesinnenministerium, Bundespostministerium, Bundesbahn, Auswärtiges Amt, Bundespresseamt.
2. Unterrichtsstätten: Fachverbände der Volksschullehrer, der höheren Lehrer und der Hochschullehrer, die namhaftesten Germanisten der Hochschulen.
3. Verbände: Institut für Auslandsbeziehungen, Goethe-Institut, Deutsch-Akademischer Austauschdienst, Gesellschaft für deutsche Sprache, Akademie für Deutsche Sprache und Dichtung; ausserdem die Verbände der Schriftsteller, Zeitungs- und Zeitschriftenverleger, Bundesverband der deutschen Presse, Börsenverein deutscher Verleger und Buchhändler; Rundfunkanstalten, Verbände der Drucker, Korrektoren, Schriftgiessereien und des Malerhandwerks; Lehrmittelverlage, Verlage der Wörterbücher, Telephon- und Adressbücher und Konversationslexika; Bundesverband der deutschen Industrie, Industrie- und Handelstag, Deutscher Gewerkschaftsbund, Verband der Werbefachleute und Dolmetscher.
4. Je ein Vertreter aus Luxemburg, Südtirol, Elsass-Lothringen, Schleswig, Südamerika, Nordamerika, Canada, Südafrika. (H9:9)

Entsprechende Listen für die Schweiz und für Österreich sollten noch aufgestellt werden.

Thierfelders Euphorie wurde von Dechant, der als Mitherausgeber des ÖW schon einige Erfahrung mit reformerischen Initiativen hatte, etwas gebremst. Er meinte, man müsse zunächst "sichern, dass die Rechtschreibreform nicht von irgendeiner Stelle diktiert werde"; was von ihm hier nur angedeutet wurde, sprach Stur aus: Die Konferenz kann nicht von den Regierungen angeordnet werden. Nach dem, was sich in Wien nach dem Erscheinen des ÖW ereignet hatte, schien es beiden wohl ratsam, eine große Konferenz auch taktisch sorgfältig vorzubereiten. Deshalb müsse - so Dechant - die

> Befragung der Fachkreise (...) durchgeführt sein, bevor zu einer grossen Konferenz angetreten werden könne. Vor der Befragung müsse ein Termin festgelegt werden, zu dem eine Pressekonferenz stattfinde, und das endgültige Programm müsse an alle Behörden und andere Stellen herausgeschickt werden, damit sich keine Stelle übergangen fühlen könne. Dieser Zeitpunkt müsse in West- und Ostdeutschland, Österreich und der Schweiz der gleiche sein, denn gerade die gleichzeitige Orientierung der Öffentlichkeit in allen Ländern würde die Wirkung besonders verstärken. (...) Es käme bei der Orientierung nicht allein auf den Text und die Beispiele an; in einer Einladung müsse vorweg zusammengefasst werden, worum es eigentlich bei der Rechtschreibreform gehe. (...); der einleitende Artikel sei vielleicht von der entscheidensten Bedeutung. (H9:10)

Aus diesem Grund müsse man "etwas Konkretes in Händen haben" meinte Stur, und er fügte hinzu, daß aus den bisherigen Ergebnissen ein "Substrat" zu erarbeiten sei, das man an alle Interessierten gleichzeitig übergeben könnne.

> Danach, vielleicht 2 Tage später, sei eine grosse Pressekonferenz in allen Ländern einzuberufen, die gleichfalls mit dem authentischen Material zu versorgen sei. Es müsse vermieden werden, dass die Presse selbst erfinde oder übertreibe und die Sache womöglich ins Lächerliche ziehe. (H9:10)

Stur war einer von den ganz wenigen Reformern, der die Rolle der Presse von Anfang an richtig einschätzte. Sein hier vorgetragener Plan, die Presse rechtzeitig sachgerecht zu informieren, konnte im Zusammenhang mit der Konferenz, die ja nicht zustande kam, nicht realisiert werden. Aber nachdem die STE wegen der überwiegend unsachgemäßen Reaktionen der Presse gescheitert waren, hätte sich Grebe vielleicht doch an die Erfahrungen und Warnungen der Wiener Reformer erinnern sollen. Seine verfehlte oder besser gesagt verhinderte Pressepolitik ist sicher einer der Gründe, die das Scheitern der WE verursacht haben. (Vgl. dazu 4.Kap.1 und 2)
Hier in Schaffhausen war man bereit, dem Rat der schon "pressegeschädigten" Österreicher Dechant und Stur zu folgen, jeden-

falls was die Beschlüsse anging: Nach Beendigung der Kommis-
sionsarbeit (einzelne Ausarbeitungen) sollte bei einer weiteren
Tagung der Arbeitsgemeinschaft (es war Stuttgart) die große
Konferenz in diesem Sinne vorbereitet werden. Steiner erklärte
sich sogar bereit, "in seinem Verlag alle nötigen Drucksachen
herstellen zu lassen", weil er der Meinung war, "dass die
grundlegenden Texte umso mehr wirken, je gediegener sie gedruckt sind" (H9:11). Haller legte zwei seiner Aufsätze (Art.
Rechtschreibreform, in: Lexikon der Pädagogik, o. J; Bilanz aus
den vorschlägen zur reform der deutschen rechtschreibung ...
1952) zu diesem Thema vor, und Basler bekräftigte seine Absicht, das historische Material für die Einleitung zusammenzustellen. Aber leider wurde diese geplante Einleitung, mit der
man, die historische Entwicklung referierend, die Presse und
alle anderen interessierten Kreise und Verbände hätte überzeugen können, nie geschrieben.

Auf Thierfelder blieb diese Diskussion nicht ohne Wirkung, denn
er schlug vor, dieses Mal die Presse etwas umfassender zu informieren, aber natürlich nicht zu ausführlich, "um keine verfrühte öffentliche Diskussion hervorzurufen" (H9:11). Am nächsten Tag wurde die von ihm verfaßte Pressenotiz angenommen:

<u>Tagung der Arbeitsgemeinschaft für Sprachpflege in Schaff-
hausen</u>
Vom 20. bis 22. November tagte die Arbeitsgemeinschaft für
Sprachpflege in Schaffhausen, wo sie von der Eidgenossenschaft, dem Kanton und der Stadt Schaffhausen auf Einladung
des Deutsch-schweizerischen Sprachvereins gastlich aufgenommen wurde. Sie setzte ihre in den Zusammenkünften zu
Konstanz und Salzburg begonnenen Arbeiten für eine einheitliche Vereinfachung der deutschen Rechtschreibung fort. An
der Aussprache nahmen Vertreter West- und Ostdeutschlands,
Österreichs und der Schweiz teil. Die Übereinstimmung in
den entscheidenden Fragen und die Entschlossenheit, die
seit Jahrzehnten als notwendig empfundene Neuordnung der
Rechtschreibung gemeinsam durchzuführen, kennzeichnete auch
diese Tagung. Die in Salzburg aufgestellten Empfehlungen
wurden ergänzt und sollen in einer letzten Sitzung im Frühsommer 1954 ihre endgültige Fassung erhalten. Diese wird
der für den Herbst 1954 vorgesehenen grossen Konferenz vorgelegt werden, wo auf wesentlich breiterer Grundlage die
Behörden und Fachverbände der erwähnten Länder Gelegenheit
finden sollen, zu diesen Vorschlägen Stellung zu nehmen.
(13) Die Erneuerung der Rechtschreibung soll nicht nur den
Sprachwandlungen seit 1901/02, den Jahren der letzten Reform, Rechnung tragen, sondern auch die längst notwendigen
Erleichterungen für den Schulunterricht bringen, der unter

den Willkürlichkeiten der Rechtschreibung seit langem leidet.
Die Teilnehmer vertraten die Ansicht, dass diesmal ein entscheidender Schritt getan werden müsse. Die Preisgabe mancher liebgewordenen Überlieferung wird dabei nicht zu vermeiden sein, doch soll ausreichend Gelegenheit bestehen, über abweichende Auffassungen gründlich zu diskutieren. Die hohen Anforderungen, die heute im Berufsleben und im Unterricht an jedermann gestellt werden, lassen nicht mehr Raum für Spitzfindigkeiten ohne Bildungswert, mit denen kostbare Zeit vergeudet wird. Die Vereinfachung der Rechtschreibung ist auch deshalb notwendig, damit die deutsche Sprache ihre Aufgabe im zwischenstaatlichen Verkehr besser erfüllen kann. Sobald die Reformvorschläge endgültig formuliert worden sind, werden sie der Presse zur allgemeinen Aussprache übergeben werden. (H9:12f)

Seine Sorge um die politische Reaktion artikulierte auch der Erziehungsdirektor des Kantons Schaffhausen Wanner; er appellierte an alle Teilnehmer,

dafür zu sorgen, dass die Reform in allen Ländern gleichzeitig der Öffentlichkeit übergeben werde, damit nicht der Eindruck entstehe, dass etwas aufoktroyiert werden solle. Man müsse bestrebt sein, klare Lösungen zu finden, denn die Männer in den Behörden, die die letzte Entscheidung hätten, seien im wesentlichen Juristen. Es könne leicht sein, dass die Schweiz etwas nachhinke. Das Erziehungssystem sei hier völlig den Kantonen überlassen, es müssten etwa 20 Behörden darüber befinden. Es könne sogar zur Volksabstimmung gebracht werden. Sicher sei aber: wenn die Reform in Deutschland und in Österreich durchgehe, dann werde auch die Schweiz folgen, da sie an der Einheit der deutschen Sprache unbedingt festhalten wolle; man werde nicht den Fehler begehen, untätig zuzusehen, wenn sich die Sprache etwa auseinanderentwickle wie das Englische und das Amerikanische. Die Schweiz wisse, was sie der deutschen Sprache und Kultur schulde. (H9:12)

Hinter diesen Äußerungen steckt nicht nur die Erfahrung mit der Schwerfälligkeit der Behörden ("klare Lösungen" für "Juristen") und der föderalen und plebiszitären Struktur der schweizerischen Verfassung, sondern auch das Wissen um Widerstände gegen befürchtete großdeutsche Pläne und entsprechende Abwehrmechanismen in weiten Kreisen der Bevölkerung. Beides kam auch schon in dem Eingangsreferat des Vorsitzenden des Deutsch-schweizerischen Sprachvereins Steiger in Konstanz zum Ausdruck. Aber auch das explizite Bekenntnis zur deutschen Sprache und Kultur, die beide - Wanner und Steiger - für unteilbar hielten, war ihnen gemeinsam.

Über die beiden letzten Punkte der Tagesordnung - "Grammatikalische Terminologie" (Punkt 4) und "Neugestaltung des Siebs" (Punkt 3) wurde gegen Ende der Sitzung noch kurz gesprochen und festgestellt, die Rechtschreibkonferenz könne sich mit diesen Fragen nicht befassen. Zwar tauchte der Punkt "Neuherausgabe des 'Siebs'" in der Tagesordnung der Stuttgarter Sitzung noch einmal auf, dort wurde aber lediglich beschlossen, daß Grebe den Kontakt zwischen der Arbeitsgemeinschaft und dem Siebsausschuß aufrechterhalten solle. Damit war die Arbeitsgemeinschaft de facto zu einer Rechtschreibkommission geworden.

3.4   Stuttgart (1954): Diskussion auf der Grundlage eigener Ausarbeitungen und Endredaktion der Stuttgarter Empfehlungen

Die schon in Schaffhausen geplante abschließende Sitzung fand am 15. und 16. Mai 1954 in Stuttgart statt; alle Mitglieder der Arbeitsgemeinschaft wurden von Thierfelder in seinem Einladungsschreiben vom 30. April 1954 gebeten, sich als Gäste des Instituts für Auslandsbeziehungen zu betrachten. Außerdem teilte er mit:

> Auf Wunsch von Prof. Dr. Frings wurden ausser ihm noch eingeladen:
> Prof. Dr. Steinitz, Dr. Ruth Klappenbach, beide Berlin,
> Dr. Wolfgang Ebert, Leipzig;
> ferner werden teilnehmen:
> Dr. Gerhard Storz, Schwäb.Hall und
> Dr. W.E.Süskind, Ambach/Starnberger See. (H12)

Daß neben Frings die beiden führenden Sprachwissenschaftler und Lexikographen Klappenbach und Steinitz und mit Ebert ein wichtiger Vertreter der Leipziger Dudenredaktion nach Stuttgart kamen, spricht für das starke Interesse der DDR an der Rechtschreibreform und kann als weiterer Beweis dafür gewertet werden, daß sprachseparatistische Tendenzen offiziell nicht vorhanden waren. Zwar gab es nach der Veröffentlichung der STE auch hier Kritik, immerhin von einem damals so wichtigen Mann wie Harich (vgl. 1.Kap.4.2), aber das trug keinesfalls zum

Scheitern der Rechtschreibreform bei. Dagegen muß die Einladung von Storz und Süskind im nachhinein als folgenschwerer Fehler betrachtet werden, denn beide haben in den Jahren danach viel dazu beigetragen, eine Rechtschreibreform zu verhindern. Dabei war es von Thierfelder damals sowohl taktisch klug gehandelt als auch sachlich gerechtfertigt, sie als Vertreter der angesehenen Deutschen Akademie für Sprache und Dichtung einzuladen. Außerdem hatten sie sich durch die Veröffentlichung "Aus dem Wörterbuch des Unmenschen" (zusammen mit Sternberger) einen Namen gemacht und galten als Kenner der deutschen Sprache mit schriftstellerischer und journalistischer Praxis. Aber gerade ihr Ansehen und ihr Einfluß in der Presse beschworen den "Presseskandal" um die STE herauf und haben auch das Scheitern der WE mitverursacht. Mit Fritz Rahn, gemeinsam mit Pfleiderer Verfasser eines damals weit verbreiteten Standardlehrbuchs für Gymnasien, glaubte Thierfelder ebenfalls einen bedeutenden Fachmann gewonnen zu haben, der sich für die Reform einsetzen würde, was sich ebenfalls später als Irrtum herausstellte.

Aus der Tagesordnung ist schon deutlich zu ersehen, daß jetzt endlich die definitive Formulierung von Empfehlungen auf der Basis eigener Ausarbeitungen im Vordergrund stand.

1. Besprechung der von den Mitgliedern des Ausschusses gelieferten Unterlagen zu den Salzburger Empfehlungen.
2. Endgültige Redaktion der Vorschläge der Rechtschreibreform.
3. Vorbereitung der allgemeinen Rechtschreibkonferenz im Spätherbst.
4. Die Neuherausgabe des "Siebs".
5. Verschiedenes. (H12a)

Es war die Konferenz der Abstimmungen! Nicht nur, daß über einige Punkte mehrmals oder auch über Details einzelner Probleme abgestimmt wurde, man erörterte auch ernsthaft, die Abstimmungsergebnisse mit in die endgültigen Formulierungen einzubeziehen.

Dr. Steiger wünscht, daß in den Empfehlungen bemerkt werde, wann die Beschlüsse nicht einstimmig gefaßt worden seien. Professor Hotzenköcherle möchte einen diesbezüglichen Satz in die Einleitung aufgenommen sehen. Dagegen spricht Professor Mitzka mit der Begründung, daß jeder einmal in der Minderheit gewesen sei und daß solche Angaben die Stoßkraft der Empfehlungen nur schwächen könnten. Prof. Hotzenköcher-

le brauche sich bei der Pressediskussion nicht an die Beschlüsse gebunden sehen, die er nicht gebilligt hat.
Dr. Thierfelder vertritt die Meinung, daß es dem einzelnen
freistehen solle, eine abweichende Meinung zu verteidigen.
(H13:17)

In diesem Ansinnen offenbarte sich die Befürchtung Einzelner,
später von der Presse oder auch von anderen Personen für etwas
getadelt zu werden, für das sie nicht votiert hatten. Mit dem
Hinweis, in diesem oder jenem Falle zur Minderheit gehört zu
haben, hätte man sich dann leicht aus der Affäre ziehen können.
Diese "Abstimmungswut" ist eigentlich nur solchen Verhandlungen
adäquat, bei denen es um Themen geht, zu denen einzelne Anwesende auf Grund ihrer politischen, weltanschaulichen oder le-
benspragmatischen Überzeugungen unterschiedliche Meinungen vertreten. Aber hier handelte es sich nach dem Selbstverständnis
der Teilnehmer um "eine Konferenz von Wissenschaftlern zur
Schaffung einer Prämisse" (Konstanz H1:XXI) für eine politische
Entscheidung. In einem wissenschaftlichen Diskurs kann man, besonders in diesem Fall, der ja letztendlich auf eine eindeutige
Empfehlung für Rechtschreibregeln zielen muß, eine Abstimmung
nur als ultima ratio anwenden, keinesfalls lassen sich aber so
wissenschaftliche Erkenntnisse produzieren. Der im Protokoll
festgehaltene widersprüchliche Satz "Es wurde festgestellt, daß
man diese Fragen ihrem Wesen nach nicht durch Mehrheitsbe-
schlüsse beantworten könne; die Mehrheit müsse zumindest über-
wältigend sein." (H13:4) deutet allerdings darauf hin, daß sich
wohl einige Teilnehmer dieser Problematik bewußt waren. Hier in
Stuttgart wurde die dünne und deshalb brüchige wissenschaftliche Basis durch Abstimmungen übertüncht, weil keine andere Möglichkeit blieb, dieses Manko zu kompensieren. Dieses Manko
spricht nicht gegen die in Stuttgart versammelten Wissenschaftler als Individuen, die dieses sowohl in Schaffhausen als auch
hier wiederholt als solches erkannt und benannt hatten, sondern
es bezeugt die bis in die Mitte unseres Jahrhunderts vorherrschende Einstellung, die orthographischen Problemen eine wissenschaftliche Dignität absprach. Diese Feststellung schmälert
die Qualität der erhaltenen Ausarbeitungen nicht, sondern sie
wertet sie auf in dem Sinne, daß hier versucht wurde, in wenigen Monaten Wortschatz- und Regeluntersuchungen durchzuführen,
ohne auf Vorarbeiten zurückgreifen zu können.

Schon in Salzburg waren einige Themen zur Bearbeitung verteilt
worden.

> Eine Reihe von Arbeiten, die zur Klärung noch offenstehen-
> der Fragen zu erledigen sind, wurden von folgenden Herren
> übernommen: Liste der deutschen Bezeichnungen für geogra-
> phische Fremdnamen: Dr. Thierfelder; Verzeichnis der Wörter
> mit verschiedenen Schreibungen: Professor Basler; Vereinfa-
> chung der Kommaregeln: Dr. Grebe und Hofrat Krassnigg; An-
> gleichung der Fremdwörter an die deutsche Schreibweise:
> Hofrat Krassnigg, Dr. Heyd, Dr. Glinz; Ausgleich von Recht-
> schreibformen: Dr. Haller, Dr. Heyd; (H3:12)

In Schaffhausen lagen - wie aus dem Protokoll geschlossen werden muß - nur Ausarbeitungen über zwei Punkte vor: Listen über
orthographische Doppelformen von Basler und Heyd und Grebes
Ausarbeitung über die Kommasetzung. Über die Listen der Doppelformen, die wegen der schon geschilderten Mißverständnisse
nicht brauchbar waren, wurde noch einmal gesprochen und für deren Neubearbeitung eine genaue Anweisung formuliert: "Wo Wörter
mit gleichem Sinn einheitlich gesprochen, aber verschieden geschrieben werden...". (H9:6)
Grebe referierte ausführlich über die Kommasetzung, seine Ausarbeitung wird im Protokoll aber nicht ausdrücklich erwähnt. Da
aber bei der dort aufgeführten Verteilung der Themen der Punkt
8 fehlt, kann man daraus schließen, daß sein Schriftstück
(A2/2) in Schaffhausen vorgelegen hat.
An keiner Stelle des Protokolls über die Sitzung in Schaffhausen wird aber erwähnt, daß die geplanten Listen und Ausarbeitungen zu den anderen Themen fehlen; die Diskussion lief so,
als wäre ihr Erstellen nie beschlossen worden. Über die Gründe
dieser Versäumnisse läßt sich nur spekulieren: entweder haben
die Beteiligten die gestellte Aufgabe nicht für so wichtig gehalten, weil sie der Meinung waren, das Problem ließe sich
durch Diskussion und Mehrheitsbeschluß lösen; oder sie haben es
schlicht vergessen, aufgeschoben und verdrängt; oder sie waren
einfach nicht in der Lage dazu, was der schon geschilderte miß-
glückte Versuch (Doppelformen) nahelegt.
Aus diesem Vorgang bzw. Nicht-Vorgang waren in Schaffhausen allerdings Konsequenzen gezogen worden; die Arbeitsaufträge wurden am Ende des Protokolls aufgelistet:

Folgende Themen wurden zur Bearbeitung gegeben und angenommen:

Allgemeine Redaktion: Dr. Thierfelder
Sammlung des historischen Materials dazu: Prof. Basler (ausserdem die im Protokoll erwähnten Schriften von Dr. Haller)
Zu Punkt 2 (Fremdwortschreibung, H.S.): Dr. Grebe, der seine Arbeit nach Österreich (Hofrat Krassnigg) und der Schweiz (Dr. Haller) schicken wird (über Stuttgart)
Punkt 3 (Doppelformen, H.S.): Prof. Basler und Dr. Heyd
Punkt 5 (Getrennt- und Zusammenschreibung, Straßennamen, H.S.): Listen der Zusammenschreibung : Dr. Schulz
Punkt 6 (Silbentrennung, H.S.): Dr. Thierfelder
Punkt 7 (Zeichensetzung, H.S.): Dr. Glinz und Dr. Grebe
Punkt 9 (Kennzeichnung langer und kurzer Vokale, H.S.): Prof. Basler und Dr. Glinz
Liste der Doppelschreibungen: Prof. Basler und Dr. Haller
Zur Frage der grammatischen Terminologie: Prof. Weisgerber, Dr. Glinz (zusammen mit Dr. Klappenbach und Dr. Erben).
(H9:15)

Zu Beginn der Stuttgarter Tagung stellte Thierfelder zwar fest, daß nun "durch zahlreiche Ausarbeitungen die von mehreren Seiten erhobene Forderung nach sorgfältiger Unterbauung erfüllt worden sei" (H13:1), im Protokoll werden aber nur zwei Papiere erwähnt: Groß- oder Kleinschreibung von Ebert (fehlt in den Unterlagen) und Dehnungsfrage von Glinz (H27); zu Punkt 2 Fremdwortschreibung, zu Punkt 3 Doppelformen und zur ß-Schreibung lagen offensichtlich die Ausarbeitungen von Heyd vor (H14, H19, H24), außerdem der Vorschlag von Haller zu Punkt 10 (H28), in dem er versucht, das Problem der Vokalquantität durch diakritische Zeichen zu lösen. Zum Thema Fremdwortschreibung und Doppelformen existieren umfangreiche Wörterlisten (H15, H16, H17, H18, H20, H21), deren Autoren nicht mehr zu ermitteln sind. Zwei weitere Papiere (H33 und H34) enthalten Texte von Hesse, Heidegger und einigen ungenannten Autoren, welche die Auswirkungen der Rechtschreibreform auf das Schriftbild demonstrieren sollen: Kleinschreibung, Weglassen der Dehnungszeichen, kk für ck, eindeutschende Schreibweise für Fremdwörter. Ausarbeitungen zum Thema Groß- oder Kleinschreibung (auch die im Protokoll erwähnte von Ebert) fehlen. Das mag daran liegen, daß man dieses Problem nicht zu den "noch offen stehenden Fragen" (H3:12) rechnete, zu denen in Salzburg Arbeitsaufträge vergeben wurden. Bei allen Verhandlungen zu den STE stand, bezogen auf dieses

Problem, immer nur die Gretchenfrage pro oder kontra Kleinschreibung im Vordergrund, und diese über viele Jahre tradierte
Polarität verstellte den Blick darauf, daß hier eine wissenschaftliche Untersuchung dringend notwendig gewesen wäre und
auch für beide "Parteien" als Argument hätte dienen können. In
den späteren Verhandlungen zu den WE wirkte diese eingefahrene
Denkweise bei den Beteiligten bewußt oder unbewußt insofern
weiter, als man dort beschloß, nur noch die Eigennamen groß zu
schreiben, deren Definition aber versäumt bzw. verschoben wurde.
Trotz dieser, gemessen an den beiden vorangegangenen Sitzungen
umfangreichen Vorbereitungen, fiel die Diskussion über die einzelnen Punkte dann ziemlich kurz aus: Das "heiße Eisen" Groß-
oder Kleinschreibung wurde zunächst zurückgestellt, nachdem die
Kontroverse zwischen den Befürwortern und den Gegnern der
Kleinschreibung offenkundig wurde. Hotzenköcherle plädierte für
die "Aufhebung der Spitzfindigkeiten bei Gross- und Kleinschreibung" (H13:2) und wollte das Problem zusammen mit der
Dehnungsfrage bei der geplanten großen Konferenz als zusätzliches Alternativprogramm anbieten. Dort sollte - so sein Vorschlag - zunächst über ein "Minimalprogramm, das die Punkte erfaßt, über die man sich leicht einig werden kann" (H13:2),
verhandelt werden. "Durch die zu erwartende Annahme dieses Min-
destprogramms würde ein sicheres Erfolgsminimum garantiert und
ein psychologisch günstiger Ausgangspunkt für weitere Verhandlungen gewonnen." (H13:2) Dieser Vorschlag scheint mir - ebenso
wie das immer wieder in die Debatte geworfene Argument der in
der Öffentlichkeit vermuteten Akzeptanz - der Versuch zu sein,
das vermeintliche Übel Kleinschreibung auf diplomatische Weise
abzuwehren. Dagegen machten sich die Österreicher wieder wie in
Salzburg für die "Reform in einem Zuge" stark und verwiesen auf
die Unterstützung durch ihren Unterrichtsminister Kolb, der
nach der Rückkehr der Mitglieder der Arbeitsgemeinschaft aus
Stuttgart "dem Ministerrat den Vorschlag machen werde, <u>daß die
große Rechtschreibtagung in Wien stattfinden solle</u>" als "äußeres Zeichen dafür (...), wie entschieden Österreich hinter den
Vorschlägen der Arbeitsgemeinschaft stehe. Diesem Vorschlag
stimmten alle Teilnehmer lebhaft zu."(H13:2)
Krassnigg, der noch einmal betonte, "daß es nicht um Spitzfindigkeiten ginge, sondern um grundsätzliche Reformen", räumte

allerdings ein, daß sich die Tagespresse in Österreich dagegen
ausgesprochen habe, dies sei aber nicht die öffentliche Meinung. Er zitierte dagegen den Aufsatz eines Wiener Lehrers, in
dem berichtet wird, "2000 österreichische Lehrer hätten sich
spontan und unaufgefordert hinter die Rechtschreibreform gestellt" (H13:3). In diesem Diskussionsbeitrag deutet sich an,
daß auch die Konflikte in Österreich zu dem späteren Scheitern
der WE beigetragen haben.

In der DDR, so führte Ebert aus, gehe man in allen wesentlichen
Punkten reformfreudig mit, Hindernisse seien nicht zu erwarten,
da die Überzeugung vorherrsche, die Reform sei überfällig. Die
Frage der Groß- oder Kleinschreibung gehöre allerdings "sowohl
zu einem Minimal- wie zu einem Maximalprogramm" (H13:3). Nach
Grebes Meinung ging "es weniger um Minimal- oder Maximalpro-
gramme, als um eine psychologisch richtige Reihenfolge der Empfehlungen" (H13:3). Mit dieser Bemerkung wollte er wohl erreichen, daß der Punkt Groß- oder Kleinschreibung von der Spitze
der Kataloge in die Mitte oder ans Ende gerückt würde, um die
Aufmerksamkeit der Kritiker eher auf die weniger umstrittenen
bzw. auffälligen Punkte zu lenken. Ob eine solche Methode mehr
Erfolg gebracht hätte, muß dahingestellt bleiben.

Vorgeschlagen wurde auch, "Ausarbeitungen über reformierte
Großschreibung 'in der Schublade' bereit zu halten, damit man
nicht vor einem Vakuum stünde, wenn die gemäßigte Kleinschreibung abgelehnt werde" (H13:3). Da Thierfelder sich schon in
Salzburg "zum Advokaten der gemässigten Großschreibung (Hauptwörter und substantivierte Adjektive)" (H3:2) gemacht hatte,
ist anzunehmen, daß dieser Vorschlag, mit dem er - ebenso wie
Hotzenköcherle - versuchte, die Großschreibung zu retten, von
ihm kam. Daß er hier mit dem Terminus "substantivierte Adjektive" eigentlich den Verfechtern der Kleinschreibung eines ihrer
wichtigsten sachlichen Argumente lieferte, nämlich die Erkenntnis, daß die Grenzen der Wortarten fließend sind, wurde hier
noch nicht gesehen. Es mag allerdings Moser, der in Stuttgart
zum ersten Mal an den Verhandlungen teilnahm und mit Problemen
der Rechtschreibung konfrontiert wurde, schon einen Anstoß zu
seiner umfangreichen Untersuchung zur Groß- oder Kleinschreibung im Rahmen der Verhandlungen zu den WE gegeben haben. (Vgl.
3.Kap.6.2 und Moser 1958)

Am Ende des ersten Sitzungstages, nachdem die Punkte Fremdwortschreibung, Doppelformen, Getrennt- und Zusammenschreibung,
Straßennamen, Bezeichnung der Vokalquantität und ck behandelt
waren, wurde ziemlich unvermittelt ohne weitere Diskussion
durch Abstimmung für Kleinschreibung bei 4 Gegenstimmen entschieden (H13:10). Am nächsten Tag "wurde die Sitzung mit der
Behandlung der Groß- und Kleinschreibung begonnen. Die grundsätzliche Abstimmung war schon am Vortag erfolgt" (H13:10).
Diese "verkehrte" Reihenfolge macht durchaus einen Sinn, wenn
man sie unter taktischen Gesichtspunkten betrachtet. Offensichtlich befürchtete Thierfelder, daß die schon geschilderte
kontroverse Diskussion ausufern und zu viel Zeit kosten könnte;
die Abstimmung besiegelte die Kleinschreibung der Wortarten und
machte den Weg frei für die Behandlung weiterer Details. "Es
wurde festgelegt, daß Satzanfang, persönliche und geographische
Eigennamen und Höflichkeitsformen groß geschrieben werden sollten." Anschließend wurden nach mehr oder weniger ausführlicher
Diskussion zu folgenden Unterpunkten Beschlüsse gefaßt:

1. Satzanfang
2. Symbole und Zeichen
3. Abkürzungen
4. Anredewörter
5. Zeilenanfang beim Gedicht
6. Namen

1. Zu der Frage, ob bei einem Adelsprädikat (v. Haller) am
Satzanfang Großschreibung eintreten solle, wurde kein Beschluß
gefaßt, weil "der Punkt (...) nicht wichtig genug" sei, "um ei-
gens erwähnt zu werden" (H13:10). Abgestimmt wurde aber über
das elidierte s am Satzanfang ('s ist ewig schade um ihn.); es
blieb bei Apostroph und Kleinschreibung. Mit der Bemerkung,
"daß ein solcher Satz in der Schule praktisch nicht vorkäme",
erreichte Steinitz, daß man sich von derart entlegenen Beispielen abwandte, um die weiteren Punkte zu behandeln.
2. Bei Symbolen und Zeichen sollte - ungeachtet des Beschlusses
über die Kleinschreibung - die bisherige Schreibung beibehalten
werden, um Verwechslungen zu vermeiden.

3. Die Debatte über die Abkürzungen läßt erkennen, daß der Beschluß - Kleinschreibung für alle Wortarten, Großschreibung für
Eigennamen - Differenzierungsprobleme aufwarf, die nicht zu lösen waren. Es herrschte zwar die Meinung, es gäbe hier kein
Prinzip, trotzdem wurde aber versucht, den gefaßten Beschluß
über die Kleinschreibung der Wortarten und die Großschreibung
der Eigennamen anzuwenden. Mitzka vertrat die Meinung, daß
"diese Kurzwörter nach großem Anfangsbuchstaben kleingeschrie-
ben werden sollten". Glinz schlug vor, "diese Kurzwörter wie
Eigennamen oder wie gewöhnliche Wörter zu behandeln. Eigennomen
(sic!) groß: Uno, Kurzwörter klein: lkw". Thierfelder plädierte
dafür, "der Lesbarkeit wegen bei Kurzwörten den großen Anfangsbuchstaben zu wählen". (Er meinte offensichtlich: NATO, LKW,
UNO.) Schließlich stellte Klappenbach "die von Mackensen gewählten Ausdrücke Anlautbildung (AEG) und Kopflautbildung
(Hapag)" zur Diskussion. Grebe hielt diese Ausdrücke nicht für
allgemein verständlich - er konnte sich natürlich nicht einem
Vorschlag anschließen, der aus dem von ihm und seinem Verleger
Steiner so bekämpften Wörterbuch des Verlages Bertelsmann kam
-, und Glinz war dafür, statt dessen "die Ausdrücke Buchstabenwörter und Kurzwörter zu gebrauchen. Buchstabenwörter sollten
groß (AEG, LKW) geschrieben, Kurzwörter wie Eigennamen behandelt werden". (H13:11)
4. Über die Anredewörter einigte man sich nach kurzer Diskussion: Alle Anredewörter (Personal- und Possesivpronomen) werden
groß geschrieben.
5. Der Punkt "Zeilenanfang im Gedicht" wurde gestrichen, da
hier die Art der Schreibung dem einzelnen Dichter überlassen
bleiben sollte.
6. Die Diskussion zu dem Punkt Eigennamen wird hier aus dem
Protokoll vollständig zitiert, weil sie einmal - exemplarisch
für den Diskussionsstil aller Verhandlungen - eine überflüssige
Terminologiedebatte dokumentiert, vor allem aber deshalb, weil
sie zwei wichtige Erkenntnisse der Teilnehmer belegt: es wurde
eingesehen, daß es sich um das zentrale Problem der gemäßigten
Kleinschreibung handelt, und es wurde erkannt, daß prinzipielle
Einteilungen nur auf der Basis lexikologischer Untersuchungen
vorgenommen werden können.

6.Namen: Als Eigennnamen sollen angesehen werden: Vornamen,
Familiennamen, Beinamen (der Große), erdkundliche Namen,
Straßennamen, Namen von Gebäuden, Fabriken, Parteien, Organisationen, Amtsbezeichnungen, Titel, Sternbilder usw. Es
wurde vorgeschlagen, bei mehrgliedrigen Namen (Vereinigte
Staaten von Amerika) nur den Anfang und Amerika groß zu
schreiben. Dies wurde abgelehnt, man entschied, daß hier
alle Teile groß zu schreiben seien. Ferner wurde angeregt,
daß nachgestellte postalische oder andere Zusätze ohne Bindestrich angefügt werden sollen: Stuttgart hauptbahnhof.
Auf die Frage, ob der Goldene Sonntag einen Eigennamen in
diesem Sinne darstelle, erklärte Professor Hotzenköcherle,
daß dies seiner Meinung nach nicht der Fall sei. Er schlug
vor, statt Eigennamen "persönliche Namen" zu setzen. Auch
Ministerialrat Stur schlug vor, den Begriff Eigennamen
nicht zu verwenden. Firmennamen und Eigennamen unterliegen
in Österreich nicht den Forderungen der Rechtschreibung. Es
tauchen andere Fragen auf: Stiller Ozean, Schwarzes Meer,
der Große Bär, diese Wörter sollten als geographische Namen
groß geschrieben werden. Dagegen erhob sich kein Widerspruch gegen die Kleinschreibung von Bezeichnungen wie:
gelbe Rübe, grüner Tisch, auch die äsopische Fabel soll
klein geschrieben werden, gleichgültig, ob es sich um eine
Fabel von Äsop oder um eine Fabel im Sinne der äsopschen
handelt. Auch Ostern, Pfingsten usw. soll klein geschrieben
werden; das gleiche soll gelten für Zusammenfügungen wie:
der zweite Weltkrieg, der napoleonische Krieg, der westfä-
lische Friede, für Orden- und Ehrenbezeichnungen: das ei-
serne Kreuz. Hier wurde abgelehnt, die Bezeichnungen durch
Anführungszeichen besonders hervorzuheben, weil die Anführungszeichen hier auch Ironie sein könnten. Im Druck könne
man ja kursiv setzen.
Die Teilnehmer rückten im Lauf der Diskussion wieder von
der Bezeichnung "Individualname" ab, da jeder Name ein Individualname sei. (13)
Gott, der Herr, der Herrgott soll groß geschrieben werden,
dagegen nicht die Götter.
Die Herren Dr. Haller und Dr. Ebert werden ersucht, unter
Berücksichtigung dessen, was in der Sitzung festgestellt
worden sei, ihre Vorschläge nochmals zu überarbeiten und
sie dann unter den Teilnehmern kursieren zu lassen. Dieser
Vorschlag wurde einstimmig angenommen. (H13:12f)

Die erwähnten Zusammenstellungen von Haller und Ebert sind leider nicht erhalten.

Das Ergebnis dieser Diskussion erscheint folgendermaßen in der
engültigen Formulierung der STE:

Die grossen Anfangsbuchstaben sollen beibehalten werden für
den Satzanfang, für Eigennamen (z. B. Personennamen; Namen
von Amtsstellen, Organisationen und Betrieben; geographische Namen, Namen von Straßen und Gebäuden; Titel im
Schriftwesen), für die Fürwörter der Anrede und für bestimmte Abkürzungen (z. B. MEZ, NO, H_2O). Auch der Name
Gottes (und andere Bezeichnungen für ihn) wird weiterhin
gross geschrieben. (STE 1954)

Die Diskussion über den Punkt 2 (Angleichung der gebräuchlich-sten Fremdwörter an die deutsche Schreibweise) war in Schaff-hausen verschoben worden mit der Begründung, es müsse zuerst "eine möglichst vollständige Liste ausgearbeitet werden", wobei "die Wandlung: c zu z, c zu ss, y zu ü, c zu k, v zu w, ti zu z berücksichtigt werden" sollte (H9:5). Die Listen zur Fremdwort-schreibung von Heyd (H14) und zwei weiterer nicht zu ermitteln-der Autoren (H15, H16, H17, H18) lagen vor und wurden inhalt-lich voll akzeptiert; ein vierköpfiger Ausschuß (Grebe, Ebert, Basler, Heyd) wurde mit der engültigen Formulierung der Empfeh-lung des Punktes 4 (Fremdwortschreibung), der genau an diesen Listen orientiert ist, beauftragt. In der Sitzung wurde nämlich nur "die Frage erörtert, ob es möglich sei, ph, rh und th aus-nahmslos durch f, r und t zu ersetzen". In bezug auf die ein-zelnen Fachterminologien waren hier Zweifel aufgetaucht. Des-halb wurde vorgeschlagen,

in wissenschaftlichen Werken eine Freiheit in der Schrei-bung reiner Fachwörter zuzulassen. Es sollten aber keine zwei Formen in den Duden oder in andere allgemeine Wörter-bücher aufgenommen werden. Professor Weisgerber empfahl, mit den terminologischen Wörterbüchern der einzelnen Diszi-plinen in Fühlung zu treten. Es solle ein Briefwechsel mit den Verfassern der Wörterbücher aufgenommen werden. (H13:4)

Ob es jemals zu einem solchen Briefwechsel gekommen ist, läßt sich nicht mehr ermitteln.
Dieser Beschluß, der auch in die endgültige Formulierung der STE eingegangen ist ("Fachausdrücke in wissenschaftlichen Wer-ken können von dieser Regelung ausgenommen werden."), stellt eine konsequente Lösung für den allgemeinen Sprachgebrauch dar, ohne die Möglichkeit der internationalen Verständigung inner-halb der Fachterminologien zu tangieren und ohne eine neue Schwemme von Doppelformen zu produzieren. Von dieser konsequen-ten Transkription hat man sich bei den WE zugunsten einer hi-storisch bedingten Flexibilität wieder abgewandt.
In der Frage y zu i herrschte die Auffassung vor, daß das kurze y durch i ersetzt werden könne. Die Entscheidung über die Ände-rung des langen y wurde zurückgestellt und an den Siebs-Auschuß verwiesen, mit dem Grebe darüber verhandeln wollte; auf diese Weise sollte dieses Problem auf "kaltem Wege" gelöst werden.

Darüber hinaus waren die Teilhehmer sich einig, "daß ein Ersatz von y durch ü nicht in Frage komme". (H13:4)

> Die Behandlung des <u>französischen ai, eau, eu, ou usw.</u> soll in den Empfehlungen - nach einstimmigem Beschluss - allgemein gehalten und die Durchführung den Wörterbüchern überlassen werden. (H13:5)

Ebenso auf den "kalten Weg" geschoben wurde die Beseitigung orthographischer Doppelformen (STE: "Die Arbeitsgemeinschaft empfiehlt den Schriftleitungen der Wörterbücher, überall dort, wo ein Wort einheitlich ausgesprochen, aber verschieden geschrieben wird, nach Möglichkeit <u>eine</u> Schreibform festzulegen."), ein Problem das sicher von den einzelnen Wörterbuchredaktionen besser gelöst werden kann als von einer nur kurze Zeit tagenden Kommission. Ob es in allen Fällen sinnvoll ist, nur eine mögliche Schreibform festzulegen, oder ob es der sich ständig im Fluß befindlichen Entwicklung der Sprache und auch der Schreibungen eher angemessen ist, eine gezielte Variantenführung zu praktizieren, wurde bis heute immer wieder diskutiert.
Zu der Frage der Getrennt- und Zusammenschreibung legte Ebert eine Ausarbeitung (H13) vor, in der er folgende Vorschläge machte:

> 1. Adjektiv + Verb (Partizip + Verb): stillsitzen - ganz still sitzen stets getrennt zu schreiben;
> 2. Verb + Verb: lieben lernen, spazieren gehen stets getrennt zu schreiben;
> 3. Substantiv + Verb getrennt zu schreiben, wenn das Verb getrennt zusammengesetzt ist: rad fahren - er fährt rad; wetteifern - er wetteifert.
> Bei 1 - 3 muß der substantivierte Infinitiv zusammengeschrieben werden.
> 4. Präposition + Verb immer zusammenschreiben: zusammenarbeiten (mit jd., etwas).
> 5. Adjektiv (Substantiv) + Adjektiv immer getrennt zu schreiben: die deutsch sprechende Bevölkerung, die überwiegend deutsch sprechende Bevölkerung.
> 6. Ableitung von erdkundlichen Namen + Substantiv immer getrennt: Böhmer Wald, Wiener Wald.
> 7. Einige Einzelfragen, wie z. B. sodaß, umso zusammenschreiben: ebenso lang, genauso gut aber getrennt. (6)
> Diese Ausführungen wurden von allen Teilnehmern als grundlegende Lösung angesehen; es wurde die Meinung vertreten, sie an die Spitze des Mindestprogrammes zu stellen. (H13:5f)

Gegen Eberts Vorschlag, die Straßennamen als Fügungen anzusehen und in diesem Punkt mitzubehandeln, wandte sich Hotzenköcherle. Man einigte sich auf den Kompromiß, innerhalb des Punktes Getrennt- und Zusammenschreibung für die Straßennamen einem eigenen Absatz zu formulieren. Der Beschluß, "in einer Präambel ausdrücklich zu sagen, Dinge, die verwurzelt und im örtlichen Sprachgebrauch fest verankert sind, nicht" zu ändern (H13:6), findet sich allerdings nicht in den STE.

Was die Silbentrennung angeht, so wurde die schon in Schaffhausen formulierte Empfehlung vollinhaltlich bestätigt; lediglich ein Nachtrag (ck wie ch auf die 2. Zeile) wurde hinzugefügt, nachdem die Mehrheit im Zusammenhang mit der Diskussion über die "Vereinheitlichung der Buchstabenverbindungen" für die Erhaltung des ck (statt ersetzen durch kk) gestimmt hatte (H13:7).

In der folgenden lebhaften Debatte über die Vereinfachung der Zeichensetzung trat plötzlich das Grunddilemma aller Reformbemühungen zutage: Kann aus der "Sollvorschrift bei der Interpunktion eine Kannvorschrift gemacht werden?" (H13:6) - oder allgemein formuliert: Wie soll in neuen Regelvorschlägen das Verhältnis von Norm und Freiheit realisiert werden? Das Protokoll enthält über diese Auseinandersetzung nur die Feststellung, daß Mitzka davon abriet, freie Entscheidungen "bei den einzelnen Punkten besonders zu betonen, da ja in der Präambel bereits erwähnt ist, daß jeder Schreiber hier gewisse Freiheiten hat" (H13:6). In den STE erscheint diese Aussage nicht in der Präambel, wohl aber beim Punkt Zeichensetzung im Abschnitt über das Komma: "Da der Beistrich ein wichtiges Mittel für die persönliche Gestaltung des Textes ist, muss in seiner Anwendung grössere Freiheit gewährt werden als auf anderen Gebieten der Rechtschreibung." Daß es über diese Frage gegensätzliche Auffassungen und auch kontroverse Diskussionen gegeben hatte, belegt ein von Glinz nach der Schaffhauser Sitzung angefertigtes privates Arbeitspapier "Zur Weiterbehandlung der Rechtschreibfragen" (Gl1). Er schrieb dort als Vorbereitung für die Stuttgarter Tagung:

Zum Ganzen: in der Arbeitsgemeinschaft nur die Grundlinien festlegen, fürs Einzelne die Redaktion des Duden!
Ferner scharf herausstellen: keine "Rechtschreibung für die schwächsten Köpfe", da das sowieso nicht möglich!

"Narrensicherheit" gar nicht anstreben, sondern im Rahmen des Sprachlichen mit seiner Variations- und Widerspruchsbreite bleiben! Das gegen die Oesterreicher und Mitzka. (Gll)

An einer anderen Stelle dieses Textes steht im Zusammenhang mit einem Vorschlag zur S-Schreibung der Satz: "Dann könnten auch die Österreicher dafür sein." Sieht man diese Bemerkung im Zusammenhang mit den weiter unten zitierten Sätzen des Protokolls, die sich auf die Ersetzung des ck durch kk beziehen, so scheint es durchaus innerhalb der gesamten Verhandlungen eine Konfrontation gegeben zu haben, die man mit Vorbehalt als progressiv vs. konservativ bezeichnen könnte. Wie man sich des Problems in der Phase der politischen Auseinandersetzung anzunehmen gedachte, belegt der im folgenden zitierte Abschnitt aus dem Protokoll:

> Der Vorsitzende (Thierfelder, H.S.) stellte die Frage, ob die Ersetzung des ck durch kk wirklich ein Vorteil sei. Professor Hotzenköcherle und Professor Moser teilen diesen Zweifel; dann müsse man auch das tz abschaffen. Professor Mitzka und Hofrat Dr. Krassnigg bezeichnen ck als unlogisch. Dr. Haller wirft ein, daß die Abschaffung des ck in der Presse grossen Widerstand gefunden habe, und dabei sei das doch wirklich keine wichtige Frage.
> Da diese Frage zunächst nicht einstimmig zu klären ist, wird das Problem eines Minderheitsantrages auf der großen Konferenz (geplante Konferenz in Wien, H. S.) erörtert. (...) Professor Basler ist der Meinung, daß sich daraus Schwierigkeiten ergeben könnten, wenn auf der großen Konferenz die Mitglieder der Arbeitsgemeinschaft mit verschiedenen Meinungen aufträten. Professor Hotzenköcherle dagegen ist der Ansicht, daß das nur einen guten Eindruck machen könne, wenn man sehe, daß die Arbeitsgemeinschaft kein Klüngel sei. (...) Dr. Steiger pflichtet dieser Meinung bei. Professor Steinitz meint, man könne in der Konferenz abweichende Meinungen vorbringen, müsse aber unbedingt Selbstdisziplin üben.
> Für die Erhaltung des ck stimmt die Mehrheit (6 Stimmen dagegen), wegen der Silbentrennung (ck wie ch auf die 2. Zeile) soll ein Nachtrag zu Punkt 7 vorgenommen werden. (H13:7)

Die Österreicher (Dechant, Krassnigg, Simonic, Stur, Wiedling), auf deren Initiative hin die Arbeitsgemeinschaft überhaupt gegründet worden war, hatten, wie schon berichtet, im Zusammenhang mit der Herausgabe des ÖW Erfahrungen mit der Reaktion der Öffentlichkeit und der Politiker gesammelt. Sie hatten in Salzburg einen Reformkatalog vorgelegt und durchgesetzt, daß dieser an die Stelle des von Thierfelder favorisierten Vorschlages von Roemheld getreten war. (S. 1.Kap.3.2) So bildeten sie schon eine geschlossene Phalanx, der sich - je nach Reformpunkten differenziert - Haller, Heyd, Mitzka, Grebe und später die Vertreter der DDR, vor allem Steinitz und Ebert anschlossen. Hotzenköcherle war der Wortführer der Gegenbewegung, zu der Steiger, Gieselbusch, Storz, Süskind und auch Thierfelder gezählt werden müssen, wiewohl letzterer sich als Vorsitzender stets darum bemühte, den Eindruck einer gewissen Neutralität zu wahren. Mosers Position war in Stuttgart noch nicht zu erkennen, was wohl daran gelegen hat, daß er sich erst in der Folge dieser Verhandlungen mit dem Problem der Orthographie intensiver beschäftigte. Glinz hat in den folgenden Jahren - teilweise als beauftragter Gutachter der schweizerischen Erziehungsdirektoren - seine Meinung in bezug auf die Groß- oder Kleinschreibung mehrmals revidiert. Sein "gespanntes" persönliches Verhältnis zu Hotzenköcherle, dessen Schüler er war, kann hier auch eine Rolle gespielt haben. Besonders in seinen in Stuttgart vorgelegten Ausarbeitungen zur Dehnungsfrage war er den Österreichern nicht radikal genug.

Bei den zahlreichen Abstimmungen in Stuttgart votierten die "Fraktionen" zwar nicht immer geschlossen - es gab zu Einzelfragen durchaus abweichende Meinungen - aber in dem Hauptproblem Groß- oder Kleinschreibung blieb es bei den unüberbrückbaren Gegensätzen; zwar wechselten in der Dehnungsfrage einige (z.B. Steinitz) die Fronten, was aber im Prinzip an den Gegensätzen nichts änderte.

Diese Prädisposition führte dazu, daß es in der Frage der Kennzeichnung der Vokalquantitäten zu einem Kompromiß kam: Glinz hatte zu dem Thema eine ausführliche Ausarbeitung (H27) vorgelegt, in der er sich mit folgenden Problemen auseinandersetzte: h als Dehnungszeichen, ie als Dehnungszeichen, ß als Dehnungszeichen, Wiedererwägungsantrag ck/kk, Zusatzantrag, oder Wiedererwägungsantrag zu tz / zz. In der Sitzung trug er vor, "daß das e nach i unter besonderen Umständen wegbleiben könne, daß sich aber in den anderen Dehnungsfällen die Frage erhebe, ob das h mit seiner Oberlänge nicht der Lesbarkeit günstig sei". Seiner Meinung nach könne das e nach i wegfallen, wenn das ß als Zeichen erhalten bliebe. "Das beste Beispiel dafür sei das Wort schießen." Gegen diesen Vorschlag wandte sich Steinitz mit der Begründung, eine solche Neueinführung bringe zwangsläufig eine Komplizierung mit sich. Er begrüße es aber, "wenn das 'h' beibehalten werde, es sei schon früher in der DDR Abstand genommen worden von der Abschaffung des Dehnungs-h". Hotzenköcherle unterstützte Glinz ebenfalls mit einem ästhetischen Argument: "Durch die Abschaffung der Dehnungszeichen würden Wortbilder entstehen, die zu wenig Leben haben."

Hier wurde eines der wichtigsten Postulate (Lauttreue bzw. phonetische Schreibweise), das in den Katalogen der letzten 50 Jahre stets eine dominierende Rolle gespielt hatte, zurückgenommen. Daß die in Stuttgart anwesenden Reformer, die sich in der Tradition der Reformbemühungen seit der Berliner Konferenz (1901) sahen, sich dagegen wehrten, versteht sich von selbst.

Die Herren aus Österreich wenden sich sehr energisch gegen die Ausführungen von Dr. Glinz. Sie erklären sich sehr enttäuscht, daß man in der Dehnungsfrage, die eine der Hauptfehlerquellen sei, nicht an (9) den bisherigen Beschlüssen festhalten wolle. Auch in der Schweiz sei die Dehnung eine der Hauptfehlerquellen, erklärte Dr. Haller, man müsse hier zu einer Vereinfachung kommen. Er schlage daher nochmal den Akzent auf oder einen Strich unter dem langen Vokal vor. Dies wird jedoch von den übrigen Beteiligten abgelehnt; (...)
Hofrat Dr. Krassnigg (...) betont, man sei bei der Erwägung der Reformen ausgegangen von der Absicht, wie man dem einfachen Mann, der nur 8 Jahre in die Schule geht, eine sichere Rechtschreibung beibringen könne. Man habe anfangs eine Reihe von Vorschlägen gemacht, diese Vorschläge seien von der österreichischen Lehrerschaft nicht erfunden worden, sondern längst vorher schon schriftlich fixiert gewesen. Jetzt aber werde der Akzent verschoben. Man dächte nicht mehr an den einfachen Mann, man dächte nur immer an das, was es durch die Vereinfachung für Schwierigkeiten auf der anderen Seite geben könne. (...)
Dr. Thierfelder erklärte sich durch diesen ernsten Appell sehr beeindruckt; (...). Auch Professor Steinitz unterstrich die soziale Bedeutung der Rechtschreibreform. Sie muß eine Vereinfachung bringen. Vor allem dürften keine neuen Prinzipien, z.B. Akzente u.ä. eingeführt werden. Doch seien hier auch taktische Gründe zu berücksichtigen. Wenn die Kleinschreibung durchgesetzt werden solle, müsse man bei den anderen Angriffspunkten sehr sorgfältig prüfen.
Dr. Thierfelder erklärte zu dieser Frage, die Schwierigkeit in der sich der Ausschuß befinde, bestehe darin, daß gleichzeitig zwei Probleme gelöst werden sollten, die das Bild der Schrift wesentlich verändern: Groß- und Kleinschreibung und Abschaffung der Dehnung. Da beide zusammen

offensichtlich nicht durchzusetzen seien, solle (10) man
sich auf das wesentliche konzentrieren. Er schlägt vor, die
Konferenz solle sich geschlossen zur Kleinschreibung beken-
nen und dazu übergehen, eine maßvolle Änderung der Deh-
nungsbezeichnung vorzuschlagen. Er hoffe, daß man zu einer
Lösung gelange, die es ermögliche, daß auch die Herren aus
Österreich befriedigt nach Hause gehen könnten.
Auch Dr. Glinz ist dieser Meinung. Eine idiotensichere
Rechtschreibung werde es nie geben. Dagegen solle man daran
denken, daß Politik die Kunst des Möglichen sei.
Dr. Thierfelder betont nochmal, daß man zwar alle wesent-
lichen Änderungen gleichzeitig durchsetzen wolle, daß man
aber das Ganze dabei nicht aus dem Auge verlieren dürfe.
(H13:8ff)

Einer der Anwesenden, der Journalist Süskind, nannte diesen
Vorfall in seinem wenige Tage später erschienenen Zeitungsartikel - der zwar polemisch war und deshalb für die Wirkung der
STE in der Öffentlichkeit große Bedeutung hatte, diese Situation aber sicher zutreffend schilderte - einen "Zusammenstoß";
die Österreicher hätten angedeutet,

man habe sie mutwillig von der Donau an den Neckar gelockt,
und wenn man statt einer Reform an Haupt und Gliedern
schließlich nur kleine Korrekturen zustande bringe (...),
hätte man ebensogut zu Hause bleiben und sich schriftlich
verständigen können. Dies war ein denkwürdiger Punkt in den
Auseinandersetzungen; es rauschte wie von Flügeln der Geschichte; das Stichwort 'Abbruch der Verhandlungen' lag in
der Luft. (Süskind 1954a)

Thierfelder hatte sofort erkannt, daß in dieser gespannten Atmosphäre eine sachliche Diskussion nicht mehr stattfinden konnte; er vertagte die Behandlung der Dehnungsfrage auf die Sitzung am nächsten Tag, was sich als eine richtige Entscheidung
erwies. Es kam dann zu einer sachlichen Debatte, die in einen
Kompromiß mündete. Zunächst referierte Glinz noch einmal über
die "ie-Frage":

Wenn das e weggeschafft werde, so folge man nur einer natürlichen Entwicklung, daß nämlich das allmählich zu verschwinden pflege, was nicht mehr gesprochen werde:(Hier
irrte Glinz, H.S.) das e bei ie könne stets wegfallen außer
vor ss. Er habe sich die Frage der ß-Schreibung nochmal
gründlich überlegt und stelle folgende Vorderung (sic!)
auf: entweder vollkommene Wegschaffung des e und Beibehaltung des ß oder Wegschaffen des e außer vor ss. (H13:13)

Der letzte Vorschlag wurde mit einer Gegenstimme angenommen. Auf Hotzenköcherles ästhetisches Argument, daß damit das Schriftbild besonders beeinflußt werde, wurde von verschiedenen Seiten mit ökonomischen gekontert: Es entstehe "ein wirtschaftlicher Nutzen (...), wenn die vielen e nach i wegfielen". Auf den Einwand von Dechant, daß man vielleicht bei die, sie, wie das e beibehalten müsse, entgegnete Gieselbusch, daß "gerade hier eine große Ersparnis liege". (H13:13)

Betrachtet man die vorhergehenden Diskussionen, so verwundert besonders, daß ein solches, die Einsparung von Papier, Tinte, Druckerschwärze und Arbeitszeit versprechendes Argument hier widerspruchslos hingenommen wurde. Denkbar ist, daß der gerade überstandene Mangel an solchen Dingen diese Akzeptanz, wenn auch unbewußt, verursacht haben kann.

In der Frage des Dehnungs-h beharrte Glinz auf seiner Meinung, "daß bei den eh-Dehnungen nichts geändert werden dürfe: Ehre, mehr, Lehrer" (H13:13). Erstaunlicherweise stimmte Krassnigg dem zu und schlug nur vor, "vielleicht in Wörten wie Fehde das h fallen" zu lassen; man solle feststellen, "wieviel solcher Wörter es gibt" (H13:14). Als Glinz innerhalb seiner weiteren Ausführungen vorschlug, bei den "übrigen Dehnungen (ah, oh, üh usw.) könnte das h wegfallen außer bei Konjugationsformen (empfehlen, empfahl, empfohlen) und bei Unterscheidungsschreibungen", witterte Krassnigg sofort die Chance, hier durch schnelles Handeln die eigenen Vorstellungen wenigstens zu einem Teil durchsetzen zu können. Er stellte den Antrag, über folgende (wahrscheinlich von ihm vorbereitete) Formulierung eine Entscheidung herbeizuführen:

1. bei ie soll das e weggelassen werden außer vor ss
2. das h hinter e bleibt bestehen
3. h hinter den übrigen Vokalen wird fortgelassen, außer vor namentlich aufzuführenden Wörtern zur Unterscheidungsschreibung. (H13:14)

Seine Überrumpelungstaktik ging aber nicht auf, denn statt der von ihm erwarteten sofortigen Abstimmung, für die er sich mit einigem Recht eine Mehrheit für seinen Vorschlag hatte ausrechnen können, folgte eine längere, von Steinitz initiierte Diskussion. Dieser meldete zunächst Bedenken an gegen diese Formu-

lierung, die seiner Meinung nach die gesamte Reform gefährden
könne. Des weiteren führte er aus,

> die Herren aus der DDR hätten in dieser Frage noch keine
> feste Stellung eingenommen. Sie hätten große Bedenken und
> seien für die Beibehaltung des bisherigen Zustands, mit
> Ausnahme der ie-Frage. Diesen Standpunkt nähmen sie im In-
> teresse der gesamten Reform ein. Die Abschaffung der Deh-
> nung in der DDR durchzuführen, würde nicht auf unüberwind-
> liche Schwierigkeiten stoßen. Sie dächten aber vielmehr an
> Westdeutschland. (H13:14)

Diese Äußerung ist in zweifacher Hinsicht erstaunlich: Erstens
zeigt sie eine sehr realistische, schon fast prophetische Einschätzung der Chancen einer Reform, bevor es zu dem Presseskandal um die STE kam; und zweitens wird hier unumwunden zugegeben, daß in der DDR solche Veränderungen per Dekret leicht
durchzusetzen gewesen wären im Gegensatz zu den Verhältnissen
in der Bundesrepublik, wo zunächst eine parlamentarische Mehrheit auch für Entscheidungen dieser Art zustande kommen müßte.
Erstaunlich ist auch, daß gerade Steinitz hier - ebenso wie
Hotzenköcherle - nicht linguistisch, sondern taktisch argumentierte und sich mit seinem Kompromißvorschlag durchsetzte:

> Die Arbeitsgemeinschaft empfiehlt Punkt 1 - 8, sie stellt
> zur Diskussion die Frage der Dehnung. Österreich und die
> DDR haben die Sicherheit, daß die Vorschläge durch-(15)ge-
> führt werden, das sei wichtig für die amtlichen Stellen der
> übrigen Länder. (H13:14f)

Dieser Kompromiß markiert eine bedeutsame Zäsur in der Geschichte der Rechtschreibreform seit 1901. Die Dehnungsfrage
hatte nicht nur ihre Spitzenposition in den Forderungskatalogen
verloren, sondern sie spielte in den folgenden Jahrzehnten keine Rolle mehr. An allen bisher veröffentlichten Synopsen (Reichardt 1980, Jansen-Tang 1988 u. a.) läßt sich ablesen, daß
nach den STE die Forderung nach dem Wegfall der Dehnungszeichen
fast ganz verschwunden ist, obwohl gerade die "Reformierung der
graphischen Darstellung der Vokalquantität (...) einer der ge-
wichtigsten Forderungspunkte in der frühen Reformgeschichte bis
einschließlich 1954" war (Jansen-Tang 1988:164). Mit Recht hat
man bisher angenommen, die heftige Reaktion der Presse und des
"konservativen Lagers" auf die STE hätten diesen Sinneswandel

herbeigeführt. Hier stellt sich aber heraus, daß dieses Desi-
derium schon in der Verhandlungsphase dem taktischen Kalkül ge-
opfert worden war. Vier Jahre später bei der Erarbeitung der WE
wurde diese Entscheidung im Prinzip wiederholt und gleichzeitig
einen Schritt weitergetrieben: die Dehnungsfrage (Kennzeichnung
der Vokalquantitäten) verschwand völlig aus dem Katalog mit der
Begründung, man könne nur den einen großen Schritt (Kleinschreibung) machen, die Frage der Dehnung sei erst in einem
zweiten, viel späteren Anlauf zu lösen. Diese Ansicht wurde vor
allem von Weisgerber vertreten, der damit seine Lehren aus dem
Scheitern der STE zog, obwohl er der Meinung war, daß die Deh-
nungsbezeichnungen unbedingt zu reformieren seien. Seine Ausarbeitung (mit Wörterliste) "Diskussionsvorschläge zur Kennzeichnung der Vokaldauer. Das Dehnungs-h" (A3/11) wurde in Wiesbaden
den Mitgliedern des 1. Ausschusses vorgelegt, aber nicht mehr
diskutiert.
Über die teilweise Eliminierung des Dehnungs-h hinaus hatte man
sich in Stuttgart entsprechend dem Vorschlag von Glinz - "Beseitigung sämtlicher Verdoppelungen, soweit kein Mißverständnis
auftritt" (H13:14) - auf die teilweise Beseitigung der Vokal-
verdoppelung geeinigt - "Ebenso bleiben die Doppelvokale erhalten bei ee (Meer, See, Varietee) sowie für einige Unterscheidungsschreibungen (Waage, Moor)" (H13:15) -, dies aber in der
endgültigen Formulierung der STE praktisch wieder zurückgenommen:

> Doppelvokale bleiben im allgemeinen erhalten. Sie sind zur
> rechtschreiblichen Unterscheidung gleichklingender Wörter
> nötig (z.B. Meer - mehr) und im Wortauslaut unentbehrlich
> z.B. Klee, See)

Auch dieses Problem wird bei den WE nicht mehr thematisiert,
aber die Reformgegner polemisieren bis zum heutigen Tag mit
Beispielen, die nach diesen längst vergessenen Vorschlägen kon-
struiert sind.
Nachdem über die Einzelpunkte mit unterschiedlicher Ausführlichkeit diskutiert worden war und man die endgültige Formulierung einem Redaktionskomitee (Thierfelder, Moser, Ebert) übertragen hatte, blieb noch genügend Zeit, über die Vorbereitung
der großen Rechtschreibkonferenz zu sprechen. Diese Konferenz

("Wiener Kongreß") war von Anfang an Thierfelders Lieblingsidee; das erklärt seine Affinität zu den in Fragen der Rechtschreibreform doch recht radikalen Österreichern, die bei ihm,
dem betont Konservativen, zunächst verwunderte.

Als Zeitpunkt für die große Konferenz wurde etwa Himmel-
fahrt 1955 in Aussicht genommen (140-jährige Wiederkehr des
Wiener Kongresses). Man rechnet mit einer Zeitdauer von 8
bis 10 Tagen. (H13:19)

Die Zahl der Einzuladenden gab Haller für die Schweiz mit 25
bis 30 Personen an, Thierfelder

schätzt für Gesamtdeutschland etwa 70, für Österreich etwa
50 Personen, so daß man mit etwa 150 Delegierten für diesen
Kongreß rechnen müsse. Doch soll für jeden, der von sich
aus auf eigene Kosten teilzunehmen wünscht, die Möglichkeit
gegeben werden, als Galeriebesucher an dem Kongreß teilzunehmen. (H13:20)

Wenn ein Wissenschaftler wie Steinitz - aus welchen Gründen
auch immer - sich (in der Dehnungsfrage) statt linguistischer
taktischer Argumente bediente, wundert es natürlich nicht mehr,
daß auch in Stuttgart ebenso wie bei den drei vorausgegangenen
Tagungen die Erörterung künftiger Verhandlungsstrategien breiten Raum einnahm.
Vordringlicher als diese Details für die internationale Konferenz war aber, zuerst das Verhandlungsergebnis von Stuttgart so
aufzubereiten, daß dies in Wien als Diskussionsgrundlage dienen
konnte: die Formulierung, Vervielfältigung und Verteilung der
erarbeiteten Empfehlungen. Zunächst sollte das Redaktionskomitee die von der Arbeitsgemeinschaft erarbeiteten und schon vor-
formulierten Empfehlungen endgültig zu Papier bringen. Weiterhin ist im Protokoll die Rede von Begründungen bzw. Unterlagen.
Gemeint sind damit Ausarbeitungen zu jedem Thema, von denen einige in Stuttgart schon vorlagen (Glinz, Grebe), einige später
in Thierfelders Hauszeitschrift "Mitteilungen des Instituts für
Auslandsbeziehungen" im Juni 1954 zusammen mit den STE abgedruckt (Weber 1954, Thierfelder 1954a, Ebert 1954a) oder in dem
von Gieselbusch herausgegeben Heft DU 55 (Ebert 1955b, Glinz
1955, Grebe 1955, Hotzenköcherle 1955, Klappenbach 1955b, Moser
1955) nachgeschoben wurden, und einige trotz wiederholter Zusa-

ge erst gar nicht angefertigt wurden ("Basler erklärte, daß er
die historische Einleitung fertigstellen werde" H13:16). Der
Grund für dieses sowohl fachwissenschaftlich als auch zeitlich
unkoordinierte Vorgehen bei der Veröffentlichung lag nicht in
einer falschen Planung, sondern in der überstürzten Bekanntgabe
durch Thierfelder, der damit auf Süskinds gezielte Indiskretion
reagierte. (S. 1.Kap.4.1.1)

In der Stuttgarter Sitzung war das organisatorische Procedere,
das immerhin in vier Staaten gleichzeitig erfolgen sollte, genau besprochen worden:

> Zunächst müsse man die Empfehlungen und die Unterlagen fer-
> tigstellen. Dr. Greve (sic!) ist der Meinung, daß nicht nur
> das Material, sondern vor allem auch der Verteiler ent-
> scheidend sei. Professor Frings betont, daß in den einzel-
> nen Ländern gleichzeitig das gleiche geschehen müsse. Die
> DDR übernimmt einen Teil der Auflage dieser Empfehlungen
> für sich, Österreich tut das gleich (sic!) usw. Die Empfeh-
> lungen sollen in vierfacher Auflage erscheinen. Dr. Greve
> (sic!) schlägt vor, daß der Verlag Steiner den Satz über-
> nimmt und die Matern verschickt. H13:15)

Mit dieser Äußerung bezog Grebe sich auf die von Steiner in
Schaffhausen gemachte Zusage, in seinem Verlag "alle nötigen
Drucksachen" (H9:11) herauszubringen. Die Form, in der die Ergebnisse der Verhandlungen den Politikern präsentiert werden
sollten, hielt Thierfelder für besonders wichtig und ließ deshalb darüber noch einmal ausführlich diskutieren:

> Der Vorsitzende stellte fest, daß Einigkeit darüber beste-
> he, daß die Empfehlungen ebenso wie die Anlagen in jedem
> Land getrennt erscheinen, jedoch im gleichen Wortlaut. Die
> Frage sei noch, ob (16) in jedem Land eine eigene Einlei-
> tung verfaßt werden solle. Darin müsse aber zum Ausdruck
> kommen, daß die vier Länder den gleichen Wortlaut der Emp-
> fehlungen haben; es müsse auch das Gremium genannt werden,
> nicht nur in seiner Dienststellung, sondern auch in seiner
> besonderen Funktion. Es sei gut, wenn der Außenstehende
> wisse: das ist der Mann, der den Duden, das österreichische
> Wörterbuch, den Sprachatlas usw. macht. Die Anlagen sollten
> dagegen nicht mit dem Namen des Verfassers bezeichnet wer-
> den.
> Professor Basler erklärte, daß er die historische Einlei-
> tung fertigstellen werde. Allgemein wurde die Dauer der
> Vorbereitungsarbeit auf etwa zwei Monate geschätzt. Die
> Teilnehmer waren sich einig, daß man so lange mit der Be-
> nachrichtigung der amtlichen Stellen nicht warten könne. Es
> wurde daher beschlossen, zunächst die endgültige Fassung
> der Empfehlungen fertigzustellen, die von allen Anwesenden

unterschrieben wird. Dazu sollen alle Teilnehmer dem Institut für Auslandsbeziehungen ihre genauen Amtsbezeichnungen mitteilen. (H13:15f)

Der Plan sah also vor, etwa gleichzeitig die amtlichen Stellen und die Öffentlichkeit zu informieren; in der öffentlichen Diskussion könnte sich dann herausstellen, "was die sprachinteressierten Kreise in den vier Ländern wünschten; die Behörde werde dann letztlich nur vollziehen" (H13:16).

Zunächst sollten die Empfehlungen an folgende Behörden geschickt werden:

```
in der Schweiz:        Konferenz der kantonalen eidgenössi-
                       schen Erziehungsdirektoren
in der DDR:            Präsidium der Deutschen Akademie der
                       Wissenschaften zu Berlin
                       Unterrichtsminister
                       Staatssekretär für das Hochschulwesen
in der Bundesrepublik: Konferenz der Erziehungsminster
in Österreich:         Bundesminister Dr. Ernst Kolb über
                       Ministerialrat Dr. Josef Stur.
```
Dr. Thierfelder schlug vor, jetzt schon die große Konferenz anzukündigen. Hofrat Dr. Krassnigg ist der Auffassung, die amtlichen Stellen sollten ihre Bereitschaft erklären, an einer gemeinsamen Sitzung teilzunehmen und einen Teil der Kosten zu übernehmen. (H13:17)

Diese recht ausführlich protokollierte Diskussion über die Öffentlichkeitsarbeit läßt erkennen, daß die Notwendigkeit einer publizistischen Vorarbeit für die politischen Entscheidungen sehr wohl erkannt wurde. Thierfelder übernahm die Presseveröffentlichung über die Stuttgarter Tagung; eine ausführliche Information der Presse sollte erst im Zusammenhang mit der Veröffentlichung der STE erfolgen.

In der Presse erschien am 18. Mai 1954 (unter anderem in den "Stuttgarter Nachrichten") folgender Text:

Die "Arbeitsgemeinschaft für Sprachpflege", der Deutsche, Österreicher und Schweizer angehören, hat bei ihrer Stuttgarter Tagung ihren Empfehlungen zur Erneuerung der deutschen Rechtschreibung die endgültige Fassung gegeben. Die Empfehlungen werden nun den zuständigen Behörden der drei Länder vorgelegt werden und in etwa vier Wochen der Öffentlichkeit unterbreitet werden.

Der Redaktionsausschuß (Moser, Ebert, Thierfelder) brachte sofort im Anschluß an die Stuttgarter Tagung die Empfehlungen in die endgültige Form; jedem Teilnehmer wurde ein Exemplar zur Durchsicht zugeschickt. In dem Begleitbrief (A2/7), der in den

Akten A den Eingangsstempel vom 28. Mai trägt, bat Thierfelder, nur solche Korrekturen vorzuschlagen, "die Unrichtigkeiten verbessern"; als letzten Stichtag für die Abgabe nannte er den 29. Mai 1954. Es scheint so, als hätten die Teilnehmer an der Stuttgarter Diskussion Änderungen nicht für notwendig gehalten. Nur der in der endgültigen Fassung teilweise eingearbeitete Korrekturvorschlag von Heyd (H13a) - mit einiger Sicherheit ist anzunehmen, daß dies der einzige war - ist in den vorliegenden Akten vorhanden.

Die endgültige Fassung, die am 4. Juni 1954 (Eingangsstempel auf dem Aktenstück A2/9) bei den Mitgliedern der Arbeitsgemeinschaft einging, enthält nur eine wesentliche Änderung. Der Punkt "Kennzeichnung langer und kurzer Vokale" (bisher Punkt 8) ist aus dem Katalog herausgenommen und als Zusatzempfehlung angehängt worden: "Über die in den Punkten 1 - 7 empfohlenen Vorschläge hinaus hat die Arbeitsgemeinschaft besonders eingehend geprüft, wie die verschiedenen Schreibungen des langen Vokals (z.B. mir, Tier, ihr; Tod, Boot, ohne) vereinheitlicht werden können." (STE 1954) Damit war man Steinitz' Kompromißvorschlag aus der Stuttgarter Sitzung gefolgt.

Während seiner Arbeit hatte der Redaktionsausschuß offensichtlich noch keine Kenntnis von der Indiskretion Süskinds, denn Thierfelder teilte den Mitgliedern der Arbeitsgemeinschaft zum geplanten weiteren Verlauf mit, daß Dr. Ebert sich bereit erklärt habe, "zu jedem einzelnen Punkt der Empfehlungen etwa eine halbe Seite Beispiele zusammenzustellen, aus denen die Unzulänglichkeit der gegenwärtigen Schreibung hervorgeht". Außerdem wolle er selbst seinen in Köln gehaltenen Vortrag "Ist eine Änderung unserer Rechtschreibung notwendig?" in der nächsten Nummer der "Mitteilungen des Instituts für Auslandsbeziehungen" erscheinen lassen, "vorher aber Abzüge anfertigen und je einen den Sendungen an die Ministerien beifügen". (A2/7) Beide Aufsätze (Ebert 1954a, Thierfelder 1954) wurden gemeinsam mit den STE veröffentlicht (Mitteilungen des Instituts für Auslandsbeziehungen 4, H.5/6).

Bevor es dazu kam, sorgte ein inszenierter Presseskandal dafür, daß für die folgenden Jahrzehnte eine sachliche Diskussion über das Problem Rechtschreibreform nicht mehr möglich war.

4. Öffentliche Diskussionen über die Stuttgarter Empfehlungen

4.1 "Presseskandal" durch gezielte Indiskretion

Das Wort "Skandal" ist für die Reaktion großer Teile der deutschsprachigen Presse insofern angebracht, als die STE weitgehend als "Skandalon" im ursprünglichen Sinne behandelt wurden: als ein Ärgernis, ein unerhörtes Ereignis, an dem Anstoß zu nehmen ist. Wie konnte ein Reformprogramm, das in einer langen Tradition ähnlicher Forderungen steht und diese sogar teilweise zurücknimmt bzw. abmildert, plötzlich so große öffentliche Beachtung finden, solche Schlagzeilen machen? Wie konnte es geschehen, daß dieser Skandal bis heute nachwirkt und die Durchsetzung einer Rechtschreibreform bis heute mit verhindert hat?

4.1.1 Süskinds "journalistischer Fehltritt"

Stur, einer der Hauptinitiatoren der Arbeitsgemeinschaft, brachte es in einem Brief an Thierfelder vom 26. Mai 1955 auf den Punkt:

> Durch die Indiskretion von Süskind und das Urteil von Thomas Mann wurde der Start verdorben. Die Aussendung des Juni-Heftes des Institus für Auslandsbeziehungen (darin wurden die STE erstmals veröffentlicht, H.S.) hatte keine Wirkung mehr. (A2/13:2)

Am 22./23. Mai 1954, also wenige Tage nach Beendigung der Stuttgarter Verhandlungen und zu einem Zeitpunkt, als der Redaktionsausschuß noch mit der engültigen Formulierung der STE befaßt war, erschien in der Süddeutschen Zeitung (Nr. 117) der von Süskind verfaßte Artikel "Die Hofräte sind für 'di libe' / Von der Arbeit der Sprachpfleger". Schon der Titel verrät, daß es hier nicht um sachliche Information, sondern um reine Polemik geht: Da werden Hofräte herbeizitiert - der Leser konnotiert mit diesem Wort (und das soll er natürlich auch) eine Gruppe von würdigen, weißhaarigen, bärtigen älteren Herren -, die sich einsetzen für "di libe". Diese Wortverstümmelung nach

den (vermeintlich) neuen Regeln ist ein in der Auseinandersetzung zu diesem Thema viel benutztes und bis heute offensichtlich noch nicht abgenutztes Kampfmittel, das an Stelle sachlicher Argumente angewendet wird und hier für sich genommen nicht
weiter bemerkenswert wäre. Die ironische Kombination (Hofräte -
libe) aber erhält dadurch eine besondere Schärfe, weil sich
beim Lesen des Artikels herausstellt, daß konkrete Personen gemeint sind und daß der Verfasser über Insiderkenntnisse bezüglich der Verhandlungen verfügt. Auf die Spitze getrieben wird
diese Diffamierung aber durch den Untertitel: Von der Arbeit
der Sprachpfleger. Sprachpflege ist für Süskind - ähnlich wie
für Thierfelder und viele andere Beteiligte - eine weihevolle
Beschäftigung mit einem fast geheiligten Gegenstand, "weil eine
Sache, die Reparatur und Korrektur bleiben muß, nicht ausarten
darf zum Eingriff in Organisches, das höher ist denn alle logische und soziale Vernunft" (Süskind 1954a). Welche Anmaßung,
daß diese "Verschwörer" ihr revolutionäres Tun auch noch selbst
als Sprachpflege bezeichnen! Süskind setzt seine Hoffnung auf
die schon vorprogrammierte Uneinigkeit der Versammelten, denn
die vertraten "allzu unterschiedliche Interessengebiete", welche "allzuwenig die Substanz (das letzte Wort kursiv, H.S.)
dessen, worum es ging", umfaßten. Sie kamen "aus der Schulver-
waltung und Schulpraxis" oder aus "der reinen Schul- und Wör-
terbuch-Philologie; oder aber aus dem Korrektorenstand". (Letzteres ist nicht etwa ein Irrtum, sondern eine Diffamierung von
Dr. Heyd, der einige Zeit als Korrektor gearbeitet hatte.)
Aber auch noch andere trennende Elemente glaubt Süskind ausgemacht zu haben:

> Es war für den Beobachter sogar fast der interessanteste
> Punkt, zu sehen, wie auch unter diesen Fachleuten der deut-
> schen Rechtschreibung die Ausdrucksweise, noch mehr aber
> die innere Blickrichtung und das Innigkeitsverhältnis dem
> "gewußten" Gegenstand gegenüber bestimmt waren vom Stammes-
> temperament und doch auch von den politischen Grenzen. Die
> Österreicher, wagemutig bis zum Leichtsinn, einem künstle-
> rischen Improvisieren zugeneigt, ohne groß an die möglichen
> Folgen zu denken. Die Schweizer, gründlich gebildet, unend-
> lich vorsichtig, dabei großzügig und dem fortschrittlichen
> Experiment zugetan; in einer beinahe idealen Weise dem
> Geist der Logik und dem musischen Empfinden gleich aufge-
> schlossen. Die Leute aus der DDR technisch und philologisch
> sehr auf Draht, jedoch mitunter merklich in der Klemme zwi-
> schen dem Bedürfnis, den "sozialen" Aspekt der Reform zu

wahren und demgemäß radikal zu vereinfachen, und dem Zwang, ebenfalls aus sozialen Gründen die Empfindlichkeiten des "kleinen Mannes" zu schonen und also taktisch immer wieder in ein konservatives Fahrwasser zurückzulenken. So ergab sich das gespäßige Bild, daß die gemütlich sprechenden und bonvivant aussehenden Hof-, Ministerial- und Landesschulräte aus Österreich den sozusagen blutrünstigen Standpunkt verfochten und die bisherige Orthographie so gründlich meucheln wollten wie nur möglich. (Süskind 1954a)

Am Ende des Artikels verrät Süskind dann auch noch, womit die Hofräte seinen Zorn erregt hatten:

Seltsam, daß auch bei solchen Zusammenkünften die Presse als Wauwau gilt. Einer der Herren Hofräte, der am bittersten gekränkte, hatte zuvor in noch munterer Laune die Journalisten als die bezeichnet, denen jede Sprachreform "a gmahts Wiesl" sei: sie machten sich da auf billige Weise über eine ernsthafte Sache lustig ("merere hibe auf di lererere") und verdienten sich so ein zusätzliches Stück Geld. Mit solchen Worten wird es schwergemacht, sich in der Presse unbefangen zu der Reform zu äußern. Der Referent tut es trotzdem. (Süskind 1954a)

Neben dem Protokoll (H13) ist dieser Artikel die authentischste Äußerung über die Verhandlungen in Stuttgart, und sie belegt, daß es eine harte Kontroverse gegeben hat, die im Protokoll nur kurz und unterkühlt beschrieben wird. Süskinds journalistische Auswertung dieser Diskussion stellt eine unverhüllte Kampfansage dar, die statt sachlicher Argumente hauptsächlich persönliche Diffamierungen enthält, wenn diese auch als stammes- bzw. staatspezifische Eigenschaften bezeichnet werden. Sein Ziel hatte er erreicht. Eine sachliche Diskussion in der Öffentlichkeit war nach dieser Veröffentlichung kaum noch möglich, weil die Positionen pro und contra schon vorgezeichnet waren, ohne daß jemand sich mit den Vorschlägen im einzelnen auseinandersetzen mußte: revolutionäre, ungebildete Systemveränderer, welche die Sprache mechanisch reglementieren wollen, sind dafür - idealistische, schöngeistige Intellektuelle, die sich als Sprachpfleger und Gralshüter verstehen, sind dagegen, halten allenfalls einige Punkte für diskutierbar. Damit waren für die nächsten Jahrzehnte die Weichen sowohl für die Aktiven als auch für alle Kritiker gestellt und gleichzeitig eine parteipolitische Polarisierung antizipiert.

4.1.2 Thierfelders Rettungsversuche

Thierfelder fühlte sich von diesem Artikel existentiell getroffen. Er hatte auf Wunsch des Präsidenten der Deutschen Akademie für Sprache und Dichtung Hermann Kasack "die beiden bekanntesten Mitglieder der Sprachabteilung" Storz und Süskind eingeladen, "weil daran gedacht worden war, die Akademie bei der geplanten allgemeinen Rechtschreibkonferenz (...) massgeblich heranzuziehen" (A2/9). Zu Beginn der Stuttgarter Sitzung hatte Storz erklärt, daß er und Süskind sich nicht an den Abstimmungen beteiligen würden. "Sie seien als Vertreter der Akademie für Deutsche Sprache und Dichtung anwesend und mit den Vorarbeiten nicht befaßt gewesen." (H13:4) Auch an den Diskussionen haben sich beide laut Protokoll nicht beteiligt. Als am zweiten Sitzungstag beschlossen wurde, die Presse "erst dann im großen Rahmen" zu verständigen, "wenn die zuständigen Stellen von der Arbeitsgemeinschaft die Empfehlungen bekommen haben" (H13:19), war Süskind nicht mehr anwesend. Als Entschuldigung für sein Vorgehen - wie das später von Kasack vorgebracht wurde - kann das aber nicht gelten, denn er war ausdrücklich in seiner Eigenschaft als Mitglied der Akademie eingeladen worden. Thierfelder hatte nicht damit gerechnet, daß er so schnell mit einem Presseartikel reagieren würde, sonst hätte er ihn mit Sicherheit vorher um journalistische Abstinenz gebeten. Aber für einen Journalisten ist es wichtig, als erster über bestimmte Informationen zu verfügen und diese auch auszuwerten; da konnte Süskind wohl nicht über seinen Schatten, zumal er sich auch noch zu den erklärten Gegenern solcher "Sprachschändung" zählte. Selbst Storz, der in puncto Rechtschreibreform Süskinds Meinung teilte und in späteren Jahren ebenfalls zu denen gehörte, die eine Realisierung nach Kräften verhindert haben, war es nicht gelungen, die Veröffentlichung dieses Aufsatzes zu verhindern. (A2/12b)

Jedenfalls sah Thierfelder es so, daß Süskind "sich damit selbst in den Kreis der Publizisten eingeordnet (hat), denen der Effekt des Augenblickes mehr gilt als die sinnvolle Lösung eines Problems von allgemeiner Bedeutung" (A2/9). Thierfelder erhielt von Süskind eine Kopie des Aufsatzes; er wurde aber

auch von mehreren Mitgliedern der Arbeitsgemeinschaft darauf
hingewiesen, die ihm ihre berechtigte Kritik an Süskinds Ausführungen mitteilten; besonders ausführlich taten das Krassnigg
und Simonic. Leider ist keines dieser Schreiben erhalten. Vorhanden ist aber (in Abschriften) fast der gesamte Schriftwechsel, den Thierfelder mit Kasack über diese Angelegenheit geführt hat; dort hat Thierfelder mehrfach aus diesen Briefen zitiert.
Er beschwerte sich in einem Brief vom 28. Mai 1954 bei Kasack
über Süskinds Äußerungen. Darauf reagierte Kasack in tadelndem
Ton:

> Ich möchte annehmen, dass es nur einem Augenblick des Un-
> muts zuzuschreiben ist, wenn Sie den Aufsatz von Herrn Süs-
> kind in der Süddeutschen Zeitung Nr. 117 als eine für die
> Sache "verhängnisvolle Darstellung" und das Verhalten Herrn
> Süskinds als "unentschuldbar" bezeichnet haben. (A2/12a;
> Kasack an Thierfelder 19.6.54; Abschrift)

Er führte weiter aus, daß Thierfelder es versäumt habe, auf die
Vertraulichkeit der Verhandlungen hinzuweisen, und es deshalb
Süskinds unbestreitbares Recht gewesen sei, sein Wissen zu publizieren. Er jedenfalls schätze Süskind "als verantwortungs-
bewußten Publizisten", der "aus sachlichen Beweggründen gehandelt" habe. Mit der dann folgenden Formulierung wollte er
Thierfelder praktisch zu einer Entschuldigung zwingen:

> Deshalb wäre ich Ihnen verbunden, wenn Sie mir diese Auf-
> fassung bestätigten. Ich wäre dann bereit, die Ausführungen
> in Ihrem Brief vom 28.5., die ich eingangs zitiert habe,
> als nicht gefallen anzusehen. (A2/12a)

Da selbst Storz sich von Süskinds "Entgleisung" distanziert
hatte, scheint Kasacks Rechtfertigung ziemlich unverständlich.
Thierfelder reagierte nicht mit einer Entschuldigung, sondern
zitierte in seinem Antwortschreiben "einige Briefstellen der
Mitglieder des Ausschusses" (A2/12:2) "aus Wien, Leipzig,
Stuttgart und Aarau" (A2/12a) und fügte als Anlage "das umfang-
reiche Schreiben der Herren Dr. Krassnigg und Dr. Simonic in
Photokopie" bei.
Da die genannten Briefe, wie schon erwähnt, nicht erhalten
sind, lassen sich die Absender nur erschließen: Die Briefe von
Krassnigg und Simonic aus Wien und das Schreiben von Giesel-
busch aus Stuttgart werden im Rundschreiben an die Mitglieder

der Arbeitsgemeinschaft (A2/12) und in Thierfelders Brief an
Kasack (A2/12a) erwähnt. Für den Absendeort Aarau kommt nur
Haller in Frage, für Leipzig Ebert oder Frings. Außerdem wies
Thierfelder darauf hin, daß Storz - wie aus dem Schreiben von
Gieselbusch hervorginge - ebenfalls Süskinds Kritik in dieser
Form nicht teile.

Ob Kasack auf diesen Brief noch einmal geantwortet hat, geht
aus den vorhandenen Akten nicht hervor. Die weitere Entwicklung
(vgl. 1.Kap.4.1.4, Gutachten der Darmstädter Akademie 1955)
läßt aber den Schluß zu, daß von diesem Zeitpunkt an das Verhältnis der Akademie zu Thierfelder, der diese Institution
schon seit ihrer Gründung mit äußerst kritischen Augen sah, ge-
spannt war und sich diese persönlichen Ressentiments auf die
Beurteilung der Reformfrage stark ausgewirkt hat.

Thierfelder fühlte sich durch Süskinds Verhalten zum schnellem
Handeln gezwungen. Anfang Juni 1954 organisierte er zunächst
"die Versendung der Empfehlungen in der von der Arbeitsgemeinschaft beschlossenen Form" (A2/12:1) an die Kultur- bzw. Unterrichtsminister der Länder. Am 25. Juni veröffentlichte er dann
den Text der Empfehlungen in einem Sonderheft seiner Hauszeitschrift "Mitteilungen des Institus für Auslandsbeziehungen"
(STE 1954), - zu früh und ohne die notwendige "wissenschaftliche Unterbauung", wie er selber später einräumte (A2/14:3) - ,
weil er sich durch Süskinds Indiskretion dazu gezwungen fühlte.
Zum gleichen Zeitpunkt lud er zu einer Pressekonferenz ein, in
der den Journalisten die Zeitschrift mit dem Text der STE übergeben wurde, "nachdem bereits vorher durch die Deutsche Presse-
agentur und Associated Press die Hauptpunkte der Reformvorschläge den Zeitungen übermittelt worden" (A2/12:1) waren.

In Wien wurde daraufhin beschlossen, das Heft zunächst "an größere Zeitungen und massgebliche Persönlichkeiten" zu schicken,
"und eine Pressebesprechung erst im Herbst zu machen". In Berlin (Ost) lud Steinitz "am 17. Juni die wichtigsten Zeitungen
zur Entgegennahme der Empfehlungen" ein. In der Schweiz geschah
zunächst noch nichts; Thierfelder gab Haller auf dessen Anfrage
hin den Rat, "zunächst durch Überreichung der Sondernummer die
allgemeine Unterrichtung" einzuleiten, "und zu einem späteren
Zeitpunkt, wenn die verschiedenen Proteste, die schon jetzt in

der Schweizer Presse häufiger als irgendwo anders erschienen sind, abgeklungen sind, eine Pressekonferenz" zu veranstalten. (A2/12:1)

Thierfelder konnte nicht ahnen, daß durch Süskinds Artikel die Weichen gestellt waren und deswegen alle weiteren Bemühungen, die STE in der Öffentlichkeit zu propagieren, meist auf vorgefaßte Meinungen und Widerstand stießen. Er beurteilte die Situation immer noch positiv und schrieb am 24. Juni 1954 in seinem Rundschreiben an die Mitglieder der Arbeitsgemeinschaft: "In der westdeutschen Presse begegnen mir jetzt häufiger als bisher Aufsätze, die sich für unserere Empfehlungen aussprechen" (A2/12:2).

Offensichtlich hatte er aber erkannt, wie wichtig die Rolle der Presse in diesem Zusammenhang zu sein schien, und er begann systematisch Presseberichte über die STE zu sammeln. In den folgenden Wochen ließ er "die ersten drei Bände Zeitungsausschnitte" zusammenstellen, die "allen Mitgliedern der Arbeitsgemeinschaft zugänglich" gemacht werden sollten. Die Bände sollten zuerst in der Schweiz, in Österreich und in der DDR, zuletzt in der Bundesrepublik auf dem Postweg weitergereicht werden. Da "fortgesetzt neue Aufsätze" publiziert wurden, glaubte er, "in zwei Monaten nocheinmal (sic!) so viel Äusserungen zum Rechtschreibproblem" zu haben. (A2/15; Rundschreiben vom 22. Juli 1954)

Von diesen Bänden ist in den späteren Rundschreiben nie wieder die Rede, was aber nicht bedeuten muß, daß sie nicht nach Thierfelders Plan kursiert wären. Glinz glaubt sich dunkel daran zu erinnern, solche Bände gesehen zu haben. (Interview Glinz 1986)

Ob Thierfelder absichtlich nur positive Stimmen sammelte oder ob er die negativen Pressebeiträge unterschätzte, ist schwer zu beurteilen; jedenfalls ließ er sich seinen Optimismus nicht nehmen. Diesen brachte er in dem Rundschreiben, in dem er den Mitgliedern der Arbeitsgemeinschaft die Bände mit den Zeitungsausschnitten ankündigte, zum Ausdruck:

Ich habe den Eindruck, dass der erste Ansturm reformfeindlicher Journalisten und Schriftsteller langsam abflaut. Es ist kein Zweifel, dass sich jetzt sehr viel verständigere und sachlich eingestellte Stimmen zum Wort melden. So glau-

be ich, dass im Frühjahr eine Atmosphäre entstanden ist, in
der wir erreichen werden, was wir angestrebt haben. (A2/15)

Daß sich schließlich auch das Fernsehen für die Reformfrage interessierte und eine Sendung über die STE plante, bestärkte
Thierfelder weiterhin in seiner optimistischen Einschätzung.

4.1.3 Popularität durch das neue Medium Fernsehen?

Der Beitrag über die Rechtschreibreform in dem damals noch sehr
jungen Medium Fernsehen - die erste Sendung war Weihnachten
1952 ausgestrahlt worden, ein Fernsehprogramm gab es seit dem
1. Januar 1953 - erregte einiges Aufsehen. Innerhalb der Reihe
"Gespräch des Monats" fand am 5. August 1954 in Hamburg eine
Diskussion statt, die wie alle Sendungen zu dieser Zeit "live"
übertragen wurde; angekündigter Titel: Einer reformirten ortografi auf den zan gefült. (Hohlfeld 1954:5)
Etwa 120 Gäste waren ins Studio eingeladen worden: Vertreter
aus den Bereichen der Wissenschaft, der Kunst, der Wirtschaft
und der Schulbehörden, außerdem Verleger, Schauspieler, Pädagogen, Juristen, Korrektoren, Schriftsteller und Primaner (Hohlfeld 1954:5). Diskussionsleiter war Dr. Brühl von der Redaktion
der "Süddeutschen Zeitung", Referent Thierfelder, Korreferent
Prof. Pretzel von der Universität Hamburg (Ebert 1954c:27). Neben Thierfelder nahmen als Mitglieder der Arbeitsgemeinschaft
für Sprachpflege auch Ebert und Glinz an der Veranstaltung
teil; anwesend war auch der Lehrer Werner Hohlfeld (als Vertreter der niedersächsischen Lehrer), der den oben zitierten Bericht über die Sendung verfaßte und später an den WE mitarbeitete.
Die dpa-Meldung zu diesem Fernsehereignis hatte folgenden Wortlaut:

"reformirte ortografi" im Fernsehen
Eine öffentliche Diskussion vor der Fernsehkamera über das
Thema "einer reformirten ortografi auf den zan gefült" ist
vom NWDR-Fernsehen veranstaltet worden. In der von Dr.
Ernst Brühl (München) geleiteten Aussprache erklärte Dr.
Franz Thierfelder (Stuttgart) die Arbeitsgemeinschaft für
Sprachpflege handle nicht im Auftrag amtlicher Stellen,
sondern aus eigener Initiative. Die Frage, warum gerade
jetzt eine Neuordnung herbeigeführt werden solle, beantwor-

tete er mit dem Hinweis, daß die Vertreter Österreichs und
der Sowjetzone auf der Maitagung der Arbeitsgemeinschaft
für Sprachpflege in Stuttgart angedeutet hätten, sie würden
ihren eigenen Weg gehen, wenn die Reform jetzt unter den
Tisch falle. Demgegenüber betonte Dr. Wolfgang Ebert von
der Duden-Redaktion in Leipzig, die Pädagogen der Sowjetzone seien zwar reformfreudig, sie stellten aber die Einheit
der deutschen Rechtschreibung allen Neuerungsfragen voran.
Auch ein Schweizer Vertreter, Dr. Hans Glinz (Zürich),
drückte die Überzeugung aus, daß die Reform nur gemeinsam
vorgenommen werden könne.

Die spezifischen Möglichkeiten des neuen Mediums, Zuschauer und
Diskussionsteilnehmer zu beeinflussen, waren geschickt genutzt
worden. In einem Zeitungsbericht über diese Sendung befindet
sich folgender Satz: "Die Studiowände waren mit suggestiven
Beispielen aus den neuen Vereinfachungsvorschlägen beschrif-
tet." (Schwäbische Zeitung Leutkirch vom 7. August 1954) Der
Verfasser dieses Artikels war der Meinung, es handele sich hier
wirklich um Beispielsätze, die in der durch die STE vorgeschlagenen reformierten Rechtschreibung geschrieben waren. Eins dieser "merkwürdigen Spruchbänder", die den Hochbunker (dort befand sich damals das Fernsehstudio) "schmückten", trug die Auf-
schrift "Fil fi fil durch schnefal" (Hamburger Echo vom 5. August 1954), ein anderes die Warnung "forsicht, der kan kan lek
sein" (FAZ vom 6. August 1954; Artikel von Karl Korn).
Glinz, der zusammen mit Thierfelder nach Hamburg gereist war,
erinnert sich (Gespräch am 5. Juni 1986 in Mannheim), daß die
an den Wänden angebrachten Parolen fast einschüchternd wirkten
und auf ihn den Eindruck machten, als sollten die Diskussionsteilnehmer und die Zuschauer auf diese Weise in ihrer Meinungsbildung beeinflußt werden. Die Verballhornungen übten sicher
ihre Wirkung aus, auch wenn Thierfelder während der Sendung
versicherte "Die Sprüche an den Wänden hier haben mit unseren
Vorschlägen nichts zu tun. Wir sind gegen jeden Radikalismus."
(Hamburger Echo vom 5. August 1954, S. 5)
Aber jede noch so glaubwürdige Versicherung kann nicht annä-
hernd so viel Gewicht haben wie die eineinhalbstündige permanente optische Präsenz solcher Sätze. Die Annahme, daß diese
Manipulation beabsichtigt war, wird auch noch durch die Tat-
sache gestützt, daß der Diskussionsleiter Brühl (ebenso wie
Süskind) zur Redaktion der Süddeutschen Zeitung (SZ) gehörte.
Wenn Süskind auch nicht anwesend war, so ist aber zu vermuten,

daß er an der Planung für diese Sendung beteiligt war. Als wei-
teres Indiz für die Annahme, daß die SZ hier versuchte, massi-
ven Einfluß auszuüben, findet sich in einem mit br. (vermutlich
Brühl) unterzeichneten Artikel der genannten Zeitung vom 7./8.
August 1954 "Rechtschreibung bleibt gesamtdeutsch". (Auch das
1959 vom WDR in Köln geplante, aber nicht zustande gekommene
Fernsehgespäch über die WE sollte von Brühl geleitet werden.
Vgl. dazu 4.Kap.2)
Die Debatte bewegte sich vor allem um die Kleinschreibung der
Hauptwörter. Dabei traten Professor Dr. Ulrich Pretzel (Hamburg) als Gegenreferent (zu Thierfelder) und mehrere Schrift-
steller und Verleger energisch für die Beibehaltung der Großschreibung als notwendige Lesehilfe ein. Auch Thierfelder gab
zu, daß er ursprünglich für die Großschreibung gewesen, aber im
Reformergremium überstimmt worden sei. Die Aussprache erwies,
daß vor allem die Lehrerschaft auf die geplante Schriftverein-
fachung drängte, "während sich die Mehrzahl der anwesenden
Schriftsteller, Verleger und Vertreter der Geisteswissenschaften Prof. Pretzels Ansicht anschloß, daß das bisherige
Schriftbild als Spiegel des gesamten Lebens von Jahrhunderten
nicht einer plötzlichen Neuordnung weichen dürfe". (Schwäbische
Zeitung Leutkirch vom 7. August 1954).
Hohlfeld - mit der Intention, in Lehrerkreisen für die Reform
zu werben - äußerte sich in seinem Artikel, den er für eine
Pädagogische Zeitschrift schrieb, sehr optimistisch:

> Es war erfreulich zu sehen, wie aufnahmebereit und zustim-
> mend die diskussionsrunde trotz mancher angemeldeter beden-
> ken eine reform für unbedingt notwendig hält. Obwohl an den
> wänden des studios "reformierte sätze" in der unsinnigen
> art angebracht waren, wie man sie in zeitungen und zeit-
> schriften als "teufelsbeispiele" findet, war die allgemeine
> stimmung unbedingt für eine reform in grenzen. (Hohlfeld
> 1954:5; Kleinschreibung im Original, H.S.)

Er berichtet weiter, daß er sich als Vertreter des Rechtschreibausschusses des Lehrervereins Niedersachsen (LVN) im
schulischen Interesse für Reformieren, keineswegs Revolutionie-
ren eingesetzt habe; in diesem Zusammenhang habe er darauf hingewiesen, daß sich die Vorschläge des LVN von 1953 im wesentlichen mit den STE deckten.
Ebert, der in der Diskussion auf die "Reformfreudigkeit der

Lehrer, Setzer und Korrektoren in Mitteldeutschland" (Ebert 1954:27) hinwies, geht in seinem Bericht nicht auf diese Studiodekorationen ein. Ihm lag offensichtlich ein anderes Problem am Herzen, das eine Reform verzögern oder verhindern könnte, und das er in Hamburg angesprochen hatte:

> Diese rechtschreibliche Einheit ist gerade heute ein Faktor, der in dem Bemühen, die kulturelle Einheit der deutschen Sprachgemeinschaft zu erhalten und die politische Einheit der deutschen Nation wiederzugewinnen, nicht hoch genug eingeschätzt werden könne. Wir wollen also im Hinblick auf die Rechtschreibung Neues, aber es muß ein gemeinsames Neues sein! Dieses Bekenntnis zur deutschen Einheit aus dem Munde des einzigen Anwesenden aus Ostdeutschland wurde beifällig aufgenommen. (Ebert 1954c:27)

Um seine Ansicht von der unbedingt zu erhaltenden kulturellen Einheit zu stützen, zitiert er in dem betreffenden Artikel Glinz, der in seinem Diskussionsbeitrag die Schweizer als an sich konservativ bezeichnet hatte; "sie fühlten sich aber als Angehörige der großen deutschen Sprachgemeinschaft und würden deshalb ohne Zweifel auch an deren rechtschreiblichen Neuerungen teilnehmen".

Eberts Aufsatz schließt mit einem Resümee, das die Wirkung dieser Sendung sehr optimistisch beurteilt:

> Anderthalb Stunden waren alle an rechtschreiblichen Fragen Interessierten vom Bodensee bis an die Nordsee, von der Eifel bis an den Harz (die Allusion zu dem Text "Von der Maas bis an die Memel, von der Etsch bis an den Belt" - geographisch geschrumpft - ist kaum zu überhören, H.S.) hörend und sehend Zeugen dieser gedanklichen Auseinandersetzung, die für die Sache anregend und förderlich, für alle Beteiligten ein einprägsames Erlebnis und als Gespräch der Deutschen miteinander ein Beitrag zu dem Bemühen um die deutsche Einheit gewesen ist. (Ebert 1954c:27)

Sowohl Hohlfeld als auch Ebert glaubten offensichtlich an die Propagandawirkung dieser Sendung und erhofften sich davon ein reformfreudiges Klima; dabei unterschätzten sie, daß durch die schon erwähnte Studiodekoration genau das Gegenteil bewirkt wurde, denn der optische Eindruck wirkte offensichtlich stärker als die in der Diskussion vorgetragenen Argumente. Besonders bei Ebert erstaunt diese Einstellung, denn er hatte durch Thierfelders Rundschreiben von Süskinds Artikel gewußt, und es dürfte ihm auch der Zusammenhang zwischen dieser Sendung und der Süddeutschen Zeitung bekannt gewesen sein. Denkbar ist na-

türlich, daß beide als Anhänger einer (Reform-)Idee selektiv
wahrnahmen, in diesem Fall all das, was die Reform fördern
könnte. Glinz hat jedenfalls die Absicht, hier massiv Einfluß
auszuüben, bemerkt.

Selbst wenn die Fernsehsendung nicht von sehr vielen Leuten gesehen worden ist, so gelangten die dort als Wandschmuck verwendeten Parolen ebenso wie das Thema der Sendung ("einer reformirten ortografi auf den zan gefült") über Artikel verschiedener Zeitungen (FAZ, Hamburger Echo, Schwäbische Zeitung u.a.)
an die Öffentlichkeit. In seinem im Herbst 1954 geschriebenen
Aufsatz "Herr oder Höriger der Schrift?" meint Weisgerber, daß
sich die Autoren dieser bewußt übertriebenen Verunstaltungen
(als Beispiele nennt er die Überschrift von Süskinds Aufsatz
"Die Hofräte sind für di libe"; die beiden letzten Wörter kursiv, H.S.) und das von Korn in seinem Artikel in der FAZ vom 6.
August 1954 zitierte Spruchband der Fernsehsendung ("forsicht,
der kan kan lek sein") von ihrem Vorgehen eine besondere Wirkung erhofften.

Von Thierfelder gibt es weder in seinen regelmäßigen Rundschreiben an die Mitglieder der Arbeitsgemeinschaft noch in
seinen verschiedenen Artikeln einen Hinweis auf diese Sendung.
Dabei muß er auf diese Einladung einigermaßen stolz gewesen
sein. Seine Tochter berichtet (Gespräch am 5. Mai 1986), daß
die ganze Familie damals in ein Lokal ging (private Fernsehge-
räte waren noch selten), um dort den Auftritt des Vaters mitzu-
erleben. Sein späteres Schweigen läßt sich nur so interpretieren, daß er ebenfalls wie Glinz empfunden hat, wie stark die
Sendung als Kampfmittel gegen die Reform inszeniert worden war.

Puschmann, der im Zusammenhang mit den STE für einen "Weg der
Mitte" (Puschmann 1955) plädiert hatte, später an den Verhandlungen zu den WE teilnahm und bis zu seinem Lebensende (1987)
ein leidenschaftlicher Gegner der Kleinschreibung blieb,
schrieb am 12. August 1954 in einem privaten Brief: "Die Leh-
rervereinigungen sind zwar reformfreudig, aber in Anbetracht
der durch die Fernsehsendung des NWDR eingetretenen neuen Situation werden sie sich die Sache noch einmal überlegen."
(SP2/94) Mit der Formulierung "neue Situation" kann er nur gemeint haben, daß das Klima für die Durchsetzung einer Reform
jetzt endgültig verdorben war.

4.1.4 Vernichtende Kritik von prominenter Seite

Auch in der Schweiz gab es eine Pressekampagne, die so geschickt eingefädelt war, daß sowohl die Aufdeckung der "Täu-
schung" (Weisgerber 1955; Steinitz 1955; Hiehle 1955 und 1956)
als auch die in wissenschaftlichen Veröffentlichungen (z.B. DU
55) vorgetragenen sachlichen Argumente wirkungslos blieben. Am
26. Juni 1954, einen Tag nach der Veröffentlichung der STE und
der Pressekonferenz, in der Thierfelder den Journalisten den
Text übergeben hatte, druckten viele deutsche Zeitungen folgende dpa-Meldung:

> dpa 90 ku + thomas mann lehnt rechtschreibreform ab +
> zuerich, 25. Juni. (dpa) thomas mann hermann hesse und
> friedrich duerrenmatt haben sich in einer umfrage der
> schweizer zeitschrift anf weltwoche abf ablehnend zu den
> empfehlungen fuer eine rechtschreibreform geaeußert, die
> die deutsch-schweizerisch-österreichische arbeitsgemein-
> schaft für sprachpflege ausgearbeitet hat + thomas mann
> sagt, er stelle sich auf die seite der opponenten gegen die
> geplante anf verarmung, verhaesslichung und verundeutli-
> chung des deutschen schriftbildes abf + ihn stoße die bru-
> talitaet ab, die darin liege, ueber die etymologische be-
> deutung der worte ruecksichtslos hinwegzugehen + hermann
> hesse fasst seine meinung in dem satz zusammen: anf die
> vorgeschlagene neue orthographie lehne ich, wie jede verar-
> mung der sprache und des sprachbildes vollkommen ab+ abf+
> der schweizer dramatiker friedrich duerrenmatt schreibt:
> anf nie sah ich ein gewisses stets reformwuetiges schulmei-
> sterdenken vollendeter widergespiegelt als nun in der neuen
> orthographie+ gegen sintfluten kann man nicht kaempfen, nur
> archen bauen: nicht mitmachen+ abf ende 90 1425++
> (zitiert nach Weisgerber 1955:46)

Dieser Text erschien (in der üblichen Orthographie) in der
Schwäbischen Landeszeitung vom 26./27. Juni 1954 mit der Überschrift "Thomas Mann und Hermann Hesse lehnen Rechtschreibreform ab", im Main-Echo vom 26. Juni 1954 unter dem Titel
"Thomas Mann: Abstoßende Brutalität". Schon wenige Wochen später wies Weisgerber in seinem Aufsatz "Herr oder Höriger der
Schrift?" auf die "etwas nach Sensation riechende Form" hin,
"in der diese Nachricht verbreitet wurde", und er äußerte die
Befürchtung, diese Form sei deshalb so wirksam, weil nur "wenige die Originalveröffentlichung einsehen" könnten. (Weisgerber
1954:6)

Mehr kann sich die bestehende Rechtschreibung nicht wünschen. Eine solche Meldung, mit entsprechenden Schlagzeilen
durch alle Zeitungen gejagt, - das ist nicht nur die gebüh-
rende Lektion für jeden, der sich dem objektivierten Gebilde kritisch zu nähern sucht, sondern bringt auch die schon
hinreichend mächtige geltende Norm zusätzlich in das Licht
der "verfolgten Unschuld". (Weisgerber 1955:46)

Er war der Meinung, es lohne sich, "dieser 'Unschuld' ein wenig
nachzugehen". Am 16. Februar 1955 hielt er in Düssseldorf bei
der "Arbeitsgemeinschaft für Forschung des Landes Nordrhein-
Westfalen. Geisteswissenschaften" einen Vortrag, der im gleichen Jahr unter dem Titel "Die Grenzen der Schrift. Der Kern
der Rechtschreibreform" (Weisgerber 1955) veröffentlicht wurde.
Dort beschreibt er das Vorgehen der Weltwoche mit spürbarem Bemühen um Genauigkeit und Sachlichkeit; er zitiert nicht nur die
dpa-Meldung in Originalform, sondern auch die wesentliche Passage aus dem Artikel der "Weltwoche" vom 25. Juni 1954:

Die Teilnehmer unserer kleinen Enquéte bildeten ihre Meinung auf Grund des extremen Reformvorschlages, der aus der
gegenwärtig im Gange befindlichen Diskussion um eine deutsche Rechtschreibreform zu unserer Kenntnis gelangte. Er
ist aufzufassen als ein Inventar aller Reformwünsche, die
in den deutschsprachigen Ländern vor allem aus Lehrerkreisen angemeldet werden.
Die einschneidendsten, das Sprachbild radikal verändernden
Reformvorschläge betreffen:
1. Die gemäßigte Kleinschreibung: die Großschreibung wird
   abgeschafft, außer am Satzanfang, bei Personen- und sonstigen Eigennamen, beim Personalpronomen der angesprochenen Person im Brief.
2. Den Wegfall der Dehnungszeichen - h - und - e -; Beispiele: birhan (Bierhahn), siggewont (sieggewohnt),
   manbrif (Mahnbrief), merertrag (Mehrertrag).
Die übrigen Veränderungen wirken sich in kleineren Wort-
gruppen aus:
3. kk statt ck: rükker (Rückkehr), bäkker (Bäcker),
   stükklon (Stücklohn).
4. chs wird durch ks ersetzt: laks, fuks, okse, stokkweksel.
5. Weitgehende Eindeutschung der Fremdwörter: ör für eur, f
   für ph, o für eau, är für air(e), u für ou, i oder ü für
   y: fisiklerer, rütmiksal. (Zitiert nach Weisgerber
   1955:47; Einzelbuchstaben und Beispiele in der "reformierten" Orthographie kursiv, H.S.)

Weisgerber (1955:47) stellt fest, von den 13 aufgeführten Bei-
spielen entsprächen 10 nicht den STE; außerdem würden in dem
Text wesentliche Punkte dieses Reformvorschlages fehlen. In der
Tat wird auf die STE nicht ausdrücklich bezug genommen, sondern

von einem "Inventar aller Reformwünsche" gesprochen. Trotzdem zeigten nach Weisgerbers Einschätzung "die Antworten der Befragten deutlich, daß sie glaubten, es mit den Empfehlungen der Arbeitsgemeinschaft für Sprachpflege zu tun zu haben". Dieser Eindruck war durch die äußerst geschickte Terminierung entstanden und gewollt. Weisgerber war - vermutlich weil er den Kampf nicht weiter anheizen wollte - 1955 mit seiner Kritik äußerst vorsichtig:

> Die Redaktion hatte gewiß mit der Absicht, die Meinung verschiedenster Kreise zu erkunden, durchaus recht. Nur war sie selbst dabei in mehrfacher Weise in den Dienst des objektivierten Gebildes geraten. (Weisgerber 1955:47)

Neun Jahre später ließ er die Entschuldigung, "das objektivierte Gebilde" Schrift habe eine Eigendynamik entwickelt, könne die Menschen überlisten und sich "Siege (...) auf einer sehr fragwürdigen Grundlage" erschleichen (Weisgerber 1955:48), nur noch begrenzt gelten: Er formulierte eindeutig, die "Weltwoche" habe "angesehene Vertreter des deutschen Geisteslebens faktisch irregeführt" (Weisgerber 1964:53). Einen der Beweise für die Irreführung (von Weisgerber mehrfach zitiert) hatte Steinitz in seinem Aufsatz in der "Wochenpost" vom 8. Januar 1955 geliefert. Er wies nach, daß Thomas Mann, der seine Ablehnung ausdrücklich mit den Beispielen "rükker" und "fuks" begründet hatte, hier wohl unrichtig informiert worden sei, denn dieser habe früher eine völlig andere Meinung vertreten:

> Thomas Manns wirkliche Einstellung geht aus einem in der "Deutschen Rundschau" vom April 1947 veröffentlichten Brief aus dem Jahre 1930 hervor, in dem er zu den damaligen Reformvorschlägen der sächsischen Lehrer (Kleinschreibung; Eindeutung der th-, rh- usw. Schreibungen u.a.) folgendes sagt:
> "Sehr geehrter Herr Doktor, vielmals habe ich zu danken für Ihren freundlichen Brief und Ihren höchst bemerkenswerten Aufsatz aus der 'Volksschule'. Ich muß es mir versagen - wenigstens im Augenblick - auf Ihre Gedanken und Anregungen einzugehen, wie sie es verdienten, und beschränke mich auf die Feststellung, daß mir das alles recht vernünftig und sympathisch scheint." (Steinitz 1955)

Diese "Gegendarstellung" zeigte jedoch fast keine Wirkung. Sie wurde zwar von Hiehle in Beiträgen für die Zeitschrift "Sprachpflege" (1955) und das Mitteilungsblatt des bvr (1956) aufgegriffen, aber der Widerspruch ließ sich nicht mehr klären:

Ein an den allverehrten greisen Dichter gerichteter Brief vom 25. Juli 1955, in dem die tatsächlichen Vorschläge der Arbeitsgemeinschaft den ihm von der Weltwoche vorgelegten gegenübergestellt waren und die Bitte ausgesprochen wurde, klarzustellen, ob es nur die Letzteren waren, denen seine Ablehnung galt, konnte leider infolge der Erkrankung und des unerwarteten Hinscheidens Thomas Manns keine Beantwortung mehr finden. Seine oben angeführte Äusserung zu den Reformvorschlägen der sächsischen Lehrer lässt aber keinen Zweifel darüber, dass Thomas Mann kein grundsätzlicher Gegner einer Reform der Rechtschreibung war. (Hiehle 1956)

Hätte man die "journalistischen Unredlichkeiten" der Weltwoche etwas wirkungsvoller publiziert - was Weisgerber zweifellos hätte initiieren können -, wäre wahrscheinlich deren Wirkung auf die Presse in der Bundesrepublik nicht so nachhaltig gewesen. Auch das Gutachten der Darmstädter Akademie wäre vielleicht anders ausgefallen und hätte nicht so viel unverdientes Aufsehen erregt.

Das "Gutachten der Akademie für Sprache und Dichtung über die Empfehlungen der 'Arbeitsgemeinschaft für Sprachpflege zur Erneuerung der deutschen Rechtschreibung' vom 15. und 16. Mai 1954" erschien im Jahrbuch 1954 der Akademie. Es beginnt mit dem Satz: "Die Deutsche Akademie lehnt eine Reform der Rechtschreibung im Sinne der genannten Empfehlungen ab." Begründet wird die Ablehnung zunächst mit der durch den Wegfall der Dehnungen enstehenden Verdunkelung der etymologischen Zusammenhänge und mit der grob-mechanischen Assimilation der Fremdwörter. Zusammen mit der Kleinschreibung würden diese Vereinfachungen "die Einsicht in Zusammenhang und Struktur der Sprache erschweren", und es sei deshalb fraglich, ob damit "das Erlernen der Rechtschreibung zu erleichtern" und "Sicherheit in der Anwendung zu erzielen" sei. Es wird dann auf "gefährliche Folgen" hingewiesen: "künftige Generationen" könnten die in der heutigen Rechtschreibung gedruckten Bücher nicht mehr benutzen, was zu einer "Abkehr vom anspruchsvollen Buch" führen müsse; zu befürchten sei deshalb "das Abreißen der großen literarischen Überlieferung und das völlige rasche Heraufkommen einer neuen Barbarei"; außerdem würde "der notwendige Neusatz (...) eine (...) Erhöhung der Ladenpreise nach sich ziehen"; zu bedenken seien auch die nachteiligen Auswirkungen "für die Geltung der deutschen Sprache und des deutschen Schrifttums im Ausland". Zwei Argumenten der "Arbeitsgemeinschaft für Sprachpflege" wird

ausdrücklich widersprochen: dem "sozialen Moment" (Einebnen des Unterschiedes zwischen Gebildeten und Ungebildeten) und dem "politischen Argument" (möglicher Alleingang der DDR). Der soziale Unterschied sei dadurch hinfällig, daß jedermann "die (Unterstreichung in Original, H.S.) Schule, in der das Rechtschreiben immer erlernt worden ist und auch künftig wird erlernt werden müssen," auf öffentliche Kosten besuche; die politische Gefahr eines Alleingangs bestehe faktisch nicht. Obwohl der Tenor des gesamten Textes sich gegen Reformtendenzen allgemein richtet, was zu einigen polemischen Formulierungen führt, werden schließlich zwei Vorschläge gemacht, um "gewissen Mißlichkeiten auf gelinde Weise abzuhelfen": Zum einen sollte die "amtliche Festsetzung der deutschen Orthographie von Anfang dieses Jahrhunderts (...) von vorurteilslosen und besonnenen Sachkundigen aus dem ganzen deutschen Sprachgebiet" geprüft und der inzwischen weitergegangenen Entwicklung ("neu aufgenommene Wörter und Fremdwörter") angepaßt werden; diese revidierte Fassung sei dann "erneut auf amtlichem Wege für verbindlich" zu erklären. Zum anderen sei in Verbindung mit einer solchen Revision "der Grundsatz einer maßvollen Toleranz" aufzustellen, der eine gewisse Entscheidungsfreiheit bei der Groß- und Kleinschreibung und bei der Getrennt- und Zusammenschreibung gestatte. Für den zweiten Vorschlag bezieht man sich ausdrücklich auf Fritz Rahn, den "Verfasser des im In- und Ausland wohl bekanntesten Unterrichtswerkes für deutsche Sprache".
Der Text dieses Gutachtens war mit dem Datum 31. Dezember 1954 von Kasack und Storz unterzeichnet. Die Verfasser hatten offensichtlich aber schon vorher gezielt die Presse informiert, denn am 2. Dezember 1954 erschien in der Wochenzeitung "Die Zeit" ein Artikel mit der Überschrift "Akademie als Mäzen". Dort heißt es:

Als vor einiger Zeit die "Reformer" der deutschen Rechtschreibung ihren großen Vorstoß machten, wurde hier ("Die Zeit" Nr. 32) erklärt, daß nur eine Körperschaft die Bereinigung dieses fatalen Problems in Angriff nehmen könnte und müsse: die Deutsche Akademie für Sprache und Dichtung. Sie hat es inzwischen getan; ein Gutachten, das vor allen radikalen Reformen warnt und nur in einzelnen Punkten Änderungen vorschlägt, liegt der Kultusministerkonferenz vor. (Die Zeit vom 2. Dezember 1954, S. 4; zitiert nach A2/21, Grebe an Thierfelder 7.12.54)

Grebe schickte Thierfelder eine Abschrift dieses Artikels mit der Bemerkung:

> Man sieht, daß die uns von der letzten Stuttgarter Tagung her hinreichend bekannten Leute den Verlauf der Diskussion durch die Einreichung eines gemäßigten Reformprogramms hinterlistig für sich ausnutzen wollen. (A2/21; Grebe an Thierfelder 7.12.54)

Thierfelder folgte Grebes Rat und erinnerte in einem Schreiben an Löffler - mit Hinweis auf den erwähnten Presseartikel - noch einmal an das Verhalten der von der Akademie entsandten "Beobachter" bei der Stuttgarter Tagung, die "z.T. unter Verletzung jeder Diskretion in der Presse Alarm geschlagen" hätten und nun mit der Vorlage eines Gutachtens bei der KMK "auch noch einen kleinen Lorbeerkranz davontragen" möchten. Außerdem bat er darum, ihn dieses Gutachten lesen zu lassen. (A2/22; Thierfelder an Löffler 10.12.54) Aus den vorhandenen Unterlagen geht nicht hervor, ob Thierfelder von der KMK eine Antwort erhalten hat. Lesen konnte er das Gutachten wenige Wochen später; sein Urteil ließ an Deutlichkeit nichts zu wünschen übrig: "kein Ruhmesblatt für die Akademie", "von einem (...) kurzsichtigen Standpunkt aus abgefaßt", "enthält (...) objektive Fehler" (A2/25; Thierfelder an Grebe 3.5.55). (Vgl. hierzu 2.Kap.3.1)

In den Rundschreiben, die Thierfelder in den folgenden Monaten an alle Mitglieder der Arbeitsgemeinschaft verschickte, erwähnte er das Gutachten nicht, schilderte aber genau die Vorgänge um den Artikel von Süskind in der Süddeutschen Zeitung vom 22./23 Mai 1954; seine Formulierungen lassen die Enttäuschung spüren, die er hier in zweifacher Hinsicht empfand. Zum einen hatte er sich mit der gesamten Organisation viel Mühe gegeben; es war ihm gelungen, nicht nur die zu dieser Zeit namhaftesten Sprachwissenschaftler in Stuttgart zu versammeln, sondern auch die KMK für die Rechtschreibreform zu interessieren. Zum anderen fühlte er sich auch persönlich stark getroffen, weil man ihm damit die Kompetenz zur Sprachpflege, der in gewissem Sinne seine gesamte Lebensarbeit gewidmet war, aberkennen wollte. Es begann hier gewissermaßen ein Kampf im eigenen Lager: Sprachpflege bedeutete für Thierfelder, Bestehendes zu bewahren, Auswüchse und Unreinheiten zu entfernen, organisches Wachstum zu fördern; für Süskind aber war Sprachpflege nach seiner eigenen

negativen Definition, etwas, das "nicht ausarten darf zum Eingriff in Organisches, das höher ist denn alle logische und soziale Vernunft" (Süskind 1954a). Diesen Intentionen liegt eine
Auffassung von Sprache zugrunde, die unter dem Begriff "Muttersprache" vor allem in der ersten Hälfte dieses Jahrhunderts eine nationalspezifische Entwicklung in Deutschland sowohl in der
Auffassung der Laien als auch in der Forschung durchgemacht
hat. Dazu kommt noch, daß die philologische Ausbildung von Männern wie Thierfelder, Süskind, Storz u. a. nicht zwischen Literatur und Sprachwissenschaft differenzierte. Sprachphilosophie
hatte Vorrang vor Sprachwissenschaft.

Konnte man sich bisher aller Reformversuche erfolgreich erweh-
ren, indem deren Autoren - als Angehörige der Berufsstände der
Volksschullehrer und Setzer bzw. Korrektoren sowieso nicht sa-
tisfaktionsfähig - als halbgebildete Querulanten hingestellt
wurden, so sah man sich hier zum ersten Mal in der Reformgeschichte mit Reformbefürwortern aus Kreisen der Sprachwissenschaftler bzw. Universitätslehrer konfrontiert. Wie immer, wenn
die Gegner aus dem eigenen Lager stammen, nahm der Kampf, der
sich vorwiegend in der Presse abspielte, an Schärfe zu.
(Er eskalierte nach den WE und in den reformfreudigen 70er Jahren zu einer innerhalb der KMK die Aktivitäten in der Reformfrage lähmenden parteipolitischen Konfrontation.) Seine Wurzel
hat er in der oben angedeuteten geistes- und wissenschaftsge-
schichtlichen Entwicklung, die keinesfalls lösgelöst von den
politischen Ereignissen der ersten Hälfte des 20. Jahrhunderts
zu betrachten ist. So kann versucht werden, eine Erklärung dafür zu finden, daß es nach der Veröffentlichung der STE zu einer Diskussion kam, welche die Bezeichnung "Kampf" durchaus
verdient. Sachliche Argumente mußten zunehmend der persönlichen
Beschimpfung der Reformer weichen. (Vgl. dazu Küppers 1984:
121-129)

Je nachdem, in welchem politischen Lager man selbst stand,
sah man im Reformer einen "linksorientierten Revoluzzer"
oder "Kommunistenfeinde" und "Handlanger des US-Imperialis-
mus", die den Ausverkauf der deutschen Kultur betrieben.
(Küppers 1984:128)

4.2. Die Reaktion der Intellektuellen: "Kampf" im eigenen Lager - kontroverse Diskussion bei "Konservativen" und
"Progressiven"

Im deutschen Volke könnte Konservatives und Revolutionäres
zu einem konstitutiven Mittel echten Fortschritts verbunden
werden, wenn es dem Machtwillen im politischen Sinne ab-
schwüre. Das würde ein Ausleben des Willens auf geistigem
Gebiete gestatten - des gestaltenden Willens, nicht des
zerstörenden! (NT3:3)

Diese Sätze schrieb Thierfelder im September 1949; er konnte
und wollte seine konservative Grundeinstellung nicht leugnen,
wußte aber gleichzeitig, daß es nach den Dritten Reich weder
einen nahtlosen Übergang zu einer neuen Ära noch ein Anknüpfen
an die Zeit vor 1933 als Fortsetzung der damals unterbrochenen
Entwicklung geben konnte. Er glaubte, daß eine Symbiose der per
definitionem unvereinbaren oppositären Begriffe "konservativ"
und "revolutionär" respektive "progressiv" die weitere Entwicklung des Geisteslebens in Deutschland bestimmen könnte. Dies
sei nicht "ein Weg der Schwäche, sondern der aktiven Klugheit,
nicht ein Lustpfad nach Utopien, sondern eine mit handgreifli-
chen Realitäten gepflasterte Straße" (NT3:3). Thierfelders Metaphorik verrät seinen ungebrochenen idealistischen Fort-
schrittsglauben an eine Vorwärtsbewegung in der geistigen und
kulturellen Entwicklung, der sich das Volk anschließen würde,
wenn die Intellektuellen voranmarschierten.
Ein solches "Voranschreiten" hat es nach der Auffassung vieler
Historiker in den beiden ersten Nachkriegsjahrzehnten nicht gegeben. (Die 1952 erschienene Literaturgeschichte von Paul Fech-
ter und die Tatsache, daß die Sprachwissenschaft an den Universitäten sich weiterhin in den gewohnten Bahnen bewegte, sind
nur zwei diese These stützenden Einzelindizien.) Analog zu dem
von A. und M. Mitscherlich (1967) beobachteten "psychischen Immobilismus" läßt sich auch ein intellektueller Immobilismus
diagnostizieren; er bezeichnet die Unfähigkeit, eigene Norm und
Wertvorstellungen als grundsätzlich wandelbar und hinterfragbar
zu betrachten, und gibt damit gleichzeitig die vermeintliche
Sicherheit, nie wieder auf eine "Bewegung", die neue Entwick-

lungen, den Fortschritt der Menschheit verspricht, hereinzufallen.[1]

Mit dieser historischen Erfahrung und diesem grundsätzlichen Mißverständnis der teils akzeptierten, teils erlittenen Ideologie erklärt sich das Festhalten an den überkommenen, vermeintlich unwandelbaren und deshalb ewig gültigen geistigen Werten; auch die Sprache zählte dazu, weil sie die intellektuelle Identität stützen konnte. Reformvorschläge, die diesen letzten geretteten "Besitz" (vermeintlich) bedrohten, mußten energisch abgewehrt werden.

Beherrscht wurde die damalige geistige Auseinandersetzung von Intellektuellen wie Storz, Süskind, Korn (aber auch Weisgerber, Frings, Thierfelder); sie waren nach ihrem Selbstverständnis Bewahrer und Förderer der überkommenen geistigen Werte, welche die Katastrophe fast unbeschadet überdauert hatten. Bei vielen Angehörigen akademischer Berufe und deutschen Bildungsbürgern fand sich ebenfalls diese konservative Werthaltung.

Nur auf dem kleinen Teilgebiet der Rechtschreibreform ist es Thierfelder (und anderen Konservativen wie Weisgerber, Moser später auch Grebe, Brinkmann u.a.) gelungen, die postulierte Symbiose zu vollziehen, gewissermaßen ein "konservativer Revolutionär" oder besser gesagt Reformer zu sein. Kausal für dieses partielle Umdenken war die genaue Kenntnis der innerhalb der Arbeitsgemeinschaft für Sprachpflege erarbeiteten und umgearbeiteten Reformvorschläge und die begriffliche Differenzierung zwischen Sprache und Schrift. Thierfelder hatte schon frü-

---

1 In Wirklichkeit war der als Bewegung definierte Nationalsozialismus durch das exakte Gegenteil gekennzeichnet: Zum einen war es ein Rückfall in die Barbarei, eine rückwärts gerichtete Bewegung, denn die mit dem Postulat von 1789 überwunden geglaubte alte Ungleichheit war wieder hergestellt; geändert hatte sich nur das Unterscheidungskriterium: nicht mehr Geburtsadel, sondern die Zugehörikeit zu einer "Rasse" ordnete die Individuen den Kategorien Herrenmenschen oder Untermenschen zu. Der pseudowissenschaftliche Begriff der Rasse war als solcher ebenso wenig erkannt worden wie die Tatsache dieser historischen Rückwärtsbewegung.
Zum anderen zeichnete sich die vermeintliche Bewegung aber auch durch eine absolute Starrheit aus in bezug auf den Absolutheitsanspruch der durch "Führerwillen" festgeschriebenen Gesetze, die keinerlei Interpretation, also geistige Beweglichkeit mehr zuließen.

her "die Begriffe Sprachpolitik und Sprachwissenschaft festzulegen versucht", wobei er Rechtschreibung dem Bereich der
Sprachpolitik zuordnet.
Bei der Sitzung in Konstanz hatte er seine früheren Ausführungen referiert:

I. Sprachwissenschaft
Wesen und Bau - Gestaltung und Handhabung der Sprache
1. Sprachphilosophie
2. Philologie im engeren Sinne
   (Laut, Wort, Satz)
3. Kunde der Mundart
   (Umgangs- und Hochsprache)
4. Sprache als Schreibwerk:
   (Schrift- und Literaturkunde)
5. Sprache als Sprechwerk:
   (Metrik, Rhetorik und Schallanalyse)
6. Sprachvergleichung

II. Sprachpolitik
1. Rechtschreibung
2. Sprachreinigung
3. Schriftgestaltung
4. Sprecherziehung
5. Sprachunterrichtsmethodik
6. Übersetzungswesen
7. Sprachstatistik
8. Sprachwerbung   (H1:Vf)

Auch Weisgerber und Moser haben sich mit diesem Problem auf dem
Höhepunkt der Debatten um die STE auseinandergesetzt, weil sie
bemerkt hatten, wie sehr deren "Heftigkeit und (...) Ergebnis-
losigkeit (10) damit zusammenhängen, daß unsere Einsicht in die
Untergründe der Fragen, um die es geht, zu gering ist" (Weisgerber 1955:9f). Weisgerber hatte, wie schon erwähnt, sofort
nach der Veröffentlichung der STE im Herbst 1954 die Abhandlung
"Herr oder Höriger der Schrift?" vorgelegt, die sich auch mit
den psychologischen und soziologischen Hemmnissen auseinandersetzte, die im Falle einer Reform zu überwinden wären. Er ent-
larvte das "Festhalten an den traditionellen geistigen Werten"
als das, was es in Wirklichkeit war: das Unbehagen, gesteigert
bis zur rabiaten Ablehnung, das die Menschen im allgemeinen
empfinden, wenn Normen geändert werden sollen. Weisgerber bezeichnet dieses Phänomen als "Roboterwirkung des Objektivgebil-
des", ein Erklärungsmodell, das er in späteren Arbeiten (1955,
1956, 1964) noch weiter entwickelt.

Ein Jahr später veröffentlichte Moser (in DU 1955) den Aufsatz "Rechtschreibung und Sprache", in dem er den Zusammenhang von Sprache und Schrift historisch und systematisch aufarbeitet. Beide Aufsätze wurden in der breiten Öffentlichkeit bzw. der Presse kaum zur Kenntnis genommen; allerdings haben beide Wissenschaftler sich auch nicht sehr darum bemüht, ihre Gedanken über einen bestimmten Kreis hinaus publik zu machen. Es bleibt eine hypothetische Frage, ob eine verstärkte "Öffentlichkeitsarbeit" in Form einer wissenschaftlich fundierten Information der Presse die heftigen, immer wieder in Polemik ausartenden Diskussionen nach den STE (und in den folgenden Jahrzehnten) hätte beeinflussen können. Auch im zeitlichen Abstand von mehreren Jahrzehnten war Moser noch der Ansicht (Interview 1986), daß man sich in diese Art der Diskussion als Wissenschaftler nicht hineinbegeben könne. In dieser Äußerung spiegelt sich die traditionelle Auffassung früherer Gelehrtengenerationen, der Elfenbeinturm der Universitäten und Akademien dürfe nicht (oder nur in Ausnahmefällen?) verlassen werden. So blieb auch hier die verhängnisvolle Tradition ungebrochen, daß Ablehnung oder Zustimmung nicht mit Argumenten, sondern mit Autoritäten (Beispiel Thomas Mann, Hesse und Dürrenmatt) begründet werden konnte.

An zwei Beispielen soll im folgenden gezeigt werden, wie Gegensätze sichtbar werden, sowohl im persönlichen Bereich (Thierfelder - Storz) als auch in der grundsätzlichen Auffassung über Sprache (Weisgerber - Süskind).
Storz hatte sich von Süskinds polemischem Aufsatz in der Süddeutschen Zeitung (22./23. Mai 1954) distanziert, was aber keinesfalls die Sache betraf, sondern sich wohl auf die persönlichen Diffamierungen bezog, die er wahrscheinlich für unklug hielt. Er selbst hatte schon vor der Stuttgarter Tagung für die Stuttgarter Zeitung den Artikel "Warnung vor Rechtschreibungsreformen" geschrieben. Seine dort angewandte Taktik war äußerst subtil: Er nannte weder Namen noch eine Reformergruppe und sprach lediglich von Kleinschreibung und anderen Vereinfachungen. Seine Verleumdung der Reformer als weltfremde Illusionisten ist deshalb nicht weniger infam:

156

Die Physiologie hat erfreulicherweise entdeckt, daß der Or-
ganismus selbst der Abstinenten Alkohol hervorbringt. Gleichermaßen hat in den Wein der Gesundesser die Besonnenheit
der Forscher, die ich deshalb verehre, einiges Wasser ge-
gossen: der Reiz einer umfangreichen Speisekarte ist nicht
ohne weiteres schon die "Krankheit zum Tode". Indessen die
Puritaner in den Dingen, die zu unserem Munde eingehen,
sind harmlose Leute, verglichen mit den Reformern dessen,
was aus ihm ausgeht, mit den Puristen der Sprache. Das Ver-
langen nach dem einen Richtigen und nach dem ganz Reinen
scheint unduldsam zu machen: Puristen wollen sich nicht ab-
finden, auch nicht mit der Wirklichkeit, die, wie alles Ir-
dische, aus Reinem und Unreinem gemischt ist. Der Trieb zu
beargwöhnen und zu verbessern, und zwar von Grund auf,
führt jedoch die Puristen von der Sprache gar bald zur
Schrift. Ja, über die Rechtschreibung wird ihnen die
Sprachlehre selbst zum "Fernziel" ihrer Reformpläne: Mögen
die Zeitgenossen sich in der Sprache ausdrücken, wie sie
wollen, wenn sie nur endlich die großen Buchstaben und andere angebliche Uebel der deutschen Rechtschreibung abschaffen! (Stuttgarter Zeitung vom 19. Dezember 1953.)

Die "um das Jahr 1900 herum" entstandene Übereinkunft zwischen
den deutschsprechenden Staaten bezeichnet er als Konvention,
die natürlich "irgendwo (...) willkürlich" und wie jede Norm
"an irgendeinem Punkt künstlich" ist. Diese Rechtschreibung sei
bis 1924 von den Schülern erlernt worden, erst dann seien die
Unsicherheiten entstanden. Dann habe "in aller Stille das Regi-
ment des Duden, seiner Neuauflagen und ihrer fortgesetzten Aen-
derungen" begonnen, was "bei den Jüngeren da und dort Unsicherheit und Unlust gegenüber der Rechtschreibung" erzeugt habe.
Diese Unsicherheit werde von der Reformern, denen er hauptsächlich persönliche Interessen unterstellt, beklagt und neben einigen anderen Behauptungen ("willkürlich, schwierig, volksfremd
und was noch mehr") als Begründung für die geplante Vereinfachung ausgegeben.

Man weiß von den Zeloten des Stoffwechsels oder von anderen
Fanatikern ihres Steckenpferdes, was an Gründen aufgeboten
werden kann, wenn es gilt, aus dem privaten Pferdlein das
Staatsroß zu machen. (Storz, Stuttgarter Zeitung vom 19.
Dezember 1953)

Er macht keinen Hehl daraus, daß er eine Rechtschreibreform im
Deutschen für absolut überflüssig hält, wo doch im Französischen und Englischen viel größere Unregelmäßikeiten bestünden,
gegen die niemand anzukämpfen versuche. Offensichtlich handele
es sich um eine "deutsche Eigentümlichkeit (...), aus Dingen am
Rande solche der Mitte machen zu wollen".

Der Angriff war gezielt - mit der Formulierung "von Grund auf" und dem in Anführungszeichen gesetzten Wort "Fernziele", nur für Mitglieder der Arbeitsgemeinschaft für Sprachpflege erkennbar, hatte er seine Intention verraten - , und er traf; der Getroffene - Thierfelder - meldete sich wenige Tage später in er gleichen Zeitung mit einer "Entgegnung" zu Wort. Diese ist bewußt sachlich geschrieben, listet zunächst die vier Gründe auf, die Storz gegen eine Reform angeführt hatte, um diesen dann die aus seiner Sicht (fünf) notwendigen Argumente für eine Reform entgegenzustellen. Er verschweigt auch nicht, daß ihm der Verzicht auf die Großschreibung der Hauptwörter schwerfalle, er dies aber in Kauf nehme, um nicht "an der Preisgabe der orthographischen Einheit der Sprachgemeinschaft mitschuldig" zu werden. Auf persönliche Diffamierungen verzichtet er ganz, nennt allerdings im ersten Satz seinen "Gegner": "Gerhard Storz war schlecht beraten, als er sich zu seiner 'Warnung vor Rechtschreibungs-Reformen' (Stuttgarter Zeitung vom 19. Dezember) verleiten ließ."
Dieser "Schlagabtausch" hat im Dezember 1953 stattgefunden, also kurz nach der Sitzung der Arbeitsgemeinschaft in Schaffhausen. Storz muß über die Verhandlungen der Arbeitsgemeinschaft genauere Kenntnisse gehabt haben (zu schließen aus den schon erwähnten Formulierungen "von Grund auf" und "Fernziel"); sein Informant kann Gieselbusch gewesen sein, denn Storz war ständiger Mitarbeiter an der im Klett-Verlag von diesem betreuten Zeitschrift "Der Deutschunterricht". Möglich ist aber auch, daß Storz zu diesem Zeitpunkt schon Kontakte zum baden-württembergischen Kultusministerium und damit zu Löffler hatte.
Animositäten zwischen Storz und Thierfelder, deren Ursachen wahrscheinlich in der Gründungsgeschichte der Darmstädter Akademie zu suchen sind (vgl. dazu 1.Kap.1), haben also schon vor der Stuttgarter Tagung bestanden; es kann sein, daß die Rechtschreibreform hier nicht nur zum Vehikel persönlicher Auseinandersetzungen wurde, sondern auch die Diskussion um Neugründungen von Akademien und ähnlicher Einrichtungen eine Rolle gespielt hat.
Aber auch grundsätzliche Unterschiede in der Auffassung von Sprache traten zutage. Eine Episode aus der konstituierenden

Sitzung des Arbeitskreises für Rechtschreibregelung in Frankfurt (s. 2.Kap.5.5.2) belegt, daß sich in diesen Reformvorhaben Männer mit gleicher geistesgeschichtlicher Prägung in Konfrontation sahen, und erklärt die Härte der Auseinandersetzung. Weisgerber hatte dort ein längeres Einleitungsreferat gehalten (Weisgerber 1956, Die Diktatur der Schrift), in dem er sich historisch und systematisch mit dem Verhältnis von Sprache und Schrift auseinandergesetzt und die "Ü b e r w a c h u n g d e r S c h r i f t" als eine "D a u e r a u f g a b e" bezeichnet hatte. (Weisgerber 1956:4; Sperrung im Original, H.S.) Süskind widersprach Weisgerber in zwei entscheidenden Punkten. Gegen die These "ein Wort hat einen Lautkörper und einen geistigen Gehalt; beides zusammen macht erst die Sprache aus" (Weisgerber 1956:7) setzte er seine Auffassung, nach der "sich geistige und sinnliche Qualität der Sprache nicht scheiden lassen" (A3/1:5). Diese Behauptung blieb oberflächlich, weil er diesen Gedankengang weder vertiefte noch Weisgerbers Argumente im einzelnen widerlegte. Mit seiner zweiten Entgegnung - "Schrift ist nicht Technik, sondern Entelechie, enthalten in der Vorgegebenheit der Sprache" (A3/1:5) - unterstellt er Weisgerber zunächst eine Definition von Schrift, die dieser überhaupt nicht formuliert hatte[1], um eine vermeintlich eigene dagegen zu setzen. Offensichtlich in Anlehnung an Weisgerbers Platonzitat - Aufgabe der Philosophen ist es, "aufzudecken, was die Schrift an Ansätzen zu Schaden und Nutzen denen bietet, die damit arbeiten sollen". (Weisgerber 1956:4) - benutzt er dafür, ohne den Urheber zu nennen, den aristotelischen Begriff "Entelechie", welcher "der Sache nach (...) in jeder idealistischen Weltanschauung (die beiden letzten Wörter kursiv, H.S.) enthalten" ist (Klaus/Buhr 1980: 324). Damit weist er sich als Idealisten aus und kann sich keineswegs als Weisgerbers Antagonist fühlen, denn er hat in dessen Referat die gemeinsame geistesgeschichtliche Basis vor-

---

1 Allenfalls in dem 1954 erschienen Aufsatz "Herr oder Höriger der Schrift?" hatte er erwähnt, daß in dem Übergang zur Schrift ein Stück Technisierung liege und in diesem Zusammenhang die Schrift als eine ursprünglich technische Vervollkommnung bezeichnet; daß dort das Wort technisch in Anführungszeichen gesetzt ist, weist auf nichtdefinitorische Absicht hin.

getragen bekommen: Weisgerber hatte die Funktion der Sprache beschrieben als eine Möglichkeit, "mit Hilfe eines sinnlichen Zeichens einen geistigen Zugriff auf das Sein zu gewinnen und damit die Welt menschlich-geistig zu erobern" (Weisgerber 1956:5). In diesem Satz manifestiert sich Weisgerbers Sprachidealismus, dem er sich zugewandt hatte, nachdem er sich, wie Glinz im Interview 1986 ausdrücklich betonte, in der Zeit nach dem Ersten Weltkrieg mit den Thesen von de Saussure auseinandergesetzt und diese zunächst in seine Lehre an der Universität integriert hatte. Seine sprachphilosophische These, daß die Sprache als Werkzeug ein Weltbild schaffe, ist von verschiedenen Positionen aus kritisiert worden, unter anderem deshalb, weil ihm der Aspekt, Sprache habe als Zeichensystem vor allem auch Kommunikationsfunktionen, zu sehr aus dem Blick geriet. (Vgl. dazu Helbig 1983:138ff)
Dieser Sprachidealismus war aber die gemeinsame Basis all derer, die sich hier auf der Ebene der Rechtschreibreform bekämpften, und die Gewißheit der gemeinsamen Wurzeln machte es den Gegnern so schwer, die Reformvorschläge zu begreifen und richtig einzuordnen. Die bei der schon erwähnten Frankfurter Sitzung zutage getretene Konfrontation zwischen Süskind und Weisgerber, in der beide ihre Auffassung vom Zusammenhang zwischen Schrift und Sprache vertraten, macht zwar deutlich, daß Weisgerber seine These systematisch untermauert, Süskind hingegen seine Ansicht ohne vertiefende Argumente nur phrasenhaft plakativ vorgetragen hat, daß beide aber auf der gleichen geistesgeschichtlichen Basis stehen. Süskind fehlen hier die Argumente, das ist eine Tatsache, die für sich spricht. Dieser Mangel offenbart zum einen, daß die Gegensätze nur einzelne Reformpunkte betrafen, keineswegs aber grundsätzlicher Natur waren; zum anderen beweist er Weisgerbers These von der Roboterwirkung der objektivierten Gebilde; denn Süskind bemerkte selbst nicht, daß sein Protest sich nur gegen die eigene Gewöhnungsbeharrung richtete.
Weisgerber ist der Ansicht, dem Menschen sei die Sprache gegeben und er habe die Aufgabe, diese Gabe zu entfalten; die Schrift dagegen sei eine Erfindung des Menschen, von der er "den angemessensten Gebrauch zu machen" habe. Süskind vertrat eine ganzheitliche Definition, er wollte Sprache nicht in eine

sinnliche und eine geistige Qualität aufgespalten sehen; Böckmann ging in seiner Entgegnung in Frankfurt noch einen Schritt
weiter - schon auf Weisgerber zu - indem er die Frage formulierte, ob "eine Änderung des Schriftbildes auch eine Verwandlung unseres Umgangs mit Schrift und Sprache einschließt"
(A3/1:6).
Eine Antwort auf diese Frage, die gerade in den letzten Jahren
von vielen Linguisten (vgl. dazu Müller 1990) untersucht worden
ist, war selbstverständlich während dieser Diskussion nicht zu
finden. Bemerkenswert ist aber, daß dieser Zusammenhang und die
entsprechende Problematik gesehen wurden. Auf der Basis der zu
diesem Zeitpunkt vorliegenden Ergebnisse der Forschung konnte
Weisgerber in Frankfurt nur eine thesenhafte Antwort geben:
"Die Schrift ist Erfindung des Menschen, die Sprache muß gegen
die Schrift ihr Sprach-Sein retten" (A3/1:6).
Weisgerber hat damals sehr genau gesehen, daß die Unterschiede
zwischen ihm selbst und den Mitgliedern der Darmstädter Akademie nicht grundsätzlicher Art waren. In seinem Urteil über das
Gutachten zu den STE kommt deutlich zum Ausdruck, daß die Verfasser sich seiner Meinung nach kaum inhaltlich mit den Vorschlägen auseinandergesetzt haben, sich aber generell gegen eine Reform sperren und überall passende Gründe für diese Ablehnung suchen:

> Das Ganze macht viel mehr den Eindruck, daß es nicht ei-
> gentlich die Einzelheiten selbst sind, die eine berechtigte
> Abwehr hervorrufen, sondern daß es eine negative Grundhal-
> tung ist, die sich nun an allen Punkten ihrer Berechtigung
> vergewissert und dadurch in schiefe Urteile hineinsteigert.
> (Weisgerber 1964:60)

Er scheut sich auch nicht auszusprechen, an welchen Autoritäten
die Verfasser des Gutachtens sich hier in ihrer Meinungsbildung
orientiert hatten:

> Um als Historiker diese Stellungnahme in die Rechtschreib-
> kämpfe einordnen zu können, wird man wohl davon ausgehen
> müssen, daß die Urteile zu Beginn und zu Ende des Gutach-
> tens deutlich den Eindruck des Weltwoche-Unternehmens (...)
> verraten. Das erschlichene Urteil von Th. Mann hat nicht
> nur die Öffentlichkeit kopflos gemacht, sondern auch die
> Dichter zur Nacheiferung herausgefordert. (Weisgerber
> 1964:58)

Diese Kritik formulierte Weisgerber aber erst neun Jahre später. Bei seinem Erscheinen hat er gegen das Gutachten in der Öffentlichkeit nicht deutlich genug Stellung bezogen. Der Grund dafür ist wahrscheinlich der allgemeine Konsens zwischen ihm und anderen Mitgliedern der Akademie, den Storz 1957 in einem Brief an Weisgerber konstatiert und fast entschuldigend hinzufügt, er habe daraus eben andere Konsequenzen gezogen. Deutlich wird hier, wie stark Storz daran interessiert war, eine öffentliche Auseinandersetzung mit Weisgerber zu vermeiden; ihm war sicher bewußt, bei wem hier die wissenschaftliche Kompetenz lag.

> Das Merkwürdige ist, daß Sie und ich in den Grundsätzen weitgehend übereinstimmen - offenbar aber ziehen wir aus gleichen Prämissen verschiedene Schlüsse. Den Akt der Freiheit, den Sie gegenüber den "objektivierten Gebilden des Menschengeistes" verlangen, sehe ich im Bewußtsein der Konvention. Mehr scheint mir nicht nötig zu sein. Der Sinn jeder Konvention liegt aber in ihrer Geläufigkeit: an und für sich ist sie mir eine res vilis und ich möchte deshalb in ihrem Gebrauch nicht gestört oder gehindert werden. (!) Das ist für mich, ich gestehe es offen, das entscheidende Motiv. Der Sinn jeder Neuregelung kann nur sein, abermals jene Tugend der Konvention zu verlängern, und zwar so rasch wie möglich. Der rascheste Weg ist aber das Bleiben beim status quo. (A7/St; Storz an Weisgerber 26.11.57)

Aber nicht nur bei den "Konservativen" gab es starke Widerstände gegen die vorgeschlagenen Reformen, auch im "anderen Lager" entwickelten sich konträre Diskussionen. Obwohl die Reformgegner in der DDR sich grundsätzlich zu ihrer revolutionären und reformfreudigen Gesinnung bekannten, erhoben sie hier den gleichen Vorwurf wie die konservativen Kritiker im Westen: man betreibe hier den Ausverkauf der deutschen Kultur. Wolfgang Harich machte in der Zeitschrift "Die Weltbühne" seinem Ärger über die falschen Neuerer besonders deutlich Luft:

> Die Befürworter der Reform kommen sich ersichtlich höchst revolutionär vor. Das vor allem muß ihnen streitig gemacht werden. Sie sind so wenig revolutionär, sie sind so absolut spießig wie alle, die sich Neuerungen am falschen Platz und zur unrechten Zeit ausdenken, sei es, daß sie keine Krawatten tragen, um nicht bürgerlich auszusehen, sei es daß sie grundsätzlich ungereimte Verse machen, um nicht mit Geibel verwechselt zu werden. Sie sind überdies Traditionszerstörer, was mit dem falschen Neuerertum meist Hand in Hand geht und mit wirklicher Revolution schon gar nichts zu tun

hat. Halten wir demgegenüber fest: Aus demselben Grunde, aus dem wir Sozialisten umstürzlerisch sind, wo die Beseitigung des Schlechten und Faulen not tut, sind wir erzkonservativ, wo immer es gilt, das Gute zu bewahren, zu retten und, wenn nötig, wiederherzustellen. (...) Wir hassen einen Avantgardismus, der auf Kahlheit hinausführt und uns eine kubistische Umwelt aus Glas und Beton bescheren möchte. (Harich 1954:1419)

Argumente gegen die Kleinschreibung, die sich mit seiner politischen Einstellung verträglich formulieren lassen, findet Harich noch relativ leicht. Er bezeichnet die Großschreibung der Substantive als "eine Veranschaulichung des Logischen, eine optische Hervorhebung der kategorialen Sinngehalte", welche die deutsche Sprache anderen voraus habe. Schwerer tut er sich mit der Abwehr des pädagogischen Argumentes, die Vereinfachung der Orthographie erleichtere das Erlernen des Lesens und Schreibens; er versucht es mit der uralten Taktik, den Spieß einfach umzudrehen:

Damit die Köchin dasselbe fehlerfreie Deutsch wie der Universitätsprofessor schreibe, soll nicht etwa das Niveau des Schulunterrichts für die breitesten Massen der Werktätigen ständig erhöht, nein, es soll umgekehrt das elementare Bildungsgut der Schriftsprache in einen primitiveren Zustand versetzt werden. (Harich 1954:1420)

Am Ende seines Artikels ruft er "zum flammenden Protest gegen diesen Kulturfrevel" auf für den Fall, daß die Reformer es wagen sollten, ihre Empfehlungen den Regierungen der deutschsprachigen Länder vorzulegen; er zählt alle auf, die sich nach seiner Meinung an diesem beteiligen sollten: "die Akademien für Dichtkunst und Sprachpflege in Ost und West, die Autorenverbände, die deutschen Schriftsteller von Thomas Mann bis zum Volkskorrespondenten im kleinsten Dorf unserer Republik, die Philosophen, Wissenschaftler und Lehrer, die Verleger und die Bibliothekare, die Korrektoren und Setzer" (Harich 1954:1421).
Wie viele der angesprochenen Gruppen ihren Widerspruch formuliert haben, müßte an anderer Stelle noch einmal untersucht werden. Das gilt auch für die Frage, ob der von Grebe erwähnte "Bruderkrieg" zwischen Frings und Becher (seit 1954 Minister für Kultur in der DDR) (A/19; Grebe an Thierfelder 19.11.54) in diesem Zusammenhang zu sehen ist. Jansen-Tang berichtet von ei-

nigen Veröffentlichungen aus Kreisen der Schriftsteller[1], in denen ähnlich wie bei Harich immer wieder auf den drohenden Verlust des Kulturerbes hingewiesen wird. Koebel-Tusk sieht sogar den Kommunismus bedroht: "In den Gremien der Kleinschreiber sitzen Kommunistenfeinde, die das Lesen der marxistischen Klassiker erschweren wollen." (Zitiert nach Küppers 1984:126) Es ging bei diesen Auseinandersetzungen sowohl in der Bundesrepublik als auch in der DDR oft gar nicht mehr um die Sache (hier Rechtscheibreform), sondern auch - wie im vorangegangenen dargestellt - um den Ärger darüber, daß hier Leute "ausscheren". Man sah den Konsens im eigenen Lager bedroht; ob die einzelnen Autoren wirklich den Verlust einer kuturellen Identität befürchteten, muß bezweifelt werden.

Daß es sich häufig um "Sekundärauseinandersetzungen" handelte, wurde nur von ganz wenigen Zeitgenossen bemerkt, so z. B. von Willy Dehnkamp, dem Bremer Senator für Bildung, der von Herbst 1954 bis Herbst 1955 Präsident der KMK und anschließend deren Beauftragter für Fragen der Rechtschreibreform war. In seiner Kritik an dem Gutachten der Darmstädter Akademie hatte er zwar diese Identifikationsproblematik nicht voll erfaßt, wohl aber die daraus resultierende Unangemessenheit der Argumentation. Ihm wurde das Gutachten der Akademie von Kasack am 2. Februar 1955 zugeschickt. Bei der Lektüre erkannte er sehr deutlich, mit welcher Unsachlichkeit hier ein Kampf ausgetragen wurde, der in Wirklichkeit mit der Sache selbst gar nichts mehr zu tun hatte. Diesen Schluß zog er aus folgendem Satz: "Eine Sozialisierung in Dingen der Sprache und der Schrift kann es, solange Verantwortung gegenüber dem Geist gesehen und getragen wird, nicht geben." An dem Wort "Sozialisierung", das in diesem Zusammenhang auf die DDR zielte, entzündete sich der Streit zwischen Dehnkamp und der Akademie. Kasack entzog sich Dehnkamps Vorwurf, mit dieser Formulierung, "den Boden einer sachlichen Auseinandersetzung verlassen zu haben" (B1/15; Dehnkamp an Ka-

---

1 Entner, H (1954): Vereinfachen oder Versimpeln? In: Neue Deutsche Literatur 2, 1954, S. 156-158.
Gilsenbach, R. (1955): Rechtscheibreform - Dichterschreck oder Dichterglück? In: Der Schriftsteller 10, 1955, S. 5-7.
Koebel-Tusk, E. (1955): Also nicht "lererere"! In: Der Schriftsteller 13, 1955, S. 5-7.

sack 8.2.55), indem er im nachhinein das eigene Werk interpre-
tierte und behauptete, dieser Ausdruck fasse "am Schluß mit
leiser ironischer Wendung den ganzen Abschnitt zusammen"
(B1/34; Kasack an Dehnkamp 20.5.55). Diese Antwort wurde von
Dehnkamp akzeptiert: "Ich gebe zu, daß Ihr Kommentar über die
'Sozialisierung in Dingen der Sprache' diesem Satz manches von
seiner vielleicht ungewollten politischen Zwielichtigkeit genommen hat." (B1/36; Dehnkamp an Kasack 3.6.55) Dabei war der
Ausdruck "politische Zwielichtigkeit " von Dehnkamp sicher mit
Bedacht gewählt im Bewußtsein einer Polarisierung, die sich in
den beiden ersten Nachkriegsjahrzehnten in der Gegenüberstellung bestimmter politischer Parteien bzw. Persönlichkeiten manifestierte und von der auch er betroffen war. Natürlich fühlten sich Leute mit akademischer Bildung wie Storz, ab 1958
selbst Kultusminister (Baden-Württemberg), Kasack, Süskind u.
a. einem Mann wie Dehnkamp, der über Partei- und Gewerkschafts-
arbeit in eine politische Spitzenposition gelangt war, a priori
überlegen. Daß dieser Mann mit berechtigtem Selbstbewußtsein,
ohne sich Sachkompetenzen in bezug auf Sprachwissenschaft anzu-
maßen, mit deutlichen Worten die Polemik des Gutachtens kritisierte, machte die Herren über drei Monate sprachlos. (Kasack
beantwortete Dehnkamps Brief vom 8. Februar erst am 20. Mai.)
Dehnkamp hatte in seinem Schreiben an die Akademie festgestellt, daß das Gutachten nach seiner Meinung nicht "zur Klärung der strittigen Fragen beitragen" könne und seine Stellungnahme begründet:

> Wenn jemand zu einer Angelegenheit Stellung nehmen und gar
> ein Gutachten abgeben will, kann er nur von der Sache
> selbst ausgehen. Er muss die Gründe darlegen, die nach sei-
> ner Meinung dafür oder dagegen sprechen und nicht gegen die
> von anderer Seite vorgebrachten Gründe polemisieren. Wenn
> er es aber tut und dabei noch ausfallend wird, indem er
> z.B. von "neuer Barbarei", "kulturgefährdenden Maßnahmen",
> "zelotischen Bekennern" und "verblendeten Anarchisten"
> spricht, dann ist der Boden einer sachlichen Auseinander-
> setzung verlassen. (B1/15; Dehnkamp an Kasack 8.2.55)

Offensichtlich hatte Dehnkamp nicht die Möglichkeit und wahrscheinlich auch nicht die Absicht, sich mit dieser Art der Argumentation in der Öffentlichkeit Gehör zu verschaffen. Er
kümmerte sich von diesem Zeitpunkt an um die politische Durchsetzung der Reform.

ZWEITES KAPITEL

Entstehungsgeschichte der Wiesbadener Empfehlungen:
die Genese einer staatlichen Initiative

"Mit einem solchen 'Stillhalte-'beschluß
allein ist es natürlich nicht getan."

Willy Dehnkamp, 4.Februar 1956

1.   Kompetenzprobleme auf kulturpolitischer Ebene:
     Die Wiener Konferenz

1.1 Historische Vorbemerkung

Nach 1901 hatte die Diskussion um eine Rechtschreibreform dreimal politische Aktivitäten ausgelöst - 1920, 1944 und 1946/47.
Während der Vorarbeiten für die Reichsschulkonferenz von 1920
wurde ein "Ausschuß aus Delegierten der Länder und Vertreter(n)
interessierter Berufskreise (...) unter Hinzuziehung von Vertretern Österreichs und der Schweiz" gebildet, der eine "gründliche phonetische Reform" (Jansen-Tang 1988:69) vorschlug. Unter dem Druck der öffentlichen Meinung, verursacht durch "die
damaligen wirtschaftlichen Schwierigkeiten, die parteipolitischen Kämpfe und die Gegenreaktion von seiten des Börsenvereins
der Deutschen Buchhändler" (Jansen-Tang 1988:72), beschloß der
Reichsschulausschuß, die Reform zu verschieben. (Vgl. dazu auch
Küppers 1984:99-101).
Zu Beginn des Dritten Reiches schien bei den Nationalsoziali-
sten zunächst Interesse an einer Rechtschreibreform zu bestehen, aber schon im Oktober 1933 wurde im Innenministerium ein
Aufschub beschlossen. Etwa zur Zeit des Kriegsbeginns änderte
sich die Einstellung, "nunmehr wird jedoch keine völkische,
sondern eine internationale Schreibung propagiert" (Jansen-Tang
1988:81). In diesem politischen Zusammenhang ist der 1941 verordnete Übergang von der Fraktur zur Antiqua als erste Maßnahme
zu sehen. Der von Rahn 1941 in der Zeitschrift "Das Reich" veröffentlichte Vorschlag wurde - wahrscheinlich wegen der Kriegs-
ereignisse - nicht diskutiert. Allerdings wurden dann 1944
"plötzlich durch den Reichsminister für Wissenschaft, Erziehung
und Volksbildung, R u s t, die 'Regeln für die deutsche Rechtschreibung' neu herausgegeben, und zwar mit zahlreichen Änderungen in der Orthographie" (Jansen-Tang 1988:82; Sperrung im
Original). Die neuen Regeln wurden kurz nach ihrem Erscheinen
wieder eingestampft, und die Ereignisse des Jahres 1945 verhin-
derten weitere Reformdiskussionen auf politischer Ebene.
Bald nach Kriegsende ließ Paul Wandel (1946 bis 1949 Präsident
der Zentralverwaltung für Volksbildung und 1949 bis 1952 Volks-

bildungsminister der DDR) Vorschläge für eine Rechtschreibreform erarbeiten, die am 17. April 1946 veröffentlicht wurden
(2. Fassung am 27. November 1946). Eine in diesem Zusammenhang
geplante gesamtdeutsche Orthographie-Konferenz in Berlin kam
nicht zustande, und Wandels Verhandlungen mit den Kultusministern der westdeutschen Länder über die Berliner Vorschläge im
Sommer 1947 blieben ohne Ergebnis. (Vgl. dazu Winter 1949) In
der Bundesrepublik bestand bei den Politikern wenig Interesse
an dem Thema; die für das Problem zuständige KMK beschäftigte
sich nur widerwillig damit und entwickelte keinerlei eigene
Initiativen. (Vgl. dazu 2.Kap.1.5.1)
Während der Verhandlungen der Arbeitsgemeinschaft für Sprachpflege hatte Thierfelder über Löffler, den Vorsitzenden des
Schulausschusses, Kontakt zur KMK gehalten. Im Rahmen seiner
Planung für die Wiener Konferenz schien es ihm nun notwendig,
das Präsidium der KMK zu informieren.

1.2   Erste Information der KMK durch Thierfelder

Präsident der KMK war seit Herbst 1954 Willy Dehnkamp, der Bremer Senator für das Bildungswesen. Dieser Politiker zeigte von
Anfang an Interesse für das Thema und erkannte außerdem die
Notwendigkeit einer Reform. Eines der möglichen Motive für sein
persönliches Interesse und sein nun folgendes politisches Engagement mag auch in seiner Biographie liegen. Während und nach
einer Schlosserlehre, die er nach dem Abschluß der Schule ab-
solviert hatte, eignete er sich in Volkshochschulkursen und Ge-
werkschaftsseminaren eine umfassende Bildung an. Schon mit 17
Jahren entschloß er sich zu politischer Tätigkeit, wobei er
zweifellos die Wichtigkeit sprachlicher Kompetenzen erkannte
und diese bei sich selbst systematisch weiterentwickelte. Er
besaß die Fähigkeit, spontan knapp und präzise zu formulieren,
davon zeugen die in den Akten B vorhandenen Gesprächsprotokol-
le, Aktenvermerke und Briefe. Bestätigt wird diese Beobachtung
von seinem Parteifreund Karl-Heinz Schweingruber (Telefongespräch am 8. Juni 1988), der berichtete, wie sehr diese Fähigkeit bei Verhandlungen, in denen Satzungen u. ä. zu formulieren
waren, geschätzt wurde. Dehnkamps Zugang zur Sprache war also

eher pragmatisch, im Gegensatz zu Storz - in gewisser Weise sein Gegenspieler in der KMK -, dessen Verhältnis zur Sprache man als "schöngeistig" bezeichnen könnte. Motive für das Fördern einer Rechtschreibreform bei Dehnkamp und das Verhindern derselben bei Storz lassen sich wahrscheinlich in der jeweiligen Biographie verorten.

Am 21. Dezember 1954 erhielt Dehnkamp über das Sekretariat der KMK in Bonn einen von Thierfelder am 14. Dezember geschriebenen Brief (Bl/7), in dem dieser anfragte, ob die Kultusminister bereit seien, einer Einladung zu der Wiener Rechtschreibkonferenz zu folgen. Es hat den Anschein, daß Dehnkamp bis zu diesem Zeitpunkt von der geplanten Wiener Konferenz nichts gewußt hat. Bei der Sitzung der KMK im September 1954 in Hannover war über die STE gesprochen worden, offensichtlich ohne die geplante Konferenz in Wien zu erwähnen; die Kultusminister waren dort zu der Auffassung gelangt, "die Einheitlichkeit im gesamten deutschen Sprachgebiet (müsse) erhalten bleiben" und man könne deshalb "irgendwelche Reformen nur in ständiger Fühlungnahme mit der Sowjetzone, der Schweiz und Österreich" vorbereiten. "Konkrete Vorschläge wurden von den Kultusministern nicht gemacht, sie unterstrichen lediglich ihre Überzeugung, daß eine Reihe von Verbesserungen in der deutschen Rechtschreibung notwendig seien, daß man diese Fragen aber nicht überstürzen dürfe." (Artikel: Noch nicht spruchreif. Schwäbisches Tagblatt Nr. 228 vom 1. Oktober 1954)

Der Schulausschuß der KMK, dessen Vorsitzender Dr. Eugen Löffler von Thierfelder immer genau über die Verhandlungen der Arbeitsgemeinschaft für Sprachpflege informiert worden war und der in Stuttgart an der Schlußsitzung der Arbeitsgemeinschaft für Sprachpflege teilgenommen hatte, hatte dem Plenum bezüglich der STE

> abwartendes Verhalten empfohlen, zumal deutlich war, dass mindestens ein Teil der Herren Kultusminister bezweifelte, ob der Zeitpunkt für eine so einschneidende Reform, wie sie die Arbeitsgemeinschaft für Sprachpflege vorschlägt, richtig gewählt sei. (Bl/30; Löffler an Dehnkamp 26.3.55)

Durch Thierfelders Brief vom 14. Dezember 1954 war Dehnkamp wohl bewußt geworden, daß derartige Aufschiebebeschlüsse nicht länger zu vertreten waren, zumal nach seiner Überzeugung die Entscheidung über Bildungschancen und Bildungsweg in die Hand des demokratischen Staates gehör(t)e, der ein grundsätzliches Interesse daran (hat) habe, daß jede Begabung zur bestmöglichen Entfaltung aller ihrer Fähigkeiten (kommt) komme (Schmid 1979: 801).

Diese Gedanken hatte er zwar als Argumente gegen die nach seiner Meinung in einer freiheitlichen Demokratie historisch überholten, anachronistischen Konfessionsschulen geäußert, seine darin ausgedrückte Überzeugung galt aber für alle mit Bildungspolitik zusammenhängenden Bereiche. Darüber hinaus mag es ihm auch klar geworden sein, daß es politisch nicht angemessen und geschickt gewesen wäre, in der Frage einer deutschen Rechtschreibreform die Initiative dem österreichischen Unterrichtsministerium zu überlassen. Um eine politische Entscheidung zu treffen - und das wollte er nach diesem Schreiben auf jeden Fall, denn es entsprach nicht seinem Arbeitsstil, Probleme durch Hinhaltetaktiken zu lösen - , mußte zunächst geklärt werden, ob hier von Wien aus eine staatliche Maßnahme geplant oder nur auf Verbandsebene über ein Reformkonzept diskutiert werden sollte.
Thierfelder wies in seinem Schreiben vom 14. Dezember 1954 (B1/7) sowohl auf die österreichische Initiative als auch auf Löfflers Auftrag (s. 1.Kap.2.2) hin und betonte, wie wichtig es sei, daß "die beteiligten Sprachgruppen zu einem einheitlichen Entschluss gelangen"; das Institut für Auslandsbeziehungen sei in dieser Angelegenheit aktiv geworden und habe, um einen eventuellen Alleingang einer der beteiligten Sprachgruppen zu verhindern, "die Voraussetzungen zu einer mehrfachen Begegnung west- und ostdeutscher, österreichischer und Schweizer Sachkenner geschaffen". Die von der Arbeitsgemeinschaft ausgearbeiteten Vorschläge (STE) seien lediglich als Diskussionsgrundlage gedacht, eine Entscheidung müsse einem größeren Kreis, in dem Vertreter der Fach- und Berufsverbände vertreten seien, vorbehalten bleiben.
Erst im zweiten Teil seines Briefes kam er auf die Wiener Konferenz und sein eigentliches Anliegen zu sprechen:

Nachdem sich die österreichische Regierung grundsätzlich bereit erklärt hat, im Frühsommer 1955 zu einer allgemeinen

Rechtschreibkonferenz nach Wien einzuladen, falls die berufenen Organisationen zur Entsendung bevollmächtigter Vertreter bereit sind, wendet sich die Arbeitsgemeinschaft für Sprachpflege nunmehr mit der Bitte an Sie, mitzuteilen, ob Sie bereit sind, einer Einladung nach Wien zu folgen. Um eine wirklich unparteiische Urteilsbildung zu gewährleisten, sollen von den in der Anlage bezeichneten bundesdeutschen Organisationen je zwei Vertreter eingeladen werden, um notfalls das pro und contra (sic!) der Mitglieder zum Ausdruck kommen zu lassen. Die Teilnehmer der Tagung werden während ihres Aufenthaltes in Wien Gäste der österreichischen Regierung sein. Die Dauer der Tagung wird auf eine Woche veranschlagt. Bitte teilen Sie zunächst mit, ob wir auf Ihre Vertreter rechnen können. Zu einem späteren Zeitpunkt werden Sie gebeten werden, die Namen Ihrer Vertreter bekannt zu geben, die dann von Wien aus eingeladen werden sollen. (B1/7; Thierfelder an Dehnkamp 12.12.54)

Die Liste der einzuladenden Organisationen, die von Thierfelder nach seinen Konsultationen mit Grebe und Glinz nochmals erweitert war, hatte er diesem Brief beigefügt:

1. Verband germanistischer Hochschullehrer (...)
2. Germanistenverband der Lehrer höherer Schulen (...)
3. Gewerkschaft Erziehung und Wissenschaft
   (Verband der Volksschullehrer) (...)
4. Schutzverband deutscher Schriftsteller (...)
5. Schutzverband deutscher Schriftsteller Württ.-Baden
   (...)
6. Börsenverein deutscher Verleger und Buchhändlerverbände
   (...)
7. Bundesverband deutscher Zeitungsverleger (...)
8. Verband der Korrektoren (...)
9. Verband der Setzer (...)
10. Deutscher Verband der Gewerbelehrer (...)
11. Deutscher Journalistenverband (...)
12. Verband der Juristen (...)
13. Arbeitsgemeinschaft öffentlich rechtlicher Rundfunkanstalten (...)
14. Arbeitsgemeinschaft der graphischen Verbände (...)
15. Deutscher Industrie- und Handelstag (...)
16. Zentralausschuß der Werbewirtschaft (...)
17. Bundesverband der deutschen Industrie (...)
18. Bundesverband des Deutschen Gewerkschaftsbundes (...)
19. Sekretariat der Kultusministerkonferenz (...)
20. Deutsche Akademie für Sprache und Dichtung (...)
21. Gesellschaft für deutsche Sprache (...) (B1/7)

1.3 Verhalten der zuständigen Behörden in den beteiligten
    Staaten

Dieser Brief hatte eine längere Vorgeschichte:
Am 22. Juli 1954 hatte Thierfelder in seinem Rundschreiben an
die Mitglieder der Arbeitsgemeinschaft für Sprachpflege geschrieben:

> Die amtlichen Stellen, denen seinerzeit die "Empfehlungen"
> und bald darauf je ein Exemplar der Sondernummer unserer
> "Mitteilungen" zugegangen sind, haben sich bis jetzt noch
> nicht geäussert. Es ist vielleicht auch damit zu rechnen,
> dass Äusserungen in diesem Augenblick gar nicht beabsich-
> tigt sind. (A2/15)

Für diese politische Abstinenz waren wohl zwei Gründe ausschlaggebend. Zum einen blieben die polemischen Auseinandersetzungen in der Presse auf das Verhalten der verantwortlichen Politiker der beteiligten Staaten nicht ohne Wirkung. Zum anderen
schienen ihnen Sprachprobleme schon immer als Randprobleme von
geringer Bedeutung, die sich in die Kulturressorts abschieben
ließen, um dort zu verstauben. Wenn dann, wie es in der Bundesrepublik und in der Schweiz der Fall ist, durch föderalistische
Konzeptionen die Zuständigkeit in diesen Fragen nicht verfas-
sungsmäßig exakt geregelt ist, liegt diese Art der Problemlö-
sung durch Elimination besonders nahe. Politiker, die sich -
wie Dehnkamp das dann getan hat, indem er die föderalistische
Kulturhoheit der Bundesländer durch die Zusammenarbeit von Kultusministerkonferenz (KMK) und Bundesministerium des Innern
(BMI) überwand - aus einem bestimmten Verantwortungsbewußtsein
heraus engagieren und die Initiative ergreifen, ohne sich von
kontroversen öffentlichen Diskussionen und der Angst vor Image-
verlust beeinflussen zu lassen, sind äußerst selten.
Aus der DDR gab es keine amtliche Stellungnahme, womit auf
Grund der damaligen politischen Verhältnisse auch nicht zu
rechnen war. An der Bereitschaft, eine Rechtschreibreform
durchzuführen, bestand allerdings kein Zweifel.
In der Schweiz hatten die Behörden offensichtlich unter dem
Druck der öffentlichen Meinung sehr zurückhaltend reagiert. Ein
späterer Kritiker macht - sicher zutreffend (s. 1.Kap.4.1.4) -
vor allem die Zeitung "Weltwoche" verantwortlich: "Am verhäng-

nisvollsten war die zeitungsaktion, die als 'fälschung der Weltwoche' in die literatur eingegangen ist". (Müller-Marzohl 1972:62, Kleinschreibung im Original, H.S.). Und das galt - wie im Vorhergehenden schon beschrieben - nicht nur für die Schweiz. Natürlich konnte es kein Politiker wagen, sich in der Öffentlichkeit kompetenter als Thomas Mann, Hermann Hesse oder Friedrich Dürrenmatt darzustellen, und so

> nahm die erziehungsdirektoren-konferenz am 14. september 1954 lediglich kenntnis vom bericht und von der situation, und sie beschränkte sich darauf, eine spezialkommission unter dem vorsitz des Schaffhauser erziehungsdirektors Wanner zu bilden. Diese erhielt den auftrag, die weitere entwicklung zu verfolgen und die konferenz auf dem laufenden zu halten. (Müller-Marzohl 1972:62, Kleinschreibung im Original, H.S.)

Als bekannt wurde, daß in Wien die große Konferenz stattfinden sollte, wurde Glinz mit der Erstellung eines Gegenvorschlags beauftragt (Müller-Marzohl 1972:62). Über diesen Auftrag schrieb Glinz an 3. Juni 1955 an Grebe:

> Ich habe nämlich von der Konferenz der Erziehungsdirektoren den Auftrag erhalten, aus den Reformvorschlägen diejenigen herauszugreifen, genauer zu belegen und zu begründen, die in der Schweiz allgemein angenommen werden dürften. (...) Das Hauptstück wird eine vereinfachte Grossschreibung (sic!) sein, da wir hier in der Schweiz die Kleinschreibung offenbar nicht durchbringen und auch mir selber mit der Zeit wachsende Bedenken gekommen sind, während ich zugleich einen Weg fand, die Spitzfindigkeiten der heutigen Regelung zu korrigieren, ohne das Prinzip ganz aufgeben zu müssen. Nun wäre ich sehr froh, wenn ich die ganze Sache auch mit Ihnen besprechen könnte, damit wir möglichst in gleicher Richtung arbeiten. (A2/26)

Grebe, der zu diesem Zeitpunkt in seiner Meinung über die Großschreibung offensichtlich noch nicht endgültig festgelegt war, antwortete Glinz am 25. Juni 1955:

> Die neue Schrift von Herrn Weisgerber (gemeint ist "Herr oder Höriger der Schrift?", H.S.) ist ausgezeichnet. Trotzdem sollten wir uns ernsthaft "auf der mittleren Linie" bewegen. Dabei steht die reformierte Groß-schreibung (sic!) an erster Stelle. (A2/28)

Auch Thierfelder, der sich in dieser Frage in Stuttgart nur der Mehrheit gebeugt hatte, weil er die höhere Kompetenz der dort anwesenden Sprachwissenschaftler akzeptierte, glaubte jetzt, in dem angekündigten Gutachten von Glinz wieder eine Möglichkeit zur Rettung der Großschreibung zu sehen:

> Sollte es Ihnen gelingen, die reformierte Großschreibung in Regeln zu fassen, die den Anhängern und den Gegnern der Großschreibung sympathisch sind, dann hätten Sie gleichsam das Ei des Kolumbus gefunden. Ich würde Ihnen ganz besonders gerne zustimmen, da Sie ja mein Unbehagen gegen die völlige Beseitigung der Großschreibung bei eindeutigen Substantiven kennen. (A2/33; Thierfelder an Grebe 19.7.55)

Unter den Reformern waren also führende Leute, die sich - keineswegs aus Opportunismus, sondern durchaus ihrer ursprünglichen Überzeugung folgend - für die Beibehaltung der Großschreibung eingesetzt hätten, die von den schweizerischen und auch einigen Politikern der anderen beteiligten Staaten gefordert wurde. Es hat aber den Anschein, daß die Großschreibung hier nur als besonders publikumswirksames Argument dafür diente, die notwendige Entscheidung zunächst einmal zu vertagen. Die Schweizer Erziehungsdirektoren waren froh, auf diese Weise das Problem vorerst losgeworden zu sein, zumal man die Aktivitäten in dieser Sache wie schon bei der Berliner Konferenz von 1901 den Deutschen zu überlassen gedachte, um sich dann - orientiert am damals vorgegebenen Muster - deren Vorschlägen anzuschließen. In Österreich lagen die Dinge diesmal anders. Anders als 1901 waren die politischen Aktivitäten 1952 von Wien ausgegangen. Stur hatte im Einverständnis bzw. Auftrag seines Ministers Kolb während der Stuttgarter Tagung Wien als Tagungsort für die große Rechtschreibkonferenz vorgeschlagen. Pläne dazu nach dem historischen Vorbild der Berliner Konferenz von 1901 hatte Thierfelder schon in Konstanz vorgetragen. Dort hatte Mitzka eindringlich vor einer Großveranstaltung dieser Art gewarnt, weil er der Meinung war, "dass man mit einzelnen Reformen auf kaltem Wege weiter käme als mit einer Konferenz großen Stils" (H1:XXII). Als Vertreter der Dudenredaktion stellte er sich vor (vermutlich im Einverständnis mit Steiner und Grebe), die Reformen in eine Duden-Neuauflage einzuarbeiten und sie anschließend von den Kultus- und Unterrichtsministerien als den zuständigen Behörden genehmigen zu lassen. Unter diesem Aspekt wird auch verständlich, daß man in der Dudenredaktion das im Jahre

1954 erschienene Wörterbuch von Mackensen, das durchaus als Versuch einer Reform auf kaltem Wege anzusehen war, für so gefährlich hielt, daß man den viel zitierten Duden-Beschluß der KMK erwirkte. (Vgl. dazu Augst/Strunk 1988) Wahrscheinlich hätte die von Mitzka vorgeschlagene Reform "auf kaltem Wege" eher zum Erfolg geführt.

1.4 Vergebliche Bemühungen um die Wiener Konferenz durch eine Privatperson (Thierfelder)

Um bei den Hypothesen zu bleiben: Auch das Gelingen der Wiener Konferenz hätte durchaus der Reform zum Erfolg verhelfen können, (es ist nur die Frage, ob in der heute erwünschten Form). Wie schon gesagt, hatte Thierfelder den Plan von der großen Rechtschreibkonferenz schon in Konstanz vorgetragen und in allen späteren Sitzungen dafür gesorgt, daß darüber in allen Details ausführlich diskutiert wurde. (Vgl. hierzu die Berichte über die Sitzungen in Konstanz, Salzburg, Schaffhausen und Stuttgart im ersten Kapitel)
Als Konferenzort hatte er ursprünglich an Stuttgart gedacht; dort sollte die "Deutsche Akademie für Sprache und Dichtung" mit in die Organisation einbezogen werden (A2/9). Aus diesem Grund hatte er auch deren "bekannteste Mitglieder" Storz und Süskind zu der Stuttgarter Sitzung eingeladen. Trotz seiner seit der Gründung 1949 in der Frankfurter Paulskirche bestehenden Animosität gegen diese Akademie hielt er sie für einflußreich und - wie sich später herausstellen sollte - irrtümlicherweise für eine Autorität auf dem Gebiet der Sprachwissenschaft.
Da Stur bei der Stuttgarter Sitzung eine Einladung des österreichischen Unterrichtsministers überbrachte, die Konferenz in Wien abzuhalten, nahm er diesen Plan freudig auf. Es handelte sich immerhin um die Einladung einer offiziellen Regierungsstelle, und damit käme man der Realisierung einer Reform schon von vornherein wesentlich näher als durch eine von privaten Stellen organisierte Konferenz. Seine späteren Auseinandersetzungen mit dem Präsidenten der Akademie (Kasack) über Süskinds Intrige (vgl. 1.Kap.4.1.2) ließen ihn dann erleichtert fest-

stellen,

> dass uns die Wiener Einladung zur Tagung 1955 der Überle-
> gung enthebt, in welcher organisatorischen Form eine etwai-
> ge Tagung in Stuttgart durchzuführen wäre (A2/9).

Über die möglichen Teilnehmer an dieser Konferenz wurde ausführlich beraten und in Stuttgart sogar eine Liste der einzuladenden Institutionen aufgestellt, die später noch mit Grebe und
Glinz brieflich diskutiert wurde. (A2/18) Die Tagesordnung
sollte sich ergeben aus den in Stuttgart erarbeiteten Vorschlägen und dessen nachgeschobenem "wissenschaftlichen Unterbau"
(DU 55), der den Teilnehmern zur Vorbereitung dienen sollte.
Thierfelders Lieblingsidee entwickelte sich zur Vision vom
"Wiener Kongreß", und diese historische Anspielung wollte er
durch die Terminwahl verdeutlichen:

> Als Zeitpunkt für die große Konferenz wurde etwa Himmel-
> fahrt 1955 in Aussicht genommen (140-jährige Wiederkehr des
> Wiener Kongresses). Man rechnet mit einer Zeitdauer von 8
> bis 10 Tagen. (A2/11:19)

Diese Vision - ein großer Kongreß nach dem Muster der Berliner
Rechtschreibkonferenz von 1901 - hat er mit allen Kräften zu
realisieren versucht. Die Enschätzung in seinem Rundschreiben
vom 22.Juli 1954 - "Von der Wiener Sitzung wird das Schicksal
der Reform ganz wesentlich abhängen" (A2/15) - war prophetisch
und zutreffend: Die Wiener Konferenz kam nicht zustande und die
Rechtschreibreform auch nicht.
Dabei sah es zunächst so aus, als hätte es kaum jemals eine
günstigere Gelegenheit für das Gelingen einer Reform gegeben,
denn es lag nicht nur die Einladung des Unterrichtsministers
aus Wien vor, sondern auch eine Zusage für die Finanzierung der
Veranstaltung. Der Ministerrat im Wien hatte 30 000.-- DM für
die Durchführung der Tagung bewilligt. (A2/20:2)
Diese so erfolgversprechend erscheinenden Voraussetzungen ver-
anlaßten Thierfelder dazu, sich intensiv mit der Planung dieser
Konferenz zu beschäftigen. Am 14. November 1954 traf er sich
deshalb mit Glinz in München; das Ergebnis dieser Besprechung
faßte er in einem Brief an diesen zusammen, von dem Grebe eine
Kopie erhielt; daraus wird im folgenden ein Auszug zitiert:

2. V o r dieser Sitzung sollte über folgende Fragen Klarheit herbeigeführt werden:
a) Welche Organisationen, Berufsverbände usw. sollen aus allen vier Sprachgruppen Vertreter (vorschlagsweise je zwei) senden?
b) Welche Funktionen soll die Arbeitsgemeinschaft bis zu Beginn der Wiener Tagung noch erfüllen?
c) Wann und wie lange soll sie stattfinden?
d) Welche Kosten können von der einladenden Stelle übernommen werden?
e) Welche Schritte sind n a c h der Wiener Tagung zu unternehmen?

Im Einzelnen (sic!) wurden wir uns in folgendem Sinne einig:
2a Die nachstehenden Organisationen oder die ihnen entsprechenden Verbände sollten in jeder Sprachgruppe aufgefordert werden, zwei Vertreter zu entsenden: (2)
Die zuständige oberste Kultusbehörde des Landes bezw. (sic!) Staates
Der Verband der germanistischen Hochschullehrer
Der Germanistenverband der Lehrer höherer Schulen
Der Verband der Volksschulehrer
Der Schriftstellerverband
Der Verband der Zeitungsverleger
Der Verband der Korrektoren und Setzer
Der Verband der Journalisten
Der Verband der Juristen
Die Vertretung der Rundfunkanstalten
Der Verband der Graphiker und Wirtschaftswerber
Der Verband der Handelskammern
Der Bundesverband der Industrie
Die Gewerkschaften.

(...) Wenn möglich soll jede Sprachgruppe durch insgesamt vierzig Vertreter von Behörden und Verbänden repräsentiert werden. Diese oder eine andere unabhängige Stelle sollen ermächtigt sein, ausserdem noch 10 weitere Personen zu benennen, die kraft ihres öffentlichen Ansehens und einer entsprechenden Sachkenntnis ad personam eingeladen werden sollen. Damit würde die Summe von 200 Personen erreicht, die bei der letzten Tagung als angemessen betrachtet wurde. Die Auswahl der Vertreter der einzelnen Verbände ist ausschliesslich Sache der Verbände.

2b Die Arbeitsgemeinschaft muss die Vorbereitungen bis zur Eröffnung der Tagung in Gemeinschaft mit den einladenden Stellen treffen und ein Präsidium bilden, das bis zum Zusammentritt der Versammlung amtiert, dann aber dem Plenum die Wahl eines neuen Präsidiums vorschlägt. Wir waren uns darüber einig, dass in diesem, vorläufigen Präsidium jede der vier Sprachgruppen durch ein Mitglied der Arbeitsgemeinschaft vertreten sein sollte, dass aber als Vorsitzender der Kultusminister des einladenden Landes gebeten werden sollte. (3)
2c Als Tagungstermin für Wien wird die Woche vor Pfingsten 22.-27. Mai empfohlen. Beginn der Veranstaltung Montag, den 22. Mai 1955.

2d Die Verbandsdelegierten sollen von ihren Verbänden, die Einzelpersönlichkeiten durch ihre Kultusbehörde die Kosten der Reise bis Wien und zurück erhalten, während zu prüfen ist, ob das einladende Land die Aufenthaltskosten für Unterbringung und Verpflegung tragen kann.

2e Es wird vorgeschlagen, die Arbeitsgemeinschaft nur dann aufzulösen, falls die Wiener Tagung völlig ergebnislos bleibt. Ist das aber nicht der Fall, und es liegt Grund vor, dies zu erwarten, so sollte sie sich als ständige Einrichtung privaten beratenden Charakters - notfalls nach entsprechender Ergänzung - erklären.
(A2/18; Thierfelder an Glinz 15.11.54)

Um diese Vorschläge für die Konferenz noch einmal zu beraten, schlug Thierfelder ein weiteres Treffen der Arbeitsgemeinschaft für den 8. und 9. Januar 1955 in Konstanz vor. In seinem Antwortbrief vom 19. November 1954 (A2/19) riet Grebe, neben den schon genannten Lehrerverbänden auch noch den Verband der Gewerbelehrer einzuladen, weil man damit zum einen "den sozialen Charakter unserer Bemühungen stärker betonen, zum anderen" aber die Opposition dieser Gruppe, die "gegenüber den Volksschullehrern von jeher eine gewisse Empfindlichkeit" zeigte, vermeiden könnte. Außerdem kam er noch einmal auf das Diskussionsmaterial zu sprechen, das von den einzelnen Teilnehmern der Arbeitsgemeinschaft erarbeitet werden sollte. Im Rundschreiben der Arbeitsgemeinschaft vom 22. Juli 1954 (A2/15) waren die Bearbeiter für die einzelnen Punkte festgelegt worden:

1. Groß- und Kleinschreibung: Ebert, Hotzenköcherle, Krassnigg, Moser
2. Buchstabenverbindungen: Klappenbach, Weisgerber
3. Doppelformen: Heyd, Stur
4. Fremdwörter: Grebe, Haller
5. Zusammen- und Getrenntschreibung: Steinitz
6. Silbentrennung: Basler
7. Zeichensetzung: Glinz, Grebe.

Auch Frings und Stur waren der Meinung, es müsse die Fertigstellung dieser Unterlagen abgewartet werden, und schlugen deshalb eine Verschiebung des von Thierfelder vorgeschlagenen Treffens der Arbeitsgemeinschaft für Sprachpflege um einen Monat vor. Es wurde auch noch einmal über den Tagungsort Konstanz diskutiert, den Frings für "räumlich ungünstig" gelegen hielt und deshalb für Stuttgart plädierte. Dabei hatte Thierfelder Konstanz ins Gespräch gebracht, weil er

> vermeiden wollte, dass etwa ein freundliches Angebot von Berlin käme, und dadurch vielleicht Schwierigkeiten herauf- beschworen worden wären - nicht bei uns, aber in der Öf- fentlichkeit (A2/20).

Erst vor dem Hintergrund der polemischen Äußerungen in der west- deutschen Presse, die den Reformern fälschlicherweise immer wieder politische Machtmotive unterstellte, ist diese Vorsicht bei der Wahl eines Tagungsortes zu verstehen. Küppers hat in seiner Untersuchung festgestellt, daß "die politische Gespal- tenheit des deutschen Sprachraumes" hier eine entscheidende Rolle gespielt hat und besonders dadurch verschärft wurde, "daß indirekt linke Systemveränderer (...) als Drahtzieher hinter der Orthographiereform vermutet wurden". (Küppers 1984:123) Schon zu diesem Zeitpunkt, als Thierfelder sich immer noch um die Sammlung der Unterlagen zu den Einzelpunkten der STE bemüh- te, zeichnete sich in Wien eine Entwicklung der politischen Verhältnisse ab, welche die Konferenz und damit die Reform ernstlich zu gefährden schienen. Dort war nämlich Anfang Novem- ber 1954 "der Kultusminister Kolb, der ganz und gar für die Re- form eingestellt war," zurückgetreten. Sein Nachfolger Drimmel äußerte sich zunächst viel zurückhaltender, was Stur darauf zu- rückführte, "daß er damals in den Auseinandersetzungen um das österreichische Wörterbuch von der eigenen Presse sehr gezaust worden" war und jetzt "als Minister nicht abermals in eine sol- che Angelegenheit hineingeraten" möchte. Er wollte jetzt zu- nächst "in direktem Kontakt mit den verschiedenen Organisatio- nen die Bereitwilligkeit zur Entsendung von Delegierten erkun- den". (A2/20) Diese Verzögerungstaktik signalisierte aber den Beginn des Rückzuges, was zunächst noch nicht erkannt wurde. Thierfelder schrieb Anfang Dezember 1954 an Stur, "dass es ein nicht gerin- ger Prestigeverlust wäre, wenn Österreich die in aller Form ausgesprochene Einladung zurückziehen sollte"; es käme dann "bestimmt nicht zu einer Reform auch bescheidenen Umfangs". Mit dieser Bemerkung sollte er recht behalten, wenn er auch zu die- sem Zeitpunkt noch recht optimistisch an Grebe schrieb:

Immerhin hat Minister Kolb den Antrag an den Ministerrat
noch durchbringen können, der u. a. auch eine Summe von DM
30 000.-- für die Durchführung der Tagung einschliesst, und
der Ministerrat hat seine Zustimmung gegeben. (...) Vorerst
freilich glaube ich nicht, dass sich die Wiener ihrer Verpflichtung entziehen werden. (A2/20; Thierfelder an Grebe
2.12.54)

Grebe antwortete postwendend, schon sehr skeptisch: "Die derzeitige Entwicklung in Wien selbst gibt allerdings zu ernsthaf-
ten Bedenken Anlaß." Er hoffte aber noch, bei der geplanten Zusammenkunft im Februar 1955 "die Erfolgsaussichten in Wien klarer zu überblicken". (A2/21; Grebe an Thierfelder 7.12.1954)
Was sich dann in den nächsten Monaten in Wien abspielte, kann
nur vermutet werden: Wahrscheinlich wurde von mehreren Seiten
versucht, die Sache zunächst zu verzögern, in der Hoffnung, sie
geriete allmählich in Vergessenheit. Aber Drimmel erhielt im
März 1955 einen Brief von Dehnkamp, der das Versprechen seines
Vorgängers wieder in Erinnerung rief (vgl. dazu 2.Kap.2); in
seiner Antwort vom 15. April 1955 schränkte er die Aktivitäten
seines Ministeriums bezüglich der Wiener Konferenz "auf die
Ausübung der erwähnten Gastfreundschaft" und "die Wahrnehmung
der sich nach der Natur der Sache ergebenden Ressortinteressen"
(B1/31; Drimmel an Dehnkamp 15.4.55) ein.

1.5 Reaktion von Dehnkamp: Klärung der Kompetenz durch Erforschung der historischen Vorgaben

Nachdem Thierfelder Einzelheiten über die Durchführung der Wiener Konferenz mit Glinz und Grebe beraten hatte, hielt er es zu
diesem Zeitpunkt für angemessen, sich an die KMK, die bisher zu
den STE nicht Stellung genommen hatte, zu wenden; er schrieb am
14. Dezember 1954 den eingangs erwähnten Brief. Auf die in diesem Schreiben vorgetragenen konkreten Pläne reagierte Dehnkamp
zunächst ziemlich ratlos, denn für ihn kam hier die Frage auf,
"was die österreichische Regierung und Herr Dr. Thierfelder eigentlich wollen". Aus Thierfelders Brief ging für ihn nicht
hervor, ob in Wien eine Rechtschreibreform beschlossen oder nur
eine Aussprache aller Interessenten über Inhalt und Umfang der
Rechtschreibreform herbeigeführt werden sollte (B1/9; Dehnkamp
an KMK 28.12.54).

Er stimmte deshalb zunächst dem Vorschlag des Generalsekretärs
der KMK zu, die Angelegenheit vom Schulausschuß am 12. und 13.
Januar 1955 beraten zu lassen; es ist anzunehmen, daß er glaubte, von diesem Problem seien vorwiegend die Schulen betroffen.
Diese Meinung hat er ganz offensichtlich geändert, als ihm am
2. Februar 1955 von Kasack das Gutachten der Deutschen Akademie
für Sprache und Dichtung über die STE zugeschickt wurde mit der
Bemerkung: "Ich würde mich freuen, wenn unsere Stellungnahme
zur Klärung der strittigen Fragen beitragen könnte." (B1/12;
Kasack an Dehnkamp 31.1.55)
Bei der Lektüre dieses Textes muß ihm besonders deutlich geworden sein, daß das Problem Rechtschreibreform von einigen einflußreichen Leuten völlig unsachgemäß abgehandelt und in der
Öffentlichkeit dargestellt wurde. In seiner Kritik, die als der
eigentliche Beginn der parteipolitischen Kontroverse anzusehen
ist (vgl. hierzu das im dritten und vierten Kapitel beschriebene Verhalten von Storz), wies er mit sehr deutlichen Worten auf
diesen Mangel des Gutachtens hin: "...und muss leider sagen,
dass es nach meiner Meinung 'nicht zur Klärung der strittigen
Fragen beitragen' kann." (B1/15; Dehnkamp an Kasack 8.2.55)
Bevor er sich entschloß, in seiner Eigenschaft als Präsident
der KMK in der Frage der Rechtschreibreform Initiativen zu ergreifen, hielt er es für angebracht, zunächst die Kompetenzen
zu klären.

1.5.1 Stellungnahmen der KMK zur Rechtschreibreform (1950 -
       1953) und den Stuttgarter Empfehlungen (1954)

Um für die Zukunft die richtigen Entscheidungen treffen zu können, wollte er aus den Fehlern der Vergangenheit lernen; diese
mußten aber zunächst einmal als solche identifiziert werden.
Deshalb forschte er nach, was die KMK denn seit ihrem Bestehen
in dieser Frage unternommen hatte. Sein bester Informant war
Eugen Löffler, Vorsitzender des Schulausschusses der KMK und -
wie schon mehrfach erwähnt - während der Stuttgarter Verhandlungen über Thierfelder und Basler Kontaktperson zu der Arbeitsgemeinschaft für Sprachpflege. Aus dem Briefwechsel zwischen Dehnkamp und Löffler und aus Aktenvermerken über Gesprä-

che läßt sich folgender Ablauf rekonstruieren: Bei der Plenarsitzung der KMK am 27./28. Oktober 1950 in Freiburg wurde über
das Problem der Rechtschreibreform gesprochen und folgender Beschluß gefaßt:

> Die Kultusministerkonferenz wird die deutsche Rechtschrei-
> bung vereinheitlichen und organisch weiter entwickeln.
> Unter dem Vorsitz von Professor Dr. Basler an der Universi-
> tät München wird ein vorbereitender Ausschuß nach Prüfung
> der gegenwärtigen Rechtschreibung eingesetzt. Die Bearbei-
> ter der amtlich eingeführten Rechtschreibbücher sowie der
> Bearbeiter des "Duden" werden aufgefordert, sich an der Ar-
> beit dieses Ausschusses zu beteiligen.
> In Zweifelsfällen wird bis auf weiteres die Schreibweise
> des "Duden" als richtungsgebend angesehen. (B2/3a; Dehnkamp
> an Bertelsmann-Verlag 18.10.55, Anlage)

Der Punkt "Rechtschreibreform" war auf die Tagesordnung gekommen, weil der Kultusminister von Niedersachsen, der in seinem
Bundesland von einer sehr rührigen Initiative der Lehrerschaft
bedrängt worden war, die Frage nach einer Vereinfachung der
Rechtschreibung der KMK vorgelegt hatte. Über den Beschluß berichteten verschiedene Zeitungen (Neue Zeitung vom 24. November
1950; FAZ vom 30. April 1951), im Wortlaut erschien er aber
erst drei Jahre später innerhalb eines Artikels der Niedersächsischen Lehrerzeitung, der sich kritisch mit der Untätigkeit
des damals eingesetzten "Vorbereitenden Ausschusses" und seines
Vorsitzenden Basler, "der in früheren jahren lange zeit die
schriftleitung des 'Duden' geführt" habe, auseinandersetzt.
(Ringeln 1953:8; Kleinschreibung im Original, H.S.). Der Verfasser Ringeln, Hauptinitiator des LVN-Ausschusses und später
Delegierter in Wiesbaden, berief sich auf private Mitteilungen
und schrieb, daß am 23. Januar 1953 "Stand und Fortgang der
Rechtschreibreform" als Punkt 6 auf der Tagesordnung der KMK
gestanden habe und an Stelle von Prof. Basler ein anderer Herr
berufen werden solle bzw. berufen worden sei. Dehnkamps Bericht
(B1/79), den er auf Grund seiner Recherchen am 10. November
1955 verfaßte, um ihn der KMK bei der nächsten Sitzung vorzulegen, bestätigt die Richtigkeit dieser privaten Mitteilungen.

> Über den Ausschuß und seine Tätigkeit ist zwar im Schulaus-
> schuß der Kultusministerkonferenz am 16. Juni 1951 und am
> 9. Januar 1953 gesprochen worden, doch hat er niemals einen
> zusammenfassenden oder gar abschließenden Bericht über sei-

ne Arbeit erstattet und auch keine Vorschläge für die Regelung von strittigen Fragen der deutschen Rechtschreibung gemacht. Das Plenum der Kultusministerkonferenz hat daher am 23./24. Januar 1953 nach einem Vortrag des damaligen Vorsitzenden des Schulausschusses, Präsident Dr. Löffler, beschlossen, daß Herr Dr. Basler dem Ausschuß zwar weiterhin angehören, aber nicht mehr den Vorsitz führen solle. (B1/79)

Offensichtlich ist dort über einen nicht existierenden Ausschuß verhandelt worden!

Basler hat um diese Zeit in der "Arbeitsgemeinschaft für Sprachpflege" mitgearbeitet, aber - wie aus den Protokollen der Sitzungen von Konstanz (H 1), Salzburg (H 3), Schaffhausen (H9 und A2/5) und Stuttgart (H13 und A2/11) hervorgeht - den KMK-Ausschuß niemals erwähnt. Thierfelder hatte allerdings von Löffler den Auftrag der KMK erhalten, der durch die Mitarbeit von Basler in der Arbeitsgemeinschaft für Sprachpflege erfüllt wurde. (Vgl 1.Kap.2.2) Über den Verlauf der Sitzungen war Löffler stets durch Thierfelder unterrichtet worden, und er hatte auch für einige Stunden an der Schlußsitzung in Stuttgart teilgenommen. Durch ihn wurden dann einige Wochen später die STE der KMK übergeben.

Spätere Kommentatoren gingen irrtümlich immmer wieder davon aus, die Arbeitsgemeinschaft sei von der KMK gegründet bzw. von Anfang an mit der Ausarbeitung von Vorschlägen beauftragt worden. So schrieb z. B. Müller-Marzohl 1972 in einem Aufsatz über die Entwicklung der Rechtschreibreform in der Schweiz:

> Wie bekannt ist, luden dann die westdeutsche kultusministerkonferenz und das österreichische bundesministerium für unterricht die arbeitsgemeinschaft ein, bestimmte empfehlungen für eine rechtschreibreform auszuarbeiten.
> (Müller-Marzohl 1972:61, Kleinschreibung im Original, H.S.)

Die Formulierungen in den Protokollen lassen sich jedenfalls dahingehend interpretieren, daß Löffler davon ausging, diese private Initiative würde die dem Ausschuß gestellte Aufgabe erfüllen.

Konstanz (21.-23.11.1952):
Sobald Präsident Löffler seine Zustimmung zu den Vorschlägen des Arbeitskreises erteilt habe, könne über diese Fragen in der deutschen Presse gesprochen werden. (H 1:XXV)

Salzburg (1.-3.6.1953):
Dr. <u>Thierfelder</u> berichtete, dass die Kultusministerkonferenz die Vorschläge der Arbeitsgemeinschaft erwarte,
um sie für ihre eigene Beschlussfassung als Ausgangspunkt
zu benutzen. Die Vorschläge werden dem Vorstand des Schulausschusses der Kultusministerkonferenz, Präsident Dr.
Löffler übergeben werden. (H 3:1)

Schaffhausen (20.-22.11.1953):
Als Antwort der zuständigen westdeutschen Stellen verlas
Dr. Steiger dann einen Brief des Vorsitzenden der Kultusminister der Länder (lies: des Voritzenden des Schulausschusses der KMK, H.S.), Präsident Dr. <u>Löffler</u>, vom 9.11.1953,
in dem es u.a. hiess:
"Ich habe die Vorschläge, die in Salzburg ausgearbeitet
wurden, auf der letzten Tagung der Ständigen Konferenz der
Kultusminister der Länder vorgetragen. Abgesehen von den
Vorschlägen über Gross- und Kleinschreibung, über die Kennzeichnung langer und kurzer Vokale sowie über die Vereinheitlichung der Lautverbindungen hält die Kultusministerkonferenz diese Vorschläge für zweckmäßig. Sie geht jedoch
davon aus, dass sie noch genauer präzisiert und durch Beispiele belegt werden." (H 9:1)

Stuttgart 15.-16.5.1954:
Bei dem Begrüßungsabend, der am 14.5. die Tagung einleitete, war auch Präsident Dr. <u>Löffler</u>, Vorsitzender des Schulausschusses der Ständigen Kultusministerkonferenz, anwesend. (H13:1)

Daß die KMK die STE zur Kenntnis genommen hatte, ist nur aus
der Presse zu entnehmen, wo auch der Beschluß, keine weiteren
Initiativen zu ergreifen, zitiert wird (s. 2.Kap.1.1.2).
Wie es in diesem Zusammenhang zu dem Dudenbeschluß von 1955 ge-
kommen ist, wurde an anderer Stelle schon dargestellt. (S.
Augst/Strunk 1988)

1.5.2 Dehnkamps erfolgreiche Suche nach einem Vorbild für Zu-
    ständigkeit und Procedere: Die Akten von 1901/02

In seinem Schreiben vom 24. Februar 1955 an das Auswärtige Amt
in Bonn, das die Bitte enthielt, den beigefügten Brief an den
österreichischen Kultusminister Drimmel zu übermitteln, bat
Dehnkamp darum, in den Akten des Auswärtigen Amtes nachzuforschen, ob dort Schriftstücke über die Rechtschreibreform von
1902 vorhanden wären und ihm "bejahendenfalls eine Abschrift zu
überlassen"; er begründete sein Anliegen folgendermaßen:

Die gegenwärtig gültige Rechtschreibung geht auf einen Beschluss zurück, den der Bundesrat des Deutschen Reiches am 18. Dezember 1902 gefasst hat. Soweit mir bekannt ist, hat sich die Kaiserlich österreichische Regierung durch eine an den deutschen Botschafter in Wien gerichtete Note vom 1. Februar 1902 bereiterklärt, die einheitliche Rechtschreibung in den deutschsprachigen Gebieten von Österreich einzuführen. Ich bitte nachzuprüfen, ob diese Note sich noch in Ihren Akten befindet und mir bejahendenfalls eine Abschrift zu überlassen.
Ob dem erwähnten Beschluss des Bundesrates auch ein Notenwechsel mit der Schweiz vorausgegangen ist, entzieht sich meiner Kenntnis. Ich wäre Ihnen dankbar, wenn Sie auch dieses nachprüfen und mir evtl. eine Abschrift der betreffenden Note zustellen würden. (B1/21)

Schon am 16. März 1955 erhielt Dehnkamp die erbetenen Abschriften (je dreifach), die in einem Begleitschreiben genau aufgelistet wurden:

1) Bericht der deutschen Botschaft in Wien vom 16. November 1901 Nr. 3416
2) Note des (österreichischen) Ministeriums des kaiserlichen und königlichen Hauses und des Äußeren vom 1. Februar 1902 Nr. 6043/11
3) Note des gleichen Ministeriums vom 19. April 1902 Nr. 24102/11
4) Bericht der deutschen Gesandtschaft in Bern vom 13. August 1902 Nr. B 2612
5) Anlage zu diesem Bericht: Auszug aus dem Protokoll der Sitzung des Schweizerischen Bundesrates vom 18. Juli 1902. (B1/26)[1]

Wohin die jeweils drei Exemplare dieser Aktenabschriften gegangen sind, geht aus Dehnkamps handschriftlichem Zusatz hervor, der sich auf diesem Schriftstück befindet:

je 1 Stck

für unsere Akte

an Sekr KMK

an Präs Dr Löffler

Der Politiker Dehnkamp zeichnete sich dadurch aus, daß er sich sowohl über die historische Dimension sachlicher Gesichtpunkte eines zur Entscheidung anstehenden Problems als auch über das

---

1 Diese fünf Dokumente sind zusammen mit anderen Akten, die auch für das zukünftige politische Vorgehen als Vorbild gelten könnten, schon früher publiziert worden. (S. Augst/Strunk 1989)

sich daraus ergebende formal-juristische und diplomatische Procedere informierte. Er hat in diesem Fall ein Beispiel dafür
gegeben, daß Erforschen der Geschichte nicht nur das für das
eigene Handeln notwendige, der Sache angemessene historische
Bewußtsein vermittelt, sondern daß diese Arbeitsweise durchaus
auch konkrete Handlungsmuster anbieten kann. Auch für gegenwärtig eventuell anstehende Entscheidungen können diese Dokumente
als Modell für die zu treffenden Abkommen mit den anderen
deutschsprachigen Staaten gelten.

2. Sondieren auf höchster politischer Ebene: Die außenpoli-
    tische und die gesamtdeutsche Dimension des Problems

In diesem historischen Rahmen hatte das vermeintliche Bildungs-
problem für Dehnkamp jetzt eine kulturpolitische und außenpolitische Dimension bekommen; er entschloß sich, seine Initiative
sofort auf der höchsten politischen Ebene zu starten.
Bei einer Besprechung mit dem Bundespräsidenten Heuss am 10.
Februar 1955 machte er deutlich, daß es sich hier um ein Problem handelte, das die politisch so sensiblen Bereiche wie die
deutsche Teilung und gemeinsame Beschlüsse mit Österreich und
der Schweiz berührte. Von diesem Gespräch fertigte er einige
Tage später ein Gedächtnisprotokoll an:

> Anwesend BuPräs, später Min Bott, Dehnkamp.
> Ich habe auf die politischen Klippen der R.R. hingewiesen.
> Zu irgendeinem Zeitpunkt müsse zwischen den deutschsprachi-
> gen Ländern eine neue Konvention über neue Schreibweisen
> erfolgen und dabei könne die SBZ nicht ausgeschlossen wer-
> den, sondern werde als DDR teilnehmen. Ich sei im Interesse
> der Einheit unserer Schriftsprache der Meinung, daß die SBZ
> unbedingt beteiligt werden müsse, weil wir sie sonst auf
> einen eigenen Weg drängen würden. Außerdem bestimmten wir
> nicht alleine, sondern alle Konventionspartner. - Der
> BuPräs war der gleichen Meinung. Von Verhandlungen über
> diese Fragen dürften die Vertreter der SBZ nicht ferngehal-
> ten werden. Wenn möglich, solle das Gespräch zu Vieren ge-
> führt werden, wenn nötig, dürfe aber auch eine alleinige
> Verhandlung mit der SBZ nicht gescheut werden.
> Dauer der Unterredung von 9.15 bis 10.10 Uhr. (B1/17)

Theodor Heuss hatte auf Grund eigener Erfahrung für kulturpolitische Fragen ein offenes Ohr; er hatte in der von den Amerika-
nern am 14. September 1945 für den von ihnen besetzten Landes-
teil Württembergs unter dem Ministerpräsidenten Reinhold Maier
eingesetzten Landesregierung das Amt des Kultusminsters innegehabt (Schmid 1979:231). Damals hatte er miterlebt, wie stark
der Neuaufbau des deutschen Schulwesens wegen der Auseinandersetzung mit den Besatzungsmächten durch ideologische und all-
tägliche Probleme belastet war, die nicht immer durch pragmatische Entscheidungen gelöst werden konnten.

Während der Besprechung am 10. Februar 1955 konnte Dehnkamp
feststellen, daß Heuss zwar von Bemühungen um eine Rechtschreibreform gehört hatte, den Wortlaut der STE aber nicht
kannte. Er sorgte deshalb umgehend dafür, daß das Sekretariat
der KMK ein Exemplar an das Präsidialamt schickte.

Durch die Reaktion des Bundespräsidenten fühlte sich Dehnkamp
ermutigt, weitere Schritte zu planen. Zweifellos hätte er auch
dem Außenminister - so es denn einen gegeben hätte[1] - sein Anliegen vorgetragen. Am darauffolgenden Tag sprach er mit dem
ranghöchsten und einflußreichsten Politiker des Auswärtigen Amtes, dem Staatssekretär Hallstein; auch über diese Unterrredung
fertigte er einen Aktenvermerk an:

> **A u s z u g**
> aus dem
> Ergebnisvermerk über die Besprechung
> mit Staatssekr. Hallstein am 11.2.55
>
> 2. Rechtschreibreform
>   auch außenpolitisches Problem
>   R R vielleicht nicht dringlich, aber akut.
>   irgendwann neues intern. Abkommen.
>   dann mit SBZ (DDR!).
>   Verkehr mit Oesterreich über Handelsvertr. (B1/18)

In nuce enthalten diese Stichworte die (außen)politische Dimension einer Reform der deutschen Rechtschreibung: die deutsche
Teilung, die Schwierigkeiten der Kontakte mit der SBZ - respek-

---

1 Zunächst hatte Adenauer neben seinem Amt als Bundeskanzler
in Personalunion auch diese Funktion wahrgenommen; erst am 7.
Juni 1955 ernannte er Heinrich von Brentano zum Außenminister.

tive DDR - , die auf Grund der Hallstein-Doktrin für die
Schweiz ebenso gegeben waren wie für die Bundesrepublik. Was
Österreich betraf, kam noch eine weitere Komplikation hinzu.
Sowohl die Bundesrepublik als auch Österreich unterstanden zu
diesem Zeitpunkt noch einem Besatzungsstatut, das heißt, sie
hatte den völkerrechtlichen Status eines besetzten Landes. Der
Bundesrepublik wurden durch den Staatsvertrag vom 5. Mai 1955
(unter der Bedingung der Wiederbewaffnung), Österreich durch
den Vertrag vom 15. Mai 1955 (unter der Bedingung der Neutralität) die Rechte eines souveränen Staates zuerkannt. Im Februar
1955 hatte die Bundesrepublik in Wien noch keine Botschaft, so
daß der diplomatische Verkehr über die Handelsvertretung abge-
wickelt werden mußte. Es wurde in diesem Gespräch verabredet,
daß auf diesem Wege ein Brief von Dehnkamp an den österreichischen Unterrichtsminister Drimmel übermittelt werden sollte.
Mit diesem Schreiben sollte erkundet werden, in welcher Weise
die österreichische Regierung und ihr Unterrichtsministerium
die Pläne, über die Dehnkamp nur durch den Brief von Thierfelder (B1/9) unterrichtet war, realisieren wollte. Diesen "Erkun-
dungsbrief" schrieb er am 24. Februar 1955.
Nachdem er einleitend auf die kontrovers geführten Diskussionen
"in der Öffentlichkeit und in den Kreisen der besonders beteiligten Personen" hingewiesen hatte, stellte er seine direkten
Fragen:

> Von Herrn Thierfelder in Stuttgart, dem Vorsitzenden der
> Arbeitsgemeinschaft für Sprachpflege, wird mir jetzt mitge-
> teilt, dass die österreichische Regierung im Frühsommer
> 1955 eine allgemeine Rechtschreibungskonferenz nach Wien
> einberufen wolle. Am Verlauf und Ergebnis dieser Konferenz
> sind die Kultusminister der westdeutschen Länder sehr in-
> teressiert. Als derzeitiger Präsident der Kultusminister-
> konferenz erlaube ich mir die Anfrage, ob in Wien neben den
> Stuttgarter Empfehlungen noch andere Reformvorschläge zur
> Beratung gestellt werden sollen, ob Sie die Absicht haben,
> die Stuttgarter oder andere Empfehlungen amtlich zu vertre-
> ten, (sic!) und ob und wie Sie die evtl. Entscheidungen
> oder Äusserungen der Wiener Konferenz weiter verfolgen wol-
> len. (B1/22)

Am selben Tage schickte Dehnkamp diesen Brief an das Auswärtige
Amt in Bonn mit der Bitte, ihn "dem österreichischen Herrn Bundesminister für Unterricht auf dem diplomatischen Wege zu
überreichen" (B1/21).

Der am 15. April 1955 von Drimmel geschriebene Antwortbrief traf - wieder über den zeitraubenden diplomatischen Weg - am 7. Mai 1955 in Bremen ein. Alle von Dehnkamp gestellten Fragen wurden präzise beantwortet:

> Mein Vorgänger im Amt hat die Ihnen bekannten Bestrebungen aufgegriffen und die Zustimmung der österreichischen (sic!) Bundesregierung für eine Einladung erwirkt, die alle an der Reform der deutschen Rechtschreibung interessierten Kreise auf einer Tagung in Wien vereinen soll. Danach sollte diese Tagung bereits im Frühjahr 1955 stattfinden. Inzwischen wurde der Termin der Tagung auf den Herbst dieses Jahres verschoben.
> Das österreichische Bundesministerium für Unterricht ist nicht Veranstalter der Tagung. Die Vorbereitungen hierzu gehen vielmehr von einer "Arbeitsgemeinschaft für Sprachpflege" aus. Auf die interne Gestaltung der Tagung nimmt das österreichische Bundesminsterium für Unterricht keinen amtlichen Einfluß. Seine Anteilnahme beschränkt sich bei dieser Gelegenheit auf die Ausübung der erwähnten Gastfreundschaft (2) sowie auf die Wahrnehmung der sich nach der Natur der Sache ergebenden Ressortinteressen.
> Danach wird das österreichische Bundesminsterium für Unterricht seine weitere Anteilnahme an den Vorgängen von den Ergebnissen der in Rede stehenden Tagung abhängig machen. Zurzeit kann verständlicherweise noch nichts darüber verlautet werden, ob und wie weit die Ergebnisse der Tagung von hier aus zum Gegenstand weiterer amtlicher Maßnahmen gemacht werden. (B1/31)

Daß dieser Brief Teil eines vermutlich schon geplanten Rückzuges war, konnte Dehnkamp nicht erfassen, weil er von den in dem Briefwechsel zwischen Stur und Thierfelder dokumentierten Vorgängen in Wien im Mai 1955, an denen auch Frings beteiligt war, erst viel später erfahren hat. (S. 2.Kap.3.1)
Wichtig waren für ihn zwei Dinge: Einmal wurde die über Ostberlin schon bekannt gewordene Verschiebung der Konferenz auf den Herbst bestätigt (s. Treffen Klappenbach - Löffler), die ihm die für weitere politische Aktivitäten notwendige Zeit verschaffte, und zum anderen zerstreute die Mitteilung, daß in Wien keine amtlichen Inititiativen geplant waren, seine diesbezüglichen Befürchtungen. Offensichtlich hatte er nur noch auf diese Antwort gewartet, bevor er weitere Schritte unternahm, denn vier Tage nach Erhalt dieses Briefes, am 11. Mai 1955, fand die Besprechung mit dem Bundesminister des Innern Gerhard Schröder statt.

In der Zwischenzeit hatte sich nämlich herausgestellt, daß zwar am "Ergebnis dieser Konferenz (...) die Kultusminister der westdeutschen Länder sehr interessiert" waren - wie Dehnkamp an Drimmel geschrieben hatte -, aber die zuständigen Stellen in der DDR nur Absichtserklärungen abgaben und die Aktivitäten weitgehend der Deutschen Akademie der Wissenschaften überließen.

Johannes R. Becher, seit 1954 Volksbildungsminister der DDR, hatte sich am 2. März 1955, einen Tag bevor die westdeutschen Kultusminister und der Berliner Senator für Kultur anläßlich einer gemeinsamen Konferenz in Berlin über Fragen des kulturellen Austauschs zwischen den beiden Teilen Deutschlands debattierten, auf einem "Gesamtberliner Kulturgespräch" zum Thema geäußert. Einer seiner Vorschläge war: "Zusammenarbeit der deutschen Akademien und anderer Institutionen zur Pflege der deutschen Sprache, als der wichtigsten Grundlage der unteilbaren deutschen Kultur, gemeinsame pädagogische Stellungnahme zur Rechtschreib-Reform und Beratungen über eine Verbesserung des Rechtschreibe- und Rechenunterrichts in den Schulen". (Süddeutsche Zeitung vom 5. März 1955)

Vermutlich waren Differenzen zwischen Becher und Frings (s. 2.Kap.3.1; Bemerkung von Grebe in einem Brief an Thierfelder -A2/19) der Grund für das unkoordinierte Agieren von Volksbildungsministerium und Akademien. Auch der Verlauf des im Folgenden geschilderten Gespräches scheint diese Vermutung zu bestätigen.

Am 5. März 1955 hatte in Berlin ein Treffen zwischen Löffler, dem Vorsitzenden des Schulausschusses der KMK, und Ruth Klappenbach, Mitglied der Akademie der Wissenschaften, stattgefunden, die in Vertretung des schwer erkrankten Steinitz (er hatte Löffler brieflich um diese Aussprache gebeten) gekommen war. Die wesentlichen Ergebnisse dieser etwa einstündigen Besprechung hielt Löffler am 7. März 1955 in einem ausführlichen Aktenvermerk (B1/24) fest, den Dehnkamp am 15. März erhielt:

1. Die Erörterungen über die Stuttgarter Empfehlungen sind in der DDR aussergewöhnlich lebhaft. Die Vorschläge zur "gemässigten Kleinschreibung" werden im allgemeinen nicht unfreundlich beurteilt. Die Anregungen zur veränderten Schreibung der langen Vokale (die nicht zu den Empfehlungen gehören, sondern in einem Anhang dazu ent-

halten sind), werden jedoch überwiegend abgelehnt. Über
die übrigen Fragen, wie z. B. Schreibung der Fremdwörter, Silbentrennung u. dgl. sind die Meinungen geteilt.

2. Bei allen Erörterungen in der DDR kommt zum Ausdruck,
dass man (2) ein einseitiges Vorgehen ablehnt, vielmehr
eine etwaige Rechtschreibreform nur gemeinsam mit allen
Teilen des deutschen Sprachgebietes durchführen will.
(...)

3. Eine Entscheidung über eine offizielle Beteiligung der
DDR an der geplanten Wiener Rechtschreibungskonferenz
ist noch nicht getroffen; es liegt auch noch keine Einladung vor. Im übrigen teilte Frau Dr. Klappenbach mit,
dass die Konferenz, die ursprünglich im Mai d. J. stattfinden sollte, auf September verschoben worden sei. Herr
Professor Dr. F r i n g s - Leipzig -, der erste Sach-
verständige der DDR in Rechtschreibungsfragen, habe ge-
äussert, dass er keinesfalls nach Wien gehen würde, solange die Lage so unklar sei, dass die Behörden keine
Entscheidung treffen können. (...)
Auf meine Frage, ob die Untersuchungen der Deutschen
Akademie der Wissenschaften im Auftrag des Volksbil-
dungsministers der DDR erfolgen und ob dieser zu den
Problemen schon Stellung genommen habe, wurde erwidert,
dass beides nicht der Fall sei. Der Volksbildungsminister habe noch nie an einer Aussprache über die Rechtschreibreform teilgenommen, obwohl er wiederholt eingeladen worden sei; er habe jeweils nur einen Vertreter
entsandt, der sich aber nicht an der Debatte beteiligt
habe. Es könne jedoch (3) angenommen werden, dass die
zuständigen Behörden der DDR Vorschläge über die Rechtschreibreform insoweit annehmen würden, als sie von der
Deutschen Akademie der Wissenschaften befürwortet werden, immer vorausgesetzt, dass auch die übrigen deutschen Sprachgebiete sich solchen Vorschlägen anschlössen.

4. Frau Dr. Klappenbach (...) war der Meinung, dass die
bisher von der Arbeitsgemeinschaft für Sprachpflege ge-
leisteten Vorarbeiten noch nicht ausreichen, dass es
insbesondere noch an Wortlisten (z. B. für Fremdwörter,
Schreibung der langen Vokale u. dgl.) fehle. Sie würde
es für richtig halten, wenn die Wiener Tagung nicht vor
1956 stattfände und wenn die Arbeitsgemeinschaft für
Sprachpflege und deren Unterausschüsse vorher noch weitere Sitzungen zur Untersuchung und Klärung der Zwei-
felsfragen abhielten. Die Herren Professor Frings und
Professor Steinitz wären, wie schon in Stuttgart, bereit, dabei mitzuwirken. Ich habe dazu bemerkt, dass ich
diesen Vorschlag für erwägenswert hielte, und anheimge-
stellt, ihn Herrn Dr. Thierfelder zu unterbreiten.

5. Frau Dr. Klappenbach fragte, was ich von einer Aussprache über die Stuttgarter Empfehlungen zwischen dem Herrn
Präsidenten der Kultusministerkonferenz und Herrn Professor Dr. Steinitz oder einem anderen Vertreter der DDR
dächte. Sie wies dabei auf die Vorschläge für eine Zusammenarbeit hin, die den Mitgliedern der Kultusministerkonferenz während ihrer Berliner Tagung von amtlicher sowjetzonaler Seiter (sic!) schriftlich zugeleitet
worden sind. Ich habe erwidert, dass bei dem derzeitigen
Stand der Vorarbeiten und Erörterungen von einer solchen

Aussprache wohl kaum ein Ergebnis zu erwarten wäre,
(sic!) und dass ich davon abraten würde. (B1/24)

Zwischen den Zeilen des letzten Abschnittes ist deutlich zu lesen, wie stark das Mißtrauen und die Ressentiments gegen politische Kontakte mit der DDR waren und wie umständlich Gespräche, Verhandlungen oder gar Verträge waren, da es zu diesem
Zeitpunkt keinerlei offizielle Kontaktmöglichkeitem gab. Dehnkamp hat dieses Problem stark beschäftigt. Bei seinem nächsten
Besuch in Bonn sprach er mit Staatssekretär Thediek (Ministerium für Gesamtdeutsche Fragen); die entsprechende Aktennotiz
über diese Unterredung enthält nur zwei Fragen:

Was will die SBZ-Regierung?
Einheitliche Rechtschreibung oder Trennung? (B1/29)

Da Dehnkamp von allen wichtigen Unterredungen Ergebnisse
schriftlich festhielt, muß aus dieser Kürze geschlossen werden,
daß dieses Gespräch weder eine Antwort auf diese Fragen ergab,
noch eine Möglichkeit aufgezeigt wurde, wie man in dieser Angelegenheit Kontakt aufnehmen könnte.
Dehnkamp wartete nun die Antwort aus Wien ab, die am 7. Mai
1955 eintraf, und unternahm dann sofort weitere Schritte, um
die Bundesregierung an eventuellen Plänen zu beteiligen. Er
wandte sich deshalb an das in diesem Falle zuständige BMI. Das
Ergebnis der Besprechung im Innenministerium am 11. Mai 1955
hielt er wieder in einem Ergebnisprotokoll fest:

Anwesend:
  vom BdI.: Min. Dr. Schröder, Min.Rat. Dr. Kipp,
      RR. Dr. Krause,
  von der KMK: Sen. Dehnkamp, Gen.Sekr. Frey

Besprochen wurden folgende Punkte:
1. Rechtschreibreform:
Sen. D. legt dar, dass die Frage akut ist. Die Vorschläge
der Arb.Gem. für Sprachpflege sollten auf einer Recht-
schreibreformkonferenz in Wien erörtert werden. Die Konferenz sei zwar von Mai auf Okt. 1955 verlegt worden, doch
müsse jetzt schon geprüft werden, wie man die evtl. Empfehlungen der K.Konferenz in der Bundesrepublik weiter behandeln wolle. Die KMK sei zwar formal zuständig, doch sei die
Reform der Rechtschreibung eine Angelegenheit, die mehr als
eine Kulturfrage sei und daher auch die Zuständigkeit der
Länder überschreite. Es empfehle sich daher, in einer Besprechung zwischen Vertretern der KMK und der beteiligten

Bundesministerien (Inneres, Äusseres, gesamtdtsche (sic!)
Fragen u. Wirtschaft) die Federführung und weitere Behandlung zu klären.- Die Herren vom BdI hatten sich offenbar
bisher weder mit den sachlichen noch mit den formalen Problemen befasst. Nach anfänglicher Zurückhaltung griff Bundesminister Dr. Schröder die Anregung auf und sagte zu,
hierüber in den nächsten Ressortbesprechungen mit den genannten Ministerien sprechen zu wollen. Das Ergebnis wird
mitgeteilt. (B1/33)

Nach diesem Gespräch hielt Dehnkamp es für angebracht, eine
Zwischenbilanz zu ziehen, um daraus das weitere Vorgehen zu
entwickeln. Die Antwort von Drimmel hatte für ihn ergeben, "daß
sich die Auffassung des oesterreichischen Kultusministers mit
der unseren weitgehend deckt" (B1/35) und daß man jetzt darangehen muß, sich "über die Zuständigkeits- und Verfahrensfragen
klar zu werden". Da die Durchführung einer Rechtschreibreform
über die Kulturautonomie der Länder hinausgeht, wollte er die
seiner Meinung nach zuständigen "Bundesministerien (Inneres,
Auswärtiges, gesamtdeutsche Fragen und Wirtschaft)" ansprechen
(B1/33), nachdem er sich beim Bundespräsidenten Rückendeckung
verschafft hatte.

Der Bundesinnenminister hatte zugesagt, "für die Bundesrepublik
sowohl die Federführung als auch die weitere Behandlung der Angelegenheit zu klären" (B1/35). In einer weiteren Besprechung
(25. Juni 1955) mit Prof. Hübinger, dem im BMI zuständigen Leiter der Kulturabteilung, legte Dehnkamp noch einmal dar, daß
"die Verfahrens- und Zuständigkeitsfragen" geklärt sein müßten,
"wenn die Sache zur Behandlung in den staatlichen Instanzen
reif sei". Deshalb "müßten alle beteiligten Stellen baldigst
zusammentreten". (B1/39)

Bei einem zufälligen Treffen von Dehnkamp und Hübinger anläßlich der Hauptversammlung der UNESCO Ende Oktober 1955 in München bat Dehnkamp dringend, "die Angelegenheit baldigst in der
Besprechung der beteiligten Bundesressorts - Inneres, Äußeres,
gesamtdeutsche Fragen und Wirtschaft - anzusprechen, damit das
Verhalten und Verfahren der amtlichen Stellen geklärt und evtl.
festgelegt werden" könne. Hübinger sagte dies zu und erklärte
sich bereit, Dehnkamp zu dieser Besprechung einzuladen.
(B1/69)

Im September 1955 war der baden-württembergische Kultusminister
Simpendörfer Präsident der KMK geworden - die Präsidentschaft

wechselt in einjährigem Turnus -, und damit gab es für Dehnkamp eigentlich keine Möglichkeit mehr, die Rechtschreibreform als eine staatliche Initiative weiter zu fördern. Er ließ sich aber im Einverständnis mit dem neuen Präsidenten zu einer Art Sonderbeauftragtem der KMK ernennen, um die Aufgabe, die er sich gestellt hatte und die offensichtlich nur mit viel persönlichem Engagement zu lösen war, zu Ende zu bringen.
Da während des ganzen Jahres 1955 seine Bitten an das BMI keine Wirkung zeigten, nutzte er die Zeit, um durch Verhandlungen mit der Dudenredaktion, der Darmstädter Akademie, einigen anderen Institutionen und Einzelpersonen die Rechtschreibreform so weit vorzubereiten, daß nur noch ein amtlicher Beschluß zu fassen wäre. "Meine Absicht war und ist, durch <u>private</u> Vorarbeit die Grundlagen für die notwendinge spätere Entscheidung der Ministerien und Parlamente zu bekommen." (B1/42, Dehnkamp an ADL 5.8.55)
Es kam aber nicht zu den privaten Vorarbeiten, statt dessen wurde von Amts wegen ein Arbeitskreis gegründet, der diese Arbeiten übernehmen sollte.

3.   Problematische Parallele von amtlichen und privaten Initiativen: Dehnkamp und Thierfelder (Scheitern der Wiener Konferenz)

3.1   Thierfelders weitere Bemühungen um die große Rechtschreibkonferenz und seine Konsultationen mit Wien

Während Dehnkamp sich um eine politische Lösung des Problems bemühte, war auch Thierfelder nicht untätig gewesen; er hielt unbeirrt an seinem Plan vom "Wiener Kongreß" fest. Nach längerer Pause meldete er sich am 15. April 1955 wieder zu Wort und unterrichtete die Mitglieder der Arbeitsgemeinschaft für Sprachpflege in einem Rundschreiben (A2/6) davon, "dass die Wiener Tagung für die Rechtschreibreform endgültig auf die 4. Woche des Septembers 1955 festgelegt worden" sei. Einen Grund für diese Terminverschiebung gab er nicht an, teilte aber Grebe in einem privaten Schreiben vom 3. Mai 1955 (A2/25) auf dessen diesbezügliche Frage mit: "Die Konferenz in Wien mußte verschoben werden, weil ein Wechsel des Kultusministers eingetreten war und der neue Kultusminister zunächst einmal einen eigenen Standpunkt zu den Dingen gewinnen wollte." Diese Bemerkung klingt zwar unverfänglich und harmlos, aber das Verschweigen des Ministerrücktritts im offiziellen Rundschreiben deutet doch darauf hin, daß Thierfelder die Gefahr des Scheiterns sehr genau erkannt hatte und glaubte, mit einem gewissen Zweckoptimismus noch etwas retten zu können.

Ganz ungelegen kam ihm diese Verzögerung allerdings nicht, denn er war inzwischen zu der Erkenntnis gekommen, daß es unbedingt notwendig sei, bei den in Wien zu beteiligenden Verbänden für die Idee der Reform zu werben, und zwar mit sachlichen Informationen. Zunächst schlug er deshalb vor,

> folgende Ausarbeitungen bzw. Broschüren gemeinsam in den nächsten Monaten planmässig mit den interessierten Verbänden zu verbreiten:
> a) Leo Weisgerber, Die Grenzen der Schrift (...)
> b) Wolfgang Steinitz: Geht es um di libe?
> c) ein österreichisches Gutachten nach Wahl der österreichischen Mitglieder
> d) ein schweizerisches Gutachten nach Wahl der schweizerischen Mitglieder. (A2/6)

Außerdem plante er, "um die Auswirkungen der Reform weiterhin wissenschaftlich im Einzelnen (sic!) zu unterbauen, (...) das von den einzelnen Mitgliedern der Arbeitsgemeinschaft zusammengetragene Material" zu vervielfältigen "und den nach Wien geladenen Verbänden und Einzelpersonen rechtzeitig" zuzusenden. Auch "einer Anzahl ernsthafter Publizisten" sollten diese Unterlagen übermittelt werden, verbunden mit der Bitte, "nun die Diskussion der Unsachlichen abzulösen" (A2/6).

An seinem letzten Vorschlag lassen sich drei Dinge deutlich erkennen: Einmal spürt man, wie sehr er sich durch die polemische und unsachliche Auseinandersetzung in der Presse getroffen und verletzt fühlte; zum anderen hatte er deutlicher als andere Beteiligte (wie z. B. Grebe) erkannt, daß in dieser Pressekampagne einer der Hauptgründe für das Scheitern der Wiener Konferenz und damit aller Reformversuche lag; zum dritten war er der Meinung, es müsse doch einige vernünftige Publizisten geben,

die sich - orientiert an wissenschaftlichen Begründungen der
STE - in ihren Zeitungen für eine sachliche Darstellung des
Reformgedankens einsetzen würden.
Auf die wissenschaftlichen Ausarbeitungen, die in einem Sammel-
band im Nachgang zu den STE veröffentlicht werden sollten, war-
tete er vergebens. Er bekam sie offensichtlich nie, obwohl er
in seinem nächsten Rundschreiben Anweisung zur Abfassung der
Einzelbeiträge formulierte und einen Abgabetermin festsetzte.

Zunächst plante er für den Juni das schon früher erwähnte Treffen der Arbeitsgemeinschaft in Berlin; von wem die Anregung für
diesen vorher als problematisch genannten Tagungsort gekommen
war, geht aus den Akten nicht hervor. Denkbar wäre, daß es sich
um eine Einladung des DDR-Kultusministers Becher gehandelt hat,
denn Grebe hatte in einem Brief an Thierfelder vom 19. November
1954 folgendes erwähnt:

> Haben Sie übrigens schon Kenntnis von der Einladung, die
> Herr Becher aus der Ostzone an alle westdeutschen Universi-
> täten hat ergehen lassen, in Berlin-Ost ein neues Gespräch
> über die Rechtschreibreform herbeizuführen. Soweit ich un-
> terrichtet bin, werden die westdeutschen Universitäten ab-
> lehnen. Man ersieht daraus, daß drüben ein Bruderkrieg zwi-
> schen Herrn Frings und Herrn Becher entstanden ist. Ich
> hoffe sehr, daß auf Grund dieses Vorganges weder drüben
> noch hier neue Störungen entstehen. (A2/19)

In seinem Antwortbrief vom 2. Dezember 1954 hatte Thierfelder
diese Frage unbeantwortet gelassen, statt dessen aber von einem
freundlichen Angebot aus Berlin gesprochen, ohne zu erwähnen,
von wem dieses gekommen war. Die Tatsache, daß Frings bei seinen Verhandlungen in Wien von einer Tagung in Berlin abriet
(A2/13:), spricht für die Annahme, daß es sich um eine Einladung von Becher handelte.[1]
Auffallend ist die Art und Weise, mit der Grebe in seinem Brief
vom 28. April 1955 auf den neuerlichen Plan von einem Treffen
der Arbeitsgemeinschaft in Berlin reagierte:

---

1 Es wäre zu überprüfen, ob sich im Archiv der Akademie der
Wissenschaften in Berlin Unterlagen oder Briefwechsel befinden,
die diesen Vorgang genauer beleuchten, insbesondere was die
Auseinandersetzungen zwischen Becher und Frings betrifft.

Haben Sie herzlichen Dank für ihre Mitteilung vom 15.4.1955
über die beabsichtigte Tagung der Arbeitsgemeinschaft im
Juni dieses Jahres.
Zwischen Herrn Professor Mitzka, Herrn Steiner und mir kam
es über diese Frage zu eingehenden Gesprächen.
Wir sind dabei zu folgendem Ergebnis gekommen:
Eine weitere Tagung der Arbeitsgemeinschaft vor der in Wien
beabsichtigten Konferenz scheint uns aus nachstehenden
Gründen unzweckmäßig:
1. Die Arbeitsgemeinschaft hatte in Stuttgart abschließend
   getagt und ihre Ergebnisse publiziert. Eine Neufassung
   dieser Ergebnisse ist wohl auch von Ihnen auf einer weiteren Tagung nicht beabsichtigt und kaum möglich.
2. Gesprächsthema auf einer solchen Zusammenkunft könnten
   also lediglich organisatorische und taktische Gesichtspunkte sein, die sich auf die Wiener Konferenz beziehen.
   Diese Fragen lassen sich aber ohne Schwierigkeit
   schriftlich klären.
3. Entscheidend für unsere Überlegungen ist aber folgender
   Gesichtspunkt: Von einigen Institutionen und Verbänden
   (sic!) vor allem von der Akademie in Darmstadt (...) und
   von dem Korrektoren-Verband (...) wurde gerügt, daß die
   Mitwirkung dieser Institutionen und Verbände an unseren
   Vorschlägen nicht durch Teilnahme an unseren früheren
   Tagungen herbeigeführt wurde.
   Wir wissen selbstverständlich und haben dies gegenüber
   den erwähnten Herren nachdrücklich zum Ausdruck gebracht, daß der zur Diskussion stehende Fragenkreis zunächst einmal in einem kleineren Gremium besprochen werden mußte. Die erwähnten Gruppen wären aber sicher sehr
   verstimmt, wenn sie jetzt, nachdem die Einladung zur
   Wiener Konferenz bereits an sie herausgegangen ist und
   nachdem die Arbeitsgemeinschaft abschließend ihre Vorschläge publiziert hat, bei einer neueren Beratung nicht
   zugezogen würden. Da eine solche Erweiterung der Arbeitsgemeinschaft bei einer evtl. Tagung im Juni nicht
   nur sachlich unzweckmäßig ist, sondern auch die Wiener
   Konferenz in gewissem Sinne vorausnähme, scheint es uns
   zweckmäßiger zu sein, auf den Plan einer nochmaligen Tagung vor der großen Konferenz zu verzichten, um nicht
   eine besonders ungünstige Ausgangsposition für Wien entstehen zu lassen. (A2/24)

Dieser Brief markiert einen bedeutsamen Wendepunkt innerhalb
der Entwicklung insofern, als er die allmähliche "Entmachtung"
Thierfelders einleitet. Von Anfang an hatten die Mitglieder der
Dudenredaktion, die wahrscheinlich über den KMK-Auftrag an
Thierfelder informiert waren, dessen Aktivitäten argwöhnisch
beobachtet und stets darauf geachtet, möglichst präsent zu
bleiben. So hatte Mitzka an der Tagung in Konstanz teilgenommen, Grebe und Steiner waren gemeinsam nach Salzburg gereist,

und Grebe hatte über seine Teilnahme an den folgenden Sitzungen hinaus ausführliche Ausarbeitungen geliefert und innerhalb des Redaktionsausschusses die Formulierung der STE maßgeblich mit beeinflußt. Davon, daß Steiner angeboten hatte, diese zu drucken und auch eine spätere Zusammenstellung der wissenschaftlichen Unterlagen zu übernehmen (s. 1.Kap.2.3), war später nie mehr die Rede. Allerdings lastete Grebe es Thierfelder an, daß diese Veröffentlichung nicht zustande kam. Er schrieb nämlich am 25. Juni 1955 in einem Brief an Glinz:

> Auf der Stuttgarter Tagung war ausdrücklich vereinbart, daß eine geschlossene Broschüre gleichzeitig in allen Ländern veröffentlicht werden sollte. Herr Thierfelder hat aus vielerlei Gründen zum Nachteil der Sache anders gehandelt. Vor allem wohl deshalb, weil er selbst die Fülle der Problematik, die hinter den Dingen steht, nicht kennt. (A2/28)

Hinter diesem Vorwurf, der nur zum Teil berechtigt erscheint[1], spürt man die Absicht, Thierfelder Kompetenzen abzuerkennen. Darüber hinaus wollte die Dudenredaktion, wenn schon die Reform auf "kaltem Wege " nicht zu bewerkstelligen war und eine staatlich initiierte und finanzierte Konferenz in Wien stattfinden sollte, natürlich alle Fäden in der Hand behalten. Daß Thierfelder noch ein vorbereitendes Treffen der Arbeitsgemeinschaft veranstalten wollte, um die seit der Veröffentlichung der STE vorgebrachte Kritik auszuwerten, Gegenreaktionen vorzubereiten und über den wissenschaftlichen Unterbau zu diskutieren, erscheint von der Sache her plausibel. Dagegen muten die von Grebe vorgetragenen Argumente, die Akademie in Darmstadt und der Korrektorenverband könnten verstimmt sein, etwas hergeholt an, zumal die Akademie durch ihre Mitglieder Storz und Süskind in Stuttgart vertreten war, wovon Grebe, der diese Institution ebenso kritisch sah wie Thierfelder, ebenso gewußt hat wie von der Presseaktion der Süddeutschen Zeitung.

---

1 Thierfelder hatte die STE vorzeitig veröffentlicht, weil er sich wegen der Indiskretion von Süskind hatte in Zugzwang bringen lassen; die von ihm geplante Veröffentlichung war später nicht mehr realisiert worden, weil die Mitglieder der Arbeitsgemeinschaft ihre Beiträge entweder nicht anfertigten oder sie in dem Heft DU 55 von Gieselbusch veröffentlichen ließen.

Diese Argumente wie auch der ganze Brief vermitteln den Eindruck, als wolle man Thierfelder einschüchtern; was jedoch zunächst nicht gelang, denn dieser bot mit Schreiben vom 3.Mai 1955 einen Kompromiß an:

> Herr Mitzka hatte bereits geschrieben, daß er eine Tagung in Berlin nicht besuchen könne, andere wiederum haben die Aussprache begrüsst. Vielleicht begegnen wir uns auf der mittleren Linie. Die ganze Arbeitsgemeinschaft braucht nicht zusammenzukommen, wohl aber muß, wenn die Tagung in Wien wirklich in der vierten Septemberwoche stattfindet, eine Aussprache derer stattfinden, die für die Dokumentation der Tagung verantwortlich sind. Ich bin nicht imstand alles allein zu machen. Ich würde es auch für falsch halten, daß eine solche Aufgabe einem Einzelnen übertragen wird. Infolgedessen möchte ich um Ihr Einverständnis bitten, daß eine Zusammenkunft gegebenenfalls vereinbart wird, an der nicht alle Mitglieder der Arbeitsgemeinschaft teilnehmen. (A2/25)

Außer der Kompromißbereitschaft verraten seine Formulierungen etwas Unwillen, weil er glaubte, man wolle ihm alle Arbeit aufbürden; daß er aus der Verantwortung gedrängt werden sollte, hat er zu diesem Zeitpunkt nicht geahnt und auch nicht für möglich gehalten. Allerdings war ihm Grebes Argument, die Darmstädter Akademie nicht verärgern zu wollen, doch wohl etwas seltsam erschienen, denn er ging ausführlich darauf ein, erläuterte noch einmal - was Grebe ebensogut wußte wie er - , wie es zu der Einladung von Storz und Süskind nach Stuttgart gekommen war; das Gutachten der Akademie ("das vermutlich aus der Feder von Dr. Storz stammt") kritisierte er mit deutlichen Worten:

> Das Gutachten ist kein Ruhmesblatt für die Akademie. Es enthält nicht nur objektive Fehler, sondern ist von einem so kurzsichtigen Standpunkt aus abgefaßt, daß man im Interesse der Akademie gewünscht hätte, die Erklärung sei nie geschrieben worden. (A2/25)

Auch über den vermeintlichen Verfasser äußerte er sich in recht harten Formulierungen, die bei seinem sonst verbindlichen und kompromißbereiten Verhalten erstaunen und die darauf schließen lassen, wie sehr er sich getroffen fühlte. Er meinte, die Argumente des Gutachtens bewegten "sich in den alten unzulänglichen Bahnen", die Storz "schon in einem früheren grundsätzlichen Artikel eingeschlagen hatte".

Grebe beantwortete diesen Brief freundlich und verbindlich, aber sehr kurz; er hatte sein Ziel erreicht (keine neue Sitzung der Arbeitsgemeinschaft) und konnte jetzt Thierfelder in allem recht geben: "Ihre Bemerkungen über die Akademie in Darmstadt decken sich voll mit meiner Ansicht. Ich wollte lediglich verhindern, daß wir diesen Kreisen neue Angriffsflächen bieten." Für ein Treffen im kleineren Kreise bot er sogar seine Mitarbeit an:

> Ich habe selbstverständlich nichts dagegen, daß Sie gegebenenfalls eine Zusammenkunft der Arbeitsgemeinschaft einberufen, an der nicht alle Mitgieder teilnehmen. Da es sich bei der geplanten Aussprache, wie ich sehe, nur um die Vorbereitung der Wiener Tagung handelt, wäre ich selbstverständlich bereit, wenn Sie es wünschen, einmal nach Stuttgart zu kommen, um den damit verbundenen Fragenkreis mit Ihnen durchzusprechen. Eine Tagung in Berlin zu diesem Zweck scheint mir nach wie vor nicht notwendig zu sein.
> (A2/25a; Grebe an Thierfelder 4.5.55)

Zwischen den Zeilen dieses kurzen Briefes ist deutlich zu lesen, daß Thierfelder von jetzt an nur noch mit "Erlaubnis" von Grebe handeln und entscheiden konnte.

Alle diese Querelen verloren allerdings an Bedeutung durch die Ereignisse, die sich zwei Wochen später in Wien abspielten. Thierfelder erfuhr davon durch einen vierseitigen Brief von Stur, dessen Abschrift (A2/13) er allen Mitgliedern der Arbeitsgemeinschaft mit dem nächsten Rundschreiben (A2/14) im Juni zuschickte. Stur berichtete zunächst über die Aktivitäten von Frings in Wien:

> (...), doch konnte ich am Dienstag, den 17.5. mit Prof. F r i n g s , der zur Festsitzung der Wiener Akademie der Wissenschaften nach Wien gekommen war, eine eingehende Aussprache haben. Am 18.5. nahm ich mit Prof. Frings an einer Sitzung beim Präsidenten der Wiener Akademie der Wissenschaften, Univ. Pfor. (sic!) Hofrat Dr. Richard M e i s t e r, teil, wobei auch der Germanist Univ. Prof. Dr. K r a l i k und Univ. Prof. Dr. K r a n z m a y e r anwesend waren. Am Montag den 23.5. empfing Minister Dr. D r i m m e l Frings und mich zu einer Aussprache, die eine volle Stunde dauerte.
> Ich darf Ihnen über das Ergebnis dieser drei Aussprachen berichten: Prof. Frings betonte, dass die Berliner Akademie der Wissenschaften nach wie vor auf dem Standpunkt stehe, an den Stuttgarter Empfehlungen festzuhalten, wobei sie als die drei wichtigsten Punkte die Kleinschreibung, die Getrenntschreibung und die Interpunktion ansehe. Er bedauer-

te, dass ein wichtiger Beschluss der Stuttgarter Tagung nicht durchgeführt wurde. Es wurde damals beschlossen, dass alle Punkte der Empfehlungen wissenschaftlich unterbaut werden und dass die Begründung der Vorschläge in einer Broschüre veröffentlicht werde. Da die Empfehlungen ohne diese Begründung in die Öffentlichkeit kamen, bemächtigten sich Dilettanten der Sache und übergossen sie mit Hohn und Spott. In der DDR konnte die Autorität der Akademie der Wissenschaften in Berlin diese Diskussion abbremsen. (...) Prof. Frings sprach sich gegen jede Übereilung in der weiteren Behandlung der Reform aus. Insbesondere rät er von einer Zusammenkunft anfangs Juni in Berlin ab, auch die Wiener Konferenz hält Prof. Frings im September 1955 noch für verfrüht. Es würde eine sehr blamable Situation entstehen, in die man den österreichischen Unterrichtsminister nicht hineinschlittern lassen könne. Ein Debakel würde die ganze Reform auf Jahrzehnte hinaus unmöglich machen. Es sei vielmehr notwendig, dass die in Stuttgart beschlossene wissenschaftliche Untersuchung von maßgeblichen Leuten durchgeführt werde und darüber ein Buch veröffentlicht werde. Frings istweiterdagegen (sic!), dass eine Zusammenkunft der Arbeits-(2)gemeinschaft abwechselnd inden (sic!) verschiedenen Ländern stattfinde. Man möge sich auf das zentral gelegene Stuttgart als ständigen Tagungsort der Arbeitgemeinschaft einigen,die Kosten solle jedes Land fürsich (sic!) übernehmen, die Schlußkonferenz im großen Maßstab soll dann in Wien stattfinden. Die Arbeitsgemeinschaft für Sprachpflege soll weiterhin Trägerin der Reform sein und Generalsekretär Dr. Thierfelder möge gebeten werden, auch weiterhin der Sache seine guten Dienste zu widmen. (A2/13; Sperrungen im Original, H.S.)

Diesen Ausführungen schließt Stur eine Schilderung der Ereignisse in Österreich nach der Veröffentlichung der STE an, welche die merkliche Zurückhaltung des neuen österreichischen Unterrichtsministers Drimmel verursacht hatten. Nachdem durch die "Indiskretion von S ü s k i n d und das Urteil von Thomas Mann" der Start verdorben worden sei, habe die Aussendung des Heftes der Mitteilungen, in dem die STE erstmals abgedruckt waren, keine Wirkung mehr gehabt. Zwar habe Minister Kolb trotz der ablehnenden Äußerungen der meisten Zeitungen an der Reform festgehalten, die Regierung über den Inhalt der STE informiert und erreicht, daß der Ministerrat die Einberufung der Konferenz genehmigt habe; sein Nachfolger Drimmel (Kolb war Anfang November zurückgetreten) habe sich zunächst jedenfalls zurückhaltender entschieden. Stur meinte, er wisse zwar die Pressestimmen richtig einzuschätzen, verlange aber, "dass nach Ablauf des Schimpfkonzertes die ruhige wissenschaftliche Arbeit einsetze" (A2/13:2).

Die Entwicklung in den folgenden Jahren, besonders die Reaktion der Österreicher auf die WE, läßt aber den Schluß zu, daß Drimmel an einer Reform nur mäßig interessiert war, sich von dem "Schimpfkonzert" der Presse sehr wohl beeinflussen ließ und selbstverständlich auch politische Komplikationen vermeiden wollte, zumal es sich hier um Entscheidungen handelte, die leicht zu vertagen waren. Zunächst kam ihm aber das Argument von Frings, den STE fehle der wissenschaftliche Unterbau, sehr gelegen. Eine bessere Begründung dafür, die Reform auf die lange Bank zu schieben, konnte es gar nicht geben.

Dieses Argument erscheint plausibel und, objektiv gesehen, auch richtig; aber für das Scheitern der Reform ist dieses Defizit nur einer der Gründe, und keinesfalls der am stärksten gewichtete (wenn man eine Rangordnung der Kausalitäten aufstellen würde). Die Polemiken in der Presse, von denen sich die Politiker immer wieder beeindruckt zeigten, haben da einen wesentlich höheren Stellenwert. Auch die Frage, ob die Presse bei wissenschaftlich exakter Information anders reagiert hätte, kann nach der Erfahrung von drei Jahrzehnten nur negativ beantwortet werden. Keine noch so ausführliche Information durch Wissenschaftler konnte es bis heute verhindern, daß immer wieder nach dem gleichen Muster polemisiert wird.

So blieb auch der Versuch von Stur und weiteren Beamten des österreichischen Kultusministeriums, "die öffentliche Meinung zu klären" und "die weitesten Kreise der Intelligenz über den wirklichen Tatbestand zu informieren", ohne nennenswerte Wirkung. Sie verschickten nach der Veröffentlichung der STE über 3.000 Rundschreiben mit Antwortbögen, von denen sie eine "überraschend große Zahl", davon" der Großteil zustimmend", zurückerhielten. Auch die Akademie der Wissenschaften in Berlin (Ost) forderte eine große Zahl an, um sie "den berufenen Instanzen zur Äußerung" zuzuschicken; diese Arbeit wurde von Ruth Klappenbach organisiert.

In Österreich veranstaltete die Gewerkschaft der Korrektoren und Setzer eine Abstimmung; von den etwa 2.000 Teilnehmern sprachen sich etwa 50% für die Beseitigung der Spitzfindigkeiten bei der Groß- und Kleinschreibung aus, 25% votierten für die Kleinschreibung, der Rest lehnte jede Reform ab. Ebenso ablehnend äußerten sich Mitglieder der Vereinigung der Verleger und Drucker. Schwere Bedenken äußerten auch die Akademie der Wissenschaften und die Philosophische Fakultät der Universität Wien. Der Präsident der Akademie, der Pädagoge und Kulturphilosoph Richard Meister, der nach der Veröffentlichung der WE Vorsitzender der österreichischen Kommission war, verlangte eine wissenschaftliche Untersuchung, lehnte aber die STE als Grundlage ab. Ähnliche Forderungen erhob der österreichische Schriftstellerverband. Gänzlich ablehnend verhielten sich der Schutzverband der Schriftsteller und der Verband der Geistig Schaffenden; in ihrem Verbandsorgan wurden die Artikel aus der Süddeutschen Zeitung (Süskind 1954a) und der Weltwoche (Befragung von Thomas Mann, Hermann Hesse und Dürrenmatt) abgedruckt. "In der österreichischen Hochschulzeitung nahmen Hochschullehrer, die nicht Germanisten sind, und Schriftsteller unsachlich gegen die Reform Stellung." (A2/13:3)

Nach Sturs Schilderung muß der Kampf in Österreich, an dem sich Schriftsteller, Hochschullehrer und andere Intellektuelle beteiligten, noch um einiges härter gewesen sein als in Deutschland, wo er sich vorwiegend auf der Ebene der Presse abspielte. Die Auseinandersetzungen um die deutsche Sprache, die auch schon anläßlich der Herausgabe des ÖW eine Schärfe entwickelten, die für Diskussionen über vermeintlich unpolitische, kulturelle Sujets ziemlich ungewöhnlich erscheint, sind nur adäquat zu werten, wenn man sich das politsche Klima zu dieser Zeit in Österreich vergegenwärtigt. Knapp ein Jahrzehnt nach dem Ende des Großdeutschen Reiches, zu dem Österreich seit 1938 gehört hatte, war die Diskussion um das Reizwort "österreichische Nation" noch nicht ganz abgeklungen. "Der Begriff der österreichischen Nation", der "von dem von der Gestapo ermordeten Alfred Klahr, einem Juden und Kommunisten" geprägt worden war, wurde "nach 1945 zu einer Art Staatsdoktrin", die zu einigen uns heute skurril anmutenden Beschlüssen führte. Felix Hurdes, konservativer Unterrichtsminister der ersten Nachkriegsregierung, ließ "aus den Schul-Lehrplänen das Lehrfach 'Deutsch' entfernen und durch das Fach 'Unterrichtssprache' ersetzen". (Coudenhove-Kalergi 1988:177)

Nicht nur die giftige und polemische Häme der Auseinandersetzungen um das ÖW und die Rechtschreibreform, sondern auch das Verhalten der Unterrichtsminister Kolb und Drimmel wird vor

diesem Hintergrund verständlicher. Sowohl eine eindeutige Entscheidung für als auch gegen eine Rechtschreibreform hätte
zwangsläufig einen Teil der Nation (der Wähler) verärgert - und
dieses Risiko schien die Sache ihnen wohl nicht wert.
Kolb hatte nach anfänglichem Zögern ("Der österr. Unterrichtsminister Dr. Kolb habe zunächst auch gewisse Bedenken geäußert,
jetzt aber stehe er voll hinter dem Programm.") - offensichtlich auf Drängen Sturs (A2/11:2) - der Wiener Konferenz zugestimmt und die formalen Voraussetzungen geschaffen; es ist aber
keineswegs auszuschließen, ob er zu diesem Zeitpunkt seinen
Rücktritt nicht schon erwogen hatte; unter diesem Aspekt hätte
seine Entscheidung eine wesentlich geringere Bedeutung.
Drimmel war von Anfang an kein Freund der Reformbestrebungen,
wohl weniger aus sachlichen als aus politisch-taktischen Erwägungen. So läßt sich auch die Zurückhaltung in seinem am 15.
April 1955 an Dehnkamp geschriebenen Brief erklären. Die Argumente von Frings und Meister, der wissenschaftliche Unterbau
der STE sei mangelhaft und müsse vor der geplanten Konferenz
nochmals überarbeitet werden, boten ihm die willkommene Gelegenheit, die Sache zunächst einnmal zu vertagen.
Bei der Sitzung, über die Stur in seinem Brief an Thierfelder
(A2/13) berichtete, wurde deshalb beschlossen, "eine Klärung
auf wissenschaftlicher Basis" durchzuführen, und der Akademie
in Wien einen entsprechenden Forschungsauftrag zu erteilen, an
dem "Prof. Dr. Meister als Pädagoge und Kulturphilosoph, Prof.
Dr. Rohracher als Psychologe, Prof. Dr. Kralik als Germanist
und Prof. Dr. Kranzmayer als Sprachwissenschaftler" und Stur
"als Verbindungsmann zum Ministerium" mitarbeiten sollten. Stur
betonte die wissenschaftliche Kompetenz und Vielseitigkeit dieses Gremiums so deutlich, um Thierfelder zu überzeugen, daß man
sich in Wien sowohl politisch als auch wissenschaftlich auf
höchster Ebene mit diesem Problem beschäftigte. In den anderen
drei Ländern sollte eine entsprechende Arbeit organisiert werden, für die sowohl personelle Vorschläge gemacht (für die DDR
Frings, Klappenbach, Steinitz und Ebert; für die Bundesrepublik
Mitzka, Basler und Weisgerber "unter Beiziehung" von Grebe; für
die Schweiz Hotzenköcherle, Glinz und Haller) als auch Arbeits-
anweisungen gegeben wurden: "Vorerst eine gründliche Durchmu-
sterung des gesamten Komplexes der Rechtschreibung" einschließ-

lich der Überprüfung der "Auswirkungen eines jeden Reformvorschlages" (A2/13).

Wie gesagt, die Forderung nach wissenschaftlicher Vor- bzw.
Nacharbeit war berechtigt, aber die hier vorgenommene Aufteilung nach nationalen Gesichtspunkten widerspricht gleichzeitig
der so gewonnenen Einsicht, denn eine solche unkoordinierte Organisation müßte zwangläufig zu überflüssiger Doppelarbeit führen. Aufgehoben wurde damit aber auch die historisch einmalige
Zusammenarbeit von Vertretern aus allen vier Staaten, auf die
man in Stuttgart mit Recht so stolz war.

Stur hatte wohl auch die Befürchtung, bei diesen Beschlüssen
hätte die Absicht, die Reform aufzuschieben, eine Rolle gespielt. Gegen Ende seines langen Briefes an Thierfelder schrieb
er:

> Ich betrachte die Einschaltung der Gelehrten für einen gro-
> ßen Vorteil auf dem Wege zu einem guten Gelingen. Ich möch-
> te nicht, dass Sie den Eindruck haben, als dürfte die Re-
> form auf ein Nebengleis geschoben werden. (A2/13:4)

Anschließend versuchte er dann, die Notwendigkeit einer gründlichen wissenschaftlichen Vorbereitung der Wiener Konferenz
rechnerisch zu beweisen, indem er die Zeitersparnis vorrechne-
te: Bei der Teilnahme von je 40 Delegierten aus den vier Ländern

> ergibt das bei 15 Verhandlungspunkten 160 x 15 Wortmeldun-
> gen, d.i. 2.400. Bei einer Redezeit von 10 Minuten (...)
> ergäbe das 24.000 Minuten, d.i. 400 Stunden. Bei einer
> achtstündigen Verhandlung täglich wären das 50 Tage oder 8
> Wochen, (...). (A2/13:4)

Für dieses "arithmetische" Problem sah er die Lösung in einer
vorbereitenden Ausschußarbeit durch Wissenschaftler, welche die
Mitglieder der einzelnen Delegationen fachlich informieren
sollten; analog zu parlamentarischen Gepflogenheiten könne dann
die Beschlußfassung im Plenum (Große Konferenz) folgen.

Thierfelder sah die Gefahr, "dass das Problem ad calendas
Graecas (sic!) vertagt werden" könnte (A2/14:4). Dem Vorwurf
von Frings hielt er entgegen, "die zugesagten Einzelbeiträge"
lägen bedauerlicherweise nur zum Teil vor; außerdem hätte "die
wissenschaftliche Unterbauung der 'Empfehlungen'" nach den bis-

herigen Erfahrungen "die unsachliche Diskussion in der Presse nicht (...) verhindern können" (A2/14:3).
Er glaubte offenbar, daß Frings - obwohl Mitunterzeichner der STE - hier der Arbeitsgemeinschaft in den Rücken gefallen sei. Mögliche Gründe für dessen Verhalten können in dem Bestreben liegen, die Akademien mehr in den Vordergrund zu stellen. Immerhin hatten die beiden Präsidenten Frings und Meister in Wien ja erreicht, daß die Wiener Akademie den ministeriellen Auftrag zur Überprüfung erhielt. In der DDR hatte die Berliner Akademie der Wissenschaften entsprechende Aufgaben übernommen. Es kann sich also durchaus um Konkurrenzkämpfe zwischen den Akademien gehandelt haben - Frings war der Präsident der Sächsischen Akademie der Wissenschaften in Leipzig - , in denen der schon erwähnte "Bruderkrieg" zwischen Frings und Becher eine Rolle gespielt haben könnte.

3.2   Zwischenspiel: Bemühungen   um   den   wissenschaftlichen
       "Unterbau" und Kompetenzgerangel mit den Akademien

Thierfelder beeilte sich, die geforderte Arbeit endlich nachzuholen und erinnerte in einem neuen Rundschreiben (A2/14) die Mitglieder der Arbeitsgemeinschaft für Sprachpflege an die längst überfällige Erledigung der Hausaufgaben:

> Ich muss allerdings bitten, dass die übernommenen Arbeiten nun auch pünktlich abgeliefert werden, und schlage dafür als äussersten Termin den 1.Oktober 1955 vor. (A2/14)

Dieser Ermahnung ließ er unter Hinweis auf die schon früher vorgenommene Verteilung der Themen noch eine Arbeitsanweisung folgen:

> Was nun die wissenschaftliche Bearbeitung der einzelnen Punkte betrifft, so haben wir uns vor einem Jahr die Aufgabe zu leicht vorgestellt. Ich gestatte mir, folgendes Grundschema zu jeder einzelnen "Empfehlung" vorzuschlagen:
> 1) Darstellung der Nachteile der bisherigen Regelung; Allseitige Begründung des Reform-Vorschlages.
> 2) Untersuchung seiner Auswirkung auf Wortschatz, Grammatik und Syntax.

3) Widerlegung der Einwände, die bei der öffentlichen Diskussion vorgebracht worden sind. (A2/14:4)

In seinen weiteren Ausführungen wies er darauf hin, daß hier
zum ersten Mal in der Geschichte der Rechtschreibreform wissenschaftliche und praktische Probleme zusammenträfen und deshalb
kollidierten, weil

> es der Wissenschaft weder früher noch heute eingefallen wä-
> re (von einzelnen Ausnahmen abgesehen), die Probleme der
> Rechtschreibung aufzuwerfen, wenn das nicht die Praktiker
> getan hätten, und dass z.B. das Studium der Germanistik
> nicht die geringste Gewähr dafür bietet, dass sich der Ge-
> lehrte in die sehr verwickelte (5) Problematik der Recht-
> schreibung vertieft hat. (A2/14:4)

Als peinliche Beweise seiner Einschätzung nannte er den durch
die westdeutsche Presse gegangenen Aufsatz von Siegfried Behn
und das Gutachten der Darmstädter Akademie. In der Tat rührte
er hier an ein Problem (Zusammenarbeit von "Praktikern" und
Wissenschaftlern), das Dehnkamp bei der Konstituierung des Arbeitskreises für Rechtschreibregelung basisdemokratisch zu lösen versuchte - allerdings auch ohne Erfolg.

Was Thierfelder hier aber nicht bemerkte, war das offensichtliche Bestreben der Akademien, die Zuständigkeit für die Probleme
der Rechtschreibung für sich zu beanspruchen. Er sprach, ohne
einen Namen zu erwähnen (vermutlich meinte er sich selbst), von
einem "Redaktor",

> der die von Prof. Frings empfohlene Veröffentlichung des
> Buches als eine gemeinsame Veröffentlichung der Berliner,
> Wiener und Münchener Akademie und der Stiftung 'Pro
> Helvetia' bearbeitet und herausbringt. (A2/14)

Ob er selbst sich um die Mitarbeit der Akademien bemüht hatte
oder ob der Vorschlag von Frings und Meister gekommen war,
bleibt im Dunkeln. Jedenfalls war Thierfelder zunächst ebenfalls der Auffassung, eine Rechtschreibreform falle in die Kompetenz der Akademien; er hatte in der Absicht, die Akademie an
der ursprünglich in Stuttgart geplanten großen Konferenz organisatorisch zu beteiligen, Storz und Süskind zu der Schlußsitzung in Stuttgart eingeladen. Süskinds Fauxpas und das Verhalten von Storz ihm gegenüber haben ihn wohl dazu veranlaßt,

statt der Darmstädter hier die Münchener Akademie ins Spiel zu bringen.

Grebe hatte allerdings die beabsichtigte Kompetenzverschiebung durchschaut, denn am Rand dieses Rundschreibens befindet sich seine handschriftliche Notiz "egoistische Publikation". Er hatte sich, nachdem Steiner von der geplanten Veröffentlichung in seinem Verlag offensichtlich Abstand genommen hatte, an dem von Gieselbusch zusammengestellten Sonderheft (DU 55) beteiligt. Dort finden sich auch die Beiträge der übrigen Mitarbeiter an den STE: Moser (1955), Hotzenköcherle (1955), Ebert (1955b), Glinz (1955), Klappenbach (1955b), Rahn (1955); auch den Text der STE, die ein Jahr vorher in den "Mitteilungen des Instituts für Auslandsbeziehungen 4, 1954" veröffentlicht worden waren, ließ Gieselbusch noch einmal abdrucken. Dieses Heft, das Thierfelder in seinem Rundschreiben erwähnte, erschien Mitte Juni 1955; alle Mitglieder der Arbeitsgemeinschaft erhielten ein Belegexemplar, und Gieselbusch teilte in einem Rundbrief vom 21. Juni 1955 mit:

> Neben der regulären Ausgabe innerhalb der Schriftenreihe selbst habe ich einen Teil der Auflage mit besonderem Umschlag und Titelblatt versehen und binden lassen. Diese Ausgabe soll ausserhalb des Interessentenkreises der Schriftenreihe die in dem Heft geleistete Arbeit weiteren Kreisen zugänglich machen. Aus diesem Grund wird auch diese Sonderbindung zur Rezension an die Presse geschickt. (A2/27)

Frings hat von dem Plan, dieses Sonderheft zu veröffentlichen, gewußt, denn es war bei der Stuttgarter Sitzung darüber gesprochen worden; dort hatte Gieselbusch alle Anwesenden, die einen Beitrag übernehmen wollten, gebeten, sich mit ihm in Verbindung zu setzen. Daß wenige Wochen vorher in Wien die geschilderten Verhandlungen der beiden Akademiepräsidenten mit dem österreichischen Kultusminister mit dem schon beschriebenen Ergebnis stattfanden, stützt die These, daß hier ein Machtkampf stattfand, den die Akademien, entweder in der Absicht, sich zeitgemäß zu profilieren oder sich als Bewahrer der überkommenen kulturellen Werte zu gerieren (die Entwicklung in den folgenden Jahrzehnten spricht eher für die letzgenannte Intention), für sich zu entscheiden trachteten. In Wien war schon ein positives Ergebnis zu verbuchen, ebenso in der DDR, wo die Initiative bei

der Akademie der Wissenschaften geblieben ist. Auch im Gedan-
kengut der Kulturpolitiker der Bundesrepublik (vgl. dazu die im
folgenden beschriebene Vorgehensweise von Dehnkamp) war die
Idee fest verwurzelt, Sprachprobleme seien vorrangig durch die
Akademien zu regeln. Daß die deutsche Rechtschreibung als eine
für alle verbindliche Norm 1901 staatlich sanktioniert worden
war, hatte sich ebenso aus dem Bewußtsein der Kultusminister
geschlichen wie die Tatsache, daß die KMK schon 1950 einen Beschluß zur Rechtschreibreform gefaßt hatte, der dem Duden eine
- vorerst nur vorläufige - Gültigkeit zusprach. Hier war der
Ansatzpunkt von Grebe, der von jetzt an das Geschehen entscheidend mitbestimmte.

Zunächst gelang es ihm, Thierfelder davon zu überzeugen, daß
die geplante Veröffentlichung in Zusammenarbeit mit den Akademien eigentlich überflüssig sei; gleichzeitig machte er einen
Gegenvorschlag: Man könne "aus dem jetzigen und etwa noch zu
erwartenden Schrifttum eine Kollektion von Sonderdrucken zusammenstellen, die den (zu der großen Konferenz, H.S.) eingeladenen Verbänden überreicht wird"; diese Lösung würde auch geringere Kosten verursachen als eine neue geschlossene Publikation.
(A2/32:2)

Merklich erleichtert nahm Thierfelder diesen Rat an; Grebes
Brief vom 6. Juli 1955 beantwortete er am 19. Juli 1955 und
schrieb dort:

> An eine geschlossene Publikation denke ich nicht mehr. Es
> genügt vollständig, dass wir die im Druck erschienenen Sa-
> chen in der notwendigen Anzahl beschaffen (...), das kostet
> natürlich eine Menge Geld (...), aber andererseits ist die-
> ses Verfahren viel billiger, als wenn man nocheinmal (sic!)
> eine eigene Publikation herausbrächte, (...). (A2/33)

Die geplante Kollektion von Sonderdrucken kam nicht mehr zustande, sei es, weil Thierfelder auf unerwartete Schwierigkeiten - etwa finanzieller Art - dabei stieß, sei es, weil er
merkte, daß jetzt Grebe damit begonnen hatte, alle Reforminitiativen in der Dudenredaktion zu konzentrieren. Seit der Veröffentlichung der STE hatte er die Entwicklung, über die er jeweils durch Thierfelders Rundschreiben und auch einige individuelle Briefe gut informiert war, genau beobachten können. Zu
diesem Zeitpunkt war ihm wohl klar, daß nach den Ereignissen in

Wien und nach den Einmischungsversuchen der Akademien auf eine
Konferenz nicht zu hoffen war und weitere Bemühungen in dieser
Richtung zwangsläufig in einer Sackgasse enden mußten, zumal
eine offizielle Reaktion der KMK auf die STE ausblieb. Vielleicht hätte er die Dinge auf sich beruhen lassen in der Hoffnung, die Reformbestrebungen würden allmählich in Vergessenheit
geraten, wenn nicht inzwischen der Bertelsmann-Verlag das von
Mackensen bearbeitete Wörterbuch "Deutsche Rechtschreibung"
herausgebracht hätte. Für die Dudenredaktion bestand nun akuter
Handlungsbedarf. Es gelang Grebe, im November 1955 den KMK-Beschluß zu erwirken, der dem Duden eine gewisse amtliche Gültigkeit zusprach.
Mit diesem "Stillhalte"-beschluß begann in der Geschichte der
Rechtschreibreform ein neues Kapitel: Der von der KMK und dem
BMI gemeinsam eingesetzte "Arbeitskreis für Rechtschreibregelung", erarbeitete die "Wiesbadener Empfehlungen", Basis und
Ausgangspunkt aller folgenden Diskussionen bis heute.
Im Juni 1955 hatte Thierfelder noch einmal ein Rundschreiben an
die Mitglieder der Arbeitsgemeinschaft für Sprachpflege gerichtet; einige Wochen danach, am 20. Juli 1955 endete vorläufig
der Briefwechsel mit Grebe. Von diesem Zeitpunkt an agierten
die beiden Herren parallel, allerdings mit unterschiedlichem
Erfolg: Grebe erreichte den Dudenbeschluß, gleichzeitig An-
fangspunkt einer Führungsrolle, die er während der folgenden
zehn Jahre in der Reformdiskussion innehatte; Thierfelder dagegen nahm im Oktober in München an einem Treffen teil, das seine
letzte Aktivität in Sachen Rechtschreibreform werden sollte.

3.3   Das Treffen in München und die Folgen

An diesem von Frings angeregten Treffen, das am 8. Oktober 1955
in der Akademie der Wissenschaften in München stattfand, nahmen
Frings, Meister, Basler, Kralik, Kranzmeyer und Thierfelder
teil. Über den Verlauf gibt es zwei Berichte:
1.   Brief von Basler an Höhne (Bayerisches Kultusministerium)
     vom 15.11.1955 (B3/52, Abschrift)
2.   Brief von Thierfelder an Löffler vom 11.10.1955 (B3/53,
     Abschrift und B1/73, Abschrift von Abschrift) Dieser

Brief hatte die Funktion eines Protokolls und wurde als Durchschrift dem Bayerischen Kultusministerium übergeben.

Abschriften von beiden Briefen schickte Dr. Meinzolt (Staatssekretär im Bayerischen Kultusministerium) am 13. Februar 1956 mit einem Begleitschreiben (B3/51) an Frey (KMK), der diese an Dehnkamp weitergab. Löffler hatte aber schon am 29. Oktober 1955 Thierfelders obengenannten Brief dem Präsidenten der KMK vorgelegt, der ihn wiederum an Dehnkamp schickte. Dieses mehrmalige Weiterleiten der Briefe erklärt sich dadurch, daß im Zusammenhang mit dem Münchener Treffen die Kompetenzprobleme evident wurden: Das Treffen hatte in der Bayerischen Akademie der Wissenschaften stattgefunden; Basler, der glaubte, dort sowohl die Münchener Akademie als auch das Bayerische Kultusministerium vertreten zu haben, schickte den erwähnten Bericht an den Ministerialrat Höhne und fügte eine Durchschrift von Thierfelders Brief (an Löffler) bei. In der zweifellos richtigen Annahme, die Kompetenz für eine Rechtschreibreform läge bei der KMK, schickte Meinzolt beide Schriftstücke nach Bonn. Es mag dabei auch eine Rolle gespielt haben, daß man sich in München von diesen Aktivitäten distanzieren wollte; Meinzolts Äußerung in einem späteren Brief an Dehnkamp kann jedenfalls so interpretiert werden:

> Den Freistaat Bayern konnte Professor Basler auf der Konferenz in München nicht vertreten, da er hierzu wie bei früheren Tagungen einer ausdrücklichen Ermächtigung bedurft hätte, die in diesem Fall nicht beantragt wurde und ihm auch in genereller Form nicht erteilt worden war. (B3/128; Meinzolt an Dehnkamp 6.4.56)

Auch Thierfelder war wohl inzwischen zu der Meinung gekommen, daß es an der Zeit sei, die Initiativen den staatlichen Stellen zu übertragen; so berichtete er über das Münchener Treffen nicht mehr in Rundschreiben an die Mitglieder der Arbeitsgemeinschaft für Sprachpflege, sondern er informierte Löffler. Damit wollte er die KMK zu Verhandlungen mit den Vertretern der anderen deutschsprachigen Staaten veranlassen, wodurch vielleicht doch noch die von ihm favorisierte Wiener Konferenz zustande kommen könnte.

In seinem Bericht heißt es, man habe in München einstimmig beschlossen, die KMK der Bundesrepublik zu bitten, eine Kommission zu beauftragen, die Verhandlungen mit den schon gebildeten
Kommissionen der anderen deutschsprachigen Länder führen könne.
Die Konferenz der schweizerischen Erziehungsdirektoren habe
Hotzenköcherle und Glinz zu solchen Verhandlungen bevollmäch-
tigt; das Unterrichtsministerium in Berlin-Pankow habe das
gleiche getan, die Bevollmächtigten seien Frings, Steinitz,
Klappenbach und Ebert; der österreichische Unterrichtsminister
habe den Akademiepräsidenten Meister beauftragt, eine Kommission zu bilden, der neben Meister, Stur und Kranzmeyer noch eine
zu benennende vierte Person angehören würde. Für die von der
KMK erbetene Kommission würden folgende Personalvorschläge gemacht: Löffler, Weisgerber, Basler, Grebe. Die Arbeitsgemeinschaft für Sprachpflege solle "unter allen Umständen weiter bestehen" bleiben und Thierfelder weiterhin die organisatorischen
Geschäfte führen. Für das nun notwendige Vorgehen macht Thierfelder konkrete Vorschläge:

> Die Bildung bevollmächtigter Ausschüsse hat sich nunmehr
> als notwendig erwiesen, um die amtlichen Auffassungen der
> beteiligten Länder (...) in offizielle Vorschläge zu ver-
> wandeln. Nachdem die Klärung in den vier verschiedenen
> Sprachgruppen durch Erstattung von Gutachten und Äußerung
> der zuständigen Ministerien herbeigeführt worden ist, soll
> in einer Sitzung im Februar 1956 eine neue Beratung in
> Stuttgart stattfinden, in der ein einheitliches Generalgut-
> achten erarbeitet werden wird. Dieses soll der allgemeinen
> Tagung in Wien, an der unbedingt festgehalten wird, als
> Diskussionsgrundlage vorgelegt werden. (B1/73a:2)

Dehnkamp erhielt diesen Brief am 7. November 1955 vom Präsidenten der KMK; er war Ende Oktober selbst in München gewesen und
hatte dort mit Hübinger und auch mit Löffler gesprochen. Er
fragte sich, warum letzterer ihn über Thierfelders Bericht
nicht informiert hatte. Wie in den Formulierungen seines an
Frey gerichteten Briefes (B1/73) spürbar wird, schien er über
diese parallelen Aktivitäten, von denen er nichts wußte, etwas
ungehalten zu sein, obwohl das dort vorgeschlage Vorgehen sich
zunächst noch mit seinen Plänen deckte. Einige Passagen in dem
Brief hat er kräftig angestrichen: Weiterbestehen der Arbeitsgemeinschaft für Sprachpflege unter der Leitung von Thierfelder, Gutachten und Äußerungen der Ministerien aus den vier be-

teiligten Ländern, Durchführung der Konferenz in Wien 1956.
Thierfelders Bemerkung, die "Diskussionsgrundlage (solle) in
erster Linie liberalisierenden und erst in zweiter Linie refor-
mierenden Charakter haben", versah er mit der Randbemerkung
"was heißt das?"; solche allgemeinen Äußerungen widerstrebten
ihm und bestärkten ihn in seinen Ressentiments gegen Thierfelder. Dieser machte allerdings zum Schluß seines Briefes in einer Zusammenfassung noch einmal klar, was er mit dieser Bemerkung meinte:

> Zum einen sind hier keine Revolutionäre (wie das in der
> Presse immmer wieder behauptet wurde), sondern Liberale am
> Werk, und zum anderen besteht aller Grund zum Optimismus.
> 1. Österreich, die Schweiz, die Bundesrepublik und die
>   Deutsche Demokratische Republik sind in einem Augen-
>   blick, wo das noch gar nicht selbstverständlich war,
>   übereingekommen, unter allen Umständen ein einheitliches
>   Vorgehen in allen Sprachfragen zu bejahen und eigene We-
>   ge abzulehnen.
> 2. Es ist gelungen, Radikale und Gemäßigte auf ein mittle-
>   res Programm zu einigen.
> 3. Die Regierung von Luxemburg hat von sich aus erklärt, an
>   einer Rechtschreibungregelung mitzuarbeiten.
> 4. Der Widerhall der Reform im Auslanddeutschtum und bei
>   den Nicht-Deutschen (sic!) Germanisten war bisher über-
>   raschend günstig - wirklich ablehnend haben sich nur die
>   Deutschen Südwestafrikas geäußert.
> 5. Eine Verbesserung der Rechtschreibung hat sich als
>   Volksanliegen ersten Ranges erwiesen. Die Diskussion hat
>   das Zusammengehörigkeitsgefühl der deutschsprechenden
>   Menschen gestärkt und diese auf dem wichtigen Gebiet aus
>   der Nachkriegslethargie aufgeweckt.
> 6. Auch bei dieser Gelegenheit zeigte sich die Abneigung
>   gegen jeden Radikalismus. Die ewig Gestrigen haben ihr
>   Pulver verschossen, und die Besonnenheit kommt nunmehr
>   zu Worte. Es müßte merkwürdig zugehen, wenn sie nicht
>   schließlich durchs Ziel ginge. (Bl/73a:3)

In diesem Brief gibt Thierfelder zweifellos wahrheitsgemäß das
wieder, was in München beschlossen und besprochen wurde, allerdings ist seine Absicht spürbar, hier einem Vertreter der KMK
(Löffler war, wie schon mehrfach erwähnt, Vorsitzender des
Schulausschusses) die Vorgänge in einem optimistischen Licht
und in seinem Sinne darzustellen. Dies gilt vor allem für die
Passagen, in welchen die Zusammenarbeit mit den anderen Staaten, besonders der DDR, erwähnt wird.

Daß Dehnkamp auf diesen Bericht etwas empfindlich reagierte,
ist aus heutiger Sicht verständlich; die Gründe für seine un-

willige Reaktion müssen ihm selbst aber gar nicht so deutlich
bewußt gewesen sein.

- Er hatte mit dem österreichischen Unterrichtsminister gerade
  einen einzigen Brief gewechselt, was auf dem diplomatischen
  Weg schon mühsam genug war (s. 2.Kap.2).
- Politische Verhandlungen mit der DDR waren offiziell überhaupt nicht möglich und privat nicht erwünscht; Versuche, auf
  einer anderen Ebene Kontakte zu knüpfen, wurden abgeblockt,
  Verhandlungen äußerst distanziert geführt und eine Fortsetzung verweigert; ein Beleg dafür ist das durch eine Initiative aus der DDR zustandegekommene Gespräch zwischen Klappenbach und Löffler am 5. März 1955 in Berlin, in dem ein Angebot an die KMK gemacht wurde (s. 2.Kap.2).
- Kontakte mit der Schweiz gab es aus unerfindlichen Gründen
  überhaupt nicht.

Thierfelder rühmte in dem zitierten Bericht seine internationalen Beziehungen - mit Recht und auch mit einigem Stolz - , und
er fügte noch hinzu, was er in seiner Eigenschaft als Generalsekretär des Insituts für Auslandsbeziehungen erfahren hatte:
Die Deutschsprechenden im übrigen Ausland und die nichtdeut-
schen Germanisten würden eine Reform begrüßen. Es läßt sich
nicht nachprüfen, wie viele Äußerungen seiner Behauptung, der
Widerhall im Ausland sei "überraschend günstig" gewesen, zugrunde liegen. Für ihn war aber gerade dies ein wichtiges Argument, da er wegen seiner jahrelangen Auslandsarbeit über eine
Erfahrung verfügte, die er zu dieser Zeit den meisten anderen
Deutschen, die während des Dritten Reiches wenige oder gar keine internationalen Kontakte kannten, voraus hatte.
Auch von seiner Motivation, sich bald nach Kriegsende mit
Sprachproblemen zu beschäftigen, die ihm im Zusammenhang mit
einer Neuorientierung und einer individuellen nationalen Identität wichtig erschienen, sprach er hier noch einmal: Zusammen-
gehörigkeitsgefühl und Nachkriegslethargie. Schließlich erwähnte er auch noch seine eigene konservative Einstellung, die
durch die Pressepolemik in ein völlig anderes Licht geraten
war: Abneigung gegen jeden Radikalismus. Ohne es zu diesem
Zeitpunkt zu ahnen, setzte er mit dieser Zusammenfassung den
Schlußpunkt unter seine eigenen Bemühungen. Grebe hatte ihm,
dem (halb)privaten Initiator, das Heft längst aus der Hand ge-

nommen; Dehnkamp hatte seine Aktivitäten nie sonderlich geschätzt, ohne das einmal expressis verbis formuliert zu haben.
In seinen Äußerungen klang aber immer wieder an, daß er Thierfelder für etwas unrealistisch hielt; und gerade im Zusammenhang mit der Wiener Konferenz kamen ihm dessen Vorstellungen
illusorisch vor.
Daß seine Möglichkeiten, als Politiker in dieser Frage international aktiv zu werden, durch die damalige politische Konstellation stark eingeschränkt waren, empfand Dehnkamp als Mangel,
den er sofort auszugleichen versuchte. Als er erfuhr, daß der
im Juni 1955 ernannte neue bundesdeutsche Außenminister von
Brentano im Herbst zu einem Staatsbesuch nach Österreich fahren
wollte, trug er im Auswärtigen Amt die Bitte vor, ein Mitglied
der Delegation möge in Wien mit einem Beamten der Kulturbehör-
den Verbindung aufnehmen, um einen amtlichen Kontakt herzustellen, auf den man später bei offiziellen Gesprächen zurückgreifen könne. Um die Kontakte zu Österreich hat er sich auch in
den folgenden Jahren, während die Verhandlungen in Wiesbaden
stattfanden, immer wieder bemüht, ohne den erwarteten Erfolg zu
haben. Selbst ein persönliches Gespräch mit Drimmel im November
1957 in Bremen (S. 4.Kap.4) blieb folgenlos.
Jetzt galt es aber zunächst, die Pläne innerhalb der Bundesrepublik weiter zu realisieren; dabei wollte er "den eingeschlagenen Weg der privaten Vorarbeit nicht verlassen" und glaubte

> offizielle Verhandlungen mit den anderen deutschen Gebieten
> erst führen zu können, wenn wir in der Bundesrepublik zu
> einer Verständigung gelangt sind. Vorher sollte auch keine
> Verhandlungskommission bestimmt werden, denn die Zusammen-
> setzung hängt doch u.U. von dem Ergebnis der Vorarbeiten
> ab. (B1/75; Dehnkamp an Frey/KMK)

Inzwischen hatte er sich mit Grebe als Leiter der Dudenredaktion getroffen, um mit ihm über die Herausgabe des Wörterbuchs
von Mackensen und dem in diesem Zusammenhang wichtigen Beschluß
der KMK von 1950 zu sprechen. Mit diesem Thema wurde Dehnkamp
keineswegs unvorbereitet konfrontiert. Schon im Juni 1955 hatte
er in einem Brief an Kasack darauf hingewiesen, daß das vor einiger Zeit erschienene "Bertelsmann Wörterbuch nicht mehr in
allen Einzelheiten mit dem Duden übereinstimme" und "es inzwischen einen West- und einen Ost-Duden" gäbe; deshalb könne sich

216

die KMK der Aufgabe, "die Einheit der deutschen Rechtschreibung" zu erhalten, nicht länger entziehen. (B1/36:2) Kurz darauf wies ihn Löffler auf "die Besprechung der beiden Werke
(Bertelsmann Wörterbuch und Duden, H.S.) in der Fachzeitschrift
der Industriegewerkschaft Druck und Papier 'Form und Technik'
IV vom April 1955" hin. (B1/40) Als er dann von mehreren Seiten
über das Treffen in München informiert wurde und zu befürchten
war, einer der anderen deutschsprachigen Staaten (DDR ?) könnte
evtl. einen Alleingang planen, kam er zu dem Entschluß, in zwei
Etappen zu handeln, um Zeit zu gewinnen. Da die STE als Grundlage nicht akzeptiert wurden, müßte eine Kommission diese entweder überarbeiten oder einen neuen Vorschlag machen. Beides
würde Zeit kosten, zumal er sich über die Zusammensetzung einer
solchen Arbeitsausschusses noch nicht im klaren war. Aus diesem
Grund machte er sich für die Erneuerung des Duden-Beschlusses
der KMK, der dann am 18./19. November erfolgte, stark.

4.   Entscheidungsprozeß "private Vorarbeit" versus staatliche
      Initiative

In einem längeren Entscheidungsprozeß, in dessen Verlauf Dehnkamp immer wieder Rat bei verschiedenen Männern - Kliemann,
Grebe, Mackensen und besonders Weisgerber (B3/17 Gespräch über
allg. Fragen) - suchte, die auf die schließlich getroffenen
Entscheidungen einigen Einfluß hatten, entstand dann der Plan,
von der KMK und dem BMI gemeinsam den "Arbeitskreis für Rechtschreibregelung" einzuberufen, der dann die WE erarbeitete. Bis
dahin war es aber noch ein mühsamer Weg.
In einem Brief vom 5. August 1955 formulierte er seine Absichten und deutete an, wie er vorzugehen gedachte:

> Meine Absicht war und ist, durch private Vorarbeit die
> Grundlagen für die notwendige spätere Entscheidung der Mi-
> nisterien und Parlamente zu bekommen. Wenn das nicht ge-
> lingt, d.h. wenn die am Wort und an der Sprache arbeitenden
> Menschen und Organisationen sich nicht verständigen können,
> wird früher oder später die Bürokratie an diese Aufgabe
> herangehen müssen und davor möchte ich sie und uns bewah-
> ren. (B1/42)

Im Laufe dieser vorbereitenden Verhandlungen wurde ihm immer klarer, daß es sich um eine rein private Vorarbeit nicht handeln konnte, schon aus finanziellen Gründen nicht. Auch die von ihm genannten Organisationen (Arbeitsgemeinschaft für Sprachpflege, Deutsche Akademie für Sprache und Dichtung, Deutscher Sprachverein - hier meinte er die GfdS, H.S.) waren aus den verschiedensten Gründen nicht in der Lage, die von ihm gewünschte Vorarbeit zu leisten.

Die von der Arbeitsgemeinschaft für Sprachpflege ausgearbeiteten STE wollte die KMK in der vorliegenden Form offiziell nicht zur Diskussionsgrundlage machen, weil dies vermutlich von einflußreichen Personen (Storz) verhindert wurde und weil der Wirbel in der Presse die Politiker unnötige Unruhe und negative Schlagzeilen befürchten ließ. Dort mag auch der Grund für das in der KMK herrschende Desinteresse an Fragen der Rechtschreibreform liegen, über das schon berichtet wurde.

Die Gesellschaft für deutsche Sprache, als Nachfolgeorganisation des Deutschen Sprachvereins eine Vereinigung von Sprachfreunden (überwiegend linguistische Laien), hatte zwar mit Mackensen einen kompetenten Sprachwissenschaftler als Schriftleiter der Zeitschrift "Muttersprache" gewonnen, an der auch Weisgerber häufig mitarbeitete, verfügte aber darüber hinaus nicht über genügend Fachleute, um eine solche Arbeit in eigener Regie durchzuführen.

Den Gedanken, eine dieser beiden Organisationen mit der Federführung zu beauftragen, ließ Dehnkamp dann auch bald fallen, um in der nächsten Zeit mühsam mit der Deutschen Akademie für Sprache und Dichtung zu verhandeln.

4.1 Ergebnislose Verhandlungen mit der Deutschen Akademie für Sprache und Dichtung über "private Vorarbeit"

Die Voraussetzungen für Verhandlungen schienen ihm zunächst nicht besonders gut, denn immmerhin hatte es zwischen ihm und dem Schriftsteller Hermann Kasack, der von 1953 bis 1963 Präsident der Akademie war, eine ziemlich harte Kontroverse wegen des Gutachtens zu den STE gegeben. Obwohl Dehnkamp in diesem Zusammenhang die völlig unsachliche Kritik des Gutachtens

scharf verurteilt hatte, kam er nicht auf den Gedanken, daß hinter dieser Haltung auch fachliches Unvermögen gestanden haben könnte. Er war der festen Überzeugung, daß "wenn überhaupt (...) bei solchen Anlässen eine Akademie für Sprache ihre Sachkunde und vielleicht sogar ihre Daseinsberechtigung erweisen" müßte (B1/15). Vermutlich hat er dabei immmer die Académie française als Vorbild vor Augen gehabt und die Aufgabe der Sprachwissenschaftler an den Universitäten völlig verkannt, zumal die aus eigener Initiative gegründete Arbeitsgemeinschaft für Sprachpflege, der mehrere renommierte Sprachwissenschaftler angehört hatten, in seinen Augen mit den STE gescheitert war. (Es kann dies aber nicht als ein objektives Scheitern betrachtet werden, sondern nur als ein Problem der Akzeptanz - das gilt sowohl für die Bundesrepublik als auch für Österreich.)
Auch die Initiativen von Storz, der mit allen Mitteln versuchte, eine Reform zu verhindern, hat er nicht durchschaut - vermutlich weil ihm entsprechende Informationen fehlten. Es ist zu vermuten, daß Storz, der erst zwei Jahre später Kultusminister von Baden-Württemberg wurde, zu diesem Zeitpunkt aber schon Einfluß in der KMK gehabt hat. Um diese Frage zu klären, müßten die Protokolle und sonstigen Akten der KMK aus dieser Zeit ausgewertet werden.
Dehnkamp setzte seine Hoffnung also auf die Deutsche Akademie für Sprache und Dichtung, obwohl die polemische und unsachliche Diktion des Gutachtens zu den STE (vgl. dazu 1.Kap.4.1.4), die er in einem Brief an Kasack bewußt hart kritisiert hatte ("Entschuldigen Sie diese Schärfe, aber auf Ihr Gutachten kann man nicht anders antworten." -B1/16-), ihn eines anderen hätte belehren müssen. Jedenfalls meldete Grebe seine diesbezüglichen Zweifel an:

> Ich glaube nicht, daß die Deutsche Akademie für Sprache und Dichtung allein die notwendigen Fachleute heranzuziehen vermag, zudem seit der letzten Sitzung der Arbeitsgemeinschaft für Sprachpflege in Stuttgart, an der Herren der Darmstädter Akademie teilgenommen haben, gewisse Spannungen bestehen. (B1/65)

Um diese Spannungen abzumildern und eventuell alle an einen Tisch zu bekommen, führte Dehnkamp am 23. Oktober 1955 in Darmstadt ein Gespräch mit den Akademiemitgliedern Kasack, Storz und Usinger. Er vermerkte in einer Gesprächsnotiz, daß die Herren sehr aufgeschlossen waren und sich auch bereit zeigten, "die gewünschte private Vorarbeit zu leisten"; letzteres allerdings erst, nachdem ihnen versichert worden war, "daß es nicht um die sog. Stuttgarter Empfehlungen gehe" (Bl/51).

Es verwundert, daß nach dem vorausgegangenen Briefwechsel, der teilweise polemisch geführt worden war, dieses Gespräch ganz offensichtlich in einer versöhnlichen und freundlichen Atmosphäre stattfand. Zwei Tage darauf (25. Oktober 1955) legte Dehnkamp in einem Brief an Kasack (Bl/62) noch einmal dar, wie er sich die Pläne für eine Rechtschreibreform und deren Realisierung vorstellte. Die Notwendigkeit einer Rechtschreibreform ergab sich für ihn aus der Tatsache, daß "die politische Spaltung Deutschlands" und "unterschiedliche Empfehlungen von Wörterbüchern und Organisationen" die Einheit der Schriftsprache gefährden, daß aber demgegenüber "Rechtschreibregeln und Schreibweisen von Wörtern schnellstens dem gegenwärtigen Stand der Sprachentwicklung angepaßt werden" müßten. Grundlagen für eine solche Neuregelung könne man seiner Meinung nach entweder amtlich oder privat erarbeiten, die KMK hielte "das letzere für wünschenswert, wobei natürlich vorausgesetzt wird, daß hierbei alle 'Richtungen' beteiligt" würden. In seinen weiteren Darlegungen ging er ausführlich auf Verfahrensfragen ein und zählte auch die von Thierfelder vorgeschlagenen Verbände und Organisationen auf, die an dieser "privaten" Vorarbeit beteiligt sein sollten. Auch die Einladung zu Verhandlungen

> sollte nach Meinung der Kultusministerkonferenz von privater Seite, z. B. von der Deutschen Akademie für Sprache und Dichtung, geschehen. Sollte dies aus irgend welchen Gründen nicht gewünscht werden, müßte evtl. eine amtliche Stelle oder Person zur ersten Zusammenkunft einladen. (...) Über die Wahl des Vorsitzenden sowie über Art, Einteilung und Umfang der Arbeit und natürlich auch über die zu erarbeitenden Vorschläge hätte der geladene Kreis natürlich allein zu bestimmen. (Bl/62)

Sicher war Dehnkamp mit Grebe der Meinung, daß die STE der "Ausgangspunkt zu einem solchen Gespräch" sein sollten, "weil sonst die umfangreichen Diskussionen, die zu diesen Empfehlungen geführt haben, nochmals wiederholt würden" (Bl/65), umschrieb dies aber diplomatisch mit dem Vorschlag, alle "Richtungen" zu beteiligen und dem geladenen Kreis das Recht zuzuerkennen, selbst über die zur Diskussion zu stellenden Vorschläge zu bestimmen.

Am 2. November 1955 bestätigte Kasack den Eingang dieses Briefes und stellte mit Befriedigung fest:

> Wenn ich Sie recht verstehe, sollen die neu zu bearbeitenden Empfehlungen sich nicht mehr auf die Richtlinien der "Arbeitsgemeinschaft für Sprachpflege zur Erneuerung der deutschen Rechtschreibung" beziehen, sondern auf einem selbständigen Vorschlag der von Ihnen erwähnten Institutionen und Organisationen beruhen. (B1/71)

Der Anfang dieses Satzes ist von Dehnkamp unterstrichen und mit dem handschriftlichen Kommentar versehen "zurückhaltender geht es nicht!"; er glaubte, mit seinen diplomatischen Formulierungen Erfolg gehabt zu haben, was sich aber bald als Irrtum erweisen sollte.

Kasack versprach in diesem Brief eine Stellungnahme zu den "Anregungen und Vorschlägen" nach einer Besprechung "mit den Herren des Präsidiums, vor allen Dingen mit Herrn Dr. Storz". Inzwischen hatte sich Mackensen ebenfalls mit Storz in Verbindung gesetzt, und er berichtete Dehnkamp am 9. Dezember 1955:

> Die Antwort, die ich eben erhalte, deutet an, daß die Akademie zwar die ihr gestellte Aufgabe wohl nicht grundsätzlich ablehnen wolle, andererseits aber den Vorgang nicht zu beschleunigen gedenke. (B1/98)

Dehnkamp war von dieser Mitteilung nicht überrascht, konnte diese Haltung aber nicht verstehen, denn nach seiner Meinung hatte die Akademie sich "selbst in die Auseinandersetzung um die Fragen der Rechtschreibreform hineinbegeben und 'gewisse Mißlichkeiten' unserer gegenwärtigen Schreibung zugegeben"; sie könne deshalb jetzt die Frage nicht "auf die lange Bank schieben oder so tun, als ob sie unbeteiligt oder eigentlich nicht zuständig sei". (B1/99)

Für den weiteren Verlauf seiner Bemühungen brauchte er auf jeden Fall bald eine Nachricht darüber, ob sie die Federführung oder die Einladung übernehmen wollte oder jede Mitarbeit ablehnte. Für ihn drängte jetzt die Zeit, und für den Fall einer Absage müßte er eine andere Institution oder Persönlichkeit finden, die diese Funktionen übernehmen könnte. Eine Initiative der KMK wollte er auf jeden Fall vermeiden. Auch seine guten Beziehungen zu dem Ministerialdirigenten Hans Bott, dem persönlichen Referenten des Bundespräsidenten und Leiter des Kulturreferats im Bundespräsidialamt, nutzte er noch einmal aus, um endlich Klarheit über die Absichten der Deutschen Akademie für Sprache und Dichtung zu erhalten. Anfang Dezember hatte er die Fragen der Rechtschreibreform noch einmal mit Bott allgemein erörtert und bat diesen, nachdem er die Nachricht von Mackensen über die Zurückhaltung der Akademie erhalten hatte, am 12. Dezember 1955:

> Es wäre daher wirklich schön, wenn Sie bei Ihrem Weihnachtsgespräch mit Herrn Kasack erreichen könnten, daß die Angelegenheit etwas beschleunigt behandelt und eine Antwort gegeben wird. Wenn sie auch so zurückhaltend sein sollte, wie es nach dem Schreiben von Prof. Dr. Mackensen anzunehmen ist, hätte ich dadurch doch meine Handlungsfreiheit wieder, und das halte ich angesichts der spürbaren Unruhe über die "Rechtschreibunsicherheit" für sehr wichtig. (B1/100)

Eine Antwort auf diesen Brief fehlt leider, ebenso ein Beleg dafür, daß Bott mit Kasack tatsächlich über die Rechtschreibreform gesprochen hat. Erst am 23. Dezember 1955 erhielt Dehnkamp, der in der Zwischenzeit den Duden-Beschluß der KMK erwirkt hatte, die versprochene Nachricht aus Darmstadt, die ihn "einigermaßen in Erstaunen setzt(e)" (B1/104). Die zögerliche Haltung der Akademie war ihm schon bekannt, die neuste Begründung dafür war es, die ihn überraschte. Kasack schrieb nämlich:

> Inzwischen hat sich die Frage der weiteren Behandlung der Rechtschreibreform dadurch vereinfacht, daß die Arbeitsgemeinschaft, wenn wir recht unterrichtet sind, beschlossen hat, in Übereinstimmung mit den anderen Ländern einen neuen, gemäßigteren Vorschlag auszuarbeiten und diesen der Kultusministerkonferenz einzureichen. Wir begrüssen diesen Schritt auf das lebhafteste. Dadurch dürfte sich der Plan erübrigen, ein neues Gremium für die Ausarbeitung von Vorschlägen zusammenzurufen. Wir dürfen nun den Vorschlag unterbreiten, daß die neuen Richtlinien für die Rechtschreibreform der Arbeitsgemeinschaft, sobald sie der Kultusministerkonferenz vorgelegt worden sind, der Akademie bekanntgegeben werden. Wir würden dann, ev. nach Fühlungnahme mit der Gesellschaft für deutsche Sprache, ein Gutachten für die Kultusministerkonferenz erstatten." (B1/103)

Dehnkamp, der sich "nicht unmittelbar an Herrn Dr. Thierfelder wenden" wollte, bat daraufhin Löffler, in Stuttgart zu erkunden,

> ob die Nachricht von Herrn Kasack stimmt und wenn ja, wie dieser Sinneswandel in der Arbeitsgemeinschaft für Sprachpflege zustande gekommen ist, wer daran mitgewirkt hat und wie sich die Herren selber die weitere Entwicklung denken. (B1/104; Dehnkamp an Löffler 23.12.55)

Die Antwort kam postwendend. Löffler teilte mit, daß er Thierfelder noch am 22. November 1955 gesprochen habe und dieser ihn "zweifellos von einem solchen Beschluss unterrichtet" hätte; im Augenblick könne er nicht nachfragen, da Thierfelder sich in Belgrad aufhalte. Für Kasacks Schreiben hielte er folgende Erklärung für wahrscheinlich:

> Herr Dr. K a s a c k hat auf irgendeinem Wege in etwas entstellter Weise Kenntnis erhalten von der Münchener Besprechung am 8. Oktober d.Js., über die Herr Dr. Thierfelder in jenem Brief berichtete. Bei dieser Besprechung wurde die Bildung bevollmächtigter Ausschüsse durch die amtlichen Stellen der vier beteiligten Länder angeregt (für Österreich, die Schweiz und die Deutsche Demokratische Republik bestehen sie schon). Diese Auschüsse sollten den Vorschlag der in München versammelten Herren "die amtlichen Auffassungen der beteiligten Länder mit den in zahllosen Aufsätzen der Presse kritisch oder zustimmend geäusserten Meinungen in Einklang bringen und die Stuttgarter Empfehlungen entsprechend modifizieren bzw. ergänzen und in offizielle Vorschläge verwandeln". Sodann wollte man unter Federführung der Arbeitsgemeinschaft für Sprachpflege in einer Sitzung im Februar 1956 eine neue Beratung abhalten, "in der ein einheitliches Generalgutachten erarbeitet werden" sollte. (B1/105; Löffler an Dehnkamp 28.12.55; Sperrung im Original, H.S.)

Löffler begründete anschließend, was ihn zu dieser Interpretation von Kasacks Äußerungen veranlaßte:

> Für meine Deutung des Vorgangs sprechen die Worte "in Übereinstimmung mit den übrigen Ländern" in Herrn Kasacks Brief. Mit den "übrigen Ländern" meinte er zweifellos die drei anderen deutschsprachigen Länder. (B1/105)

Auch Löffler hatte erkannt, daß die Rechtschreibreform von der Akademie weder organisatorisch noch wissenschaftlich getragen werden könnte und nicht damit zu rechnen war, daß von dieser Organisation innovative Kräfte ausgehen würden, welche die Re-

formbestrebungen weiterbringen würden; er äußerte seine Meinung
in dem gleichen Schreiben in deutlichen Formulierungen:

> Der völlig ablehnende Brief des Herrn Dr. Kasack, von dem
> sie mir seinerzeit eine Abschrift sandten, ist das Einzige,
> was ich von der Deutschen Akademie für Sprache und Dichtung
> zur Frage der Rechtschreibreform bisher gehört habe; ein
> konstruktiver Vorschlag der Akademie (...) ist mir bis
> jetzt nicht bekannt geworden. (B1/105)

Dehnkamp wurde durch diese Äußerungen in seiner Skepsis zweifellos bestärkt, startete aber - in der Absicht, wenigstens eine unpolitische Stelle für die Federführung zu finden, um die
KMK nicht in eine solche Initiative zu drängen - einen weiteren
Versuch, die Akademie in die Pflicht zu nehmen. Am 2. Januar
1956 schrieb er an Kasack den Antwortbrief (B1/103), dem er eine Abschrift von Löfflers Brief beifügte, und erklärte, daß er
im Gegensatz zu Löffler auf dem Standpunkt stünde, man solle
Verhandlungen mit den Vertretern der anderen deutschsprachigen
Länder erst dann führen, wenn man sich in der Bundesrepublik
über die wesentlichen Fragen verständigt habe.
In dieser Äußerung wird spürbar, daß Dehnkamp in politischen
Kategorien dachte und dementsprechend seine Pläne entwickelte.
Leider war es Thierfelder nicht gelungen, ihn davon zu überzeugen, daß Verhandlungen auf der wissenschaftlichen Ebene durchaus von Vertretern aller in Frage kommenden Staaten gemeinsam
geführt werden könnten. Eigentlich hätte das Wissen über die
Arbeitsgemeinschaft für Sprachpflege, in der sich wenige Jahre
nach Kriegsende Vertreter aller deutschsprachigen Staaten "zu-
sammengerauft" und auf einen gemeinsamen Vorschlag geeinigt
hatten, bei Dehnkamp die Erkenntnis produzieren können, daß
Sprache bzw. Rechtschreibung nicht nationalspezifisch teilbar
ist und daß der in Stuttgart vorgegebene Weg, zunächst eine Einigung der Wissenschaftler herbeizuführen und dann über die po-
litschen Möglichkeiten einer Durchsetzung zu verhandeln, der
Sache angemessen war. Auch hier hat die ungeklärte Situation
der Beziehungen zur DDR insofern eine Rolle gespielt, als sie
Dehnkamp den Blick für die Möglichkeit eines gemeinsamen Handelns in der Rechtschreibfrage versperrte und Gesprächsangebote
von dort ignorieren ließ.

Er hatte nämlich am 2. Januar 1956, am gleichen Tag, an dem er den Brief an Kasack schrieb, von dem Verleger Kliemann (Verlag Oldenbourg, München) folgende Mitteilung bekommen:

> Vor einigen Wochen hatte Herr Professor Basler Besuch von Herrn Professor Steinitz aus der Ostzone. Dabei ergab sich, daß die Arbeitsgruppe der Ostzone sozusagen sehr dringend auf eine Einladung aus der Bundesrepublik wartet. (Bl/106)

In seinem Antwortschreiben an Kliemann ging Dehnkamp mit keinem Wort auf diese Mitteilung ein. Kliemanns Meinung, "dass es der Sache sehr dienlich wäre, wenn in absehbarer Zeit zunächst einmal eine bundesrepublikanische Auffassung des Problems zustande käme" (Bl/106), machte er sich aber zu eigen und versuchte aus seiner Sicht ein letztes Mal, die Akademie zu Aktivitäten zu bewegen:

> Ich möchte Sie daher nochmals bitten, mir baldmöglichst mitzuteilen, ob die Deutsche Akademie für Sprache und Dichtung bereit ist, an der Ausarbeitung von einer Art Mindestprogramm für die Rechtschreibreform durch einen sachkundigen Vertreter mitzuarbeiten und die Einladung für die erste Zusammenkunft zu übernehmen. (Bl/107; Dehnkamp an Kasack 2.1.56)

Er wollte "die Akademie nicht aus ihrer selbstgewählten Verpflichtung entlassen" und war bereit, einen eventuellen Zeitverlust in Kauf zu nehmen, weil er glaubte, dieses Vorgehen würde "sich nachher wahrscheinlich auszahlen" (Bl/110; Dehnkamp an Grebe 3.1.56).
Taktisches Kalkül bestimmte also diese neuerliche Bitte um Beteiligung an den Reformbemühungen, die der Akademie eine spätere Kritik fast unmöglich machen sollte. Seine Hoffnung, die Akademie für eine Mitarbeit zu gewinnen, war zu diesem Zeitpunkt schon der Skepsis gewichen. So schrieb er gleichzeitig an Mackensen, er bedaure es sehr, daß die Akademie ausweiche und man abwarten müsse, ob sie sich, "nachdem ihr Ausweichgrund entkräftet ist, zur Mitarbeit bereitfinden wird"; er stellte es Mackensen frei, sich erneut schriftlich an Kasack oder Storz zu wenden, versprach sich aber davon nicht mehr viel: "(...) doch bin ich weiterhin Skeptiker." (Bl/108; Dehnkamp an Mackensen 3.1.56)

Er sollte recht behalten; Mackensen setzte sich noch einmal mit Storz in Verbindung und mußte dann resigniert feststellen, er habe "nicht den Eindruck erhalten, daß die Akademie in nächster Zeit bereit sein dürfte, an Rechtschreibungsgesprächen federführend mitzuwirken" (B1/120; Mackensen an Dehnkamp 20.1.56). Noch deutlicher wurde Dehnkamp in seinem Brief an Kliemann:

> Ob meine erneute Bitte an die Akademie, mir ihre Bereitschaft (oder Nichtbereitschaft) zur Mitarbeit an dem sogenannten "Mindestprogramm" baldmöglichst mitzuteilen, mehr Erfolg haben wird, bleibt abzuwarten. Wenn nicht, muß und wird es ohne die Akademie gehen. (B1/109; Dehnkamp an Kliemann 3.1.56)

Aus heutiger Sicht muß festgestellt werden, daß die Akademie hier eine Chance verpaßt hat, weil ihre führenden Mitglieder zunächst glaubten, Aktivitäten von Dehnkamp durch bewährte Hinhaltetaktiken zu verhindern. Als man erkannt hatte, daß die KMK und das BMI in der Tat einen Arbeitskreis einsetzen würden, kam der erste konstruktive und sicher, was das vorgeschlagene Procedere betrifft, auch bessere Vorschlag (Vorgehen in vier Schritten). (B3/28; Dehnkamp an Löffler 8.2.56) Zu diesem Zeitpunkt wurde dieser aber von Dehnkamp nur noch als gezieltes Störmanöver beurteilt und deshalb nicht mehr in die zu diesem Zeitpunkt schon angelaufenen Vorbereitungen mit einbezogen.

4.2   Endgültige Entscheidung für staatliche Initiative:
       Gemeinsame Zuständigkeit von BMI und KMK

4.2.1 Verschiedene Vorgespräche

Nachdem Dehnkamp durch diesen über mehrere Monate gehenden zähen Briefwechsel mit der Deutschen Akademie für Sprache und Dichtung zu der Überzeugung gekommen war, daß von dieser Institution weder Initiativen ausgehen würden noch die Bereitschaft zu einer organisatorischen Durchführung zu erwarten war, entschloß er sich, seine ursprüngliche Absicht teilweise zu ändern und doch die KMK einzuschalten. Diesen Entschluß setzte er so-

fort in die Tat um. Noch bevor Kasacks erneut ausweichende Antwort am 16. Januar 1956 eintraf, hatte Dehnkamp bereits Termine
für Verhandlungen mit Grebe, Hansen (Vorsitzender der IG Druck
und Papier), Thierfelder und Kliemann verabredet. Kasack hatte
geschrieben:

> Zuvor müßte jedoch geklärt werden, inwieweit (...) ein
> kleines Gremium von Herrn Dr. Thierfelder mit dieser Aufga-
> be sich schon befasst. (...) So dürfte es wahrscheinlich
> zweckmäßig sein, daß für die Federführung die Deutsche Ge-
> sellschaft für Sprache von Ihnen, bzw. der Kultusminister-
> konferenz beauftragt wird, (...). (B1/119)

Kliemann mußte den Gesprächstermin absagen, schrieb dafür aber
einen ausführlichen Brief (B1/117), dessen Inhalt die weiteren
Geschehnisse insofern mitbestimmte, als Dehnkamp sein Handeln
in einigen Punkten nach den dort vorgetragenen Ratschlägen aus-
richtete. Kliemann war der Meinung, Thierfelder hätte das Gefühl bekommen, "sein bisheriger Arbeitsausschuss" habe sich
"durch die Form seiner radikalen Vorschläge (...) zu weit vor-
gewagt" und suche aus diesem Grund "nach einer neuen Basis für
weiteres Vorgehen". Diese Einschätzung beweist, daß Kliemann
über die Verhandlungen zu den STE nur sehr wenig wußte und
Thierfelder nur flüchtig oder gar nicht kannte. Dehnkamp ver-
ließ sich auf dieses Urteil und fühlte sich in seiner Ansicht
dadurch bestärkt, daß Thierfelder sich - zumindest aus der
Sicht eines Politikers, der darauf bedacht ist, bestimmte Entscheidungen mehrheitlich durchzusetzen - nicht sonderlich geschickt verhalten habe.
Noch schwerer wiegt, bezogen auf die Einberufung des Arbeitskreises für Rechtschreibregelung und darüber hinaus das Scheitern der WE, die Befolgung des zweiten Rates von Kliemann, der
gegen ein Wiederaufleben der Arbeitsgemeinschaft für Sprachpflege unter Thierfelders Leitung argumentierte: Es sollten
dort "zwar Vertreter aller vier Länder (...) nicht aber Vertreter der Schriftstellerverbände, der Verleger, der Buchdrucker
usw." teilnehmen. Er befürchte, daß die von Thierfelder vorgeschlagenen Mitglieder Frings, Steinitz und Stur nur aus taktischen Gründen zugesagt hätten, gemäßigtere Vorschläge auszuarbeiten, in Wirklichkeit aber weiterhin versuchen wollten, ihre
radikalen Pläne durchzusetzen. (B1/117)

Was Dehnkamp offensichtlich nicht voll durchschaute, war die Tatsache, daß Kliemann als Interessenvertreter der Verleger vorwiegend daran interessiert war, eine Reform zu verhindern, zumindest aber deren wirtschaftliche und finanzielle Auswirkungen zu minimieren. Er hatte diese Bedenken im Zusammenhang mit seiner Kritik an den STE im Mai 1955 im Börsenblatt für den deutschen Buchhandel publiziert. (Kliemann 1955) Eine "radikale Reform" glaubte er durch stärkere Beteiligung der Wirtschaft verhindern zu können und schlug deshalb vor, Vertreter aller betroffenen Interessenverbände an den Entscheidungen zu beteiligen. Dehnkamp hatte für solche Vorschläge auf Grund seiner eigenen Erfahrungen - er war als überzeugter Demokrat und Mitglied einer demokratischen Partei und der Gewerkschaft während des Dritten Reiches in Haft gewesen - ein offenes Ohr. Dazu kam noch, daß Thierfelder ihm schon früher eine Liste der Verbände, deren Vertreter zu der großen Konferenz eingeladen werden sollten, zugeschickt hatte (s. 2.Kap.1.2), auf die er nun zurückgreifen konnte. In seinem Brief, in dem er den Vorsitzenden der Industriegewerkschaft Druck und Papier um eine Unterredung bat, machte er seinen Standpunkt besonders deutlich, indem er ausführte, daß neben den Lehrern "auch die Schriftsetzer, Korrektoren und sonstige(n) Angehörige(n) des graphischen Gewerbes sehr daran interessiert" wären, "die deutsche Rechtschreibung dem gegenwärtigen Stand der Sprachentwicklung" anzupassen und "die heute vorhandene Rechtschreibunsicherheit" zu beseitigen; es ginge ihm nicht um die Einzelheiten der geplanten Reform, sondern er wollte klären, "ob durch ein Zusammengehen der hauptsächlich beteiligten Berufsgruppen die weitere Behandlung beschleunigt werden" könne. (Bl/112; Dehnkamp an Hansen/IG Druck und Papier 6.1.56) Dehnkamp war jetzt entschlossen, einen Ausschuß unter Beteiligung aller Interessengruppen bilden zu lassen. Er traf alle nötigen Vorbereitungen, um bei der nächsten Plenarsitzung der KMK in Stuttgart am 20. und 21. Januar 1956 seinen Plan - Einberufung eines Arbeitskreis - vorzutragen. Kurz vor dieser Sitzung sprach er mit Grebe und Steiner, mit Thierfelder und mit Vertretern der IG Druck und Papier, um sich der Mitarbeit der Dudenredaktion und der in Frage kommenden Gewerkschaften zu versichern und um Thierfelder davon abzuhalten, weitere Initiativen, insbesondere gemeinsam mit Vertretern aus Österreich und der DDR zu ergreifen. Er handelte nach bestem Wissen und Gewissen und mit lauteren Absichten; trotzdem muß im nachhinein festgestellt werden, daß es verfehlt war, von dem in Stuttgart eingeschlagenen Weg (zunächst Erarbeiten der wissenschaftlichen Prämissen, erst dann abklären, welche Vorschläge sich politisch durchsetzen lassen) abzuweichen.

In Wiesbaden führte die Anwesenheit der Vertreter der Interessenverbände dazu, daß alle Vorschläge von neuem diskutiert wurden, wobei es zwangsläufig zu einer Vermischung der wissenschaftlichen und der pragmatischen Argumente kommen mußte. Das hat nicht nur die Verhandlungen erschwert, sondern auch die späteren öffentlichen Diskussionen beeinflußt. So gerieten sowohl durch die Presse als auch über die Verbände unsachliche und polemische Kritiken in den Vordergrund, gegen die sich die Wisssenschaftler aus einem verständlichen Stolz heraus nicht zur Wehr setzten.

Da es für Dehnkamp klar war, daß die Dudenredaktion auf jeden Fall an den Verhandlungen beteiligt sein würde, führte er das erste Gespräch am 18. Januar 1956 in Wiesbaden mit Steiner und Grebe; beide hielten den neuen Vorschlag der Akademie, die Gesellschaft für deutsche Sprache mit der Federführung zu beauftragen, nicht für annehmbar; sie meinten, jetzt müsse die Einladung für das erste Treffen einer Arbeitsgruppe von der KMK kommen. (B1/111)

Dieser Vorschlag war taktisch klug; beide Herren waren sich wohl im klaren darüber, daß sie die Dudenredaktion als einladende Institution nicht vorschlagen konnten, wollten aber auf keinen Fall die Gesellschaft für deutsche Sprache, die ein knappes Jahr vorher an der Herausgabe des Mackensen-Wörterbuches beim Bertelsmann-Verlag beteiligt gewesen war, in dieser Rolle sehen. Außerdem hatte die KMK dem Duden im November 1955 eine gewisse amtliche Anerkennung verschafft, und es war davon auszugehen, daß die Interessen des Duden am besten gewahrt blieben, wenn die Reforminitiative von dem höchsten in Frage kommenden staatlichen Gremium ausginge. Auch im Hinblick darauf, daß noch drei weitere Staaten betroffen waren, konnte eine staatliche Stelle auf jeden Fall wirkungsvoller agieren. Wie die spätere Entwicklung zeigt, hat Dehnkamp seinen Plan von der

privaten Vorarbeit partiell aufgegeben und ist diesem Vorschlag
gefolgt.

Bei dem Gespräch, das er am folgenden Tag mit Thierfelder in
Stuttgart führte, vertrat er allerdings immer noch die Ansicht,
die KMK solle weder eine "amtliche Rechtschreibkonferenz einberufen" noch einen "offiziellen Ausschuß einsetzen", noch "direkt oder indirekt in Verhandlungen mit Vertretern der anderen
deutschsprachigen Gebiete[1] ein(zu)treten, bevor in der Bundesrepublik eine Verständigung über Art und Umfang einer evtl.
Rechtschreibreform erzielt wäre" (B1/116). In der ausführlichen
Aktennotiz, die er von diesem Gespräch anfertigte, heißt es
nach der einleitenden Bemerkung, die KMK werde "keinen radikalen Änderungen unserer Rechtschreibung zustimmen".

> Sie (die KMK, H.S.) wünsche, daß versucht werde, in einem
> privaten Arbeitskreis ein Art Mindestprogramm und damit
> die Grundlage für die Rechtschreibreform zu erarbeiten. Ein
> Erfolg sei aber nur zu erwarten, wenn alle interessierten +
> betroffenen Organisationen + Institutionen sich durch sach-
> kundige Vertreter beteiligen und von keiner Seite - auch
> nicht von ihm (Herrn Dr. Th!) - durch eigene Maßnahmen neue
> Unruhe hervorgerufen werde. Wenn die Vorschläge dieses pri-
> vaten Kreises die Billigung der amtlichen Stellen (Bund +
> Länder) gefunden hätten, könnte auch für die Bundesrep. ei-
> ne kleine Kommission zur Verhandlung mit Vertretern der an-
> deren deutschsprachigen Gebiete bestimmt werden.- Herr Dr.
> Th. nahm meine Ausführungen über die Aussichtslosigkeit ra-
> dikaler Vorschläge stillschweigend zur Kenntnis und be-
> zeichnete den von mir dargelegten Weg als gut und auch sei-
> nen Ansichten entsprechend. Er werde diese meine Bemühungen
> nicht durch eigene Maßnahmen stören, denn er habe nicht die
> Absicht, von sich aus weitere Schritte zu tun, da er be-
> reits alles getan habe, was er tun könne. Die von mir als
> überflüssig, ja sogar als gefährlich bezeichnete Wiener
> Rechtschreibkonferenz sieht auch er nicht mehr als erfor-
> derlich an und glaubt nicht mehr, daß sie noch stattfinden
> wird. Mit dem vorgesehenen Themenkreis für die privaten Be-
> ratungen, der sich selbst seinen Vorsitzenden wählen soll
> und das Recht der Selbstergänzung haben müßte, ist Herr Dr.
> Th. einverstanden. (B1/116)

---

[1] Das Wort "Gebiete", das er wahrscheinlich unbewußt statt
"Länder" benutzte, verdeutlicht ein weiteres Mal die Problema-
tik der damaligen Politik der Nichtanerkennung der DDR als
Staat.

Am nächsten Tag fügte Dehnkamp noch folgendes hinzu:

> Herr Dr. Löffler sagte mir heute, daß Herr Dr. Th. ihn te-
> lefonisch von unserer Unterredung informiert habe. Dr. Th.
> sei offenbar sehr befriedigt und werde sicher nichts tun,
> was den Erfolg der Bemühungen der KMK beeinträchtigen
> könne. (B1/116)

Da es sich bei diesen Äußerungen nicht um einen Brief handelt,
in dem alle Intentionen, die sich durch besondere Formulierung
und Betonung, Weglassen oder Zufügen bestimmter Informationen
manifestieren, den Empfänger in eine bestimmte Richtung lenken
sollen, sondern um ein handschriftliches Gesprächsprotokoll,
das vorwiegend als Gedächtnistütze dienen sollte, kommt diesem
Schriftstück besondere Bedeutung zu. Hier hat Dehnkamp völlig
"ungeschminkt" seine Meinung aufgeschrieben und seine Pläne
dargelegt. In seinen Briefen hatte nach seiner eigenen Aussage
häufig taktisches Kalkül den Vorrang; so schrieb er am 23. Januar 1956 an Löffler:

> Unter Bezugnahme auf unsere Unterredung in Stuttgart über-
> sende ich Ihnen beigefügt die Durchschrift meines Schrei-
> bens an Herrn Kasack. Ich habe darin absichtlich meine Un-
> terredung mit Herrn Dr. Thierfelder in den Vordergrund ge-
> stellt. Ob dadurch das Mißtrauen der Akademie-Leute gerin-
> ger wird, bleibt abzuwarten. (B1/124)

Dehnkamp hielt Thierfelder fälschlicherweise für einen radikalen Reformer; diese Beurteilung war unter dem Einfluß von Kliemann entstanden. Auch Grebes Einschätzung, der Thierfelder für
einen ungeschickten Diplomaten hielt, sich aber darüber nur
vorsichtig äußerte, wird hier eine Rolle gespielt haben. Allerdings hatte Thierfelder es versäumt - vielleicht hatte er auch
nicht genügend Gelegenheit dazu -, Dehnkamp seine eigene Einstellung darzulegen und ihm genauere Informationen über das Zustandekommen der Arbeitsgemeinschaft für Sprachpflege und den
Verlauf der Verhandlungen zu geben. Dies holte er erst in einem
Brief vom 10. April 1956 (B3/142) nach, zu einem Zeitpunkt, als
man ihn schon vollkommen aus der Initiative gedrängt hatte.

So kam es, daß die "radikalen" Forderungen der Österreicher und
auch der Vertreter der DDR, die in Stuttgart fast zum Abbruch

der Verhandlungen geführt hatten, allein auf sein Konto kamen. Weiterhin nahm Dehnkamp ihm seine Lieblingsidee von der Wiener Konferenz und die damit verbundenen Aktivitäten übel, besonders das Treffen mit Vertretern aus der DDR und aus Österreich im Oktober 1955 in München, bei dem über Kommissionen der vier beteiligten Staaten gesprochen worden war. Mit derlei Aktivitäten hatte Thierfelder nach seiner Meinung die Kompetenzen eines Privatmannes überschritten.

Hinter diesen Ressentiments kann zunächst die Befürchtung gestanden haben, eine solche Mammutveranstaltung erfordere zuviel organisatorischen Aufwand, ohne zu entsprechenden Ergebnissen zu führen; darüber hinaus kann, wie schon erwähnt, ein gewisser Neid auf die Möglichkeit problemloser Kontakte mit Wien vermutet werden, aber auch die Vorbehalte gegen die "Ostzone" können eine Rolle gespielt haben. Für diese Annahme spricht auch, daß über Thierfelders Aufenthalt in Wien, wo er am 18. Januar 1956, also einen Tag vor dem geschilderten Treffen mit Dehnkamp in Stuttgart, vor dem Bund österreichischer Rechtschreibreformer (bör) einen Vortrag über die Aussichten der Rechtschreibreform gehalten hatte, trotz Thierfelders schriftlicher Ankündigung ("..., und ich werde Ihnen vermutlich auch nützliche Mitteilungen aus Wien machen können" - B1/116 -) nicht gesprochen wurde. Mit diesem Gespräch wurde Thierfelder endgültig aus seiner Führungsposition gedrängt, und die weitere Beteiligung an den Reformdiskussionen wurde ihm im Zusammenhang mit den Einladungen zu der ersten Sitzung des Arbeitskreises praktisch unmöglich gemacht wurde.

Im Anschluß an das Gespräch mit Thierfelder traf Dehnkamp "die Herren Hansen und Zieher vom Zentralvorstand der I. G. Druck + Papier", denen er darlegte, "aus welchen Gründen die KMK um die Rechtschreibreform bemüht sei". Hier wurde ihm nicht nur die Entsendung eines "sachkundigen Vertreter(s)" in den "beabsichtigten privaten Arbeitskreis" zugesagt, sondern auch von Hansen angeboten, Kontakte mit der Gewerkschaft Erziehung und Wissenschaft aufzunehmen, "um ein gemeinsames Vorgehen der beiden Berufsorganisationen zu erreichen". (B1/118)

Das war der Start zu den Verhandlungen mit mehreren Institutionen und Organisationen, die Vertreter in den Arbeitskreis entsenden sollten.

4.2.2 50. Plenarsitzung der KMK am 20. und 21. Januar 1956 in Stuttgart: grünes Licht für den "Arbeitskreis für Rechtschreibregelung"

Auf dieser Sitzung fiel die endgültige Entscheidung für die Einberufung eines Arbeitskreises. Dehnkamp erstattete dort "einen Bericht über die gegenwärtige Lage", der "ohne Aussprache zustimmend zur Kenntnis genommen" wurde. Auch "gegen die Einberufung der ersten Zusammenkunft" eines Arbeitskreises durch Dehnkamp als den Beauftragten der KMK wurden "keine Bedenken erhoben", womit "die bisherige strikte Zurückhaltung" der Kultusminister in der Frage der Rechtschreibreform aufgegeben wurde. (B3/7)

Gegenüber früheren Beratungen registrierte Dehnkamp das Ausbleiben jeglicher Diskussion als einen Fortschritt, den er zu Recht als Erfolg seiner Bemühungen buchte. In dem Brief, den er zwei Tage später an Kasack schrieb, liest sich der Sachverhalt so:

> Die Kultusministerkonferenz (...) hat nach einem kurzen Bericht über den gegenwärtigen Stand zugestimmt, daß der Kreis für die Vorberatung der Rechtschreibreform von mir zur ersten Zusammenkunft eingeladen werden soll, wenn die Deutsche Akademie hierzu nicht bereit sei. (B1/127; Dehnkamp an Kasack 23.1.56)

Mit dieser Formulierung brachte Dehnkamp in höflicher Form, aber unmißverständlich zum Ausdruck, daß die Akademie sich durch ihre Verzögerungstaktik selbst ausgebootet hatte. Wie sich kurz darauf zeigen sollte, wollten Kasack und vor allem Storz sich aber nicht kaltstellen lassen und starteten eine Gegenoffensive, über die noch zu berichten sein wird.

Zunächst gab es aber wieder einmal Probleme mit der Presse. Nach eigener Aussage hatte Dehnkamp auf der dem Plenum folgenden Pressekonferenz nach einem kurzen Überblick über die Reformbestrebungen gesagt, daß jetzt versucht werden solle, durch "alle an der Rechtschreibung (nicht an den Stuttgarter Rechtschreibempfehlungen) materiell und ideell beteiligten Partner" die Grundlage für eine Neuregelung erarbeiten zu lassen (B3/3). In der FAZ fand er seine Äußerungen folgendermaßen wiedergegeben:

Probleme der Rechtschreibung wurden nur am Rande berührt. Alle an den "Stuttgarter Rechtschreibempfehlungen" materiell und ideell beteiligten Partner sollen zu einer gemeinsamen Beratung vereinigt werden. (B3/3)

Er hielt es für notwendig, Kasack in einem Brief auf diese unrichtige Darstellung hinzuweisen:

Ich weiß nicht, was die süddeutschen Zeitungen über die Stuttgarter Plenarsitzung der Kultusministerkonferenz berichtet haben, doch ist der Bericht in der "Frankfurter Allgemeinen" so, daß ich Ihnen hierzu einige Zeilen schreiben möchte. (B3/3; Dehnkamp an Kasack 24.1.56)

Er hatte nämlich in allen vorausgegangenen Verhandlungen den Verantwortlichen der Akademie, welche die STE mit fast hysterischem Eifer bekämpften, zugesagt, daß die jetzt geplanten Diskussionen nicht ausschließlich auf der Basis des Stuttgarter Vorschlags erfolgen sollten.

Daß die FAZ hier in bestimmter Absicht verkürzte, beweist der Bericht der "Stuttgarter Zeitung" vom 23. Januar 1956, wo es heißt:

Der Bremer Senator D e g e n k a m p (sic!) teilte mit, daß die Stuttgarter Empfehlungen zur Rechtschreibung vom Mai 1954 mit allen anderen vorliegenden Anregungen zusammengefaßt und dann gemeinsam mit den Gruppen und einzelnen Interessenten der Reform erörtert würden. (Sperrung im Original, H.S.)

Und es dürfte auch kein Zufall gewesen sein, daß am 25. Januar 1956, "genau in dem Augenblick, in dem das Gespräch wieder Konturen anzunehmen beginnt" (Mackensen B3/26), im "Spiegel" (4/1956) ein offensichtlich schon seit längerer Zeit vorbereiteter Artikel erschien. Daß mit dieser Veröffentlichung eine bestimmte Absicht verfolgt wurde, läßt sich zwar nicht beweisen, das zeitliche Zusammentreffen und das Foto von Rahn auf dem Titelblatt sprechen aber für sich.

Diese Veröffentlichung, die von mehreren Beteiligten offensichtlich als Affront empfunden wurde, sorgte für einige Aufregung, die in den Quellen ihre Spuren hinterlassen hat. In sämtlichen aufgefundenen Akten (A; B; SP; H) befindet sich ein Heft bzw. ein Ausriß: Thierfelder schickte das ganze Heft mit einem Rundschreiben vom 20. März 1956 (A2/36) an alle Mitglieder der

Arbeitsgemeinschaft für Sprachpflege, so auch an Grebe (Akten A) und Heyd (Akten H); Grebe wiederum schickte den Artikel an Dehnkamp (Akten B), Puschmann erhielt den Artikel von einem nicht genannten Absender (Akten SP).

Thierfelder berichtete in seinem Rundschreiben, Rahn habe auch auf seine Intervention hin den wahren Sachverhalt im Zusammenhang mit der Unterschrift unter die STE nicht korrigiert, sondern lediglich klargestellt, "daß die unqualifizierten Angriffe auf die Sachsen ohne sein Zutun zustandegekommen seien". (A2/36:2) Grebe nahm den Artikel zum Anlaß, sich dafür einzusetzen, daß ein potentieller Gegner der Rechtschreibreform keine Gelegenheit mehr haben sollte, in den entscheidenden Gremien mitzuarbeiten. Er schrieb an Dehnkamp:

> Herr Dr. Rahn verhält sich jetzt genauso, wie nach der letzten Stuttgarter Tagung der Arbeitsgemeinschaft für Sprachpflege. Als er dort mit seinen unreifen Vorschlägen (...) keine Gegenliebe fand, machte er in einem anschließenden Presseinterview die Mitglieder der Arbeitsgemeinschaft schlecht und gab darüber hinaus bedenkenlos alle mitgehörten Einzelheiten der Verhandlung bekannt.
> Diese polemische Neigung findet ihren sichtbarsten Ausdruck auf den Seiten 30 und 31 des Spiegels, wo der Beschluß der Herren Minister über den Duden in schamloser Weise mit dem Nationalsozialisten Rust und dem Kommunisten Steinitz konfrontiert wird.
> Nach diesen Vorgängen dürfte sich Herr Dr. Rahn wohl für jede weitere Mitarbeit in den kommenden Ausschüssen ausgeschlossen haben. Ich würde es jedenfalls sehr bedauern, wenn ihn die Darmstädter Akademie vorschlagen würde. Hoffentlich begegnet uns dieser Geist, der der Sache so schadet, nicht noch bei anderen Persönlichkeiten aus diesem Kreis. (B3/5; Grebe an Dehnkamp 24.1.56)

Dieses Zitat weist Grebe als einen Taktiker aus, der es versteht, eine sich bietende Gelegenheit sofort geschickt zu nutzen, um einen bestimmten Plan zu fördern. Aber trotz dieser diplomatischen Begabung hatte auch er nur teilweise Erfolg; es war ihm zwar gelungen, den für seinen Verlag äußerst wichtigen Dudenbeschluß der KMK zu bewirken, auch hatte er einen gewissen Einfluß auf Dehnkamp bei der Konstituierung des Arbeitskreises für Rechtschreibregelung, aber die Durchführung der Rechtschreibreform blieb auch trotz seiner vielen Bemühungen auf der Strecke.

Dehnkamp hat sich allerdings niemals anmerken lassen, ob er sich in seinen Entscheidungen Ratgebern, deren Meinung er immer wieder einholte, folgte. So entsprach es ganz seinem Stil, daß er auf die oben zitierten Bemerkungen Grebes in seinem Brief vom 1. Februar 1956 (B3/16) mit keiner Silbe einging. In seinen Ansichten über die Deutsche Akademie für Sprache und Dichtung fühlte er sich wohl bestätigt; von Rahn ist in der Folgezeit nie mehr die Rede.

Nach der Stuttgarter Plenarsitzung der KMK waren für Dehnkamp politisch die Weichen gestellt:

> Zwar wird die Einberufung einer amtlichen Rechtschreibkonferenz nach wie vor abgelehnt und der privaten Vorarbeit der Vorzug gegeben. Offenbar aber bedarf es hierzu eines ersten Anstoßes, weshalb die Kultusministerkonferenz mich ermächtigt hat, die Vertreter der (...) genannten Institutionen und Organisationen zu einer ersten Zusammenkunft einzuladen. Das soll nicht etwa der Versuch einer behördlichen Einflußnahme sein, denn ich werde mich zurückziehen, sobald dieser Kreis, der sich selbst ergänzen kann und über die Art seiner Beratung selbst zu bestimmen hat, sich konstituiert hat." (B3/1; Dehnkamp an Weisgerber 24.1.56)

Nach seiner Rückkehr nach Bremen schickte sich Dehnkamp an, die Vorbereitungen für die Einberufung des geplanten Gremiums zu treffen und die letzten Vorfragen zu klären: den "Vorsitz, das Lokal und die Haltung des Bundes" (B3/16; Dehnkamp an Grebe 1.2.56).

Noch in der letzten Januarwoche ging er alle drei Probleme an: Er bat Weisgerber, den Vorsitz des geplanten Arbeitskreises zu übernehmen; er schrieb an den hessischen Kultusminister Hennig und bat um Zuweisung eines geeigneten Tagungsraumes in Frankfurt, und er schrieb einen ausführlichen Brief an Ministerialdirektor Hübinger, den Leiter der Kulturabteilung des BMI, in dem er die jetzige Haltung der KMK darlegte und um Unterstützung des BMI ersuchte, um einen Zuständigkeitkonflikt zu vermeiden.

Er zog diese Vorbereitungen konsequent durch, obwohl die Darmstädter Akademie ein neues Störmanöver startete (s. u.). Bestärkt fühlte er sich in seiner (im Gegensatz zu seiner früheren Überzeugung) jetzt ablehnenden Haltung gegenüber der Akademie durch einen Brief von Weisgerber, der ihm seine Ansicht dargelegt hatte:

Dass die Darmstädter Akademie zu Unrecht die Sprache in ihrem Titel nennt, war den Fachkundigen von Anfang an klar,
und Ihr Schreiben aus Anlass des Gutachtens der Rechtschreibreform weist mit erfreulicher Deutlichkeit auf das
Versagen auch in diesem Punkt hin. (B3/11; Weisgerber an
Dehnkamp 28.1.56)

4.3   Neue Vorschläge der Akademie - Erkennen der "verpaßten
      Chance zur Profilierung" oder gezieltes Störmanöver?

Für Dehnkamp, der sich geduldig über mehrere Wochen mit der
Darmstädter Akademie auseinandergesetzt hatte, schien der Verzicht dieser Institution auf eine führende Rolle jetzt endgültig, so daß er alle organisatorischen und personellen Vorbereitungen starten zu können glaubte. So traf ihn die Mitteilung
über deren neueste Vorschläge ziemlich überraschend, aber zu
spät. Nach den Erfahrungen der letzten Monate, in denen die
Akademie mit offensichtlichen Ausweichmanövern den Fortgang der
Planungen verzögert hatte, war er nicht mehr willens, seine
Pläne erneut zu ändern, zumal er von der Richtigkeit des vorgesehenen Verfahrensweges, der sich bis dahin herauskristalli-
siert hatte, überzeugt war.
Zu dem resümierenden Satz: "Was die Akademie und die beiden
Herren eigentlich wollen, weiß ich nicht." (B3/42) veranlaßte
ihn der im folgenden beschriebene Vorgang:
Zunächst erhielt er von Kasack einen kurzen Brief (B3/27), in
dem dieser mitteilte, er und Storz hätten am 7. Februar 1956
eine Besprechung mit Löffler gehabt, über deren Inhalt dieser
aber direkt berichten wolle. Für diese Art der "Arbeitsteilung"
lassen sich zwei Gründe vermuten: Entweder glaubten Kasack und
Storz - eingedenk der Tatsache, daß sie die Geduld des Senators
schon reichlich strapaziert hatten - , Dehnkamp würde ihren
Vorschlag, wenn er von Löffler formuliert und mitgeteilt würde,
aufmerksamer und wohlwollender lesen; oder Löffler hatte, weil
er den Vorschlag für diskutabel hielt, aus den gleichen Gründen
darauf bestanden, selbst diesen Bericht zu schreiben. Für diese
Annahme spricht die Unterstreichung des Wortes "Wissenschaftler" und das offensichtliche Bemühen, sich einer eigenen Wertung zu enthalten.

Am Anfang seines ausführlichen Briefes schrieb Löffler dann,
beide Herren hätten erklärt, die Akademie sei, wie in ihrem
Gutachten zu den STE angekündigt, zur Mitarbeit bereit; man habe aber Bedenken gegen die Teilnahme der Berufsorganisationen
im jetzigen Stadium der Diskussion. Im folgenden wurde dann ein
möglicher Verfahrensweg aufgezeigt:

Sie bezweifeln, dass ein so grosser (dieses Wort ist von
Dehnkamp unterstrichen und am Rand mit einem Fragezeichen
gekennzeichnet, H.S.) Kreis von Personen in der Lage wäre,
ein Mindestprogramm auszuarbeiten, ohne dass ihnen eine geeignete Unterlage als Diskussionsgrundlage vorgelegt wird.
Deshalb schlagen sie vor, als ersten Schritt einen Kreis
von höchstens 10 Sachverständigen (Germanisten, Sprachwissenschaftler, Phonetiker, allenfalls auch einen schöngeistigen Schriftsteller) mit der Ausarbeitung eines Vorschlages (vielleicht auch von zwei verschiedenen Vorschlägen)
auf wissenschaftlicher Grundlage zu beauftragen. Die Teilnehmer sollten nicht als Vertreter von Institutionen, sondern als neutrale Einzelpersonen von allgemeinem wissenschaftlichen Ansehen (2) berufen werden. Die Vorschläge
dieser Arbeitsgruppe sollten dann, und das wäre der zweite
Schritt, einer grösseren Versammlung, etwa in der Zusammensetzung, wie Sie sie planen, zur Stellungnahme vorgelegt
werden. Diese Vesammlung hätte vor allem zu den wissenschaftlichen die praktischen Gesichtspunkte beizusteuern,
die, das ist den Herren klar, bei der Entscheidung eine wesentliche Rolle spielen werden. Um etwaige Widersprüche und
Gegensätzlichkeiten auszugleichen, empfehlen die Herren,
über die in der Versammlung geäußerten Meinungen und Vorschläge ein Gutachten einer auf dem Gebiet der Sprache und
Rechtschreibung tätigen Institution, etwa der Deutschen
Akademie für Sprache und Dichtung einzuholen (dritter
Schritt). Damit wäre, nach Ansicht der beiden Herren, die
Grundlage für eine vorläufige Stellungnahme der in der Bun-
desrepublik zuständigen Behörden gegeben (vierter Schritt).
Diese amtliche Stellungnahme könnte sodann die Grundlage
für die notwendigen Verhandlungen mit den anderen Partnern
(Österreich, Schweiz, DDR) bilden (fünfter Schritt).
Ich habe eingewendet, dass dieses Verfahren mehr Zeit in
Anspruch nehmen würde, als das von der Kultusminster-
konferenz in Aussicht genommene, und dass man dabei, ohne
Beachtung des gemässigten Teils der Stuttgarter Empfehlungen, wieder ganz von vorne anfangen würde. Die Herren glauben jedoch, dass sie in kürzester Zeit in der Lage wären,
eine Reihe von Namen für die wissenschaftliche Arbeitsgruppe vorzuschlagen. Sie betonten, dass die Akademie dabei
nicht in Erscheinung treten möchte; sie hielten es vielmehr
für richtig, wenn die Arbeitsgruppe von Ihnen einberufen
würde und sich dann ihren Vorsitzenden selbst wählte.
(B3/28; Löffler an Dehnkamp 8.2.56)

Der Inhalt dieses Vorschlages läßt folgende Interpretation zu,
die auch dadurch gestützt wird, daß er zu diesem späten Zeit-

punkt an die KMK herangetragen wurde: Die Akademie hatte sich durch ihr negatives Gutachten zu den STE öffentlich an der Diskussion beteiligt, ohne wirklich einen konstruktiven Gegenvorschlag unterbreiten zu können. Daß die KMK sich nun ernsthaft mit der Rechtschreibreform befassen könnte, hatte man in Darmstadt nicht einkalkuliert, schon gar nicht die Konsequenz, von dieser Seite her in die Pflicht genommen zu werden. Dehnkamps beharrliches Drängen hatte den Verantwortlichen erst deutlich bewußt gemacht, daß es keinen kompetenten Sprachwissenschaftler in ihren Reihen gab - eine Tatsache, die vollends offenkundig wurde, als es darum ging, einen Delegierten nach Frankfurt bzw. Wiesbaden zu schicken.

Niemand in der Akademie konnte also daran denken, einen eigenen Vorschlag zu erarbeiten. Kasack und Storz hatten aber deutlicher als viele andere erkannt, daß ein wissenschaftlich fundierter Vorschlag vorliegen müsse, bevor man mit den Interessenvertretern diskutieren konnte. Dieses Problem ist von Dehnkamp nicht so klar erkannt worden, zumal er wegen der kontroversen öffentlichen Diskussion ausdrücklich davon Abstand nahm, die STE zu einer solchen Diskusionsgrundlage zu erklären. Nachdem er im Vorfeld der direkten Verhandlungen von Grebe, Weisgerber und anderen auf ein Defizit wissenschaftlicher Beteiligung hingewiesen wurde, gelang es ihm mit Hilfe der genannten Wissenschaftler, diesen Mangel durch geschickte Delegationspolitik zu kompensieren. (Vgl. dazu 2.Kap.5.3.2)

Daß die Akademie in ihrem logischen und durchführbar erscheinenden Plan von einem Selbstverständnis ausgeht, das ihr mehrere Zeitgenossen absprechen (z. B. Weisgerber und Grebe) und das ihr auch tatsächlich nicht zukommt, muß nicht durch Interpretation erkannt werden, sondern ist im Klartext zu lesen: Man empfiehlt ein Gutachten und empfiehlt sich als Gutachter gleich mit, als eine "auf dem Gebiet der Sprache und Rechtschreibung tätige(n) Institution" (B3/28), als eine übergeordnete Instanz nach dem Vorbild der Académie francaise.

Dehnkamp hielt diesen neuen Vorschlag für so "umständlich und zeitraubend", daß er schon aus diesem Grund nicht zustimmen mochte (B3/40); darüber hinaus hatte er "erhebliche verfahrensmäßige, formelle und praktische Bedenken" (B3/36). Seine Antwort an Kasack enthielt unter anderem den Vorwurf, die Akademie

wolle "selbst nicht mitberaten", ziehe sich statt dessen "in
die Rolle des Gutachters zurück" und trage erst jetzt, nachdem
schon längere Zeit verhandelt worden sei, Kritik an dem geplanten Verfahren vor (B3/41).
Um dem Präsidenten der KMK gegenüber plausibel zu begründen,
warum ihm dieser Vorschlag undurchführbar erschien, nahm er eine leichte Uminterpretation vor:

> Außerdem überläßt es (das Verfahren, H.S.) den amtlichen
> Stellen die Entscheidung über evtl. abweichende Vorschläge
> zwischen den Empfehlungen (...) und dem Gutachten (...).
> Vor einer solchen entscheidenden Rolle aber wollte ich die
> amtlichen Stellen mit meinem Vorschlag bewahren, (...).
> (B3/40; Dehnkamp an Simpendörfer/Präsident der KMK 13.2.56)

Seine eigene Position hielt Dehnkamp für diskutierbar, das
zeigt sich daran, wie er sich zunächst mit anderen Meinungen
auseinandersetzte. Kliemann, der von Kasack selbst informiert
worden war, äußerte sich begeistert über den neuen Vorschlag
der Akademie:

> Ich habe mir diese Sache hier inzwischen sehr genau über-
> legt und glaube, dass das Verfahren in der Tat einen zweck-
> mäßigen Weg darstellt, zumal wie ich höre der Plan besteht,
> die Frage der Kleinschreibung und das Fortlassen der Deh-
> nungszeichen von vornherein nicht zu berücksichtigen. Herr
> Kasack hat mich auch unterrichtet über die Persönlichkeiten
> aus denen sich der Gutachterausschuss zusammensetzen soll.
> Ich habe den Eindruck, dass die Zusammensetzung ausseror-
> dentlich glücklich ist. Vielleicht darf ich mir die Anre-
> gung erlauben, Herrn Professor Moser, der besonders gute
> Beziehungen zum Ausland hat und der meines Wissens einer
> der angesehensten jüngeren Germanisten ist, zunächst nicht
> in den Gutachterausschuss zu nehmen, ihn aber auf jeden
> Fall für den Arbeitskreis vorzusehen. Vielleicht wäre es
> nicht unwichtig ein (2) paar bedeutende Fachleute für die
> sich anschließende Diskussion vollkommen frei zu halten und
> sie nicht durch den Inhalt des Gutachtens im voraus festzu-
> legen. (B3/44; Kliemann an Dehnkamp 17.2.56; fehlende Kom-
> mata im Original, H.S.)

Nach der Lektüre dieses Briefes mußte Dehnkamp allerdings zu
dem Schluß kommen, daß die Akademie ihn nicht vollständig informiert hatte. In Löfflers Bericht über die Besprechung mit
Kasack und Storz war weder von inhaltlichen Themen - Kleinschreibung und Dehnungszeichen - noch von Personen, "aus denen
sich der Gutachterausschuss zusammensetzten soll" (B3/44), die

240

Rede. Dehnkamp mußte also den Eindruck gewinnen, daß hier nicht
mit offenen Karten gespielt wurde, was ihn auch veranlaßt haben
mag, in diesem Fall Kliemanns Rat nicht zu folgen.
Grebes Argumentation - sein Brief traf am gleichen Tag wie der
von Kliemann in Bremen ein - hatte aber nicht nur aus diesem
Grund größere Chancen, akzeptiert zu werden. Grebe wies nämlich
darauf hin, daß nach seiner Meinung die Arbeitsgemeinschaft für
Sprachpflege mit den STE an taktischen Fehlern gescheitert sei:

> Wie Sie mit Recht schreiben, hieße es, die Rechtschreibre-
> form auf unbestimmte Zeit verschieben, wenn man dem Vor-
> schlag von Herrn Kasack folgen wollte.
> Gerade das Beispiel der Arbeitsgemeinschaft für Sprachpfle-
> ge, der ja mehrere bekannte Wissenschaftler angehören, hat
> gezeigt, wie taktisch unklug es war, die großen Verbände
> nicht frühzeitig an dieser Arbeit teilnehmen zu lassen.
> Diese Verbände fühlten sich deshalb aus verständlichen
> Gründen übergangen, obwohl eine spätere Beratung mit ihnen
> zugesagt war. Dieser Fehler darf bei dem neuen Start unter
> keinen Umständen wieder gemacht werden. Deshalb ist die von
> Herrn Kasack vorgesehene Aufeinanderfolge von zwei Bera-
> tungsgremien unter allen Umständen abzulehnen.
> Auch wir waren uns in unseren letzten Gesprächen darüber
> klar, daß bei den Verbandsvertretern nicht ohne weiteres
> Sachkenntnis vorausgesetzt werden kann. Deshalb hielten wir
> es für notwendig, daß diese neu zu bildende Kommission mög-
> lichst bereits am Ende ihrer ersten Sitzung Fachausschüsse
> für einzelne Fragen einsetzt und diese Ausschüsse aus eige-
> nem Entschluß heraus durch wissenschaftlich geschulte Sach-
> kenner ergänzt. Auf diesem Wege wird das von Herrn Kasack
> gewünschte Ziel erreicht, ohne daß Spannungen aus irgend-
> welchen Komplexen entstehen.
> Der 3. Vorschlag von Herrn Kasack (Gutachten der Akademie,
> H.S.) ist so sehr aus der Perspektive der Darmstädter Aka-
> demie gesehen, daß es nicht lohnt, ihn ernsthaft zu disku-
> tieren. Wo gäbe es in Deutschland überhaupt noch eine Stel-
> le zur Begutachtung von Vorschlägen, die das vorgenannte
> Gremium erarbeitet hätte. Die Darmstädter Akademie jeden-
> falls ist aus hinreichend bekannten Gründen nicht in der
> Lage, die Rolle der académie francaise (sic!) zu überneh-
> men, wie sie es offensichtlich gerne möchte. Andererseits
> betonen Sie mit Recht in Ihrer Antwort an Herrn Kasack, daß
> sich die staatlichen Stellen nicht in diese Rolle drängen
> lassen dürfen. Es kann also zwischen der zu bildenden Kom-
> mission und den staalichen (2) Stellen nur ein direktes
> Verhältnis bestehen.
> Die Darmstädter Akademie wird sich entscheiden müssen, ob
> sie wie alle anderen Institutionen oder Verbände durch ei-
> nen Vertreter in sachlicher Arbeit an den Sitzungen dieser
> Kommission teilnimmt oder ob sie weiterhin durch kompli-
> zierte Vorschläge, die aus ihrer Situation erwachsen, den
> Fortgang der Arbeit verzögert. (B3/47; Grebe an Dehnkamp
> 17.2.56)

Grebes Argumente waren plausibel und zeugten von einer reali-
stischen Einschätzung der damaligen Situation; außerdem enthielt sein von Dehnkamp erbetener Rat eine Reihe von konstruktiven Vorschlägen, die zeigten, daß seine Überlegungen über die
Organisation der bevorstehenden Beratungen sich schon zu konkreten Plänen entwickelt hatten. So erschien Dehnkamp zu Recht
dieser Mann, der sowohl sprachwissenschaftliche Kompetenz als
auch Organisationstalent und Verhandlungsgeschick bewies, als
der geeignete Leiter eines solchen Gremiums. Aus diesem Grund
versuchte er auch, Grebe als Vorsitzenden zu gewinnen, was zwar
de jure mißlang, de facto aber glückte. (Vgl. dazu 2.Kap.5.2)

Auf jeden Fall hatte Dehnkamp sich schon eine fundierte Meinung
gebildet, als er am 21. Februar 1956, einen Tag nach Erhalt der
Briefe von Kliemann und Grebe, in Bremen mit Mackensen zu der
von diesem erbetenen Unterredung zusammentraf. Von diesem Gespräch fertigte Dehnkamp eine ausführliche handschriftliche Notiz an:

> Er (Mackensen, H.S.) sieht, genau wie ich, den neuen Vor-
> schlag von Herrn Kasack als zeitraubend an, lehnt ihn aber
> nicht ab und meinte, diese Vorarbeit der Wissenschaftler
> könne wohl doch ein Gewinn sein. Ich habe dies zugegeben,
> aber abgelehnt, eine solche Konferenz von Wissenschaftlern
> einzuladen. Wenn die Akad., die diesen Vorschlag mache, ihn
> selbst durchführen wolle, würde ich meine Bedenken gegen
> dieses Verfahren zurückstellen und bei der Durchführung im
> Interesse der Sache helfen. Da aber die Akad. hierzu nicht
> bereit sei und nicht einmal mitarbeiten wolle, sei ich
> nicht bereit, auf einem Weg voranzugehen, den ich selbst
> nicht für richtig halte. Auf die Frage von Prof. M. habe
> ich geantwortet, daß ich nach wie vor das von mir vorge-
> schlagene Verfahren für das bessere halte und auch die Ab-
> sicht habe, so vorzugehen. (...)
> Prof. M. ging mit der Bemerkung, daß er zwar nicht in allen
> Punkten mit mir einer Meinung sei, aber doch glaube, daß
> das von mir beabsichtigte Verfahren in der jetzigen Lage am
> ehesten einen Erfolg verspreche und daß er + die Ges. f.
> dtsche (sic!) Sprache daher mitarbeiten würden. (B3/43)

Mackensen vertrat prinzipiell eine andere Meinung, weil er eine
wissenschaftlich ausgearbeitete Vorlage als Diskussionsbasis
für unentbehrlich hielt; ob er dabei an die STE überhaupt dachte, läßt sich aus seinen Äußerungen nicht entnehmen. Aber auch
Grebe erwähnt in seinem Brief in diesem Zusammenhang die STE
nicht. Wahrscheinlich herrschte die Ansicht vor, man könne nach

den vorausgegangenen Diskussionen in der Öffentlichkeit zumindest die STE nicht offiziell zum Ausgangspunkt erklären.

So blieb auch Mackensen nichts anderes übrig, als sich Dehnkamps pragmatischen Argumenten anzuschließen, weil auch ihm der Weg über wissenschaftliche Vorarbeit in der aktuellen Situation nicht realistisch erschien. Die andere, auch von Mackensen favorisierte Möglichkeit hatte die Akademie verspielt!
Nachdem Dehnkamp auch Weisgerber und den Präsidenten der KMK darüber informiert hatte, daß die "Deutsche Akademie für Sprache und Dichtung (...) einen neuen Verfahrensvorschlag und damit neue Schwierigkeiten gemacht" (B3/57) hat, beantwortete Kasack am 24. Februar 1956 Dehnkamps Brief und machte wieder einen Rückzieher:

> Sehr geehrter Herr Senator,
> zu meinem lebhaften Bedauern entnehme ich Ihrem Schreiben vom 14. Februar, daß unser, Herrn Präsident Löffler gemachter Vorschlag nicht Ihre Billigung findet. Uns bewegte bei dem Vorschlag vor allem die Überlegung, daß die Delegierten der Interessenverbände nur in bedingtem Maße als Sachverständige anzusehen sind; deshalb glaubten wir, daß die Stellungnahme von Wissenschaftlern eine konkrete Arbeitsunterlage für das größere Gremium bilden könnte.
> Wenn es nun bei dem bisher von der Kultusministerkonferenz gebilligten Verfahren bleiben soll, würde ich empfehlen, außer den von Ihnen genannten Verbänden noch einen Vertreter der Schriftsteller (...) hinzuzuziehen und außerdem einige Fachwissenschaftler, (...).
> (...) Ein Mißverständnis ist insofern eingetreten, als die Akademie durchaus bereit ist, durch einen Vertreter an den Beratungen des geplanten neuen Arbeitskreises teilzunehmen. Wir hatten lediglich angeregt, daß unabhängig davon die Akademie, falls es gewünscht würde, zu dem endgültigen Ergebnis der Reformvorschläge des Arbeitskreises noch einmal gutachtlich Stellung zu nehmen. (B3/61; Defekte Syntax kein Übertragungsfehler! H.S.)

Hier trat nun der wahrscheinlich seltene Fall ein, daß sich jemand über seinen eigenen Irrtum freut! Dehnkamp schrieb am 29. Februar 1956 an Kasack :

> Mit großer Freude habe ich aus Ihrem Schreiben vom 24. Februar entnommen, daß ich mich geirrt habe und die Akademie zur Teilnahme an den geplanten Beratungen bereit ist.
> (B3/68)

Trotz der unüberhörbaren Ironie spürt man in diesen Formulierungen die Erleichterung; Dehnkamp machte sich auch nicht mehr die Mühe nachzuforschen, ob und wie weit der Bericht von Löffler die "Mißverständnisse" verursacht hatte, er freute sich nur noch über die "überraschende Schwenkung" (B3/71) der Akademie. Aber auch Kasack schien aufzuatmen, denn der Wortlaut seines Antwortbriefes dokumentiert die entspannte Situation:

(...), nach Rückkehr von einer kurzen Reise finde ich Ihre liebenswürdigen Zeilen vom 29. Februar vor, für die ich Ihnen verbindlichst danke. (B3/77)

Einige Tage später erhielt Dehnkamp von Grebe, der am Rande einer "Sitzung der Akademie der Wissenschaften und der Literatur in Mainz" ausführlich mit Kasack gesprochen hatte, einen genaueren Bericht:

(...) zeigt sich deutlich, daß die Darmstädter Akademie unter allen Umständen im Spiel bleiben will. Von einer Distanzierung, wie wir sie zeitweilig befürchteten, kann also keine Rede mehr sein.
Als sich das Gespräch fachlichen Fragen zuwandte, wurde deutlich, daß selbst Herr Kasack die von der Akademie unterbreiteten Vorschläge nicht für der Weisheit letzten Schluß hält. Offensichtlich deshalb, weil der Akademie keine eigentlichen Fachleute auf diesem Gebiet angehören. (B3/75; Grebe an Dehnkamp 3.3.56)

In diesem Gespräch wurde für Grebe deutlich, was er und andere schon länger als Grund für die anhaltenden Auseinandersetzungen vermutet hatten: Es fehlte der Akademie in dieser Frage an Kompetenz. Einen zweiten Grund gab Kasack in seinem die Querelen beendenden Brief an Dehnkamp vom 12. März 1956 preis:

Wenn ich mir erlauben darf, zu dem Einladungsentwurf etwas zu bemerken, so wäre es vielleicht zu begrüssen, wenn deutlich würde, daß der bisherige, unter Dr. Thierfelder stehende Arbeitskreis seine Arbeit abgeschlossen habe und daß es sich hier um ein Gremium handelt, das zunächst nur die für die BR Deutschland verbindlichen Vorschläge auszuarbeiten habe. Aus diesem Grunde wäre es ferner zu empfehlen, den Ausdruck "Arbeitskreis" durch ein anderes Wort zu ersetzen, damit keine Verwechslungen mit dem früheren Arbeitskreis entstehen. (B3/77)

Trotz allem wollte Kasack vor der Öffentlichkeit also das Gesicht wahren und auf der Linie des Gutachtens von 1955 bleiben.

Dehnkamp bestand auf seinem Entschluß, in der Absicht, das neue Gremium nicht an eine Vorlage zu binden, keinen Reformvorschlag besonders zu erwähnen; die Frage der Namengebung - hier irrte Kasack sowieso, denn der Stuttgarter Kreis nannte sich "Arbeitsgemeinschaft für Sprachpflege", so daß eine Verwechslung mit dem zukünftigen "Arbeitskreis für Rechtschreibregelung" nicht unbedingt zu erwarten war - verwies er ausdrücklich an die Teilnehmer der konstituierenden Sitzung. (B3/91) Endlich konnte Dehnkamp sich in Ruhe den letzten Vorbereitungen zuwenden.

5.   Die Konstituierung des Arbeitskreises mit staatlichem Auftrag

5.1   Zusammenarbeit von KMK und BMI in der Vorbereitungsphase

Die Gefahr, daß in der Frage der Rechtschreibreform ein Zuständigkeitskonflikt entstehen könnte, war zu diesem Zeitpunkt ungleich größer als heute, weil die im Grundgesetz festgeschriebene Kulturhoheit der Länder insofern ein stärkeres Gewicht hatte, als es 1956 in Bonn weder ein Bildungs- noch ein Wissenschaftsministerium gab. Auch in der Presse wurde dieses Thema erörtert. So fragte der "Wiesbadener Kurier" in seiner Ausgabe vom 11. Februar 1956: "Wer befiehlt? Wer kann ein neues Rechtschreibungssystem befehlen, oder milder: bestimmen, noch milder: anordnen?" Dies waren nicht etwa rhetorische Fragen; der Verfasser des Artikels war der Meinung, in Deutschland fehle in dieser Frage "die anordnende Instanz", weil es "eine höchste kulturelle Institution gleich der französischen Akademie, die als Berufungs- und Entscheidungsinstanz zu allen Fragen der Sprache, also auch der Schreibung, gelten könnte", nicht gebe. Er kommt schließlich zu dem Schluß, daß das "dezentralisierte Deutschland mit einer ganzen Reihe von wissenschaftlichen Akademien (...) das zentralisierte Frankreich um diese Einrichtung" immer beneidet habe, weil es "nur eine höchst private Autorität an diese Stelle zu setzen" habe, nämlich den "Duden". An keiner Stelle dieses Artikels klingt auch nur an, daß der

Staat in diesem Zusammenhang eine Weisungsbefugnis haben könnte; die staatliche Normierung der Rechtschreibung von 1901 war allgemein so wenig bekannt, daß sogar Dehnkamp erst anläßlich seiner Recherchen davon erfahren hat.

Damit war für ihn klar, daß es sich bei einer Rechtschreibreform "um eine Angelegenheit von solcher Bedeutung handelt, die nur von Bund und Ländern gemeinsam behandelt und geregelt werden kann" (B3/6). Ein solch gemeinsames Vorgehen warf aber eine Fülle von organisatorischen Problemen auf. Zunächst wiederholte Dehnkamp seine schon früher vorgebrachte Bitte, das BMI möge "die geplante Besprechung der beteiligten Bundesressorts (Inneres, Auswärtiges, Gesamtdeutsche Fragen, Wirtschaft) bald stattfinden (...) lassen". Er betonte, daß es bei dieser Beratung nicht darum ginge, Rechtschreibfragen zu erörtern.

> Die Fragen, die sich aus der späteren amtlichen Behandlung, d.h. die Legalisierung und Verwirklichung der zu erwartenden Empfehlungen zur Rechtschreibreform, in der Bundesrepublik sowie in und gemeinsam mit den anderen deutschsprachigen Gebieten ergeben, sind aber so wichtig, daß wir jetzt schon darüber beraten und so bald wie möglich das Verfahren festlegen müssen. (B3/6; Dehnkamp an Hübinger/BMI 25.1.56)

Um die Angelegenheit dringlicher darzustellen, wies er noch einmal ausdrücklich darauf hin, daß der in der KMK erfolgte Meinungsumschwung schon zu einem vorläufigen Beschluß geführt hatte:

> Gegenüber der ursprünglichen, strikten Zurückhaltung ist, veranlaßt durch die zunehmende Rechtschreibunsicherheit, der Wunsch nach einer baldigen Klärung immer deutlicher geworden. Die im November festgelegte Verbindlichkeit des "Duden" für den Schulunterricht ist der gewissermaßen negative Vorläufer für den in der Stuttgarter Plenarsitzung am 21. Januar 1956 zum Ausdruck gekommenen Wunsch zur Beschleunigung. (B3/6; Dehnkamp an Hübinger/BMI 25.1.56)

Hübinger, der während des ganzen Jahres 1955 trotz mehrmaliger Bitten Dehnkamps keine Initiativen ergriffen hatte, setzte nun den Termin für die erbetene Besprechung fest. In seinem Einladungsschreiben (B3/56), das an das Auswärtige Amt, den Bundesminister für gesamtdeutsche Fragen, den Bundesminister für Wirtschaft, das Bundespräsidialamt, das Bundeskanzleramt und nachrichtlich an das Bundespresse- und Informationsamt ging, begründete er - ganz im Sinne Dehnkamps - die Notwendigkeit einer Rechtschreibreform:

> Die Entwicklung der mit einer Reform der deutschen Rechtschreibung zusammenhängenden Fragen macht es erforderlich, daß sich auch die Bundesressorts unter den für sie jeweils maßgebenden Gesichtspunkten mit ihr beschäftigen. In verschiedenen Wörterbüchern wird bereits eine unterschiedliche Schreibweise empfohlen. So unterscheidet sich z.B. in dem von Bertelsmann herausgegebenen Wörterbuch manche Schreibweise von der des Duden. Die Ständige Konferenz der Kultusminister der Länder in der Bundesrepublik Deutschland hat auf einer Sitzung im Dezember 1955 beschlossen, in Zweifelsfällen über deutsche Rechtschreibung die im Duden gebrauchten Schreibweisen und Regeln als für verbindlich zu erklären. (B3/56)

Im Bundesinnenministerium wurde von Ministerialrat Gussone, dem zuständigen Referatsleiter in der Kulturabteilung, ein ausführlicher Bericht (B3/107) angefertigt, der hier vollständig zitiert wird, weil er als offizielle Stellungnahme der Bundesregierung in der Frage der Rechtschreibreform zu werten ist; denn durch die Person des Innenministers war von diesem Zeitpunkt an die Bundesregierung an den Verhandlungen beteiligt, was nicht nur Löffler (B3/110) hoffen ließ, daß für den zu erarbeitenden Vorschlag berechtigte Aussichten auf Verwirklichung bestanden.

> Der Bundesminister des Innern   Bonn, den 17. März 1956
> 8538 -4077/56
>
> Betr.: Reform der deutschen Rechtschreibung.
> 1.) V e r m e r k
> über die Besprechung am 8. März 1956 bei Herrn Abteilungsleiter III. (Gemeint ist Hübinger, Leiter der Kulturabteilung des BMI, H.S.)
> Herr Abteilungsleiter III begrüßte die Erschienenen und gab einleitend eine Übersicht über die Problemstellung, den Zweck der Aussprache und stellte folgende Fragen zur Erörterung:
> a)   In welcher Beziehung und in welchem Umfange ist ein Reformbedürfnis festzustellen und zu bejahen;
> b)   von wem und in welchem Verfahren soll Art und Umfang einer Rechtschreibreform festgelegt werden;
> c)   wie kann eine "Auseinanderentwicklung" zwischen den deutschsprachigen Nachbarländern und vor allem den beiden Teilen Deutschlands vermieden werden;
> d)   wie kann die Allgemeingültigkeit und die Allgemeinverbindlichkeit einer etwaigen Rechtschreibereform angeordnet und durchgesetzt werden.

Herr Senator Dehnkamp äußerte sich zu a) dahingehend, daß
die Frage des Bedürfnisses in der sachkundigen Öffentlichkeit allgemein aus drei Gründen bejaht würde und nicht mehr
geprüft werden müsse:
aa) Drei oder vier verschiedene Rechtschreibebücher mit
    zum Teil wesentlichen Unterschieden in den Recht-
    schreibe-Empfehlungen seien (2) im Gebrauch und ver-
    mehrten dadurch die allgemeine Verwirrung;
bb) die gebräuchliche Rechtschreibung enthalte in ihren
    Regeln eine Reihe von Widersprüchen;
cc) die Rechtschreibung müsse der lebenden Sprache und
    der Sprachentwicklung angepaßt werden.
Von den acht Empfehlungen der Stuttgarter Arbeitsgemeinschaft für Sprachpflege seien in der öffentlichen Diskussion nur zwei oder drei umstritten, fünf bzw. sechs seien
offenbar allgemein akzeptiert.
Die vertretenen Bundesressorts bestätigen aus eigenen Ver-
waltungserfahrungen die immer wieder zutage tretende Verwirrung in der deutschen Rechtschreibung.
Das Reformbedürfnis wurde übereinstimmend bejaht.
Zu b) bis d)
Herr Senator Dehnkamp legte, ausgehend von dem "Stillhaltebeschluß" der Kultusministerkonferenz vom Dezember 1955
(vorerst den "Duden" als amtliche Richtlinie beizubehalten)
die bisherigen Schritte und Pläne für die Maßnahmen dar. Er
ist von der Kultusministerkonferenz für deren Bereich mit
der Behandlung der Rechtschreibreform beauftragt.
Anders als dies bei dem amtlichen Beschluß von 1901 geschehen ist, hält man es jetzt vor allem aus politischen Erwägungen nicht für zweckmäßig, eine amtliche Rechtschreibe-
konferenz einzuberufen und von Staats wegen mit den Nachbarländern der deutschen Sprachgemeinschaft Vereinbarungen
über die Rechtschreibereform abzuschließen. Es soll lediglich von amtlicher Seite der erste Anstoß dazu gegeben werden, daß die Sachkenner der Rechtschreibe-Probleme aus den
verschiedenen Interessenbereichen sich auf privater Basis
zu einem Arbeitskreis zusammenfinden, der Vorschläge für
die Rechtschreibereform machen soll. Als Teilnehmer (3)
dieses Arbeitskreises, der nicht zu umfangreich sein soll,
kommen in Betracht:
Je ein Vertreter der
1. Akademie für Sprache und Dichtung,
2. der Gesellschaft für deutsche Sprache,
3. der Arbeitsgemeinschaft für Sprachpflege (Stuttgart),
4. des von der Deutschen Forschungsgemeinschaft gebildeten
   Schwerpunktes "Sprache",
5. der Vereinigung der Schriftstellerverbände,
6. der beiden großen Lehrerverbände,
7. des Börsenvereins deutscher Verleger- und Buchhändlerverbände,
8. der Industrie-Gewerkschaft Druck und Papier,
9. der Wirtschaftsverbände des graphischen Gewerbes und
   der Zeitungs- und Zeitschriftenverleger,
10. der "Duden"-Redaktion.

Herr Abteilungsleiter III empfahl, auch einen Vertreter der
Arbeitsgemeinschaft der Akademien der Wissenschaften in der
Bundesrepublik einzuladen (Anschrift soll Herrn Senator Dehn-

kamp von Abt. III mitgeteilt werden). Ein Vertreter des Schul-Ausschusses der Kultusminister-Konferenz und ein Vertreter des BMI sollen als Beobachter teilnehmen. Dieser Arbeitskreis soll etwa im Mai in Frankfurt a.M. zusammentreten, seinen Vorsitzenden selbst wählen und sein Verfahren im einzelnen selbst bestimmen. Durch seine Zusammensetzung soll ein Ausgleich der verschiedenen Interessen erreicht und zugleich eine Radikallösung vermieden werden.

Folgender Ablauf ist gedacht:

aa) Der Sachverständigenkreis arbeitet Vorschläge aus;

bb) die deutschen behördlichen Stellen werden über diese Vorschläge informiert und um Stellungnahme gebeten; (4)

cc) ist Übereinstimmung erzielt, so bildet der Sachverständigen-Ausschuß einen kleinen Verhandlungsausschuß, der mit den in den deutschsprachigen Nachbarländern und der SBZ gebildeten Fachgremien auf fachmännischer Basis Fühlung nimmt und die Reformvorschläge bespricht;

dd) die sich aufgrund dieser Absprache ergebenden Reformvorschläge werden in den einzelnen Ländern des deutschen Sprachgebietes von den jeweiligen Fachgremien ihren amtlichen Stellen zur Annahme empfohlen. Aufgrund dieser übereinstimmenden Empfehlung hofft man dann zu einer übereinstimmenden Regelung im deutschen Sprachgebiet, einschließlich der SBZ, zu kommen.

Da es sich um ein umfassendes kulturelles Anliegen jenseits aller Zuständigkeitserörterungen handelt, wird verabredet, daß die Einladung zu der Konstituierung des Sachverständigenkreises vom Bundesminster des Inneren und Senator Dehnkamp gemeinsam erlassen wird. Der Text des Einladungsschreibens wird zwischen Herrn Senator Dehnkamp und Herrn Prof. Hübinger abgesprochen.

Aus den gleichen Erwägungen erklärte sich Herr Abteilungsleiter III bereit, die etwa notwendige Finanzierung der Tätigkeit dieses Arbeitskreises aus den Mitteln der Abteilung für kulturelle Angelegenheiten des Bundes im BMI zu übernehmen.

Die beteiligten Bundesressorts werden über den Fortgang der Angelegenheit, insbesondere die Tätigkeit und die Vorschläge des Sachverständigenkreises durch das BMI unterrichtet.

gez. Dr. G u s s o n e (B3/107)

Mit einem solch reibungslosen Ablauf und der widerspruchslosen Hinnahme seiner Vorschläge hatte Dehnkamp offenbar nicht gerechnet. Den schon Ende Februar entworfenen Text für die Einladung zu der ersten Sitzung des Arbeitskreises hatte er nämlich nicht mit nach Bonn genommen. Deshalb ließ er sofort nach dem Ende der Sitzung von Hübingers Vorzimmer aus seine Sekretärin in Bremen anrufen und ihr den Auftrag übermitteln, sie "solle den Text für die Einladungen betr. Rechtschreibung nicht weiterberarbeiten", sondern den "Wortlaut des Einladungsschreibens "sofort per Fernschreiben nach dort geben" (B3/78). Der Text (bminnern bonn landesreg brml fs nr 146 - B3/82)) lag um 15.35

Uhr in Bonn vor. Die Eile war notwendig geworden, weil Hübinger
sich bereit erklärt hatte, an der gleichzeitig am 8./9. März
1956 in Bonn stattfindenden 51. Plenarsitzung der KMK teilzunehmen.

Dort berichtete Dehnkamp "über die bisherigen Bemühungen" und
teilte dem Plenum mit, daß die Konferenz Anfang Mai stattfinden
sollte. Zu dieser ersten Sitzung, so Hübingers Vorschlag, sollte im Auftrage von KMK und BMI eingeladen werden. Auf dem Blatt
"Ergebnisvermerk" über die Plenarsitzung der KMK am 8. und 9.
März 1956 (B3/83) findet sich folgende handschriftliche Notiz
von Dehnkamp: "Frage nach den Kosten: möglichst auf Teilnehmer". Hätte man den eingeladenen Organisationen und Institutionen die gesamten Kosten aufgebürdet, wäre der Arbeitskreis
wahrscheinlich niemals zusammengetreten. Diese Gefahr hat Dehnkamp wohl gesehen und bei seinem nächsten Treffen mit Hübinger
Ende März eine Kostenverteilung verabredet:

> Der Bund trägt die personellen Unkosten für die Teilnehmer,
> die Kulturministerkonferenz übernimmt die Erledigung der
> Büroarbeiten. (B3/125)

Dehnkamps oben zitierte handschriftliche Notiz steht im Widerspruch zu dem Schriftstück B3/107, dem Bericht über die Besprechung am 8. März 1956; dort war die Übernahme der Kosten durch
das BMI beschlossen worden. Wahrscheinlich ist diese Entscheidung erst nach Dehnkamps und Hübingers gemeinsamem Auftritt im
Plenum der KMK gefallen. Für diese Erklärung der erwähnten Dis-
krepanz spricht auch das Datum der Abfassung (17.März 1956) und
die Bezeichnung "Vermerk" (nicht Protokoll) des genannten Berichtes.

Was Hübinger grundsätzlich zu dem Problem der Rechtschreibreform vor der KMK äußerte (es entspricht dem, was in der Sitzung
besprochen worden war), geht aus seiner handschriftlichen Notiz
(B3/85) hervor, die Dehnkamp fast wörtlich in den Text des Einladungsschreibens übernommen hat:

> Entwurf für Topos 2
> Eine Entscheidung über die strittigen Fragen der Recht-
> schreibung kann nur im Zusammenwirken aller an dieser Sache
> Beteiligten und nicht ohne Vor- und Mitarbeit sachkundiger
> Stellen und Persönlichkeiten getroffen werden. Bevor mit

anderen deutschsprachigen Gebieten hierüber verhandelt wird, erscheint es erforderlich, daß die in der Anlage aufgezählten interessierten Institutionen und Organisationen in der Bundesrepublik sich verständigen. (B3/85)

In diesem Text befindet sich folgende Korrektur: Über dem Wort "Stellen" steht eine 3, über dem Wort "und" eine 2 und über dem Wort "Persönlichkeiten" eine 1; Hübinger wollte sagen: "... nicht ohne Vor- und Mitarbeit sachkundiger Persönlichkeiten und Stellen." Für bemerkenswert halte ich diese nachträglich hinzugefügte Änderung der Reihenfolge deshalb, weil sie Hübingers zutreffende Einschätzung bekundet, daß eigentlich nur Sprachwissenschaftler neue Vorschläge ausarbeiten konnten; eine Zusammenarbeit dieser Personengruppe mit den Vertretern der Interessenverbände, die Dehnkamp von Anfang an angestrebt hatte, hielt er aber offensichtlich nicht für problematisch. Es gibt keinen Beleg dafür, daß er mit Dehnkamp darüber gesprochen hat. Dehnkamps "Ergebnisvermerk" (B3/83) über diese Sitzung schließt mit der kurzen Feststellung: "KMK stimmt zu." Dies bedeutete endgültig grünes Licht für einen Arbeitskreis mit staatlichem Auftrag, aber - wie Dehnkamp immer wieder deutlich betonte - ohne staatliche Weisung. Der Termin für die erste Sitzung wurde auf den 4. Mai 1956 festgelegt, und die Einladungsschreiben konnten verschickt werden.

Mit diesem Einladungsschreiben hatte sich Dehnkamp sehr viel Mühe gemacht; schon Ende Februar hatte er einen Text (maschinengeschriebene Schriftstücke mit zahlreichen handschriftlichen Änderungen - B3/69 und 70) entworfen, den er dann Grebe zuschickte mit der Bitte, ihm "evtl. Änderungswünsche" (B3/71) mitzuteilen. Dieser antwortete postwendend:

Zu dem Entwurf Ihres Einladungsschreibens habe ich nur einen Wunsch. Ich wäre Ihnen außerordentlich dankbar, wenn Sie am Ende des ersten Absatzes den Satz "...ganz zu schweigen von den zahlreichen Unterschieden zwischen "Duden" und "Bertelsmann" ändern würden in "...ganz zu schweigen von den zahlreichen Unterschieden zwischen "Duden" und anderen Wörterbüchern". Solche Abweichungen bestehen nämlich nicht nur zwischen der "Deutschen Rechtschreibung" bei Bertelsmann und dem "Duden", sondern auch zwischen dem neuen Wörterbuch von Herrn Professor Mackensen "Der tägliche Wortschatz", das vor kurzer Zeit bei der Deutschen Buchgemeinschaft in Darmstadt erschienen ist, und der "Deutschen Rechtschreibung" von Herrn Professor Basler, das 1951 in München erschien. Ehrlich gesagt, hieße es im

Hinblick auf die alte Tradition des Dudens dem "Bertelsmann" auch in der jetzigen Nebeneinanderstellung zu viel
Ehre angetan. (B3/75; Grebe an Dehnkamp 3.3.56)

Dehnkamp entsprach diesem Wunsch (handschriftliche Änderung
B3/70) und nutzte darüber hinaus diese von Grebe erhaltenen Information gegenüber dem BMI für seine Argumentation:

> Drei oder vier verschiedene Rechtschreibebücher mit zum
> Teil wesentlichen Unterschieden in den Rechtschreibe-
> Empfehlungen seien im Gebrauch und vermehrten dadurch die
> allgemeine Verwirrung. (B3/107).

Diese Begründung war für seine Gesprächspartner bei vorausgegangenen Verhandlungen immer sehr plausibel gewesen.

Am 12. März 1956 wurde der Text der Einladung vervielfältigt
und von Bremen aus verschickt:

Der Bundesminister des Innern   Bremen, 12. März 1956
            und   Osterdeich 27
Die Ständige Konferenz   Tel.: 361 2615
der Kultusminister der Länder
in der Bundesrepublik Deutschland

Sehr geehrte Herren!

Die Anpassung der deutschen Rechtschreibung an den gegenwärtigen Stand der Sprachentwicklung beschäftigt seit langer Zeit die Wissenschaftler und Wirtschaftler, Schriftsteller und Pädagogen, Journalisten und Schriftsetzer im
ganzen deutschen Sprachgebiet. Alle Kenner sind sich insoweit einig, daß die jetzigen Regeln und Schreibweisen ände-
rungsbedürftig sind. Über das, was geändert werden müßte,
gehen die Meinungen aber so weit auseinander, daß keiner
der bisher bekannt gewordenen Reformvorschläge allgemeine
oder auch nur überwiegende Zustimmung gefunden hat. Obwohl
die Rechtschreibregeln noch nicht geändert wurden, sind sogar im amtlichen Schriftverkehr und bei den öffentlichen
Einrichtungen hiervon abweichende Schreibweisen zu finden,
ganz zu schweigen von den zahlreichen Unterschieden zwischen dem Duden und anderen Wörterbüchern. Um der hierdurch
entstandenen Rechtschreibunsicherheit zu begegnen, ist nach
einem Beschluß der Kultusministerkonferenz für den Schulunterricht in allen Zweifelsfällen der "Duden" verbindlich.

Mit diesem "Stillhalte"-Beschluß sollte nicht über die
strittigen Fragen der Rechtschreibung entschieden werden.
Eine Maßnahme von so weittragender Bedeutung kann nur im
Zusammenwirken aller Beteiligten und nicht ohne die Vorund
Mitarbeit sachkundiger Persönlichkeiten und Stellen durch-
geführt werden. Bevor mit den anderen deutschsprachigen Ge-

bieten hierüber verhandelt wird, müßten die an der Rechtschreibung interessierten Institutionen und Organisationen
in der Bundesrepublik (siehe Anlage) sich über die wichtigsten Punkte der Neuregelung verständigen. Die Vorarbeit in
einem solchen Kreise, der natürlich das Recht der Selbstergänzung haben müßte, würde die späteren amtlichen Entscheidungen und Maßnahmen erheblich erleichtern und sicher auch
beschleunigen.

In der Annahme, daß auch .... zur Mitarbeit
an dieser Aufgabe bereit ist, erlauben wir uns, zur

Ersten Zusammenkunft des Arbeitskreises
für Rechtschreibregelung
----
am Freitag, dem 4. Mai 1956, 10.00 Uhr,
in Frankfurt/Main, Schloßstraße 29
(Hochschule für Internationale Pädagogische Forschung)

einzuladen. Damit der Kreis arbeitsfähig und nicht zu groß
wird, dürfen wir Sie wie alle anderen eingeladenen Institutionen und Organisationen bitten, einen sachkundigen Ver-
treter(in) zu bestimmen. Für eine Mitteilung über Ihre
evtl. Teilnahme und die Person Ihres Vertreters wären wir
dankbar.
In der Hoffnung, daß durch die private Vorarbeit und durch
die Zusammenarbeit aller interessierten Stellen die Grundlage für die Anpassung unserer Rechtschreibung an den gegenwärtigen Stand der Sprachentwicklung geschaffen werden
kann, sehen wir Ihrer geschätzten Antwort und der ersten
Zusammenkunft entgegen.

Mit verbindlichen Empfehlungen

Der Bundesminister   Die Ständige Konferenz
des Innern   der Kultusminister der Länder
(gez.) Schröder   in der Bundesrepublik Deutschland
                                  Im Auftrag
                                (gez.) Dehnkamp

1 Anlage

Die Anlage enthielt das "Verzeichnis der Stellen, die zu der 1.
Sitzung des Arbeitskreises für Rechtschreibregelung eingeladen
werden". Es handelte sich um 16 Institutionen und Organisationen, von denen einige schon von Thierfelder vorgeschlagen worden waren, einige auf Vorschlag verschiedener Persönlichkeiten
eingeladen wurden und im Falle des Deutschen Normenausschusses
(DNA) sogar auf ausdrückliche eigene Bitte. (S. 2.Kap.5.4)
Frankfurt als Tagungsort war von Dehnkamp wegen seiner geographisch zentralen Lage gewählt worden (die spätere Verlegung
nach Wiesbaden fand auf Betreiben Grebes statt): "Da die meisten der in Frage kommenden Herren in West- und in Süddeutsch-

land wohnen, dürfte Frankfurt/Main der geeignetste Ort sein."
(B3/4) Er hatte deshalb schon im Januar den hessischen Kultusminister Hennig gebeten, für die erste Zusammenkunft des Arbeitskreises einen geeigneten Sitzungsraum für ca. 20 Personen
zu Verfügung zu stellen. Dieser Raum sollte, "damit ein offizieller Anstrich vermieden wird", nicht in einem Verwaltungsge-
bäude, sondern "in der Universität oder irgendeinem kulturellen
Zwecken dienenden Gebäude" liegen (B3/4). Selbst diese margina-
le Entscheidung über den Sitzungsraum wurde mit Bedacht und
Vorsicht getroffen, um auf alle Fälle den privaten Charakter
des Arbeitkreises zu wahren, der aber angesichts der Tatsache,
daß die Einladung von staatlichen Behörden erging und auch die
Kosten vom Staat übernommen wurden, nicht mehr gegeben war.
Der erbetene Sitzungsraum wurde von der Hochschule für Internationale Pädagogische Forschung in Frankfurt zur Verfügung gestellt. Allerdings lehnte Dehnkamp die Bitte des Rektors dieser
Hochschule, "die Herren Dr. Heinrich Roth, o. Professor für
Pädagogische Psychologie, und Dr. Walter Schultze, o. Professor
für Lehrplan- Methoden- und Lehrmittelforschung, an der Konferenz teilnehmen" zu lassen ab mit der Begründung, er könne diesen Kreis nicht "eigenmächtig erweitern" (B3/31 und 35). Hinter
dieser kleinlichen Ablehnung steckte die Befürchtung, es könnte
zu viel von den Plänen an die Öffentlichkeit dringen und den
Erfolg der ganzen Aktion gefährden - ein Indiz dafür, wie sehr
die Pressekampagne nach den STE auch hier die Entscheidungen
beeinflußt hat.
Auf der anderen Seite war Dehnkamp nämlich durchaus bestrebt,
dem zu gründenden Arbeitskreis eine gewisse Beachtung zu verschaffen; er schrieb am 3. April an den hessischen Kultusminister Hennig :

Es wäre mir sehr lieb, wenn auch die Kultusminister bei der
ersten Zusammenkunft stärker in Erscheinung treten würden
und gestatte mir daher die Anfrage, ob Sie als hessischer
Kultusminister die Teilnehmer - etwa 20 - 25 Personen - zu
einem Mittagessen einladen und dabei die Herren von Ihnen
in Ihrer Eigenschaft als Vizepräsident der Kultusministerkonferenz, begrüßt werden könnten. (B3/124)

Hennig lehnte diese Bitte wegen anderer, nicht mehr abzusagen-
der Verpflichtungen ab, wandte sich aber an das "Amt für Wis-

senschaft, Kunst und Volksbildung in Frankfurt/Main" und regte
an,"dass seitens der Stadt ein Empfang gegeben wird und die
Teilnehmer der Tagung zum Essen eingeladen werden". (B3/151)
Aber auch der Oberbürgermeister der Stadt Frankfurt erteilte
eine Absage:

> Da am gleichen Tag auf Wunsch der Hessischen Staatsregie-
> rung im Römer bereits ein Empfang der Pressechefs der Län-
> derregierungen stattfindet, ist es mir leider nicht mög-
> lich, diesem Ersuchen zu entsprechen. Ich bitte Sie daher
> höflich, für meine Absage Verständnis zu haben. (B3/166;
> Oberbürgermeister von Frankfurt an Dehnkamp 24.4.56)

Wie es Dehnkamp gelungen ist, daß die Herren doch noch zu ihrem
Essen kamen, geht aus den vorhandenen Briefwechseln nicht her-
vor. Jedenfalls findet sich im Protokoll der konstituierenden
Sitzung folgender Satz: "Nach dem Mittagessen, zu dem die Stadt
Frankfurt eingeladen hatte, wurde die Tagung im Rathaus der
Stadt Frankfurt fortgesetzt." (A3/1:4)

5.2   Suche nach einem Vorsitzenden

So reibungslos die Verhandlungen um "die Haltung des Bundes"
und "das Lokal" vonstatten gingen, so kompliziert gestaltete
sich die Suche nach einem Vorsitzenden. Es war zwar ausdrücklich gesagt worden, daß der Arbeitskreis sich seinen Vorsitzenden aus seinen Reihen in der ersten Sitzung wählen sollte, aber
als erfahrener Politiker überließ Dehnkamp eine Entscheidung
von so weittragender Bedeutung nicht einer zufälligen Mehr-
heitsentscheidung, zumal er von vornherein nicht wußte, welche
Persönlichkeiten die einzelnen Organisationen delegieren würden, weswegen ein eventuelles Stimmverhalten überhaupt nicht
abzuschätzen war.
Sofort nach der Januarsitzung der KMK in Stuttgart schrieb er
an Weisgerber einen ausführlichen Brief; nachdem er die bisherige Entwicklung kurz umrissen hatte, kam er auf sein eigentliches Anliegen zu sprechen:

> Ich gestatte mir daher die Anfrage, ob Sie bereit sind, in
> diesem Kreis mitzuarbeiten und den Vorsitz zu übernehmen.
> Der Kreis wählt zwar seinen Vorsitzer selbst, doch habe ich

nach Rücksprache mit den Herren Dr. Grebe und Dr. Thierfelder keinen Zweifel an Ihrer Wahl, falls Sie annehmen. Abgesehen von taktischen Überlegungen bin ich aber davon überzeugt, daß Ihre Mitarbeit für den Kreis selbst wie auch für
alle ein Gewinn sein wird. (B3/1; Dehnkamp an Weisgerber
24.1.56)

Da Dehnkamp sich ziemlich sicher gewesen war, daß Weisgerber
annehmen würde, traf ihn dessen Absage, die ihn schon am 30.
Januar 1956 erreichte, hart. Zwischen den Zeilen läßt sich lesen, daß Weisgerber diese Bitte nicht leichten Herzens abge-
schlagen hat:

Ihr unverhofftes Schreiben vom 24. d. M. bringt mir zugleich Ehre und Sorge. Meine Beiträge zu den Fragen der
Rechtschreibreform entsprangen der Verpflichtung des
Sprachforschers, in den laufenden Diskussionen der Vernunft
und der Sache voranzuhelfen. Wenn dieser Beitrag als Förderung empfunden wird, freut mich das natürlich. Andererseits
kann ich den Rechtschreibfragen doch nur einen kleinen
Bruchteil meiner Zeit und Arbeitskraft widmen: festliegende
Verpflichtungen bestimmen meine Pläne auf Jahre hinaus,
ganz abgesehen davon, dass mir in diesem Jahr das Dekanat
meiner Fakultät gar keine Zeit zu eigener Arbeit läßt.
(B3/11)

In dieser Situation kam Dehnkamp auf die unter einigen Vorbehalten in der Unterredung am 18. Januar 1956 in Wiesbaden von
Grebe gemachte Zusage, den Vorsitz zu übernehmen, zurück. Grebe
hatte sich bereit erklärt, "um der Sache willen (...) den Vorsitz (...) trotz aller damit verbundenen Sorgen und Mühen zu
übernehmen" (B3/23). Seine vorsichtige Formulierung läßt den
Schluß zu, daß er sich keineswegs mit Begeisterung dieser Aufgabe stellte; wenn er es auch nicht offen aussprach, so kann
man hinter dieser zögerlichen Haltung vermuten, daß weder er
noch Steiner es für besonders glücklich hielten, auf diese Weise Einfluß zu nehmen, weil mit ziemlicher Sicherheit mit kritischen Bemerkungen aus den Kreisen der Verleger zu rechnen war.
Erste Bedenken wurden denn auch am 21. Februar 1956 in einem
längeren Gespräch von Mackensen an Dehnkamp herangetragen:

Dr. Gr. kannte er nicht, doch hatte er offenbar einige Bedenken (Verbindung mit der Leipziger Duden-Redaktion) ohne
sich etwa direkt gegen die Übertragung des Vorsitzes an Dr.
Gr. auszusprechen. (B3/43 Gesprächsnotiz von Dehnkamp)

Daß Dehnkamp so naiv gewesen ist, diesen Wink nicht zu verstehen - es könne nicht glücklich sein, ein Mitglied der Dudenredaktion, also eines privaten Verlages mit berechtigten materiellen Interessen, insbesondere nach den vorausgegangenen Querelen der Verlage Bertelsmann und Steiner untereinander - fällt schwer zu glauben, aber es muß so gewesen sein; denn diese Quelle (Bericht über Gespräch Dehnkamp - Mackensen B3/43) ist eine handschriftliche Notiz von ihm selbst und nur zu seiner eigenen Gedächtnisstütze und Entscheidungshilfe gedacht; sie ist deshalb frei von Manipulationsabsichten jeder Art. Offensichtlich ist Dehnkamp ein Mensch gewesen, der bei aller politischen Begabung an solche Möglichkeiten überhaupt nicht gedacht hat. Aus diesem Grund hatte er auch wohl von Anfang an die Gefahren übersehen, die der Stillhaltebeschluß der KMK in sich barg.

Mackensens Reaktion hatte aber auch noch einen anderen Aspekt: "Verbindung mit der Leipziger Duden-Redaktion" hat Dehnkamp hinter dem Wort "Bedenken" in Klammern angemerkt. Im weiteren Verlauf des oben erwähnten Gespräches meinte Mackensen, nach der Absage von Weisgerber sei Dehnkamp "der geeignetste Vorsitzende, der auch von allen beteiligten Personen + Organisationen anerkannt würde, wie er nach Rücksprache mit mehreren Herren sagen könne". Dehnkamp lehnte "eindeutig" ab, "damit der Charakter des privaten Arbeitskreises von Fachleuten gewahrt bleibe und damit das künftige Ergebnis nicht durch die führende Mitarbeit eines Politikers belastet sei" (B3/43). Bedenken, die ihm bei Privatpersonen nicht kamen, hatte er durchaus, wenn es um die Einmischung von Politikern und seiner eigenen Person ging.

Eindeutig formuliert wurden diese Bedenken eine Woche später von Kliemann, auf dessen Rat Dehnkamp immer großen Wert legte, wohl immer eingedenk der Tatsache, daß man auch als Politiker leicht "betriebsblind" wird und deshalb aus anderen Bereichen - in diesem Falle von einem Verleger - Rat und Argumentationshilfen für anstehende Entscheidungen annehmen sollte.

In seinem Brief an Dehnkamp (B3/65) betonte Kliemann, daß er "Herrn Dr. Grebe persönlich nicht kenne und gegen seine Person nicht das geringste habe"; "größte Bedenken" habe er "lediglich im Interesse der Sache". Für seine Haltung in dieser Frage führte er zwei wichtige Gründe an:

Zunächst einmal ist die Duden-Redaktion im Augenblick die
bevorzugte (die beiden letzten Wörter sind von Dehnkamp
grün unterstrichen, H.S.) Partei, nachdem sich die Kultusminister-Konferenz vorläufig für die Gültigkeit des Dudens
entschieden hat. Ich könnte mir denken, daß viele Teilnehmer des Arbeitskreises nur mit sehr großen Vorbehalten sich
Herrn Dr. Grebe unterstellen würden, denn der Verdacht
könnte doch sehr leicht auftauchen, daß Herr Dr. Grebe
nicht über die genügende Neutralität verfügt. (...) Zum
zweiten ist doch die ganze Stellung der Duden-Redaktion und
des Bibliographischen Instituts sehr umstritten. In der
Ostzone wird die Angelegenheit vollkommen anders beurteilt
wie hier in der Westzone, und ich glaube, daß auch von dieser Seite aus gesehen der Sache kein Dienst erwiesen wird,
wenn möglicherweise Einwendungen von irgendeiner Seite auch
hier wieder gegen die Legitimation der Wiesbadener Duden-
Redaktion gemacht werden sollten. (B3/65; Kliemann an Dehnkamp 20.2.56)

Aus seiner damaligen Sicht waren Kliemanns Bedenken sicher berechtigt, sie erwiesen sich aber in der folgenden Entwicklung
als völlig überzogen. Während der gesamten Verhandlungen zu den
WE hat Grebe faktisch Arbeit und Einfluß eines Vorsitzenden gehabt; es gibt keinen Beleg dafür, daß einer der Teilnehmer daran Anstoß genommen hätte. Allerdings hat er es auch stets vermieden, eine direkte Einflußnahme der Dudenredaktion spüren zu
lassen. Anfallende Kosten für Schreibarbeiten (die Sekretärin
wurde vom BMI bezahlt), Vervielfältigungen (wurden vom Sekretariat der KMK erledigt), Porto u. ä. wurden von Grebe stets gewissenhaft abgerechnet. Natürlich ist die Tatsache, daß die
Verhandlungen in den Räumen der Dudenredaktion stattgefunden
haben und Grebe die Hauptlast der gesamten Verwaltungsarbeit
getragen hat, nicht als völlig uneigennützige Geste des Verlages zu werten. Es gab ja auch im Zusammenhang mit den STE schon
Beweise dafür, daß die Wiesbadener Dudenredaktion in jedem Fall
"am Ball" bleiben wollte und eine Reform am liebsten in eigener
Regie durchgeführt hätte. Grebe wußte aber genau, daß der amtliche Beschluß von 1901 nur durch eine staatliche Initiative
geändert werden könnte. Darüber hinaus war er - wie Dehnkamp
mehrmals geäußert hatte - "ein glühender Verfechter der Reform".
All dies läßt Kliemanns Befürchtungen in bezug auf die Wiesbadener Dudenredaktion im nachhinein als nicht gerechtfertigt erscheinen. Aber auch eine eventuelle Reaktion aus Leipzig hat er
wohl überschätzt. Die "Teilung" war mit der 14.Auflage (Leipzig
1951, Mannheim 1954) faktisch vollzogen und auch in der Öffent-

lichkeit bekannt. In der FAZ vom 13. März 1956 erschien unter
der Überschrift "Duden in zweierlei Fassung" ein kurzer Artikel:

> Vom "Duden" gibt es gegenwärtig zwei Ausgaben. In Mannheim
> erscheint der "Duden", Rechtschreibung der deutschen Spra-
> che und der Fremdwörter; in einem volkseigenen Betrieb in
> Leipzig kommt der sowjetzonale Duden heraus, der zahlreiche
> tendenziöse politische Erläuterungen enthält.

Einen Tag vor dem Eintreffen des oben zitierten Briefes, in dem
Kliemann seine Bedenken gegen einen Vorsitz Grebes vorbrachte,
hatte Mackensen nun Kliemann, der offensichtlich davon nichts
wußte, als Vorsitzenden vorgeschlagen (B3/66). Dehnkamp, der zu
diesem Zeitpunkt Kliemanns Argumente gegen Grebe noch nicht
kannte, griff diese Idee sofort auf; Kliemann lehnte aber ab
mit der Begründung, er hielte es nicht für zweckmäßig, "daß ein
Verleger einen Kreis präsidiert, der zum größten Teil aus Wissenschaftlern besteht", und er außerdem "neben der Tätigkeit im
eigenen Betrieb schon mit sehr vielen ähnlichen Ämtern belastet" sei (B3/98).

Wenn auch seine Ratschläge stets ehrlich und weitgehend frei
von eigenen Interessen waren, was Dehnkamp an ihm offensichtlich schätzte, so fällt hier doch ins Auge, wie er die Bedenken
gegen Grebe und die gegen seine eigene Person differenziert:
Bei Grebe fürchtete er, der Dudenredaktion werde als der augen-
blicklich "bevorzugte(n) Partei" (s. o.) zu viel Einfluß einge-
räumt, für sich selbst argumentierte er mit mangelnder wissenschaftlicher Kompetenz.

Die Bedenken gegen Grebe teilte Dehnkamp nicht, und er begründete das gegenüber Kliemann auch:

> Herr Dr. Grebe ist zwar Leiter der "Duden"-Redaktion und
> damit gewissermaßen von Berufs wegen der Exponent der gel-
> tenden Rechtschreibung. Persönlich bejaht er eine Reform
> unserer Rechtschreibung, was sich am deutlichsten aus sei-
> ner Mitarbeit an den Stuttgarter Empfehlungen ergibt. Seine
> evtl. Wahl zum Vorsitzenden könnte zwar als Bevorzugung ei-
> ner Richtung aufgefaßt werden, sie ist es aber nach meiner
> Meinung in der Tat nicht.
> Trotzdem kann es auch für mich nicht heißen. "Dr. Grebe und
> kein anderer"! denn auch in diesem Falle ist die Sache
> wichtiger als die Person. (B3/97; Dehnkamp an Kliemann
> 12.3.56)

Zunächst einmal blieb Dehnkamp also nichts anderes übrig, als
an Grebe, den er mit Recht favorisierte, festzuhalten, obwohl
er sich der Probleme durchaus bewußt war, denn er schrieb in
einem Brief an Weisgerber am 28. März 1956: "Wenn ich mit meinen Bemühungen wegen der Wahl von Herrn Dr. Grebe auch noch
nicht überall Zustimmung gefunden habe, so hoffe ich doch, daß
dies noch gelingen wird." (B3/118)
Da Kliemann spürte, daß Dehnkamp weiterhin an Grebe festhielt,
machte er einen neuen Vorschlag, der schließlich in abgewandel-
ter Form verwirklicht wurde. Die befürchtete Allmacht eines al-
leinigen Vorsitzenden könnte man - so schrieb er am 23. März
1956 an Dehnkamp - abmildern, indem "zwei oder drei Herren als
federführend für diesen Arbeitskreis" bestimmt werden, " so daß
Herr Dr. Grebe falls er der Vorsitzende werden sollte, sich der
Mitarbeit anderer Herren zwangsläufig bedienen muß" (B3/114).

Wenige Tage vor der Eröffnungssitzung in Frankfurt ergab sich
eine für alle Seiten befriedigende Lösung: Weisgerber, der sich
wohl wegen seiner Ablehnung verpflichtet fühlte, sich an der
Lösung dieses Problems zu beteiligen, ließ über das BMI und
Hübinger telefonisch - die Zeit drängte - mitteilen, "er würde
es gern sehen, wenn Prof. Trier zum Vorsitzenden der Arbeitsgemeinschaft gewählt wird" (B3/174). Dehnkamp und Hübinger verab-
redeten, Trier diese Bitte vorzutragen.
Trier wurde Vorsitzender, Grebe geschäftsführender Vorsitzender; bei ihm liefen in der Folgezeit alle Fäden zusammen. Mit
dieser Lösung waren sowohl die wissenschaftlichen als auch die
organisatorischen Forderungen, mit denen Dehnkamp die Kompetenz
eines Vorsitzenden beschrieben hatte, insofern ideal erfüllt,
als diese durch zwei Personen abgedeckt wurden:

> Wer der Vorsitzende des geplanten Arbeitskreises wird, ist
> mir an sich gleichgültig. Mir kommt es nur darauf an, daß
> er mit den Problemen vertraut ist, für die Führung der be-
> stimmt sehr schwierigen Verhandlungen das nötige Geschick
> hat und nicht zuletzt, daß er für diese Aufgabe genügend
> Zeit hat. (B3/73; Dehnkamp am Mackensen 1.3.56)

Trier brachte die wissenschaftliche Reputation, Grebe das diplomatische Geschick und beide zusammen genügend Zeit ein.

5.3   Personalprobleme mit historisch-politischem Hintergrund

Nicht nur die Frage des Vorsitzes war vorab zu klären, auch die
Delegierung der Vertreter einiger Verbände warf Probleme auf -
Kliemann (B3/32) stellte fest, daß man unterscheiden müsse zwi-
schen den Gesellschaften und den von diesen zu entsendenden
Vertretern. Er hatte erkannt, daß es hier im Gegensatz zur gro-
ßen Politik keinen "Fraktionszwang" geben konnte und jeder
Teilnehmer ausdrücklich ermächtigt war, seine eigene Meinung zu
vertreten.

5.3.1 Thierfelder und die "Arbeitsgemeinschaft für Sprachpflege"

Die Arbeitsgemeinschaft für Sprachpflege läßt sich aus verschiedenen Gründen nicht unter die Rubrik "geladene Institutionen und Verbände" subsumieren. Aus der Sicht der Geschichte der
Rechtschreibreform - und so wird das auch in allen bisher zu
diesem Thema erschienenen Abhandlungen gesehen (Reichard 1983,
Jansen-Tang 1988 u. a.) - ist sie der unmittelbare Vorgänger
des Arbeitskreises, weil die jeweiligen Vorschläge (STE und WE)
als Korrektur bzw. Weiterentwicklung beurteilt werden. Heyd,
der in beiden Gremien saß, ist sogar der Meinung, daß die WE
völlig überflüssig gewesen seien, weil in Stuttgart schon alles
beraten worden sei. (Interview am 11. Juli 1987) Wie weit diese
Beurteilungen vom wissenschaftlichen Standpunkt aus zutreffend
sind, wird im dritten Kapitel (WE) zu zeigen sein.
Politisch betrachtet waren die Unterschiede erheblich - zu der
Arbeitsgemeinschaft für Sprachpflege gehörten Vertreter aus
vier Staaten, die von ihren jeweiligen Regierungen sehr unterschiedliche Weisungen hatten - was im Zusammenhang mit der Konstituierung des neuen Ausschusses zu einigen Problemen führte.
Zunächst ist zu konstatieren, daß die Arbeitsgemeinschaft für
Sprachpflege zu diesem Zeitpunkt faktisch nicht mehr existent
war. Zwar hatte Thierfelder - wie schon erwähnt - im Laufe des
Jahres 1955 noch einige Rundschreiben verschickt, in denen er
über seine Bemühungen um die ursprünglich geplante Wiener Konferenz berichtete, aber zu einem Treffen und vor allem zu der

zunächst avisierten gemeinsamen Veröffentlichung war es nicht
mehr gekommen. Grebe war es gelungen, Thierfelder weitgehend zu entmachten,
indem er alle Aktivitäten an sich zog, und im Zusammenhang damit auch Dehnkamp so gegen diesen einzunehmen wußte, daß er
schließlich völlig ausgebootet wurde. Auch der von Dehnkamp so
geschätzte Ratgeber Kliemann hat immer wieder ohne vordergründig erkennbares Motiv gegen Thierfelder gearbeitet; vermuten
läßt sich allerdings, daß er diesen für die "radikalen" STE
verantwortlich machte.
Spätestens seit dem Treffen in München im Oktober 1955 (s.
2.Kap.3.3), von dem Dehnkamp erst nachträglich erfahren hatte,
erschien ihm Thierfelder nur noch als ungeschickter Stören-
fried, dessen weitere Aktivitäten er nur noch aus dieser Sicht
beurteilte. Wahrscheinlich hat Thierfelder das Problem einer
Rechtschreibreform nicht so stark politisiert und aus diesem
Grund unbefangen mit Vertretern der DDR sprechen können. Für
Dehnkamp - und darin unterschied er sich nicht von allen anderen damals aktiven Politiken gleich welcher Couleur - gab es
jenseits der Elbe keinen Staat, sondern nur die SBZ, mit deren
Vertretern man nicht verhandeln durfte. Diese Einstellung präg-
te sein politisches Handeln. So hat er Verhandlungsangebote aus
Ost-Berlin zwar nicht expressis verbis abgelehnt, aber igno-
riert; immerhin aber erst, nachdem er im Ministerium für Gesamtdeutsche Fragen ein Gespräch mit dem Staatssekretär Thediek
geführt hatte, über dessen Inhalt er leider in seiner Gesprächsnotiz (B1/29) nichts vermerkt hat. (Vgl. hierzu
2.Kap.2.) Kontakte auf halbpolitischer (Gespräch Klappenbach -
Löffler 2.Kap.2) oder privater Ebene (Steinitz - Basler
2.Kap.4.1) tolerierte er und ließ sich über den Inhalt berichten.
Subtil aber unmißverständlich verstand er es, seine Einstellung
zu verdeutlichen - wie hier durch das Einfügen von Ausrufezei-
chen; er zitierte einen Bericht von Basler folgendermaßen:

> (...) daß im Oktober 1955 eine Besprechung mit Vertretern
> aus Österreich, der Schweiz und der Deutschen Demokrati-
> schen Republik (!) stattgefunden habe, an der er für die
> Westdeutsche (!) Bundesrepublik (...) teilgenommen hat.
> (B3/59; Dehnkamp an Meinzolt/Bayerisches Staatsministerium
> für Unterricht und Kultus 22.2.56)

Nur durch diesen zu jener Zeit in der Bundesrepublik herrschenden Grundkonsens läßt sich seine schroffe Ablehnung der Wiener
Konferenz, die er für "überflüssig" und gefährlich" (B1/116)
hielt, erklären und verstehen.

Bei dem schon geschilderten Gespräch am 19. Januar 1956 in
Stuttgart hatte Thierfelder ihm zugesagt, von sich aus nichts
mehr in dieser Angelegenheit zu unternehmen. An diese Zusage
hatte dieser sich auch in den folgenden Wochen gehalten; lediglich von der Einladung zu der konstituierenden Sitzung in
Frankfurt hatte er die Mitglieder der Arbeitsgemeinschaft für
Sprachpflege durch Rundschreiben unterrichtet - sicher nicht in
der Absicht, die im Januar gegebene Zusicherung damit zu unterlaufen - und damit den endgültigen Bruch herbeigeführt.

Grebe versuchte sofort, nachdem es bei der KMK-Sitzung in
Stuttgart grünes Licht für den neuen Arbeitskreis gegeben hatte, Thierfelders Teilnahme daran zu verhindern. Er schrieb am
30. Januar 1956 an Dehnkamp:

> Sehr glücklich wäre ich nicht, wenn sich Herr Dr. Thierfel-
> der selbst als Vertreter der Arbeitsgemeinschaft für
> Sprachpflege nominieren würde. Damit würde der neue Aus-
> schuß im voraus personell stark belastet. (B3/12)

In seinem Antwortbrief nahm Dehnkamp zu dieser Bemerkung allerdings nicht Stellung, denn es gehörte zu seiner Taktik, Ratschläge abzuwägen und oft auch zu befolgen, dies aber nicht unbedingt zuzugeben, wahrscheinlich um nicht den Eindruck der Be-
einflußbarkeit zu erwecken. Grebe war natürlich klug genug, das
Thema in seinen folgenden Briefen zunächst nicht mehr zu berühren.

Den Erhalt des Einladungsschreibens für die Sitzung in Frankfurt nahm Thierfelder zum Anlaß, sich - wie schon erwähnt -
noch einmal in einem Rundschreiben an die Mitglieder der Arbeitsgemeinschaft für Sprachpflege zu wenden; er teilte mit,
daß BMI und KMK "sich entschlossen" hätten, "aus der Zurückhaltung herauszutreten und die Voraussetzungen für eine offizielle
Aussprache zwischen den Vertretern der beteiligten deutschen
Sprachgruppen herbeizuführen" (A2/36). Der im folgenden zitierte mittlere Abschnitt der Rundschreibens hat Dehnkamp wohl insofern erzürnt, als Thierfelder dort den Standpunkt des Sena-

tors interpretiert und dann auch noch zu dem Plan des Vorsitzes
von Weisgerber Stellung nimmt, der zu diesem Zeitpunkt wegen
dessen Absage schon überholt war.

Ich sende Ihnen mit der Bitte um streng vertrauliche Behandlung die Einladung, die an 13 verschiedene Organisationen - darunter die Arbeitsgemeinschaft für Sprachpflege -
ergangen ist und für den 4. Mai 1956 in Frankfurt/Main eine
erste Zusammenkunft ankündigt. Herr Senator D e h n k a m p,
der die Einladung zusammen mit dem Bundesminister S c h r ö
d e r unterzeichnet hat, hat schon seit längerer Zeit
einen Standpunkt im Kreise der Kultusministerkonferenz
eingenommen, der unseren Auffassungen weitgehend entspricht. In einer Unterredung, die ich mit ihm hatte, gewann ich den Eindruck, daß er mit Energie und Klugheit,
aber auch mit Vorsicht darauf hin arbeitet, im Laufe dieses
Jahres zu einem brauchbaren Ergebnis zu gelangen. Er hat
mir persönlich gesagt, daß er in die neuen Verhandlungen
nicht eingreifen wird, nachdem er die Zusammenkunft in
Frankfurt eröffnet hat, und daran denke, als Vorsitzenden
Herrn Professor Dr. W e i s g e r b e r zu bitten. Geschieht dies, dann können wir der weiteren Entwicklung be-
ruhigt entgegensehen. Sollte er aber jetzt einen anderen
Gedanken vertreten, möchte ich ergebenst vorschlagen, daß
wir Herrn Prof. Weisgerber bitten, als Vertreter der Arbeitsgemeinschaft nach Frankfurt zu gehen. Ich glaube, daß
er das Vertrauen unseres Kreises uneingeschränkt genießt.
Seine Broschüre über die "Grenzen der Schrift" und sein
vorzüglicher Vortrag in Wien geben die Gewißheit, daß er
unsere Sache wirksam und zweckmäßig vertreten wird. Sollte
er jedoch zum Leiter der Zusammenkunft außerhalb der Reihe
berufen werden, so daß wir uns über einen Vertreter des Arbeitskreises schlüssig werden müßten, so bitte ich schon
jetzt um entsprechenden Vorschlag. (...)
Auf alle Fälle werden Sie nach dem 4. Mai umgehend genau-
esten Bericht über die Verhandlungen erhalten. Vielleicht
wird es sogar gut sein, wenn wir noch einmal zusammenkommen. Sollte jemand aus unserem Kreis Verbindung zu den Vorsitzenden der in der Anlage genannten Verbände haben, ist
es vielleicht ratsam, diese Verbindung auszunützen, um einen möglichst objektiven Vertreter der jeweiligen Organisation namhaft gemacht zu erhalten. (A2/36; Sperrungen im
Original)

Kliemann, der dieses "streng vertraulich zu behandelnde"
Schriftstück wahrscheinlich von Basler erhalten hatte, kommen-
tierte diesen Vorgang auf seine Weise: "Da es als streng ver-
traulich bezeichnet wird, flattert es wahrscheinlich auf viele
Schreibtische." (B3/116; Kliemann an Dehnkamp 27.3.56) Er
schickte eine Fotokopie (B3/117) davon an Dehnkamp. Zu dieser
Zeit war es ein ziemlich kostspieliges und deshalb seltenes
Verfahren, eine solche Fotokopie herzustellen, wie sie hier in

den Akten erhalten ist. Daß Kliemann Mühe und Kosten nicht
scheute, Dehnkamp dieses Schriftstück "fast" im Original vorzuführen, zeigt, wie wichtig ihm diese Angelegenheit war. In seinem Begleitschreiben warf er die berechtigte Frage auf, was es
denn mit dieser "Arbeitsgemeinschaft für Sprachpflege" jetzt
auf sich habe und ob diese überhaupt noch im alten Umfange bestehe.

Die alte von Herrn Thierfelder privat gegründete Arbeitsgemeinschaft war eine übernationale Arbeitsgemeinschaft, der
auch Vertreter der Schweiz, Österreichs und der sowjetisch
besetzten Zone angehörten. (...) Die Absicht des von Ihnen
eingeladenen Arbeitskreises geht aber doch wohl dahin, zunächst einmal Klarheit über unsere Absichten innerhalb der
Bundesrepublik zu gewinnen. Nur so können wir eine Grundlage für die Besprechungen in den anderen Ländern bekommen.
(B3/116; Kliemann an Dehnkamp 27.3.56)

In der Tat hatte Thierfelder bei der Abfassung dieses Rundschreibens wohl nicht bedacht, daß auf diese Weise Einzelheiten
an die Vertreter der anderen Staaten gelangen würden - wohl in
dem Gedanken, der schon mehrmals formulierte Grundsatz, "nur
ein gemeinsames Reformieren aller deutschsprachigen Staaten"
würde auch weiterhin als Handlungsmaxime gelten.
Höflich im Ton, aber ziemlich hart in der Sache formulierte
Dehnkamp in seinem Schreiben an Thierfelder, daß er hier seiner
Meinung nach seine Kompetenzen überschritten hätte; er räumte
zwar ein, daß er im Gespräch am 19. Januar 1956 und in der Einladung nicht ausdrücklich darauf hingewiesen habe, "etwas über
die Beteiligung oder richtiger Nichtbeteiligung der nicht in
der Bundesrepublik wohnenden Mitglieder der einzelnen Organisationen" zu sagen, weil er das bei "dem betonten Zweck der
Frankfurter Tagung" nicht für nötig gehalten habe. Eine allgemeine Unterrichtung der auswärtigen Mitglieder einzelner Organisationen halte er zwar für sinnvoll, diesem Personenkreis
"aber Abschriften der Einladung für die Frankfurter Tagung zuzusenden und anzukündigen, daß sie 'nach dem 4. Mai umgehend
genauestens Bericht erhalten' würden", sei mehr, als er -
Thierfelder - "nach seiner Meinung tun durfte(n)". Diese zunächst als Kritik formulierte Handlungsanweisung wiederholt er
dann noch einmal unmißverständlich im moderaten Befehlston:

> Über den Verlauf der Frankfurter Verhandlungen kann unmöglich an Außenstehende berichtet werden, und zwar besonders dann nicht, wenn sie offizielle Regierungsvertreter anderer Länder sind. Ich muß Sie also bitten, die nicht in der Bundesrepublik wohnenden Mitglieder der Arbeitsgemeinschaft für Sprachpflege an den von ihr zu führenden Besprechungen und evtl. zu treffenden Entscheidungen über die Frankfurter Tagung nicht zu beteiligen. (B3/122; Dehnkamp an Thierfelder 3.4.56)

Daß hier Verhandlungen über die Änderung der geltenden Rechtschreibnorm quasi zum Staatsgeheimnis erklärt werden, ist zumindest neu und erklärbar nur aus der Situation: Dehnkamp hatte zum einen erfahren und feststellen müssen, daß es ihm politisch nicht möglich war, hier Verhandlungen mit den beteiligten Staaten zu führen, was seinem Ehrgeiz gewisse Schranken auferlegte; zum anderen hatte er sich so in seinen Ressentiments gegen Thierfelder von Grebe und Kliemann bestärken lassen, daß er fast einen Spionageakt witterte.

Durch Thierfelders Antwort wird das Groteske dieser "Anschuldigungen" noch einmal besonders hervorgehoben:

> Sollen die Verhandlungen in Frankfurt vertraulich sein und ein Bericht an die Mitglieder unerwünscht erscheinen, so wird auch diesem Wunsche Rechnung getragen werden, obwohl mir noch kein Fall bekannt geworden ist, dass eine Gruppe von Menschen zu einer Tagung eingeladen (sic!) gleichzeitig aber gefordert wurde, dass sie über den Gang der Verhandlung und das Ergebnis nicht unterrichtet werden dürfe. Ein Unterschied zwischen Deutschen und Nichtdeutschen lässt sich hier aus verschiedenen Gründen, die ich nicht darzulegen brauche, nicht machen. (B3/142)

Auch aus der Mitteilung, daß die Arbeitsgemeinschaft für Sprachpflege "Ihrem Wunsche entsprechend - einen Vertreter namhaft machen" wird, dessen Namen er offensichtlich bewußt zurückhielt, spürt man deutlich Thierfelders berechtigte Verärgerung.

Der Frage, wer denn nun die Arbeitsgemeinschaft für Sprachpflege in Frankfurt vertreten sollte, hatte sich Grebe schon zugewendet und diplomatische Schritte eingeleitet. Da er von Weisgerbers Absicht wußte, "für den Forschungskreis (zu) kandidieren (...), um (...) Thierfelder den Weg über die Stuttgarter Arbeitsgemeinschaft freizumachen", versuchte er, diesen von seiner fairen Zurückhaltung abzubringen, was ihm auch gelang.

In einem Brief an Dehnkamp vom 26. April 1956 schildert er
selbst sein geschicktes Argumentieren. Es war ihm sicher vorher
bekannt, daß Weisgerber "die Verstärkung des wissenschaftlichen
Elements in dem geplanten Kreis für sehr wünschenswert" (B3/19;
Dehnkamp an Heß/Präsident der DFG 4.2.56) hielt und daran interessiert war, den "Schwerpunkt Deutsche Sprache" (innerhalb
der DFG) und den Germanistenverband an der Diskussion zu beteiligen; er konnte deshalb hoffen, daß dieser schon deshalb auf
seinen Plan eingehen würde.

> Ich rief ihn (Weisgerber, H.S.) daraufhin gestern an und
> machte ihn mit aller Deutlichkeit darauf aufmerksam, welche
> Folgen für die Sache selbst die Anwesenheit von Herrn Dr.
> Thierfelder auf der Frankfurter Tagung haben müsse. Herr
> Weisgerber war offensichtlich überrascht, weil er die Zu-
> sammenhänge nicht genügend kannte. Als ich ihm noch klar
> machte, daß wir über den Forschungskreis einem weiteren
> Sachkenner den Weg in den Ausschuß öffnen könnten, wenn er
> die Arbeitsgemeinschaft für Sprachpflege vertrete, sagte er
> mir endlich fest zu, in diesem Sinne an Herrn Dr. Thierfel-
> der zu schreiben. (B3/171; Grebe an Dehnkamp 26.4.56)

Weisgerber zeigte sich einsichtig und schrieb sofort an Thierfelder, "gerade noch rechtzeitig" - wie er Grebe zwei Tage später mitteilte - "um ein bereits abgefaßtes Schreiben in diesem
Sinne abzuändern" (B3/180). Von seinem diplomatischen Erfolg
berichtete Grebe mit nur schwach kaschiertem Stolz sofort nach
Bremen - "Ich bin sehr froh, daß es uns auf diese Weise gelungen ist, die Frage der Stuttgarter Arbeitsgemeinschaft zu lösen." (B3/179) -, allerdings ohne zu wissen, daß politische
Praktiken dieser Art nicht der Stil von Dehnkamp waren. Diesem
war inzwischen wohl bewußt geworden, daß es nicht ganz richtig
war, in diesem Falle seinen beiden Ratgebern zu folgen, welche
die Rolle Thierfelders entweder einseitig sahen (Kliemann) oder
ihn auf jeden Fall aus seiner Führungsposition, die er durch
die Aktivitäten der Arbeitsgemeinschaft für Sprachpflege nun
einmal hatte, herauszudrängen versuchten (Grebe). Seine Zweifel, die er mit einer vorsichtig formulierten Direktive ver-
knüpfte, teilte er Weisgerber mit:

> Ganz persönlich erlaube ich mir aber die Frage, ob es klug
> ist, Herrn Dr. T h i e r f e l d e r völlig auszuschal-
> ten. Bei allem Ungeschick hat er sich doch einige Verdien-
> ste um die Rechtschreibung erworben. Seine Nichtteilnahme

könnte nicht nur falsch verstanden werden, sondern auch zu
Schwierigkeiten führen, die niemand beabsichtigt. Darf ich
Sie bitten, auch diesen Punkt bei Ihrer Entscheidung zu be-
denken. (B3/177; Dehnkamp an Weisgerber 30.4.56)

Dieser Appell erreichte Weisgerber drei Tage, nachdem er sich
im Sinne Grebes mit Thierfelder über die Vertretung der Arbeitsgemeinschaft für Sprachpflege geeinigt hatte. Darüber, wie
er die Beeinflussung, der er von verschiedenen Seiten ausge-
setzt war, beurteilte, gibt es keinen Beleg; es mag in diesem
Fall erlaubt sein, spekulativ zu konstatieren, daß er sich in
der Rolle des Verhandlungsstrategen nicht wohl fühlte und in
der Zukunft taktisches Vorgehen anderen überließ.

5.3.2 Die "Verstärkung des wissenschaftlichen Elements"

Natürlich ging es bei den vorgeschalteten Personaldiskussionen
nicht nur darum, einzelne Personen - wie im vorhergehenden ge-
schildert - auszuschalten, sondern auch das Gegenteil war der
Fall. So waren vor allem Weisgerber und Grebe, aber auch
Mackensen daran interessiert, die Position der Wissenschaftler
in dem geplanten Gremium personell zu stärken. Daß die Liste
der eingeladenen Institutionen, die je einen Vertreter delegieren sollten, eine starke Unterrepräsentanz der Wissenschaftler
vorprogrammierte, hatten sie bald erkannt und sannen auf Abhil-
fe.
Mackensen machte in dem Gespräch am 21. Februar 1956 in Bremen
keinen Hehl aus seiner Auffassung, die Vorarbeit von Wissenschaftlern, welche die Darmstädter Akademie schließlich vorgeschlagen hatte, sei auf jeden Fall wünschenswert, ohne diese
Bemerkung mit bestimmten personellen Vorschlägen zu verknüpfen.
Auch Kliemann hatte das Problem erkannt und schlug vor, "Herrn
Professor Moser, (...) der meines Wissens einer der angesehen-
sten jüngeren Germanisten ist, (...) für den Arbeitskreis vor-
zusehen" (B3/44).
Grebe hatte sich über konkrete Lösungsmöglichkeiten Gedanken
gemacht und brachte schon in diesem frühen Stadium einen guten
Vorschlag ein, der auch später verwirklicht wurde:

Deshalb hielten wir (Dehnkamp und Grebe, H.S.) es für notwendig, daß diese neu zu bildende Kommission möglichst bereits am Ende ihrer ersten Sitzung Fachausschüsse für einzelne Fragen einsetzt und diese Ausschüsse aus eigenem Entschluß heraus durch wissenschaftlich geschulte Sachkenner
ergänzt. (B3/47; Grebe an Dehnkamp 17.2.56)

Für seine eigene Person war Weisgerber der Auffassung, daß er
"einer wirklich voranführenden Reform (...) mehr nutzen" könne,
wenn er "nicht durch einen Vorsitz gebunden" sei (B3/48; Weisgerber an Dehnkamp 18.2.56), womit er zweifellos meinte, daß er
seinen wissenschaftlichen Beitrag höher einschätzte als seinen
organisatorischen. Außerdem versprach er sich "einen verstärkten wissenschaftlichen Einfluß" durch die Mitwirkung des Arbeitskreises "Deutsche Sprachgemeinschaft" der DFG, dem auch
Glinz, "der Hauptberater der Schweizer Behörden in Rechtschreibfragen", und Trier angehörten.
Daß nationale Grenzen in der Frage der Rechtschreibreform eine
so große Rolle spielen sollten, war auch für Weisgerber nur
schwer nachvollziehbar, denn in Stuttgart hatte man die Fragen
sachlich besprochen, ohne politische Probleme dieser Art einzubeziehen. Er war davon ausgegangen, daß die DFG Glinz "als den
gleichzeitig für die Schweiz sprechberechtigten Fachmann" delegieren könnte, mußte diesen Plan aber nun ändern, weil er

auf die - auch in Ihrem Schreiben an Herrn Dr. Thierfelder
vom 3.4. betonte - Schwierigkeit stösst, dass in Frankfurt
ausschliesslich Vertreter aus der deutschen Bundesrepublik
beraten sollen (B3/159; Weisgerber an Dehnkamp 20.4.56).

Glinz kam als "Ausländer" für die Mitarbeit in dem geplanten
Arbeitskreis also nicht in Frage, blieb aber während der ganzen
Zeit mit Weisgerber, Trier und auch Grebe in Kontakt und hat zu
der Diskussion um die Groß- und Kleinschreibung einen schriftlichen Beitrag geliefert. (Vgl. 3.Kap.2.6.2) Trier wurde - wie
schon beschrieben - der Vorsitzende und hat vor allem durch
sein wissenschaftliches Ansehen dem Arbeitskreis und den WE eine gewisse Geltung verschafft. Da Weisgerber als Delegierter
der Arbeitsgemeinschaft für Sprachpflege dem Arbeitskreis angehörte und Trier den Vorsitz übernahm, konnte die DFG einen weiteren Wissenschaftler entsenden. Die Wahl fiel zunächst auf

Porzig, den Grebe nicht für sonderlich kompetent hielt, wie man zwischen den Zeilen eines Briefes unschwer lesen kann:

> Herr Professor Porzig (...) ist Indogermanist. Wenn er auch über die aktuellen Fragen der Rechtschreibreform zunächst keine Einzelkenntnisse besitzt, so wird er doch die Diskussion mit allgemeinen Gesichtspunkten befruchten können.
> (B3/179; Grebe an Dehnkamp 2.5.56)

Porzig stellte schon bald nach der ersten Sitzung seinen Platz für Brinkmann zur Verfügung. Damit waren in dem Wiesbadener Arbeitskreis die renommiertesten Sprachwissenschaftler der damaligen Zeit versammelt.

5.3.3 Politisch "belastete" Mitglieder des Arbeitskreises

In diesem Zusammenhang drängt sich auch die Frage auf, wie diese Wissenschaftler das Dritte Reich und seine Folgen verarbeitet hatten. Daß sie alle in irgend einer Form an den Geschehnissen dieser Zeit beteiligt oder von diesen betroffen waren, wurde weitgehend tabuisiert; nur wenn es unumgänglich war, wurde das Problem allenfalls am Rande erwähnt. Die meisten von ihnen hatten schon vor oder während des Krieges Lehrstühle an deutschen Universitäten innegehabt und hatten sich - als "Germanisten" von den braunen Machthabern besonders in die Pflicht genommen - mit der NS-Ideologie auseinandersetzen müssen, um diese auf verschiedene Weise in ihre Forschungen zu integrieren oder sich auf vermeintlich unpolitische Gegenstände zurückzuziehen. Bis auf zwei Fälle, in denen - wie im folgenden berichtet - nur andeutungsweise Probleme "mit der Vergangenheit" zur Sprache kamen, läßt sich im Zusammenhang mit dem "Arbeitskreis für Rechtschreibregelung" das gleiche beobachten, was auch in Konstanz, Salzburg, Schaffhausen und Stuttgart schon aufgefallen war. Nur wenige Jahre nach Kriegsende (1952 - 1954) - die Erinnerungen hätten eigentlich noch ziemlich frisch sein müssen - wurde über ein Thema (Rechtschreibreform), das zwar machtpolitisch irrelevant war, dem aber infolge der veränderten nationalen Konstellationen eine größere politische Bedeutung zukam, als das vorher der Fall war, so verhandelt, als sei dies eine reine Privatangelegenheit.

Mackensen, der zu dieser Zeit der Schriftleiter der von der
GfdS herausgegebenen Zeitschrift "Muttersprache" war, hatte in
sein neues Wörterbuch "Deutsche Rechtschreibung" (Bertelsmann-
Verlag) in einigen Fällen Änderungen der geltenden Rechtschreibung eingearbeitet. Außerdem zählte er als renommierter Sprachwissenschaftler zu dem Personenkreis, der auf jeden Fall an einer Rechtschreibreform mitarbeiten sollte.
Dehnkamp hatte ihn durch Kliemann im Herbst 1955 kennengelernt
und in den folgenden Monaten mehrmals seinen Rat erbeten. Im
Zusammenhang mit den Delegierungsproblemen der einzelnen Verbände schrieb Kliemann an Dehnkamp:

> Sie haben Herrn Prof. Mackensen (...) selbst kennengelernt.
> Vertraulich möchte ich dazu sagen, dass mir Herr Professor
> Mackensen als Vertreter der Gesellschaft für Deutsche Spra-
> che nicht ohne weiteres geeignet erscheint. Es liegen gegen
> ihn, wie ich immer wieder feststellen musste, in verschie-
> denen Kreisen von früher her gewisse Ressentiments vor, mit
> denen man nun einmal rechnen muß. (B3/18; Kliemann an Dehn-
> kamp 2.2.56)

Dehnkamp antwortete darauf, daß er diese "Ressentiments (...)
wenigstens zum Teil" kenne, er sich aber "weder in diesem noch
in irgendeinem anderen Falle in die inneren Angelegenheiten der
beteiligten Kreise und Organisationen einmischen" wolle, weil
er glaube, "daß dieser Kreis auch mit einem evtl. 'belasteten'
Mitarbeitern fertig werden" würde. (B3/25) Kliemann schloß sich
dieser Meinung an, äußerte nur Bedenken für den Fall, daß die
GfdS mit der Federführung beauftragt und Mackensen die Einladungen aussprechen würde. Kliemann machte Dehnkamp diese Mitteilung keinesfalls, um zu intrigieren - er schätzte Mackensens
wissenschaftliche Kompetenz sehr hoch ein -, sondern er fühlte
sich verpflichtet auf die "Ressentiments" hinzuweisen, um die
zu erwartende Diskussion nicht mit weiteren Problemen zu belasten.
In einem Gespräch im Mai 1988 ist Mackensen von sich aus nicht
auf diese Ereignisse eingegangen, und ich hielt es nicht für
richtig, nach einem halben Jahrhundert nachzufragen, vor allem
weil mir seine im folgenden zitierte Erklärung aus dem Jahr
1954 bekannt war:

Erklärung

1. Die Angriffe, die in Heft 8 des laufenden Jahrganges
der Deutschen Rundschau gegen einzelne Ausführungen einer von mir gehaltenen und veröffentlichten Vorlesung
gerichtet wurden, berühren Äusserungen, die seit 1945
bereits mehrfach öffentlich erörtert worden sind. Ich
wiederhole auch Ihnen, dass ich jene Ausführungen sehr
bedaure. Ungeschehen kann ich sie leider nicht machen.
Ich kann aber versuchen, durch die Tat zu bezeugen,
dass ich nicht gesonnen bin, einen Irrweg zu wiederho-
len. (H/Zei/Rückseite STN 28.8.54[1])

Die dieser Erklärung zugrunde liegende Haltung mag wohl auch
der Grund dafür gewesen sein, daß Dehnkamp einige Zeit später
Mackensen nach Bremen holte, wo er dann das Institut für deutsche Presseforschung aufbaute und leitete.

Brinkmann, der ebenfalls Probleme mit den erwähnten "Ressentiments" hatte, redigierte in den ersten Jahren nach dem Krieg
die in Düsseldorf erscheinende Zeitschrift "Wirkendes Wort";
außerdem arbeitete er zusammen mit Weisgerber, Trier, Glinz u.
a. an dem Forschungsprojekt "Deutsche Sprachgemeinschaft" der
DFG, von dem er in den Arbeitskreis delegiert wurde. Während
der Verhandlungen in Wiesbaden erhielt er am 1. Mai 1957 einen
Ruf an die Universität Münster.

In seinem Memoirenband "Zwischen allen Stühlen" (1985) schildert Rudolf Krämer-Badoni, der als Delegierter des Deutschen
Schriftstellerverbandes zum Wiesbadener Arbeitskreis gehörte,
eine Episode über Brinkmanns "Belastung" (Verhalten als Prüfer
an der Universität Frankfurt im Jahre 1938) und seine "Rechtfertigung" im Jahre 1956. (Krämer-Badoni sagte im Interview
1986, daß er seine Erinnerungen auf Grund von Tagebuchnotizen
und Briefen geschrieben habe, was den Wahrheitsgehalt stützt):

---

1 In den Unterlagen von Heyd befindet sich eine umfangreiche
Sammlung von Presseberichten zur Reformgeschichte (H/Zei); die
gesammelten Zeitungsausschnitte sind auf "schon benutzte" Blätter aufgeklebt; auf der Rückseite eines dieser Blätter fand
sich eine Abschrift der hier zitierten Erklärung von Mackensen.
An die Herkunft dieses Schriftstückes konnte Heyd sich leider
nicht erinnern. Aus diesem Grund ließ sich nicht klären, in
welchem Zusammenhang Mackensen diese Erklärung abgegeben hat.

Jahre nach dem Krieg saß ich mit Brinkmann zusammen in einer von Bonn eingesetzten Beraterkommission für die Rechtschreibreform. In einer Pause saß er zufällig mir gegenüber und erklärte seinem Nachbarn, warum er momentan keine Professur habe: "Sie wissen, wie das zugegangen ist. Viele Remigranten mußten versorgt werden. Nach Qualität wurde nicht gefragt." Da schaltete ich mich ein: "Herr Brinkmann, ich mische mich ungefragt ein. Sie erinnern sich vielleicht an den Studenten, der von den Nazis gebrandmarkt im Dezember 1938 rasch Examen machen mußte. Sie als Korreferent haben meine Arbeit abgelehnt und in der mündlichen Prüfung mit einer ungewöhnlich schwierigen Textstelle aufgewartet, mit der ich allerdings nicht hereinzulegen war. Und nur weil Ihr Kollege Schultz mit den Nazis nicht die brutal verlangte Kumpanei machte, kam ich mit der Note Gut aus dem Examen. Nehmen Sie das als Zusatz zu der Erklärung, die Sie soeben abgegeben haben. Ich halte den Zusatz für notwendig, entgegen aller Höflichkeit." Er schwieg. Sein Nachbar ebenfalls. (Krämer-Badoni 1985:23)

Die hier vorgetragene Kritik richtet sich nicht nur gegen diese beiden Personen, die als einzige aus dem Kreis Sanktionen zu ertragen hatten, sondern gegen alle Beteiligten, die politisch abstinent über dieses Thema glaubten verhandeln zu können. In dieser Haltung manifestiert sich die in dieser Zeit vorherrschende Grundtendenz einer totalen Entpolitisierung, die einherging mit einem affirmativen Akzeptieren der herrschenden Verhältnisse - kein Klima für Reformen, für Bemühungen, eine seit Jahrzehnten konstante Norm zu verändern.

Es ist nur scheinbar ein Widerspruch, bei einer Gruppe von Leuten, die sich mit großem Einsatz um eine Reform bemühten, diese Haltung zu konstatieren. Die hier Versammelten befanden sich - ungeachtet der Tatsache, daß sie eine Veränderung von Normen vorbereiten wollten - im Konsens mit der restaurativen und konservativen Grundhaltung des größten Teiles der Bevölkerung der Bundesrepublik. Auch hier ist einer der Gründe für das Scheitern der Reformversuche zu verorten, weil dieser Konservativismus einherging mit politischer Abstinenz in dem Sinne, daß man das eigene Tun - dies gilt hier insbesondere für die beteiligten Wissenschaftler - entweder für politisch folgenlos hielt oder, wie im vorliegenden Fall, sich für die Realisierung des Vorhabens in keiner Weise mehr zuständig fühlte.

Ein Mann wie Heyd, der sich der Notwendigkeit bestimmter Durchsetzungsstrategien bewußt war und durch die Gründung einer Arbeitsgemeinschaft sich auch persönlich stark engagierte (vgl.

dazu die Ausführungen zur agnr 2.Kap.5.4), wurde eher belächelt, als Fanatiker ohne nennenswerten Einfluß hingestellt und seine Bemühungen als Kompensation mangelnder beruflicher Karriere interpretiert. So lautete jedenfalls die Auskunft, die Dehnkamp von Löffler bekam, in der dieser durchblicken ließ, wie wenig Verständnis er für derartige Aktivitäten eines promovierten Germanisten, der ihm außerdem noch sympathisch war, aufbrachte:

> Herr Dr. Heydt (sic!), (...), setzt sich für eine radikale Rechtschreibreform ein, die er unermüdlich z.b. auch in der Fachzeitschrift der Industriegewerkschaft Druck und Papier propagiert und zu begründen versucht. Er ist persönlich ein bescheidener und liebenswürdiger Mann, aber in dieser Angelegenheit ein Fanatiker. Ich habe ihm schon wiederholt gesagt, dass ich seine weitgehenden Vorschläge zur Rechtschreibung nicht unterstützen könne. Wie gross die Zahl seiner Anhänger und die Zahl der Bezieher der Rundschreiben ist, weiss ich nicht. Ich glaube aber kaum, dass weitere Kreise von Bedeutung hinter ihm stehen. (B3/56; Löffler an Dehnkamp 21.2.56)

Aus privaten Reforminitiativen wie der hier erwähnten war das Problem der Rechtschreibreform als Politikum nicht nur in die Kulturpolitik der beteiligten Staaten, sondern auch in viele gesellschaftlich relevante Gruppen gelangt.

5.4. Teilnahme der Verbände und Interessengruppen

Eine Liste von Verbänden und Interessengruppen, die von einer Änderung der Rechtschreibung betroffen wären und aus diesem Grund an einer Entscheidung beteiligt werden sollten, hatte Dehnkamp von Thierfelder übernommen. Während der Vorbereitungsphase meldeten sich noch weitere Organisationen oder wurden von verschiedenen Personen vorgeschlagen, so daß deren Zahl sich schließlich auf 16 erhöhte, wie aus einer der Einladung beigefügten Anlage hervorgeht:

Verzeichnis
der Stellen, die zu der 1. Sitzung des Arbeitskreises für Rechtschreibregelung eingeladen werden

1. Akademie für Sprache und Dichtung,
   Darmstadt, Ernst-Ludwig-Haus
2. Arbeitsgemeinschaft für Sprachpflege,

Stuttgart, Charlottenplatz 17
3. Gesellschaft für deutsche Sprache,
   Lüneburg, Heiligengeiststr. 24 a
4. Schwerpunkt deutsche Sprache
   der deutschen Forschungsgemeinschaft,
   Bonn, (Universität)
5. Arbeitsgemeinschaft deutscher Lehrerverbände,
   Darmstadt, Hindenburgstr. 40
6. Gemeinschaft deutscher Lehrerverbände,
   Bad Nauheim, Kurstr. 15
7. Deutscher Journalisten-Verband e.V.,
   Bonn, Münsterplatz 20 III
8. Industriegewerkschaft Druck und Papier,
   Stuttgart-Nord, Rotestr. 2 A
9. Börsenverein des deutschen Buchhandels,
   Frankfurt/Main, Großer Hirschgraben 17/19
10. Arbeitsgemeinschaft der graphischen Verbände des deut-
    schen Bundesgebietes e.V.,
    Wiesbaden, Mainzer Str. 20-22
11. Bundesverband deutscher Zeitungsverleger e.V.,
    Bad Godesberg, Hohenzollernplatz 7
12. Vereinigung deutscher Schriftsteller-Verbände,
    Berlin-Charlottenburg 4, Kantstr. 54
13. Duden-Redaktion,
    Wiesbaden, Bahnhofstr. 39, Postfach 343
14. Arbeitsgemeinschaft der Akademien der Wissenschaften,
    z.H. der Akademie der Wissenschaften in Heidelberg,
    Heidelberg, Karlstr. 4
15. Deutscher Germanisten-Verband,
    Münster i. Westf., Waldeyerstr. 56
16. Deutscher Normenausschuß,
    Berlin W 15, Uhlandstr. 175
(B3/89)

Diesen Institutionen und Interessengruppen wurde zugestanden, durch die Entsendung ihrer Vertreter die Diskussion innerhalb des Arbeitskreises mitzubestimmen; von dieser Möglichkeit wurde in unterschiedlicher Weise Gebrauch gamacht.

Die Deutsche Akademie für Sprache und Dichtung hatte durch ungeschicktes Verhalten und offensichtliche Verzögerungstaktiken die Chance vertan, eine führende Rolle bei den Verhandlungen zu spielen; mit der Einladung nach Frankfurt wurde ihr ein Platz auf der Ebene aller anderen Verbände zugewiesen. Dies bedeutete, daß die Akademie wie alle anderen Beteiligten einen Vertreter delegieren konnte. Mit dieser Verpflichtung hatte Kasack, der Präsident der Akademie, zunächst einige Schwierigkeiten, wie er Grebe gegenüber zugab. Grebe berichtete in einem Brief an Dehnkamp:

Ja, er (Kasack, H.S.) ist in einer gewissen Verlegenheit, wen er nach Eintreffen Ihrer Einladung delegieren soll, weil Herr Storz auf längere Zeit nach Amerika reist. Er denkt jetzt an Herrn Süßkind (sic!). (B3/75; Grebe an Dehnkamp 3.3.56)

Die "Verlegenheit" zeigt sich auch daran, daß mehrere Personen als mögliche Delegierte in dem Briefwechsel zwischen Kasack und Dehnkamp auftauchen; vorgesehen war zunächst Storz (der an den späteren Sitzungen mehrfach teilgenommen hat und seinen Einfluß stark geltend machen konnte), der aber wegen der schon erwähnten Amerikareise an der Eröffnungssitzung nicht teilnehmen konnte. Kasack wäre wohl an seiner Stelle in Frankfurt erschienen, konnte aber diese Absicht nicht verwirklichen, weil er "in Rom einen Vortrag zu halten" (B4/12) hatte. Deshalb nominierte er zunächst Prof. Dolf Sternberger, dann Prof. Hanns Wilhelm Eppelsheimer und schließlich Prof. Fritz Martini (B4/16), der dann an der ersten Sitzung in Frankfurt teilnahm. Diese Namenliste mag ein Beleg dafür sein, welche Bedeutung die Akademie dem Problem bzw. der Verhinderung einer Rechtschreibreform zumaß.

Süskind wurde aus taktischen Gründen als Vertreter des Journalistenverbandes nominiert.

Die Arbeitsgemeinschaft für Sprachpflege wurde in Frankfurt zwar offiziell durch Weisgerber vertreten, existierte aber zu diesem Zeitpunkt schon nicht mehr. Im Entwurf der Einladungsliste befand sich hinter diesem Namen noch der Zusatz "Institut für Auslandsbeziehungen", der von Dehnkamp gestrichen wurde (B3/87) - ein weiteres Indiz für das bewußte Herausdrängen von Thierfelder.

Die Gesellschaft für deutsche Sprache[1], als Nachfolgeorganisation des Allgemeinen deutschen Sprachvereins am 10. Januar 1947 von Landgerichtsdirektor Max Wachler in Lüneburg gegrün-

---

1 In ihrem Informationsschreiben 6.83 formuliert die GfdS (heute Wiesbaden), die sich als "eine politisch unabhängige Vereinigung zur Pflege und Erforschung der deutschen Gegenwartssprache" definiert, ihr Selbstverständnis folgendermaßen:

det, war schon einmal kurz als mögliche federführende Institution im Gespräch gewesen. Mackensen hatte dies aber hauptsächlich aus wirtschaftlichen Gründen abgelehnt. (B3/26)
Aus ihren Reihen war nicht nur der in Salzburg abgelehnte Vor
schlag von Roemheld gekommen (s. 1.Kap.3.2), sondern sie war
auch an der Erarbeitung des schon mehrfach erwähnten Wörterbuches von Mackensen beteiligt. In der von der Gesellschaft herausgegebenen Zeitschrift Muttersprache hatte G. Winter schon
1949 über eine mögliche, von Ostberlin angeregte Reform berichtet; auch über die STE waren dort mehrere Aufsätze veröffentlicht worden. Weisgerber arbeitete zeitweise intensiv an den
Zeitschriften "Muttersprache" und "Sprachdienst" mit und blieb
dieser Organisation zeitlebens verbunden, was sehr zu deren Ansehen beigetragen hat. Zum Arbeitskreis wurde aber nicht er
(vgl. dazu 2.Kap.5.3.1), sondern Mackensen delegiert. Dieser
sagte seine und die Mitarbeit der Gesellschaft zu; daß es zu
einer Zusammenarbeit nur sehr fragmentarisch kam (Mackensen
ließ sich mehrfach von Ischreyt vertreten), hing mit einem Mißverständnis zusammen, das im Zusammenhang mit einigen Aktivitäten des DNA enstanden war. (s. 3.Kap.1)

An das Forschungsvorhaben Schwerpunkt deutsche Sprache der
deutschen Forschungsgemeinschaft knüpfte Weisgerber die Hoffnung, daß damit das Fehlen einer Sprachakademie in Deutschland
kompensiert werden könnte, denn   - so beschreibt Weisgerber
dieses Projekt - es solle

den Wechselwirkungen zwischen deutscher Sprache und deutscher Sprachgemeinschaft nachgehen und dabei mit einer
sachgemässen Bestandsaufnahme der deutschen Sprache beginnen. Es ist zunächst eine Gemeinschaftsarbeit von sechs anerkannten Wissenschaftlern, die aber wohl in sich im An-
satz zur Übernahme auch weiterer Aufgaben trägt. Rechtschreibfragen würden wohl in den Arbeitsbereich dieses
'Schwerpunktes' gehören und vielleicht wäre hier die geeignete Mischung von freier Initiative und behördlicher Auto-

---

"Die GfdS will allen helfen, die in sprachlichen Fragen Rat
brauchen, und sie will das Verständnis für Wesen, Bedeutung und
Leistung der Sprache wecken und die deutsche Sprachgemeinschaft
anregen, sich mit der Sprache zu beschäftigen und das Sprachgefühl zu vertiefen."

risierung zu finden, nach der Sie selbst im Namen der Kultusministerkonferenz suchen. Wenn es Ihnen richtig erscheint, könnte sich dieser Arbeitskreis bei seiner nächsten Zusammenkunft mit der Sache befassen; falls er darauf eingeht, wäre es vielleicht möglich, daß die Forschungsgemeinschaft dort auch Raum schüfe für das Problem, wie ein angemessenes Verhalten der Sprachgemeinschaft auch im Bereich der Schrift erreichbar ist. (B3/11; Weisgerber an Dehnkamp 28.1.56)

Diese Forschungsgruppe im DFG sollte eigentlich durch Weisgerber vertreten werden. (B4/18) Da dieser sich, Grebes Drängen folgend, schließlich von der Arbeitsgemeinschaft für Sprachpflege nominieren ließ und der von ihm favorisierte Glinz als Schweizer diese Aufgabe nicht wahrnehmen konnte (B3/159), wurde schließlich Porzig vorgeschlagen (B4/23), der aber schon nach der ersten Sitzung seinen Platz für Brinkmann frei machte.

Die Reaktionen der beiden eingeladenen Lehrerverbände auf die Einladung nach Frankfurt spiegelt ziemlich genau die bisherige verbandspolitische Entwicklung innerhalb dieser Berufsgruppen. In der Gemeinschaft deutscher Lehrerverbände (GDL) waren hauptsächlich Lehrer an Gymnasien zusammengeschlossen, die bisher überhaupt kein Interesse an der Rechtschreibreform gezeigt hatten. Auf Dehnkamps Einladungsschreiben kam keine Antwort, und bei der Eröffnungssitzung in Frankfurt war kein Vertreter anwesend. Da der Verband "unentschuldigt" fehlte, erbat Grebe von Dehnkamp die Adresse, um der Sache noch einmal nachzugehen (B4/37), was er dann offensichtlich mit Erfolg getan hat; an den späteren Wiesbadener Verhandlungen hat der Studienrat Dr. August Arnold aus Wiesbaden teilgenommen; er beteiligte sich aktiv an der Diskussion und veröffentlichte später in den Mitteilungen des Deutschen Germanistenverbandes einen Aufsatz zur Frage der Rechtschreibreform.

Besonders die Volksschullehrer, die jetzt in der Arbeitsgemeinschaft deutscher Lehrerverbände (AGDL)[1] zusammengeschlossen wa-

---

1 Der Allgemeine Deutsche Lehrer- und Lehrerinnen-Verein (ADLLV) hatte sich 1947 als Einzelgewerkschaft (Gewerkschaft Erziehung und Wissenschaft GEW) formiert und sich 1949 dem neu

ren, hatten sich schon seit der Jahrhundertwende immer wieder mit dem Thema Rechtschreibreform beschäftigt und Vorschläge, die zum Teil aus ihren Reihen kamen, diskutiert. (Vgl. hierzu Jansen-Tang 1988:65-89)

Bald nach dem Ende des Zweiten Weltkrieges wurde dann auch wieder versucht, die Rechtschreibreform politisch zu thematisieren, um sie durchsetzen zu können. Der Lehrerverband des Landes Niedersachsen (LVN) gründete schon 1948 einen Rechtschreibausschuß (Vorsitzender H. Ringeln), der im Jahr darauf von der AGDL, die bei ihrer Jahrestagung in Marburg den Beschluß gefaßt hatte, "eine vereinfachung unserer rechtschreibung zu erstreben", mit der Ausarbeitung eines Reformvorschlages beauftragt wurde. (Ringeln 1953b) Bevor dieser "Vorschlag zur vereinfachung der rechtschreibung" 1953 in der Allgemeinen deutschen Lehrerzeitung veröffentlicht wurde (Jansen-Tang 1988:89 und 633), hatte man auf dem Kongreß der Lehrer und Erzieher in Berlin folgende Entschließung formuliert:

> Die kultusminister-konferenz ist aufzufordern, daß der von ihr am 27. Oktober 1950 beschlossene "Vorbereitende Ausschuß" alsbald zusammengestellt wird und mit seinen arbeiten beginnt. In diesem ausschuß müssen alle an der vereinfachung der rechtschreibung interessierten berufsgruppen, also auch die lehrer, ausreichend vertreten sein. (Ringeln 1953b; Kleinschreibung im Original, H.S.)

Ob der Text dieser Entschließung der KMK vorgelegt wurde, kann nicht nachgewiesen werden; fest steht lediglich, daß etwa zu diesem Zeitpunkt der eben gegründeten Arbeitsgemeinschaft für Sprachpflege ein entsprechender Auftrag erteilt wurde.

Daß die Lehrerverbände in Stuttgart nicht beteiligt waren, ein Mitwirken nach den vorliegenden Unterlagen auch nicht erwogen wurde, hängt mit dem Selbstverständnis dieser Berufsgruppe zusammen; traditionell gab es in der Frage der Rechtschreibreform eher Verbindungen zur Gewerkschaft der Drucker und Setzer als

---

gegründeten Dachverband DGB angeschlossen. In der AGDL arbeitete die GEW unter anderem mit dem Bayerischen Lehrerverband organisatorisch zusammen.

zu den Sprachwissenschaftlern. So hat der Lehrer Hans Ringeln, der sich seit 1930 mit Reformfragen beschäftigte, schon damals Kontakte zu Druckern gehabt und das Erfurter Programm (1931) kennengelernt. Nach dem Krieg knüpfte er an diese Tradition wieder an. Auf Grund seiner Initiative wurde - wie schon erwähnt - im Sommer 1948 der Rechtschreibausschuß des Lehrerverbandes Niedersachsen (LVN) gegründet. Er hielt am 12. September 1948 in einer Maschinensetzerversammlung[1] in Hannover einen Vortrag über die "Vereinfachung der rechtschreibung", in dem er die Rolle der Drucker bei den bisherigen Reforminitiativen besonders erwähnte. (Technische Mitteilungen 1948:1) An den weiteren Arbeiten des Ausschusses wurden dann auch die Drucker beteiligt, wie Ringeln später berichtete. (Ringeln 1950:75) Der fertige Reformvorschlag des LVN wurde Pfingsten 1953 dem Kongreß der Lehrer und Erzieher in Flensburg vorgelegt.

Auch in anderen Bundesländern bemühten sich die Lehrer um eine Rechtschreibreform. So gab es die Initiative des Hauptlehrers Gottfried Ginter aus Bretten/Baden (Ginter nahm später als Delegierter der agnr an den Verhandlungen in Wiesbaden teil), der am 11. September 1954 in der Süddeutschen Schulzeitung (Ginter 1954) einen Aufruf veröffentlicht hatte, in dem er sich für die Durchsetzung einer Rechtschreibreform auf der Basis der STE einsetzte und ausführlich aus einem Vortrag von Thierfelder, den dieser am 10. Mai 1954 auf der Tagung der GfdS in Köln gehalten hatte, zitierte und besonders auf dessen Äußerung "Ortografie ist lehrersache!" (reformierte Rechtschreibung im Original, H.S.) hinwies. Ginter teilte mit, daß unter seiner Leitung ein Rechtschreibausschuß innerhalb der GEW Nordbaden (als Unterausschuß des pädagogischen Auschusses) gebildet worden sei, und forderte seine Kollegen auf, diese Initiative zu unterstützen: "Alle lehrkräfte werden zur mitarbeit aufgerufen! Der anstoß zur beseitigung dieses schmerzenskindes, das unsere schul-

---

1 Es handelte sich um eine Veranstaltung der Maschinensetzer-Vereinigung im Bezirk Niedersachsen, einer Unterorganisation der Industriegewerkschaft Graph. Gewerbe und Papierverarbeitung; der DGB als Dachverband der Einzelgewerkschaften wurde erst 1949 gegründet.

arbeit so sehr belastet, muß von unten ausgehen!" (Ginter 1954:
260; Kleinschreibung im Original, H.S.)
Ein weiteres Beispiel für Bemühungen innerhalb der GEW gab es
in Nordrhein-Westfalen; der Landesverband hatte den Rektor
Richard Behnisch aus Bochum zum Obmann für Fragen der Rechtschreibreform bestellt. Behnisch veröffentlichte in der Lehrer-
zeitschrift "Neue deutsche Schule" vom 5. September 1954 den
Artikel "Die 'gemäßigte kleinschreibung'" (Kleinschreibung im
Original, H.S.), in dem er sich mit den STE auseinandersetzte;
in der Elternzeitschrift "Unser Kind" initiierte er durch einen
Beitrag mit dem Titel "Rechtschreibung - ein trübes kapitel"
(Kleinschreibung im Original, H.S.) eine ausführliche Diskussion. In den Zuschriften stimmte man "fast hundertprozentig"
seiner Forderung nach der "beseitigung von umständlichkeiten
und spitzfindigkeiten" zu. (Ringeln 1957:2; Kleinschreibung im
Original, H.S.)
In mehreren Verbandszeitschriften und Tageszeitungen finden
sich Berichte über Lehrerversammlungen auf Orts-, Kreis- und
Bezirksebene, in denen das Thema Rechtschreibreform behandelt
wurde bzw. Anträge an die jährlich stattfindenden Erzieherkon-
gresse beschlossen wurden. Auf diesen Kongressen kam das Thema
immer wieder zur Sprache, versandete aber ebenso oft in einer
allgemein formulierten Entschließung.
Offensichtlich konnten sich die Aktivitäten auf den unteren
Verbandsebenen nicht bis in die Spitzengremien der GEW fortsetzen, weil man dort wegen der Durchsetzung anderer (damals
durchaus wichtiger) Forderungen so stark in Verwaltungskate-
gorien dachte, daß das Interesse an diesem pädagogisch relevanten Thema auf der Strecke blieb. Dehnkamps Ansprechpartner
konnten aber nur Lehrerverbände auf Bundesebene sein.
Für die Durchsetzung der alten Lehrerforderung nach einer ver-
einfachten Rechtschreibung war gerade zu diesem Zeitpunkt die
Konstellation aus zwei Gründen besonders günstig. Zum einen ermöglichte es der Sonderauftrag der KMK an Dehnkamp, die für die
Durchführung einer Reform notwendigen administrativen Schritte
einzuleiten. Zum anderen war Dehnkamp ein Politiker, der von
frühester Jugend an in der Gewerkschaft gearbeitet und sich innerhalb dieser Arbeit seine umfassende Bildung angeeignet hatte. Daß die Volksschullehrer sich nach dem Zweiten Weltkrieg

als Einzelgewerkschaft (GEW) formiert und dem DGB angeschlossen hatten, brachte diese Berufsgruppe innerhalb der traditionellen Solidarität in besondere Nähe zu Dehnkamp.

Schon Monate bevor der endgültige Plan für die Gründung des neuen Arbeitskreises stand, nahm er im Zusammenhang mit den zahlreichen beratenden Gesprächen auch zur GEW persönlichen Kontakt auf. Er traf sich mit Ringeln und Schwanbeck (beide Mitglieder des LVN-Ausschusses und später Teilnehmer an den Verhandlungen in Wiesbaden) am 2. Juni 1955 in Köln am Rande des Erzieherkongresses des ADLV, in dessen Rahmen auch die STE diskutiert wurden. In dem "etwa einstündigen Gespräch" bat er die beiden Herren

> dringend (...), sich in ihrer Arbeitstagung und beim Vorstand der Arbeitsgemeinschaft deutscher Lehrerverbände dafür einzusetzen, daß die Arbeiten für eine Rechtschreibreform nicht bei den Stuttgarter Empfehlungen stehen bleiben. Die ADLV müsse sich öffentlich dafür einsetzen, daß die an dieser Aufgabe interessierten Kreise die notwendigen Vorarbeiten von sich aus übernehmen. (B1/37; Aktenvermerk vom 3.6.55)

Diese Bitte fand in der von der Versammlung gebilligten Entschließung (B1/38) nur teilweise ihren Niederschlag; es wurde dort lediglich festgestellt, daß die Lehrerschaft in den STE "zahlreiche forderungen wieder(erkennt), die sie selbst seit langem erhoben hat", deshalb bereit ist "an der vereinfachung unserer rechtschreibung" mitzuarbeiten und "bei einer rechtschreibkonferenz ihre stellungnahme zu den einzelnen vorschlägen" darzulegen; neben dem Appell an die Arbeitsgemeinschaft für Sprachpflege, "in ihren bemühungen um die neugestaltung unserer rechtschreibung nicht nachzulassen" wurde ziemlich harte Kritik an der Presse geübt, verbunden mit der Aufforderung, in Zukunft "mit größter sachlichkleit" zu berichten und "neben den gegnern einer neuordnung auch die fürsprecher ebenbürtig zu worte kommen" zu lassen.

In diesen Formulierungen fand Dehnkamp seine "Anregung" nicht berücksichtigt und hakte am 5. August 1955 in einem Schreiben an die Arbeitsgemeinschaft Deutscher Lehrerverbände (B1/42) nach. Er berief sich auf das Gespräch mit Ringeln und Schwanbeck in Köln am 2. Juni 1955 wiederholte seine "Anregung":

Der Vorstand der AGDL wird gebeten, die großen, an der
deutschen Sprache arbeitenden und interessierten Stellen -
Arbeitsgemeinschaft für Sprachpflege, Deutsche Akademie für
Sprache und Dichtung, Deutscher Sprachverein usw. - aufzu-
fordern, sich über not-(2)wendige Verbesserungen unserer
Rechtschreibung zu verständigen. (B1/42; Dehnkamp an AGDL
5.8.55)

Anschließend erläuterte er seine geplante Vorgehensweise: In
privater Vorarbeit solle eine Grundlage für später notwendige
Entscheidungen auf politischer Ebene geschaffen werden; an dieser "Vorarbeit" wolle er die interessierten und betroffenen Organisationen beteiligen. Seiner Meinung nach sollten die Lehrerorganisationen sich hier besonders engagieren, wovon er sich
eine Wirkung in der Öffentlichkeit versprach. Diesen erneuten
"Hinweis" verband er mit der Bitte, sich bei "evtl. Bemühungen
nicht auf mich oder auf dieses Schreiben" zu beziehen: "Mit einer solchen, vielleicht sogar vom Gesamtkongreß bestätigten
Entschließung glaubte ich, die streitenden Gruppen und Personen
etwas unter eine Art öffentlichen Druck setzen zu können."
(B1/42)
Nachdem er am 27. September 1955 erneut angefragt hatte, ob der
"Vorstand schon zu (s)einer Anregung Stellung genommen" habe
(B1/44), erhielt er zunächst einen kurzen Brief, in dem die
Verzögerung damit begründet wurde, daß das Protokoll der Vor-
standssitzung noch nicht fertiggestellt sei (B1/48), und
schließlich am 9. November 1955 eine definitive Antwort:

Wir haben die infrage kommenden Stellen, die
Gesellschaft für deutsche Sprache in Lüneburg,die
Deutsche Akademie für Sprache und Dichtung, Darmstadt und
das
Institut für Auslandsbeziehungen, Stuttgart, Herrn
Dr. Thierfelder,
gebeten, sich über notwendige Verbesserungen unserer Recht-
schreibung zu verständigen.
(B1/76; AGDL an Dehnkamp 9.11.55)

Auch dieses Schreiben enttäuschte Dehnkamp; er schrieb darüber
kurz darauf an Dr. Küppers, ein Vorstandsmitglied des DGB:

Es entspricht zwar nicht ganz meinen Erwartungen, doch hof-
fe ich, daß es dazu beitragen wird, die Bemühungen um die
Reform der deutschen Rechtschreibung voranzutreiben.
(B1/94; Dehnkamp an Küppers 26.11.55)

Der in diesem Briefwechsel dokumentierte Vorgang zeigt, wie die Initiativen einzelner, in diesem Falle besonders stark engagierter Mitglieder eines Verbandes auf der nächst höheren Ebene versickern, wenn sie dort nicht von einer Einzelperson aufgenommen und weiterverfolgt werden. Hier haben die Lehrer als gesellschaftliche Gruppe den über Jahrzehnte eingeforderten Einfluß verloren in einem Augenblick, in dem sie über ihre mit Dehnkamp gemeinsame Zugehörigkeit zum Gewerkschaftsbund die Möglichkeit gehabt hätten, sowohl sachlich - durch das Einbringen bestimmter Vorschläge - als auch personell - durch zusätzlich geladene Vertreter in den Arbeitskreis - wesentlich Einfluß zu nehmen. Es fehlte in der Verbandsspitze ein Mann mit dem Gespür für den günstigen Augenblick und der politischen Vision, die Veränderung einer Norm durchzusetzen.

Dehnkamp sah sich auf Grund der beschriebenen Reaktionen gezwungen, diese Berufsgruppe nicht anders zu behandeln als alle übrigen. In einem Gespräch, das am 10. Februar 1956 in Frankfurt stattfand, ließ er dem geschäftsführenden Ausschuß der AGDL durch den GEW-Vorsitzenden des Landesverbandes von Nordrhein-Westfalen mitteilen, man möge für den geplanten Arbeitskreis einen Delegierten benennen. (B3/54) Dieser Bitte wurde durch eine umgehende Antwort entsprochen: "Als Vertreter der Arbeitsgemeinschaft Deutscher Lehrerverbände für die Tagung im Mai dieses Jahres wurde Kollege Oberschulrat Oprée (Berlin) gewählt." (B3/54; Wollmann/GEW an Dehnkamp 20.2.56)

Selbst nachdem man über die geplante Einberufung eines staatlichen Arbeitskreises informiert war und einen Vertreter delegiert hatte, begnügte man sich mit allgemein formulierten Anträgen und Entschließungen, statt wenigstens zu versuchen, politisch zu handeln und verstärkt Einfluß zu nehmen. Der Landesverband Nordrhein-Westfalen der Gewerkschaft Erziehung und Wissenschaft richtete am 5. April 1956 an die Vertreterversammlung der AGDL, die im Mai 1956 in Bad Harzburg stattfinden sollte, einen allgemein formulierten Antrag mit der Aufforderung,

1) den Beauftragten der AGDL für Rechtschreibreform stärkstens zu unterstützen.
2) die Landesverbände, die noch keinen Ausschuß für die Rechtschreibreform gebildet haben, anzuregen, einen solchen einzureichen, damit

3) der Ausschuß für die Rechtschreibreform der AGDL gebildet werden kann und dieser von den Landesverbänden her
Unterstützung erfährt und in breiter Öffentlichkeit arbeitsfähig wird. (B3/146)

Über das weitere "Schicksal" dieses Antrages gibt es keine Unterlagen, es läßt sich aber leicht ausmalen, daß sich die Reaktionen des Vorjahres wiederholt haben, zumal während der gesamten Verhandlungszeit in Wiesbaden keinerlei Aktivitäten erfolgten, die über die routinemäßige Mitarbeit der schon erwähnten,
persönlich stark engagierten Mitglieder Ginter, Hohlfeld,
Oprée, Ringeln und Schwanbeck hinausgingen.

Der Deutsche Journalisten-Verband nominierte Süskind als Vertreter für den Arbeitskreis; hier hat es auf Verbandsebene wohl
nie ein besonderes Interessse für dieses Thema gegeben, und so
wird es Süskind nicht schwergefallen sein, seine aus taktischen
Gründen innerhalb der Darmstädter Akademie abgesprochene Nominierung (B4/12) durchzusetzen.

Innerhalb der Industriegewerkschaft Druck und Papier, die ebenso wie die GEW als Einzelgewerkschaft zum DGB gehört, hatten
die Bemühungen um eine Rechtschreibreform auch schon eine längere Vorgeschichte. Über die Aktivitäten der Buchdrucker seit
1901 hat Jansen-Tang (1988:65-89) ausführlich berichtet. Besonders die Korrektoren waren verständlicherweise führend, wenn es
darum ging, neue Vorschläge einzubringen oder abzuwehren und
die Aufweichung von festen Normen zu verhindern; letzteres ist
verständlich in einer Berufsgruppe, deren Arbeit darin besteht,
bei jedem gelesenen Wort zu entscheiden, ob es orthographisch
falsch oder richtig ist. In der Zeitschrift "Sprachwart", die
ab 1951 wieder erschien, wurden Fragen der Notwendigkeit und
der Durchsetzbarkeit einer Rechtschreibreform immer wieder thematisiert und ein Mitspracherecht der Korrektoren eingefordert.[1]

---

1 Die IG Druck und Papier gibt die Gewerkschaftszeitung "Druck
und Papier" heraus (vom 1. Januar 1961 an viele Jahre lang in
gemäßigter Kleinschreibung); innerhalb der Gewerkschaft wird
von den Korrektorensparten die Zeitschrift "Sprachwart", von
der Fachgruppe der Journalisten die Zeitschrift "Die Feder"

Gemeinsam mit den Berufskollegen in Österreich und in der Schweiz kritisierten die Korrektoren unter Hinweis auf ihr traditionelles Engagement (Erfurt 1931) öffentlich, daß sie an den Verhandlungen in Stuttgart nicht beteiligt worden waren. Dort hatte Basler die Beteiligung dieser Berufsgruppe angeregt, was aber abgelehnt wurde. Eine Stellungnahme der Korrektorengruppe Luzern (A2/3) zu den in Salzburg und Schaffhausen erarbeiteten Vorschlägen hat der Arbeitsgemeinschaft für Sprachpflege bei ihrer Schlußsitzung in Stuttgart vorgelegen, es wurde aber offensichtlich nicht darüber gesprochen, jedenfalls findet sich im Protokoll (A2/11) kein Hinweis darauf.

Auch Grebe berichtete, daß in "einer eingehenden Aussprache", die der "Vorstand des Korrektorenverbandes mit der Dudenredaktion" geführt hatte, wegen der Nichtbeteiligung in Stuttgart Klage geführt worden sei. (A2/24; Grebe an Thierfelder 28.4.55) Nach Bekanntwerden der STE nahm Puschmann eine öffentliche Äußerung Thierfelders über die Korrektoren zum Anlaß, um an diesen einen ausführlichen Brief zu schreiben, in dem er auch den aus seiner Sicht berechtigten Anspruch der Korrektoren auf Mitwirkung bei einer Reform anmeldete. (SP2/90 und 91) Nachdem er dann in Wiesbaden an der ersten Ausschußsitzung teilgenommen hatte, stellte er mit Genugtuung fest, daß es seine Aufgabe sei, "die praktischen Erfordernisse des graphischen Gewerbes zur Geltung zu bringen", weil in die "bisherige Diskussion (...) vorwiegend nur das Geschriebene oder Gedruckte", kaum aber der "technische(n) Umwandlungsprozeß, der dazwischen liegt", einbezogen worden sei; in diesem Zusammenhang müsse von seiten der Praktiker unbedingt darauf hingewiesen werden, "welche Schwierigkeiten durch einschneidende Änderungen und insbesondere durch regelfremde individuelle 'Freizügigkeit' eintreten würde" (SP2/86; Puschmann an Ringeln 19.1.57).

Unter den Korrektoren herrschte aber keineswegs Einigkeit, weder über ein bestimmtes Reformprogramm noch über die Möglichkeiten der Durchsetzung. Lediglich die Freigabe eines Entschei-

---

herausgegeben. In diesen Zeitschriften wurden zahlreiche Aufsätze von Heyd, Klemme, Puschmann, Ringeln, Rück, Zieher u. a. zum Thema Rechtschreibreform veröffentlicht.

dungsspielraumes wurde einhellig abgelehnt. Sowohl ein progressiver Reformer wie Heyd, der 1951 analog zum Schweizer bvr die agnr gegründet hatte, als auch ein konservativer "Bewahrer" wie Puschmann, für den die Verflachung der Sprache durch Kleinschreibung ein Gewissensproblem darstellte (3.Kap.3.1), kamen aus den Reihen der Korrektoren. Auch die in den Wiesbadener Verhandlungen zutage getretene Kontroverse zwischen Rück und Puschmann beweist, daß innerhalb dieser Gruppe verschiedene Meinungen vertreten wurden. Fritz Rück, damals Schriftleiter der Zeitschrift "Sprachwart", war ein Verfechter der Kleinschreibung, und Puschmann setzte sich vehement für die Beibehaltung der Großschreibung ein; beide behaupteten, die Mehrheit der Gewerkschaftsmitglieder hinter sich zu haben.

Während der Vorbereitungsphase hatte Dehnkamp mehrmals mit führenden Vertretern der Gewerkschaft gesprochen, so am 27. Oktober 1955 mit dem Mitglied des Bundesvorstandes (gleichzeitig Leiter der Abteilung Schulung und Bildung) Dr. Heinz Küppers, den er bat, "bei passender Gelegenheit die an der Rechtschreibung unmittelbar interessierten Gewerkschaften" anzusprechen, da ihm sehr daran gelegen war, daß "der Deutsche Gewerkschaftsbund oder die genannten Gewerkschaften (die GEW und die IG Druck und Papier, H.S.) sich etwas einschalten würden" (B1/70). Weil er aus leidvoller Erfahrung wußte, daß mündlich gegebene Zusagen oft in Vergessenheit geraten, schickte er kurz nach diesem Treffen Abschriften des Briefwechsels mit der GEW und eines Briefes an den Präsidenten der Deutschen Akademie für Sprache und Dichtung (vermutlich das Schreiben vom 25. Oktober 1955 - B1/62), aus denen Küppers "die Richtung und den gegenwärtigen Stand (s)meiner Bemühungen ersehen" (B1/70) sollte. Einen Monat später übersandte er noch die Antwort, die er am 9. November "von der Arbeitsgemeinschaft deutscher Lehrerverbände erhalten " hatte (B1/76); der Hinweis auf das seiner Meinung nach mangelnde Engagement der GEW bzw. der AGDL ist ebenso als diplomatisches Drängen zu werten wie seine Formulierung:

> Bei dieser Gelegenheit gestatte ich mir die Frage, ob Sie inzwischen mit dem Vorstand der Industriegewerkschaft Druck und Papier gesprochen haben. Ich würde mich freuen, wenn dieses Gespräch bald stattfindet. Für eine diesbezügliche Mitteilung und die Benennung des Herrn, an den ich mich künftig wenden könnte, wäre ich dankbar. (B1/94; Dehnkamp an Küppers 26.11.55)

Das Gespräch mit "den Herren Zieher und Hansen von Zentralvorstand der I.G. Druck + Papier " (B1/118, handschriftliche Gesprächsnotiz von Dehnkamp) fand am 19. Januar 1956 in Stuttgart statt; die beiden Gewerkschaftsvertreter erklärten, sie seien "jederzeit und gerne zur Mitarbeit bereit" und beabsichtigten, sich mit der GEW in Verbindung zu setzen, "um ein gemeinsames Vorgehen der beiden Berufsorganisationen zu erreichen" (B1/118). In dieser Äußerung gingen sie selbstverständlich von einer gewerkschaftlichen Solidarität aus, die sie aber ebenso wie Küppers stark überschätzt hatten.

Küppers war durch seine Unterredung mit Dehnkamp und den danach erfolgten Briefwechsel zu der Einsicht gekommen, daß es zu den gesellschaftspolitischen Aufgaben des DGB als einer Dachorganisation gehöre, sich an der Lösung dieser Aufgabe zu beteiligen:

> Meine eigene Auffasssung geht dahin, dass es nicht Aufgabe des DGB sein kann, in die sachlichen Erörterungen einer Rechtschreibreform eingreifen zu wollen, dass er aber zu der grundsätzlichen Seite der Frage aus seiner Verantwortung gegenüber den Kindern seiner Mitglieder (und selbstverständlich den Mitgliedern selbst) auch eine Erklärung abgeben sollte. (B3/141; Küppers an Zentralvorstand IG Druck und Papier 9.4.56)

Dabei ging es ihm um eine Stellungnahme des DGB, unabhängig von der an die beiden Einzelgewerkschaften ergangenen Einladungen nach Frankfurt. Er versuchte deshalb, den schulpolitischen Ausschuß des DGB, "dessen Tätigkeit leider solange geruht hat", dazu zu bewegen, noch vor dem 4. Mai 1956 mit "den Kollegen, welche die Gewerkschaft Erziehung und Wissenschaft und die IG Druck und Papier" in den geplanten Arbeitskreis vertreten, zu einer Sitzung zusammenzukommen, "um eine Grundsatzerklärung des DGB über die Notwendigkeit einer deutschen Rechtschreibreform vorzubereiten" (B3/141). Zu dieser Sitzung lud er auch Dehnkamp ein, der seine Teilnahme zusagte (B4/48).

Wegen des "zwischenzeitlichen Schriftwechsels" mit den beiden Einzelgewerkschaften gelang es nicht, die geplante Ausschußsitzung noch vor dem 4. Mai 1956 einzuberufen; denn die IG Druck und Papier war dagegen, "dass diese Angelegenheit vorläufig im schulpolitischen Ausschuss behandelt werden soll(te)"; die GEW und der Bundesvorstand des DGB waren gegenteiliger Auffassung. (B3/181) Selbst wenn diese Sitzung später noch stattgefunden haben sollte - was unwahrscheinlich ist, weil sich in den Akten B darüber keine Unterlagen befinden - so war hier doch eine Chance vertan, eine politisch so mächtige und einflußreiche Organisation wie den DGB für die Durchsetzung einer Reform zu motivieren.

Wahrscheinlich wollte die IG Druck und Papier - um ihr traditionelles Ansehen in dieser Sache fürchtend - die Kompetenzen und den eventuellen Ruhm für sich behalten; sie lud nämlich ihrerseits eine Reihe von Mitgliedern, darunter Puschmann, Lauterbach, Rück und Zieher "aus Anlaß der am 4. Mai 1956 in Frankfurt/Main stattfindenden Zusammenkunft des Arbeitskreises für Rechtschreibregelung" als "Experten für die Rechtschreibreform" zu einer Sitzung am 5. Mai 1956 in Frankfurt ein; geplant war eine Berichterstattung darüber, "in welcher Weise der Arbeitskreis für Rechtschreibregelung sich die Fortsetzung der Zusammenarbeit der einzelnen Gruppen in bezug auf eine Reform der Rechtschreibung vorstellt". (SP2/32)

Zwischen den Zeilen des hier zitierten Einladungsschreibens läßt sich lesen, daß man über die Aktivitäten der Politiker nicht sehr glücklich war. Die Tatsache, daß es regelmäßige Kontakte zwischen der Dudenredaktion und den Korrektorensparten gab (s. die schon erwähnte Äußerung von Grebe in einem Brief an Thierfelder - A2/24), und Baslers Eintreten für die Mitwirkung der Korrektoren bei den STE läßt die Interpretation zu, daß die Korrektoren ebenso wie die Dudenredaktion oder gemeinsam mit ihr eine Reform "auf kaltem Wege" bevorzugt und dieser - aus heutiger Sicht zutreffend - eine bessere Chance gegeben haben.

Bei der oben erwähnten "Sitzung der Spartenexperten für die Rechtschreibreform" (5. Mai 1956 in Frankfurt) wurde versucht, "in etwa die Stellungnahme abzuklären, die (...) für die Arbeit in den Unterausschüssen" eingenommen werden sollte. Man beschloß, "sich für eine <u>gemäßigte Kleinschreibung</u>" und "für einschränkende Dehnungen, besonders bei Doppelvokalen" einzusetzen. Außerdem sollten die Delegierten dort vorschlagen, "<u>die Zeichensetzung einzuschränken</u>, für die <u>Fremdwörter einen Katalog aufzustellen</u> und für die <u>Doppelformen eine Regelform festzulegen</u>". "In bezug auf die Silbentrennung wurde die Stellungnahme noch offen gelassen." (SP0/8; Protokoll) Im Protokoll dieser Sitzung findet sich kein Hinweis darauf, daß in der Fra-

ge der Groß- und Kleinschreibung keineswegs ein Konsens herzustellen war.

In den Arbeitskreis delegierte man Fritz Rück, der mehrmals von
Harry Zieher vertreten wurde, der nach Rücks Tod 1959 offiziell
das Mandat übernahm. Als zusätzlich in die Ausschüsse berufene
Mitglieder der IG bzw. der Korrektorensparten nahmen Bernhard
Puschmann (1. Ausschuß), Rudolf Gehler (2. Ausschuß) und Karl-
Heinz Lauterbach (3. Ausschuß) an einigen Sitzungen teil. Heyd,
der ebenfalls zum Korrektorenverband gehörte, vertrat in Wiesbaden die von ihm selbst gegründete "arbeitsgemeinschaft neue
rechtschreibung" (agnr).

An den beiden Beispielen GEW bzw. AGDL und IG Druck und Papier
zeigt sich an einem Einzelphänomen (Rechtschreibreform) deutlich, daß Reformen (hier mit dem Ziel einer Normänderung) sich
von Einzelpersonen - und seien sie auch noch so engagiert und
mit politischer Macht ausgestattet - ebensowenig durchsetzen
lassen wie durch das Kollektiv eines Verbandes. Hier liegt der
wesentliche Unterschied zu Gesetzesänderungen, die mit Hilfe
politischer Mehrheiten zu realisieren sind.

Dagegen scheint es wesentlich leichter zu sein, eine Normänderung zu verhindern, wie dies durch den Einfluß der Presse sowohl bei den STE als auch bei den WE geschehen ist; dabei wurde
das psychische Beharrungsvermögen, das "Wohlfühlen im Gewohnten", bei den Lesern durch emotionale Argumente so gezielt und
geschickt gestützt, daß diese Absicht gar nicht oder kaum wahrgenommen wurde. (Vgl. 1.Kap.4 und 4.Kap.2)

So hat die Einflußnahme, die der Börsenverein des deutschen
Buchhandels durch entsprechende Veröffentlichungen auf die Entscheidungen des Reichswirtschaftsministers und den Reichsminister der Finanzen nahm, entscheidend dazu beigetragen, daß 1920
die Bemühungen der Reichsschulkonferenz um die Rechtschreibreform nicht weiter verfolgt wurden, weil man abwarten wollte,
bis sich die wirtschaftliche Lage in Deutschland gebessert und
die Neuordnung des Schulwesens abgeschlossen sei. (Vgl. dazu 2.
Kap. 1.1)

Mit den gleichen Argumenten wie damals - Erhalten eines Kultur-
wertes und Vermeiden volkswirtschaftlicher Verluste - trat der
Spitzenverband des Buchhandels wieder zum Kampf gegen eine Re-

form an. Gieselbusch, als Vertreter des Klett-Verlages auch An-
gehöriger des Börsenvereins, zeigte in der Frage der Rechtschreibreform ein besonders widersprüchliches Verhalten. Er
hatte an den Verhandlungen in Schaffhausen und Stuttgart teilgenommen und die STE mitunterzeichnet. Dort hatte er sich unter
dem Hinweis darauf, daß "gerade hier eine große Ersparnis liege", für die Abschaffung e bei ie, außer vor ss, stark gemacht
(A2/11:13); in Stuttgart hatte er seinen Plan vorgetragen, ein
Heft der Zeitschrift "Der Deutschunterricht" herauszubringen,
das sich mit der Rechtschreibreform befaßt (DU55), und die Kon-
ferenzteilnehmer um Mitarbeit bei diesem Projekt gebeten.
(A2/11:19)
Er schrieb am 8. Juni 1955 in einem Brief an Kliemann, er habe
dort "eine Veröffentlichung zur Sache im Rahmen der Schriften-
reihe 'Der Deutschunterrricht' angeregt" (B1/43); in einem
Brief, den Löffler am 27. Juni 1955 an Dehnkamp schrieb, stellte dieser die Anregung als seine Idee dar: "Die Zeitschrift
'Der Deutschunterrricht' (Verlag Ernst Klett in Stuttgart) hat
ihr drittes Heft (1955) der deutschen Rechtschreibreform gewidmet; in mehrfachen Gesprächen mit dem Verlagsredakteur (Gieselbusch, H.S.) habe ich die Anregung dazu gegeben." (B1/40:3)
Die Protokolle über die Sitzungen in Schaffhausen und Stuttgart
enthalten nichts über Gieselbuschs Strategie, die er ein Jahr
später in einem Brief an Kliemann (B1/43) - die Antwort auf
dessen 1955 im "Börsenblatt für den deutschen Buchhandel" vom
20. Mai 1955 zum Thema STE erschienene Abhandlung "Die Reform
der Rechtschreibung und der Buchhandel" - darlegte, und die,
wenn sie als Verzögerungstaktik geplant war, wieder wie damals
zum Erfolg geführt hat:

> Jedenfalls war auch innerhalb dieses Kreises es keineswegs
> so, daß die einzelnen Empfehlungen nun etwa einstimmig gut-
> geheissen wurden. Ich habe z.B. zu den einzelnen Punkten
> teils grundsätzlich opponiert, teils darauf hingewiesen,
> daß die sachliche Abklärung vor Bildung eines Urteils noch
> längst nicht in dem erforderlichen Ausmaß erfolgt sei. (...)
> Offensichtlich ist die Gefahr gebannt, daß hier vorschnell
> etwas entschieden wird. (B1/43; Gieselbusch an Kliemann
> 8.6.55)

Kliemann, der vom Börsenverein "den offiziellen Auftrag hatte",
sich " um die Fragen der Rechtschreibung zu bekümmern" (B3/18)

und außerdem auch die Interessen der Schulbuchverleger vertrat (B3/131), hatte in seinem Aufsatz wieder einmal die schon klassischen Argumente der Verleger und Buchhändler von den volkswirtschaftlichen Verlusten herausgestellt, was Gieselbusch dazu veranlaßte, eine Überprüfung dieser bisher unbewiesenen Behauptung ins Auge zu fassen:

> Die wirtschaftlichen Auswirkungen, die Sie mit Recht als ebenfalls bedeutsam in den Vordergrund rücken, will ich versuchen, nach den Erfahrungen hier im Hause auch noch einmal näher zu überprüfen. Vergleichbar sind ja auch etwa die kurzfristig angesetzten Änderungen in der Schreibschrift, die auf die Fibelgestaltung einwirken. Ich will aber einmal das Exempel im großen durchrechnen lassen, welches die Folgen wären, wenn ein Verlag wie der unsere in seinen Schulbüchern kurzfristig zu einer neuen Orthographie übergehen müßte.
> Man darf sich eine solche Katastrophe ja gar nicht vorzustellen suchen. Allein die Herstellungsgänge müßten zwangsläufig mit der Ausdehnung der für die Hauskorrekturen schon erforderlichen Fristen ins Unerträgliche sich hinziehen.
> (B1/43, Gieselbusch an Kliemann 8.6.55; Abschrift)

Ob diese geplanten Überprüfungskalkulationen durchgeführt wurden, ließ sich leider nicht ermitteln. Fest steht aber, daß gerade die Schulbuchverleger ihre eigenen Argumente in den folgenden Jahrzehnten durch ihre Neuauflagenpraxis ad absurdum geführt haben.

Kliemann hatte in seinem Aufsatz der Änderung einiger Regeln der Groß- und Kleinschreibung zugestimmt, eine generelle Kleinschreibung aber abgelehnt; andere Vorschläge wie die Beseitigung von Doppelformen oder die Vereinfachung der Regeln zur Zusammen- und Getrenntschreibung akzeptierte er und regte an, die "laufenden Anpassungen und Vereinfachungen" nicht der Dudenredaktion zu überlassen, sondern von einem von den "Kultusministerien der beteiligten Länder und Staaten" eingesetzten Ausschuß "in Zusammenarbeit mit den kulturellen Organisationen" beraten und beschließen zu lassen. (Kliemann 1955:15) (Dehnkamp ist mit der Konstituierung des Wiesbadener Arbeitskreises dieser Anregung formal gefolgt, allerdings eingeschränkt auf die Bundesrepublik - eine der möglichen Ursachen für das Mißlingen der Reform?)
In dieser Formulierung versteckte Kliemann geschickt und wirksam den Anspruch seiner Organisation, auf die Entscheidungen

Einfluß nehmen zu können (was ihm durch seine persönliche Be-
kanntschaft mit Dehnkamp ja auch gelang), und er bemühte sich,
diesen Einfluß auch noch zu verstärken. Im Auftrag des Börsenvereins setzte er sich mit Kasack in Verbindung, um zu erreichen, daß die Akademie sich stärker für die Rechtschreibreform
engagierte und die Federführung in dem geplanten Arbeitskreis
übernähme. (B3/18) Da diese Mission - wie schon berichtet -
aber scheiterte, schlug er Dehnkamp vor, noch weitere Verbände
nach Frankfurt einzuladen:

> Was die Liste der eingeladenen Stellen betrifft, so möchte
> ich aus meiner Korrespondenz des letzten Jahres nur darauf
> hinweisen, daß der Verein deutscher Bibliothekare, der Ver-
> band der Zeitschriftenverleger und der Korrektorenverband
> sehr stark an diesen Fragen interessiert ist. Insbesondere
> wichtig erscheint mir der Zeitschriftenverleger-Verband,
> den wir für die publizistische Arbeit des Arbeitskreises
> wohl brauchen werden. (B3/114; Kliemann an Dehnkamp 23.3.56)

Dehnkamp änderte daraufhin seine schon fertige Einladungsliste,
auf welcher der Verband der Zeitungsverleger und der Korrektorenverband (IG Druck und Papier) bereits standen, nicht. Ebensowenig ging er auf Kliemanns Frage - begleitet von dem Kommentar, für den Wiener Kongreß seien zwei Delegierte vorgesehen
gewesen - nach der Zahl der zu entsendenen Vertreter ein, obwohl dieser gleichzeitig versicherte:
"Selbstverständlich müsste man in diesem Fall jedem Gremium bei
der Abstimmung nur eine Stimme geben." (B3/18:2) Versuchte Einflußnahme wird hier als Frage formuliert und gleichzeitig formal beschränkt - wohl wissend, daß es auch Durchsetzungsstrategien jenseits rechnerisch verteilter Abstimmungsquotierungen
gibt! In seinem offiziellen Antwortschreiben auf die Einladung
teilte der Börsenverein am 10. April 1956 erwartungsgemäß mit,
daß der "Verlagsbuchhändler Horst K l i e m a n n, in Fa. R.
Oldenbourg Verlag, München" an der Eröffnungssitzung in Frankfurt teilnehmen werde.
Daß der Börsenverein wegen der befürchteten ökonomischen Auswirkungen keinerlei Interesse an einer Rechtschreibreform hatte, sich wegen der politischen Entwicklung aber auch nicht genötigt sah, offizielle Maßnahmen zu ergreifen, beweist eine Äußerung in den "Vertraulichen Velegermitteilungen", deren Ab-

schrift Grebe am 25. Mai 1959 (also nach Erscheinen der WE)
vermutlich von Steiner (Kürzel ST/KS) zugeschickt wurde:

Auszug aus den "Vertraulichen Verlegermitteilungen",
Nr. 34/Mai 1959:
Seite 3, Ziffer 7:
   "über die Bestrebungen, zu einer Rechtschreibreform zu
   gelangen, werden Sie im Börsenblatt und in der Presse gelesen haben. Der Börsenverein ist in dem Arbeitskreis für
   Rechtschreibregelung durch Herrn Kliemann vertreten. Die
   "Empfehlungen des Arbeitskreises für Rechtschreibung"
   sind beim Bibliographischen Institut in Mannheim erschienen und Ihnen vielleicht schon bekannt. Da zu diesen Empfehlungen noch die Zustimmung der anderen deutschsprachigen Länder und Gebiete notwendig ist, sind die Befürchtungen mancher Kollegen, daß Stehsätze, Matern und der-
   gleichen schon bald entwertet werden, jetzt noch nicht
   berechtigt. Wie man einer solchen Entwertung, die auch
   bei einer Teilreform eintreten wird, zu gegebener Zeit
   begegnen kann, muß noch überlegt werden."(A2/44)

Hier werden die aus Verlegerkreisen laut gewordenen Befürchtungen heruntergespielt, wahrscheinlich in der (aus heutiger Sicht
richtigen) Hoffnung, es werde nicht zu einer Reform kommen. So
erklärt sich das Desinteresse innerhalb des Börsenvereins, das
auch Kliemann trotz einiger Aktivitäten nicht überwinden konnte:

Seite 4, Diskussion:
   "a) Rechtschreibreform: Die Herren Dr. v. Hase, Dr.
   Witsch, Dr. Brockhaus und Dr. Cram sprechen sich unter verschiedenen Begründungen gegen die geplante Reform aus. Herr Hiersemann befürwortet die Kleinschreibung. Herr Kliemann bedauert, daß seine verschiedenen Aufrufe im Börsenblatt so wenig Echo gefunden haben, erst auf den letzten Bericht habe er
   wenigstens 25 Zuschriften erhalten. Es sei ihm daher
   bislang nicht möglich gewesen, die Meinung des Buchhandels in dem Arbeitskreis zu vertreten, in dem man
   den Eindruck gehabt habe, den Buchhandel interessiere
   die Reform nicht, dementsprechend seien Bedenken wegen des wirtschaftlichen Schadens, der dem Verlagswe-
   sen durch die Reform entstehen würde, nur sehr oberflächlich behandelt und beiseite geschoben worden. Er
   kündigt an, daß zu gegebener Zeit wohl durch eine
   Enquete bei den Verlagen festgestellt werden müsse,
   wie hoch der Schaden sein werde, der dem Verlag insgesamt erwachse. Der Schulbuchverlag rechne allein
   mit rund 100 Mio DM." (A2/44)

Dagegen zeigten die Vertreter der Druckereien großes Interesse
an einer etwaigen Reform. Schmitt-Halin, der Hauptgeschäftsführer der Arbeitsgemeinschaft der graphischen Verbände des

Deutschen Bundesgebietes (AGV) Spitzenorganisation des graphischen Gewerbes mit Sitz in Wiesbaden - als Arbeitgeberverband
das Pendant zur IG Druck und Papier - beantwortete als einer
der ersten die Einladung und äußerte den Wunsch, wegen der "außerordentlich weitgehenden wirtschaftlichen und technischen
Folgen einer etwaigen Neuregelung mit zwei Beauftragten unseres
Vorstandes an der Zusammenkunft" teilzunehmen. (B4/5) Da er Ende April auf diesen Vorschlag noch keine Antwort hatte und ihm
nur ein Exemplar der Tagesordnung für die Frankfurter Sitzung
zugeschickt worden war, rief er in Bremen an, um zu klären, ob
seiner Organisation nicht ausnahmsweise zwei Delegierte zugestanden werden könnten; dabei wies er noch einmal auf die au-
ßerordentliche Bedeutung des Problems für die Druckereien hin.
(B3/172) Bemerkenswert ist, daß hier eventuelle wirtschaftliche
Konsequenzen thematisiert werden, ohne ein kulturelles Interesse vorzuschieben.
Dehnkamp teilte ihm am nächsten Tag mit, daß auch in anderen
Organisationen "der Wunsch nach stärkerer Vertretung" vorhanden
sei, er sich aber außerstande sähe, "den in mehreren Vorbesprechungen festgelegten Teilnehmerkreis eigenmächtig" zu erweitern. Er habe daher gemeinsam mit Ministerialdirektor Hübinger
entschieden, daß "über die stärkere Vertretung einzelner Organisationen sowie über die Hinzuziehung weiterer Organisationen"
der Arbeitskreis selbst entscheiden solle. (B3/174) Diese Entscheidung, die dem Arbeitskreis eine weitgehende Autonomie ein-
räumt und neben einer gewissen Steuerung der Einflußnahme von
außen auch die Möglichkeit eröffnet, sich der Mithilfe wichtiger Wissenschaftler zu versichern, ist ein weiteres Indiz dafür, daß beide Politiker gewillt waren, auf die Verhandlungen
selbst keinen Einfluß zu nehmen.
In dem oben erwähnten Schreiben hatte Schmitt-Halin den Druckereibesitzer W. R. Rudolph, i.Fa. Graphische Werkstätte, Offen-
bach/Main und sich selbst nominiert. Er selbst nahm an mehreren
Sitzungen in Wiesbaden teil; Rudolph kam kurz darauf bei einem
Unfall ums Leben, für ihn rückte Dr. Alfons K. Schmidt nach. In
der abschließenden Plenarsitzung in Wiesbaden stimmte Schmitt-
Halin für die Kleinschreibung.

Der Bundesverband deutscher Zeitungsverleger (BDZV), dessen Teilnahme von Anfang an geplant und die auch Kliemann für unverzichtbar gehalten hatte, antwortete "weder auf die Einladung noch auf die Zusendung der Tagesordnung" (B4/35). Auch Grebe, dem es nach der Frankfurter Sitzung noch gelungen war, einen Vertreter der Gemeinschaft Deutscher Lehrerverbände (GDL) in den Arbeitkreis zu holen, hatte bei den Zeitungsverlegern keinen Erfolg. Ob dieser Verband bewußt auf seine Lobby verzichtete oder ob die Briefe aus Nachlässigkeit nicht beantwortet wurden, läßt sich nicht feststellen.

Der Vorstand der Vereinigung deutscher Schriftstellerverbände (VDS) - Präsident Dr. Walther von Hollander - (B3/77) bedankte sich sofort für die Einladung, bekundete sowohl Interesse für das Thema als auch die Bereitschaft zur Mitarbeit und kündigte die baldmögliche Benennung eines Vertreters an. (B4/4) Nominiert wurde der Schriftsteller Dr. Rudolf Krämer-Badoni (B4/49); offensichtlich hatte auch der VDS einige Probleme, einen Vertreter zu finden. Krämer-Badoni gehörte, wie er im Interview (Mai 1986) berichtete, als "notorischer Querkopf" (Selbsteinschätzung) schon immer "Zwischen allen Stühlen" (Titel seines 1985 erschienenen Memoirenbandes) sitzend, keinem Schriftstellerverband an, erklärte sich aber auf Bitten des VDS-Präsidenten bereit, diese Aufgabe zu übernehmen. Die Mitteilung des VDS an Dehnkamp - "Herr Krämer-Badoni hat uns seines besonderen Interesses für die Rechtschreibregelung versichert" (B4/51) - entsprach sicher der Wahrheit.
Krämer-Badoni hat zwar an der Eröffnungssitzung in Frankfurt wegen anderer Verpflichtungen nicht teilnehmen können, in den folgenden Sitzungen aber konstruktiv mitgearbeitet und innerhalb seiner publizistischen Arbeiten in mehreren Zeitungen Aufsätze zur Rechtschreibreform bzw. über die WE veröffentlicht. Dieser Schriftsteller, der trotz seiner dezidierten Versicherung, sich in keiner Richtung festlegen zu lassen, als konservativ zu bezeichnen ist, machte sich keineswegs die Scheinargumente vom drohenden Kulturverfall zu eigen; er hatte sich als promovierter Philologe eine eigene Meinung gebildet und den in Wiesbaden versammelten Sprachwissenschaftlern genau zugehört, was aus seinen Aufsätzen zum Thema zu ersehen ist.

Über die Vertretung der Dudenredaktion bestand von Anfang an Klarheit, der Ordnung halber teilte Grebe aber seine Nominierung in einem Schreiben vom 21. März 1956 mit.

> Zunächst darf ich offiziell als Leiter der Dudenredaktion den Eingang der Einladungen zur Neuregelung der deutschen Rechtschreibung bestätigen, dafür danken und mich selbst als Vertreter der Dudenredaktion auf der Sitzung am 4.5. 1956 in Frankfurt/Main benennen. (B3/112)

Hübinger hatte angeregt, auch die Arbeitsgemeinschaft der Akademien der Wissenschaften einzuladen (B3/92 und 106); federführend war zu diesem Zeitpunkt die Heidelberger Akademie der Wissenschaften, die den Literarurwissenschaftler Prof. Dr. Paul Böckmann delegierte. Böckmann hat an mehreren Sitzungen in Wiesbaden teilgenommen, ohne seine wissenschaftliche Kompetenz jemals einzubringen. Er besaß zum Zeitpunkt des Interviews (Juni 1986) noch seine Notizbücher aus den Jahren 1956 bis 1958, in denen er seine Eindrücke eingetragen hatte. Er hatte sich gewissenhaft einer ihm zugefallenen Aufgabe gestellt, sein Verhalten zeigte aber deutlich, daß er dem Thema Orthographie jede wissenschaftliche Dignität absprach, weil er zu einer Philologengeneration gehörte, die sich ausschließlich mit literarischen Texten beschäftigte und allenfalls eine diachrone Sprachbetrachtung für die eigene Forschung funktional machte. Es war ihm unverständlich, daß sich andere, wie die Mitglieder der Darmstädter Akademie, so ereiferten. Seine Äußerung bei der berühmt-berüchtigten Abstimmung "Ja, ich glaube ich muß mit Nein stimmen." (s. 3.Kap.2.6.5) läßt aber auf eine gewisses Unbehagen schließen, das wohl durch aufkommende Zweifel darüber verursacht war, ob es richtig sei, über etwas abzustimmen, für das man keine ausreichenden Kompetenzen besaß.

Seine Entsendung belegt aber auch, daß - verursacht durch die Entwicklung des Faches Germanistik in der ersten Hälfte des 20. Jahrhunderts - Linguisten fehlten, und man sie einfach durch Literaturwissenschaftler ersetzen zu können glaubte; sowohl dieser "Personalmangel" als auch die unzutreffende, funktional motivierte Inkludierung der Linguistik in die Literaturwissenschaft sind nur von ihren historischen Vorgaben her zu beurteilen. Bis in die dreißiger Jahre war Germanistik oft nicht in Literaturwissenschaft und Sprachwissenschaft aufgespalten. Der

Schwerpunkt der Sprachwissenschaft war allerdings philologisch
und auf ältere Sprachstufen bezogen.

Gerade diese Probleme - Ausfluß der wissenschaftsgeschichtli-
chen Entwicklung - hatte Weisgerber im Auge, als er Dehnkamp am
18. Februar 1956 vorschlug, "auf jeden Fall" den Germanistenverband, der "in seinen beiden Abteilungen die Hochschulgerma-
nisten und die Deutschlehrer der höheren Schulen zusammen-
fasst", einzuladen. (B3/48) In einem weiteren Brief vom 13.
April 1956 präzisierte er seinen Vorschlag:

> Wenn sich die Einladung so abfassen liesse, dass insbeson-
> dere an der wissenschaftlichen Klärung der Rechtschreibfra-
> gen gelegen sei, so wäre das deshalb gut, weil der Deutsche
> Germanisten-Verband zwei Abteilungen hat, (...). Davon
> müsste auf jeden Fall die Hochschulabteilung zu Wort kom-
> men, da sie die einzige Zusammenfassung der wissenschaftli-
> chen Fachleute darstellt. Wenn Herr Prof. Trier kommt, kann
> er dann auch zu allem Stellung nehmen, was die Mitwirkung
> der anderen Abteilung betrifft. (B3/148)

Trier, zu dieser Zeit Vorsitzender dieses Verbandes, war für
den Vorsitz des Arbeitskreises vorgesehen (s. 2.Kap.5.2), was
ebenfalls auf Initiativen von Weisgerber zurückging; dieser
hatte vorausschauend geahnt, daß nur die personelle Verstärkung
des wissenschaftlichen Elementes den Arbeitskreis (auch Grebe
setzte sich dafür ein -B3/129) davor bewahren konnte, im Austausch längst bekannter pragmatischen Argumente steckenzublei-
ben, anstatt sachlich zu diskutieren. Es sollte ihm gelingen,
dieses Ziel zu erreichen, wenn es auch auf dem Weg dahin nicht
immer zu vermeiden war, die zeitraubende Vermischung von pragmatischen und wissenschaftlichen Argumenten zu unterbinden.
Was nicht gelang, war das Zurückdrängen der Abteilung der
Deutschlehrer des Germanisten-Verbandes; die beiden Vertreter
Baum und Dr. Eicher, die eine Stellungnahme zu den STE verfaßt
hatten (vgl. dazu 3.Kap.2.6.2), kämpften so hartnäckig für die
Großschreibung, daß sich Brinkmann 1986 (Telefongespäch im Mai
1986) noch erinnerte: "Da waren zwei Studienräte, die kämpften
verbissen und waren nur schwer zu überzeugen!"
Dehnkamp setzte sich in einem Schreiben an das BMI (B3/120) für
die zusätzliche Einladung an den Germanistenverband ein, und
Hübinger gab seine Zustimmung - "wenngleich wir übereinstimmend

der Auffassung sind, daß der Arbeitskreis (...) nicht allzusehr
ausgeweitet werden soll" - wohl weniger aus Einsicht in die
wissenschaftliche Notwendigkeit, sondern eher aus Solidaritat
gegenüber Dehnkamp, dessen Vorschlägen er in dieser Angelegenheit bisher immer gefolgt war.

Die nachträgliche Einladung an den Germanistenverband erging am
17. April 1956 "mit der ausdrücklichen Bitte, möglichst einen
Vertreter der Hochschulen zu entsenden, damit das wissenschaftliche Element in dem neuen Arbeitskreis gestärkt wird". (B3/
152) An der Frankfurter Sitzung nahm zunächst nur Trier für den
Germanistenverband teil, Baum und Eicher wurden später für den
1. Ausschuß zugewählt.

Offensichtlich unter dem Eindruck von Weisgerbers Argumentation
und in der Absicht, auf keinen Fall die Lobby bestimmter Interessenverbände weiter zu stärken, ließ sich Dehnkamp vom Deutschen Normenausschuß (DNA)[1] nur schwer eine Einladung nach
Frankfurt abringen.

Gerhard Kübler, der Geschäftsführer des Ausschusses Normungstechnik in DNA, bat in einem längeren Schreiben, das am 7. März
1956 in Bremen eintraf, ihn "als Vertreter des Deutschen Normenausschusses ebenfalls zur nächsten Orthographie-Konferenz"
einzuladen; er begründete seine Bitte ausführlich und überzeugend:

---

1 Dieser Verband war 1917 als Normalienausschuß für den allgemeinen Maschinenbau gegründet worden; 1926 wurde der Name in
Deutscher Normenausschuß (DNA), 1975 in Deutsches Institut für
Normung e. V. (DIN) geändert. Es handelt sich um eine Arbeitsgemeinschaft (Erzeuger, Handel, Verbraucher, Wissenschaft, Behörden), die als nationale Normenorganisation ihren Sitz in
Berlin hat; die von ihr aufgestellten Normen (Deutsche Industrienorm DIN) haben den Zweck, Begriffsbestimmungen, Formel-
zeichen, Abmessungen, Formen, Konstruktionsdetails, wie Passun-
gen oder Gewindemaße zu vereinheitlichen. Die in Deutschland
geltenden Richtlinien, Anweisungen und Vereinheitlichungen sind
in den DIN-Normblättern festgelegt und durch DIN-Nummern gekennzeichnet. Die Normungsarbeit erfolgt in rund 120 Normenaus-
schüssen mit rund 2000 Arbeitsausschüssen. (Vgl. Art. DIN Deutsches Institut für Normung e. V., in: Brockhaus Enzyklopädie,
19., völlig neubearbeitete Auflage, Mannheim 1988, Band 5, S.
512.)

Zu den Aufgaben der Normung gehört es auch, (...), einen einheitlichen Sprachgebrauch für die verschiedenen Sachgebiete festzulegen. Zu diesem Zwecke sind im Laufe der Zeit in fast allen Fachnorm- und Arbeitsausschüsssen Unterausschüsse und Arbeitskreise gebildet worden, die sich mit der Terminologie ihrer Fachgebiete zu befassen haben. Da es aber bekanntlich oft nicht einfach ist, Begriffe und deren Benennungen eindeutig festzulegen bzw. durch Definitionen gegeneinander abzugrenzen, war es nötig, daß vor einigen Jahren ein besonderer Ausschuß "Terminologie" im Ausschuß Normungstechnik konstituiert wurde. Eine der Hauptaufgaben dieses Ausschusses ist es, allgemeine Grundsätze über Begriffe, Benennungen und Definitionen zu erarbeiten. (...) Es dürfte verständlich sein, daß der Unterzeichnete (...) an allem interessiert ist, was zur Erleichterung der Verständigung auf nationaler wie auf internationaler Ebene und der internationalen Zusammenarbeit in Wissenschaft und Technik dient. Dazu gehören auch die Bestrebungen zur Reform der deutschen Rechtschreibung, ohne zunächst dazu Stellung nehmen zu wollen. (...) Es scheint uns in bezug auf unsere Arbeiten sehr nützlich und zweckmäßig, daß wir rechtzeitig über die in der Konferenz zu fassenden Beschlüsse unterrichtet sind, damit wir einerseits die Ergebnisse entsprechend auswerten können und andererseits weitestgehend unnötiger Zeitaufwand vermieden wird durch Gedanken und Forschungsarbeit, die von anderer Seite in der einen oder anderen Hinscht (sic!) bereits geleistet worden ist. (B3/76)

Dehnkamp lehnte die hier vorgetragene Bitte mit der üblichen Begründung ab, daß er den vorgesehenen Kreis, in dem "die an der Gesamtheit der Fragen" interessierten Organisationen vertreten sind, nicht erweitern möchte; in Aussicht stellte er aber, daß man später einen Vertreter des DNA in den Unterausschuß, der sich mit dem "Spezialgebiet der Fachausdrücke" befasse, berufen könne. (B3/93)

Zunächst einmal verrät diese geschickte, mit einem Versprechen verknüpften Absage diplomatisches Talent; darüber hinaus zeugt sie aber auch von einer dem damaligen Zeitgeist entsprechenden Einstellung, daß Sprache in den Bereich des "Schöngeistigen" gehört, wobei deren evidente Bedeutung im naturwissenschaftlichen und technischen Bereich völlig übersehen wird. Dehnkamp sollte sich aber genötigt sehen, sich mit diesem Problem noch einmal zu befassen.

Kübler gab sich nämlich mit der Abschiebung in einen der Unterausschüsse nicht zufrieden und setzte seine vielfältigen Beziehungen ein; zunächst schrieb Prof. Zinzen, der Direktor des DNA, einen vier Seiten langen Brief, in dem er die Arbeit sei-

ner Organisation noch ausführlicher als Kübler beschrieb, drei
Veröffentlichungen von Mitgliedern bzw. Mitarbeitern aufzähl-
te[1], auf die vielfältigen Beziehungen zu Industrie, Wissenschaft, Behörden, Schulen und Hochschulen verwies und aus einem
Vortrag von Prof. Kienzle zitierte:

> " S p r a c h e   i s t   N o r m ", dieser Satz mag über-
> raschen. Mancher schauert, wenn er hört, man wolle die
> Sprache normen. Nun eine Rechtschreibordnung, wie wir sie
> um die Jahrhundertwende erlebten, die "Thür" in "Tür" und
> "giebt" in "gibt" änderte, i s t eine Norm. Dies war so-
> gar eine gute Norm. (B3/149:2; Zinzen an Dehnkamp 24.4.56;
> Sperrungen im Original, H.S.)

Der Satz "Sprache ist Norm" - hier wird zwar Sprache mit Rechtschreibung gleichgesetzt, der nächste Satz des Zitates klärt
aber, daß Orthographie gemeint ist - mag Dehnkamp ketzerisch
erschienen sein; eine solche Definition hatte er bisher von
keinem seiner Gesprächspartner, unter denen sich ja mehrere
namhafte Sprachwissenschaftler befanden, gehört, noch hatte er
Ähnliches gelesen. Norm war ein Begriff, den man bisher nicht
mit Sprache in Zusammenhang gebracht hatte. Gerade weil Sprache
und Schrift bzw. Orthographie nicht genügend begrifflich differenziert worden waren, hatten sich alle - auch die Linguisten
- außerstande gesehen, auf die Pressekampagne im Anschluß an
die Veröffentlichung der STE angemessen zu reagieren. Hätte man
einmal der üblichen blumigen Metaphorik, die Sprache sei ein
natürlich Gewachsenes, das man durch Beschneiden im Wachstum
hemme oder gar vernichte, entgegengesetzt, daß einmal Sprache
und Orthograhie nicht identisch sind und daß es sich bei letz-
terem nicht um einen "naturwüchsigen Gegenstand handelt, sondern um ein künstliches, von normativen Restriktionen bestimmtes Objekt" (Kohrt 1987:326), wäre vielleicht mancher der Kritiker zu überzeugen gewesen. Weisgerber hat seine Idee von der
Schrift als dem objektivierten Gebilde leider später nicht wei-

---

1   Eugen Wüster: Grundzüge der Sprachnormung in der Technik,
    Berlin 1934
    Otto Kienzle: Die Sprache in der Sicht des Ingenieurs, Mut-
    tersprache 1954
    Gerhard Kübler: Normung und Sprache, Muttersprache 1954

ter verfolgt, und sie wurde damals nicht von anderer Seite aufgegriffen. (Weisgerber 1954b, 1955, 1956, 1964) Noch 1987
stellt Kohrt fest (er zitiert Bartsch), daß in theoretischen
Arbeiten "der Terminus 'Norm' so gut wie gar nicht" erscheint
und sich allenfalls "in vermeintlichen 'Randgebieten'" findet.
(Kohrt 1987:326)
Auch den weiteren Argumenten, die Zinzen in seinem Brief vorbrachte, konnte Dehnkamp sich schon allein deshalb schlecht
verschließen, weil sie weitgehend mit seinen eigenen identisch
waren:
- "Die dem Zufall überlassene Weiterentwicklung der Rechtschreibung während der letzten 50 Jahre" müsse nun "einer
  planvollen Regelung weichen"
- eine Reform als "vernünftige Vereinfachung" sei unbedingt
  notwendig
- eine Neuordnung dürfe nicht "in einem Behördenbeschluß allein
  vollzogen werden", sondern es müßten Vertreter der verschiedenen gesellschaftlichen Gruppen dazu gehört werden. (B3/149;
  Zinzen an Dehnkamp 24.4.56)
Nachdem sich auch noch Heyd im Auftrag der agnr (in der Kübler
ebenso Mitglied war wie im "Deutschen Sprachverein e.V., Berlin" und in der "Berliner Arbeitsgemeinschaft zur Reform der
deutschen Rechtschreibung") an Dehnkamp mit der Bitte wandte,
den DNA einzuladen (B3/113), und einige Wochen später der Rektor der Technischen Hochschule Aachen (Prof. Flegler) in einem
Brief an die KMK schrieb, daß er es sehr begrüßen würde, wenn
im Rahmen der anstehenden Erörterungen "auch den Stimmen, die
von unserer Seite (er meint den DNA, H.S.) kommen, Gehör" ge-
schenkt würde (B3/160), erhielt Kübler am 30. April 1956 die
gewünschte Einladung nach Frankfurt (B4/21 und 24).
In diesen Zusammenhang gehört wohl auch der Brief des Vereins
Deutscher Ingenieure (VDI) vom 23. April 1956 (B4/15); zwischen
dem VDI und dem DNA gab es vielfältige Kontakte, so daß man
dort wohl um das Problem der raren Einladungen wußte. Dr. Grü-
newald, der damalige Direktor des VDI, schrieb, daß sich seine
Organisation seit ihrer "Gründung der Pflege der deutschen
Sprache mit besonderem Interesse angenommen" habe und für die
"Betreuung dieser Aufgaben" Prof. Mackensen gewinnen konnte.
Anstelle einer Bitte um Beteiligung teilte er mit:

Herr Prof. Mackensen hat uns nun über die Bemühungen der
ständigen Konferenz der Kultusminister um die Rechtschreibreform und insbesondere über die bevorstehende Sitzung in
Frankfurt am Main am 4.5.1956 berichtet. Wir möchten Ihnen
bestätigen, daß wir Herrn Prof. Mackensen gebeten haben,
auch die Belange des Vereins Deutscher Ingenieure in der
Frankfurter Besprechung wahrzunehmen. (B4/15)

Ebenfalls in diesen Zusammenhang gehört der Aufsatz von Mackensen "Muß sich ein Ingenieur um die Rechtschreibung kümmern?",
der am 21. Juli 1956 in den VDI-Nachrichten Nr. 15 erschien;
dort wurde unter Hinweis auf die Konstituierung des staatlichen
Arbeitskreises um Stellungnahmen aus dem Kreis der Mitglieder
gebeten, um "einen Überblick darüber zu erhalten, wo wir im Arbeitskreis den Hebel anzusetzen haben". Einen Sonderdruck dieser Veröffentlichung bekam Dehnkamp von einem Bekannten wenige
Wochen nach dessen Erscheinen zugeschickt. In diesem Aufsatz
warnte Mackensen vor zu radikalen Vorschlägen, indem er Beispiele wie Inscheniör (Ingenieur), Fosgen (Phosgen), Füllobio-
logie (Phyllobiologie) anführte. Dehnkamp äußerte in einem
Brief,

daß Prof. Mackensen es leider ebenso macht wie viele andere
Schreiber: er spricht über das, was geschehen könnte, wenn
alle Wörter eingedeutscht und dabei gleich behandelt werden
und tut so, als ob es nur um solche radikalen Lösungen ginge. Es liegt mir fern, etwas zu verteidigen, was noch nicht
entschieden ist und was ich daher noch nicht kennen kann.
Aber Prof. Mackensen kennt es auch nicht und polemisiert
öffentlich dagegen, anstatt in den Unterausschüssen des von
ihm erwähnten "Arbeitskreises für Rechtschreibregelung"
mitzuarbeiten. (B4/56)

Wahrscheinlich hat Dehnkamp bei einem Treffen oder in einem Telefongespräch Grebe gegenüber Ähnliches geäußert und damit bei
letzerem ein gewisses Mißtrauen gegenüber Mackensen, dem VDI
und dem DNA prädisponiert; dies wäre zumindest eine Teilerklä-
rung für die Überreaktion auf die Tätigkeit des DNA-Ausschusses
(s. 3.Kap.1) und gegen Mackensen während der Wiesbadener Verhandlungen.

Dr. Werner P. Heyd, der Geschäftsführer der "arbeitsgemeinschaft neue rechtschreibung" (agnr)[1], ging von vorneherein diplomatisch vor, um in den staatlichen Arbeitskreis aufgenommen
zu werden. Im Februar 1956 schickte er Dehnkamp mehrere Rundschreiben der agnr zu, in denen unter anderem die Satzung und
die Versandlisten für die Rundschreiben abgedruckt waren. Dehnkamp, der von dieser Vereinigung bisher nichts gehört hatte,
bat Löffler um Auskunft (B3/42), die er auch umgehend erhielt
(B3/56). (Vgl. 2.Kap.5.3.3) Aus diesem Brief erfuhr er, daß
Heyd auch bei den STE mitgearbeitet hatte. So traf ihn Heyds
Bitte um eine Einladung nicht unvorbereitet, allerdings bat
dieser nicht nur für sich, sondern auch für den Vertreter des
DNA. (B/113) Im Gegensatz zum DNA gab sich Heyd mit Dehnkamps
Erklärung, er fühle sich "nicht berechtigt, den Kreis der

---

1 Die agnr wurde 1951 in Stuttgart von Dr. Werner P. Heyd nach
dem Vorbild des schon seit 1924 in der Schweiz bestehenden Bundes für vereinfachte Rechtschreibung (bvr) gegründet. Das
österreichische Pendant, der "bund österreichischer rechtschreibreformer" (bör) entstand 1955 in Wien.
Die agnr hatte sich zum Ziel gesetzt, die verschiedenen Reformbestrebungen in Deutschland, Österreich und der Schweiz miteinander zu verbinden. Dabei sollte es sich nicht um einen Verein
im üblichen Sinne handeln, "sondern jedermann (..), der etwas
zu einer reform der rechtschreibung beitragen kann oder will"
war zur Mitarbeit aufgerufen. Arbeitsgrundlage waren laut Satzung (veröffentlicht im Rundschreiben Nr. 11 vom Januar 1956
-B3/14) "die stuttgarter empfehlungen von 1954 . erfurter programm des bildungsverbandes der deutschen buchdrucker . leipziger programm der deutschen lehrer . vorschläge des bundes für
vereinfachte rechtschreibung, Schweiz . vorschläge des lehrerverbandes Niedersachsen . vorschläge der lehrer und des grafi-
schen gewerbes in der DDR . weitere vorschläge sind willkommen
und werden geprüft." (Kleinschreibung im Original, H.S.)
Statt eines Vorstandes gab es eine Geschäftsstelle (Geschäftsführer Heyd), welche die Verbindung zu den reformbestrebungen
in den anderen deutschsprachigen Ländern hielt und alle "veröffentlichungen zum thema rechtschreibreform - seien sie pro oder
kontra -" sammelte. In einem seit dem 1. Januar 1953 regelmäßig
erscheinenden Mitteilungblatt, das Heyd - wie er im Interview
1987 berichtete - zunächst selbst setzte, wurde nicht nur "von
den vorgängen um die rechtschreibreform berichtet", sondern
auch zugeschickte Reformvorschläge in Kurzfassung veröffentlicht. (S. auch Heyd, W.P.: Bibliographie der Zeitschriftenaufsätze zur rechtschreibreform. Stuttgart 1959.)
Der größte Teil dieser Unterlagen befindet sich im Besitz von
Dr. Heyd, der sie mir für die vorliegende Untersuchung zur Verfügung stellte.

eingeladenen Personen und Institutionen eigenmächtig zu erweitern", und der Zusage, seinen "Wunsch zur Teilname an den Arbeiten in der ersten Sitzung vorzutragen" (B3/115) zufrieden. Er war sich ziemlich sicher, daß er auf diese Weise Mitglied des Arbeitskreises werden würde, weil er durch seine Mitarbeit an den STE die wichtigsten Leute schon kannte. Während der Frankfurter Sitzung wurde neben den "Professoren Winkler, Moser und Pfleiderer (letzterer auf Wunsch der Akademie für Sprache und Dichtung)" auch Heyd mit Stimmrecht hinzugewählt; Heyd verdankte diese Wahl seinem Ruf, ein radikaler Reformer zu sein: "Herr Dr. Heyd deshalb," wie Grebe am 5. Mai 1956 an Dehnkamp schrieb, "weil das Gremium der Meinung war, daß es nützlich sei, aus taktischen Gründen die radikale Gruppe mitarbeiten zu lassen." (B4/28 und SP0/7)

Die agnr war in jedem der drei Ausschüsse vertreten: Dr. Werner Heyd (1. Ausschuß), Lehrer Hans Ringeln (2. Auschuß), Lehrer Werner Hohlfeld (3. Ausschuß); wenn einer dieser Herren verhindert war, wurden sie durch den Lehrer Gottfried Ginter oder durch Kurt Hiehle vertreten.

Heyd initiierte keine langen Diskussionen um die Teilnahme von Mitgliedern seiner Organisation, weil er glaubte, daß in diesem Falle Fachkompetenz, berufliche Erfahrung und traditionelles Engagement in der Reformbewegung sich von selbst durchsetzen würden, ohne daß man von vorneherein Verbandsinteressen durch einen Beschluß absichern müßte. In Frankfurt hatten nämlich "die Akademie für Sprache und Dichtung, die Industriegewerkschaft Druck und Papier und die Arbeitsgemeinschaft der Graphischen Verbände" den Wunsch geäußert, "in jeden Ausschuß einen Vertreter zu entsenden. Es wurde festgelegt, daß diese Vertreter damit nicht das Recht erwerben, in den eigentlichen Arbeitskreis einzutreten." (B4/28)

Die einzelnen Verbände hatten also die Möglichkeit, durch ihre Delegierungspolitik, das heißt durch die Entsendung bestimmter Persönlichkeiten, auf den Gang der Verhandlungen und die Ergebnisse Einfluß auszuüben. Bei einigen bestand dieses Bedürfnis nach Einfluß überhaupt nicht, so daß man pflichtgemäß einen sachkundigen Vertreter namhaft machte. (Beispiele: Schriftstellerverband, Arbeitsgemeinschaft der Akademien)

Bei anderen, so bei den schon in Stuttgart beteiligten Mitgliedern der Deutschen Akademie für Sprache und Dichtung Storz und Süskind, stand das Bestreben im Vordergrund, eine Reform zu verhindern oder wenigstens zu minimieren. Deshalb wurde beschlossen, daß Süskind nicht die Darmstädter Akademie, sondern den Journalistenverband vertreten solle (B4/12); damit war eine weitere Stimme gegen die Reform sicher.

Um die notwendige Verstärkung des wissenschaftlichen Elements hatten sich schon vor der Aussendung der Einladungen einige beteiligte Wissenschaftler bemüht. (S. 2.Kap.5.3.2). Nach ihrem Selbstverständnis beabsichtigten sie, die Ergebnisse ihrer Forschungen im Arbeitskreis vorzutragen, um daraus einen praktikablen Vorschlag zu entwickeln; für sie stand überhaupt nicht zur Debatte, die Interessen einer bestimmten Gruppe zu vertreten, auch dann nicht, wenn sie als Vertreter eines Berufsverbandes oder einer Forschungsgemeinschaft eingeladen wurden.

In den meisten anderen Fällen scheint ein bestimmtes Meinungs- und Abstimmungsverhalten der Delegierten nicht thematisiert worden zu sein, wahrscheinlich weil man hier zunächst kein Problem sah. Erst die Kontroverse zwischen Grebe und Kübler über die "Aktion" des DNA warf während der Wiesbadener Verhandlungen die Frage auf, ob der Vertreter einer Institution bzw. eines Verbandes seine persönliche Meinung äußern könne oder ob innerhalb eines Verbandes ein kollektiver Meinungsfindungsprozeß - wie auch immer geartet - stattfinden sollte. Innerhalb des DNA herrschte die Meinung vor, es sei über eine Umfrage ein Konsens herbeizuführen, an dem der nach Wiesbaden delegierte Vertreter (Kübler) seine Meinungsbildung orientieren und diese im Arbeitskreis entsprechend vertreten könne. Auch zwischen Rück und Puschmann, den beiden Vertretern der IG Druck und Papier, kam es in Wiesbaden zu einem heftigen Disput über die Frage, wer denn nun die Meinung der überwiegenden Zahl der Gewerkschaftsmitglieder vertrete. Böckmann, der als Literaturwissenschaftler die Arbeitsgemeinschaften der Akademien im Arbeitskreis vertrat, berichtete im Interview (1986), daß er zu keinem Zeitpunkt irgendwelche Weisung erhalten habe.

Daß die Frage, welche Meinungen oder Interessen zu vertreten seien, überhaupt erörtert werden mußte, weist auf das Dilemma hin, das sich auch in der (gegenüber Stuttgart) verstärkten

Vermischung von pragmatischen und wissenschaftlichen Argumenten zeigte: Eine gemeinsame Diskussion von Wissenschaftlern und Interessenvertretern über Einzelvorschläge ist wegen deren disparater Intentionen in der Erarbeitungsphase nicht möglich. Weder Dehnkamp noch seine verschiedenen Berater (mit Ausnahme von Mackensen, der in einem Gespräch am 21. Februar 1956 einen anderen Weg favorisiert hatte) erkannten, daß es ein Fehler war, von dem in Stuttgart eingeschlagenen Weg (erst Erarbeiten der wissenschaftlichen Prämisse, dann Diskussion der Durchsetzbarkeit) abzuweichen.

Vor der Einmischung der Politiker hatte Dehnkamp den in seinen Augen immer noch privaten Arbeitskreis jedoch bewahrt: Die beiden einladenden Stellen (KMK und BMI) sollten ebenfalls Vertreter entsenden, "die sich allerdings möglichst zurückhalten" (B3/92) und nur dann eingreifen sollten, wenn Beschlüsse gefaßt würden, "deren amtliche Sanktionierung unwahrscheinlich" (B3/94) sei. Er glaubte zwar nicht, daß dies notwendig werden könnte, wollte aber "unangenehmen Überraschungen" zuvorkommen. (B3/94)

Offensichtlich um diese Sonderstellung der Behördenvertreter, die dann nur noch die Funktion eines Beobachters wahrzunehmen hatten, zu verdeutlichen, strich er den Schulausschuß der KMK aus dem ersten Entwurf der Liste der einzuladenden Stellen (B3/87).

Weniger Interesse schien beim BMI an der ganzen Angelegenheit zu bestehen; zu der konstituierenden Sitzung in Frankfurt kamen zwar Hübinger (Leiter der Kulturabteilung), der auch die Eröffnungsansprache hielt, und der Ministerialrat Gussone (A3/1); Gussone kam auch zu der Schlußsitzung; an einer der Ausschußsitzungen nahm aber nur einmal der Regierungsrat König teil.

Für die KMK hatte Dehnkamp eine Regelung getroffen, die vor allem auch die Belange der Schulen berücksichtigten sollte; außer ihm selbst als Vertreter der KMK sollte ein Vertreter des Schulausschusses dem Arbeitskreis angehören, ohne daß dieses Gremium als eine der eingeladenen Institutionen firmierte. Über diesen Delegierten, der den Status eines Beobachters haben sollte, gab es noch einmal einen Schriftwechsel mit dem Hamburger Regierungsdirektor Reimers, der inzwischen den Ausschußvorsitz von Löffler übernommen hatte. Man hatte zunächst erwogen,

diese Aufgabe dem Bremer Schulrat Buhl zu übertragen; Dehnkamp
hielt diese Lösung jedoch nicht für gut, weil dann "der Vertreter der Kultusminister-Konferenz und des Schulausschusses von
dem gleichen Land gestellt würde" (B3/80); Bedenken hatte er
sicher auch auf Grund der Tatsache, daß Buhl zu seinen engsten
Mitarbeitern gehörte. Er schlug deshalb vor, "den Vertreter aus
dem Lande Hessen zu nehmen, (...) weil die erste Sitzung in
Frankfurt am Main stattfände und wahrscheinlich auch die weiteren Besprechungen größtenteils in Hessen abgehalten würden"
(B3/80). Aus welchem Grund der Schulausschuß diesem Vorschlag
nicht gefolgt ist, geht aus dem Briefwechsel mit Reimers nicht
hervor.
Jedenfalls bat Reimers in einem Schreiben vom 12. März 1956
(B3/100) den "Ministerialrat Dr. E. Höhne Bayerisches Staatsministerium für Unterrricht und Kultus", den Schulausschuß der
KMK im Arbeitskreis zu vertreten. Höhne hat an der konstituierenden Sitzung in Frankfurt teilgenommen und sich später von
dem Münchener Oberstudiendirektor Bohusch vertreten und anschließend über die Beratungen berichten lassen. Sein ziemlich
ausführlicher Briefwechsel mit Grebe (A6/H und A9/H), in dem
auch ein längerer Abschlußbericht enthalten ist (vgl. dazu
4.Kap.3), belegen sein Interesse an der Sache selbst; an die
von Dehnkamp verordnete Passivität der staatlichen Behörden hat
er sich während der Verhandlungszeit immer gehalten.
Bei der konstituierenden Sitzung in Frankfurt am 4. Mai 1956
war die KMK stärker vertreten, als das jemals später der Fall
gewesen ist: Neben Dehnkamp und Höhne waren "Ministerialrat
Professor Dr. Lemberg (später Kultusminister in Hessen, H.S.),
Kultusministerium Hessen" und der Generalsekretär der KMK Kurt
Frey erschienen. (A3/1)
Sich selbst legte Dehnkamp ebenfalls strikte Zurückhaltung auf
- ein Vorsatz, an den er sich konsequent gehalten hat; er wollte sich mit dieser Entscheidung keinesfalls aus der Verantwortung stehlen, er war lediglich der Meinung, daß die Verhandlungen des Arbeitskreises nicht in seinen Kompetenzbereich fielen.
Für eventuell auftauchende Probleme bot er sofort nach der
Frankfurter Sitzung seine Hilfe an; er schrieb am 5. Mai 1956
an Grebe:

Sie wissen, daß es meine Absicht ist, die staatlichen Stellen und auch mich selber aus der Arbeit des Rechtschreibkreises herauszuhalten. Wenn es aber sein muß und Sie der Meinung sind, daß meine Unterstützung Ihnen helfen könnte, stehe ich natürlich jederzeit zur Verfügung. (B4/31)

Auch hatte er keineswegs das Interesse an der Sache verloren, was die vollständig erhaltene Akte mit allen Protokollen, Ausarbeitungen u. a. der Wiesbadener Verhandlungen (gelegentlich mit seinen Randbemerkungen versehen) und der ausführliche Briefwechsel mit Grebe bezeugen.

5.5   Die konstituierende Sitzung des "Arbeitskreises für Rechtschreibregelung" in Frankfurt am 4. Mai 1956

5.5.1 Letzte Vorbereitungen

Sechs Wochen vor dem geplanten Termin, am 25. März 1956 hatten sich Dehnkamp, Grebe und Hübinger in Niederbreisig getroffen, um diese Sitzung vorzubereiten und die Tagesordnung festzulegen. Grebe machte dort den Vorschlag, drei Unterausschüsse einzusetzen,

> und zwar je einen für
> Klein- oder Großschreibung,
> Getrennt- oder Zusammenschreibung,
> alle anderen Fragen, wie
> Zeichensetzung, Silbentrennung, Fremdwörter usw. (B3/118)

Diese Arbeitsorganisation war einer der wichtigsten Fortschritte gegenüber den Verhandlungen zu den STE, weil so eine konzentrierte Arbeit an einzelnen Phänomenen programmiert war, ohne daß die einzelnen Teilnehmer sich mit allen Themen - dann zwangsläufig nur oberflächlich - beschäftigen mußten und sich dadurch eventuell überfordert fühlten.
Weisgerber hatte sich bereit erklärt, den Einführungsvortrag zu halten, so daß die fertige Tagesordnung "etwa 10 Tage vorher den bis dahin gemeldeten Teilnehmern, allenfalls den Organisationen" (B3/121) zugeschickt werden konnte:

1. Eröffnung.
2. Wahl eines Vorsitzenden und Stellvertreters.
3. Einleitender Vortrag von Herrn Prof. Dr. Weißgerber (sic!), Bonn: "Unsere Rechtschreibung zwischen gestern und morgen".
4. Aussprache.
5. Wahl der Vorsitzenden für die evtl. einzusetzenden Unterausschüsse. (B3/158 und 167)

Dehnkamp hatte bei den Verhandlungen über eine "tragbare Kostenverteilung" (B3/125) dafür gesorgt, daß er während der gesamten Verhandlungszeit trotz strikter persönlicher Zurückhaltung die Übersicht behielt: Der Bund übernimmt die personellen Unkosten, das Sekretariat der KMK die Büroarbeiten; das "hätte den Vorteil, daß alles bei uns zusammenläuft" (B3/125).
Die bis dahin im Sekretariat zum Thema Rechtschreibreform eingegangenen "Anregungen, Vorschläge(n) und Zuschriften" (B3/165) sollte Kurt Frey, Generalsekretär der KMK, zur Frankfurter Sitzung mitbringen. (B3/96 und 165) Frey schickte "das Faszikel der Stellungnahmen, die sich im Bonner Generalsekretariat angesammelt hatten" (B4/37), Mitte Mai an Grebe. Dieses Material befindet sich nicht in den Akten A; aus den wenigen in den Akten B erhaltenen Beispielen muß geschlossen werden, daß es sich meist um exotische Vorschläge von Laien handelte, die als Diskussionsgrundlage nicht in Frage kamen. Diese Annahme wird gestützt durch Grebes Äußerung: "Ich will das Material in den nächsten Tagen durcharbeiten. Das Inhaltsverzeichnis sagt mir allerdings bereits, daß ich vieles davon schon kenne." (B4/37) Den Einsendern wurde in diesem Sinne geantwortet, daß Grebe die "Vorschläge prüfe und sie den einzelnen Unterauschüssen für ihre Arbeit zustellen werde" (B3/183). Anscheinend ist keine dieser Eingaben brauchbar gewesen, denn es gibt keinen Beleg dafür, daß man sie als Arbeitsgrundlage herangezogen hätte.
Weitere Vorbesprechungen, die vorher brieflich verabredet worden waren, führte Dehnkamp am 24. April mit Grebe in Darmstadt (B4/40) und noch unmittelbar vor der konstituierenden Sitzung. Er traf sich am Vorabend mit Kliemann auf dessen Bitten hin im Hotel Savoy in Frankfurt (B3/131, 144, 153) und am Morgen des 4. Mai unmittelbar vor Beginn der Tagung um 8.30 Uhr mit Hübinger (gemeinsamer Fußweg vom Hotel zur Hochschule für Internationale Pädagogische Forschung) und um 9.15 Uhr vor dem Sitzungssaal mit Frey. Mit Hübinger wollte Dehnkamp sich darüber

verständigen, wie man sich verhalten solle, wenn Thierfelders "leider bekannt gewordenes Schreiben an die Mitglieder der 'Arbeitsgemeinschaft für Sprachpflege' (...) zur Sprache" käme und "evtl. Anlaß zu Differenzen" (B3/164) gäbe. In dem Gespräch mit Frey beabsichtigte er, noch letzte organisatorische Fragen zu klären.

Über diese Treffen gibt es verständlicherweise keine Notizen, woraus zu schließen ist, daß dort nichts Wesentliches mehr beschlossen wurde - sonst hätte Dehnkamp mit Sicherheit einen Aktenvermerk geschrieben -, allenfalls hatte man bestimmte Strategien abgesprochen und Meinungen ausgetauscht. Lediglich in einem handschriftlichen Bericht, in dem er seine persönlichen Eindrücke über die Sitzung festgehalten hat, findet sich in einem Nebensatz eine Bemerkung über die Begegnung mit Hübinger: "Beim Mittagessen trank Prof. Hübinger mir zu und wiederholte in verstärkter Form einige beinahe schmeichelhafte Bemerkungen, die er bereits am Morgen vor der Sitzung gemacht hatte." (B4/27) Falls noch eine Absprache über das Problem Thierfelder getroffen wurde, so erwies das sich im Verlauf der Sitzung als überflüssig, weil diese Angelegenheit - sie kam überhaupt nicht mehr zur Sprache - überschätzt worden war.

5.5.2 Der Verlauf der Sitzung

Zu der konstituierenden Sitzung des Arbeitskreises, die in der Internationalen Hochschule für Pädagogik stattfand, waren sechs Vertreter von staatlichen Behörden erschienen:

1. Ministerialdirektor Prof. Dr. Hübinger, Bundesministerium des Innern
2. Ministerialrat Dr. Gussone, Bundesministerium des Innern
3. Senator Dehnkamp, Bremen, Ständige Konferenz der Kultusminister der Länder
4. Ministerialrat Dr. Höhne, Schulausschuß der Ständigen Konferenz der Kultusminister, München, Veterinärstr.2
5. Dr. Frey, Ständige Konferenz der Kultusminister der Länder, Bonn (Generalsekretär)
6. Ministerialrat Professor Dr. Lemberg, Kultusministerium Hessen, Wiesbaden, Dambachtal 28 (A3/1:1)

Die meisten der eingeladenen Institutionen/Organisationen hatten einen Vertreter geschickt:
- Akademie für Sprache und Dichtung: Prof. Dr. Fritz Martini, Stuttgart
- Arbeitsgemeinschaft der Akademien der Wissenschaften: Prof. Dr. Paul Böckmann, Heidelberg
- Arbeitsgemeinschaft der graphischen Verbände des deutschen Bundesgebietes: Hauptgeschäftsführer Schmitt-Halin, Wiesbaden und W. R. Rudolph, Offenbach
- Arbeitsgemeinschaft Deutscher Lehrerverbände: Oberschulrat Edmund Oprée, Berlin
- Arbeitsgemeinschaft für Sprachpflege: Prof. Dr. Leo Weisgerber, Bad Godesberg-Mehlem
- Börsenverein des Deutschen Buchhandels: Horst Kliemann, München
- Deutscher Germanistenverband: Prof. Dr. Jost Trier, Münster/ Westf.
- Deutscher Journalisten-Verband: W. E. Süskind, Seeheim
- Deutscher Normenausschuß: Geschäftsführer Gerhard Kübler, Berlin
- Dudenredaktion: Dr. phil. habil. Paul Grebe, Wiesbaden
- Gesellschaft für deutsche Sprache: Dr. Heinz Ischreyt, Gütersloh (i. V. für Prof. Dr. Mackensen)
- Industriegewerkschaft Druck und Papier: Harry Zieher, Stuttgart-Untertürkheim
- Schwerpunkt Deutsche Sprache der Deutschen Forschungsgemeinschaft: Prof. Dr. Walter Porzig, Mainz

Dr. Rudolf Krämer-Badoni, der Delegierte der Vereinigung Deutscher Schriftsteller-Verbände, hatte sich telegraphisch entschuldigt; ein Vertreter der Gemeinschaft Deutscher Lehrerverbände war nicht erschienen.
Die Sitzung wurde von Hübinger mit einer längeren Ansprache eröffnet, die im folgenden auszugsweise wiedergegeben wird:

> (...)Die Sprache eines Volkes ist wie sein Leben nichts Starres, sondern spiegelt seine Bewegungen und Entwicklungen, seinen Schicksalsweg und seine geistigen Kräfte in einer ständigen Weiterentwicklung wieder (sic!). Das in Schriftzeichen festgehaltene und geformte Bild der lebendigen Sprache unterliegt naturgemäß dem gleichen Wandel und

der gleichen Entwicklung, (...). So wird sich immer wieder die Notwendigkeit ergeben, von Zeit zu Zeit das (...) Schriftbild der lebendigen Sprache anzupassen, damit das Schriftbild in seiner dienenden Funktion die wirklich zutreffende Wiedergabe des gesprochenen Wortes (...) ist. Die Anpassung der Schrift an die lebendige Sprache kann nicht fernab in einem theoretischen Raume geplant und dekretiert werden, sie muß vielmehr inmitten des "vollen Menschenlebens" vor sich gehen, (...). (...) Die schriftliche Darstellung der Sprache, also die Rechtschreibung, muß verständlich und sinnvoll sein, den inneren Zusammenhang und die Herkunftsbeziehungen des (2) Wortes und der Sprache deutlich werden lassen. (...) Die dienende Funktion der Rechtschreibung gegenüber der lebendigen Sprache ist ebenso zu bedenken wie die wirtschaftlichen und drucktechnischen Auswirkungen und Erfordernisse, (...).
(...) Alle mit unserer Sprache und Schrift befaßten Persönlichkeiten und Stellen müssen sich im Blick auf das Ganze der deutschen Sprachgemeinschaft und der ihr anvertrauten Überlieferung mit verantwortlich fühlen für die Regelung dieses uns alle tief berührenden Anliegens. Amtliche Anordnungen und Entscheidungen allein können ihm niemals gerecht werden.
(...) Ich darf mit Befriedigung feststellen,, daß der Gegenstand, um den es geht, von Bund und Ländern als jenseits aller Zuständigkeitserörterungen liegend betrachtet wird. (...) (3) (...)
Von diesem amtlichen Wege (amtliche Normierung von 1902, H.S.) bewußt abweichend, haben diesmal Bund und Länder gemeinsam zu der heutigen Konstituierung eines Arbeitskreises für Rechtschreibregelung eingeladen. Damit soll von amtlicher Seite lediglich der erste Anstoß dazu gegeben werden, daß die Kenner der Rechtschreibprobleme aus den verschiedenen Interessenbereichen sich auf nichtamtlicher Basis zu einem Kreis zusammenfinden, der sich in freier, von Weisungen unabhängiger Erörterung über die wichtigsten Punkte der Neuregelung verständigen und entsprechende Vorschläge machen soll. Es versteht sich von selbst, daß diese Verhandlungen, deren Leitung, Gang und Verfahren Sie, meine Herren, in vollkommener Freiheit bestimmen sollen, in Würdigung der Bedeutung und Auswirkung im sozusagen geschlossenen Kreis der Beteiligten mit der gebotenen Zurückhaltung nach außen geführt werden sollten, weil es zunächst darum gehen muß, im engeren Bereich Klarheit über Form und Umfang der Rechtschreibreform zu gewinnen und erst dann mit den Nachbarbereichen in Verbindung zu treten. (...) (A3/2a bzw. B4/41)

In seiner diesem Eröffnungsreferat folgenden Ansprache betonte Dehnkamp noch einmal, daß man "wegen der sich aus der Spaltung Deutschlands ergebenden politischen Schwierigkeiten (...) keine offizielle Rechtschreibkonferenz wie etwa 1901" einberufen habe. Die bisherigen "Reformvorschläge privater Stellen hätten keine Zustimmung gefunden" und in den anderen deutschsprachigen Ländern existierten "bereits kleine Verhandlungskommissionen", die auf eine Reaktion aus der Bundesrepubklik warteten. Die KMK und das BMI hätten deshalb "ihre bisherige Zurückhaltung aufgegeben" und angeregt, daß "Wissenschaftler, Praktiker (Lehrer, Schriftsteller und Schriftsetzer) und Wirtschaftler (Druckereibesitzer, Verleger und Buchhändler)" in "freier und freiwilliger Zusammenarbeit" beraten "und damit die Grundlagen für die folgenden Verhandlungen mit den anderen Ländern und die anschließende amtliche Festlegung" erarbeiten. (A3/1:2f) Mit diesen Äußerungen hatte er die Abfolge der von ihm geplanten Maßnahmen, für die er während der Vorbereitungsphase in vielen Briefen und Gesprächen immer wieder geworben hatte, offiziell und für die berufenen Mitgliedern des Arbeitskreises verbindlich verkündet. Die von ihm und Hübinger, den Referenten mit politischem Auftrag, zugesicherte freie und freiwillige, von Weisungen unabängige Zusammenarbeit auf "nichtamtlicher Basis" bezog sich also nur auf die Inhalte der Diskussion. So klar waren die Kompetenzen bisher niemals festgelegt worden, und gerade das hätte man der Öffentlichkeit mitteilen sollen, weil im Zusammenhang mit den STE auch die Frage nach den Zuständigkeiten immer wieder aufgeworfen worden war.

Leider kam in dem Text der Pressemitteilung, auf den man sich noch während der Vormittagssitzung sofort nach den einleitenden Referaten geeinigt hatte, diese Festlegung der Zuständigkeiten nicht deutlich genug zum Ausdruck:

Mitteilung an die Presse

Auf Einladung des Bundesministerium des Innern und der Ständigen Konferenz der Kultusminister der Länder in der Bundesrepublik Deutschland trat am 4. Mai 1956 in Frankfurt/Main ein Arbeitskreis von Sachverständigen für Fragen der Rechtschreibregelung zusammen. Zu seinen Vorsitzenden wurden Professor Dr. J. T r i e r (Münster/Westf.) und Dr. P. G r e b e (Wiesbaden) gewählt. Nach einem einleitenden Vortrag von Professor Dr. L. Weisgerber (Bonn) über "Unsere Rechtschreibung zwischen gestern und morgen" und einer längeren Aussprache wurden verschiedene Unterausschüsse für die praktische Weiterarbeit gebildet. Die Beratungen des Arbeitskreises sollen zu Vorschlägen als Grundlage für die erforderliche Übereinkunft im deutschen Sprachraum führen. (A3/1b; Sperrungen im Original, H.S.)

Dieser Text war bewußt so knapp gehalten; der Verzicht auf jegliche inhaltliche Information war nach den bisherigen Erfahrungen sicher richtig, förderlich für das Reformvorhaben wäre es aber gewesen, die hier durchgeführte Abgrenzung von wissenschaftlicher Vorarbeit und späterer amtlicher Sanktionierung zu thematisieren. Der aus dem Presselager drohenden Gefahr glaubte man mit "Aushungerung" begegnen zu können: Von einer "Benachrichtigung der Presse" vor der konstituierenden Sitzung in Frankfurt hatte Frey in einem Telefongespräch mit Dehnkamp am 24. April 1956 dringend abgeraten, "weil die, wenn sie es vorher hörte, dabei sein wollte" (B3/168). Es zeugt von der allseitigen Sensibilisierung gegen den Einfluß der Presse, daß Dehnkamp diesen Rat befolgte, sich für ein Kommuniqué nach der Sitzung entschied und auch noch für einen modifizierten "Maulkorberlaß" sorgte: In Frankfurt "wurde vereinbart, daß gegenüber der Presse zunächst starke Zurückhaltung angebracht ist. Dies schließt nicht aus, daß Mitglieder des Arbeitskreises der Presse ihre (4) persönliche Meinung in vorsichtiger Form und auf Befragen zur Kenntnis geben, aber sie sind keineswegs berechtigt, im Namen des Ausschusses zu sprechen." (A3/1:3f) Statt einer "Aushungerung" wäre wahrscheinlich das Anbieten zusätzlichen "Futters" richtiger gewesen.

Die FAZ brachte die erste Hälfte dieser Meldung (bis zur Wahl der beiden Vorsitzenden) in ihrer Ausgabe vom 7. Mai 1956 inhaltlich übereinstimmend und fuhr dann fort:

> Der Arbeitskreis hat die Aufgabe, den zuständigen amtlichen Stellen Vorschläge darüber zu unterbreiten, wie der Gefahr eines Auseinanderlebens der deutschen Schriftsprache am besten begegnet werden kann. Der Arbeitskreis habe, wie seine Mitglieder betonten, nicht die Aufgabe, die deutsche Schriftsprache zu reformieren. Er wolle vielmehr nur eine brauchbare Plattform finden, auf der man sich mit den Fachleuten der übrigen deutschsprachigen Länder zu einer gemeinsamen Übereinkunft zusammenfinden könne. (FAZ vom 7. Mai 1956)

In Kenntnis der späteren Entwicklung (s. 4.Kap.2) muß man diese inhaltlichen Veränderungen als Manipulation deuten. Ob der Einschub "wie seine Mitglieder betonten" bedeutet, daß nur besondere Authentizität vorgetäuscht werden sollte oder ob ein Informant aus dem Arbeitskreis beteiligt war (was denkbar wäre), läßt sich nicht entscheiden - möglich ist aber beides.
Nachdem der Vorsitzende (Trier) und sein Stellvertreter (Grebe)

gewählt waren und Gussone mitgeteilt hatte, daß das BMI die Kosten (Heyd im Interview Juli 1987: "Tagungsgelder wie Regierungsräte!") dieser und der folgenden Tagungen übernehmen werde, begann mit dem Referat von Weisgerber die inhaltliche Auseinandersetzung mit dem Thema.

Weisgerber ließ statt eines Redemanuskriptes zwei Sonderdrucke[1]
verteilen und trug seine in diesen beiden Aufsätzen niederge-
schriebenen grundsätzlichen Ideen zu den Reformvorschlägen und
den Möglichkeiten ihrer Durchsetzung vor.

Er schloß mit der Grundthese "Die Sorge um die Rechtschreibung
ist die Sorge um die Muttersprache", der er vier "praktische(n)
Vorschläge(n)" folgen ließ:

1. Die Rechtschreibreform kann immer nur eine Evolution
   sein.
2. Änderungen müssen immer wieder, etwa in Abständen von 50
   Jahren erfolgen.
3. Eine systematische Aufklärung der Öffentlichkeit über
   die Grundlagen des Rechtschreibsystems und der Reform
   ist dringend nötig.
4. An dem Prinzip der Buchstabenschrift muß festgehalten
   werden. Besonders schwierig ist die Dehnungsfrage.
   (A3/1:3)

Die sich anschließende Diskussion drehte sich zunächst um zwei
grundsätzliche Aspekte:
- das Verhältnis von Schrift und Sprache und
- das Verhältnis von Norm und Freiheit.

Dabei spitzte Grebe die These von Weisgerber, "daß der Geist
Herr seiner Schöpfung bleiben müsse", insofern zu, als er feststellte, "für das Empfinden des Volkes" sei "das Verhältnis von
Schrift und Sprache" enger, als es in dieser These zum Ausdruck
komme; deshalb läge hier der Grund für die Ablehnung von Refor-

---

1 1. Weisgerber, L. (1956): Die Diktatur der Schrift. Sonder-
     druck aus der österreichischen pädagogischen Zeitschrift
     "Erziehung und Unterrricht" ; Text des Vortrages vom 18.
     Januar 1956 im Rahmen einer öffentlich zugänglichen Ver-
     anstaltung des "bundes österreichischer rechtschreibre-
     former"; bei der gleichen Veranstaltung hatte auch Thier-
     felder gesprochen. (Vgl. dazu 2.Kap.4.2.1)
   2. Weisgerber, L. (1954b): Herr oder Höriger der Schrift?
     Sonderdruck aus der Zeitschrift Wirkendes Wort.

men. Für den Arbeitskreis stehe deshalb die "Wertung der
Schrift" am Anfang aller Überlegungen. (A3/1:4)
Daß diese grundsätzliche Frage aber weder bei den an den bisherigen Diskussionen beteiligten Intellektuellen noch bei den
hier versammelten Wissenschaftlern geklärt war, wurde schon
dargestellt und zeigte sich hier von neuem. Böckmann warf die
Frage auf, ob "eine Änderung des Schriftbildes auch eine Verwandlung unseres Umgangs mit Schrift und Sprache einschließt"
(A3/1:6). Mit der Formulierung dieser Frage hatte er sich Weisgerbers Position schon wesentlich mehr angenähert als Süskind,
der weiterhin darauf beharrte, "daß sich geistige und sinnliche
Qualität der Sprache nicht scheiden lassen" (A3/1:5).
Die Frankfurter Sitzung war natürlich nicht der Ort, wo man
diesen grundsätzlichen Disput - wesentliches Konstituens sowohl
der vorangegangenen als auch der meisten folgenden öffentlichen
Auseinandersetzungen - hätte austragen können; wohl eingedenk
dieser pragmatischen Vorbedingung und in der Absicht, die weitere Diskussion auf der Ebene der Regeln führen zu wollen,
schloß Weisgerber mit dem dialektischen Satz: "Die Schrift ist
Erfindung des Menschen, die Sprache muß gegen die Schrift ihr
Sprach-Sein retten" (A3/1:6).
Auch zu dem zweiten Aspekt, dem Verhältnis von Norm und Freiheit in der Rechtschreibung, formulierte Grebe - wahrscheinlich
in dem Bemühen, eine ausufernde Diskussion zu verhindern - eine
längere Stellungnahme. Er stellte zunächst den historischen
Vorgang der Normung bis 1901 dar und meinte, aus dieser "Geschichte unserer Rechtschreibung ließen sich eine Reihe von
Grundsätzen ablesen, die für die von uns angestrebte Evolution
wichtig seien" (A3/1:5).
Indem er Weisgerbers erste Formulierung aufgriff und die anzu-
strebende Reform ebenfalls ausdrücklich als Evolution und nicht
als Revolution bezeichnete, reagierte auch er auf die Vorwürfe
in der Presse, es seien hier "Revoluzzer" am Werk. Diese Vorsicht mag auch der Grund dafür gewesen sein, daß seine anschließend vorgetragenen Thesen zur Veränderung der Norm und
zur Erhaltung der Freiheit sehr allgemein formuliert waren und
kaum konkrete Vorschläge enthielten: Bei der damaligen Normung
(2. Hälfte des 19. Jahrhunderts) habe man sich bemüht, "die
ständig fließenden Grenzen der lebendigen Sprache logisch zu

erfassen und zu normen". Das habe zu den "heutigen rechtschreiblichen Schwierigkeiten" geführt, denen man nur begegnen
könne, "indem man die Freiheit überall dort zur Geltung bringe,
wo sich die lebendige Sprache der Norm entzieht" (A3/1:5f). Im
weiteren Verlauf seiner Ausführungen paraphrasierte er dies,
allerdings mit einer Betonung auf dem Individuellen: "Was sich
der Norm entzieht, soll man der Freiheit des einzelnen überlassen." (A3/1:7)
Sowohl seine Metaphorik - "auf allen Gebieten den angestauten
Strom unserer Rechtschreibung wieder zum Fließen zu bringen
oder (...) am Fließen zu erhalten" - als auch seine Beispiele -
"In Zweifelsfällen schreibe klein."; "th, rh in griechischen
Fremdwörtern, Silbentrennung nach etymologischen Grundsätzen"
sind "erratische Blöcke" im "Strombett" - weisen ihn als einen
Gegner fester Normen aus. Damit gehörte er eigentlich zu der
Gruppe um Storz und Süskind, die für Freiräume plädierte; im
Laufe der Verhandlungen schloß er sich aber den wissenschaftlichen Erkenntnissen von Moser an.
In der vagen Formulierung, mit der er die gestellte Aufgabe definierte, schwang die insgeheime Befürchtung des Scheiterns
mit: Der Auftrag bestehe darin, "die Rechtschreibung in einem
bestimmten geschichtlichen Augenblick zu gestalten"; diesem Augenblick könne man aber "nicht mehr abfordern, als er herzuge-
ben bereit sei" (A3/1:5).
Spürbar wird in der Thematisierung dieser Ambivalenz - einer
der Ortographiediskussion ständig inhärenten Spannung von Norm
und Freiheit -, daß man sich schon in dieser Sitzung des Risi-
kos, mit diesem Vorhaben zu scheitern, durchaus bewußt war. Das
zeigt die Äußerung von Grebe, bei allen Überlegungen müsse man
die Frage einkalkulieren, welche Vorschläge Aussicht auf Verwirklichung hätten. Bei der Dehnungsfrage sei dies nicht der
Fall, und es habe deshalb keinen Sinn, "zu ihrer Untersuchung
wiederum einen großen Aufwand einzusetzen", weil "die Grenzen,
innerhalb deren der Staat verordnen" könne, "eng gezogen" sei-
en. (A3/1:7) Hier spielte er in dem von ihm redigierten Protokoll eine Kontroverse herunter, die ein aufmerksamer Beobachter
wie Dehnkamp genau registriert hatte. Weisgerber hatte in seinem Referat sowohl die Großschreibung als auch die Dehnungzei-
chen zur Disposition gestellt, und Grebe hatte einer umfassen-

den Reform so höflich und vorsichtig widersprochen (aber wohl deutlicher als das im Protokoll zum Ausdruck kommt), daß Dehnkamp in einem späteren Brief von einer "mehr angedeutete(n) als ausgetragene(n) Differenz" sprach, in der "Meinungsverschiedenheiten wenigstens bei den Dehnungen (Längen und Kürzen) und ein wenig auch bei der Kleinschreibung erkennbar wurden" (B4/31). Für Dehnkamp war eine solche Kontroverse ein Grund, an dem Gelingen der Reform zu zweifeln, was in seinen weiter unten zitierten handschriftlichen Aufzeichnungen klar zum Ausdruck kommt; in einem Brief an Kliemann funktionalisiert er diese Meinungsverschiedenheit, indem er seine Freude darüber zum Ausdruck bringt, "daß die vorhandenen Gegensätze (...) deutlich und damit die Schwierigkeiten der Aufgabe erkennbar wurden" (B4/40).

Grebe hat mit seiner Argumentation - dem Staat seien enge Grenzen gezogen, innerhalb derer er verordnen könne, und man sollte deshalb die Dehnungsfrage nicht thematisieren - die Grenzen zwischen der vermeintlich eingeschränkten Kompetenz der staatlichen Behörden und der sich in der Presse manifestierenden allgemeinen Scheu von Normveränderungen verwischt, offensichtlich ohne das zu bemerken. Damit initiierte er aber Porzigs Warnung "vor zu starrer Regelung", dessen Eintreten für weitgehende "Bewegungsfreiheit" (was immer er auch konkret darunter verstanden haben mag) und schließlich die Frage, ob solche Konferenzen nötig seien, wenn "man nur ein Minimum von Reform anstrebe(n)". (A3/1:5)

An dieser Stelle der Diskussion vermißt man eine klare Stellungnahme der anwesenden Politiker; allen war inzwischen bekannt (besonders nachdem Grebe in seinen Ausführungen die Entwicklung im 19. Jahrhundert umrissen und die Konferenzen von 1876 und 1901 erwähnt hatte), daß die deutsche Rechtschreibung eine amtliche Normfestsetzung aus dem Jahre 1902 war, und deshalb hätte einer von ihnen klar artikulieren müssen, daß Vorschläge zur Änderung dieser Norm nur durch entsprechende amtliche Verfügungen durchgesetzt werden könnten. Da der Staat dies nur für Schulen und Behörden verfügen kann, hätte man darauf hinweisen müssen, daß dies durch die KMK und durch die Bundesregierung respektive das BMI geschehen könne, wobei dort die entsprechenden politischen Mehrheiten vorhanden sein müßten.

Eine klare Stellungnahme in diesem Sinn hätte alle nebulösen
Warnungen vor dem Scheitern oder Mutmaßungen über die Ablehnung
sowohl bei den Intellektuellen als auch "im Volk", die Weisgerber in seinem Vortrag "als Roboterwirkung der objektiven Gebilde" treffend definiert hatte, überflüssig gemacht.
Spürt man in den Formulierungen von Grebe und Porzig nur ein
eher latent vorhandenes Unbehagen, verursacht durch die Befürchtung, die Reform könne am Unwillen der Bevölkerung und der
daraus eventuell resultierenden Zurückhaltung des Staates
scheitern, so läßt sich in Dehnkamps handschriftlichen Aufzeichnungen ein deutlich artikulierter Pessimismus erkennen,
der sich allerdings auf den Arbeitskreis bezieht:

> Trotzdem habe ich einige Befürchtungen für den Gang der Ar-
> beiten. Es ist zwar gelungen, Wissenschafter (sic!), Prak-
> tiker und Wirtschafter (sic!) an einen Tisch zu bringen.
> Die Vertreter der verschiedenen Gruppen kommen aber offen-
> bar mit sehr unterschiedlichen Absichten und sprechen un-
> verkennbar verschiedene Sprache. Die zum Teil entgegenge-
> setzten Ansichten wurden erstmalig beim Schlußwort von Dr.
> Weißgerber (sic!) sichtbar und werden im weiteren Verlauf
> der Arbeit noch sehr viel deutlicher werden. Ob es den Vor-
> sitzenden der einzelnen Unterausschüsse gelingen wird, die
> Differenzen zu umgehen oder gar zu überbrücken, bleibt ab-
> zuwarten. Immerhin ist kennzeichnend, daß Prof. Böckmann
> scheinbar von ähnlichen Befürchtungen geleitet, die Meinung
> vertrat: lieber rechtzeitig Schluß machen und den Auftrag
> zurückgeben, wenn wir uns nicht einigen können, als durch
> ein mageres Arbeitsergebnis die Existenzberechtigung des
> Arbeitskreises beweisen zu wollen. Prof. Weisgerber wider-
> sprach zwar mit dem Hinweis auf die permanente Aufgabe, die
> in der Anpassung der Rechtschreibung an die Aussprache lie-
> ge, doch bin ich nicht sicher, daß die Mehrheit des Ar-
> beitskreises auch dieser Meinung ist. (B4/27; handschrift-
> liche Aufzeichnung von Dehnkamp vom 5.6.56)

Mit dieser Prognose hatte Dehnkamp sich geirrt: Während der
Verhandlungen in Wiesbaden gab es zwar immer wieder kontroverse
Diskussionen, auch einige wortgewaltige Zusammenstöße und sogar
ein Minderheitenvotum in der Schlußformulierung (Großschreibung), aber es ist am Ende gelungen, die wissenschaftlich gesicherten Positionen durchzusetzen und einen Vorschlag zu erarbeiten, der die Basis für die Diskussion der folgenden Jahrzehnte bildete.
Noch ein weiteres Problem hatte Dehnkamp m. E. falsch eingeschätzt. Er hatte darauf bestanden, daß zunächst nur innerhalb

der Bundesrepublik beraten werden sollte. Da aber mehrere Mitglieder des Arbeitskreises schon an den Stuttgarter Empfehlungen gemeinsam mit Vertretern der anderen deutschsprachigen
Staaten gearbeitet hatten, waren die Kontakte nach außen schon
vorprogrammiert. Grebe hatte es zunächst vermieden, dieses Thema in seinen Gesprächen mit Dehnkamp zu berühren, weil er dessen Position genau kannte und auch wußte, daß der Ausschluß von
Thierfelder unter anderem mit der Begründung der Indiskretion
im Ausland begründet worden war. Auf der Frankfurter Sitzung
wurde am späten Nachmittag (Dehnkamp hatte die Sitzung um 16.00
Uhr verlassen) noch über die Frage diskutiert, "wie das Verhältnis zu ähnlichen Bestrebungen in den deutschsprachigen
Nachbargebieten zu gestalten sei"; es wurde - so das Protokoll
- beschlossen, der Arbeitskreis solle zunächst "über den Umfang
dessen, was in der Bundesrepublik möglich und notwendig ist",
beraten. Private Kontakte zu den dort "zuständigen Herren" -
genannt wurden "Glinz in der Schweiz, Stur in Österreich,
Frings in der Ostzone" - sollten aufgenommen beziehungsweise
festgehalten werden. Auf diese Weise bliebe "privat ein dauern-
der Meinungsaustausch im Gange", ohne daß es zu einem offiziellen "Austausch" käme. Gussone wies, "unterstützt von Herrn
Kliemann", darauf hin, daß "offizielle Fühlungnahme(n) mit den
Stellen außerhalb der Bundesrepublik" nur aufgenommen werden
dürften, wenn man sich vorher mit den Bundesbehörden darüber
verständigt hätte; gegen private Gespräche bestünden jedoch
keine Bedenken. (A3/1:8f)
In einem Brief an Dehnkamp gab Kliemann diese Diskussion mit
folgenden Worten wieder:

> Es war schade, daß Sie nicht am Schluß noch dabei waren.
> Herr Dr. Grebe schnitt die Frage an, ob es nicht zweckmäßig
> oder notwendig sei, dass sich der Arbeitskreis mit den ent-
> sprechenden Arbeitskreisen in der Schweiz, Österreich und
> der SBZ in Verbindung setzt. Meines Erachtens liegt das
> nicht in Ihrer Absicht. Ich habe deshalb Herrn Dr. Grebe
> vorsichtig darauf hingewiesen, dass es mir nicht angängig
> erscheine solche Fühlungnahme ohne Einvernehmen mit der
> Kultusministerkonferenz oder dem Innenministerium vorzuneh-
> men. Es scheint, dass meine Einwendungen einen gewissen
> Eindruck gemacht haben, denn Herr Dr. Grebe meinte am
> Schluss, dass es auf jeden Fall zweckmässig sei, wenn per-
> sönliche Beziehungen zu diesen Ländern jetzt schon ausge-
> nutzt würden, um möglichst Material für unsere Vorbereitun-

gen von dort zu bekommen. Die übrigen Herren waren übereinstimmend der Meinung, dass gegen diese private Fühlungnahme nichts einzuwenden sei. Infolgedessen hatte ich keine Möglichkeit, etwas dagegen zu sagen. Ich wollte aber nicht versäumen, Ihnen von dieser letzten Entwicklung wenigstens vertraulich Kenntnis zu geben. Schliesslich war doch wohl Ihre Absicht, dass zunächst einmal im Rahmen der Bundesrepublik eine einheitliche Stellungnahme herbeigeführt werden solle. Das würde aber meines Erachtens gestört werden, wenn in dieser Zeit - sei es auch nur privat - mit den anderen Ländern verhandelt wird. Wenn ich mich recht erinnere, wollten Sie die Verständigung der anderen Länder über unsere vorbereitenden Arbeiten von amtlicher Seite aus vornehmen lassen. (B4/38; Kliemann an Dehnkamp 17.5.56)

In seiner Antwort meinte Dehnkamp, an den erwähnten Kontakten könne zwar niemand gehindert werden, doch gehöre dies "zweifellos nicht zu den Aufgaben des Arbeitskreises"; in dem gleichen Schreiben bedauerte er, daß Grebe ihm diese Absichten bisher verschwiegen habe, ging aber nicht darauf ein, wie er sich die Zusammenarbeit mit den anderen Ländern nach Beendigung der Beratungen gedacht hatte. (B4/40; Dehnkamp an Kliemann 24.5.56)

Es gibt zwar keinen Beleg dafür, daß Grebe und Dehnkamp noch einmal über dieses Problem gesprochen haben, es ist aber anzunehmen, daß dies der Fall war, zumal Dehnkamp die Absicht geäußert hatte, bei dem nächsten Treffen dieses Thema zur Sprache zu bringen. Offensichtlich ist es Grebe gelungen, Dehnkamp von der Notwendigkeit "ausländischer" Kontakte zu überzeugen, denn es kam in den beiden Jahren, während in Wiesbaden verhandelt wurde, zu mehreren "internationalen" Treffen. (Vgl. dazu 4.Kap.4)

Dehnkamp war nach der konstituierenden Sitzung in Frankfurt keinesfalls optimistisch, das geht aus seinen Aufzeichnungen zweifelsfrei hervor. Aber er hat auf keinen Fall damit gerechnet, daß die anderen deutschsprachigen Staaten so schwerfällig reagieren würden, wie das dann nach der Veröffentlichung der WE wirklich geschah. Dagegen zeugt Grebes Bericht über die konstituierende Sitzung von einem - sicher ehrlich empfundenen - Optimismus, der wohl Dehnkamps Bedenken wenigstens zum Teil zerstreut haben wird:

Nachdem wir die Spitzen des wissenschaftlichen Bereichs unseres Volkes und die Vertreter der großen Verbände in diesem neuen Arbeitskreis an das Problem unter der Obhut des Staates herangeführt haben, muß sich das gesteckte Ziel erreichen lassen. Ich glaube sicher, daß nach Abschluß dieser Arbeiten ein gleicher historischer Markstein wie durch die früheren Konferenzen von 1876 und 1901 geschaffen wird. (B4/28; Grebe an Dehnkamp 5.5.56)

Er sollte sich irren. Verpaßt war der günstige Zeitpunkt für die große Konferenz, den "Wiener Kongreß", von dem Thierfelder geträumt hatte und an dessen Zustandekommen er immer noch glaubte, wie er am 18. Juni 1956 in einem Rundschreiben an die Mitglieder der Arbeitsgemeinschaft für Sprachpflege formulierte: "Ich werde nach wie vor die Meinung aufrechterhalten, die Gesamtaktion nach glücklicher Beendigung in Wien ausklingen zu lassen." (A2/37)

Dehnkamps Optimismus blieb gedämpft. Vier Tage nach der Frankfurter Sitzung schrieb er an Hans Bott, den persönlichen Referenten des Bundespräsidenten Heuss, einen ausführlichen Bericht, der mit einer Passage endet, in der Wörter wie "Krise" und "Schwierigkeiten" (zweimal) vorkommen:

> Es wird sicher noch manche Schwierigkeiten und vielleicht sogar Krisen geben, doch hoffe ich, daß sie überwunden werden. Die Einberufer haben sich zwar nach der Konstituierung des Arbeitskreises zurückgezogen, damit die Zusammenarbeit keinen offiziellen Charakter erhält, doch werden sowohl die Kultusministerkonferenz als auch das Bundesministerium des Innern dem Arbeitskreis helfen, die evtl. entstehenden Schwierigkeiten zu überwinden. (B4/30; Dehnkamp an Bott 8.5.56)

Bott antwortete umgehend, daß "der Herr Bundespräsident (...) mit Freude von der Schaffung dieses Gremiums aus den verschiedenen Institutionen und Organisationen vernommen" hat. (B4/33) Mit diesem Echo vom höchsten Repräsentanten der Bundesrepublik setzte Dehnkamp selbst den - wie er glaubte - vorläufigen Schlußpunkt unter seine Aktivitäten. Er gab ganz bewußt von dieser Sitzung an die Regie an Grebe ab - allerdings in der Hoffnung, diese nach Abschluß der Beratungen wieder zu übernehmen; ein Handlungskonzept für die innen- und außenpolitische Abwicklung einer Reform hatte er auf der Grundlage der Akten von 1902 schon entwickelt.

Damals blieb das am historischen Vorbild entwickelte Konzept ungenutzt.

DRITTES KAPITEL

Das Arbeitsprogramm
des "Arbeitskreises für Rechtschreibregelung"
und der Ablauf der Verhandlungen

"Ein Hauptmangel der Stuttgarter
Empfehlungen war, daß ihre Vertreter
es unterlassen hatten, für jeden der
Vorschläge den ganzen Bestand des
dadurch betroffenen Sprachgutes
durchzuprüfen. Dieser Mühe haben
sich die Verfasser der Wiesbadener
Empfehlungen mit anerkennenswerter
Gründlichkeit unterzogen."

Richard Meister 1959

"Der Arbeitskreis behält sich vor, später einen ausführlich dokumentierten Bericht vorzulegen, aus welchem die Herkunft des in
die Empfehlungen eingegangenen Gedankengutes ersichtlich wird."
(WE 1959:7)
Dies ist der letzte Satz des Vorwortes, das Jost Trier und Paul
Grebe den im Januar 1959 veröffentlichten "Wiesbadener Empfehlungen" (WE) voranstellten. Sie haben damals ihre dort formulierte Absicht nicht realisiert; mit diesem Kapitel wird dies in
gewisser Weise nachgeholt.

1. Vorbemerkung: Organisatorische Probleme und ihre Lösung -
    oder: Grebes bemerkenswertes Organisationstalent

Erleichtert wird die Dokumentation vor allem dadurch, daß Grebe
seit der konstituierenden Sitzung in Frankfurt endgültig die Regie übernommen hatte. Er koordinierte und organisierte neben
vielen wissenschaftlichen Vorarbeiten nicht nur die Sitzungen
und die Arbeit des Arbeitskreises und der Ausschüsse, sondern er
sorgte auch für eine übersichtliche und vollständige Aktenabla-
ge, die es heute erlaubt, mündliche und schriftliche (briefliche) Diskussionen so zu rekonstruieren, daß vorgebrachte Argumente und darüber hinaus auch die Argumentationsstrukturen und
-strategien sich analysieren lassen.
Die Protokolle der Sitzungen wurden von Grebe nach dem Steno-
gramm seiner Sekretärin erarbeitet und zum Gegenlesen an Weisgerber geschickt. Erst wenn dieser sein Plazet gegeben hatte,
wurden sie per Rundschreiben an die Mitglieder des Arbeitskreises gesandt. (A7/W; Grebe an Weisgerber 20.2.57)
Die von den Mitgliedern der einzelnen Ausschüsse angefertigten
Arbeitsunterlagen und die Berichte der Ausschüsse wurden in
Wiesbaden getippt, zum Vervielfältigen an das Sekretariat der
KMK nach Bonn geschickt und dann von Wiesbaden aus jeweils mit
einem beigefügten Rundschreiben weitergeleitet. Diese Unterlagen
befinden sich in den Akten A (A3 und A4) und identisch in den
Akten B (B5), da auch Dehnkamp stets ein Exemplar erhielt. In
den Unterlagen von Heyd (H) und in der Sammlung Puschmann (SP)
fanden sich verstreut nur einzelne Stücke dieser Akten. Auch
seinen umfangreichen Schriftwechsel (1957 bis 1975) mit dem BMI,

der KMK, den Mitgliedern der Arbeitskreises und mehreren Institutionen und Privatpersonen hat Grebe akribisch gesammelt und abgelegt. (A6 bis A13)

Alle entstandenen Kosten wurden sorgfältig aufgelistet, deren Erstattung beim BMI beantragt und von dort die entsprechenden Beträge an die Teilnehmer überwiesen. Es gibt z. B. Belege für die formlose Abrechnung von Schreibkosten für die Sekretärin (A6/G; Grebe an Gussone 17.10.58) oder für Portokosten von Moser (A6/M; Grebe an Moser 14.10.57). Reisekosten und Tagungsgelder wurden mit einem gesonderten Formular beantragt; Vordrucke sind in den Akten noch vorhanden, allerdings keine Unterlagen, die Rückschlüsse auf die Höhe dieser Aufwendungen erlauben. Von den Zeitzeugen konnte sich Heyd als einziger an eine Kostenvergütung erinnern, allerdings nicht an genaue Beträge ("Tagungsgelder wie Regierungsräte!"). Die Anträge auf Reisekostenvergütung und Tagungsgelder wurden von den Teilnehmern der Sitzungen ausgefüllt und an Grebe geschickt, der diese gesammelt an das BMI weiterleitete. (A5/Eicher 2. und 8. Juli 1957)

Von Anfang an war Grebe - und er bewies damit ein Gespür für administrative Strategien - darauf bedacht, dem Arbeitskreis eine gewisse amtliche Reputation nach außen hin zu verschaffen. So veranlaßte er als erste "Amtshandlung" die Anschaffung von Briefpapier mit eigenem Briefkopf:

ARBEITSKREIS FÜR RECHTSCHREIBREGELUNG

GESCHÄFTSFÜHRENDER
VORSITZENDER   WIESBADEN, DEN
DR. PHIL. HABIL. PAUL GREBE
WIESBADEN . BAHNHOFSTRASSE 39
FERNSPRECHER 2 80 47

Das erste Schreiben mit dem neuen Aufdruck (B4/37) ging an Dehnkamp; seine Formulierungen offenbaren einen wesentlichen Charakterzug: Grebe als "Befehlsempfänger", der alle "Befehle" ausgeführt hat und nun den "Vollzug" meldet:

Das Resümee über Ihre Ausführungen werde ich wörtlich in das Protokoll übernehmen. Mit den zu Verbindungsleuten ernannten Ministerialräten Dr. Höhne und Dr. Gussone will ich selbstverständlich in Ihrem Sinne Verbindung halten. (B4/37; Grebe an Dehnkamp 17.5.56)

Auch in anderen Briefen an staatliche Behörden oder vermeintliche "Vorgesetzte" schimmert eine gewisse devote Tendenz durch; damit korrespondieren mehr oder weniger deutlich formulierte "Befehle" an die vermeintlich "Untergebenen", die Mitglieder des Arbeitskreises, und andere "Bittsteller" von außen[1]. Erst im Abstand von 30 Jahren und mit der Erfahrung eines Staates, in dem demokratische Gepflogenheiten allmählich Untertanenhaltungen abgebaut haben, fällt diese Verhaltensweise als signifikant auf.

Auch unter diesem Aspekt war Grebe zu diesem Zeitpunkt sicher der geeignete Mann, um die Vorlage für ein solches Dekret zu organisieren. Hatte der Übergang von Thierfelder zu Dehnkamp sich noch (wie im zweiten Kapitel beschrieben) als allmählicher Verdrängungsprozeß vollzogen, so war jetzt der Regieauftrag bewußt von Dehnkamp an Grebe übergeben worden. Dieser brachte für eine solche Aufgabe in vielfacher Hinsicht ideale Voraussetzungen mit: Er hatte sein Studium mit Promotion und Habilitation abgeschlossen; nach Kriegsteilnahme und Gefangenschaft war er 1947 von dem Wiebadener Verleger Franz Steiner, der damals den Duden in Lizenz herausbrachte, als Leiter der Dudenredaktion engagiert worden. Die dazu notwendige spachwissenschaftliche Kompetenz eignete er sich bald an, womit er starke innovative Fähigkeiten unter Beweis stellte (wie sein längjähriger Mitarbeiter Dr. Rudolf Köster im Interview berichtete); seine Leistungen als Sprachwissenschaftler waren schon während seiner Teilnahme an den Verhandlungen zu den STE entscheidend und später unbestritten.

Diplomatisches Geschick hatte er bewiesen, als er 1955 durch Dehnkamp den Dudenbeschluß der KMK erwirken konnte, ein Pfund,

---

1 In den Akten befinden sich mehrere Briefe und Anträge von verschiedenen Personen und Verbänden (z. B. Deutscher Blindenverband), die Vorschläge unterbreiten oder ein Mitspracherecht einfordern.

mit dem er in den darauffolgenden Jahren geschickt wucherte, wie die im folgenden zitierten Beispiele belegen:

Als er erfuhr, daß der Sprachendienst des Auswärtigen Amtes in einer Neubearbeitung der "Gemeinsamen Geschäftsordnung der Bundesministerien" darauf verzichten wollte, ausdrücklich auf den Duden hinzuweisen, brachte er seine Beziehungen zum BMI ins Spiel und bat dort um Unterstützung:

> Ich wäre Ihnen außerordentlich dankbar, wenn Sie erreichen
> könnten, daß diesem Absatz am Schluß ein Satz etwa folgenden
> Inhaltes angefügt wird: "Für die Rechtschreibung ist in
> Zweifelsfällen der Duden verbindlich." (A6/G; Grebe an
> Gussone/BMI 19.10.59)

Ob seiner Bitte in diesem Fall entsprochen wurde, ist in dem Briefwechsel mit dem BMI nicht belegt.

Auch in Schreiben an weniger einflußreiche Personen verwies er auf den KMK-Beschluß:

> Die Dudenredaktion, (...), betreut die deutsche Recht-
> schreibung im Auftrage der deutschen Kultusminister. Es
> gibt einen ministeriellen Beschluß, nach dem die im Duden
> stehenden Schreibweisen verbindlich sind. Dieser Beschluß
> wurde bereits im Jahre 1955 im Bundesanzeiger vom 15. 12.
> 1955 veröffentlicht. (A8/H; Grebe an Hirth 28.1.69)

In einem Brief, mit dem er im Auftrag des BMI eine Anfrage beantwortete, wurde er noch deutlicher:

> Die Kultusminister der Länder der Bundesrepublik haben mit
> ihrem Beschluß vom 18./19. November 1955 eindeutig erklärt,
> was richtig ist, nämlich die im Duden festgelegten Schreib-
> weisen. (A8/B; Grebe an Hahne 2.12.69, Durchschlag inner-
> halb des Briefwechsels Grebe/BMI)

Ein weiteres, in diesen Zusammenhang gehörendes Beispiel beweist, daß Grebe sich sehr wohl der dem Arbeitskreis zugewiesenen Aufgabe bewußt war - Erarbeitung von Vorschlägen für eine Änderung der amtlichen Normfestsetzung von 1902:

> Daß die Dudenredaktion die geltende Rechtschreibung ver-
> tritt, liegt an einer Vereinbarung mit den Kultusministern
> der Länder der Deutschen Bundesrepublik und dem Bundesin-
> nenministerium, in der zum Ausdruck gekommen ist, daß der
> Duden an das Regelsystem von 1901 solange gebunden ist und

hier auch verbindlich ist, bis ein neues Regelsystem zustande kommt. (A10/Sch; Grebe an Scharf 7.7.69)

Während der Verhandlungen hat er niemals auf diesen Tatbestand hingewiesen, auch dann nicht, wenn von Mitgliedern des Arbeitskreises entsprechende Fragen gestellt wurden, so z. B. von Mackensen in der Sitzung am 12. Januar 1957 (A3/7a:4). Dieses Schweigen läßt sich nur so interpretieren, daß Grebe eine Diskussion um die amtlich zu sanktionierende Normveränderung im Zusammenhang mit dem Duden vermeiden wollte; seine Strategie zielte offensichtlich auf einen staatlichen Beschluß, auf den sich der Duden dann unter Hinweis auf die Mitarbeit seiner Redaktion nachträglich berufen konnte.

Sein Status als Leiter der Dudenredaktion verschaffte ihm sowohl innerhalb des Arbeitskreises, als auch nach außen hin eine gewisse Autorität, die von ihm zwar nie eingefordert wurde, aber unterschwellig immer spürbar blieb. Auch Dehnkamp hat dies durchaus für ein der Sache förderliches Faktum gehalten, was ihn auch dazu bewogen haben mag, Grebe für den Vorsitz des Arbeitskreises zu designieren. Er hatte dessen Organisationstalent und die Fähigkeit, Verhandlungen und Verwaltungsvorgänge straff zu führen und abzuwickeln, erkannt und richtig eingeschätzt. Dies waren Eigenschaften, die beiden Männern gemeinsam waren und die wohl auch das jahrelange gute Einvernehmen mit begründet haben.

Dazu kam noch eine gewisse Flexibilität, die erforderlich war, weil es für den Arbeitskreis keine festgelegte Geschäftsordnung gab (bestätigt von Gussone im Interview 1986). Grebe holte sich bei Bedarf Rückversicherungen bei Dehnkamp bzw. KMK oder BMI, so zum Beispiel bei der Zuwahl neuer Mitglieder und bei der Stimmübertragung in der Schlußsitzung.

Ohne Grebes beharrliches Bemühen während der folgenden Jahre wäre wahrscheinlich nichts zustande gekommen. Sein schon in den Vorgesprächen eingebrachter Vorschlag, drei Ausschüsse zu bilden, war die wesentliche Voraussetzung für intensive Arbeit an Einzelproblemen und verringerte die Gefahr, immer wieder in Nebendiskussionen über Fragen der staatlichen Durchsetzung oder Akzeptanz in der Öffentlichkeit abzugleiten. Die einzelnen Reformpunkte wurden den Ausschüssen zugeteilt (1. Ausschuß: Groß- und Kleinschreibung und Dehnung; 2. Ausschuß: Zeichensetzung,

Fremdwörter und Doppelformen; 3. Ausschuß: Getrennt und Zusammenschreibung und Silbentrennung), den Mitgliedern aber die
Wahl des jeweiligen Ausschusses und damit des Arbeitsgebietes
freigestellt; die Mitarbeit in mehreren Ausschüssen war möglich. Damit hatte jeder die Möglichkeit, eventuell vorhandene
Spezialkenntnisse einzubringen. Da den Ausschüssen ausdrücklich
das Recht gegeben wurde, sich nach eigenem Ermessen personell
zu ergänzen, ergab sich hier die Möglichkeit, Wissenschaftlern
einen größeren Einfluß zu sichern und die Debatte auf einer
weitgehend gesicherten wissenschaftlichen Basis zu führen. Von
dem Recht der Selbstergänzung wurde in unterschiedlicher Weise
Gebrauch gemacht; zugewählt wurden als offizielle Mitglieder
des Arbeitskreises Basler, Moser, Pfleiderer und Winkler; in
die Ausschüsse konnten die Verbände zusätzliche Delegierte entsenden.

Bei der konstituierenden Sitzung in Frankfurt wurden die drei
Ausschüsse gebildet und deren Aufgabe definiert; sie sollten
"objektive und wissenschaftlich einwandfreie Unterlagen für die
Beschlüsse (zu) liefern, die das Plenum des Arbeitskreises zu
treffen hat" (A3/1:7).

Daß Weisgerber, der den Gesamtvorsitz wegen Arbeitsüberlastung
abgelehnt hatte (s. 2.Kap.5.2), den Vorsitz im 1. Auschuß und
Grebe den im 2. Ausschuß übernahmen, war schon in Frankfurt
vorgeschlagen worden; beide wurden jeweils in der ersten Ausschußsitzung einstimmig bestätigt. Für den 3. Ausschuß hatte
Grebe einen Vertreter der Deutschen Akademie für Sprache und
Dichtung vorgesehen - sicher ein taktisch geschickter Vorschlag, um zu verhindern, daß die Akademie später wieder ähnlich reagieren würde wie 1955. Nachdem zunächst Martini und
dann Storz nominiert worden waren, beide aber dann nicht zur
Verfügung standen, ergab sich nach einem längeren Briefwechsel
erwartungsgemäß, daß die Akademie für diese Aufgabe keinen
Fachmann entsenden konnte. Schließlich wurde Brinkmann, der anstelle von Porzig als Vertreter eines Forschungsschwerpunktes
der DFG in den Arbeitskreis aufgenommen worden war, Vorsitzender des 3. Ausschusses; Grebe hatte in diesem Fall dafür gesorgt, daß Brinkmann nicht als persönliches Mitglied hinzugewählt wurde, sondern den Status eines offiziellen Delegierten
bekam, weil er formale Probleme wegen des Vorsitzes verhindern

wollte. Brinkmanns wisssenschaftliche Kompetenz stand außer Frage, sein Verhalten trug aber dazu bei, daß der Arbeitskreis seine Vorschläge erst mit erheblicher Verzögerung vorlegen konnte.

Nachdem Grebes mehrmalige briefliche Bitten um die Fortführung der Arbeiten des 3. Ausschuses erfolglos geblieben waren, bat er schließlich Weisgerber um Hilfe:

> Ich bin (...) etwas unglücklich darüber, daß die Arbeiten des 3. Ausschusses nicht vorangehen. Es ist für diesen Ausschuß ein großes Pech, daß zunächst die Akademie für Sprache und Dichtung (Martini, Storz) völlig versagte und daß nun Herr Professor Brinkmann durch sein Buch und die Berufung nach Münster wiederum nichts von sich hören läßt. (...) Wir laufen ernsthaft Gefahr, daß das gesamte Interesse für die Rechtschreibreform, vor allem bei den Ministerien, erlischt, wenn wir nicht zum Ziele kommen. (...) Ich schreibe Ihnen dies alles nur, weil Sie vielleicht doch die Möglichkeit haben, auf Herrn Brinkmann gelegentlich in meinem Sinne einzuwirken. (A7/W; Grebe an Weisgerber 23.5.58)

Ob Weisgerber dieser Bitte entsprochen hat, geht aus keinem der vorhandenen Briefe hervor; dafür spricht aber, daß die Sitzung des 3. Ausschusses gut einen Monat nach Absenden dieses Briefes stattfand. Dennoch war es zu einer Verzögerung von zwei Jahren gekommen.

Ursprünglich sollten die Unterausschüsse "bis zum 1. Oktober 1956 ihren ersten Bericht vorlegen" (A3/1:9); erst dann wollte man entscheiden, wann das Plenum wieder einzuberufen sei. Die abschließende Plenarsitzung fand aber erst Mitte Oktober 1958 statt; mehrfach war betont worden, es sollte keinesfalls unter Zeitdruck gearbeitet werden; Heyd bestätigte im Interview 1987, daß von keiner Seite zur Eile gemahnt wurde. Wenn Grebe in Briefen gelegentlich behauptete, er würde gedrängt, so benutzte er diese Notlüge nur, um säumige Mitarbeiter zur Fertigstellung ihrer übernommenen Aufgaben zu veranlassen. Sicher hat aber die lange Arbeitsdauer (4. Mai 1956 bis 17. Dezember 1958) dazu beigetragen, daß - wie Grebe vermutete - das Interesse bei den politisch Verantwortlichen erlahmte; dies gilt besonders für das BMI, wo man das ganze Problem sowieso eher als Marginalie betrachtet hatte.

Nachdem sich die in Frankfurt Anwesenden schon dort für die Ausschüsse ihrer Wahl eingetragen hatten und Grebe die Mitarbeit der zugewählten Mitglieder brieflich geklärt hatte, konnte er mit dem Rundschreiben vom 21. August 1956 (A3/3) die Mitgliederliste der Ausschüsse (A3/3b) verschicken, die sich wie folgt zusammensetzten:

1. Ausschuß für Groß- und Kleinschreibung, Dehnungsfrage
Vorsitzender: Professor Dr. Leo Weisgerber

Dr. Gerhard Storz (Deutsche Akademie für Sprache und Dichtung)
Dr. Werner Heyd (arbeitsgemeinschaft neue rechtschreibung)
Horst Kliemann (Börsenverein des Deutschen Buchhandels)
Dr. Rudolf Krämer-Badoni (Vereinigung Deutscher Schriftsteller-
   verbände)
Prof. Dr. Lutz Mackensen, ständiger Vertreter: Dr. Heinz
   Ischreyt (Gesellschaft für deutsche Sprache)
Prof. Dr. Hugo Moser (persönliches Mitglied)
Oberschulrat Edmund Oprée (Arbeitsgemeinschaft Deutscher
   Lehrerverbände)
Bernhard Puschmann (Industriegewerkschaft Druck und Papier)
Prof. Dr. Wolfgang Pfleiderer (persönliches Mitglied)
Dr. Robert Eicher (Deutscher Germanisten-Verband, Abt. Lehrer
   an Höheren Schulen)
Studienrat Dr. August Arnold (Gemeinschaft Deutscher
   Lehrerverbände)

2. Ausschuß für Zeichensetzung, Fremdwörter, Doppelformen
Vorsitzender: Dr. phil. habil. Paul Grebe

Prof. Dr. Otto Basler (persönliches Mitglied)
Prof. Dr. Paul Böckmann (Arbeitsgemeinschaft der Akademien der
   Wissenschaften)
Rudolf Gehler (Industriegewerkschaft Druck und Papier)
Ober-Ing. Gerhard Kübler (Deutscher Normenausschuß)
Prof. Dr. Lutz Mackensen, ständiger Vertreter: Dr. Heinz
   Ischreyt (Gesellschaft für deutsche Sprache)
Prof. Dr. Wolfgang Pfleiderer (persönliches Mitglied)
O. Schmitt-Halin (Arbeitsgemeinschaft der graphischen Verbände
   des Deutschen Bundesgebietes)
H. Ringeln (Arbeitsgemeinschaft Deutscher Lehrerverbände und
   arbeitsgemeinschaft neue rechtschreibung)
Dr. Max Stefl (Deutsche Akademie für Sprache und Dichtung)
W. E. Süskind (Deutscher Journalisten-Verband)
Prof. Dr. Christian Winkler (persönliches Mitglied)
Dr. August Arnold (Gemeinschaft Deutscher Lehrerverbände)
Studienrat Theophil Baum (Deutscher Germanisten-Verband, Abt.
   Lehrer an Höheren Schulen)

3. Ausschuß für Getrennt- und Zusammenschreibung,
Silbentrennung
Vorsitzender: Professor Dr. Fritz Martini i. V. für Dr.
Gerhard Storz

Prof. Dr. Otto Basler (persönliches Mitglied)
Oberstudiendirektor Dr. Bohusch (Schulausschuß der KMK)
Lehrer Werner Hohlfeld (arbeitsgemeinschaft neue recht-
    schreibung)
Ober-Ing. Gerhard Kübler (Deutscher Normenausschuß)
Karl-Heinz Lauterbach (Industriegewerkschaft Druck und Papier)
Prof. Dr. Lutz Mackensen, ständiger Vertreter: Dr. Heinz
    Ischreyt (Gesellschaft für deutsche Sprache)
Prof. Dr. Wolfgang Pfleiderer (persönliches Mitglied)
O. Schmitt-Halin (Arbeitsgemeinschaft der graphischen Verbände
    des Deutschen Bundesgebietes)
Rektor Heinrich Schwanbeck (Arbeitsgemeinschaft Deutscher
    Lehrerverbände)
Prof. Dr. Christian Winkler (persönliches Mitglied)
Dr. August Arnold (Gemeinschaft Deutscher Lehrerverbände)
Studienrat Theophil Baum (Deutscher Germanisten-Verband, Abt.
    Lehrer an Höheren Schulen)

Diese Mitgliederliste läßt eine Delegierungspolitik d e r Verbände erkennen, die sich in allen Gebieten ihren Einfluß sichern wollten. Die Akademie für Sprache und Dichtung, die IG
Druck und Papier, die agnr, die GfdS und der Germanistenverband
waren in allen drei Ausschüssen vertreten. Dabei wurde sowohl
von der Möglichkeit der mehrfachen Mitgliedschaft einer Person
(Mackensen/Ischreyt) als auch von der Möglichkeit der Zuwahl
für die Ausschüsse (Puschmann, Gehler und Lauterbach für IG
Druck und Papier) Gebrauch gemacht.
Die zugewählten Wissenschaftler Basler (2. und 3. Ausschuß),
Moser (1. Ausschuß), Pfleiderer (1., 2. und 3. Ausschuß) und
Winkler (2. und 3. Ausschuß) waren von Grebe mit Bedacht in die
Ausschüsse lanciert worden; Pfleiderer, damals schon über 80
Jahre alt, arbeitete auf eigenen Wunsch in allen Ausschüssen
mit.
Die organisatorische Vorgabe durch die Aufteilung der Arbeit in
drei Aussschüsse und die schon erwähnten Verzögerungen erfor-
derten eine flexible Terminplanung; häufig mußte umdisponiert
werden, weil entweder wichtige Ausarbeitungen nicht fertig waren oder einzelne Auschußmitglieder wegen anderer Verpflichtungen um Terminverschiebungen baten.

Außerdem nutzte Grebe jede sich bietende Gelegenheit, auch außerhalb der Sitzungen mit wichtigen Mitgliedern des Arbeitskreises zu sprechen oder sich mit an der Rechtschreibreform Interessierten aus der Schweiz, Österreich oder der DDR zu treffen, von denen die meisten schon an den Stuttgarter Verhandlungen teilgenommen hatten. So reiste er am 9. September 1956 nach Wien und führte Gespräche mit Meister und Stur. Wenige Tage später, am 17. September 1956 kam es (anläßlich der Tagung der Monumenta Germaniae Historica in München) zu einem Treffen "mit privatem Charakter", an dem aus der DDR Frings, Klappenbach und Ebert, aus Österreich Meister und Stur, aus der Schweiz Glinz und aus der Bundesrepublik Weisgerber und Grebe teilnahmen. (Näheres zu den Kontakten mit den Vertretern der drei anderen Staaten s. 4.Kap.4)

Auch auf den jährlich stattfindenden Germanistentagen, so am 25. September 1957 in Marburg und am 5. Oktober 1958 in Hamburg, kam es zu Besprechungen mit einigen Mitgliedern des Arbeitskreises. Außerdem nahm Grebe einige Einladungen von Organisationen an, um dort entweder Vorträge zu halten oder im Rahmen von Diskussionen über die Rechtschreibreform zu informieren. Er sprach bei der Gesellschaft für Karthographie am 18./19. Februar 1957 in Bonn, hielt am 9. März 1957 einen Vortrag über Rechtschreibreform bei der Gemeinschaft Deutscher Lehrerverbände in Essen und nahm am 18./19. September 1958 an einer Sitzung des DNA in Berlin teil.

Grebes Mitwirkung an den beiden erstgenannten Veranstaltungen war für die weitere Entwicklung ohne Bedeutung, bedeutsam war hingegen seine Teilnahme an der Tagung des DNA. Dieser Reise war eine längere Auseinandersetzung über die Aktivitäten des DNA bezüglich der Reformfrage vorausgegangen.

Der DNA hatte im Herbst 1956 (also nach der Konstituierung des Arbeitskreises für Rechtschreibregelung) einen Ausschuß für Sprachfragen[1] berufen, der eine Umfrage über Reformvorschläge

---

1 Da es sich auch um die grundsätzliche Frage handelt, wie weit Rechtschreibung normiert werden kann, zudem Wüster, der später eine Auseindersetzung mit Moser über die Groß- und Kleinschreibung führte, eine Rolle spielte soll dieser Zusammenhang zu einem späteren Zeitpunkt ausführlicher dargestellt werden.

durchführen sollte. In diesem Zusammenhang wurde ein Fragebogen ausgearbeitet, der im Juli 1957 an Mitglieder des DNA und an einige andere Personen in der Bundesrepublik, der DDR und Österreich verschickt wurde. Dieser Fragebogen (SP4/37 und B8/2) war sehr ausführlich (19 Seiten) und trug den Titel: "Gegenvorschläge zu den 'Stuttgarter Empfehlungen'".

Grebe protestierte sofort bei Kübler gegen diese "Aktion" und berichtete darüber auch an Dehnkamp und das BMI. Seiner scharfen Reaktion lagen zwei Irrtümer zugrunde: Zum einen hielt er Mackensen, den Bearbeiter des Bertelsmann-Wörterbuches, für den Verfasser des Fragebogens (später stellte sich heraus, daß er von Wüster stammte), zum anderen befürchtete er, auf diese Weise wollte die DDR eine Reforminitiative starten. Durch eine Einladung zu der Sitzung des DNA nach Berlin im September 1958 gelang es Kübler schließlich, Grebes "Bedenken" zu zerstreuen.

Die Umfrage des DNA war nicht als selbständige Aktion im Rahmen der Reformbemühungen gedacht (stellte also keinesfalls eine "Konkurrenz" zum Arbeitskreis dar), sondern diente lediglich dazu, eine "verbandsinterne" Meinungsbildung herbeizuführen. Dieser Sachverhalt wurde wurde 1987 von Kübler bestätigt (Telefongespräch mit Frau Kübler am 20. Mai 1987).

Kontakte mit der Presse mied Grebe allerdings konsequent; abgesehen von der Pressenotiz über die Konstituierung des Arbeitskreises, gab er nur einmal eine Meldung heraus, als im August 1958 die Arbeit von Moser zu Groß- und Kleinschreibung erschien. (Vgl. dazu 3.Kap.2.6.2 und 2.6.3) Die Mitglieder des Arbeitskreises ermahnte er wiederholt zur Zurückhaltung gegenüber der Presse, vor allem wies er darauf hin, daß die Ergebnisse der Verhandlungen der Geheimhaltung unterlägen. Diese ungeschickte oder besser gesagt fehlende "Öffentlichkeitsarbeit" nährte immer wieder Gerüchte. Es gibt in den vorhandenen Akten zwar keine Beweise für Indiskretionen, aber einige Indizien sprechen dafür, daß Informationen trotzdem weitergegeben wurden.

Die Mitglieder des "Arbeitskreises für Rechtschreibregelung" trafen sich zu zwei Plenarsitzungen und neun Ausschußsitzungen:

4. Mai 1956	Konstituierende Sitzung in Frankfurt (Plenum)
10. Juli 1956	Sitzung des 2. Ausschusses
12. Januar 1957	Sitzung des 1. Ausschusses; Einsetzen einer Unterkommission für Groß- und Kleinschreibung
29./30. Juni 1957	Sitzung dieser Unterkommission
4./5. Oktober 1957	Sitzung des 1. Ausschusses
6. Dezember 1957	Sitzung des 3. Ausschusses
27./28. Juni 1958	Sitzung des 3. Ausschusses
13. Oktober 1958	10.00 bis 13.00 Uhr Schlußsitzung des 1. Ausschusses
13. Oktober 1958	15.00 bis 18.40 Uhr Schlußsitzung des 2. Ausschusses
14. Oktober 1958	9.00 bis 10.00 Uhr Schlußsitzung des 1. Ausschusses
14. Oktober 1958	ab 10.30 Uhr und
15. Oktober 1958	ab 10.20 Uhr Schlußsitzung des Plenums

Schon diese Chronologie zeigt, daß es sich bei diesen Verhandlungen um eine ausführlichere, vor allen aber differenziertere Diskussion handelte als in Stuttgart. Daß am Ende ein Ergebnis vorlag, das sicher politisch umzusetzen gewesen wäre und die Basis für alle folgenden Diskussionen bildete und noch bildet, war nicht nur Grebes Organisationstalent, sondern auch seiner erklärten Absicht zu verdanken, die Vorschläge auf ein sicheres wissenschaftliches Fundament zu stellen:

> Ich möchte aber, im Gegensatz zu Stuttgart, keinen Schritt ohne exakte wissenschaftliche Unterlagen tun, auch wenn dies Zeit kostet. Die Konsequenzen aus den wissenschaftlichen Unterlagen bleiben allerdings immer noch schwierig genug. (A6/G; Grebe an Gussone/BMI 1.10.57)

Die sechs Reformpunkte der WE, deren Entstehung im folgenden beschrieben wird, werden wie bei der Schlußsitzung in einer Reihenfolge angeordnet, die sich - so Grebes Vorschlag - "nach dem Grad der Emotionalität richtet" (A4/23:3a). Dort hatte er diese aufsteigende Reihenfolge sehr wohl bedacht.

In dieser systematischen, bewußt von der chronologischen Schilderung der Stuttgarter Verhandlungen abweichenden Darstellung steckt eine Wertung, bezogen auf die Einordnung der WE in die Forschungsgeschichte. So ist jeder der sechs Vorschläge wissenschaftlich zu werten - und zwar rückbezogen auf die STE und vorwärtsweisend auf spätere Vorschläge, womit die Analyse in das Spannungsfeld zwischen zwei signifikante Aussagen rückt:
- "Die WE waren überflüssig, alles stand schon in den STE!"
  (Werner Paul Heyd 1986)
- "Die WE sind die Basis aller folgenden Reformdiskussionen."
  (Günther Drosdowski 1974)
Als Frage formuliert: Wo liegen - wenn überhaupt vorhanden - die Fortschritte gegenüber den STE? Wie weit sind die WE als Ausgangspunkt benutzt worden? In welchen der späteren Vorschläge wird bewußt auf die WE Bezug genommen? (Das letztere ist jedoch nicht mehr Gegenstand dieser Arbeit.)
Innerhalb dieser Analyse, die den historischen Ort der WE innerhalb der Forschungsgeschichte identifiziert, werden die von den Teilnehmern (in den schriftlichen Vorarbeiten und in den mündlichen Verhandlungen) eingebrachten Diskussionsbeiträge differenziert nach vorherrschenden pragmatischen oder wissenschaftlichen Argumenten. Dies geschieht bewußt in Anlehnung an Küppers (1984), der die in der öffentlichen Auseinandersetzung (gedruckte Presse) vorgebrachten Argumentationen untersucht hat. Es wird sich zeigen, ob in der vorwiegend wissenschaftlichen Diskussion in Wiesbaden, die sich nicht mit der Kritik schon vorhandener Vorschläge begnügte, sondern auf einen neuen Vorschlag zielte, analoge Auseinandersetzungen ausgemacht werden können. Gleichzeitig wird eine Lokalisation der Argumente versucht, das heißt, es soll festgestellt werden, auf welcher der drei möglichen Ebenen - empirische Untersuchung, Neueinführung oder Änderung von Regeln, Möglichkeiten der Durchsetzung - sich die Diskussion jeweils bewegt und ob die Argumente angemessen sind.
Darüber hinaus sollen auch die Argumentationsstrategien identifiziert werden, um festzustellen, ob wissenschaftliche Einsichten oder das persönliche Durchsetzungsvermögen einzelner sich in den endgültigen Beschlüssen niederschlug. Dabei darf nicht übersehen werden, daß viele Argumente auch eine historisch-

soziologische Dimension haben, denn die Vertreter der Berufsgruppen und sonstigen Interessenverbände bringen eine bestimmte
Vorgeschichte ein, die weitgehend ihre Motive bestimmt. (Vgl.
3.Kap.3)

2. Die Reformgebiete

"Das Sechspunkteprogramm des Arbeitskreises für Rechtschreibregelung" - "Die Punkte in der Reihenfolge ihrer
Akzeptanz" (Grebe)

2.1 Zeichensetzung

Es gehört zu den Ungereimtheiten der Reformgeschichte, daß ausgerechnet dieser Teilbereich der Orthographie, der den Schreibenden die meisten Schwierigkeiten bereitet, in den Forderungskatalogen und den daraus resultierenden wissenschaftlichen Untersuchungen eine so geringe Rolle spielte. Der Grund dafür mag
in der Tatsache liegen, daß die Zeichensetzung in der Normierung von 1901 bewußt ausgespart worden war (Nerius/ Scharnhorst
1980:343, Jansen-Tang 1988:399 u. a.). Erst 1915 waren die Regeln zur Interpunktion vom Duden "stillschweigend vereinnahmt"
(Jansen-Tang 1988:554; vgl. dazu auch August 1984:120-121) und
seither - vielfach kritisiert - ausufernd weiterentwickelt worden. Erst die Aufnahme in die STE und die WE ließen sie aus ihrem Schattendasein heraustreten. Jansen-Tang (1988:559-571) listet in ihrer Tabelle, welche die Reformvorschläge von 1902 bis
1981 enthält, auch schon vorher Forderungen nach Vereinfachung
der Zeichensetzung auf, wobei es sich aber entweder um unspezi-
fische Simplifizierungspostulate oder um Einzelprobleme (mehrmals Apostroph!), in einem Fall auch um eine "veränderte graphische Gestaltung der Satzzeichen" handelt. So eignete sich
dieser Reformpunkt auch nicht als Gegenstand emotionaler Auseinandersetzungen - er kommt in den "Pressekämpfen" kaum vor.
Der Stuttgarter Vorschlag steht einerseits in der Tradition
dieser Forderungen nach Liberalisierung und Vereinfachung
(hauptsächlich bei der Kommasetzung), läßt aber andererseits
den hier beginnenden Einfluß von Grebe erkennen, der in Salzburg eine Ausarbeitung (A2/1) als Diskussionsgrundlage vorge-

legt hatte, die später wortgleich (Grebe 1955) in dem Sonderheft DU 55 erschien.

Dort hatte er dargelegt, daß Satzzeichen im Deutschen eine Dop-
pelfunktion haben, nämlich einen Satz sowohl rhythmisch als
auch grammatisch zu gliedern; Probleme entstehen immer dann,
wenn sich diese beiden Gliederungsprinzipien nicht decken. Seinen Vorschlag, in dem er das rhetorische Prinzip stärker zur
Geltung bringt, realisiert er für den Bereich der Infinitivkonstruktionen in drei Regeln:
- Abtrennen (durch Komma) des dem Hauptsatz nachgestellten Infinitivsatzes, wenn er (grammatisch) Eigengewicht hat oder
  wenn der Hauptsatz stark erweitert ist
- Abtrennen des vorangestellten Infinitivsatzes, wenn ein hinweisendes Wort auf ihn deutet
- Abtrennen des Infinitivsatzes zur Vermeidung von Mißverständnissen
Da sich der Terminus "Eigengewicht" nicht exakt definieren beziehungsweise quantifizieren läßt, entsteht ein gewisser Ent-
scheidungsspielraum: Diese subjektive Freiheit nimmt er in Kauf
(trotz zu erwartender Widersprüche), weil man statt dessen auf
ein System, das "fast ebensoviele Ausnahmen wie Regeln" (Grebe
1955:105) entwickelt hat, verzichten kann. Außerdem sei "die
verwirrende Fülle von Ausnahmeregeln" nur geeignet, "völlige
Unsicherheit (...) zu erzeugen" (106). Ein zweiter Regelände-
rungsvorschlag bezieht sich auf das Komma vor "und" oder
"oder", das "beigeordnete Hauptsätze" abtrennt; wegen der zahlreichen Fälle, in denen grammatisches und rhetorisches Prinzip
divergieren, fordert er das Eliminieren des Kommas.
Diesen nur fünf Seiten langen Aufsatz legt er den Mitgliedern
des 2. Ausschusses (als Sonderdruck) vor - zusammen mit einer
neuen 17 Seiten langen Ausarbeitung (A3/2b), in der er nicht
nur ausführlich über "Das Wesen der deutschen Beistrichsetzung"
(1-8) referiert und "Neue Richtlinien für den Beistrich" (9-15)
formuliert (zum größten Teil identisch mit den Regeln in der
14. Auflage des Duden), sondern auch Vorschläge für den Gebrauch von Punkt, Anführungszeichen und Apostroph macht. (Überschrift beider Texte identisch: "Zur Reform der Zeichensetzung")
In einer Fußnote fügt er hinzu: "Ausgangspunkt für alle Überlegungen ist: Duden, Rechtschreibung der deutschen Sprache und

der Fremdwörter, 14. Auflage" (A3/2b:1). Innerhalb des Textes wird der Duden noch zweimal erwähnt:

> Aus all dem ergibt sich, daß wir beim einfachen Satz an der derzeitigen Kommasetzung, wie sie im Duden festliegt, nichts zu ändern brauchen. (A3/2b:4)

> Im übrigen sind die Regeln im Duden vernünftig. (A3/2b:15)

Der letzte Satz bezieht sich auf die Regeln zur Setzung des Punktes.

Nach Darstellung der beiden konkurrierenden Prinzipien der deutschen Kommasetzung[1] betrachtet er unter diesem Gesichtspunkt den einfachen Satz und das Satzgefüge. Zuvor versucht er noch einmal, den schon 1955 verwendeten unscharfen Begriff der "Satzwertigkeit", den er weiterhin gebraucht, "weil er treffend den Zustand eines Satzgliedes kennzeichnet" (A3/2b:2), genauer zu konturieren. Er zitiert zunächst Elster (1901), von dem er den Terminus übernommen hat:

> "Und dies (die logische Interpunktion) ist in der That eine Vertiefung und Verbesserung, denn aus der Satzkonstruktion entspringt es ja erst als Folge, ob man irgendwo im Sprechen innehält, die Satzfügung ist das prius und der logische Grund, dieser muß erst die Modulation der Sprache folgen." So kommt er bereits zu der vernünftigen Grundregel für den einfachen Satz: "Alles nämlich, was nicht in der gewöhnlichen, reinen grammatischen Satzkonstruktion auftritt, sondern grammatisch abschweifend an eine andere Stelle gerät, das trägt den Charakter der parenthetischen Satzwertigkeit in sich und muß durch Kommata eingeschlossen werden." (A3/2b:2)

Zur weiteren Klärung des Begriffes bezieht er sich auf Glinz (1952:74-76, 437-442 und 450), der "für satzähnliche Gebilde den Namen 'Setzungen'" vorschlage, jetzt aber in Gesprächen

---

1 Er bezieht sich auf: A. Bieling, Das Prinzip der deutschen Interpunktion nebst einer übersichtlichen Darstellung ihrer Geschichte, Berlin 1880; M. H. Jellinek, Geschichte der neuhochdeutschen Grammatik, Bd. 1 und 2. E. Drach, Die redenden Künste, 1925. E. Drach, Satzzeichen, Artikel im Handbuch für den Deutschunterricht, BD. 2, S. 525. A. Elster, Methodischer Leitfaden der deutschen Interpunktionslehre. Ein Hülfsbuch für Theorie und Praxis, Magdeburg 1901.

auch den Ausdruck "satzwertiger Infinitiv" beziehungsweise "satzwertiges Partizip" gebrauche (A3/2b:2). Unter diesen Gesichtspunkten betrachtet er nun 1. den einfachen Satz und 2. das Satzgefüge:

Für den einfachen Satz nennt er zunächst drei Fälle (1. Apposition, 2. Nachträglicher Zusatz, 3. Dem Hauptwort nachgestellte Eigenschafts- oder Mittelwörter), in denen die Kommas am "nachhaltigsten" sind, "weil die genannten Zusätze schlechthin trennende Wirkung haben" (A3/2b:3) und die Zäsur nach dem rhetorischen und nach dem grammatischen Prinzip an dieser Stelle setzen. Zu dieser Gruppe zählt er auch herausgehobene Satzteile und die Anrede. Für die Aufzählungen gleicher Wortarten ergeben sich Probleme bei den attributiven Adjektiven (vor deren gehäufter Verwendung er aus stilistischen Gründen warnt), weil "das letzte Adjektiv mit dem Subtantiv zusammen einen Begriff bilden kann". Hier sollte nach seiner Auffassung die Kommatierung "in das subjektive Ermessen des einzelnen" gestellt werden, um den Schreibenden nicht "eines wertvollen stilistischen Hilfsmittels zu berauben": Gleiches gelte auch für "die Grenzzone bei frei hinzugefügten Satzgliedern", die "dem anspruchsvoll Schreibenden zur Abschattung seiner Gedanken vorbehalten bleiben" solle. Seine Überlegungen über den einfachen Satz beschließt er mit der Bemerkung, daß "an der derzeitigen Kommasetzung, wie sie im Duden festliegt, nichts" geändert zu werden brauche.

Die Kommasetzung im Satzgefüge erachtet er erst dann als schwierig, "wenn ein Satzglied durch hinzutretende, genauere Bestimmungen 'Satzwertigkeit' annimmt, d. h. sich zum 'verkürzten Nebensatz' entwickelt"; dies gelte sowohl für die Partizipal- als auch für die Infinitivkonstruktionen, wobei die "Entscheidung in Grenzfällen (...) den Schreibenden" zu überlassen sei, weil die aus der "Satzwertigkeit" entstehende Grenzzone "logisch nicht abgrenzbar ist" und bisherige Normungsversuche aus diesem Grund fehlschlagen mußten. Es war Grebe sehr wohl bewußt, daß das Zugestehen solch großer "Freiheitsbereiche" besonders in allen "aus Berufssorgen zur Norm drängenden Kreisen" auf starken Widerstand stoßen würde.

Als dritten Problembereich behandelt Grebe "die Erweiterung des vergleichenden Satzgliedes"; analog zu den vorangegangenen Vorschlägen soll das satzwertige "erweiterte Vergleichsglied" den Rang eines vollständigen Vergleichssatzes erhalten und seine Abtrennung durch Komma fakultativ zugelassen werden.

Der zweite Teil der Ausarbeitung trägt die Überschrift "Neue Richtlinien für den Beistrich"; einleitend bemerkt Grebe dazu, die grundsätzlichen Gedanken des ersten Teiles schlügen "sich in dem beigefügten neuen Regelsystem nieder" (A3/2b:8). Er erwähnt nicht, daß es sich hier um den nur an einigen Stellen veränderten Regelapparat zur Kommasetzung der 14. Auflage des Duden (an dessen Entstehung Grebe zweifellos maßgeblich beteiligt war) handelt.

Im ersten Kapitel "A. Der Beistrich im einfachen Satz" (Überschrift im Duden: Der Beistrich zwischen Satzteilen) gibt es nur einen geringfügigen Unterschied zum Duden (14.Auflage); es fehlt der dort aufgeführte Punkt 8 (8.Von Bindewörtern zwischen den Satzteilen) mit den Unterpunkten:

a) Anreihende Bindewörter
b) Gegensätzliche Bindewörter
c) Die vergleichenden Bindewörter als, wie, denn
(mit Beispielen)

Statt dessen wird der Unterpunkt 8 b) zu einem selbständigen Punkt:

6. Gegensätzliche Satzglieder
Steht ein Satzglied inhaltlich im Gegensatz zu den vorhergehenden, dann wird es durch Beistrich abgetrennt, weil der Fluß des Satzes unterbrochen ist. Diese Satzglieder werden durch die gegensätzlichen Bindewörter "aber", "sondern", "allein", "jedoch", "vielmehr" u.ä. eingeleitet. (A3/2b:12)

Das 2. Kapitel von Grebes Ausarbeitung bringt gegenüber dem Duden eine veränderte Einteilung:

Duden (14. Auflage, 1954)   Grebe 1956 (A3/2b)

B. Der Beistrich zwischen   B. Der Beistrich zwischen
Sätzen   Sätzen
  I. In der Satzverbindung   I. Hauptsätze
  1. Beigeordnete Hauptsätze   1. Beigeordnete Hauptsätze
  2. Schaltsätze   2. Schaltsätze

II. Im Satzgefüge	II. Haupt- und Nebensätze
1. Haupt- und Nebensatz	1. Haupt- und Nebensatz
2. Nebensätze gleichen Grades	2. Nebensätze gleichen Grades
3. Nebensätze verschied. Grades	3. Nebensätze verschied. Grades
	III. Vergleichssätze
4. Auslassungssatz (Ellipse)	IV. Der Auslassungssatz (Ellipse)
III. Verkürzte Nebensätze	V. Mittelwort und Grundformgruppen
1. Mittelwortsatz (Partizipialsatz)	1. Mittelwortgruppe (Partizipialgruppe)
2. Grundformsatz (Infinitivsatz und Grundformen)	2. Grundformgruppe (Infinitivgruppe)

Auch hier wird in der hierarchischen Umwertung einiger Punkte eine Expansion ansatzweise spürbar.

Zum Gebrauch des Punktes bestätigt er ausdrücklich den Stuttgarter Vorschlag (und verweist auf die Regeln im Duden); diesen nimmt er für die Anführungszeichen (Wegfall bei kurzen eingeschobenen Sätzen) ausdrücklich zurück mit der Begründung, diese Maßnahme bringe keinen Vorteil und wäre auf Zitate ohnedies nicht anwendbar. (A3/2b:16)

Zu der in mehreren von ihm ausdrücklich erwähnten Reformprogrammen (Erfurt 1931; LVN 1953; STE 1954; agnr 1953) geforderten Einschränkung des Apostrophgebrauchs kann er sich "nicht entschließen, weil es nicht unsere Aufgabe sein kann, die in der Umgangssprache entstehenden Verschleißformen zu fördern" (A3/2b:17). Er verteidigt damit die Regelung des Duden, deren "Tendenz" es ist,

> die "Verschleißformen" unserer Sprache (Synkope, Apokope) nur dort anzuerkennen, wo sie bereits weitgehenden Eingang in die Hochsprache gefunden haben (ins Bett, zur Schule; Müh und Not; müd, fad; Hegelsche Schule; andre, unsre; bring!, sag!), dort aber zur Vorsicht zu mahnen, wo sie noch dem Bereich der Umgangssprache angehören oder wo es sich um dichterische Formen handelt (geht's gut; (17) 's ist unglaublich!; Fried', Freud'; ew'ger Friede, sel'ge Zeit). Zur letzten Gruppe gehören auch die Zeitwörter in der 1. Pers. Präs. sowie im Indikativ und Konjunktiv Imper-

fekt (Das hör' ich gern. Ich lauf' schnell. Ich wollt' nach
Hause gehen. Könnt' er das nur!). (A3/2b:16f)

Auffallend ist die vergleichsweise (auch in der historischen
Dimension) ausführliche Darstellung eines Zeichens, das heute
nicht mehr als "Satzzeichen", sondern als "Wortzeichen" (wie
Ergänzungsbindestrich, Schrägstrich, Abkürzungspunkt) definiert
wird (Kommission 1989), und demzufolge aus dem Bereich der Interpunktion herausfällt und im Kapitel "Rechtschreibung" abgehandelt wird.

Die in dieser hier von Grebe vorgelegten Ausarbeitung (A3/2b)
auftauchenden Abweichungen vom Duden können mit Vorsicht als
Indiz dafür gewertet werden, daß zu diesem Zeitpunkt (Anfang
1956) in der Dudenredaktion schon an einer weiteren Ausdiffe-
renzierung der Regeln für die Interpunktion gearbeitet wurde.
Insofern kommt diesem Dokument auch in einem erweiterten Zusammenhang eine besondere Bedeutung zu.

Daß Grebe sich auf dem Gebiet der Zeichensetzung, die er als
mit geringen Emotionen belastet richtig einschätzt, so stark
engagiert, hat wohl taktische Gründe. Da dieses Gebiet bei der
Normierung von 1901 ausgespart worden war, hatte der Duden ab
1915 (9. Auflage) verbindliche Regeln kreiert und sukzessive
expandiert; der Dudenbeschluß von 1955 bezieht sich ausdrücklich auf die Regelung von 1901 und macht bis zu einer Neuregelung die im Duden gebrauchten Schreibweisen verbindlich. Daß
auf diese Weise die Interpunktionsregeln als amtlich sanktioniert zu bewerten sind, kann man daraus nicht folgern.

Zu Grebes geplantem Vorgehen gehörte es wohl auch, dem 2. Ausschuß diese ausführliche Ausarbeitung über die Zeichensetzung
vorzulegen, wahrscheinlich mit der Absicht, eine längere Diskussion über diesen Punkt zu verhindern, um seine Vorschläge
unverändert durchsetzen zu können. Seine Hoffnung erfüllte sich
nur zum Teil.

Der 2. Ausschuß (Vorsitzender Grebe), der neben der Zeichensetzung auch die Fremdwörter und die Doppelformen zu behandeln
hatte, traf sich zu seiner ersten Sitzung am 10. Juli 1956. In
seinen einführenden Worten betonte Grebe, "daß es nach den vielen bisher vorgetragenen Meinungen nunmehr darauf ankomme, anwendbare Regeln aufzustellen" (A3/3a:1). Spürbar wird in seinen
Ausführungen sein eigentliches Anliegen - die schon im Duden

vorhandenen Regeln, die er in seine Arbeitsvorlage integriert hatte, staatlich abzusegnen. Es kam ihm offensichtlich nicht sehr gelegen, daß sich auf Initiative von Pfleiderer noch eine grundsätzliche Diskussion entwickelte; denn dieser fragte,

> ob es mit Hilfe der Grammatik überhaupt möglich sei, einen Satz durch Satzzeichen sinnvoll zu gliedern, weil die Sinn(2)erfassung des gesprochenen Satzes ohne grammatische Kenntnisse erfolge. Sie vollziehe sich vielmehr im Akt des Sprechens durch rhythmische Gliederung. (A3/3a:1f)

Erstaunlicherweise schloß sich hier Winkler, der den Lehrstuhl für Sprechkunde an der Universität Marburg innehatte und nach eigener Aussage (1986) auf Initiative von Moser hinzugewählt worden war, der Meinung von Grebe und Basler an,

> daß man auf das grammatische Prinzip bei der Festsetzung der Regeln für die Zeichensetzung nicht verzichten könne, weil es nur so möglich sei, ein allen Deutschsprechenden verständliches Regelsystem aufzustellen. (A3/3a:2)

Die Anwesenden hatten wohl damit gerechnet, daß gerade er für die Vormachtstellung des rhythmisch-intonatorischen Prinzips eintreten würde. Er schätzte aber die Bedeutung seines Faches, wie er auch im Interview 1986 wieder betonte, auf dem Gebiet der Rechtschreibregeln nur als Hilfswissenschaft ein. Ein terminologisches Problem war ihm allerdings so wichtig, daß er eine Einigung darüber herbeiführte, statt "Pause" den Terminus "Sprecheinschnitt" zu gebrauchen.

Im Anschluß an diese Zwischendiskussion referierte Grebe die "Grundgedanken" seiner Niederschrift und betonte die Problematik des Freiheitsbereiches, der sich durch die Fakultativregeln ergab, indem er die Vertreter der "aus Berufssorgen zur Norm drängenden Kreise" ausdrücklich "um Einsicht und Verständnis" bat. Erwartungsgemäß meldeten sich daraufhin die Betroffenen zu Wort: Gehler als Vertreter der IG Druck und Papier meinte, "daß es seiner Berufssparte besonders schwer falle, sich mit einem Freiheitsbereich innerhalb des Regelsystems abzufinden". Ischreyt (hier zwar Vertreter der GfdS, aber als Mitglied des VDI auch mit Problemen der Normung befaßt) "bat darum, bei all diesen Überlegungen den Freiheitsbereich so eng wie möglich zu

halten und jeweils eine untere Grenze für eine verpflichtende
Norm festzulegen".

Diese Einwände blieben so im Raum stehen, eine Diskussion darüber war bei der vorhandenen Machtkonstellation (anders gesagt:
Grebes Regie) nicht durchzusetzen. Nachdem Basler, Herausgeber
der 11. (1934) und der 12. Auflage (1941) des Dudens, "die Ausführungen von Herrn Dr. Grebe nachhaltig unterstrichen hatte,
schloß sich der Ausschuß in seiner Mehrheit den Grundgedanken
der vorliegenden Ausarbeitung an" (A3/3a:3). Allerdings wurde
beschlossen, Grebes Niederschrift noch einmal in den Verbänden
zu diskutieren, und "Bemerkungen und Wünsche zu bestimmten
Punkten" bis zum 1. Oktober 1956 an ihn zu schicken.

Gemessen an Grebes ausführlicher Vorarbeit erscheint der Bericht, den der 2. Ausschuß am 1. September 1958 als Vorlage für
die abschließende Plenarsitzung bezüglich der Neuerungen in der
Zeichensetzung vorlegte, äußerst dürftig. Dort werden folgende
Regeln formuliert:

1. Das Komma

(...)
Kommas sind überall dort zu setzen, wo der ungehemmte Fluß
des Satzes durch Einschübe oder Zusätze unterbrochen wird
(Aufzählungen, Anreden, Appositionen u. a.).
(...)
Wer einen Satzteil in besonders gelagerten Fällen als Einschub kenntlich machen will, um ihn hervorzuheben, kann ein
Komma setzen.
(...)
Die Regel über das Komma zwischen Hauptsätzen, die durch
"und" oder "oder" verbunden sind, ist zu streichen.
(...)
(...) Kommaregeln bei Infinitivgruppen (...):
1. Die dem Hauptsatz nachgestellte Grundform mit "zu" muß
nur dann durch Beistrich abgetrennt werden, wenn sie nähere
Bestimmungen bei sich hat, die ihr Satzwertigkeit verleihen. Die Entscheidung in Grenzfällen ist dem Schreibenden
überlassen.
(...)
2. Die vorangestellte Grundform mit "zu" wird durch Beistrich abgetrennt, wenn sie durch ein hinweisendes Wort zum
herausgehobenen Satzteil wird.
(...)
3. Die Grundform mit "zu" wird durch Beistrich abgetrennt,
wenn Mißverständnisse vermieden werden sollen.
(...)

(...) Partizipialgruppen (...):
Das Partizip wird nur dann durch Beistrich abgetrennt, wenn
es nähere Bestimmungen bei sich hat, die ihm Satzwertigkeit
verleihen. Die Entscheidung in Grenzfällen ist dem Schreibenden überlassen.
(...)
(...) Zusätzliche Kommaregel (...):
Ein Komma kann stehen, wenn beim Vergleich von Satzgliedern
das Vergleichsglied Satzwertigkeit besitzt. (A4/15:1ff)

In der Ausschußsitzung, die am 13. Oktober 1958 (einem Tag vor
der abschließenden Plenarsitzung) stattfand, ließ Grebe erst an
zweiter Stelle über die Zeichensetzung diskutieren. Er begann
die Diskussion mit dem Satz: "Zur Zeichensetzung können wir uns
kurz fassen, weil wir uns seinerzeit ziemlich nahegekommen
sind." (A4/23:26) und schloß sie mit der Bemerkung: "Es bleibt
bei meiner Formulierung." (A4/23:29)
Zwischen diesen beiden Feststellungen gelang es ihm, alle vorgebrachten Einwände geschickt abzuwehren. Einleitend erläuterte
er die in dem oben erwähnten Bericht formulierten Vorschläge,
wobei er wieder wortreich den Freiraum für den Schreibenden
verteidigte, der dadurch entstehe, daß Infinitive und Partizipien "Satzwertigkeit" erreicht haben. Bezüglich der Satzwertigkeit berief er sich noch einmal ausdrücklich auf Glinz.
Ernsthaft abzuwehren hatte er die Argumente von Lehrern wie
Baum und Ringeln, die sich gegen die fakultative Kommasetzung
vor "und" aussprachen; auch den drohenden Rückfall in grundsätzliche Erörterungen, der durch Pfleiderer ("Es ist, als ob
wir nicht schreiben, um verstanden zu werden, sondern um die
grammatische Fügung deutlich zu machen." -A4/23:29-) und Winkler ("Wir kommen hier vom Rhetorischen aus nicht zu einer Lösung, so daß wir uns also doch auf das Grammatische zurückbe-
sinnen müssen." -A4/23:29-) konnte er zunächst verhindern.

Als das Thema Zeichensetzung bei der Plenarsitzung am folgenden
Tag (14. Oktober 1958) zur Sprache kam, hatte er es nicht mehr
so leicht, mit den Einwänden fertig zu werden. Obwohl er wieder
die erprobte Taktik - langes Einführungsreferat mit Erläuterung
der fertigen Regeln und Versicherung der Einigkeit im Ausschuß
- anwandte, mußte er zwei Formulierungsänderungen zugestehen.
Vor allem Pfleiderer wollte für die Übergangszone von Satzglied
und Satz eine Faustregel für den Laien und den Schüler formu-

liert haben: "Frei entscheiden kann der Gebildete und der Geübte, der Durchschnittliche kann es nicht. Die Faustregel hat keine Gefahr, man sollte sie doch gelten lassen." Um den Streit zu beenden schlug Moser folgende Änderung vor, die eigentlich nur eine synonyme Formulierung ist, die Debatte aber trotzdem abschloß: "...daß ein Komma erst dann gerechtfertigt ist, falls das Gewicht eines Satzes erlangt ist." (A4/23:6a)

Besonderes taktisches Geschick bewies Grebe, als offenbar wurde, daß die Mitarbeit von "Nicht-Sprachwissenschaftlern" (in diesem Fall einem Vertreter der Literaturwissenschaft) dem Fortgang der Diskussion nicht förderlich sein kann. Böckmann wollte für die Setzer den Hinweis in die Regel aufgenommen haben, "daß im Vers die rhythmische Gliederung vor der grammatischen Vorrang hat". Den Hinweis darauf, daß dem Dichter hier eine besondere Freiheit zukomme, überließ Grebe - offensichtlich mit Absicht - Moser und Trier.

Anzumerken bleibt, daß sich in der endgültigen Formulierung der WE zur Zeichensetzung dreimal der Hinweis auf den Duden findet (WE:15f).

Neben den Änderungsvorschlägen zur Kommasetzung enthalten die WE nur einen Vorschlag zur Eliminierung des Punktes nach handschriftlichen Überschriften (WE:16). Alle anderen Zeichen bleiben unberücksichtigt; auch innerhalb der Diskussionen gab es laut Protokoll keinen Hinweis darauf. Es liegt deshalb nahe anzunehmen, daß auf diese Weise die Dudenregelungen bezüglich der anderen Satzzeichen "auf kaltem Wege" übernommen werden sollten. Die Tatsache, daß in den zahlreichen Pressepolemiken die Zeichensetzung fast keine Rolle spielte und demzufolge diese Leerstelle überhaupt nicht bemerkt wurde, stützt die These von der erfolgreicheren Durchsetzung auf diese Weise.

In der Diskussion der folgenden Jahrzehnte spielte die Kommatierung zweifellos die wichtigste Rolle. Die Mischung von rhythmisch-intonatorischem und grammatischem Prinzip hatte dazu geführt, daß die Wiesbadener Reformvorschläge das rhythmisch-intonatorische Prinzip mehr betonten; damit wird das Satzzeichen als stilistisches Phämomen gestärkt und ist weniger von der strengen Struktur der Grammatik abhängig. In den folgenden Jahren sind Baudusch (1975, 1980, 1981 u.ö.) und Mentrup (1983, 1985 u.ö.) einen anderen Weg gegangen; ihre Analysen zielen darauf, das Komma immmer mehr zu grammatikalisieren. Damit wird die historische Entwicklung weitergeführt - der Leseschräg-strich wurde immer weiter zurückgedrängt in dem Maße, wie das Lesen stumm wurde und man keine Zeichen mehr für die rhythmi-sche Gliederung des Textes brauchte.

2.2 Fremdwörter

Historisch gesehen speiste sich die Fremdwortproblematik aus zwei Quellen: erstens der Spannung zwischen Abwehr (Purismus) und Assimilation der Fremwörter und zweitens dem fortschreiten-den Eindringen der Fachterminologien in die Umgangssprache. Bis auf wenige Ausnahmen setzten sich alle Reformprogramme seit 1901 mit der Fremdwortproblematik auseinander, wobei die "Ein-deutschung" der Fremwörter nicht immer als allgemeines Postulat formuliert wird; häufig beziehen sich die Änderungsvorschläge innerhalb des theoretischen Zusammenhangs auf die Phonem-Gra-phem-Korrespondenzen. Auch als Randproblem bei der Silbentren-nung spielen die Fremwörter eine gewisse Rolle.

In den STE hat man nicht nur auf den Terminus Fremdwort ver-zichtet, sondern auch ausdrücklich vermieden, den Assimila-tionsvorgang als "Eindeutschung" zu bezeichnen; ursächlich für beides ist wohl - bewußt oder unbewußt - die politische Situa-tion nach dem Zweiten Weltkrieg gewesen. Die Formulierung von der "Beseitigung rechtschreiblicher Doppelformen" (in den WE wird das Problem der Doppelformen als gesonderter Punkt aufge-führt) enthält aber auch den alten, von Korrektoren und Lehrern ("aus Berufssorgen zur Norm drängenden Kreisen") immer wieder artikulierten Anspruch, nur eindeutige Schreibweisen zuzulassen. Ein Novum in der gesamten Entwicklung ist das Ausklammern der Fachlexik in den STE; auch darin zeigt sich, daß hier notge-drungen auf eine historische Entwicklung reagiert wurde, in der die Technik für alle Bürger eine zunehmend wichtige Rolle spielt. Demzufolge meldeten auch Institutionen wie der DNA und der VDI ihren Anspruch auf Mitarbeit und Einfluß an. Nach an-fänglichem Zögern hatte auch Dehnkamp diesen legitimen Anspruch als berechtigt angesehen und seine Zustimmung erteilt. (Vgl. 2.Kap.5.4)

Die radikale "Anpassung an die deutsche Schreibweise" in den STE, die ungewohnte, in der Presse immer wieder zum Spott Anlaß gebende Wortbilder produziert ("der träner kommt aus dem rütmus"), und auch das Ausklammern der Fachterminologien markieren die endgültige Überwindung des Sprachpurismus, von dem in Wiesbaden nicht mehr die Rede ist.

Obwohl sich der 2. Ausschuß in seiner Sitzung am 10. Juli 1956 nur sehr kurz mit der Fremdwortproblematik beschäftigte, wurden vorhandene Gegensätze der verschiedenen sozialen Gruppen deutlich. Zunächst stellte Grebe ausführlich dar, was man in den STE schon postuliert und im Duden seit 1902 teilweise praktiziert hatte (vgl. dazu Jansen-Tang 1988:173f): "Fremwörter, die durch ihren häufigen Gebrauch zu Lehnwörtern werden", habe man der "deutschen Schreibung und Beugung" angeglichen. Dieser Assimilationsvorgang sei bisher an den griechischen Lexemen mit th, rh und ph weitgehend vorbeigegangen, nun zeichne sich auch hier eine Tendenz zur Angleichung ab. Für diese Entwicklung nannte er zwei Gründe. Zum einen seien in der Technik "die Silben graph, phot und phon in großem Ausmaße zur Bildung neuer Wörter verwandt und dann mit der f-Schreibung begonnen worden". Außerdem sei "ein zweiter Einbruch (...) vom kulturellen Bereich her aus Italien erfolgt, wo die f-Schreibung einheitlich durchgeführt" wurde. Für den Ausschuß stelle sich deshalb die Frage, "ob er diese Entwicklung bejahen oder gar fördern wolle". Man müsse sich fragen, "ob sich Bildungsansprüche, die hinter der Beibehaltung der bisherigen Schreibung verborgen seien, in der Mitte des 20. Jh.s noch aufrechterhalten ließen" (A3/3a:3).

Dieses sozial-pädagogische Argument - es wurde in diesem Fall von Ringeln unterstützt, der "als Lehrer im Interesse der Kinder für eine weitgehende Eindeutschung" plädierte (A3/3a:4), das in der Auseinandersetzung um die Groß- und Kleinschreibung und die Silbentrennung der Fremdwörter auch eine wichtige Rolle spielte, gehörte zu den Hauptstreitpunkten der späteren öffentlichen Diskussion. Bis zum heutigen Tage wird den Reformern wegen dieser Einstellung die Preisgabe des humanistischen Erbes und der abendländischen Kultur sowie Gleichmacherei auf niedrigem Niveau vorgeworfen.

Grebe hatte an dieser Stelle dieses Argument sicher mit Bedacht eingesetzt, weil er glaubte, damit bei den Sitzungsteilnehmern einen Konsens herstellen zu können, was sich allerdings als Irrtum erwies. Über die sachlichen Informationen hinaus hatte er also schon ein Konzept entwickelt, wodurch er seinen Führungsanspruch ein weiteres Mal legitimierte.

In der sich anschließenden kurzen Diskussion traten sofort die verschiedenen Gruppeninteressen zutage: Kübler vom DNA setzte sich "entschieden für die Beibehaltung der bisherigen Schreibung ein, um international verständlich zu bleiben". Er plädierte sogar für die "Rückverwandlung von bereits vollzogenem k in c bei Wörtern wie Kalzium". (A3/3a:3)

Basler vertrat einen konsequent sprachsystembezogenen Standpunkt und meinte, der Ausschuß könne "seine Gesichtspunkte nur aus der Sprache selbst gewinnen". In seiner Äußerung klafft an dieser Stelle eine große Lücke zwischen Theorie und Praxis, denn sein Vorschlag zur praktischen Umsetzung seines theoretischen Standpunktes beschränkt sich auf die Bemerkung, es "müsse ein Weg gefunden werden, um die sich aus der bisherigen Schreibung ergebenden Schwierigkeiten zu beseitigen".

Zum Abschluß zeigte sich, daß Grebe die Diskussion wieder ins Leere hatte laufen lassen (was ihm nicht anzulasten ist), denn er legte sein Konzept offen, "th, rh, ph in wirklich gebräuchlichen Wörtern durch t, r, f zu ersetzen". (A3/3a:4) Diese flexible Regelung war gegenüber den STE eine Einschränkung.

Basler und Grebe erhielten vom Ausschuß den Auftrag, die entsprechenden Wörterlisten aufzustellen. Dieser Aufgabe scheint Basler sich aber entzogen zu haben, denn Grebe verschickte am 15. März 1957 die offensichtlich in der Dudenredaktion erstellten Listen, denen er einen "Entschließungsentwurf" vorangestellt hatte. (Im Briefkopf steht der Name von Grebe und die Adresse der Dudenradaktion.) Auch sein in der Plenarsitzung zu dieser Arbeit gegebener Kommentar spricht für seine alleinige Urheberschaft: "Ich habe mir bei dem Auftrag, der mir zugefallen war, die Freiheit genommen, das Ganze in einem Entschließungsentwurf zu formulieren." (A4/23:7a)

Dieser Entschließungsentwurf mit den angefügten Wortlisten wurde zunächst in der Sitzung des 2. Ausschusses am 13. Oktober

1958 besprochen und abschließend in der Plenarsitzung am 14. Oktober 1958 diskutiert. Im ersten Teil dieses Papiers behandelt Grebe das "Fremdwort im Rahmen des uns bisher geläufigen Eindeutschungsprozesses" (Fremdwörter aus lebenden Sprachen) und hält dabei "an dem erprobten entwicklungsgeschichtlichen Prinzip" fest. Sein Entwurf, der die Dudenregel für eingedeutschte Fremdwörter (Duden, 14. Aufl. S. 42) enthält, wurde wörtlich in die WE übernommen (WE:20ff), dort fehlen aus Grebes ürsprünglich aufgestellten Wörterlisten lediglich fünf Wörter: Askese, Chauffeur, Chose, Clown, Teddybär. Bei zwei Wörtern war er Anregungen aus den Sitzungen gefolgt:

> Herr <u>Trier</u>: Das Beispiel "Askese, Aszese" würde ich herausnehmen: Bei diesem Wort teilt sich die Schreibweise nach den Konfessionen.
> Herr <u>Winkler</u>: Ich bin gegen die "Chose". Hier handelt es sich um Jargon. (A4/23:26)

Die drei anderen Wörter sind offensichtlich im Laufe des Arbeitsprozesses der Endredaktion, über dessen Verlauf es keine Protokolle gibt, gestrichen worden.

An einem weiteren Zitat läßt sich zeigen, wie Grebe andere Streichungsversuche abgewehrt hat:

> Herr <u>Schmitt-Halin</u>: Ich habe besondere Bedenken bei den sehr kurzen Wörtern wie fair, Creme usw. Sie sind in der eingedeutschten Schreibweise zum großen Teil einfach nicht verständlich.
> Herr <u>Grebe</u>: Es können Wörter einer Wortgruppe durchaus als Lehnwort in eine Sprache übergehen, während andere Wörter weit draußen stehen, das kann man nicht verhindern. Das dürfte nicht generell zutreffen. Ich hätte hier keine Bedenken. (A4/23:8a)

Hier wird deutlich, wo das eigentliche Problem liegt: Wie läßt sich die Gruppe der "häufig gebrauchten Fremdwörter" eingrenzen? Grebe hat in seiner Einleitung zu dem Entschließungsentwurf (A3/8:1-3) eine Lösung versucht und "diese genetische Auffassung", die "gebräuchlichen Wörter einzudeutschen, die bisherige Schreibweise aber weiterhin zuzulassen", zunächst nur genauer definiert: "Sie befreit die Masse der Schreibenden von Schreibweisen, für die sie nicht vorgebildet ist, beläßt andererseits dem humanistisch Gebildeten die Möglichkeit, bei der gewohnten Schreibung zu bleiben". Der Warnung, dies würde "zu einer Rechtschreibung für 'Gebildete' und 'Ungebildete' führen", setzte er entgegen, die Lehnwörter seien der Beweis dafür, "dass sich dieser Prozeß immer störungslos vollzogen" habe, "weil in diesem Falle die Masse der Schreibenden das Entgegenkommen der humanistisch Gebildeten als Erfüllung ihres Wunsches und nicht als Brüskierung empfinden würde".

Jedoch verschwieg er die Schwäche dieser Lösungsmöglichkeit nicht:

> Eine feste Grenze zwischen gebräuchlichen und ungebräuchlichen Fremdwörtern gibt es nicht. Nachdem ich mich eingehend mit dem in Frage stehenden Wortbestand beschäftigt hatte und zunächst nur im Sinne des Protokolls die allergebräuchlichsten Wörter aufnehmen wollte, bot sich mir zuletzt nur der aktive Wortschatz eines Volksschülers als Maßstab an. Geht man aber hiervon aus, dann muss man den Rahmen so weit spannen, dass sich der davon betroffene Kreis unserer Sprachgemeinschaft ein ganzes Leben darin bewegen kann. Etwas mehr ist dann besser als etwas zu wenig, weil auch der aktive Wortschatz des Volksschülers fluktuiert. (A3/8:2)

Orientiert an diesem selbst konstruierten Maßstab, mußte er auf Grund seiner eigenen Erfahrung und weitgehend nach subjektiver Einschätzung entscheiden, weil empirische sprachsoziologische Untersuchungen noch fehlten. Seine Entscheidung legte er offen durch eine Zusatzliste; dort hatte er die "im Duden enthaltenen Wörter griechischen Ursprungs mit ph, th, rh ausschließlich der Namen, einiger Zusammensetzungen und einiger Wörter, die der Fachsprache im engsten Sinne angehören", aufgezählt. Diese Liste enthält 532 Wörter, die davon in die "Auswahlliste" (WE:22-27) übernommenen "gebräuchlichen" Wörter hatte er dort durch Unterstreichen gekennzeichnet. Damit war jedem der Diskussionsteilnehmer die Gelegenheit gegeben, diese Einzelentscheidungen nachzuvollziehen. Aus der im Protokoll wiedergegebenen Diskussion läßt sich aber nicht erkennen, daß einer der Teilnehmer das getan hätte. Nur Moser stützte seine Argumentation - allerdings nicht unter dem Abgrenzungsaspekt - einmal mit Beispielen (atheistisch, authentisch und thermal) aus den Listen.

Damit wurde die Chance vergeben, das Abgrenzungskriterium für "gebräuchlich" wenigstens auf die Einschätzung von 14 Leuten (Zahl der Mitglieder des 2. Ausschusses) zu stützen. Es blieb bei Grebes Auswahlliste, die ohne Änderung in die WE übernommen wurde.

Für Grebe stellte sich hier nicht eine Grenz<u>linie</u>, sondern ein nach beiden Seiten offener Grenz<u>raum</u> dar:

> Die Sprache wird in doppelter Weise fertig mit dem Fremd-
> wort, einmal durch Aufsaugung, zum anderen durch Wiederab-
> stoßung eines solchen Wortes, so daß, wenn wir die Einbe-
> ziehung im Auge haben, wir auch das Rückläufigmachen mit im
> Auge behalten müssen, wenn wir diesem genetischen Gesichts-
> punkt gerecht werden wollen. (A4/23:18)

Die in den WE formulierten Richtlinien - sukzessive Assimilation der Schreibweise bei gebräuchlichen und mögliche Rückführung
zur fremden Schreibweise der Wörter, die außer Gebrauch gekommen sind, - reflektieren diesen Sachverhalt. Dabei wird hier
die Bezeichnung "Richtlinie" mit Bedacht gewählt, um zu kennzeichnen, daß es sich nicht um eine feste "Regel" handelt, die
sich wegen des vor- und rückläufigen Prozesses der Integration
und der Rückführung wohl nicht aufstellen läßt. (Das Problem
der Fremdwortorthographie ist durch feste Regelbildung nicht zu
lösen; lediglich Prinzipien und Richtlinien lassen sich auf der
Basis lexikalischer Untersuchungen erarbeiten.)

Grebe sah "die Gefahr von gewaltsamen Regelungen", die er für
einen Fehler der STE hielt, und der er zu entgehen glaubte,
wenn man sich im Gegensatz zu Stuttgart "auf den altbewährten
sprachgeschichtlichen Standpunkt" (A4/23:19) stellte. Hier wurde er von Basler unterstützt, der sich ebenfalls für eine flexible Lösung einsetzte, und die Formulierung "wird von Zeit zu
Zeit immer wieder festzulegen sein" ausdrücklich guthieß.
Pfleiderer sekundierte mit einem Beispiel: "Die Holländer machen das auch so. Da kommt alle 10 Jahre eine neue Verfügung
heraus, womit die Orthographie angeglichen wird an die Notwendigkeit des Tages." (A4/23:19)
Während der Diskussion lauerte einmal die Gefahr, das Problem
durch eine semantische Differenzierung so zu verkomplizieren,
daß der Grenzraum sich noch in eine andere Dimension ausgeweitet hätte. Kübler (Vertreter des DNA) schlug vor, für "ein
Fremdwort, wenn es in die deutsche Sprache eingegangen ist,
nicht mehr in der gleichen Bedeutung verwendet wird wie in der

Fremdsprache (z. B. Frisör)", auf jeden Fall die deutsche Schreibweise zu verwenden. Wenn allerdings ein Wort "allgemein in der Ursprungssprache und in anderen Ländern darüber hinaus in der Schreibweise und gleichen Bedeutung verwendet wird", sollte man mit der eindeutschenden Schreibung "wegen der internationalen Verständigung" vorsichtig sein. Als Beispiel führte er das Wort Limousine an: "Ich weiß z. B. aus Verhandlungen, daß man im Kraftfahrzeughandwerk bei Limousine auf die ou-Schreibung weiterhin Wert legt." (A4/23:18)

Ob Grebe dieser Einwand nur als lästiges Beiwerk erschien oder ob er aus grundsätzlichen Erwägungen semantische Ausuferungen innerhalb der Regelwerke unterbinden wollte, ist natürlich aus dem Protokoll nicht zu ersehen. Auf jeden Fall lenkte er die Diskussion äußerst geschickt in eine andere Richtung: Er griff Küblers Argument von der internationalen Verständigung auf, das bei der letzten Sitzung des DNA im Zusamenhang mit den Fachsprachen, die sich mit diesem Anspruch "über den Muttersprachen hin aufbauen", diskutiert worden war. Küblers Vorschlag war damit vom Tisch, ohne daß darüber eine Diskussion entstanden wäre und ohne daß er sich brüskiert fühlen mußte, denn seine Organisation war ja ausdrücklich erwähnt worden.

Diese Art der taktischen Diskussionsleitung, zu der auch gehörte, daß geplante Abstimmungen stets exakt vorbereitet waren, beherrschte Grebe in vielen Varianten; es ließen sich noch weitere Beispiele dieser Art anführen. Hier liegt einer der Gründe dafür, daß die Verhandlungen in Wiesbaden trotz vieler Hindernisse auf direktem Wege zu Ergebnissen führten.

So hatte er in der Einleitung für den zweiten Teil des Entwurfes, der sich mit dem griechischen Fremdwortbestand befaßte, zunächst mögliche "Verhaltensweisen" aufgezählt in der Absicht, diese Liste als Vorlage für die Abstimmung im Plenum zu benutzen:

1. Es bleibt bei der bisherigen Schreibung. Bereits vorhandene f-Schreibungen (Foto) werden rückgängig gemacht.
2. Es bleibt bei der bisherigen Schreibung. Bereits vorhandene f-Schreibungen (Foto) werden als Doppelformen anerkannt (jetziger Zustand im Duden).
3. Mit Rücksicht auf die Tatsache, dass in unserem Zeitalter die humanistische Schreibweise der Masse der Schreibenden nicht mehr zugemutet werden kann, wird ph, th, rh durch f, t, r

a) in <u>allen</u> Wörtern griechischen Ursprungs
b) nur in den <u>gebräuchlichen</u> Wörtern griechischen Ursprungs ersetzt. Die bisherige Schreibung ist weiterhin zulässig.
4. ph, th, rh wird <u>ohne</u> Weiterführung der bisherigen Schreibweise in den <u>gebräuchlichen</u> Wörtern griechischen Ursprungs f, t, r.
5. ph, th, rh wird <u>ohne</u> Weiterführung der bisherigen Schreibweise in <u>allen</u> Wörtern griechischen Ursprungs f, t, r. (Stuttgarter Empfehlungen) (A3/8:1)

Hier ging es zunächst einmal um das gleiche Grundproblem wie in der vorangegangenen Diskussion; Grebe faßte dies in einem einleitenden Satz noch einmal zusammen:

> Die Sprache muß mit den jeweiligen Fremdwortschüben (...) auf ihre Weise fertig werden. Es soll von Fall zu Fall untersucht werden, wie wir uns dem einzelnen Wort gegenüber verhalten müssen. (A4/23:8a)

Mit dieser Auffassung, die auch heute noch vertreten wird, war der Vorschlag einer allgemeingültigen Regel nicht zu vereinbaren. Um zu zeigen, daß sich auch konservative Reformgegner dieser Entwicklung beugen, erzählte Grebe eine kleine Episode:

> Ich habe Herrn Kasack persönlich gefragt, wie er sich entschlossen hat, 'Foto' zu schreiben. Die Antwort: Persönlich hat er sich entschlossen, es mit f zu schreiben. (A4/23:21)

Diese Äußerung wertete er als Beweis dafür, daß man die Entwicklung von ph zu f nicht rückgängig machen könne, auch wenn sich in der Fachsprache die Schreibung mit ph wieder durchsetzen sollte.
Von jetzt an existierte das Abgrenzungsproblem in zwei Varianten: Zu dem Kriterium der häufigen Gebräuchlichkeit kam die Notwendigkeit, die einzelnen Wörter als Fachtermini zu identifizieren. Dafür machte sich besonders Kübler stark, der sich auf den "internationale(n) Schreibgebrauch" berief: "Es ist wichtig, daß eine (Schreibweise, H.S.) als Fachsprache gekennzeichnet wird, als Fachsprache im weiteren Sinne." (A4/23:10a)
So wurde zunächst die Möglichkeit erwogen, jeweils Doppeleintragungen in den Wörterbüchern zu empfehlen, wobei beide Abgrenzungsprobleme zu beachten wären. Kübler schlug vor, der allgemeingebräuchlichen Schreibweise die Priorität einzuräumen, das Fachwort an der zweiten Stelle als "'fachsprachlich rich-

tig'" zu kennzeichnen. Für den anderen Abgrenzungsaspekt wurden verschiedene Vorschläge gemacht: "oder weil veraltet", "aus dem deutschen Sprachbewußtsein zurückgetreten" (A4/23:8a/9a), "noch so", "schon anders" (A4/23:11a).

Diese Formulierungen hatten ihren Ursprung in der hier von Trier vorgebrachten, aber auch von Grebe geteilten Auffassung, daß "eine kontinuierliche Evolution stattfindet" und deshalb "hier laufend gebessert werden muß" (A4/23:23); nur war Grebe (wahrscheinlich aus seiner Erfahrung als Wörterbuchbearbeiter, was er aber nicht als Argument einbrachte) gegen die Doppeleintragungen in den Wörterbüchern. Diese Meinung, wenn auch aus anderen Gründen, vertraten auch die Delegierten des Druckgewerbes (sowohl die Arbeitnehmer IG Druck und Papier als auch Arbeitgeber Arbeitsgemeinschaft der graphischen Verbände) und die Pädagogen. Er lenkte die Diskussion deshalb zunächst noch einmal auf eine grundsätzliche Ebene. In dieser Debatte ging es darum, ob man nur den status quo feststellt und toleriert oder ob man ausdrücklich eine sich anbahnende Entwicklung fördern sollte. Pfleiderer plädierte dafür, die Wörter anzuerkennen, "die heute so geschrieben werden", lehnte es aber ab, "daraus Konsequenzen zu ziehen"; wenn es sich zeige, daß dies zu einer Weiterentwicklung führe, könne "man in 5 Jahren ja wieder darüber reden". Weisgerber ging in seiner Forderung deutlich weiter, wenn er auch generell die Entwicklung nicht forcieren wollte:

> Anstöße wollen wir nicht geben, aber man muß festhalten, daß, wo Anstöße gegeben worden sind, eine Richtung eingeschlagen worden ist. Wenn ein Wort im allgemeinen Gebrauch ist, wird man keinem verübeln können, daß er dieses Wort in dieser Richtung angleicht. Wir können den Bedarf an Wortgut nicht mehr aus dem einheimischen Sprachgut decken. Dann allerdings besteht die Notwendigkeit, in der Schreibung auch das hereinzuholen, und der Gedanke, daß man von 10 zu 10 Jahren die Anwärterliste durchgeht, ist, glaube ich, die richtige Lösung, die man finden sollte. (A4/23:24)

Grebe versuchte, diesen Vorschlag zu konkretisieren:

> Ich würde im Wörterbuch z. B. aufnehmen: T(h)ermometer. Ich würde die Chance lassen, sich zu bewähren oder nicht. Die Sprachgemeinschaft hat den Prozeß eingeleitet, wenn sie ihn nicht zu Ende führen will, dann liegt das bei ihr selbst. (A4/23:24)

Auf diese Weise hoffte er, auch Protesten ganzer Berufsgruppen zu begegnen, die eine veränderte Schreibweise als Angriff auf ihre Identität empfinden könnten:

> Ich bin sehr unglücklich, daß ich das Wort Apotheke mit drin haben muß, weil ich mir den Apotheker in seiner Reaktion genau (25)vorstellen kann. Das läßt sich aber nicht verhindern; bei der Theologie wird es sogar hochaktuell. Wir müssen diesen Imponderabilien so genau ins Auge sehen, wie die Sprachgemeinschaft auf diese Dinge reagiert. Auf der einen Seite wollen wir einem Teil der Sprachgemeinschaft zu Hilfe kommen, und er hat diese Hilfestellung nötig, auf der anderen Seite attackieren wir die davon Betroffenen. (A4/23:24f)

Auf die gleichen Schwierigkeiten würde man seiner Meinung nach stoßen, wenn die französische Silbe -eur generell durch -ör ersetzt würde. Da in vielen "Berufszonen" durch derartige Reglementierungen "eine Menge Empfindlichkeiten wachgerufen werden", sollte man vorsichtig versuchen, "bereits angebahnte Entwicklungen, wie sie schon in der Schreibweise Friseur - Frisör zum Ausdruck kommen, nach und nach auf gleichgelagerte Fälle wie Amateur, Exporteur usw. auszudehnen" (A4/23:9a).

Die nicht verbürgte Anekdote, daß Wilhelm II. gedroht habe, bei Entfernung des h bei Thron sich nicht mehr auf selbigen zu setzen, beweist ebenso wie die Äußerung von Meister (Präsident der österreichischen Akademie der Wissenschaften), die von Pacolt (Interview Juni 1986) glaubhaft überliefert wurde, er werde in ein Theater ohne h nicht mehr hineingehen, die Richtigkeit von Grebes Vermutungen. Ähnliche psychische Prozesse liegen wohl auch den Pressekämpfen zugrunde.

Am Ende der Ausschußsitzung hielt Grebe fest, man wolle "an dem Beschluß festhalten, (...) die Schreibungen ohne h bei den gebräuchlichen Fremdwörtern griechischen Ursprungs frei(zu)geben"; diese Schreibung solle "sogar an erster Stelle" empfohlen, "daneben die bisherige Schreibung als fachsprachlich" gekennzeichnet werden, "wobei die Abgrenzung im Wortschatz selbst zunächst offenbleiben" müsse. In dieser Formulierung wurde nicht festgelegt, ob die Wörterbucheintragungen zweifach mit Rangordnung oder als "Klammerwörter" erscheinen sollten; ebenso wurde die Möglickeit offengehalten, den Beschluß als eine allgemeine Empfehlung in einem Einleitungsteil unterzubringen.

In der Plenarsitzung am folgenden Tag stellte Grebe, nachdem er die Wörterliste ph, rh, th (s. WE:23-27) kurz erläutert hatte, seinen Entschließungsentwurf (WE:22f) so vor, als handele es sich um den im Ausschuß gefaßten Beschluß. Mit diesem Vorgehen hatte er wohl die Absicht verfolgt, schnell zu einem endgültigen Vorschlag, unter Umständen durch eine (von ihm nicht geschätzte) Abstimmung zu kommen. Hier schlug die Strategie fehl. Es begann unter völlig anderen Gesichtspunkten eine neue Diskussion, welche die Gefahr in sich barg, den Regelvorschlag auszuweiten und damit wesentlich zu komplizieren.
Zunächst schlug Süskind "eine Ergänzung der Regeln über das bei häufig vorkommenden Fremdwörtern angewandte Geschlechtswort vor" (A4/23:8a). Grebe, der sich darüber gewundert haben mag, warum dieser Vorschlag nicht schon in der Ausschußsitzung gemacht wurde, gelang es mit einem überzeugenden Argument, nicht nur eine Diskussion darüber, sondern auch eine grammatische Dimensionierung des Regelvorschlages zu verhindern:

> Das Geschlecht schwankt in der Sprachgemeinschaft immer. Bei dem Fremdwort vollzieht sich der Übersetzungsvorgang beim Artikel schneller als beim Wort, das kann man nicht festlegen. (A4/23:8a)

Verwunderlich ist auch, daß Weisgerber erst in der abschließenden Plenarsitzung darauf hinwies, daß das phonetische Inventar nicht verändert werden dürfe und das "Prinzip der Buchstabenschrift (...) für das Deutsche weitgehend gesichert " werden müsse. Auf keinen Fall dürften zu den vorhandenen "Schreibungen neue Schreibungen für gleiche Konsonanten kommen". Nach seiner Meinung sei "dieses Prinzip sehr nachdrücklich" zu betonen, weil sich die Notwendigkeit ergeben habe, "fremdes Sprachgut in die Alltagssprache in größerem Umfang aufzunehmen" (A4/23:10a). Daß dieser Hinweis ohne jede Reaktion im Raum stehenblieb, kann als Indiz dafür gewertet werden, daß in Wiesbaden zu keinem Zeitpunkt über die Einführung neuer Zeichen nachgedacht wurde. Derartige Vorschläge, wie sie sich in früheren Reformvorschlägen, aber auch in einigen Eingaben, die noch an den Arbeitskreis (in Akten A und B enthalten) herangetragen wurden, finden, waren durch die historische Entwicklung überholt.

Nicht zu verhindern war die sicher notwendige Debatte darüber, wie das etymologische Prinzip in den Vorschlag zu integrieren sei. Da es sich in diesem Fall um einen Teilaspekt der Abgrenzungsproblematik handelt, hätte Grebe in seinem Entschließungsentwurf oder in der Ausschußsitzung darauf eingehen müssen. Dort hatte er aber nur auf der soziologischen Ebene mit dem (wie er selbst zugab) unscharfen Begriff "aktiver Wortschatz des Volksschülers" operiert, ohne darauf hinzuweisen, daß auf der dann erreichten lexikalischen Ebene weiter zu differenzieren ist, so zum Beispiel etymologisch.

Pfleiderer gab den Anstoß zu dieser Diskussion, merkwürdigerweise aber auch erst in der Plenarsitzung:

> Der häufige Gebrauch der Wörter ohne h kümmert sich nicht um die etymologischen Zusammenhänge. Dadurch kommt man in die Konsequenz hinein, Wörter unter die häufig gebrauchten zu bringen, die tatsächlich nicht gebraucht werden. Deshalb: Entweder man registriert nur das, was der Sprachgebrauch gebracht hat und bleibt dabei oder man verfährt nach Punkt 5, d. h. es wird generell durchgeführt, wobei man sagt, nur die Wissenschaft hat ihr eigenes Gesetz. Das Mittelding, eine Auswahl von gebräuchlichen Wörtern zugrunde zu legen, wo die etymologischen Zusammenhänge nicht beachtet werden können, scheint mir Schwierigkeiten zu bringen. (A4/23:10a)

Nachdem eine Aussprache über dieses Problem von Weisgerber und Basler zunächst in den Bereich der Kennzeichnung von Wörterbucheintragungen abgedrängt worden war, griff Böckmann den Hinweis noch einmal auf. Er hielt einen "Verzicht auf die Schreibweise, die die Herkunft und den Zusammenhang des Wortes erkennen läßt" für nicht möglich. Schmitt-Halin unterstützte ihn mit einer populäreren Formulierung:

> Es führt zu absoluten Unsicherheiten, wenn Wörter desselben Stammes, die nicht so gebräuchlich sind, anders geschrieben werden sollen als solche, die im allgemeinen Sprachgebrauch üblich geworden sind. (A4/23:14a)

Erst dieses hartnäckige Nachhaken zwang Weisgerber und Trier dazu, ihre Position offenzulegen. Dabei stellte sich heraus, daß es beider Absicht war (wahrscheinlich im Einverständnis mit Grebe, der sich an der Diskussion nicht beteiligte), hier eine am Phänomen orientierte Lösung zu akzeptieren. (Gegenwärtig wird dieses Problem auf die gleiche Weise gelöst.)

Herr Weisgerber: Brauchen wir wirklich diese Konsequenzen? Die tatsächlich in die Umgangssprache aufgenommenen Wörter sind als isolierte Wörter und nicht als Wortstämme aufgenommen. Es handelt sich darum, daß wir diese Wörter in eine Form bringen, die sich als erwünscht und notwendig aufdrängt. Deshalb müssen wir diese Schreibung nicht konsequent bei allen Wörtern desselben Stammes durchführen. (...) Herr Trier: Wir sind in Gefahr, das etymologische Prinzip zu überschätzen. Die Wörter Prophet und Aphasie z. B. gehören nicht zusammen, sie gehören nur zusammen für den Sprachwissenschaftler. Das stört doch niemanden. Die Tatsache, daß etymologisch zusammengehörige Wörter nicht gleich geschrieben werden, wird seit je hingenommen. (A4/23:14a)

An dieser Stelle äußerte sich Dehnkamp zum ersten Mal; mit seinem untrüglichen Gespür für die Gefahr eines Abgleitens ins Uferlose versuchte er die Diskussion zu beenden. Er wies darauf hin, daß man der "mindest ebenso unlogischen Regelung zugestimmt" habe, die Schreibung "Frisör mit ö" zuzulassen, diese Schreibung in anderen Fällen aber nur zu empfehlen. Auch Süskind stimmte nach einer besonderen Aufforderung von Gussone ("Ich möchte einmal fragen, wie die Herren der Dichtung zu dieser Sache stehen." -A4/23:14a-) dieser Lösung zu.

Endlich konnte Grebe, wie er glaubte, sein zusammenfassendes Statement abgeben, um an dessen Ende seinen Vorschlag zur Abstimmung zu stellen, obwohl ihm diese parlamentarische Methode, die er wohl noch von den Stuttgarter Verhandlungen her als unangemessen in Erinnerung hatte, widerstrebte. Er hatte sich getäuscht, die Diskussion lebte noch einmal auf, denn Gehler (IG Druck und Papier) erklärte, "bezüglich der Freizügigkeit könne er sich nicht anschließen" (A4/23:15a). Nachdem Puschmann in der Ausschußsitzung sich mit seinem energischen Hinweis auf den dem Druckgewerbe enstehenden "Kosten- und Zeitverlust" (wegen der "Doppelkorrekturen"), welchen die Vermehrung der Doppelschreibungen mit sich bringen würde, nicht hatte durchsetzen können (A4/23:25), versuchte hier ein weiterer Vertreter dieser Organisation seinen Einfluß geltend zu machen. Auf Gehlers Einwand reagierte Schmitt-Halin (Arbeitsgemeinschaft der graphischen Verbände) mit einem Kompromißvorschlag: "Die gebräuchlichen Wörter sollte man konsequent in den Formen, in denen sie sonst noch vorkommen, mit erfassen, also die Wortstämme der gebräuchlichen Wörter einbeziehen". (A4/23:16a) Dieser Vorschlag fand ein geteiltes Echo; während ihn Moser für einleuchtender als den bisher vorgeschlagenen Weg hielt, gab Weisgerber zu bedenken, daß damit in die Fachsprachen eingegriffen würde; die anderen stellten Überlegungen an, ob im graphischen Gewerbe dann die Entscheidung des Autors oder die des Verlages (besonders brisant, wenn es sich um einen Fachbuchverlag handelt) maßgebend wäre. An dieser Stelle setzte Grebe sich endgültig durch:

> Wir sind nicht dazu da, Anweisungen für die Druckereien zu erteilen. Ich stelle zur Abstimmung:
> 1. Der Arbeitskreis schlägt vor, in allen Wörtern griechischen Ursprungs ph durch f, rh durch r und th durch t zu ersetzen. Die bisherige Schreibung ist jedoch weiterhin zulässig.
> 2. Der Arbeitskreis schlägt vor, in folgenden häufig gebrauchten Wörtern griechischen Ursprungs ph durch f, rh durch r und th durch t zu ersetzen. Die bisherige Schreibung ist jedoch weiterhin zulässig.
> Eine 3. Möglichkeit als Modifikation zu 2 hätte die gleiche Formulierung mit dem Anweisungszusatz: Die Wortliste ist auf Wortstämme auszudehnen. (A4/23:16a f)

Die Abstimmung brachte das knappste aller möglichen Ergebnisse, aber letztendlich hatte Grebe sich durchgesetzt:

> Für 1 stimmen 7 Herren (Trier, Pfleiderer, Porzig, Oprée, Heyd, Winkler, Moser.)
> Für 2 stimmen 8 Herren (Grebe, Weisgerber, Süskind (2), Böckmann, Schmidt, Zieher, Kübler.) (A4/23:17a)

Zu diskutieren blieb die Ausdehnung der Liste auf die Wortstämme. Grebe war der Meinung, der ganze Wortstamm sei einzubeziehen, wenn es sich um ein geläufiges Wort handele; damit war das Problem der Abgrenzung natürlich nicht gelöst. Trier glaubte, diese Grenze mit dem "Sprachgefühl" festlegen zu können: "Die Sippe wird doch nur insoweit einbezogen, als das allgemein fühlbar ist." (A4/23:17a) Offensichtlich war Moser sofort klar, daß Sprachgefühl als kollektive Größe zwar richtiges Sprechen ohne die Kenntnis grammatischer Regeln ermöglicht, als Abgren-

zungskriterium für gebräuchlich/ungebräuchlich aber nur individuelle Entscheidungen zuläßt. Da er Grebes Listen durchgesehen
und außerdem im Zusammenhang mit der Groß- und Kleinschreibung
selbst umfangreiche lexikalische Untersuchungen durchgeführt
hatte, hielt er es für zulässig, quantitativ zu argumentieren,
und ging auch dieses Problem in gleicher Weise an. Er stellte
fest, daß hier "fast nur die Wörter atheistisch, authentisch
und thermal betroffen sind" (A4/23:17a). Unter diesem Gesichtspunkt sollte die Liste nach Grebes Vorschlag ergänzt werden;
damit erklärten sich alle einverstanden.
Bei den Wörtern authentisch und thermal wurde nichts geändert,
das Wort atheistisch wurde gestrichen (steht also nicht in den
WE), vermutlich weil man - wie bei dem Beispiel Theologe - keine Empfindlichkeiten wecken wollte. Die beiden von Grebe formulierten Entschließungsentwürfe mit den jeweiligen Wörterlisten
(1. Die Fremdwörter aus lebenden Sprachen 2. Die aus dem Griechischen stammenden Fremdwörter) gelangten fast unverändert in
die endgültige Formulierung der WE. Diese Tatsache muß die Frage erlauben: Wozu die Diskussion?

Die Fremdwortproblematik ist etwa in dem Sinne, wie Grebe sie
behandelt hat, in den folgenden Jahren von Heller (1975, 1979,
1980 u.ö.), Munske (1983, 1987 u.ö.), Zabel (1987 u.ö.) und anderen weiter bearbeitet worden. Um das Phänomen wissenschaftlich schärfer zu fassen, hat Heller die begriffliche Unterscheidung der Prager Funktionalisten von Zentrum und Peripherie
auch auf die Problematik der Fremdwortschreibung angewendet.
Dabei zeigte sich, daß bei jedem Versuch, die Schreibung der
Fremdwörter zu ändern, sich zwei Prinzipien gegenseitig in die
Quere kommen; wenn man beschließt, nur im Zentrum, nicht aber
in der Peripherie zu ändern, andererseits aber am Stammprinzip
festhalten will, entstehen kaum zu bewältigende Schwierigkeiten. Heute findet die schon in Wiesbaden begonnen Diskussion um
die Fremdwortorthographie noch unter gleichen Vorzeichen statt,
die Intentionen sind im Prinzip noch dieselben; die Einführung
des wissenschaftlichen Konstrukts von Zentrum und Peripherie
ist eine zusätzliche Stütze, den Allgemeinwortschatz zu trennen
vom Fachwortschatz, vom Bildungswortschatz, vom veralteten
Wortschatz, von Neologismen usw. Nach wie vor lassen sich

Fremdwörter kaum an die deutsche Schreibweise angleichen; Möglichkeiten gibt es eigentlich nur im Bereich des allgemein gängigen Wortschatzes; Wörter, die in der Peripherie anzusiedeln sind, bleiben ausgeklammert. Eine Änderung von rh, th und ph ist nicht durchzusetzen. Generell läßt sich feststellen, daß die heutigen Reformer noch vorsichtiger sind als die Wiesbadener.

2.3 Doppelformen

Die in den WE veröffentlichte Liste der Doppelformen (WE:16-20) hält Augst (1985b) für wenig tauglich, weil sie über den Bereich der Orthographie hinausgehen. Hier werden zwei Phänomene miteinander verquickt, einerseits die lautliche Veränderung von Wörtern (rören - reren) und andererseits die tatsächliche Abschaffung von orthographischen Doppelformen (pantschen - panschen); außerdem enthält diese Liste auch exotische Wörter, die nur dialektale und sonstige Bedeutung haben und nur dadurch bereinigt werden könnten, daß man ihre Schreibung nicht amtlich regelt.

Das Problem der Doppelformen hat eine lange Tradition. Die amtlichen Regeln von 1901 enthielten viele Doppelformen, sowohl bei deutschen Wörtern als auch in gehäuftem Maße bei Fremdwörtern. Und schon die amtliche Festlegung dieser Regeln führte dazu, daß die zweite Form schon abgewertet wurde; so regelt z.B. der Erlaß in Bayern[1], in der Schule gelte prinzipiell immer nur die zuerst genannte Form, was de facto die Abschaffung der Doppelformen bedeutet.

Wesentlich mehr als die staatlichen Behörden haben sich die Fachverbände an den Doppelformen gestört; besonders der Börsenverein und die Buchdrucker verlangten eindeutige Vorschriften. Die Beseitigung der Doppelformen, die auch immer wieder die Problematik der Fremdwortassimilation berührte, ist eine alte

---

1 Regeln für die deutsche Rechtschreibung nebst Wörterverzeichnis. Herausgegeben vom Königlich Bayerischen Staatsministerium des Innern ... Neue Bearbeitung. München o. J.

Forderung der Buchdrucker. Deshalb wurde Konrad Duden 1902 beauftragt, den Buchdruckerduden zu machen, der 1903 erschien.
Bei mehreren vorhandenen Formen hat er immer eine Form zur regelmäßigen erklärt; vor allen Dingen nach der Vereinigung des
Buchdruckerdudens mit dem allgemeinen Duden (9. Auflage) ist im
Grunde immmer nur die von Konrad Duden im Buchdruckerduden favorisierte Form von den zwei möglichen als alleinige Form aufgetaucht. Diese Tendenz hat sich in den folgenden Dudenausgaben
fortgesetzt; man findet im Vorwort jeweils den Hinweis darauf,
daß wieder Doppelformen abgeschafft wurden, in der 14. Auflage
ganz markant. Augst ist der Meinung, daß Grebe dieses Thema in
die Wiesbadener Diskussion eingebracht hat, weil er der alten
Tradition der Drucker und des Börsenvereins huldigte, die Normierung so weit zu treiben, daß es überhaupt keine Doppelformen
mehr gibt. Dies würde bedeuten, daß es in diesem Fall nicht
sein Ziel war, die Rechtschreibung regelmäßiger zu machen, sondern die prinzipielle Forderung dieser beiden Gruppen zu erfüllen. Es gibt in den Akten zwar keinen direkten Hinweis darauf,
daß Grebe von sich aus dieses Thema eingebracht hat, aber der
Verlauf der Diskussion und das Ergebnis bestätigen die Vermutung von Augst.
Eingedenk der terminologischen Verwirrungen in Stuttgart sorgte
Grebe schon in der ersten Sitzung des 2. Ausschusses (10. Juli
1956) dafür, daß eine Definition formuliert und auch schriftlich festgehalten wurde:

> Nach Meinung des Ausschusses sind nicht als Doppelformen zu
> werten:
> 1. Namen (Eckkard, Eckart; Haardt, Hardt).
> 2. Firmenbezeichnungen (Fön).
> 3. Wörter, die mehrgeschlechtlich sind.
> 4. landschaftlich feste Doppelformen, zudem hier oft auch
>   Bedeutungsunterschied besteht (Schlegel = Werkzeug zum
>   Schlagen; Kalbs-, Rehkeule; Schlägel = Bergmannshammer):
> 5. mundartliche Formen.
> 6. Synkope und Apokope. (A3/3a:4)

Darüber hinaus erwirkte er den Beschluß, die Dudenredaktion
solle "an Hand der bereits erwähnten Liste von Herrn Prof. Basler und einer Ausarbeitung, die Herr Dr. Heydt (sic!) dem Ausschuß übergeben hatte, die noch verbliebenen Doppelformen zu-
sammen(zu)stellen" (A3/3a:5). Weder die Liste von Basler noch
die Ausarbeitung von Heyd befinden sich in den Akten A; letzte-

re (38 Seiten !) allerdings in den Unterlagen von Heyd selbst
(H42). (Das Fehlen dieser Ausarbeitung von Heyd in den Akten A
könnte mit Vorsicht als Manipulation von Grebe interpretiert
werden.) Schon die Gliederung dieser Arbeit läßt erkennen, daß
es sich um eine differenzierte Untersuchung handelt:

(H42, Kleinschreibung im Original, H.S.)

In einem Vorwort dazu schrieb Heyd, daß die vorliegende Untersuchung als Auftragsarbeit für die Arbeitsgemeinschaft für
Sprachpflege entstanden sei; er habe seinerzeit den DUDEN, 13.
Auflage als Grundlage benutzt, obwohl schon bekannt gewesen wäre, daß in der 14. Auflage eine Reihe von Doppelschreibungen
aufgehoben würden. Eine Reihe von Wörtern seien aus diesem
Grund folgendermaßen gekennzeichnet

    = im DUDEN schon ebenso geregelt

    = im DUDEN schon geregelt, aber in anderem sinne

Alle nicht gekennzeichneten Wörter bedürften nach seiner Meinung "noch durchaus der regelung".

In seinem Vorschlag mit angefügter Liste, in der er die noch in der 14. Auflage des Dudens verbliebenen Doppelformen aufgeführt hatte, ging Grebe nicht auf diese Ausarbeitung ein. Die dort aufgezählten Wörter wurden in der Ausschußsitzung "durchgearbeitet"; es gab darüber keine Diskussion. (A4/23:30)

In der Plenarsitzung am folgenden Tag las Grebe den Einleitungssatz mit dem Hinweis auf den Duden (WE:18) vor, erläuterte, warum er es für richtiger hielte, Alb statt Alp zu schreiben, und erwähnte die Probleme einer bestimmten Berufsgruppe mit dem Erhalt des ai in Waid. Auf seine Frage, "ob sich gegen das eine oder andere Wort Bedenken erheben", gab es zwei Wortmeldungen. Moser meinte, es blieben wohl "an Doppelformen nur Knüttelvers und rekeln", und Basler bemerkte: "Im Knittelvers wird das ü zu i, räkeln soll nur noch mit ä geschrieben werden". Grebe wies darauf hin, daß nur noch Fußstapfe zu schreiben sei, und fügte hinzu: "Bei dem Wort rören haben wir ein Dehnungs-h erwischt, das wir beseitigen können." (A4/23:18a)

Diese kurzen Bemerkungen sind ebenfalls nicht als Diskussion zu bezeichnen. Grebes Vorlage wurde unverändert in den endgültigen Text der WE übernommen. Ausgenommen hatte man lediglich eine von ihm aufgestellte Zusatzliste, welche Doppelformen enthielt, die "gegebenenfalls zu einem späteren Zeitpunkt mit den Vertretern Österreichs und der Schweiz zu klären" wären. (A4/23:18a)

Diese Liste enthielt folgende Wörter:

```
Bendel,    schweiz.: Bändel
Büfett  österr.: Büffet
firm,   österr. auch: ferm
gültig, österr. auch: giltig
Justitiar,  Justitiär
Kommissar,  Kommissär
Menü,  schweiz.: Menu
Missionar,  Missionär
Omelett, österr., schweiz.: Omelette
Orang-Utan,  Orangutan
Paspel,  österr.: Passepoil
Police,  österr.: Polizze
Portier,  österr.: Portier
pythagoreisch ,  österr.: pythagoräisch
Refüs,  österr.: Refus
Schellkraut,  österr.: Schöllkraut
Spalet,  österr.: Spalett
Weck(en),  schweiz.: Weggen
Witib,  österr.: Wittib
Zieger,  schweiz.: Ziger  (A3/8b:3)
```

Die Doppelschreibungen dieser Liste (einschließlich der Kennzeichnungen österr. und schweiz.) sind identisch mit den jeweiligen Wörtereintragungen im Duden, 14. Auflage.

Grebe konnte seine bzw. die Vorschläge der Dudenredaktion hier und in schon beschriebenen Fällen auch deshalb ungehindert durchsetzen, weil von den anderen Mitgliedern nur selten Ausarbeitungen vorgelegt wurden. Seine Vorschläge zu den bisher behandelten Punkten (Zeichensetzung, Fremdwort und Doppelformen) wurden unwesentlich verändert in die engültige Formulierung der WE übernommen.

Auf der wissenschaftlichen Ebene dauert der Streit um die Doppelformen - oder, um es allgemeiner zu sagen, um die Varianten - an. Er stellt sich heute so dar, daß einige Wissenschaftler konsequent gegen jede Art von Doppelformen sind, während andere eine gezielte Variantenführung vorschlagen. In der neueren Reformdiskussion spielt die Frage der Doppelformen (bis auf die Fremdwortschreibung) nur noch eine geringe Rolle; so manifestiert sie sich nicht mehr in einem einzelnen Reformpunkt, sondern wird bei der Laut-Buchstaben-Beziehung mit abgehandelt.

2.4   Silbentrennung

"Zunächst hatte ich den Teilnehmern klar zu machen, daß es sich nicht um einen Trennungsstrich handelt, sondern um einen Bindestrich!" sagte Brinkmann im Telefongespräch am 2. Mai 1986. Er ist also bis zum heutigen Tage bei seiner Überzeugung von damals geblieben.

In seiner Vorlage für die Diskussion im 3. Ausschuß hatte er geschrieben

> Wir sind beim Lesen so selbstverständlich darauf eingestellt, daß wir vom Zeilenende zum Anfang der nächsten Zeile zu sehen haben, daß sich der Anschluß mühelos ergibt. An das Verfahren bei der Trennung kann darum die Forderung gerichtet werden, daß es so einfach und zweckmäßig wie möglich ist. Alle bestehenden Regeln sind unter diesem Gesichtspunkt zu überprüfen. Es geht allein um eine zweckmäßige technische Lösung. (A4/2:2)

Den letzten Satz konsequent zu Ende gedacht, würde eine totale Freigabe bedeuten: Trennung von Wörtern am Zeilenende an jeder beliebigen Stelle des Wortes; damit wäre jeder gedruckte Text automatisch nicht nur links- sondern auch rechtsbündig gewesen.

Eine entsprechende Forderung hatte es in den Leitsätzen des Sachverständigenausschusses des Reichsinnenministerium (1921) und in dem Reformplan der Leipziger Lehrerschaft (1931) gegeben (Jansen-Tang 1988:151); alle folgenden Programme beschränkten sich auf Vorschläge zur Vereinfachung der geltenden Regelung. Brinkmann hatte natürlich nicht die Absicht, eine derartige Freigabe jeglicher Regelung vorzuschlagen. Er wollte mit dieser Äußerung lediglich das Problem der Silbentrennung bagatellisieren, um es damit in die Randbereiche linguistischer Thematik zu verweisen.

Zutreffend ist seine Äußerung nur insofern, als es für das Trennen von Wörtern nur drucktechnische Gründe gibt und gegen eine totale Freigabe nur pseudoästhetische Bedenken stehen. Er entlarvt das letztere, auch in anderen Reformkomplexen immer wieder vorgebrachte Argument als Abwehr des Ungewohnten:

> Man macht immer wieder (auch an sich selbst) die Erfahrung, daß das Widerstreben gegen eine "mechanische" Regelung von bestimmten gewohnten Schriftbildern ausgeht, von denen man sich nur ungern löst. So haftet man an bestimmten Stellen, der eine an dieser, der andere an jener. (A4/12:6)

Auch für ihn gibt es nur eine Regelung auf linguistischer Basis, was seine dem Ausschuß vorgelegten Entwürfe beweisen (A4/2 und A4/12).

Dort formulierte er als Grundsatz, die Silbentrennung müsse "im Einklang mit dem System der Sprache und dem Schreibsystem" stehen; einer zweckmäßigen Regelung stünden zwei Schwierigkeiten im Wege: zum einen deckten sich "Aussprache und Schrift (...) in unserer Rechtschreibung nicht", zum anderen brächten "Namen und Wörter aus anderen Sprachen (...) eine Silbentrennung mit, die von der deutschen" abweiche.

In seinem ersten Reformentwurf (A4/2) bezieht er sich ausdrücklich auf den Aufsatz von Klappenbach (1955b) zu den STE und auf Grebes Vorlage (A4/1); er benutzt die Termini "Sprechsilbe" und "Sprachsilbe", ohne die dieser Differenzierung zugrunde liegenden Trennungsprinzipien (etymologisches und phonologisches) zu erwähnen. Im Anschluß an eine kurze Einleitung formuliert er sieben Reformvorschläge, die sich überwiegend auf bestimmte Buchstabenverbindungen beziehen (A4/2:1f):

1. Trennung der "Lautverbindung st (...) wie sp nach der üblichen Regel"
2. Trennung der "Buchstabenverbindung ck (...) wie ch und sch (...) als ein Laut"
3. Trennung von "Zusammensetzungen wie hinaus, herein (...) nach Sprechsilben"
4. Trennung "erdkundliche(r) deutsche(r) Namen (...) nach Sprechsilben (...) (Ram-sau)"
5. Kein Wiederaufleben des dritten (gleichen) Konsonanten bei Trennung der Komposita
6. Trennung "nicht zusammengesetzte(r) Fremdwörter (...) nach Sprechsilben" (z. B. Buchstabenverbindung gn)
7. Vorschlag zur Trennung von zusammengesetzten Fremdwörtern erst nach "umfangreiche(n) Untersuchungen des betroffenen Wortbestandes", da bei Klappenbach und Grebe keine klare Entscheidung

Brinkmann sieht seine Vorschläge als Ergänzung bzw. Bestätigung von Grebes Entwurf, der systematischer und differenzierter aufgebaut und mit mehr Beispielen belegt ist (A4/1). Dieser bezieht sich mehrmals ausdrücklich auf die Konferenz von 1901, ist im übrigen aber fast wortidentisch mit dem Kapitel IV (Silbentrennung) und Kapitel V (Fremdwörter B Silbentrennung) im Duden (14. Aulf, S. 40-43). Abweichend davon plädiert Grebe für die Trennung von st wie sp, möchte aber im Gegensatz zu Brinkmann die Auflösung von ck in kk beibehalten.

Auch hier ist die Tendenz zu erkennen, die "von 1902 bis 1980 in Grundzügen" (Jansen-Tang 1988:147) unveränderten Dudenregeln durch einen staatlichen Beschluß sanktionieren zu lassen; vor allem die Tatsache, daß Grebe seine mit dem Duden identischen Vorschläge ausdrücklich als Bestätigung, Ergänzung oder Korrektur der Beschlüsse von 1901 darstellt, spricht für diese Absicht.

Moser hatte zugesagt, die von Brinkmann und Grebe für notwendig gehaltenen Wortlisten in der Universität Saarbrücken erarbeiten zu lassen. Da diese Listen in der ersten Sitzung des 3. Ausschusses (6. Dezember 1957) noch nicht vorlagen, kam das Thema Silbentrennung dort noch nicht zur Sprache und wurde auf die zweite Sitzung vertagt, die am 27. und 28. Juni 1958 stattfand. Inzwischen hatte Pfleiderer dem Ausschuß einen eigenen Entwurf (Orthographisches "Absetzen" nach Sprechsilben -A4/7) vorgelegt. Brinkmann sah sich genötigt, einen Nachtrag zu seinen Vorschlägen vom 3. November 1957 (A4/2) vorzulegen. (Erster Vorschlag A4/2: 2 Seiten, Nachtrag A4/12: 8 Seiten) Zunächst ging er dort auf die von Moser vorgelegten Wörterlisten ein:

> Die Liste umfaßt 726 Seiten mit mehr als 21.000 Wörtern. Sie ist so angelegt, daß für die Buchstaben L bis S eigentliche Fremdwörter und Namen aus fremden Sprachen zusammengefaßt sind; für die übrigen Buchstaben (A bis K und T bis Z) sind Fremdwörter und Namen aus fremden Sprachen getrennt (die Listen für die Namen umfassen noch einmal 75 Seiten). Es ist klar, daß an eine Vervielfältigung dieser Listen nicht zu denken ist. Es muß genügen, wenn sie den Mitgliedern des Ausschusses bei der nächsten Zusammenkunft zur Einsicht bereitstehen. Ich glaube auch sagen zu können, daß ohne eine systematische Durcharbeitung dieser Aufstellungen eine Klärung erreicht werden kann. (A4/12:1)

Da die genannten Listen in den Akten A nicht enthalten sind, läßt sich natürlich nicht darüber urteilen, ob es sich hier wirklich um eine (wie Brinkmann meinte) völlig überflüssige Arbeit gehandelt hat. Brinkmann und Grebe hatten in ihren ersten Entwürfen (A4/1 und A4/2) die Notwendigkeit solcher Listen für die Aufstellung einer neuen Regelung betont, es offensichtlich aber versäumt, die Modalitäten der geplanten Aufstellungen festzulegen.

Im Kern unverändert, nur sehr viel ausführlicher begründet, wiederholt Brinkmann seine Vorschläge. Dabei bezieht er die Ausführungen von Baum/Eicher (1956) und Pfleiderer (A4/7) mit ein.

In seinen vorangestellten grundsätzlichen Ausführungen betont er (unter Hinweis auf Pfleiderer), daß die vorrangige Trennung nach dem phonologischen Prinzip die wichtigsten Ableitungsgruppen "überfährt" (A4/12:1), weil dadurch "die Bildungsweise verdunkelt wird" (A4/12:2). Trotz dieses Bedauerns sieht er aber keine Möglichkeit, auch nicht in Einzelfällen, eine "sinnvolle" (er meint morphologische) Trennung vorzuschlagen. Er bleibt deshalb auch bei der ursprünglichen Fassung von "Vorschlag 1" (Trennung von st) und weist darauf hin, daß die von Baum/Eicher vorgeschlagenen Unterscheidungen (ras-te - rasen; ra-ste -

rasten) undurchführbar sind, weil sie "dem geltenden System, das bei Ableitungssilben auf die Bildung keine Rücksicht nimmt", widersprechen.

Auch seinen "Vorschlag 2" (ck wird wie ch und sch behandelt) verteidigt er gegen Pfleiderer, der weiterhin k-k trennen will, und Baum/Eicher, die den Erhalt von ck nur bei Eigennamen zugestehen wollen, weil "ck anders als ch und sch einen Bezug zur Silbendauer hat". An dieser Stelle kritisiert er auch die "Duden-Regel (IV, A, 21), nach der ein einzelner Vokal nicht abgetrennt werden soll".

Auch in seinem Vorschlag 3 (von hier an ändert er die Reihenfolge seines ersten Entwurfes) wendet er sich gegen den Duden: "Bei der Zusammensetzung vereinfachte Doppelkonsonanten leben in der Silbentrennung nicht wieder auf" (A4/12:3). Er weist darauf hin, daß der Duden (unter IV, A, 1c) ein entgegengesetztes Verfahren (Rau-heit, Roh-heit) verlangt, und sieht keinen Grund für dieses verschiedene Vorgehen. Da nicht einzusehen ist, warum man bei der Silbentrennung neue Schreibweisen einführen sollte, und auch unter dem Aspekt, daß ein Wort nur aus technischen Gründen zerteilt wird, plädiert er gegen das Wiederaufleben des dritten Konsonanten. Der Entstehung "unschöne(r) Schriftbilder" ließe sich entgegenarbeiten durch die Empfehlung, solche Trennungen (Spargel-der, Duden IV,B) zu vermeiden. Den Vorschlag von Baum/Eicher, den dritten Konsonanten generell wieder einzuführen, hält er nicht für sinnvoll, weil in vielen Fällen ("Schwimmmeister, Rollladen") "das erste Glied (ein Verbum) so als selbständiges Wort (außerhalb eines etwa verkürzten Imperativs) überhaupt nicht vorhanden" ist. (A4/12:4) Mit dem Vorschlag 4 (Trennung erdkundlicher Namen nach Sprechsilben) schließt er sich wie schon vorher an Klappenbach (1955) und Grebe (1955) und jetzt auch an Baum/Eicher (1956) an, nach deren Meinung "die Schreibung gelten (soll), die sich aus der Aussprache ohne Zwang ergibt". So wäre auch das unbegründete Nebeneinander von "Main-au und Nas-sau, von Schwarz-ach und Ander-nach" verschwunden. Die Regel, nur noch nach Sprechsilben zu trennen, soll für erdkundliche Namen und für Vor- und Familiennamen gelten. Eine andere Trennung sei freizustellen bei "Namen, die für jeden Angehörigen der Sprachgemeinschaft erkennbar an allgemein bekannte Namen angeschlossen sind (Neuenahr) oder doch in den Umkreis, in dem sie zu Hause sind, noch in ihrer Bildung verstanden werden".

Den Vorschlag 5 formuliert er sofort als Regel: "Fremdwörter und Namen aus fremden Sprachen werden nach Sprechsilben getrennt, ohne Rücksicht darauf, ob sie zusammengesetzt sind oder nicht". Begründet wird diese Entscheidung damit, daß es aussichtslos wäre, "den ungeheuren Bestand an Fremwörtern nach den Gesetzen der Sprache zu trennen, aus der sie stammen, zumal sie vielfach bei der Übernahme eine Veränderung erfahren haben" (A4/12:5). Auch die "Verlegenheitsregelung" im Duden (V,B,2), bei häufig gebrauchten zusammengesetzten Fremdwörtern die Trennung nach Sprechsilben zuzulassen, löst das Problem nicht.

Als strittig betrachtet Brinkmann, "ob die allgemeine Regel ohne Rücksicht auf besondere Lautverbindungen der Fremdwörter angewendet werden soll": Klappenbach und Grebe wollen "die Verbindungen von Verschlußlaut mit folgendem r oder l" ausnehmen (Am-brosia, Bi-bliothek, Ma-dri-gal, La-trine, Ka-priole), Pfleiderer ist gegen jede Ausnahme. Brinkmann ist im Interesse einer möglichst einfachen und zweckmäßigen Lösung "geneigt (...), sich der Auffassung Pfleiderers anzuschließen" (A4/12:6). Einigkeit herrscht bei allen - und Brinkmann stimmt dem zu - die "aus dem Lateinischen und den romanischen Sprachen stammende Lautverbindung gn" zu trennen (Sig-nal, Champig-non). Ebenso zustimmend äußert er sich zu Pfleiderers Vorschlag, "einzelne Diphthonge oder Vokale, die als Silben gesprochen werden, im Zweifelsfalle zu dem vorhergehenden Vokal zu ziehen" (Dia-log statt Di-a-log; diä-te-tisch statt di-ä-tetisch) (A4/12:6).

Vorschlag 6: Hier distanziert sich Brinkmann von seinem ersten Vorschlag (der auch von Pfleiderer vertreten wurde), zusammengesetzte Adverbien vom Typus "darauf" generell nach dem phonologischen Prinzip zu trennen. Er folgt allerdings auch nicht Baum/Eicher, die zu bedenken geben, daß die nach Landschaften verschiedene Aussprache eine unterschiedliche Trennung produzieren könnte. Seine neue Erkenntnis stützt er auf die Untersuchung einer Liste von 60 zusammengesetzten Adverbien. Unbedingt nach Sprechsilben zu trennen seien die Adverbien, die mit "dar- oder war-/wor- im ersten Bestandteil zusammengesetzt sind", weil es diese Silben "heute als selbständige Wörter" (daran, darauf, daraus, darein, darinnen, darob, darüber, darum, darunter, warum; woran, worauf, woraus, worein, worüber, worum, worunter) nicht mehr gibt.

Für vertretbar hält er die Trennung nach Sprechsilben auch bei den Zusammensetzungen mit her- und hin- (obwohl diese beiden Wörter als selbständige Wörter noch "leben"), weil in vielen Gebieten Kurzformen wie raus und nauf existieren.

Probleme sieht er aber bei einer dritten "Gruppe von zusammengesetzten Adverbien, bei denen ein einfaches r oder n in der Silbenscheide steht" (A4/12:7): vorab, voran, vorauf, voraus, vorerst, vorüber (dazu: im voraus); überaus, übereck, überein; obenan, obenauf, obenaus, obenherein; untenan, untenaus; hieran, hierein, hierinnen, hierauf.

Er schlägt deshalb vor, Adverbien, "die im ersten Bestandteil zweisilbig sind, in jedem Falle nach Bestandteilen" zu trennen (oben-, unten-). Bei den noch verbleibenden Zusammensetzungen mit hier- und vor- liegt nicht in allen Fällen eine gebundene Aussprache vor (voran, vorerst) und die Bestandteile werden überwiegend als eigenwertig empfunden. Deshalb zieht er auch hier eine Trennung nach Bestandteilen vor.

Am Schluß seiner Ausführungen faßt er noch einige Einzelfälle zusammen:

> Ich mache anschließend noch auf andere Fälle aufmerksam. Die zahlreichen Verbindungen, die einander eingehen kann (aneinander, ineinander usw.), wird man nach wie vor nach Bestandteilen trennen, weil bei einander die Zusammenrückung deutlich ist. Abtrennen wird man auch Adverbien, die an ein Substantiv als Richtungsangabe angefügt werden können (jahraus, jahrein). Im Grunde handelt es sich ja dabei nicht um eine Zusammensetzung, sondern um eine syntaktische Fügung (vgl. kopfüber, bergan, treppab, stromab). Nach Bestandteilen wird man ferner zusammengesetzte Adverbien trennen, bei denen nicht ein einfaches r oder n in der Silbenscheide steht, also: vornan, vornüber, weitab, fortan, (8) rund-um, kurzum, rundherum, (wenn man hier nicht überhaupt besser getrennt schreibt wie auch bei: rundheraus, dorthinab, welcherart), mitunter. Wie steht es mit hierorts, derart, dereinst?
> Außerhalb der Abverbien gibt es nur vereinzelte strittige Fälle wie: beobachten, ereignen, Ganerbe, Garaus, Kleinod, Obacht. (A4/12:7f)

In der Sitzung des 3. Ausschusses am 27. und 28. Juni 1958 hatte Brinkmann kaum Probleme, diese Vorschläge durchzubringen. Nur in einigen Teilaspekten ergaben sich nach der Beratung Än-

derungen: ck soll weiterhin bei der Silbentrennung in kk aufge-
löst werden; auf die Dreifachkonsonanz in der Kompositionsfuge
soll generell verzichtet werden. Zu dem letzten Beschluß wird
im Protokoll auf Brinkmanns neueste Veröffentlichung zu diesem
Thema verwiesen:

> Der Ausschuß bekannte sich zu dieser Vereinfachung unserer
> Rechtschreibung um so lieber, als er sich der Auffassung
> von Herrn Professor Brinkmann anschloß, daß eine Zusammen-
> setzung nicht in ihre Glieder aufgelöst werden kann, also
> auch in der Schreibung gesondert sein darf. (Vgl. Brink-
> mann, Die Zusammensetzung im Deutschen; Sprachforum 1957,
> Heft 3/4, S. 222 ff.) (A4/13:2)

Der nach dieser Sitzung wahrscheinlich von Grebe formulierte
Bericht des 3. Ausschusses (A4/14), der bis auf die Trennung
des ck als c-k und einige Umstellungen in der Reihenfolge mit
der endgültigen Formulierung der WE (WE:16-18) identisch ist,
enthält fünf Reformvorschläge, die auf Brinkmanns Ausarbeitungen basieren:

1. Trennung von st; Trennung von ck als k-k

2. Keine Dreifachkonsonanz

3. Trennung der zusammengesetzten Wörter nach Bestandteilen

4. Trennung erdkundlicher Namen nach Sprechsilben

5. Trennung aller Fremdwörter nach Sprechsilben.

Diese wurden in der Sitzung des 3. Ausschusses am 14. Oktober
1958, die Grebe in Vertretung von Brinkmann leitete, noch einmal diskutiert. Pfleiderer wiederholte seine Bedenken gegen die
Verwandlung des "ck zu Doppel-k", gab seinen Widerspruch aber
schließlich auf, nachdem Grebe den Standpunkt von Brinkmann
noch einmal erläutert hatte.
Auch gegen den Wegfall der dreifachen Konsonanz regte sich zunächst Widerspruch, den Grebe aber durch den Hinweis, hier sei
auch noch die s-Frage untergebracht worden, abblockte. In diesem Zusammenhang kam dann die Möglichkeit der Unterteilung
durch Bindestriche zur Sprache, und Grebe erkannte sofort die
Chance, die Diskussion zu beenden:

> Wollen wir es bei der Zweikonsonanz im Kompositum belassen
> mit der Zusatzregel, daß bei Mißverständnissen der Binde-
> strich gesetzt werden kann?
> - Dieser Vorschlag findet allgemeine Zustimmung. -
> A4/23:33)

Einzelprobleme, auf die von einigen Anwesenden noch hingewiesen
wurde, hatte man in dem Bericht durch einen Satz abgefangen,
den Grebe hier wörtlich zitierte: "Schwierigkeiten oder Mißverständnisse, die auch dann noch bestehen bleiben, können durch
die Kennzeichnung der Silbengliederung im Regelbuch behoben
werden." (A4/14:3 und A4/23:31) Unklar bleibt, welches Regelbuch gemeint ist; wahrscheinlich zielt diese Bemerkung auf den
Duden. In der endgültigen Formulierung der WE fehlt dieser Satz.

Grebe und Brinkmann hatten offensichtlich gehofft, diese Vorschläge in der Plenarsitzung, die am Nachmittag des gleichen
Tages stattfand, nur noch zur Abstimmung vorlegen zu müssen. Es
wurde nämlich festgestellt, "daß in den Punkten 4 und 5 völlige
Einmütigkeit bestanden habe" (A4/23:19a), man über die drei ersten Punkte noch zu sprechen habe. Es entwickelte sich aber eine ausufernde (10 Seiten Protokoll!) Debatte, in der einzelne
Punkte so kontrovers diskutiert wurden, daß es zu einigen sehr
knappen Abstimmungsergebnissen kam.
Als erstes wurde nach erneuter Diskussion einstimmig angenommen, daß Konsonanten, die in der Zusammensetzung nicht geschrieben werden, in der Silbentrennung nicht wieder aufleben
sollen (dennoch, Mittag, Roheit); über die Alternative, ob immer zwei oder immer drei Konsonanten zu schreiben sind, prall-
ten die unterschiedlichen Meinungen wieder aufeinander. Besonders Kübler wollte eine Regel formuliert haben, in der die
dreifache Gleichkonsonanz erhalten bliebe und die durch eine
Schreibung mit Bindestrich Mißverständnisse vermeiden ließe.
Die von ihm angeführten Beispiele (Werkstatt-Akte im Gegensatz
zu Werkstatt-Takte; Spann-Nuten im Gegensatz zu Span-Nuten) waren aber nach Ansicht der meisten Anwesenden so speziell, daß
es ihnen nicht gerechtfertigt schien, dieses Phänomen mit einer
allgemeingültigen Vorschrift zu regeln. In der Abstimmung entschieden sich 14 Herren dafür, stets nur zwei Konsonanten zu
schreiben, Kübler und Oprée stimmten gegen diese Regelung. Über
den fakultativ zu setzenden Bindestrich wurde nicht mehr gesprochen; außerdem wurde es einstimmig abgelehnt, in die Empfehlungen einen in Entwurf vorhandenen Passus aufzunehmen, in
dem "der Wissenschaft oder der Technik in ihrem Sonderbereich
ein Sonderrecht zugestanden wird" (A4/23:24a). Hinter diesem

Entschluß steht die zweifellos richtige Intention, Regeln für die "Allgemeinsprache" zu formulieren, ohne auf die Probleme des "technischen Fachschrifttums" im Detail einzugehen.

Nachdem die Neuregelung der Trennung von st in s-t einstimmig angenommen worden war, stellte sich heraus, daß sich diese Einmütigkeit nicht auf das Problem des ck übertragen ließ. Pfleiderer wandte sich energisch gegen eine Änderung der "historisch gewordene(n) Gewohnheit" (A4/23:22a), ck als kk zu trennen. ("Es tut gut, wenn wir bei den vielen Verdoppelungen eine haben, die anders aussieht." - A4/23:23a -) Weisgerber wandte sich gegen eine Ausnahme und wollte c-k trennen, wobei Brinkmann ihm zustimmte, weil dies "in der Konsequenz der bisherigen Beschlüsse" läge. Bei Grebe stieß dieser Vorschlag auf starken Widerstand; er argumentierte nur pragmatisch und wurde dabei von Arnold unterstützt:

> Herr Grebe: Ich wende mich gefühlsmäßig gegen diese Absicht und sehe nicht ein, warum wir um gewisser Konsequenzen willen ein gewohntes Bild ändern sollen, ohne den Zustand zu verbessern.
> Herr Arnold: Wir sollten an die Generation denken, die das erst lernen muß. (A4/23:23a)

Bei der nun folgenden Abstimmung gab es wegen einiger Enthaltungen Schwierigkeiten bei der Zählung; es wurde eine zweite, diesmal namentliche Abstimmung durchgeführt, nachdem Dehnkamp vorher klargestellt hatte: "Wenn beides keine Mehrheit findet, heißt das, es bleibt alles beim alten." (A4/23:23a)
Der im folgenden zitierte Abschnitt aus dem Protokoll belegt, wie sehr Grebe sich darum bemühte, jeden Verdacht von Manipulationen abzuwenden:

> Herr Grebe nennt die Verbände einzeln und es ergibt sich folgendes:
> Akademie für Sprache und Dichtung: Nein
> Arbeitsgemeinschaft der Akademien der Wissenschaften: Nein
> Arbeitsgemeinschaft Deutscher Lehrerverbände: Nein
> Arbeitsgemeinschaft der graphischen Verbände: Ja
> Arbeitsgemeinschaft für Sprachpflege: Ja
> arbeitsgemeinschaft neue rechtschreibung: Ja
> Deutscher Germanistenverband: Ja
> Deutscher Jounalistenverband: Nein
> Deutscher Normenausschuß: Nein

Dudenredaktion: Nein
Gesellschaft für deutsche Sprache: Ja
Gemeinschaft deutscher Lehrerverbände: Ja
Industriegewerkschaft Druck und Papier: Ja
Schwerpunkt Deutsche Sprache: Ja
Herr Moser: Ja
Herr Pfleiderer: Nein
Herr Winkler: Nein
8 Nein, 9 Ja. (A4/23:24a)

Diese knappe Mehrheit wurde als Stimmengleichheit interpretiert
und damit war eine Neuregelung der Trennung von ck abgelehnt.
Anschließend wurden die Vorschläge zur Trennung erdkundlicher
Namen und aller Fremdwörter nach Sprechsilben (Punkt 4 und
Punkt 5 mit Ausnahme von Absatz 2) einstimmig angenommen.
Die Lautverbindungen b, p, d, t, g, k mit folgendem l oder r
(Punkt 5, Absatz 2) wurde von Brinkmann noch einmal gesondert
erläutert:

> Diese Verbindungen sind im Deutschen selten, aber häufig in
> Fremdwörtern. Im Duden ist diese Gruppe gegenwärtig ausge-
> nommen. Bleiben wir dabei, daß diese Lautverbindungen als
> untrennbar gelten? Ich würde vorschlagen, die Fassung an-
> ders zu wählen: Die Lautverbindung bleibt dabei ungetrennt.
> (A4/23:25a)

Durch diese gesonderte Behandlung einiger Konsonantenkombina-
tionen wurde eine Diskussion ausgelöst, die inhaltlich die wesentliche Fremdwortproblematik unter dem Aspekt von Zentrum und
Peripherie noch einmal aufwarf und formal hinter den schon einstimmig gefaßten Beschluß (alle Fremdwörter sind nach Sprechsilben zu trennen) zurückfiel. In fast jedem Beitrag manifestierte sich das verständliche Unbehagen darüber, daß sich weder ein bestimmtes Prinzip konsequent anwenden noch eine eindeutige Regel formulieren ließ:
- "Es bleibt immer ein Rest von Willkür." (Schmitt-Halin -
  A4/23:25a)
- "Die Regel, nach der die Verschlußlaute b, p, d, t, g, k von
  dem folgenden l oder r nicht getrennt werden dürfen, ist für
  die Kinder viel zu schwierig." (Pfleiderer - A4/23: 25a)
- "Es ist nicht das humanistische Gefühl, das dahintersteht,
  sondern der Widerspruch zwischen Sprechsilbe und Trennung."
  (Grebe - A4/23:25a)

- "Kann man den Grundgedanken der deutschen Sprechsilbe überhaupt anwenden?" (Weisgerber - A4/23:26a)
- "Die Schwierigkeit beruht darauf, daß der Begriff der Sprechsilbe sich nicht einfach vom Deutschen auf die fremde (27a) Sprache übertragen läßt. Es ist dann so, daß wir eine Silbe, mit der das Wort anfängt, als Präfix empfinden." (Pfleiderer - A4/23:26a f)
- "Es weiß nämlich kein Phonetiker, was eine Silbe ist." (Winkler - A4/23:27a
- "Wir stellen die Sprechsilbe erst künstlich her." (Arnold- A4/23:27a)

Symptomatisch für die Unsicherheit fast aller Beteiligten - auch noch in der allerletzten Phase der Entscheidung - ist diese Aufzählung von Äußerungen, die (als Protokollauszug zitiert) auf den ersten Blick eher ein einleitendes Brainstorming als ein abschließender Diskurs zu sein scheint.

Sieht man die Äußerungen von Grebe und Brinkmann, die sich in diesem Punkt als Antipoden gerierten, isoliert, wird sofort klar, daß der Grund für diesen Rückfall innerhalb der Entscheidungsphase ein Machtkampf zwischen diesen beiden war. Brinkmann hatte von Anfang an seine Meinung klar artikuliert (Silbentrennung ist ein technisches Problem, kein linguistisches) und plädierte demzufolge jetzt dafür, alle Fremdwörter, einfache und zusammengesetzte, wie einfache deutsche Wörter zu trennen und aus dem Vorschlag den Zusatz "nach Sprechsilben" zu streichen; diese Regelung, die sinngemäß Eingang in die Schlußformulierung fand, überläßt es trotz gegenteiliger Beteuerung den Schreibenden, die jeweilige Sprechsilbe zu definieren:

> Es kann der Sprachgemeinschaft nicht zugemutet werden, die unübersehbare Fülle von zusammengesetzten Fremdwörtern, die aus vielen Sprachen zu uns gekommen sind, in ihrer Zusammensetzung zu durchschauen. Die Regel für die Sprachgemeinschaft kann darum nur sein, alle (kursiv) Fremdwörter, ob sie einfach oder zusammenmgesetzt sind, nach "Sprechsilben" zu trennen. (WE:17)

Es fehlt der Hinweis darauf, daß die Lautverbindungen b, p, d, t, g, k, mit folgendem l oder r als untrennbar zu gelten haben.

Innerhalb der gesamten Diskussionen um die WE handelt es sich
hier um einen der ganz seltenen Fälle, in denen Grebe sich
nicht durchsetzen konnte. Es hatte auf Brinkmanns Vorschlag geantwortet, daß er für diese Regelung seine Stimme nicht herge-
ben wolle, weil er glaubte, man können eine differenzierte Lösung vorschlagen:

> Wir sind ausgegangen davon, daß wir Härtefälle wie Pädago-
> gik u. ä. Dinge beseitigen wollten, wo auch für den Wissen-
> den die Sprechsilbe nicht mit der etymologischen Silbe zu-
> sammen fällt. Wir sind davon ausgegangen, daß wir bei den
> zusammengesetzten Namen nicht mehr erkennen können, wo die
> Fuge liegt. Nun kehren wir den Spieß um. Wir bringen von
> der anderen Seite um des Formalismus willen das unbefriedi-
> gende wieder hinein. Ich meine heute noch, daß es uns ge-
> lingen müßte, das Fremdwort in der Hand zu behalten, ohne
> daß wir an dem etymologischen Prinzip festhalten müßten.
> (A4/23:26a)

Brinkmann konterte sehr hart:

> Der erste Anstoß zu diesen Dingen ist ganz einfach, daß die
> Zeile einmal ein Ende hat. Ich weiß nicht, warum Sie das so
> dramatisieren. (A4/23:26a)

Grebe konnte sich nicht durchsetzen, weil er keine alternative
Lösung anzubieten hatte; in der Abstimmung schlossen sich alle
anderen Brinkmanns Vorschlag an, und Grebe blieb mit seiner Gegenstimme allein.

In ihren Grundzügen präfiguriert diese Grundsatzdiskussion die
wissenschaftliche Entwicklung zur Frage der Silbentrennung bis
zu dem jüngsten Vorschlag von 1989. Die WE betonen in diesem
Punkt ebenso wie bei der Zeichensetzung den Bezug zur gesprochenen Sprache, indem das Rhythmische, also die Silbe als gesprochene Einheit, hervorgekehrt wird; der Entschluß, möglichst
nach Sprechsilben zu trennen, hat zur Folge, daß dabei der Bezug zur klassischen etymologischen Bildung aufgegeben werden
muß. Wenn ein Wort heute für den normalen Sprachteilhaber
(Volksschüler und dessen späterer Beruf) nicht mehr durchsich-
tig ist, wird nicht nach den griechischen Silben getrennt. Dieser letzte Punkt ist in den weiteren Reformvorschlägen beibehalten worden bis hin zu den Vorschlägen der Mannheimer Kommission (1985) und dem gemeinsamen Regelwerk der internationalen
Kommission (1989).

Bis heute erhalten geblieben ist die Forderung, den humanistischen Ballast abzuwerfen; völlig geändert hat sich die Auffassung über das Prinzip, nach dem die Segmente definiert werden;
das heißt, die Silbentrennung bezieht sich nicht mehr auf die
Sprechsprache, auf die Silbe, sondern sie wird als ein eigenes
graphisches Problem behandelt. Verstärkt wurde diese Entwicklung dadurch, daß in der Zwischenzeit die Computerprobleme mit
hinzugetreten sind. Theoretisch haben Hofrichter (1980 u.ö.)
und Eisenberg (1985, 1988 u.ö.) das Phänomen Silbe untersucht
und beschrieben; bei Kohrt (1988) wird die Theorie der Silbentrennung auf graphematischer Grundlage dargelegt. Damit wird
Brinkmanns damalige Feststellung, das phonologische Prinzip
überfahre die Ableitungen, weiter entwickelt.
Das Problem der Dreifachkonsonanz wurde mit der Begründung, das
Wort sei als Einheit zu betrachten, dadurch gelöst, daß immer
drei Konsonanten geschrieben werden.
Die Trennung von s-t wird heute ebenso wie damals einheitlich
vertreten. Uneinigkeit besteht über die Trennung von ck; aus
diesem Grund steht in einer Fußnote des heutigen Vorschlages,
daß darüber noch nicht entschieden ist, weil die Wissenschaftler sich nicht einigen können: Alle drei Varianten (c-k; -ck;
k-k) sind heute noch im Gespräch, und es gibt immer noch keine
durchschlagenden Argumente für eine der Lösungen.

2.5   Zusammen- und Getrenntschreibung

In einem Brief an Brinkmann hatte Grebe die Zielvorgabe formuliert: "Hoffentlich gelingt es uns, in den späteren Diskussionen die ganze Frage auf so einfache Regeln zu reduzieren, daß
sie von den Schreibenden nachvollzogen werden können." (A5/B;
29.10.1957)
Eine der wichtigsten Vorarbeiten hatte er schon ein Jahr zuvor
geleistet. Unter seiner Leitung waren in der Dudenredaktion
zehn Wortlisten erstellt worden, "die den heutigen Stand der
Zusammen- und Getrenntschreibung wiedergeben" (A3/3). Diese Listen waren am 21. August 1956 an die Mitglieder des 3. Ausschusses verschickt worden; zu diesem Zeitpunkt konnte Grebe
nicht ahnen, daß der 3. Ausschuß erst mehr als ein Jahr später

zum ersten Mal zusammentreten würde. Zu dieser Verzögerung war es gekommen, weil es sich als schwierig und zeitraubend erwiesen hatte, für den 3. Ausschuß einen Vorsitzenden zu finden. Nachdem Brinkmann dann dieses Amt übernommen hatte, zögerte er die erste Sitzung noch einige Monate hinaus.

Sie fand schließlich am 6. Dezember 1957 statt. Außer den oben erwähnten Listen lag dem Ausschuß eine Ausarbeitung von Brinkmann (Getrennt- und Zusammenschreibung. Vorschläge zur Reform - A4/3- 8 Seiten) vor, in der dieser versucht hatte, das in den Listen aufgeführte Wortmaterial theoretisch aufzuarbeiten und daraus einige Regeln zu entwickeln.

Im folgenden werden die Listen (A3/3c) mit jeweils einigen signifikanten Beispielen aufgeführt:

Liste 1 (12 Seiten)

Eigenschaftswort (od. 2. Mittelwort) + Zeitwort

a) Eigenschaftswort + Zeitwort

aufrecht halten

"   sitzen

"   stehen

"   stellen

aufrechterhalten

b) 2. Mittelwort + Zeitwort

dahingestellt bleiben

"   sein lassen

gefangenhalten

Liste 2 (1 Seite)

Grundform + Grundform

sitzen bleiben   sitzenbleiben (in der Schule)

baden gehen

flötengehen

Liste 3 (4 Seiten)

Hauptwort + Zeitwort

Rat holen   ratschlagen

Klavier spielen

kopfstehen

lobsingen

maschineschreiben

notlanden

Liste 4 (6 Seiten)

Umstandswort oder Verhältniswort + Zeitwort

a) Umstandswort + Zeitwort

abwärts gehen   abwärtsgehen (schlechter werden)

b) Verhältniswort + Zeitwort

mit arbeiten (vereinzelt) mitarbeiten (dauernd)

Liste 5 (2 Seiten)

Eigenschaftswort+ Eigenschaftswort

halboffen

aber: das Fenster steht halb offen

Anmerkung zu Liste 5: Die vorstehenden Verbindungen werden getrennt geschrieben, wenn das erste Glied durch eine nähere Bestimmung erweitert wird, es sei denn, daß - wie bei altklug -
ein neuer Begriff entsteht.

Beispiel: eine schwerverständliche Sprache; aber: eine wirklich
schwer verständliche Sprache.

Diese Anmerkung gilt auch für Liste 6)

Liste 6 (7 Seiten)

Eigenschaftswort + Mittelwort

a) Eigenschaftswort + 1. Mittelwort

helleuchtend

aber: er ist hell leuchtend

b) Eigenschaftswort + 2. Mittelwort

blaugestreift

aber: er ist blau gestreift

c) 1. Mittelwort + Eigenschaftswort

kochendheiß   aber: die Suppe ist kochend heiß

d) 2. Mittelwort + Eigenschaftswort

getrenntgeschlechtig

Liste 7 (5 Seiten)

Hauptwort + Mittelwort

a) Hauptwort + 1. Mittelwort

achtunggebietend

zwerchfellerschütternd

b) Hauptwort + 2. Mittelwort

angsterfüllt

meerumschlungen

Liste 8 (3 Seiten)

Verhältniswort bzw. Eigenschaftswort oder Fürwort + Hauptwort

an Hand   anhand

zu Recht bestehen   zurechtfinden

Liste 9 (1 Seite)

Fürwort oder Umstandswort + Mittelwort

a) Fürwort + 1. u. 2. Mittelwort

dementsprechend

dessenungeachtet

selbstgeschrieben (ein selbstgeschriebener Brief)

aber: er hat den Brief selbst geschrieben

b) Umstandswort + 1. u. 2. Mittelwort

darauffolgend

andersgesinnt   aber: er ist anders gesinnt

Liste 10 (1 Seite)

Einzelprobleme

sobald (Bindewort), aber (Umstandswort): er kam so bald nicht, wie ich erwartet hatte

(sofern, solange, sooft, sosehr, soviel, soweit, sowenig, sowie, sowohl)

um so mehr (österr.: umsomehr, umso mehr)

ebensoviel aber: ebenso viele

Auf der Basis dieses von der Dudenredaktion vorgelegten Wortmaterials erarbeitete Brinkmann seinen Reformvorschlag (A4/3), in den er "eine ältere Stellungnahme der Duden-Redaktion in Leipzig (Dr. Ebert), eine Stellungnahme von Herrn Dr. Heyd, die bereits die von der Duden-Redaktion in Wiesbaden ausgearbeiteten

Wortlisten berücksichtigt, und die Vorschläge von Prof. Dr. Pfleiderer, die in seiner Schrift 'Grundlagen für eine Reform der deutschen Rechtschreibung' enthalten sind", einbezog.[1] Den Vorschlägen zu den einzelnen Punkten stellte er einige grundsätzliche Ausführungen voran: Die Zusammenschreibung von zwei oder mehreren Wörtern ist als echte Zusammensetzung zu definieren, wenn eine unlösbare Verbindung entstanden ist, die als ein Wort anerkannt wird. Zu beachten ist dabei ein grundsätzlicher Unterschied zwischen zusammengesetzten Substantiven und zusammengesetzten Verben. Bei den Substantiven liegt nur dann eine echte Zusammensetzung vor, wenn ihre Glieder "immer unlösbar und unumkehrbar aufeinander folgen". Die Unlösbarkeit läßt sich an den beiden Beispielen Jungfrau und Freundeskreis demonstrieren, - "denn eine junge (nicht: jung) Frau ist etwas anderes als eine Jungfrau und der Kreis meines Freundes ist nicht dasselbe wie mein Freundeskreis" - die Unumkehrbarkeit an dem Beispiel Glasfenster -"ein Glasfenster ist etwas anderes als Fensterglas". Durch die Trennung der einzelnen Glieder voneinander läßt sich auch eine semantische Erklärung nicht produzieren - "der Geburtstag ist nicht der Tag der Geburt, sondern der Jahrestag der Geburt". Zu differenzieren ist auch zwischen einer Zusammensetzung (Substantive) und einer Verknüpfung zweier Substantive (mit Hilfe eines Genitivs) im Satz; bei einer Zusammensetzung wird eine Reichweite gestiftet, die weit über die syntaktische Möglichkeit einer Ergänzung im Genitiv hinausgeht,; außerdem "werden dabei vielfach Beziehungen vorausgesetzt, die mit Hilfe eines Genitivs nicht angegeben werden können: ein Regenschirm ist ein Schirm (Schutz) gegen den Regen". Man kann die Regel aufstellen, daß bei zusammengesetzten Substantiven die syntaktische Beziehung gelöscht ist.

---

1 Die Stellungnahmen von Ebert und Heyd befinden sich nicht in den Akten A; wahrscheinlich handelt es sich bei dem Dokument H25 (Punkt 5: Getrennt- oder Zusammenschreibung) um die hier erwähnte Ausarbeitung von Ebert; dort findet sich nämlich mehrmals die Formulierung "die Dudenredaktion schlägt vor". Zu der genannten Schrift von Pfleiderer vgl. 3.Kap.2.6.3.

Die Verben gehen unlösbare Verbindungen in der Regel nur mit Präfixen ein (befahren, gestehen, zerrinnen); Ausnahmen sind die Wörter über, unter, durch, um, wider, voll. (Es gibt auch scheinbare Zusammensetzungen wie wetteifern, die aber von Substantiven abgeleitet sind.) Unlösbar und unumkehrbar sind die zusammengesetzten Verben nur als Infinitive und Partizipien (hier meist mit der Silbe ge-), bei den finiten Formen wird die Verbindung gelöst.

Nach eigener Aussage hält Brinkmann es für wichtig, daß eine Reform Mißstände beheben sollte, die wesentlich in zwei Erscheinungen liegen:

> 1) in der Neigung, zusammenzuschreiben, was im allgemeinen (wenigstens im Wörterbuch) zusammen auftritt; 2) in dem Bemühen, die doppelte Möglichkeit der Zusammen- und Getrenntschreibung zu vielfach spitzfindigen Unterscheidungen auszunutzen. Beide Tendenzen sollten mindestens eingeschränkt werden, weil sie der Sprache entgegen sind. (A4/3:2)

Zunächst werden die Fälle gegenübergestellt, die in den Listen 2 und 7b aufgeführt werden.

Für die zusammengesetzten Verben nach dem Muster Grundform + Grundform (Liste 2) soll grundsätzlich die Regel gelten "immer trennen", womit "sprachwidrige" semantische Differenzierungen (sitzen bleiben vs. sitzenbleiben) ausgeschlossen werden. Zusammensetzungen aus Partizip Perfekt und Substantiv (Liste 7b) sind insofern anders zu behandeln, weil "das Partizip grundsätzlich vollen Anteil an den Möglichkeiten des Substantivs" hat; hinzu kommt noch, daß zwischen den beiden Gliedern häufig ein kausales Verhältnis besteht. Deshalb soll für alle Beispiele die Regel gelten "zusammenschreiben". Für Verbindungen des Typs Substantiv + Verb (Liste 3) läßt sich eine solch eindeutige Regel nicht formulieren.

Bei drei Gruppen ist eine Zusammenschreibung zu empfehlen:

1. Bei Verbindungen, die in allen Formen des Verbs untrennbar sind, weil es sich um Ableitungen von zusammengesetzten Substantiven handelt (fachsimpeln, fuhrwerken, handhaben, katzbuckeln, lustwandeln, maßregeln, mutmaßen, notzüchtigen, wetteifern).

2. Bei Verbindungen, die auf die infiniten Formen des Verbs beschränkt sind (bauchreden, bruchrechnen, lobpreisen, schaustel-

len, wettlaufen) und zusätzlich als das Partizip Perfekt vorkommen (notschlachten, notgeschlachtet; strafversetzen, straf-
versetzt).

3. Bei Verbindungen, in denen das Substantiv als "Vorsilbe"
aufgefaßt wird (achtgeben, brachliegen, heimgehen, kehrtmachen,
maßhalten, preisgeben, standhalten, stattfinden, stattgeben,
stichhalten, teilhaben).

Die Getrenntschreibung muß dagegen für alle Fälle empfohlen
werden, in denen "die Stellung des Substantivs im Satz nicht
durch die Lautform gekennzeichnet ist" (Auto fahren, Bock
springen, Brust schwimmen, Kopf stehen, Seil ziehen, Sturm laufen).

> Entweder ist die Fügung bei dem Verbum einem zusammenge-
> setzten Substantiv nachgebildet (z. B. Kopf stehen zu Kopf-
> stand, Rad fahren zu Radfahrer) oder das Substantiv nennt
> die Stelle, mit der ein Verhalten unlösbar verbunden ist
> (eine Art von "instrumentalem Objekt"). Verbum und Substan-
> tiv haben dabei ihren vollen Wert; bei "Rad fahren" kommt
> es ebenso auf die Bewegung an (das Fahren) wie auf das Ge-
> rät (das Fahrrad), das die Bewegung erst ermöglicht.
> (A4/3:4)

Analog zu diesem Vorschlag soll auch für die in der Liste 8
aufgeführten Vereinigungen von Verhältniswort und Substantiv
die Getrenntschreibung gelten (zurecht finden). Ebenfalls Getrenntschreibung (wie die von Brinkmann zitierte Dudenredaktion
in Leipzig fordert) oder wesentliche Einschränkung der Zusammenschreibung wird vorgeschlagen für die Fälle, in denen ein
Adjektiv und ein Verb (Liste 1) zusammentreffen. Dieser Vorschlag wird damit begründet, daß es sprachliche/semantische
Irrtümer waren, die hier eine vermehrte Zusammenschreibung gefördert haben.

> Offenbar haben zwei Momente zur Zusammenschreibung geführt:
> 1) Wenn das Adjektiv sich auf das Objekt bezieht, wird die-
> se Beziehung nicht immer deutlich gefühlt, weil sie an der
> Lautform des Adjektivs nicht zu erkennen ist (ich will mei-
> ne Entscheidung offenhalten); so scheint das Adjektiv al-
> lein mit dem Verbum verbunden. 2) Man ist der Versuchung
> erlegen, "übertragene" Verwendungen zusammenzuschreiben,
> die "eigentlichen" nicht, oder das Adjektiv mit dem Verbum
> zusammen zu schreiben, wenn es Adjektiv ist, zu trennen,
> wenn es die Rolle des Adverbs hat (blaumachen gegen blau
> machen = färben, freisprechen vor Gericht und frei spre-
> chen, d. h. ohne Manuskript sprechen). In Wirklichkeit be-

steht aber immer noch die Beziehung eines "prädikativen"
Adjektivs auf Subjekt (bereit stehen) oder Objekt (bereit
stellen). (A4/3:4)

Ausdrücklich als Ausnahmen von der Regel des Getrenntschreibens
werden folgende Beispiele:

> blankziehen, feilbieten und feilhalten (weil "feil" als Ad-
> jektiv nicht mehr lebt), fertigbringen (weil "fertig" nur
> Gebärde für den Abschluß ist), großziehen (= aufziehen),
> hochachten (weil "hoch" wertet), irreführen, (weil "irre"
> heute fern abliegt), (sic!) Die Verbindungen, bei denen ein
> zusammengesetztes Substantiv zugrunde liegt (fernsehen,
> /-sprechen, langweilen, weissagen). (A4/3:5)

Auch für die in der Liste 4 aufgezählten Beispiele wird eine
eindeutige Regel formuliert: "Zusammengesetzte Adverbien werden
vom Verbum getrennt". Hier wendet Brinkmann sich klar gegen den
Vorschlag von Ebert (Duden Leipzig), der eine Zusammenschreibung auch bei trennbaren Verbindungen (wie aufwärtsgehen - es
geht wieder aufwärts) befürwortet, "weil der Charakter des Prä-
fixes ausschlaggebend sei". Dagegen argumentiert Brinkmann, daß
bei diesem Vorschlag offenbar "die Adverbien, um die es sich in
der Liste handelt (z. B. daran in 'darangehen' = mit etwas beginnen)" nicht unterschieden werden von den "einfachen Adverbien (z. B. an in 'angehen' = jemand um etwas bitten), die wir
als 'Vorsilben' des Verbums anzusehen gewöhnt sind". In Wirklichkeit sind die zusammengesetzten Adverbien (dabei, heran,
vorwärts) aber eigenständige Orientierungshilfen, deren Funktion eine Getrenntschreibung gerecht wird.
Getrenntschreibung wird auch für die Zusammensetzungen der "Liste 9b (Umstandswort + Mittelwort)" und der Liste 9a (Fürwort +
Mittelwort) vorgeschlagen, mit einer Ausnahme: Das Wort
"selbst" wird mit Partizipien zusammengeschrieben, "also: dem
entsprechen, aber selbstredend".
Über die in der Liste 8 aufgeführten Beispiele setzt Brinkmann
sich mit Pfleiderer und Heyd auseinander, ohne daß ihm ein eigener Regelvorschlag gelingt. Er verzichtet darauf in der Hoffnung, daß sich das Problem durch die Entscheidung für die
Kleinschreibung erledigen würde.

Anders ist die Lage, wenn Präposition, Adjektiv oder Prono-
men eine Verbindung mit dem Substantiv eingehen (Liste 8)!

Nur in wenigen Fällen wird man bei den Verbindungen, die in der Liste zusammengeschriebenen (sic!) aufgeführt werden, zur Trennung neigen; ich nenne:
unverrichteter Dinge (Sache), unter (vor) der Hand, auf Grund von, dort (hier) zu Lande. Pfleiderer und Heyd entscheiden jeweils entgegengesetzt bei: zu Gunsten (Ungunsten/Lasten). Pfleiderer schreibt zusammen, Heyd trennt "zu Gunsten" mit Verweis auf "zu Lasten".
Im übrigen sollte man es bei dem geltenden Zustand belassen und nicht wie Pfleiderer vorschlägt, auch noch in anderen Fällen als bisher zusammenschreiben (Pfl.: aufborg, zudank, zurande, zurate). Die Unterscheidung verliert viel von ihrer Bedeutung, wenn die Großschreibung der Hauptwörter aufgegeben wird. (A4/3:6)

Für die in der Liste 10 aufgeführten Einzelprobleme schließt Brinkmann sich den übereinstimmenden Vorschlägen der Leipziger Dudenredaktion, Heyd und Pfleiderer an, es bei der geltenden Regel - Zusammenschreibungen mit so, wenn es sich dabei um die Konjunktion handelt (sodaß, sobald, sofern, solange), und bei den Wörtern sooft, sosehr, soviel, sowenig, sowie, sowohl - zu lassen; abweichend von der geltenden Regel soll geschrieben werden umso, genauso, ebenso, wobei diese drei Wörter nicht mit einem anderen Wort zusammengesetzt werden dürfen.
Im letzten Abschnitt seiner Ausführungen faßt Brinkmann alle Verbindungen zusammen, bei denen ein Adjektiv bzw. Partizip beteiligt ist (Liste 1, 5, 6, 7a). Er wendet sich gegen den Vorschlag aus Leipzig, hier stets getrennt zu schreiben, weil es echte Zusammensetzungen (Adjektiv + Adjektiv) gibt, die stets zusammen zu schreiben sind. Es handelt sich dabei um drei Gruppen:

1) Adjektive können durch ein adjektivisches Vorderglied gesteigert werden: bitterböse (bitterernst), hellicht, tiefernst, tollkühn.
2) Adjektive können vereinigt werden, weil gesagt werden soll, daß zwei Qualitäten gleichzeitig gelten: dummdreist, feuchtwarm, helldunkel, naßkalt, sauersüß, taubstumm ("Additionswörter").
3) Dem Adjektiv liegt die Verbindung eines Adjektivs mit einem Substantiv zugrunde; diese Fälle sind daran erkennbar, daß im Hintergliede ein Substantiv steckt:
freigeistig, freiwillig, graubärtig, grobfaserig, grobkörnig, hartherzig, heißhungrig, hellhaarig, kleinbürgerlich, kleinherzig, letztwillig, mildherzig, offenherzig, rauhhaarig, reinrassig, scharfkantig, schiefwinklig, schöngeistig, schwachherzig, spitzwinklig, treuherzig, übellaunig, warmherzig, weichherzig. (A4/3:6)

Getrennt geschrieben werden sollen Verbindungen mit halb, ganz, rein, echt, schwer, meist.

Für die Liste 6 (Adjektiv mit folgendem Partizip) sollen die Vorschläge, die für die Listen 1 und 5 gemacht wurden, sinngemäß gelten, auch wenn die übrigen drei Vorschläge hier erheblich abweichen. Brinkmann ist der Meinung, daß man dem "Sinn der sprachlichen Fügungen (...) am ehesten gerecht wird, wenn man sie generell getrennt schreibt und die Zusammenschreibung auf die Verbindungen beschränkt, "in denen das Adjektiv das folgende Partizip (Mittelwort) steigert". Er nennt Verbindungen mit hoch- (hochwertig), tief- (tiefschürfend) und wohl- (wohltönend). Das gleiche gilt für die (echten) Zusammensetzungen des Adjektivs mit dem Partizip Perfekt: hoch- (hochgeehrt), tief- (tiefgekühlt) und wohl- (wohlgeraten).

Um echte Zusammensetzungen handelt es sich auch, "wenn dem Partizip die Verbindung eines Adjektivs mit einem Substantiv zugrunde liegt". Beispiele hierfür sind: altüberliefert, buntgefiedert, gleichberechtigt, gutsituiert, schwerbewaffnet, zartbesaitet. Im Gegensatz dazu ist getrennt zu schreiben, wenn "das Adjektiv nicht wertet oder wo nicht die Verbindung eines Adjektivs mit einem Substantiv zugrunde liegt":

> eng begrenzt, eng verbündet, fein gemahlen, fest geschnürt, genau genommen, groß angelegt, hart geworden, heiß umstritten, hoch geschlossen, jüngst vergangen, lieb geworden, neu geboren, schief gewickelt, schwer beladen, streng genommen, tief erschüttert, viel besprochen, weich gekocht, weit gereist. (A4/3:7)

Für die Verbindungen des Typs Substantiv + Partizip Präsens (Liste 7a) und Substantiv + Partizip Perfekt (Liste 7b) hatte die Duden-Redaktion in Leipzig pauschal die Getrenntschreibung vorgeschlagen. Brinkmann hält hier aber eine Differenzierung für erforderlich, die er ausführlich begründet:

> Wir haben bereits festgestellt, daß Zusammensetzungen von Substantiv + Partizip des Perfekts (2. Mittelwort) zusammenzuschreiben sind. Der Grund ist: das Partizip des Perfekts (2. Mittelwort) kann mit einem Substantiv im Satze nur verbunden werden, wenn dabei eine Präposition vermittelt, jedenfalls nicht, wenn es sich um Nominativ oder Akkusativ handelt; nur ein Genitiv wäre gelegentlich möglich (schuldbewußt). Eine Bildung wie "schuldbeladen" müßte in "<u>mit</u> Schuld beladen" aufgelöst werden. Das ist bei einer

Verbindung mit dem Partizip des Präsens (1. Mittelwort) anders; hier kann ein unverändertes Substantiv ohne weiteres als Akkusativ, also als Objekt verstanden werden, wenn das Partizip (Mittelwort) zu einem transitiven Verbum gehört wie bei: Glück bringend, Eisen verarbeitend, Leben gebend, Grauen erregend.

Bei der Beurteilung der Bildungen ist zu bedenken, daß das Objekt stets (auch außerhalb einer wirklichen Zusammensetzung) näher mit dem Verbum verbunden ist und mit diesem zusammen eine feste Gruppe im Satz darstellt. Das ist aber kein Grund, Objekt und Verbum zusammenzuschreiben. Man läßt sich leicht dadurch täuschen, daß ein Substantiv als Objekt unter Umständen (das hängt meist von der Art des Substantivs ab) ohne den Artikel auftreten kann (Eisen verarbeiten, Segen spenden, Grauen erregen usw.). So wird eine Regel für diese Gruppe lauten:
Es ist in allen Fällen getrennt zu schreiben, in denen das Substantiv deutlich als Objekt gefühlt ist (Ackerbau treibend usw.). Es könnte dann durch ein anderes Substantiv abgelöst werden. Das gilt besonders für verbindungen mit: -bildend, -bringend, -erregend, -gebend, -liebend, -treibend.
Die entsprechende Regel wird dann sein: Wir schreiben zusammen, wenn das Substantiv nicht als Objekt verstanden wird oder verstanden werden kann. So kann in "bahnlagernd" das Substantiv nicht Objekt sein; gemeint ist vielmehr: "auf der Bahn (= dem Bahnhof) lagernd". Oft erlaubt die Lautgestalt des Substantivs nicht die Auffassung als Objekt (ehrliebend statt "Ehre liebend", nutzbringend statt "Nutzen bringend", staatserhaltend statt: "den Staat erhaltend" usw.). Wo also das Substantiv nicht Objekt ist (zweckentsprechend, himmelschreiend, magenleidend, seefahrend, nachtschlafend) oder durch die Lautgestalt vom Objekt unterschieden ist (ehrliebend, vaterlandsliebend usw.), da haben wir eine echte Zusammensetzung anzuerkennen und zusammenzuschreiben.
Bei der Gruppe "Freude strahlend (sic!), wutschnaubend" usw. ist nicht leicht zu entscheiden, ob eine Präposition erspart ist (vor Freude strahlend, vor Wut schnaubend), oder ob inneres Objekt gemeint ist, wie es seit dem 18. Jahrhundert (Klopstock) in der Sprache der Dichtung möglich ist. Von der Prosa aus wird man sich für Ersparung und damit für echte Zusammensetzung entscheiden müssen. (A4/3:8)

Sowohl in der Sitzung am 6. Dezember 1957 als auch in der vom 27./28. Juni 1958 erwies es sich als sehr glücklich und zeitsparend, daß Brinkmann diesen Reformvorschlag so ausführlich begründet vorgelegt hatte. Es gab nur wenige allgemeine Bemerkungen über "eine allgemeine Tendenz zur Zusammenschreibung" (A4/5:2), verbunden mit der Forderung, dieser Neigung entgegenzuwirken. Dafür wurden verschiedene Begründungen angeführt.
Baum "wandte sich vom Blickpunkt des Deutschlehrers her gegen die Entstehung von Wortungetümen" (A4/5:3); Kübler meinte, daß

die vermehrte Zusammenschreibung für den Normenausschuß bei der "Übersetzbarkeit der gefundenen Titel in andere Sprachen" Schwierigkeiten bereite. Basler wolle die Zusammenschreibung nicht so rigoros eingeschränkt wissen, weil er meinte, in diesem Phänomen zeige sich die Neigung, "neue Begriffe im Wortbild sichtbar werden zu lassen". Dagegen wandte sich Brinkmann, der in seinem Vorschlag eine semantische Differenzierung mit Hilfe der Zusammen- und Getrenntschreibung abgelehnt hatte; nach seiner Meinung sei "es nicht die Aufgabe der Schrift (...), den Unterschied zwischen übertragener und konkreter Bedeutung auszudrücken" (A4/5:3).

Festgestellt wurde aber auch, daß "eine auffallende Toleranz gegenüber rechtschreiblichen Verstößen auf diesem Gebiet" (A4/5:2) zu beobachten sei. Ein (bis heute) kaum mit Emotionen und Vorurteilen belastetes Problem also - eine Tatsache die auch in Wiesbaden die Diskussion wesentlich erleichtert hat und schnell zu Ergebnissen führte. In erster Linie war für diese Effektivität aber die gründliche Vorarbeit von Brinkmann verantwortlich. Das Protokoll verzeichnet als Ergebnisse die dort vorgeschlagenen Reformvorschläge, einzige Ausnahme: Zusammensetzungen aus Substantiv und Partizip Präsens (Liste 7a). Hier wurde in der Diskussion festgestellt, daß man bei dem "Versuch, in allen Fällen ein echtes Akkusativobjekt wieder von Partizip zu trennen", auf folgende Schwierigkeiten stößt:

1. durch den langen Gebrauch sind viele feste Verbindungen entstanden, die man nicht mehr trennen möchte:
   maßgebend, glückstrahlend, herzzerreißend
2. bei einigen dieser Verbindungen handelt es sich um Ableitungen von substantivischen Zusammensetzungen
   (Prachtliebe - prachtliebend)
3. in der Fachsprache sind viele dieser Verbindungen kaum entbehrlich:
   die fleischfressenden Pflanzen, die besitzanzeigenden Fürwörter, die blutstillenden Mittel. (A4/13:4)

Angesichts dieses Befundes hielt man es nicht für möglich, für diesen Bereich eine allgemeine Regel zu formulieren, und beschränkte sich deshalb auf den Hinweis, "künftig Benennungen dieser Art" zu vermeiden. In den Protokollen über die beiden Sitzungen des 3. Ausschusses ist zu dem Problem der Getrennt- und Zusammenschreibung keine Abstimmung verzeichnet - auch dies ein Indiz für eine einmütige Diskussion oder, genauer gesagt, für die Akzeptanz der von Brinkmann erarbeiteten Vorschläge.

Grebe faßte diese Ergebnisse in einer allgemeinen Erläuterung des Problems und in einzelnen Reformvorschlägen zusammen. Diese Zusammenfassung (A4/14) wurde dem Plenum in der Schlußsitzung am 14. Oktober 1958 vorgelegt. Der allgemeine Teil wurde akzeptiert und erschien im gleichen Wortlaut in der engültigen Fassung (WE:27f); die Einzelrichtlinien blieben zwar in ihrer Substanz im wesentlichen unverändert, man erarbeitete aber eine andere Einteilung als die in der Zusammenfassung vorgeschlagene Zweiteilung in Regeln für Zusammenschreibung (nur "echte Zusammensetzungen") und für Getrenntschreibung ("Wörter, die als Satzglieder ihren vollen Wert besitzen"). Für die endgültige Fassung formulierte man 10 Regeln, orientiert an der Zusammensetzung der verschiedenen Wortarten (z. B. Substantiv + Verb), und einen Punkt (11.), in dem Einzelregelungen getroffen wurden. (WE:28-32)

Da es sich hier um das gleiche Einteilungsprinzip handelt, nach dem auch die von der Dudenredaktion in Wiesbaden vorgelegten Wortlisten (A3/3c) erarbeitet waren, ist anzunehmen, daß diese Änderung von Grebe bei der Redaktion des engültigen Textes durchgesetzt wurde. Aus einem Brief Brinkmanns an Grebe geht hervor, daß der allgemeine Teil sowohl für den Vorschlag der Silbentrennung als auch für die Getrennt- und Zusammenschreibung von Brinkmann verfaßt worden war, die Ausführungen über die Einzelrichtlinien dann von Grebe angefügt wurden:

> Ich habe für die beiden Aufgaben unseres Arbeitskreises (Silbentrennung und Getrennt- und Zusammenschreibung, H.S.) "Präambeln". Ich bitte Sie, eine Zusammenfassung der Beschlüsse anzufügen - für die Frage der Getrennt- und Zusammenschreibung könnte das durch die von Ihnen entworfene, recht glückliche Übersicht geschehen. (A5/B; Brinkmann an Grebe 12.8.58)

Denkbar ist, daß Grebe aus Verärgerung über diesen herablassend klingenden Ton wieder zu seiner ursprünglichen Fassung zurückgekehrt ist. Im Protokoll der Schlußsitzung des Plenums finden sich nämlich keinerlei Anhaltspunkte für den Plan, den Regelteil des Vorschlags umzustrukturieren. Brinkmann begründete die

Entstehung dieser Zweiteilung (Getrennt- und Zusammenschreibung) - offensichtlich in der Annahme, daß es sich dabei um den
endgültigen Vorschlag handele - damit, "daß verschiedene Wortarten nach verschiedenen Wortlisten beurteilt wurden und hier
nun zusammentreten nach den Kriterien, wie sie beurteilt worden
sind" (A4/23:28a). Anschließend stellte er den Entscheidungsprozeß innerhalb der vorangegangenen Ausschußsitzungen dar und
ließ über die einzelnen Punkte abstimmen. Bis auf eine Ausnahme
wurden alle Vorschläge einstimmig angenommen.

Damit schien das von Grebe vorgegebene Ziel - einfache Regeln,
die von den Schreibenden nachvollzogen werden können - erreicht. Festzustellen bleibt, daß Brinkmanns Vorschläge, die im
Prinzip an der Differenzierung zwischen Zusammensetzung (Haus-
tür) und Zusammenrückung (nichtsdestotrotz) bzw. echter oder
unechter Zusammensetzung orientiert sind und auf der Definition
basieren, wenn der syntaktische Bezug gelöscht ist, handelt es
sich um ein Kompositum, ohne wesentliche Veränderungen in den
endgültigen Vorschlag gelangten. (WE:27-33)
Dabei ist aber kritisch anzumerken, daß hier zwar einige Grund-
kräfte richtig erkannt wurden, es aber an einer grundsätzlichen, systematischen Aufarbeitung des Bereiches fehlt, samt der
historischen Genese; erst daraus hätte sich ein stringentes sy-
stematisches Regelwerk ableiten lassen. Hier wird nur die Maxime aufgestellt, zwischen echten bzw. unechten Zusammensetzungen
zu unterscheiden, aber es werden im Prinzip keine richtig
durchgearbeiteten Regeln vorgelegt; die inhaltlichen Reformvorschläge (Einzelrichtlinien WE:28-32) werden nicht abgebildet
auf einen stringenten systematischen Regelvorschlag, sondern
hängen mehr oder weniger als einzelne Phänomene in der Luft,
ohne daß die Gesamtheit der möglichen Fälle, der kritischen
Fälle und der Abgrenzungsfälle bedacht wird.
Inzwischen ist das Problem der Getrennt- und Zusammenschreibung
systematisch durchdacht und gründlich aufgearbeitet worden. Besonders Herberg (1981, 1983 u.ö.) und Schaeder (1985 u.ö.) haben gründliche Auseinandersetzungen mit der Gesamtentwicklung
der Getrennt- und Zusammenschreibung, zu der ja noch das Phänomen des Bindestrichs hinzukommt, erarbeitet.
Historisch gesehen zeigt sich in dieser Entwicklung einerseits
eine Tendenz der vermehrten Zusammenschreibung im Deutschen;

andererseits werden aber auch immer mehr zusammengesetzte Wörter gebildet, seit Ende des vorigen Jahrhunderts auch vermehrt
drei- und viergliedrige Zusammensetzungen. Gleichzeitig mit dem
Auftreten dieser etwas längeren Zusammensetzungen tritt der
Bindestrich plötzlich auf und wird vermehrt angewendet, und
zwar genau dann, wenn solche Zusammensetzungen mehrgliedrig
sind und etwas unübersichtlich werden. In diesem Phänomen kann
man sozusagen die beiden in der Sprache wirkenden Kräfte sehen.
Einerseits will man das, was man als begriffliche Einheit faßt,
auch zusammenschreiben; andererseits können die Wörter eine
solche Länge erreichen, daß sie beim Lesen - um erfaßt zu werden - Verwirrung erzeugen. Und diese beiden Prinzipien - Ge-
trenntes auseinander oder wenigstens mit Bindestrich zu schreiben, aber zusammenzuschreiben, was als begriffliche Einheit gedacht wird - widerstreiten in der Getrennt- und Zusammenschreibung.
In der öffentlichen Diskussion auch bei den Konservativen ist
der Bereich der Getrennt- und Zusammenschreibung - gerade auch
in den letzten Jahren - immer ungeschoren und mit Lob davonge-
kommen.

2.6 Groß- oder Kleinschreibung

In diesem Jahrhundert hat sich die gesamte Reformdiskussion auf
dieses Thema - expliziert als Gretchenfrage - zugespitzt und
ist fast zum Synonym für Rechtschreibreform geworden. Einer der
Gründe für diese Spitzenrolle liegt in den besonderen Schwierigkeiten und Tücken der Groß- und Kleinschreibung, mit denen
jeder Schreibende im Laufe seines Lebens schon einmal konfrontiert wurde. Immer noch geistert das Kosogsche Diktat von 1912
umher, wird neu belebt, um Bürgern aller Bildungsgrade ihren
vermeintlichen Mangel an Bildung oder die Reformnotwendigkeit
zu beweisen.
Ein weiterer Grund läßt sich aus der hier am stärksten augen-
fällig werdenden Veränderung des Schriftbildes (im Falle einer
Reform) herleiten; auch in anderen Bereichen läßt sich immer
wieder beobachten, wie heftig Menschen auf Veränderungen des
Altgewohnten reagieren.

Befrachtet mit diesen Emotionen, hat sich die Diskussion in
diesem Jahrhundert zu einer Auseinandersetzung entwickelt, in
der sich die meisten Teilnehmer nur noch als Antipoden definieren können; so gab es zu allen Reformvorschlägen bezüglich der
Groß- und Kleinschreibung seit Beginn des Jahrhunderts nur selten sachliche oder konstruktive Kritik, sondern vorwiegend einen von Emotionen bestimmten Schlagabtausch; selbst mit den
vorgebrachten wirtschaftlichen Argumenten appellierten die Gegner der Kleinschreibung an das Gefühl ihrer Leser, wie sich an
den verwendeten Metaphern unschwer ablesen läßt (Küppers:126).
Von Anfang an war die öffentliche Diskussion um die Groß- und
Kleinschreibung mit dieser Hypothek belastet, und auch die amtlich beauftragten Reformer konnten sich diesem Einfluß nicht
entziehen.
Schon vor der staatlichen Normierung der Rechtschreibung (1902)
und den seither immer wieder auftretenden Reforminitiativen
findet sich die Forderung nach Einschränkung des Majuskelge-
brauchs bei Weinhold oder gar der Beseitigung der Substantivgroßschreibung bei Grimm. Besonders auf letzteren beriefen sich
die Verfechter der Kleinschreibung immer wieder in der berechtigten Annahme, der Name Grimm sei auch allen Laien bekannt und
deshalb besonders als zu zitierende Autorität geeignet.

2.6.1 Erste Stellungnahmen zum umstrittenen Thema
      Ausgangspositionen innerhalb des Arbeitskreises für
      Rechtschreibregelung

Den meisten Mitgliedern des Arbeitskreises waren die erst kurz
zurückliegenden Auseinandersetzungen um die STE, in deren Verlauf auch einige von ihnen persönlich diffamiert worden waren,
noch schmerzlich in Erinnerung. Daher erklärt sich ihre starke
Motivation, für dieses Problem eine endgültige und gute Lösung
zu finden. Die Diskussion über die Groß- und Kleinschreibung
unterscheidet sich wesentlich von der über die anderen fünf
Punkte. Dort hatte man sich meist sehr schnell einigen können,
und die Voten fielen bis auf wenige Ausnahmen einstimmig aus,
weil meist nur eine Ausarbeitung vorlag, so daß konträre Lösungen erst gar nicht diskutiert werden mußten.

Ganz anders stellt sich die Entwicklung bei dem Thema Groß- und Kleinschreibung dar. Von den Teilnehmern wurden elf (A3/10:1f) mehr oder weniger ausführliche Neuformulierungen der Regeln vorgelegt, was zu einer kontroversen Diskussion führte. Die Gegensätze bestanden hauptsächlich darin, daß einige Verfechter der Großschreibung die von den Wissenschaftlern erarbeiteten Ergebnisse (hier besonders Moser 1958) nicht anerkennen wollten; ihre Argumentationen ähneln denen in der Öffentlichkeit vorgebrachten und spiegeln teilweise die Kämpfe in der Presse wider.

Dabei haben sich die beteiligten Wissenschaftler (Weisgerber, Moser, Brinkmann, Grebe) erst im Laufe der Wiesbadener Verhandlungen ihre Meinung auf Grund der empirischen Untersuchungen gebildet. Grebe war zu der Überzeugung gekommen, daß man dieses Thema in Stuttgart nicht ausreichend behandelt hatte; er hielt deshalb den "in dem Schreiben aus Wien vom 26.5.1955 zum Ausdruck gekommene(n) Wunsch der Herren Professor Frings und Ministerialrat Dr. Stur nach tieferer wissenschaftlicher Unterbauung" für "durchaus berechtigt", wie er im Juli 1955 an Thierfelder geschrieben hatte. (A2/32) Zu diesem Zeitpunkt war er allerdings noch der Meinung, man könne die Großschreibung reformieren, denn er hatte sich gemeinsam mit Glinz bei einem Treffen in Wiesbaden um eine entsprechende Lösung bemüht. Diese Zusammenarbeit wurde offensichtlich durch die Konstituierung des Arbeitskreises zunächst unterbrochen, lebte aber wieder auf durch den von Glinz eingebrachten Entwurf zur Rettung der Großschreibung. Bezeichnend ist, daß beide sich von Mosers Untersuchung überzeugen ließen: Glinz zog seinen Entwurf zurück, und Grebe, der sich zunächst mit Äußerungen zur Groß- und Kleinschreibung zurückgehalten hatte, fand einen besonderen Gefallen an dem Thema. Er schrieb am 2. Februar 1957 an Moser:

> Sehr zum Nachteil meines eigenen Ausschusses, den ich zu leiten habe, und des dritten verwaisten Ausschusses, um den ich mich eigentlich kümmern müßte, gewinne ich langsam an der Fragestellung des ersten Ausschusses so starkes Interesse, daß ich mich schon ehrlich auf unsere Gespräche im Unterausschuß freue. (A6/M; Grebe an Moser 2.2.57)

Grebe hatte das Thema Groß- und Kleinschreibung dem 1. Ausschuß zugeteilt, der sich, da die Dehnungsfrage im Laufe der Verhandlungen erwartungsgemäß ausgeklammert wurde, ausschließlich damit beschäftigen konnte. Schon bei der konstituierenden Sitzung in Frankfurt war Weisgerber zum federführenden Vorsitzenden dieses Ausschusses ernannt worden; diese Ernennung wurde bei der ersten Sitzung am 12. Januar 1957 durch einstimmige Wahl bestätigt. Bei dieser ersten Sitzung setzte der Ausschuß eine Unterkommission ein (Eicher, Grebe, Moser, Pfleiderer), die am 29./30. Juni 1957 tagte, und ihre dort erarbeitete Stellungnahme in der Ausschußsitzung am 4./5. Oktober 1957 vortrug. Für die erste Sitzung hatte Weisgerber Diskussionsvorschläge (A3/4a) erarbeitet, die er den Mitgliedern am 4. September 1956 zuschickte mit der Bitte, "diese Darlegungen auf Vollständigkeit, Begründung und Angemessenheit zu überprüfen", und bis Ende September Ergänzungen oder Stellungnahmen an die Geschäftsstelle zu senden. (A3/4) Seinen Diskussionsvorschlag hatte er in 6 Punkte untergliedert:

1. Die bestehende Regelung
2. Die Grundlagen des Problems
3. Beurteilung der geltenden Ordnung im Deutschen
4. Notwendigkeit einer Änderung
5. Richtung einer Neuregelung
6. Das Durchsetzen einer sachgemäßen Lösung (A3/4a:1)

Wenn auch die Ausführungen zu Punkt 4 knapp die Hälfte des 9 Seiten langen Textes ausmachen, so weist die Formulierung der Einzelpunkte doch darauf hin, wie wichtig ihm die Rechtfertigung seines Vorschlags auf der Basis der bestehenden Unzulänglichkeiten war und welche Bedeutung er den Strategien zur Durchsetzung einer neuen Regelung beimaß. Als bestehende Regelung nennt er die im Duden abgedruckten Regeln zur Groß- und Kleinschreibung ("Vgl. Duden, Rechtschreibung, 1. verbesserter Neudruck 1956, S. 32-35; 36; 43; 46; 48; 49."); er geht also von der geltenden Regelung aus, nicht von den STE (an deren Zustandekommen er selbst beteiligt war), denen er damit nur einen Platz unter vielen anderen Reformvorschlägen zuweist. Von Anfang an sieht er seine Aufgabe also darin, die Veränderung (einer amtlich festgelegten) Norm vorzubereiten, und er behält auch bei seinen wissenschaftlichen Begründungen diesen pragmatischen Aspekt immer im Auge.

In dem vorgelegten Papier wird dies auch durch die Organisation des Textes deutlich, der im Sinne politischer Überzeugungsstrategien die "Notwendigkeit einer Änderung" begründet, indem er die "Vorteile" ("Traditionswert". "Heilsamer Zwang für den Schreibenden". "Erleichterung für den Lesenden" - A3/4a:4) und "Nachteile" (fehlende Begründung von der Sache her; Durchkreuzen der echten Anwendungsfälle - Satzanfänge, Eigennamen, hervorgehobene Wörter - durch die schematische Großschreibung der "Hauptwörter", Entstehung willkürlicher Regelungen, langwieriger Lernprozeß und verfrühte Behandlung der Grammatik zu Lasten der muttersprachlichen Erziehung, überhöhter Geltungsanspruch der Schrift gegenüber der sprachlichen Gestaltung, ungewisse Regelung der Kleinschreibung im Zweifelsfall - A3/4a: 4-6) gegeneinander abwägt; dabei weist er den Nachteilen ein quantitatives und qualitatives Übergewicht zu.

Was die Notwendigkeit der Einbeziehung strategischer Vorgehensweisen angeht, war er sich einig mit Grebe, der in der ersten Ausschußsitzung noch einmal betonte, "daß die uns gestellte Aufgabe nicht nur eine Frage philologischer Erkenntnis, sondern vor allem ein Politikum im weitesten Sinne des Wortes sei" (A3/7a:3). Als mögliche Neuregelung stellt Weisgerber kurz bisher diskutierte Möglichkeiten vor - radikale Kleinschreibung, gemäßigte Kleinschreibung, gemäßigte Großschreibung, reformierte Großschreibung - und begründet dann seine Entscheidung für die gemäßigte Kleinschreibung:

> Als sinngemäße Lösung ergibt sich: Kleinschreibung der "Hauptwörter" nach der Regel: Im Normalfall schreibe klein; jede Großschreibung hat ihren lebendigen Sinn (Namen, Anfänge, Hervorhebung). Eine solche Regelung bewahrt die möglichen Vorteile der Großschreibung, läßt sie als lebendiges Element in der Schriftgestaltung und verlangt keinen zu hohen Kaufpreis; es ist eine der Schule auch in den frühen Kinderjahren lösbare Aufgabe; es wird eine durchschnittliche Richtigkeit möglich, ohne daß der Schreiber entweder gleichgültig wird oder zum Wörterbuch greifen muß, und sie kann über dem schriftlichen Formulieren befolgt werden, ohne daß die Aufmerksamkeit übermäßig vom Formen des Gedankens abgelenkt würde. (A3/4a:7)

Erkennbar wird an dieser Formulierung zum einen Weisgerbers Absicht, "das Gesamtproblem in überschaubarer Weise vorzuführen" und dabei Einzelheiten darzustellen, um "Beitrag und Kritik" herauszufordern, und zum anderen seine wissenschaftliche Position der inhaltsbezogenen Sprachbetrachtung. So ist es auch kein Zufall, daß in diesem Thesenpapier das grammtische Argument der fließenden Grenzen zwischen den Wortarten fehlt.

Dieses Argument erscheint als Ergebnis in Mosers erster Untersuchung (A3/6a), die dieser als Diskussionsbeitrag Anfang Dezember 1956 vorlegte:

"(...) so bin ich überzeugt, daß es in der Frage der Groß- und Kleinschreibung keinen "Mittelweg" gibt (...). Das rührt daher, daß es keinen eindeutigen Begriff des "Substantivs" gibt. Wenn aber selbst die Sprachwissenschaft nicht klar zu umschreiben vermag, was ein Substantiv ist und was nicht, dann kann man das erst recht nicht vom Laien und vom Schulkind erwarten. (A3/6a:10)

In den endgültigen Text der Empfehlungen (WE:9f) wurde dieses Argument als Begründung für die gemäßigte Kleinschreibung übernommen, und es ist bis heute das einzig stichhaltige geblieben.

Moser hatte also schon vor der ersten Ausschußsitzung mit seiner durch umfangreiche lexikalische Untersuchungen gestützten These, die auch Grebe, Brinkmann, Trier überzeugte, eine Lösung des Problems ermöglicht. Trotzdem folgten langwierige kontroverse Diskussionen, sowohl als Briefwechsel und Austausch weiterer Thesenpapiere als auch in zeitweise heftig geführten Wortwechseln während der Sitzungen des ersten Auschusses und der zwischengeschalteten Unterkommission. Grebe hatte aus taktischen Erwägungen die Konstituierung einer Unterkommission und diese zeitraubende Auseinandersetzung zugelassen, "weil es unsere Pflicht sei, jede Möglichkeit zu prüfen"; vor allem könnten dies "die Ministerien fordern, für die wir nicht in erster Linie ein beschließender, sondern ein begutachtender Arbeitskreis" sind (A3/7a:10).

Schon in seiner ersten Ausarbeitung (A3/6a) hatte sich Moser mit den Vorschlägen von Glinz (A3/5a), Puschmann (SPO/4) und Baum/Eicher (A3/5b; Auszug aus dem Heilbronner Abkommen veröffentlicht in den "Mitteilungen des Germanistenverbandes" 1956 als Reaktion auf die STE) auseinandergesetzt und diese auf Grund seiner empirischen Untersuchungen an den beigefügten Wortlisten widerlegt. Auf die Ausarbeitung von Puschmann, die er nur kurz erwähnte ("geht in die gleiche Richtung"), ging er nicht ein.

Glinz hatte sich in seiner hier vorgelegten "Skizze zu einer sprachgerechten Großschreibung des Deutschen" (A3/5a) zunächst auf seinen 1950 in der "Neuen Zürcher Zeitung" veröffentlichten Aufsatz bezogen, in dem er noch die Kleinschreibung vertrat. Dort hatte er festgestellt, daß die Großschreibung das unerschöpfliche Mittel sei, jedes beliebige Wort in den Rang eines "eigentlichen Nomens" zu erheben, weil das Substantiv als Wortart keine scharfen Grenzen habe. Seine Meinung, daß die Großschreibung für den Inhalt belanglos sei, beruhe auf der Erkenntnis, das Einzelwort sei "kein präzis zugehauener, sich selbst absolut gleichbleibender, daher in jedem Zusammenhang gleich zu benutzender und gleich wirkender Baustein" (Glinz 1950). In den weiteren Ausführungen rückte er von dieser Position ab, weil er einen Weg suchte, um die Großschreibung zu retten. Seine "Skizze" lehnt sich inhaltlich stark an das 1955 im Auftrag der Konferenz der Schweizer Erziehungsdirektoren erstellte Gutachten (Gl1)[1] an.
Auch seine Kontakte mit Grebe (vgl. dazu 2.Kap.1.3) haben hier wohl eine Rolle gespielt. Sein Vorschlag lautete:

> Das Grundprinzip der Großschreibung beibehalten, das "Archetypische" und Künstlerische daran, aber die falsche Überdehnung und Erstarrung beseitigen (d. h. die syntaktische Regel der Großschreibung durch eine physiognomische ersetzen und die Kasuistik bis in alle Grenzfälle hinein wegschaffen.) (A3/5a:2)

Der Vorschlag von Baum/Eicher (1956) zielt auf eine "gemäßigte Großschreibung"; "verblaßte" Substantive, bei denen der "Dingbegriff" zurückgetreten ist, sollen klein geschrieben werden; dagegen sind die "echten" Substantive, "die wirkliche oder vorgestellte Lebewesen und Dinge bezeichnen" groß zu schreiben.
Moser trug seine Ergebnisse in der Sitzung des 1. Auschusses am 12. Januar 1957 vor: Alle Versuche einer Zwischenlösung können nicht zum Erfolg führen, "weil jeder Eingriff in das an sich

---

1   Es handelt sich um ein nicht veröffentlichtes Manuskript; eine Kopie davon habe ich im Juni 1986 von Glinz erhalten; dieses Manuskript fehlt in den Akten A, muß aber im Besitz von Moser gewesen sein, da dieser es in seiner Untersuchung "Groß- oder Kleinschreibung" (1958:16) erwähnt.

geschlossene System der Groß- und Kleinschreibung eine große Zahl von Ausnahmen und Zweifelsfällen hervorrufen müsse". Es bliebe deshalb nur die Entscheidung "zwischen der jetzigen Rechtschreibung - wenn auch mit punktuellen Änderungen - und der gemäßigten Kleinschreibung". Er selbst habe sich auf Grund der hier vorgelegten empirischen Untersuchung am Wortbestand für die Kleinschreibung entschieden. (A3/7a:8)

Obwohl allen Ausschußmitgliedern dies inhaltlich schon bekannt war - ihnen war vor der Sitzung ein Exemplar von Mosers Ausführungen einschließlich der Wortlisten (A3/6a) zugeschickt worden - trugen einige weiterhin ihre Argumente unverändert vor oder verloren sich in allgemeinen Feststellungen über die Probleme eventueller Freiheitsbereiche, die Gefahren von "Vereinfachungen" und "Verflachungen" oder den Verlust wesentlichen Kulturgutes. Zu diesen wohlbekannten Argumenten gesellten sich noch grundsätzliche Erwägungen über Kompetenzprobleme; dabei stellte sich heraus, daß offensichtlich keiner der Anwesenden über die bei der 2. Orthographiekonferenz von 1901 festgelegte Norm und das amtliche Regelwerk informiert war.

Auch Weisgerbers Versuch, schon zu Beginn der Sitzung die Diskussion zu strukturieren, hatte das Abgleiten in einen allgemeinen Meinungsaustausch nicht verhindern können. Unverkennbar ist seine Absicht, sofort auf eine Alternative hinzusteuern, die eine sofortige Einordnung der Diskussionsbeiträge erlaubt hätte und den Teilnehmern als Entscheidungshilfe hätte dienen können. Er trug vor, aus den ihm bekannten Äußerungen ergäbe sich eine Einengung des Problems:

1. Man gehe darauf aus, ohne sich auf Einzelheiten festzulegen, die Kasuistik in der bestehenden Regelung abzubauen oder sich auf die Großschreibung der "eigentlichen" Hauptwörter zurückzuziehen, wobei die Form, wie dies geschehen solle, noch offengelassen würde.
2. Man schlage die gemäßigte Kleinschreibung vor, d. h. Kleinschreibung des eigentlichen Sprachgutes. Beim Namengut halte man an der Großschreibung fest. (A3/7a:3)

Auf Veranlassung von Krämer-Badoni und Storz einigte man sich auf eine weitergehende Differenzierung, weil es notwendig sei, "alle Möglichkeiten offenzuhalten":

1. Jetzige Großschreibung mit evtl. punktueller Änderung.
2. Zwischenlösungen, die bestrebt sind, die Großschreibung

des "eigentlichen" Hauptwortes beizubehalten, im übrigen aber diese oder jene Wortgruppe aus dem Bereich der Substantivierungen klein zu schreiben.

3. Grundsätzliche Anwendung des Prinzips der Kleinschreibung mit der Möglichkeit, Großschreibung zu Hervorhebung freizugeben.

4. Gemäßigte Kleinschreibung ohne Freiheitsbereich für Großschreibung zur Hervorhebung.

5. Radikale Kleinschreibung, die niemand vertritt. (A3/7a:3)

Weder durch diese Vorgabe noch durch den Vortrag von Moser konnten die Anwesenden dazu gebracht werden, sich auf eine sachliche Diskussion zu konzentrieren. Statt dessen thematisierten sie wiederholt ihre persönlichen Vorlieben oder die Interessen ihrer Organisationen. Krämer-Badoni hielt die Einführung eines Freiheitsbereiches im Sinne eines "Recht(es) auf persönliche Ausdrucksmöglichkeiten" für überflüssig, "weil die Schrift etwas Äußerliches sei und nichts mit der Reinheit, Kraft und Lauterkeit der Sprache zu tun habe"; auch radikale Vereinfachungen könnten deshalb keinen Schaden anrichten. (A3/7a:4)

Süskind dagegen plädierte für eine "möglichst weitgespannte Freigabezone", die keine Verwirrung, "sondern einen schöpferischen Zustand hervorbringen" würde. Er warnte vor einer "Vereinfachung um der Vereinfachung willen" und meinte, der Arbeitskreis sei kein "sprachtechnischer Normierungsausschuß", sondern habe den Auftrag, "eine ins Freiheitliche schwingende Gesetzlichkeit zu stiften". (A3/7a:5)

Ebenso wie diese beiden Schriftsteller (die hier mit Sicherheit ihre persönliche Meinung vertraten, wenn auch Süskind gemeinsam mit Storz im Auftrag der Darmstädter Akademie eine Reform verhindern sollte) äußerten auch die beiden Vertreter der IG Druck und Papier gegensätzliche Standpunkte. Rück setzte sich für die Kleinschreibung ein, die man "mit Rücksicht auf den internationalen Anschluß" einführen müsse, denn die Sprache könne sich dem überall im technischen Zeitalter spürbaren "Zug nach Vereinheitlichung" (A3/7a:3) nicht entziehen. Puschmann, der sich erst in den späteren Sitzungen als fanatischer Verfechter der Großschreibung gerierte, meinte nur, die Kleinschreibung würde keine Erleichterung bringen, warnte aber eindringlich vor einem Verwirrung stiftenden Freiheitsbereich (A3/7a:3), "der den Setzer und Korrektor bei dem unzureichenden Zustand vieler Manu-

skripte in größte Schwierigkeiten bringen würde" (A3/7a:6).
Ebenfalls gegen Freiheitsbereiche, wenn auch deutlich zögernd,
äußerten sich im Interesse der Schule Oprée (Schulrat) und
Kliemann (Schulbuchverleger).

An den Äußerungen der beiden letztgenannten läßt sich aber auch
ablesen, daß ein Entscheidungsprozeß, der den Abschied von
langgewohnten Traditionen bedeutete, eher durch persönliche Erfahrungen als durch wissenschaftliche Ergebnisse motiviert und
initiiert wird. Oprée meinte, er würde den Argumenten der Groß-
schreiber in einigen Punkten gern zustimmen,

> wenn er nicht auf dem Platze stünde, auf dem er täglich mit
> den Nöten der Schule in Verbindung komme. Er habe eine Be-
> sprechung mit den Ausbildungsleitern (6) der großen Firmen
> Berlins gehabt, in der diese erklärt hätten, daß ein Junge,
> wenn er mit 14 oder 15 Jahren die Schule verlasse, eine
> exakte Rechtschreibung beherrschen müsse. Dieses Ziel sei
> bei der bestehenden Rechtschreibung, die das Denkvermögen
> der Kinder übersteige, nicht zu erreichen. Andererseits
> müsse ein Freiheitsbereich die Unsicherheit noch erhöhen.
> Wir befänden uns aber in der Zwangslage, etwas schaffen zu
> müssen. Angesichts dieser Tatsachen müsse man sich überle-
> gen, ob man nicht doch über die reformierte Großschreibung
> hinausgehen müsse. (A3/7a:5f)

Kliemann, der sich eigentlich eher den konservativen Vertretern
zuordnen ließe, zeigte sich als Schulbuchverleger den pädagogischen Argumenten zugänglich. Er meinte, es müsse ein Weg gefunden werden,

> um für die eigentlichen Dingwörter die Großschreibung zu
> erhalten. Sei dies nicht möglich oder entstünden zu viele
> Ausnahmeregeln, dann bliebe wahrscheinlich nur die gemäßig-
> te Kleinschreibung übrig. (A3/7a:6)

Pfleiderer, der später auf Grund der vorgelegten Untersuchungen
seine Meinung änderte, hatte noch vor der Sitzung (aber nachdem
Moser seine Ausarbeitung fertiggestellt hatte) ein Papier vorgelegt mit der Überschrift:

Gegen die Kleinschreibung
8 Thesen
von
Wolfgang Pfleiderer (A3/7b)

Darin bezeichnete er die Abschaffung der Großschreibung als
"Preisgabe von Traditionswerten in einer Zeit, die alle kulturellen Werte fortzuspülen droht" (1. These), räumte aber ein,

daß Tradition an sich keinen Wert habe, und es nicht gerechtfertigt sei, "das Alte, das sich überlebt hat, zu erhalten, nur
weil es alt, gewohnt, lieb und vertraut ist". Die deutsche
Großschreibung sei aber zu erhalten, "weil sie wirkliche, heute
noch wirkliche Werte enthält" (2. These). Die Einführung der
Kleinschreibung bedeute die Preisgabe "der eigentümlichen ästhetischen Wirkung" (3. These) und "des eigentümlichen deutschen Prinzips der Rangordnung der Wortarten" (4. These). Als
Nachteile der Kleinschreibung führte er an, sie kaschiere grammatische Schwierigkeiten, was "zu einer Abstumpfung des grammatischen Gefühls" führe (5. These), bedeute "eine tiefgreifende
Änderung des Schriftbildes (...) im Sinne einer rein intellektuellen Simplifikation" (6. These) und rücke mit der Zeit groß-
geschriebene Texte fern (7. These). In der 8. These formuliert
er einen Vorschlag für den Fall, daß sich die Kleinschreibung
doch durchsetzen sollte: Man sollte "sich an den Gebrauch der
Großbuchstaben im Englischen halten", denn die radikale Kleinschreibung sei "nicht diskutierbar", könne allenfalls "ein Vor-
recht graphischer Künstler bleiben".
Er hatte sich von Mosers Arbeit fast überzeugen lassen und
meinte gegen Ende der Sitzung, Zwischenlösungen, wie die von
Glinz und Baum/Eicher vorgeschlagenen, seien nicht möglich;
auch sein eigener Versuch "reiche nicht aus". Er sei bereit,
ebenfalls für die gemäßigte Kleinschreibung zu votieren, "wenn
es nicht anders ginge", schlage aber vor, "ein kleines Gremium
zu bilden, das den Auftrag haben solle zu versuchen, ob sich
die größten Schwierigkeiten nicht durch punktuelle Änderungen
beseitigen ließen" (A3/7a:10).
Aus diesen Äußerungen ist nicht zu entnehmen, ob er wirklich
noch an eine Rettung der Großschreibung glaubte oder ob er sich
nicht sofort geschlagen geben wollte und die Forderung nach einer Unterkommission nur Teil eines taktischen Rückzugsgefechtes
war. (Wie sich später herausstellte, hoffte er, eine Lösung zu
finden durch ein "neues Prinzip", das er zwar selbst nicht "so
neu" fand, von dem er aber meinte, er habe es "doch wohl zum
erstenmal systematisch angewandt". Er unterscheidet mit Hilfe
des "Stilgefühls", welche "degradierten Substantive" noch und
welche substantivierten Angehörigen anderer Wortarten schon
groß zu schreiben sind.)

Unterstützt wurde er von Mackensen, der die Vorschläge von Baum/Eicher "in der jetzigen Form zwar" nicht für "ganz stichhaltig", im Prinzip aber für "abänderbar" hielt. Er sähe darin "eine glückliche Möglichkeit". Man habe hier eine historische Stunde durchlebt und befinde sich in einem echten Konflikt. Dies bringe die Verpflichtung mit sich, "jede Möglichkeit auf beiden Seiten der Alternative zu prüfen, ehe wir zu einer hinneigten". (A3/7a:10)

Zu Recht reagierte Weisgerber unwillig auf den Vorschlag, in einem Unterausschuß eine seiner Meinung nach geklärte Frage nochmals zu behandeln. Man habe mehrere Monate Zeit gehabt, meinte er, sich mit dem Problem zu beschäftigen. An Grebe stellte er die Frage, "wie sich dieser Vorschlag mit dem Gesamtrhythmus des Arbeitskreises vereinbaren ließe". Dieser erklärte aber, daß man den vorgeschlagenen Ausschuß bilden müsse, weil die Verpflichtung bestehe, jede Möglichkeit zu prüfen, was "vor allem die Ministerien fordern könnten".

Grebe hielt die Arbeit eines Unterausschusses zwar nicht für geboten, weil er das Thema ausreichend wissenschaftlich begründet fand, stimmte aber aus taktischen Erwägungen zu, "um die Unhaltbarkeit all der vielen 'Zwischenlösungen' ein für allemal nachzuweisen" (A6/K; Grebe an Krassnigg 26.8.57) und damit spätere Vorwürfe in dieser Richtung von vornherein auszuschließen. Sicher hatte er noch das im folgenden zitierte längere Statement von Storz im Ohr und wußte, daß hier ein ernst zu nehmender, einflußreicher Gegner einer amtlich verordneten Reform gesprochen hatte:

Herr Senator Storz (sic!) erklärte, daß es ihm wichtig gewesen sei, aus einigen Ausführungen entnommen zu haben, daß auch der unsichere Volksschüler und der einfache Mann im Volke offenbar über einen kleinen Bestand an Rechtschreibsicherheit bei der Groß- und Kleinschreibung verfüge. Danach müsse der Bereich, in dem die Vorstellung über das Hauptwort ohne großes Schwanken fast blind vollzogen würde, gar nicht so klein sein. Auf der anderen Seite wäre zu vernehmen gewesen, daß die Kleinschreibung, jedenfalls fürs erste, mehreren Generationen neue Schwierigkeiten bringen würde. Er glaube, daß man zwischen diesen beiden Polen operieren könne. Er stimme der Auffassung zu, daß der Mensch Herr seiner Schöpfung bleiben müsse. Man könne aber auch Freiheit in diesem Punkte so verstehen, daß der Mensch den Sinn seiner Schöpfung erneut erkenne und bestätige. Der Sinn der (7) Schrift sei Dauer. Deshalb sollten wir der Orthographie ein großes Lob aussprechen, weil sie sich in

den letzten 50 Jahren wenig verändert habe. Demgegenüber sei die Sprache lebendige Entwicklung. Es sei keineswegs gleichgültig, in welcher Schrift die Sprache erscheine. Er möchte sich deshalb den bereits vorgebrachten Warnungen anschließen. Die Parolen der Vereinfachungen und der Rationalisierung seien deshalb so gefährlich, weil sie nicht bei der Schrift haltmachen würden. Sie würden zwangsläufig auf die Sprache übergreifen. Daneben stünde der Perfektionswahn, daß ein Zehn- oder Zwölfjähriger alles beherrschen müsse. Dies gäbe es bei keiner Regelung. Die Kleinschreibung würde zwar vieles vereinfachen, aber der Preis dafür wäre zu hoch, weil ein Graben zwischen alter und neuer Literatur aufgerissen würde. Ein Vergleich mit anderen Literaturen und Rechtschreibungen sei unmöglich, weil dort im Gegensatz zu uns ununterbrochen die Kleinschreibung bestanden habe. Wir stünden in einer geschichtlichen Situation und täuschten uns über die Schwierigkeiten hinweg, wenn wir nach den skandinavischen Ländern blickten, deren Sprachen keine Weltgeltung besäßen.
Demgegenüber hätten England und Frankreich bewiesen, welchen Geltungsbereich eine Sprache trotz stärkster Beharrungskraft in der Rechtschreibung erlangen könne. Zum Schluß wolle er noch ausführen, daß der Begriff der Freizügigkeit vielfach doch wohl mißverstanden worden sei. Gestern abend habe ihm Herr Dr. Grebe seine Konzeption für die Fremdwörter entwickelt, die durch das Nebeneinanderbestehen von zwei Schreibweisen auf längere Frist die Möglichkeit gäbe, das Volk selbst entscheiden zu lassen. Dies sei ein brauchbarer Entwicklungsweg. Man dürfe nicht glauben, daß man den Sitzungssaal verlassen könne mit dem Bewußtsein, eine endgültige Regelung getroffen zu haben. Es dürfte wohl kaum einen Minister geben, der es auf sich nehmen würde, die gemäßigte Kleinschreibung zu verordnen.

(A3/7a:6f)

Die Rede eines Politikers (im Sommer 1958 wurde Storz Kultusminister von Baden-Württemberg), der sich seiner Wirkung und seiner Macht sehr wohl bewußt war! Alle schon bekannten Argumente werden - als Warnungen deklariert - plakativ aufgezählt, ohne mit einem Wort auf die bekannten wissenschaftlichen Begründungen einzugehen. Dafür am Schluß die offene Ankündigung, die Kleinschreibung werde sich politisch nicht durchsetzen lassen.

Es ist anzunehmen, daß Storz Mosers wissenschaftliche Argumentation sehr wohl verstanden hatte, diese aber bewußt aussparte, weil er erkannt hatte, daß in dem Ausschuß mehrere Mitglieder saßen, die mangels wissenschaftlicher Einsicht sich seiner ideologischen Überzeugung anschließen würden. Deshalb hatte er wohl seinem Statement die Form einer Wahlrede gegeben. Von den Mitgliedern des Ausschusses hatte er nur Puschmann überzeugt (Süskind war schon von Beginn an sein Verbündeter), der von nun an als glühender Verfechter der Großschreibung auftrat.

Wie die spätere Entwicklung zeigt, war der geringe Einfluß der Verfechter der Großschreibung innerhalb des Arbeitskreises ohne Bedeutung; entscheidend war, daß später die Reform politisch verhindert wurde, ein Vorgang, an dem Storz maßgeblich beteiligt war.

2.6.2 Umfangreiche Untersuchungen zur Rettung der Großschreibung

Daß Grebe die Bildung eines Unterausschusses für unnötige Zeitverschwendung hielt, die nun vor den Auftraggebern zu rechtfertigen war, ergibt sich auch aus einem Bericht, den er drei Tage nach dieser Sitzung an Hübinger, den Leiter der Kulturabteilung im BMI, schickte. Darin legte er ausführlich dar, welche Argumente für bzw. gegen die Einführung der gemäßigten Kleinschreibung von den Mitgliedern des Arbeitskreises vorgetragen worden seien, und verwies auf die beigefügte Ausarbeitung von Moser, in der die Unhaltbarkeit der vorgeschlagenen Zwischenlösungen nachgewiesen sei, so daß infolgedessen nur noch die gemäßigte Kleinschreibung übrig bliebe. Die Gegner der Kleinschreibung seien ebenfalls zu dieser Einsicht gekommen, beriefen sich aber auf den Traditionswert und schienen willens zu sein, "die sich aus dem Prinzip der heutigen Rechtschreibung ergebenden Schwierigkeiten - wenn auch hier und da mit punktuellen Änderungen - weiter auf sich zu nehmen". Er zählte die Befürworter - "Professor Weisgerber, Professor Moser, Professor Winkler, Dr. Kraemer-Badoni, Dr. Heyd, Herr Rück vom Vorstand der Industriegewerkschaft Druck und Papier, Herr Studienrat Dr. Arnold für die Gemeinschaft deutscher Lehrerverbände" - und die Gegner - "Dr. Storz (Vizepräsident der Akademie für Sprache und Dichtung), W. E. Süskind und Professor Pfleiderer" - mit Titeln und in einigen Fällen Zugehörigkeit zu einer bestimmten Interessengruppe namentlich auf; damit verfolgte er wohl die Absicht, über die quantitative Überlegenheit der Befürworter (7:3) hinaus auch deren Kompetenz zu demonstrieren.
Schon am Anfang des Berichtes hatte er betont, die Frage nach der Groß- und Kleinschreibung sei letztlich ein Politikum; am Ende stellt er fest:

Mit der Berufung auf den Traditionswert, der sicher nicht gering zu achten ist, wird diese Fragestellung zu einer "Haltungsfrage", die mit philologischen Mitteln nicht zu lösen ist. (A6/H; Grebe an Hübinger 15.1.57)

Trotz der nun folgenden Auseinandersetzungen im Unterausschuß und der erweiterten Ausarbeitung von Moser ging es von jetzt an nur noch um die Frage der politischen Durchsetzbarkeit der Kleinschreibung. Darauf zielten Grebes Strategien (auch dann, wenn wissenschaftlich argumentiert wurde), ohne daß dies von den Mitgliedern des Arbeitskreises bemerkt wurde. In den folgenden Monaten entstanden - teilweise begleitet von heftigen schriftlichen Auseinandersetzungen - noch weitere Ausarbeitungen und Stellungnahmen zu Rettung der Großschreibung, so daß Grebe in seinem Schlußbericht der Unterkommission (A3/10) folgende Liste vorlegen konnte:

I. Baum - Eicher:
a) Das Heilbronner Abkommen vom 16./17.4.1956 (veröffentlicht in "Mitteilungen des Deutschen Germanisten-Verbandes", 3. Jg.1956, Nr. 3, Seite 4ff., besonders Seite 11)
b) Erläuterungen und Beispiele zum "Heilbronner Abkommen" über die Rechtschreibreform (veröffentlich a.a.O. 4. Jg. 1957, S 4 ff.) (...)
c) "Entgegnung" zu der Stellungnahme von Prof. Moser vom 20.2.57

II. Pfleiderer:
a) Grundlagen für eine Reform der deutschen Rechtschreibung, als Manuskript gedruckt
b) Die Schreibung der substantivierten Adjektive; (...)
c) Rechtschreibung der Verbindungen Präposition + Substantiv, (...)

III. Moser:
a) Stellungnahme zur Frage der Groß- und Kleinschreibung auf Grund der Vorschläge von Dr. Glinz und Baum - Dr. Eicher, Anfang Dezember 1956
b) Weitere Überlegungen zu der Frage der Groß- und Kleinschreibung im Hinblick auf die Vorschläge Baum - Eicher und Pfleiderer, Mitte Mai 1957 (...)
Zu Mosers Ausarbeitungen gehören die Wortlisten[1]:
1. Adverbien und Präpositionen aus Substantiven
2. Adverbien aus Zusammensetzungen mit Substantiven
2a. Feste Verbindungen von Präposition + Substantiv (...)
2b. Unbestimmte Zahlwörter aus Substantiven (...)
3a, b, c. Feste verbindungen von Substantiv + Verb (...)

---

1 Diese Listen sind in überarbeiteter Form bei Moser (1958: 49-91) abgedruckt.

4a. Substantivierung aus Adjektiven
4b. "Substantivierte" Adjektive, die gleichlauten wie der
    Singular femininer Substantive
4c. "Substantivierte" Adjektive in formelhaften Wendungen
    (...)
5a. Substantivierungen aus Infinitiven
5b. "Substantivierte" Infinitive, die gleichlauten wie der
    Nominativ, Dativ, Akkusativ Singular und Plural
    maskuliner Substantive
5c. "Substantivierte" Infinitive, die gleichlauten wie der
    Plural von Substantiven
5d "Substantivierte" Infinitive, die gleichlauten wie der
    Dativ des Plurals von Substantiven
6. Substantivierungen aus Partizipien des Präsens
7. Substantivierungen aus Partizipien des Perfekts
8. Substantivierungen aus sonstigen Verbalformen und ande-
    ren Wortarten
IV. Brinkmann
a) Stellungnahme zu dem Vorschlag Baum - Dr. Eicher vom
    7.4.1957 (...)
b) Stellungnahme zu dem Vorschlag Pfleiderer (Groß- und
    Kleinschreibung bei den substantivierten Adjektiven)
    (...)
c) Erläuterungen zu den sprachlichen Erscheinungen, die
    bei der Entscheidung zwischen Groß- und Kleinschreibung
    zu beachten sind (...)
Der in der "Stellungnahme" Mosers vom Dezember 1956 unter-
suchte Vorschlag von Privatdozent Dr. Glinz-Zürich wurde
nicht mehr behandelt, da dieser ihn inzwischen zurückgezo-
gen hat. (A3/10:1f)

Als erster schickte Puschmann, der nicht Mitglied der Unterkommission war, eine neue Ausarbeitung. Über den Verbleib seines
ersten Textes (SP0/4) hatte er mit Grebe schon einen Briefwechsel (SP2/35-38) geführt, weil er diesen nicht bei den verschickten Diskussiongrundlagen wiederfand. Dies wollte er mit
einem neuen Skript nun nachgeholt wissen, wozu sich Grebe aber
nicht bereit fand, zumal Moser ihm geschrieben hatte, "die neue
Stellungnahme von Herrn Puschmann" führe nicht weiter und zöge
"die Ergebnisse (s)meiner Untersuchungen nicht eigentlich in
Betracht"; daraufhin bildete sich Grebe sein vernichtendes Urteil:

Auch Herr Puschmann hat dem Unterausschuß seine Gedanken
noch einmal schriftlich vorgetragen. Er tut allerdings so,
als ob die letzte Sitzung nicht stattgefunden hätte. Es
wird uns wohl nie gelingen, methodisch nicht ausgebildete
Menschen von wissenschaftlich erarbeiteten Ergebnissen, wie
sie Herr Moser vortrug, völlig zu überzeugen. (A7/W; Grebe
an Weisgerber 2.2.57)

Da Grebe stets bestrebt war, niemanden zu verletzen, was innerhalb des Arbeitskreises zu persönlichen Differenzen geführt
hätte, enthielt er sich Puschmann gegenüber jeder kritischen
Äußerung. Wahrscheinlich wollte er auch den Vertreter einer
wichtigen Organisation (IG Druck und Papier) nicht verärgern,
um nicht innerhalb der Interessengruppen Ressentiments gegen
den Arbeitskreis und damit gegen die Reform aufkommen zu lassen. In einem Brief vom 29. Januar 1957 bestätigte er Puschmann
den Eingang seiner Ausarbeitung und schrieb dazu:

> Ich freue mich, aus Ihrem Schreiben vom 27.1.1957 zu ent-
> nehmen, daß Sie an der Lösung der schwierigen Frage der
> Groß- und Kleinschreibung weiterhin tatkräftig mitarbeiten.
> Ihr Exposé werde ich bei der ersten Besprechung der neu ge-
> bildeten Komission gern vorlegen. (SP2/42; Grebe an Pusch-
> mann 29.1.57)

Diese Freundlichkeiten ermutigten Puschmann in den späteren
Sitzungen zu weiteren Aktivitäten, die aber keinerlei Eindruck
auf die übrigen Mitglieder des Arbeitskreises machten. Vielleicht hat er aus Verärgerung darüber drei Jahrzehnte später
Vorwürfe erhoben, die offensichtlich jeder Grundlage entbehren.
(Vgl. dazu 3.Kap.2.6.5)
Zu einer harten Auseinandersetzung, in der auch einige un-
freundliche Worte fielen, kam es zwischen Moser und Grebe einerseits und Baum und Eicher andererseits. Zunächst handelte
Baum im Alleingang mit der Begründung, er sei von Eicher zu
spät benachrichtigt worden und könne nun die beigefügte Stellungnahme nicht mehr mit seinem "Compagnon" abstimmen. Mit einem Begleitschreiben schickte er am 1. Februar 1957 eine "Entgegnung" (7 Seiten, engzeilig)[1] auf Mosers Stellungnahme, in
der er sich vorwiegend in der Attitüde eines Beleidigten ge-
fällt. Als erstes moniert er vom Duden abweichende Schreibweisen und Tippfehler in den Wortlisten, bezeichnet dann den Vorschlag von Glinz als "mißglückten Versuch", der "in wesentlichen Punkten an die Grundsätze der Rechtschreibung erinnert,

---

1 Dieses Schriftstück wurde nicht vervielfältigt; es befindet
sich als Abschrift nur im Briefwechsel zwischen Moser und Grebe. (A6/M)

wie sie K. E. Rotzler in 'Dudens Schreib- und Sprachdummheiten' (...) vertritt", und kritisiert dann Moser, der sich aus "Zeitmangel (...) offenbar ein eingehenderes Studium der einzelnen Punkte unseres Abkommens" versagt habe. Außerdem monierte er Mosers Formulierung, der von den "in etwas mißverständlicher Weise 'Heilbronner Abkommen' genannten Vorschläge" gesprochen hatte.

Das "Heilbronner Abkommen" (geschlossen in Heibronn am 16./17. April 1956) sei ein Kompromiß, den er und Eicher "als Vertreter sehr verschiedener 'orthographischer Standpunkte'" geschlossen hätten, um "im Auftrage des Germanistenverbandes eine gemeinsame Plattform" zu finden. Ziel dieser Arbeit sei gewesen, die auch in diesem Berufverband vertretenen gegensätzlichen Meinungen zu versöhnen, um dem Deutschen Germanistentag in Frankfurt einen Vorschlag zu unterbreiten, "der als Ausgangspunkt für weitere Erörterungen dienen konnte". Das Abkommen sei von dieser Versammlung gebilligt worden.

Seine weiteren Ausführungen bezeichnet er als "Entgegnung", mit der er "Herrn Professor Mosers Irrtümer", die diesem "bei einigen, nicht eben nebensächlichen Punkten (...) unterlaufen" sind, "ausräumen" will.

Moser wunderte sich, daß die Ergebnisse seiner Untersuchung auf so hartnäckigen Widerstand stießen, und schrieb darüber an Grebe:

> Neu ist eigentlich nur der zum Teil recht polemische Ton, den wir bis jetzt bei Meinungsverschiedenheiten innerhalb unseres Ausschusses nicht gekannt haben. (A6/M; Moser an Grebe 9.2.57)

Auch Grebe äußerte sich sehr enttäuscht; er hielt es für deprimierend, daß "widerlegtes Material immer wieder mit gleichen Argumenten vorgetragen" werde; vor allem müsse man den polemischen Ton "frühzeitig unterbinden, damit er in unserer Gemeinschaft nicht einreißt" (A6/M; Grebe an Moser 12.2.57).

Eicher war der Alleingang von Baum, von dem er erst durch einen an ihn gerichteten Brief von Moser erfuhr, sehr peinlich, und er beeilte sich, in seiner Antwort die Wogen wieder zu glätten:

Zu meinem Bedauern hat Herr Kollege Baum Ihnen <u>direkt</u> die Entgegnung zugeschickt. Er hat dabei gewiß keine bösen Absichten. Eine vorherige Überarbeitung von mir aus - wie ich es vorgesehen hatte - wäre zweckdienlicher gewesen. (...) Ich möchte Ihnen gegenüber betonen, daß unsere Aussprachen und die beginnende Zusammenarbeit auf erfreulich sachlicher Grundlage erfolgte, und so wird es auch bleiben. Herr Baum ist im Ausschuß 2 und 3, im 1. Ausschuß werden wir nach den inzwischen angelaufenen Untersuchungen Herrn Pfleideres und Ihrer verehrten Persönlichkeit sicherlich ein Stück weiterkommen. Persönliche Begegnungen sind immmer fruchtbarer als schriftliche Äußerungen, die oft falsch verstanden werden können. (A6/M; Eicher an Moser 14.2.57)

Obwohl Eicher sich hier nur von dem polemischen Ton distanzierte und den Inhalt der Stellungnahme mit keinem Wort erwähnte, überprüfte Moser in seiner überarbeiteten Stellungnahme (A3/9d; s. auch Moser 1958) auch diese Entgegnung und kam zu dem Schluß, daß "ihr (Baum und Eicher, H.S.) Merkmal des 'Dingbegriffs', durch das sie das 'Substantiv' bestimmt sein lassen, für die Regelung der Groß- und Kleinschreibung nicht geeignet ist" (A3/9d:2).

Daß Baum und Eicher "offenbar ihre Niederlage im eigenen Kollegenkreise nur schrittweise eingestehen", wie Grebe meinte (A6/M; Grebe an Moser 14.5.57), ist verständlich. Waren sie doch für ihren Verband die Experten, die 1956 mit ihrem Vorschlag (Baum/Eicher 1956) auf die STE reagiert hatten. Sie schoben im 1. Heft der Mitteilungen des Deutschen Germanisten-Verbandes 1957 ihre "Erläuterungen und Beispiele zum 'Heilbronner Abkommen' über die Rechtschreibreform" nach und schrieben in dem Vorwort dazu:

In der Sitzung des 1. Auschusses des "Arbeitskreises für Rechtschreibregelung" in Wiesbaden am 21. 1. 1957, an der als Vertreter des Bundesinnenministeriums Herr Ministerialrat Gussone teilnahm, wurde das "Heilbronner Abkommen" der Beauftragten des Deutschen Germanistenverbandes in beachtlicher Weise anerkannt und beurteilt. (Baum/Eicher 1957:3)

Moser wies Grebe auf diesen Passus hin, und dieser erinnerte Baum noch am gleichen Tag in einem Brief daran, daß die Mitglieder des Arbeitskreises zur Verschwiegenheit verpflichtet seien und ihm sehr viel daran läge,

daß gerade in Fachzeitschriften keine Formulierungen gebraucht werden, die frühzeitig auf etwaige Meinungsbildun-
gen innerhalb unseres Arbeitskreises Rückschlüsse zulassen,
vor allem dann, wenn die Dinge noch in vollem Flusse sind.
(A5/B; Grebe an Baum 14.5.57)

Auf diplomatische Weise machte er im weiteren Verlauf seiner
Ausführungen Baum und Eicher den Rückzugsweg frei; er schrieb,
er sei besonders darüber erfreut, daß beide nicht unbedingt auf
ihrem Standpunkt beharren wollten, "wenn sich andere, sinnvolle
Lösungen anbieten". Bezeichnend für Grebes Verhandlungsgeschick
ist die Tatsache, daß er hier stillschweigend eine "Übertragung" vorgenommen hatte; die zitierte Äußerung von Baum (A5/B;
Baum an Grebe 5.7.57) bezog sich nämlich auf die Frage der
Fremdwortschreibung.

Auch Pfleiderer, der sich auf eigenen Wunsch an der Arbeit der
Unterkommission beteiligte, legte zusätzlich zu einem Beitrag,
der schon bei Klett für die Veröffentlichung vorbereitet wurde
(vgl. hierzu 3.Kap.2.6.3), zwei weitere Ausarbeitungen vor -
"Die Schreibung der substantivierten Adjektive" (A3/9b) und
"Rechtschreibung der Verbindung Präposition + Substantiv (Adverbiale)" (A3/9c) - , in denen er nach Ansicht von Moser und
Grebe nicht über seine schon bekannten Positionen hinausging.
Es war Pfleiderers letzter Versuch, die Großschreibung zu retten, bevor er sich zur Kleinschreibung bekannte. Er war der
einzige, der zugab, auf Grund wissenschaftlicher Ergebnisse
seine Meinung geändert zu haben - eine Tatsache, die um so er-
staunlicher ist, als Pfleiderer zu diesem Zeitpunkt 80 Jahre
alt war. In der abschließenden Plenarsitzung (15. Oktober 1958)
begründete er seinen Sinneswandel:

Wenn man mich fragen würde, warum ich am Anfang für die
Großschreibung eingetreten bin: Wir befinden uns in einer
Zeit, in der mit Leichtsinn mit Traditionen umgegan-
gen wird, vor dem mir graut. Die Abschaffung der Großschreibung war für mich ein Symbol, wieder einen Wert
preiszugeben, denn der ist in der Großschreibung drin. Ich
bin aber zu der Erkenntnis gekommen, es ist nicht zu machen.
(...)
Ich habe aber bemerkt, daß viele von uns geneigt sind, immer das Wort zu isolieren, statt darauf zu vertrauen, daß
das Wort im Zusammenhang seine Gestalt und seinen Sinn be-
kommt. Das Wort ändert sein Profil und seinen Umkreis. Die
Angst vor Mißverständnissen ist bei uns eine Krankheit. Man
sucht dauerd eine Gelegenheit, wo etwas mißverstanden wer-

den könnte. Man betrachtet das Wort immer unter dem Mikroskop. Ich bin der Meinung, daß die Kleinschreibung hier der deutschen (45a) Sprache einen Antrieb geben wird, mehr funktionell zu denken und weniger grammatisch zu addieren, wozu die Großschreibung immer wieder verführt. Wir schreiben ja fast, um Grammtik zu machen. Ich glaube, daß in dieser Richtung der Anstoß für eine Weiterentwicklung der deutschen Sprache liegen könnte. (A4/23:44a f)

(Die Bedeutung der Groß- und Kleinschreibung für die Sprache wird hier immer noch optimistisch beurteilt.)

Brinkmann war von Pfleiderers Bereitschaft, sich einer neuen wissenschaftlichen Erkenntnis anzuschließen, so beeindruckt, daß er sich Jahrzehnte später mit kaum verhohlener Bewunderung noch daran erinnerte. In einem Telefongespräch am 2. Mai 1986 sagte er: "Ich fand es damals erstaunlich, daß Pfleiderer sich wirklich von den wissenschaftlichen Ergebnissen überzeugen ließ und - was in seinem hohen Alter besonders anzuerkennen ist - seine Meinung änderte."

Pfleiderer bekannte sich auch in der Öffentlichkeit zu seiner geänderten Meinung; er schrieb in einem Artikel der Eßlinger Zeitung vom 23. März 1959:

Alle diese Schwierigkeiten werden mit einem Schlag gelöst, wenn wir die Kleinschreibung einführen. Welche Ersparnis von Kraft und Zeit für Lehrer und Schüler. (...) Es wird schon so sein: wer die Kleinschreibung nicht will, behauptet, sie lese sich schwerer als die Großschreibung; wer sie will, findet sie ebenso lesbar wie die Großschreibung. (...)
Nach alledem wundert man sich, daß so viel Widerstand gegen die Kleinschreibung besteht. Es ist vor allem der Konservatismus, d. h. die liebe Gewohnheit, die beim Alten (alten?) bleiben will und sich hinter allerlei wenig stichhaltigen Gründen verschanzt. Merkwürdigerweise findet sich unter den vorgebrachten Gegengründen der eine nicht, der vielleicht das größte Gewicht hat: Daß mit der Großschreibung ein eigentümlicher ä s t h e t i s c h e r A u s d r u c k s -
w e r t verloren geht, daß die Kleinschreibung so etwas wie einen Stilbruch bedeutet.

Die Ablehnung aller vorgeschlagenen Zwischenlösungen stützte sich nur auf die Arbeit von Moser, was Grebe für taktisch unklug hielt, weil man sich später bei den politischen Gremien und in der Öffentlichkeit nur auf einen Wissenschaftler berufen könnte. In dieser Situation kam es ihm sehr gelegen, daß Weisgerber die Mitarbeit von Brinkmann, einem "der besten Sachken-

ner", vorschlug (A7/W; Weisgerber an Grebe 17.2.57); damit wurde die wissenschaftliche Position im Ausschuß entscheidend gestärkt - eine Tatsache, die Grebe in vielen Briefen und Gesprächen immer wieder betonte. Diese Bemerkungen können auch als Indiz dafür gewertet werden, daß Grebe, nachdem er die Notwendigkeit einer Unterkommission zunächst nicht eingesehen hatte, inzwischen froh war, daß die Frage der Groß- und Kleinschreibung hier von kompetenten Wissenschaftlern geklärt wurde.
Da der Wunsch nach Mitgliedschaft im Arbeitskreis immer wieder an Grebe herangetragen wurde, so z. B. von Prof. L. Erich Schmitt, Direktor des Deutschen Sprachatlasses, ergab sich die Notwendigkeit, Brinkmanns Mitarbeit auch formal abzusichern. Eine schriftliche Abstimmung, die umständlich gewesen wäre und viel Zeit gekostet hätte, wurde erwogen, erwies sich dann aber als überflüssig, weil Porzig seinen Platz für Brinkmann freimachte. Diese Lösung hatte Weisgerber auf einer Sitzung des Forschungsschwerpunktes "Deutsche Sprache" der DFG erreicht. (A7/W; Weisgerber an Grebe 22.2.57 und 8.7.57)
Grebe nahm sofort brieflichen Kontakt zu Brinkmann auf und schickte ihm alle bisher vorhandenen Unterlagen zu. Für Grebe stellte sich die weitere Arbeit jetzt in zwei nebeneinanderlaufenden Linien dar, die seiner Meinung nach auseinanderzuhalten waren:

Der spezielle Untersuchungsauftrag, der dem Unterausschuß gestellt ist, und die allgemeine Stellungnahme von Herrn Professor Brinkmann, in die wohl auch (...) die Arbeit von Herrn Moser einmünden kann. (A7/W; Grebe an Weisgerber 7.5.57)

Bei so viel Formalisierungstendenzen hielt Weisgerber wohl ein klärendes Wort für angebracht:

(...) ich glaube, dass die Beiträge der beiden Herren (Brinkmann und Moser, H.S.) eng zusammengehören und beide für die Unterkommission bestimmt sind. Brinkmann setzt sich ausdrücklich mit den Vorschlägen Pfleiderer und Baum-Eicher auseinander, und seine allgemeineren Überlegungen dienen dazu, nachzuweisen, dass der Substantivbegriff, wie ihn vor allem Baum-Eicher verwenden, unhaltbar ist. (A7/W; Weisgerber an Grebe 10.5.57)

Inzwischen hatten Brinkmann und Moser sich getroffen und vereinbart, Brinkmanns Stellungnahme solle die von Moser ergänzen.
Brinkmann legte drei Arbeitspapiere vor:

1. Stellungnahme zu dem Vorschlag Baum-Dr. Eicher (unter Berücksichtigung der Entgegnung an Professor Moser) (A3/9e)
2. Stellungnahme zu dem Vorschlag Pfleiderer (Groß- und Kleinschreibung bei den substantivierten Adjektiven) (A3/9f)
3. Erläuterungen zu den sprachlichen Erscheinungen, die bei
   der Entscheidung zwischen Gross- und Kleinschreibung zu beachten sind. (A3/9g)

In seinen grundsätzlichen Ausführungen, die sich an einigen
Stellen mit seinen Äußerungen zur Getrennt- und Zusammenschreibung berühren, legt er dar, daß jede Wortart in sich geschich-
tet ist und außerdem neue Wortbildungen durch Zusammensetzungen
und Überführung von einer Wortart in die andere möglich seien.
Da dies für die Substantive in besonderem Maße gelte, ließe
sich das Problem der Groß- und Kleinschreibung über die Identi-
fizierung von Wortarten nicht lösen. In diesem Sinne widerlegte
er die Vorschläge von Baum/Eicher und Pfleiderer im einzelnen.

Moser legte eine überarbeitete Stellungnahme seiner schon im
Dezember 1957 entstandenen Untersuchung (A3/6a) vor: "Weitere
Überlegungen zu der Frage der Groß- und Kleinschreibung im Hinblick auf die Vorschläge von Baum-Eicher und Pfleiderer"
(A3/9d; veröffentlicht als Moser 1958). Diese Arbeit ist ausführlicher, bezieht auch noch weitere Wortlisten ein, die an
der Universität Saarbrücken erarbeitet wurden, kommt aber
letztlich zu demselben Ergebnis: Das von Baum-Eicher in die
Diskussion gebrachte Merkmal des "Dingbegriffs" eignet sich
nicht als Kriterium für die Bestimmung des "Substantivs"; der
von Pfleiderer propagierte Begriff der verblaßten Substantive
läßt ebenfalls keine klare Abgrenzung der Groß- und Kleinschreibung zu, weil hier auf das "subjektive Kriterium des
Stilgefühls" zurückgegriffen wird. (A3/9d:14; vgl. hierzu auch
Moser 1958:34 und 42)

Grebes Kommentar zu dieser Arbeit läßt die Erleichterung erkennen, die er in zweifacher Hinsicht verspürte. Zum einen glaubte
er, jetzt ein Korrektiv zu haben, um die Subjektivität der Entscheidungen in seiner "täglichen Dudenarbeit" abzumildern, zum
anderen war er erleichtert darüber, daß man für die Regelung

der Groß- und Kleinschreibung, die auch für ihn bisher nicht
ganz eindeutig war, damit eine wissenschaftliche Grundlage hatte:

> Sie können sich denken, mit welcher Spannung ich Ihren gro-
> ßem Umschlag öffnete, in dem sich ihre neue Ausarbeitung
> über die Frage der Groß- und Kleinschreibung befand. Ich
> las sie wie einen Roman. (...)
> Wichtig ist mir jedoch allein die wiederum von Ihnen klar
> herausgearbeite Alternative, vor der wir stehen. Eine Ent-
> scheidung wird uns und später auch den Ministern nicht er-
> spart bleiben. (A7/M; Grebe an Moser 31.5.57)

Endlich konnte er nun darangehen, die Sitzung der Unterkommission organisatorisch vorzubereiten; sie fand am letzten Juni-
wochenende in den Räumen der Dudenredaktion in Wiesbaden statt.
Die Stellungnahmen von Moser und Brinkmann und die diesen zugrunde liegenden Vorschläge vom Baum/Eicher und Pfleiderer wurden in allen Einzelheiten durchgesprochen, und es scheint so,
als habe man sich nach einer sachlichen Diskussion geeinigt. Es
gibt über diese Sitzung kein Protokoll, lediglich einige Äußerungen in Briefen und den Bericht (A3/10), der dem 1. Ausschuß
vorgelegt werden sollte. Die Ergebnisse der Arbeit der Unterkommission wurden dort in einer Alternative zusammengefaßt,
über die zunächst der 1. Ausschuß in seiner nächsten Sitzung
entscheiden sollte, um dann sein Ergebnis dem Plenum zur Abstimmung vorzulegen: Wird die derzeitige Großschreibung beibehalten, so sind nur punktuelle Änderungen "subjektiver oder
willkürlicher Art möglich, die nicht an einem einheitlichen
Prinzip orientiert sind"; führt man "die international gebräuchliche Kleinschreibung" ein, "so fallen alle diese Schwierigkeiten mit einem Schlag weg". (A3/10:6) Damit hatte man zwar
keine Empfehlung ausgesprochen, aber deutlich gemacht, daß eine
Reform der Großschreibung nicht zur Debatte stehen könne.
Noch bevor der von Moser und Grebe konzipierte Bericht fertig
war, schrieb Grebe an Ministerialrat Gussone (BMI):

> Die "heiße" Schlacht vom 29. und 30. Juni ist vorüber. Bei
> 30 Grad Hitze tagten die Herren Professoren Weisgerber,
> Brinkmann, Moser, Pfleiderer, Herr Dr. Eicher und ich bis
> jeweils Mitternacht, um uns endgültig über die wissen-
> schaftlichen Grundlagen der Groß- und Kleinschreibung klar
> zu werden. (A6/G; Grebe an Gussone 3.7.57)

Eine Reaktion des BMI gab es weder auf diesen Brief noch auf den später nachgereichten Bericht. Ob dieses Verhalten Ausdruck der von Dehnkamp empfohlenen Zurückhaltung der Politiker war oder eher einem Desinteresse entsprang, läßt sich schwer beurteilen. Die spätere Passivität dieser Behörde spricht eher für das letztere. Allerdings schickte Gussone den Regierungsrat König zu der Sitzung des 1. Ausschusses am 4. und 5. Oktober 1957 nach Wiesbaden.

Unter dem Aspekt einer von der Sache her notwendigen Diskussion muß man Weisgerber beipflichten, der diese Sitzung für völlig überflüssig hielt. Er hatte sich von vornherein vorgenommen, die Debatte nicht wieder ausufern zu lassen. Gleich zu Beginn trug er die von der Unterkommission erarbeitete Alternative vor, die einen möglichen Mittelweg ausschloß, und zählte dann acht Punkte auf, um die Diskussion in dieser Reihenfolge zu strukturieren. Dies gelang ihm aber nur zum Teil, weil Rück und Krämer-Badoni monierten, daß der Unterausschuß keine eindeutige Empfehlung gegeben habe; sie hielten deshalb eine sofortige Abstimmung für erforderlich. Grebe konnte dies unterbinden und wurde dabei von Storz unterstützt. Weder Grebe noch Weisgerber konnten aber verhindern, daß noch einmal alle altbekannten Argumente vorgetragen wurden und man sich schließlich mit dem "Hauptwortbegriff" herumschlug, so als hätte keiner der Anwesenden die Ergebnisse der vorliegenden Ausarbeitungen zur Kenntnis genommen.

Eine herbe Enttäuschung erlebten die Verfechter der Idee, die Großbuchstaben würden "als Blickfang den Leseablauf erleichtern"; auf Anfrage erklärte Winkler[1], ein anerkannter Experte auf diesem Gebiet,

dass das Gegenteil der Fall sei. Grossbuchstaben zwängen zum Wort-für-Wort-Lesen, während die Kleinschreibung die

---

1 1963 führte Winkler auf Anregung von Moser zu diesem Problem eine empirische Untersuchung durch, die diese These wenigstens zum Teil bestätigt. Die noch vorhandenen Unterlagen stellte er mir bei meinem Besuch in Marburg zur Verfügung. Die Ergebnisse sind seiner Meinung nach nur mit Vorsicht zu interpretieren, weil alle Versuchspersonen durch das Lesenlernen in Großschreibung "vorbelastet" sind.

Wörter in der Schwebe liesse, bis die Sinneinheit zusammen
sei. (A4/10:8)

Als sich nach einer vermeintlich zusammenfassenden Bemerkung
von Storz, - er meinte, "dass die letzte Entscheidung über die
verbliebene Alternative eine Ermessensfrage sei", - eine Atempause ergab, nutzte Weisgerber die Gelegenheit und forderte dazu auf, Argumente für und gegen die Großschreibung zusammenzustellen. Es kam ihm nicht darauf an, noch einmal die längst bekannten Begründungen zu sammeln, sondern er wollte klar herausgestellt haben, wie sich die Mehrheitsverhältnisse darstellten;
eine Abstimmung wollte er zunächst auf jeden Fall vermeiden,
weil er diese dem Plenum vorzubehalten gedachte. Diese Vorgehensweise hatte er vorher mit Grebe abgesprochen.
Die Diskussion offenbarte, daß lediglich Storz und Eicher gegen
die Kleinschreibung waren, Pfleiderer deutete seinen Umschwung
an, und Puschmann meldete sich überhaupt nicht zu Wort. Damit
hatten Weisgerber und Grebe die gewünschten Informationen.

Ganz zum Schluß kam dann noch der Hinweis auf "das Namengut",
ein Problem, mit dem man sich bisher überhaupt noch nicht beschäftigt hatte. Ohne zu erkennen, daß sich dahinter eine neue
Problematik verbarg, wurde beschlossen, von Eicher und Arnold
hierüber getrennte Untersuchungen anstellen zu lassen. Von diesem Auftrag war bei der letzten Ausschußsitzung und auch im der
abschließenden Plenarsitzung nicht mehr die Rede, woraus zu
schließen ist, daß er schlicht vergessen wurde. Das kann natürlich damit zusammenhängen, daß die Arbeit des 1. Ausschusses
von nun an ein ganzes Jahr ruhte, weil inzwischen Brinkmann den
Vorsitz im 3. Ausschuß übernommen hatte, dieser Ausschuß seine
Arbeit mit Verzögerung begann und auch trotz Grebes Drängen
nicht zügig fortsetzte.

2.6.3 Ein verlegerisches Intermezzo

Diese lange Unterbrechung nutzte Grebe dazu, eine der Sache
sehr dienliche Veröffentlichung zu organisieren; dafür über-
wandt er die Scheu vor der Öffentlichkeit und durchbrach die
selbstverordnete Presseabstinenz: Im Sommer 1958 erschien beim

Bilbliographischen Institut als Heft 1 der von ihm herausgegebenen Reihe "DUDEN-BEITRÄGE zu Fragen der Rechtschreibung, der
Grammmatik und des Stils"[1] die Arbeit von Moser "Groß- oder
Kleinschreibung? Ein Hauptproblem der Rechtschreibreform". Es
handelt sich um die dem Unterausschuß von Moser vorgelegte Ausarbeitung zur Frage der Groß- und Kleinschreibung (A3/9d) mit
den Wortlisten. Diese Edition hat eine Vorgeschichte, an der
sich Grebes Bestreben ablesen läßt, alle die Rechtschreibreform betreffenden Aktivitäten an den Duden bzw. das Bibliographische Institut zu binden:
Pfleiderer hatte den schon mehrmals erwähnten Aufsatz "Grundlagen für eine Reform der deutschen Rechtschreibung", den Grebe
in seiner Übersicht mit dem Zusatz "als Manuskript gedruckt"
versehen hatte, schon als Beitrag für das im Klett Verlag erschienene Heft der Zeitschrift "Der Deutschunterricht" (DU 55),
einer Nachlese zu den STE, geschrieben (vgl. dazu 2.Kap.3.2);
er war aber damals nicht rechtzeitig fertig geworden, und der
Verlag hatte ihm eine Veröffentlichung in anderem Zusammenhang
zugesagt. Mit den Vorbereitungen war dann auch begonnen worden,
denn Pfleiderer schrieb im Januar 1957 an Grebe, er habe veranlaßt, daß ihm die Umbruchkorrektur dieser Arbeit zugeschickt
würde. Diesen Text, der in den Akten A fehlt, bezog Moser in
seine Arbeit mit ein (A3/9d und Moser 1958:34-42). Gieselbusch
(Klett-Verlag) hatte mit Moser verabredet, die beiden Arbeiten
(Moser und Pfleiderer) zusammen herauszubringen, konnte aber
diese Zusage nicht einhalten; Moser bat Grebe um Rat und schilderte in einem Brief vom 28. März 1958 den Sachverhalt:

> Es hat sich ergeben, daß die geplante Veröffentlichung zur
> Rechtschreibreform (Pfleiderer-Moser) wegen der umfangrei-
> chen Korrekturen u. Zusätze von Herrn Pfleiderer u. wegen
> des Umfangs meines Beitrags besonders der Wortlisten auf
> finanzielle Schwierigkeiten stößt. Das ist natürlich eine
> unangenehme Eröffnung. (A6/M; Moser an Grebe 28.3.59)

Moser berichtete dann weiter, Gieselbusch sähe drei Möglichkeiten, die Veröffentlichung doch noch zu realisieren: 1. eine er-

---

[1] Als Heft 2 erschien in dieser Reihe "Empfehlungen des Arbeitskreises für Rechtschreibregelung. Authentischer Text" (WE).

hebliche Kürzung beider Manuskripte (Wegfall der Wortlisten);
2. einen Zuschuß vom BMI über 5 - 6000 DM; 3. Veröffentlichung
in einem anderen Verlag, dem man "den schon vorhandenen Satz
gegen Kostenersatz überlassen könnte". Moser meinte dazu, der
Wegfall der Listen würde die Wirkung seiner Arbeit stark ab-
schwächen, die Vorschläge 2 und 3 hingegen bedeuteten eine Verzögerung, die nicht im Interesse der beiden Verfasser sein
könnte und auch der Sache wenig dienlich sei.
Postwendend gab Grebe seinen Rat:

> Da jedes weitere Warten die Lage nur kompliziert, empfehle
> ich Ihnen dringend, die Gelegenheit zu benutzen und mit Ih-
> rem Manuskript aus dem Vertrag bei Klett auszutreten. Ich
> fühle mich dann stark genug, Ihre Arbeit anderweit zu ver-
> öffentlichen. Sie können sich Herrn Dr. Gieselbusch gegen-
> über darauf stützen, daß die Wortlisten einen wesentlichen
> Bestandteil Ihrer Arbeit bilden und daß Sie bei Vertragszu-
> sage davon ausgegangen seien, daß der Klett-Verlag die Ko-
> sten allein übernehme. Was mit dem Beitrag von Professor
> Pfleiderer geschehen soll, ist mir im Augenblick noch nicht
> klar. (A6/M; Grebe an Moser 31.3.58)

Moser fragte noch einmal zurück, ob Grebe an "eine baldige an-
derweitige Veröffentlichung (...) nicht erst im Rahmen der Ge-
samtdokumentation" dächte (A6/M; Moser an Grebe 1.4.58), und
nachdem er darauf von Grebe eine positive Antwort erhalten hatte (A6/M; Grebe an Moser 3.4.58), löste er seinen Vertrag mit
dem Klett-Verlag. Die endgültige Entscheidung für das Erscheinen des Heftes beim Bibliographischen Institut fiel bei einem
Treffen von Moser und Grebe Anfang Mai in Wiesbaden.
Für Gieselbusch blieb das Problem Pfleiderer; auch er suchte
brieflich Hilfe und Rat bei Grebe und schilderte zuerst die
Entwicklungsgeschichte:

> Bei Pfleiderers Arbeit sollte es sich zunächst handeln um
> einen Beitrag für jenes erste Rechtschreibheft, das im
> "Deutschunterricht" erschienen ist. Pfleiderer ist damit
> nicht rechtzeitig fertig geworden. Die Arbeit hat sich, wie
> Sie wissen werden, dann ziemlich ausgewachsen und Pfleide-
> rer war der Meinung, es sollte eine selbständige Veröffent-
> lichung ergeben. Das aber konnte ich in Verbindung mit dem
> "Deutschunterricht" oder innerhalb von ihm nicht zusagen,
> sondern eben nur in Fortsetzung jenes ersten Heftes zu
> Rechtschreibfragen ein weiteres Heft wiederum mit möglichst
> mehreren Beiträgen zu Sachfragen.
> Dadurch, dass Moser nun aus Gründen, die ich anerkennen
> muss, sich doch zurückzieht, bleibt Pfleiderer mit seiner

Arbeit allein. Genau das aber kann ich mit meinen Mitteln nicht darstellen.
Frage also: Wenn Sie Moser veröffentlichen, bestünde dann für Sie die Möglichkeit, als einen weiteren Beitrag aus der Arbeit Ihrer Kommission auch Pfleiderer zu bringen? (A6/G; Gieselbusch an Grebe 29.4.58)

Am Ende des Briefes bot er dann "Pfleideres wegen, (...) aber auch zur Förderung der Sache" an, "den vorhandenen Satz unberechnet zur Verfügung zu stellen".

Grebe sah aber keine Möglichkeit, obwohl er dem "gemeinsamen Freund Pfleiderer" gern "behilflich wäre"; bei Mosers Arbeit lägen die Dinge anders, meinte er, weil dort "eine ganze Reihe von offenen Fragen in der Groß- und Kleinschreibung" geklärt würden. (A6/G; Grebe an Gieselbusch 8.5.58) Er verschwieg, daß er und Moser Pfleiderers Ausführungen nicht für stichhaltig hielten und darüber hinaus aus taktischen Gründen eine Veröffentlichung, in der eine Rettung der Großschreibung propagiert wurde, nicht wollten. Wahrscheinlich haben sie auch an die Wirkung in der Öffentlichkeit gedacht, wo der Name Pfleiderer wegen der damals in vielen Gymnasien benutzten Sprachbücher von Rahn/Pfleiderer ziemlich bekannt war.

In seinem Antwortbrief bedankte sich Gieselbusch bei Grebe dafür, daß er auch noch Überlegungen "an diese verkorkste Sache gewandt" habe und bemerkte leicht resignierend, nun werde er wohl Pfleiderers Unmut zu ertragen haben. (A6/G; Gieselbusch an Grebe 28.5.58)

Offensichtlich hat Pfleiderer von diesen Verhandlungen im Hintergrund aber nichts erfahren; in dem Briefwechsel mit Grebe, meist in herzlichem Ton mit gelegentlich eingestreuten privaten Informationen über die beiderseitigen Familien, gibt es darüber keine Bemerkung. Grebe erwähnte mehrmals Pfleiderers hohes Alter (Gratulationsbriefe zum 80. und 81. Geburtstag im September 1957 bzw. 1958) und gab seiner Bewunderung über die geistige Frische und rege Mitarbeit im Arbeitskreis Ausdruck. Manchmal erwecken die Briefe allerdings den Eindruck, daß Grebe "den alten Herrn" doch nicht mehr so ganz ernst nahm, besonders wenn er geschickt dessen Versuche abzuwehren hatte, weitere Aufsätze über Fragen der Rechtschreibung und der Grammatik zur Veröffentlichung anzubieten.

Während der gesamten bisherigen Verhandlungen hatte Grebe die
Mitglieder des Arbeitskreises immer wieder zur Verschwiegenheit
gegenüber der Presse verpflichtet, weil er glaubte, unsachliche
Äußerungen könnten einer Verwirklichung der Reform schaden, womit er zweifellos recht hatte. Dagegen schien er der Meinung zu
sein, eine sachgemäße Aufklärung der Öffentlichkeit könnte einer Durchsetzung dienlich sein; diese Logik ist zwar einleuch-
tend, aber die spätere Entwicklung zeigte, daß wissenschaftlich
fundierte Beiträge in der Presse ohne Wirkung auf die "öffentliche Meinung" und die Aktivitäten der verantwortlichen Politiker blieben.

Beim Erscheinen von Mosers Schrift durchbrach Grebe den Grundsatz der totalen Presseabstinenz und startete eine kleine Pressekampagne. Schon im März 1958 hatte Dehnkamp ihn darauf hingewiesen, daß "die öffentliche Meinung eine nicht unerhebliche
Rolle spielen" würde und es daher angebracht sei, "jetzt schon
einige Einzelheiten über die Tätigkeit des Arbeitskreises für
Rechtschreibregelung und über die bis jetzt vorliegenden Arbeitsergebnisse zu sagen". (A5/D; Dehnkamp an Grebe 21.3.58)
Aber erst jetzt überwand er seine Pressescheu. Außer einer gewissen Propagandawirkung für die Reform hatte er natürlich auch
den Publikationserfolg des Verlages im Auge zu behalten. Am 18.
August schrieb er an Moser:

> Das Erscheinen des ersten Heftes der Duden-Beiträge wurde
> vom Bibliographischen Institut auf einer ganzen Seite im
> Börsenblatt Nr. 58 vom 22. Juli 1958 angezeigt. Die Reso-
> nanz bei den Buchhändlern ist erstaunlich groß. Hoffentlich
> ist der Absatz dementsprechend. Die Auflage wird zunächst
> 3000 Exemplare betragen. Wenn das Interesse anhält, kann
> aber unschwer nachgedruckt werden.
> Gestern abend gab ich eine Meldung über unseren Arbeits-
> kreis an die dpa, in der ich auch auf Ihre Schrift hinwies.
> Ich hoffe, daß dies wesentlich ihrer Verbreitung dient. Die
> Meldung selbst werden Sie sicher in irgendeiner Stuttgarter
> Zeitung lesen. Ich habe sie "Groß- oder Kleinschreibung?"
> betitelt. (A6/M; Grebe an Moser 16.8.58)

Die erwähnte Meldung, die Grebe sich auf eine persönliche Empfehlung berufend an den dpa-Redakteur Hirsch ("Ihren Namen ver-
danke ich Herrn Stubenhagen, der Kriegskamerad von mir ist"
-A5/D; Grebe an dpa-) schickte, hatte folgenden Wortlaut:

Groß- oder Kleinschreibung?
Der vom Bundesministerium des Innern und von der Ständigen
Konferenz der Kultusminister der Länder im Jahre 1956 berufene "Arbeitskreis für Rechtschreibregelung" hat inzwischen
seine Ausschußarbeiten beendet. Die aus einem umfangreichen
Sprachmaterial gewonnenen Erkenntnisse sollen im Oktober
dieses Jahres dem Plenum des Arbeitskreises zur Beschlußfassung vorgelegt werden. Von den bisherigen Ergebnissen
dürfte am stärksten die wissenschaftliche Einsicht interessieren, daß es bei dem ständigen Übergang von Wörtern aus
einer Wortart in die andere kein allgemeingültiges Prinzip
gibt, mit dessen Hilfe sich die Frage nach der Groß- und
Kleinschreibung im einzelnen Fall eindeutig beantworten
ließe. Es verbleibt deshalb künftig nur die Alternative
zwischen der jetzigen Großschreibung mit all ihren Schwierigkeiten (wenn auch einzelne punktuelle Änderungen möglich
wären) und der gemäßigten Kleinschreibung, wie sie in allen
anderen Ländern üblich ist. Damit sind alle "mittleren" Lö-
sungsversuche ausgeschlossen, die in den vergangenen Jahren
der Sprachgemeinschaft in wechselnder Gestalt immer wieder
als Ideallösung empfohlen wurden. Ausschlaggebend für dieses Ausschußergebnis war ein wissenschaftliches Gutachten
von Herrn Professor Dr. Hugo Moser, Saarbrücken, das soeben
als Heft 1 der "Duden-Beiträge" unter dem Titel "Groß- oder
Kleinschreibung? Ein Hauptproblem der Rechtschreibreform"
im Bibliographischen Institut AG, Mannheim, erschienen ist.
Es wird im Oktober dieses Jahres keine leichte Aufgabe
sein, zu der verbliebenen Alternative Stellung zu nehmen.
(A5/D; Grebe an dpa)

Diese dpa-Meldung oder Teile davon wurden in verschiedenen Zeitungen gedruckt, so z. B. im "Weser-Kurier" vom 18. August
1958. In der Stuttgarter Zeitung vom 19. August 1958 findet
sich ein kleiner Artikel, der die Informationen dieser dpa-Meldung verarbeitet; dort fehlt aber der Hinweis auf Moser. Mosers
Arbeit wurde in verschiedenen Zeitungen besprochen, so von Gerhard Weise , der sich in zahlreichen Presseartikeln (vorher und
nachher) sachlich zu Reformfragen geäußert hat. Er wies darauf
hin, daß hier mit wissenschaftlich erarbeiteten Ergebnissen
statt mit Phrasen argumentiert wird:

Prof. Moser nun ließ sich auf Behauptungen, Vermutungen und
Gefühle nicht ein. Er ging sozusagen "empirisch" vor. Er
operierte mit Zahlen. Sein Material sind umfangreiche Listen aller kritischen Fälle und die in den letzten Jahren
vorgebrachten Vorschläge zur Reform. (Schwäbische Landes-
zeitung/Augsburg vom 29. November 1958)

Auch aus einem Artikel des Handelsblattes vom 19./20. Dezember
1958 (ohne Angabe des Verfassers), der sich ausführlich mit Mo-

sers Arbeit auseinandersetzt, spürt man die Absicht, die Leser
sachlich zu informieren. Wenn Süskind, der als Mitglied des Arbeitskreises die Genese der Untersuchung genau kannte, am 7.
Januar 1959 in einem Artikel der Süddeutschen Zeitung abwertend
von einem "lesenswerten Büchlein" schreibt, muß man in Kenntnis
der Vorgeschichte (vgl. dazu 1.Kap.4.1.1; Süskinds "journalisi-
scher Fehltritt") dahinter agitatorische Absichten vermuten.
Süskinds Ziel war es, eine Reform oder wenigstens die Einführung der Kleinschreibung zu verhindern, und dazu waren ihm viele Mittel recht.
Dieses Ziel hatte auch Storz, allerdings verhielt er sich di-
plomatischer und arbeitete stärker im Hintergrund - mit großem
Erfolg, wie sich am Ende herausstellte. Er hatte sich schon vehement gegen die STE gewandt, sich mit Thierfelder ein kleines
Presseduell geliefert und gemeinsam mit Kasack das Gutachten
der Darmstädter Akademie unterzeichnet (s. 1.Kap.4). In einer
der Wiesbadener Sitzungen hatte er aus seinen Absichten keinen
Hehl gemacht, seine "Warnungen" waren aber von Grebe nicht als
solche verstanden und bagatellisiert worden in der Hoffnung,
Storz ließe sich durch wissenschaftliche Ergebnisse überzeugen.
Eine trügerische Annahme, wie die folgenden Ausführungen zeigen
werden.

2.6.4 Die Entstehung des Minderheitenvotums

Der Text der WE zum Problem der Groß- und Kleinschreibung enthält ein deutlich ausgewiesenes Minderheitenvotum (WE:12-14;
Punkt 13), das den Eindruck entstehen läßt, als habe es sich um
eine Gruppe von Mitgliedern des Arbeitskreises gehandelt, die
auf diese Weise ihre abweichende Meinung zum Ausdruck bringen
wollte. In Wirklichkeit handelt es sich aber um einen von Storz
alleine verfaßten Passus, der von Weisgerber und Grebe nach
brieflichen Auseinandersetzungen in die endgültige Formulierung
aufgenommen wurde.
Die Aufgabe, den Abschlußbericht über die Arbeit des 1. Ausschusses anzufertigen, oblag dem Ausschußvorsitzenden Weisgerber. Die erste Fassung dieses Berichtes, der sich ausschließ-

lich mit den Ergebnissen der Untersuchungen zur Groß- und Kleinschreibung beschäftigt, zirkulierte zunächst unter den Ausschußmitgliedern und sollte nach Einarbeiten eventuell vorgeschlagener Änderungen dem Plenum des Arbeitskreises zur endgültigen Stellungnahme vorgelegt werden.

Am 18. Oktober 1957 (die Sitzung des 1. Ausschusses war am 4./5. Oktober gewesen) legte Weisgerber den Text vor, und Grebe verschickte an alle Ausschußmitglieder je ein Exemplar. Als erster meldete sich Storz (26. Oktober) mit kleineren Änderungsvorschlägen, die er aber nur realisiert haben wollte, wenn der Bericht veröffentlicht oder "irgendwelchen Behörden oder Körperschaften vorgelegt" werden sollte (A7/ST; Storz an Grebe). Arnold, Brinkmann, Kliemann, Krämer-Badoni, Rudolph, Rück und Winkler waren mit dem Bericht einverstanden; Mackensen (bzw. sein Vertreter Ischreyt) und Oprée meldeten sich nicht; Eicher, Heyd, Pfleiderer, Puschmann und Süskind (A7/W; Grebe an Weisgerber 7.11.57 und 8.11.57) meldeten Änderungswünsche an. Diese reichten von Hinweisen auf Tippfehler und stilistische Mängel über Vorschläge zur Änderung der Reihenfolge der einzelnen Punkte oder zur Neufassung einiger Textteile bis hin zu grundsätzlichen Erwägungen über die Vor- und Nachteile der Kleinschreibung. Süskind bemängelte, daß der Ausschuß den Vorschlag einer "Freizone" sich "gar zu leichten Kaufs" habe "entwinden lassen" (A7/S; Süskind an Grebe 7.1.57), und Eicher empörte sich drei Seiten lang über den generellen Tenor, der den Eindruck erwecke, es handele sich nicht um einen "Bericht", sondern um einen "Beschluß"; dies sei "um so gewichtiger, als die allgemeine Art der Formulierung den Eindruck erweck(t)e, als ob der Ausschuß geschlossen hinter dem Bericht stünde", der "im ganzen gesehen eine nicht zu leugnende Tendenz zur sog. gemäßigten Kleinschreibung" enthielte. (A5/E; Eicher an Grebe 9.11.57)

Grebe schickte alle Stellungnahmen an Weisgerber, der die berechtigten Korrekturen akzeptierte und sich vor allem mit dem Brief von Eicher sehr eingehend beschäftigte, was die zahlreichen handschriftlichen Notizen am Rand beweisen. In "einem ausführlichen Schreiben" an Eicher, das in den Akten nicht enthalten ist, von Weisgerber auf einer Karte an Grebe (A7/W; Weisgerber an Grebe 26.11.57) aber erwähnt wird, hat er sich zu dem Vorwurf der tendenziellen Formulierungen geäußert; daraufhin erhielt er von Eicher "eine einlenkende Antwort" (Weisgerber an Grebe, s. o.) in äußerst devotem Ton:

> Für Ihren Brief vom 13.11.57 als Antwort auf meinen Bericht an Herrn Dr. Grebe danke ich Ihnen aufrichtig. Meine Hochachtung vor Ihrem Werk und vor Ihrem Standpunkt, sehr verehrter Herr Professor, ist derart, daß tatsächlich kein Grund zu persönlichem Streit vorliegt, und es freut mich daher auch, daß Sie dies besonders betont haben. Ich glaube auch nicht, daß Sie bis heute den Eindruck von mir gewonnen haben, als neigte ich zu störrischer Haltung, die unsere harmonische Zusammenarbeit gefährden könnte. Nach meinen noch wenigen Erfahrungen ist auf allen Gebieten durch Einsicht friedfertige Zusammenarbeit möglich. Und obwohl Ihr Ziel in der Frage der Groß- und Kleinschreibung klar bekannt ist, haben Sie jederzeit durch Ihre Haltung als Vorsitzender des 1. Ausschusses den nötigen Frieden bewahren können. Und so soll es auch bleiben.
> (...)
> Zum Schluß darf ich nochmals betonen, daß es mir in allem nur um die gute Sache geht und daß ich zu keiner Zeit meinen festen Glauben an friedliche Vereinbarungen aufgebe.
> (A5/E; Eicher an Weisgerber 20.11.57)

Wenn die Formulierungen dieses Briefes aus heutiger Sicht auch allzu ehrerbietig erscheinen, so war dies damals nur Ausdruck der Achtung vor der Leistung eines namhaften Wissenschaftlers. Darüber hinaus spürt man aber auch das Bemühen, sachliche Auseinandersetzungen nicht in persönliche Streitereien ausarten zu lassen, denn diese Gefahr hat offensichtlich bestanden. Eine solche Entwicklung hätte zwar dem Charakter von Weisgerber und Moser überhaupt nicht entsprochen, sie hätten sie aber nicht aufhalten können, wenn diffamierende Äußerungen oder Intrigen weiter um sich gegriffen hätten. Auf die Frage, warum er sich später gegen Anfeindungen, besonders in der Presse, nicht gewehrt hätte, sagte Moser 1986, er habe es nie für richtig gehalten, sich auf derartige Auseinandersetzungen einzulassen.

Gerade in solchen Situationen erwies sich Grebe als äußerst geschickter Diplomat; er konnte mit freundlichen, höflichen Worten beschwichtigen, ohne dabei sachliche Zugeständnisse zu machen. Auch Storz hat dies sehr deutlich empfunden und seine Anerkennung darüber zum Ausdruck gebracht. Moser, der nach der Sitzung des 1. Ausschusses am 5. Oktober 1957 mit Storz zusam-

men nach Stuttgart gefahren war, schrieb an Grebe: "Die beiden
Tage waren sehr erfreulich; Storz lobte bei der Heimreise nochmals die gute Atmosphäre." (A6/M; Moser an Grebe 11.10.57) Grebes Antwort macht deutlich, daß er diese "Atmosphäre" bewußt
und im Hinblick auf das Ziel, die Durchsetzung der Rechtschreibreform, förderte:

Auch ich war über den Verlauf unserer letzten Sitzung sehr
glücklich und freue mich vor allem darüber, daß kein Bruch
entstanden ist. Es ist jedenfalls besser, wenn Herr Storz
in freundlicher Stimmung auf der nächsten Sitzung der Akademie für Sprache und Dichtung über unsere Ergebnisse berichtet. Vielleicht denkt dann doch der eine oder andere
darüber nach. (A6/M; Grebe an Moser 14.10.57

Auch in seinen Briefen an Storz bemühte er sich, durch liebens-
würdige Bemerkungen gute Stimmung zu erzeugen:

Inzwischen habe ich mir Ihr stattliches Buch über Dichtung
und Sprache gekauft. Ich warte jetzt nur noch auf die notwendige Zeit, um es in Ruhe zu lesen. (A7/ST; Grebe an
Storz 29.10.57)

Ebenso wehrte er aber auch Versuche, Intrigen zu spinnen, entschieden ab; er schrieb an Baum, der ihm über Äußerungen von
Storz (s. u.) berichtet hatte:

Ich muß Ihnen ehrlich gestehen, daß ich von einer Nachrich-
tenvermittlung, wie sie von Ihnen und Herrn Storz am 4. Januar stattgefunden hat, wenig halte. Sie trägt zur Lösung
der uns gestellten Aufgabe nichts bei und schafft nur Miß-
stimmungen. (A5/B; Grebe an Baum 21.2.58)

Dies war Grebes Antwort auf folgenden Bericht von Baum:

Am 4. Januar traf ich zufällig Dr. Gerhard Storz. Ich berichtete ihm, was Prof. Brinkmann von ihm hinsichtlich der
Groß- und Kleinschreibung behauptet hat ("Ich wäre natürlich für die Kleinschreibung, wenn wir am Beginn unserer
Schreibentwicklung stünden"). Herr Storz hat energisch be-
stritten, sich je so oder ähnlich geäußert zu haben. Er habe auch, erzählte er mir, gegen die Betrauung Prof. Weisgerbers mit der Ausarbeitung der endgültigen Stellungnahme
des 1. Ausschusses über Groß oder Klein in aller Form
schriftlich Einspruch erhoben, da der Genannte als "Partei-
gänger" der Kleinschreibung für diese Aufgabe nicht in Frage komme. Steht etwa hiermit im Zusammenhang, was Prof.
Basler am Abend des 5. Dezember in jenem langweiligen Café

über die Einsetzung eines neutralen Ausschusses befähigter Fachleute geäußert hat? (A5/B; Baum an Grebe 12.1.58)[1]

Der Teil des Satzes "in aller Form schriftlich Einspruch erhoben" ist von Grebe unterstrichen und mit der Randnotiz versehen "bei wem?". Daraus geht zweifelsfrei hervor, daß einer der Beteiligten hier nicht bei der Wahrheit geblieben ist und daß Grebe davon wußte, sein Wissen aber für sich behielt.

Wenn auch Grebe alle Spekulationen abwehrte, die aus Gesprächen auf einer niedrigeren Ebene (unter anderem in "langweiligen Cafés") abgeleitet wurden, so ändert dies nichts an der Tatsache, daß Storz ein Jahr später wesentlich dazu beigetragen hat, die Reform zu verhindern (vgl. dazu 4.Kap.3 und 4). Dagegen war auch Grebes Diplomatie machtlos, denn Storz' Wohlwollen war zumindest in dieser Angelegenheit nicht zu erlangen, wenn es für Grebe und Weisgerber zunächst auch so aussah.

Da der Abschlußbericht des 1. Ausschusses zunächst dem Plenum des Arbeitskreises und später den Behörden (KMK und BMI) vorgelegt werden sollte und darüber hinaus eine spätere Veröffentlichung geplant war, ließ sich die Aufnahme von Storz' Votum nicht mehr umgehen. Möglicherweise war seine bevorstehende Ernennung zum Kultusminister von Baden-Württemberg auch bekannt, und man konnte sich durchaus Erfolg davon versprechen, wenn ein Mitglied der KMK wesentliche Teile dieses Vorschlages formuliert hatte.

Zunächst hatte Weisgerber die Absicht, nur noch "ergänzende Vorschläge" von Storz zu erbitten (handschriftliche Notiz von Weisgerber auf dem Brief A7/ST; Storz an Grebe 26.10.57), entschloß sich dann aber, Storz zu ersuchen, seine Einwände für

---

1 Sehr wahrscheinlich hat Brinkmann die zitierte Äußerung über die Kleinschreibung, die Storz heftig dementierte, diesem irrtümlich zugeschrieben. Denkbar wäre eine Verwechslung in zweifacher Weise (sowohl der Person als auch des Sachverhaltes): Thierfelder hatte 1946 in dem Aufsatz "Schönheit des Schriftbildes: Eine Verteidigung der Großbuchstaben" geschrieben: "Wir verteidigen den Großbuchstaben - ja wir würden für seine E i n f ü h r u n g sein, wenn es ihn noch gar nicht gäbe, weil er das wichtigste Hilfsmittel für eine sinnvolle, unseren Spracheigentümlichkeiten angepaßte Satzgliederung ist." (Thierfelder 1946:17; Sperrung im Original, H.S.)

den Bericht selbst zu formulieren. Storz hatte wohl nicht damit
gerechnet, daß er nun in die Pflicht genommen würde; so mußte
er um Aufschub bitten und nahm gleichzeitig die Gelegenheit
wahr, seinen Einspruch zu rechtfertigen:

> Wäre ich an den Verhandlungen nur für meine Person betei-
> ligt, so hätte ich auch keine Bedenken angemeldet. Ich bin
> jedoch mit meinem Votum der Deutschen Akademie gegenüber
> verantwortlich und unter diesem Aspekt mußte ich im Hin-
> blick auf Leser des Protokolls, die an den mündlichen Ver-
> handlungen nicht teilnehmen, jene Vorbehalte anbringen. Sie
> waren so freundlich und so fair, mit dem Angebot zu erwi-
> dern, daß ich selber die Punkte unter pro formulieren sol-
> le. Gut, ich will ihm gerne entsprechen, komme aber nicht
> sofort, ich hoffe aber noch vor Weihnachten, dazu. (Ein
> Strich am Rand der ersten vier Zeilen, ein Doppelstrich am
> Rand der letzten Zeile. H.S.) (A7/ST; Storz an Weisgerber
> 26.11.57)

Die zugesagte Formulierung der "Punkte unter pro" ließ aber auf
sich warten, und da Weisgerber den Bericht vor Jahresende aus
dem Hause haben wollte, übersandte er Grebe am 31. Dezember
1957 "die Unterlagen für die endgültige Fassung" mit einem längeren Begleitbrief (A7/W; 31.12.57). Darin bemerkte er zum Fehlen von Storz' bis Weihnachten zugesagten Skript, dieser sei
wohl nicht unglücklich, "wenn ihm dies erspart" bliebe. Über
die Resonanz der Ausschußmitglieder auf den Bericht resümierte
er, daß zehn Mitglieder (wobei er die "Enthaltungen" - seine
eigene und Grebes eingerechnet - als Zustimmung zählte) uneingeschränkt zugestimmt hätten, die Verlautbarungen von Heyd,
Pfleiderer und Süskind wegen der nur geringfügigen Änderungswünsche ebenfalls als grundsätzliche Zustimmungen zu werten
seien; dies seien "über drei Viertel" der Beteiligten. Größere
Einwände seien von Storz, Eicher und Puschmann gekommen. Dabei
habe der Briefwechsel mit Eicher ergeben, "dass er auch den Abstand nicht für so gross" hielte, "aber mit Rücksicht auf seine
Auftraggeber deutliche Vorbehalte" angemeldet habe; Puschmann
griffe "weit in die Substanz der angenommenen Fassung ein",
wolle aber wohl nur "seine Bedenken zu 12 a-f berücksichtigt
sehen". Bei dieser Sachlage glaube er, "dass man nicht über
massvolle Änderungen hinausgehen sollte".
Er bat Grebe bei der Endredaktion noch einige Umformulierungen
vorzunehmen; er habe deshalb "in den verschiedenen Schreiben

die Stellen rot angekreuzt, bei denen man (...) leicht die vorgetragenen Wünsche erfüllen könnte", weil man "jedem Beteiligten im Rahmen des irgend Möglichen das Gefühl verschaffen"
sollte, "dass er nicht übergangen wird".
Sofort im neuen Jahr erarbeitete Grebe die endgültige Formulierung und schickte den Text zum Vervielfältigen nach Bonn. Da
erhielt er am 22. Januar "die von Herrn Storz angefertigte Neufassung der Argumente für die Großschreibung" (A7/W; Grebe an
Weisgerber 22.1.58). Er mußte die Kopierarbeiten in Bonn stop-
pen und korrespondierte erneut mit Weisgerber. Dieser verschob
die nochmalige Überarbeitung des Textes, die mit dem Einfügen
von Storz' Formulierungen verbunden war, "auf die Fastnachts-
tage", so daß Grebe den Bericht erst am 1. März 1958 endgültig
vervielfältigen lassen konnte.
Der von Storz formulierte Text wurde unverändert in die endgültige Fassung der WE als Punkt 13, a-e übernommen, lediglich die
Vorbemerkung vor a) (WE:12) wurde von Weisgerber eingefügt.

2.6.5 Die Abstimmungsproblematik und die Schlußsitzung des Ple-
      nums

Unmittelbar vor der abschließenden Sitzung des Plenums trafen
sich die Mitglieder des 1. Ausschusses (ebenso wie die der beiden anderen Ausschüsse) zu einer abschließenden Diskussion.
Weisgerber trug zunächst vor, daß man dem Wunsch von Storz entsprochen habe, "die Punkte über die Beibehaltung der Großschreibung ausführlicher darzustellen". Deshalb sei die "im
letzten Augenblick von Herrn Storz formulierte Begründung (...)
wortwörtlich (...) aufgenommen worden" (A4/23:2).
Er trug nun eine zusätzliche Formulierung vor, im der die zur
Debatte stehende Alternative so dargelegt wird, daß man - so
hoffte er - in der Diskussion die beiden Positionen gegeneinander abwägen und so eine Entscheidung herbeiführen könnte:

Wer für die Beibehaltung der Großschreibung ist, muß versuchen, die Vorbedingungen zu ändern. (...) Wer für die
Kleinschreibung ist, muß den gewohnten Zustand in das neue
Verfahren so überführen, daß keine schroffen Bruchstellen
entstehen, daß die Tradition so weit wie sinnvoll fortge-

führt wird und durch einen angemessenen Übergangszeitraum auch die Übergangsschäden vermieden werden. Als Anfang würde die Freigabe (3) beider Schreibweisen und die Umstellung in der Schule vom ersten Schuljahr an aufsteigend genügen. (A4/23:2f)

Obwohl Weisgerber gesagt hatte, er habe es bisher absichtlich nicht zu eine Abstimmung kommen lassen, weil er glaube, man könne sich im Gespräch "einander annähern", kam es wieder zu einem Gedankenausstausch, in der zum wiederholten Male der Wert der Tradition, die Vorteile von "Freizonen" und die Notwendigkeit fester Normen thematisiert wurden. Dieses erneute Vortragen längst bekannter Positionen machte seine von Trier geteilte Hoffnung zunichte, man könne "vielleicht doch um das brutale Mittel einer Abstimmung (...) herumkommen" (Äußerung von Trier, A4/23:5).

Auf eine Abstimmung war bisher bewußt verzichtet worden, "um das Gespräch über diesen wichtigen Punkt nicht vorzeitig erstarren zu lassen" und weil man "ein scharfe Reaktion der Akademie für Sprache und Dichtung" befürchtete. Bei Storz sollte der Eindruck erhalten bleiben, daß die Alternative Groß- oder Kleinschreibung weiterhin offenblieb, obwohl sich längst nur noch die Möglichkeit der gemäßigten Kleinschreibung als einziger Weg abgezeichnet hatte. Dieses Verhalten, das die Akademie "bis zur Schlußsitzung in der Verantwortung (...) halten" sollte, hatten Grebe, Trier, Weisgerber und Moser auf dem Deutschen Germanistentag in Marburg am 25. September 1957 miteinander abgesprochen, und Grebe hatte Dehnkamp davon berichtet. (A5/D; Grebe an Dehnkamp 16.10.57)

Natürlich widerstrebte den beteiligten Wissenschaftlern - gewohnt, sich durch empirische Untersuchungen überzeugen zu lassen - die Methode der Abstimmung; die Delegierten der Verbände jedoch - an solche Entscheidungsprozeduren gewöhnt - hielten dies für selbstverständlich. Da sie aber in solchen Situationen meist unter einem gewissen Fraktionszwang standen, ergaben sich hier neue Probleme. So waren Rück (in späteren Sitzungen Zieher) und Puschmann, welche die IG Druck und Papier vertraten, konträrer Ansicht über die Großschreibung, worauf alle drei in den Sitzungen mehrfach hinwiesen.

Grebe hatte auch diese Problematik rechtzeitig erkannt und erklärte ("damit niemand in Konflikt gerät"), in diesem Fall kön-

ne die Stimmabgabe "nur die persönliche Stellungnahme des hier
Sitzenden zu dieser Frage sein, es sei denn, er ist von allen
beauftragt"; man müsse nämlich zwischen zwei Dingen unterscheiden: "1. der sachlichen Prüfung, die wir als 'Fachleute' durchzuführen haben, (12) und zum 2. der persönlichen Stellungnahme
der Ausschußmitglieder zu etwa verbliebenen Abstimmungsfragen".
(A4/23:11f)
Man war sich nun einig, daß es dem Plenum die Aufgabe erleichtern würde, wenn der Ausschuß ein Abstimmungsergebnis vorlegen
könnte, und so begann Grebe, die Modalitäten darzulegen. Er erklärte, Süskind habe zwei Stimmen, zum einen die für den Journalistenverband und zum anderen die von Storz übertragene Stimme der Akademie für Sprache und Dichtung. Auf diese Feststellung gab es keinen Widerspruch, allerdings den von Puschmann
als Frage formulierten Antrag auf geheime Abstimmung. Da Puschmann diesen Vorgang später völlig anders dargestellt hat, ist
es hier notwendig, alle betreffenden Teile des Protokolls auf
mögliche Falschdarstellungen zu überprüfen.

Herr <u>Puschmann</u>: Gilt hier wie überall die Geschäftsordnung,
wenn ein Mitglied geheime Abstimmung beantragt, muß diesem
Antrag stattgegeben werden?
Herr <u>Prof. Trier</u>: Ich weiß nicht, wie es formell ist. Wenn
eines der Mitglieder den Wunsch hat, erscheint es mir angemessen, daß wir dem Rechnung tragen.
Herr <u>Prof. Weisgerber</u> fragt, wer für geheime, wer für öffentliche Abstimmung ist. Nachdem Herr <u>Oprée</u> bemerkt, daß
hier im Laufe der Sitzungen doch jeder seine Meinung offen
genug dargelegt hat, entscheidet sich der Ausschuß einstimmig für die öffentliche Abstimmung. (A4/23:14)

Puschmann hat im Interview im August 1986 gesagt, durch die öffentliche Abstimmung seien die anwesenden Lehrer unter Druck
gesetzt worden, weil sie nicht gegen ihren Vorgesetzten, den
Schulrat Ringeln, einen Verfechter der Kleinschreibung, hätten
stimmen können. Mir hat diese Aussage einige Probleme bereitet,
weil sie sich weder auf Grund der vorhandenen Akten noch durch
die Befragung der Zeitzeugen verifizieren ließ. An der Richtigkeit der Darstellung im oben zitierten Teil des Protokolls ist
schon deshalb nicht zu zweifeln, weil Weisgerber alle Protokolle vor Fertigstellung gegengelesen hat und außerdem später alle
Teilnehmer der Sitzungen je ein Exemplar erhielten. Gegen of-

fenkundige Falschdarstellungen hätte es mit Sicherheit Widerspruch gegeben.

Als unrichtig nachzuweisen ist auf jeden Fall ein Teil von Puschmanns Aussage:

- Helmut Ringeln war kein Schulrat, sondern Lehrer in Wennigsen (Deister).
- Edmund Oprée war Schulrat in Berlin.
- Die beiden anderen anwesenden Lehrer können auch nicht gemeint sein: Der Oberlehrer Gottfried Ginter kam aus Bretten in Baden-Württemberg, der Rektor Heinrich Schwanbeck aus Schöningen bei Braunschweig.

Auch diese geographische Verteilung widerlegt die Behauptung, hier hätte ein Vorgesetzter die anwesenden Lehrer unter Druck gesetzt.

Noch problematischer erscheint mir die zweite Aussage von Puschmann; er behauptete, kurz bevor es in dieser Sitzung zur Abstimmung gekommen wäre, hätte sich die Tür geöffnet, einige Herren aus anderen Ausschüssen seien hinzugekommen und hätten mit abgestimmt. Nach der im Protokoll enthaltenen Anwesenheitsliste waren zwölf Mitglieder des Ausschusses anwesend, vier fehlten; hinzu kam Weisgerber als Vorsitzender des Ausschusses, Trier als Vorsitzender und Grebe als geschäftsführender Vorsitzender des Arbeitskreises. Zusätzlich werden in der Liste aufgeführt:

Aus dem 2. und 3. Ausschuß waren anwesend die Herren:
Prof. Dr. Basler
Studienrat Th. Baum
Rudolf Gehler
Oberlehrer Ginter
Ringeln
Rektor Heinrich Schwanbeck
Schmitt-Halin (A4/23:1)

Die genannten Herren waren also von Anfang an bei der Sitzung anwesend und beteiligten sich auch an der Diskussion. An der Abstimmung nahmen sie laut Protokoll nicht teil; eine Fälschung scheint schon deshalb ausgeschlossen, weil das namentliche Abstimmungsergebnis anschließend dem Plenum vorgelegt wurde.

Grebe war sich wohl der Gefahr bewußt, daß falsche Behauptungen später dem ganzen Vorhaben schaden konnten, zumal er wußte, daß der Reformgegner Storz in verschiedenen Bereichen - Akademie,

Presse, Politik - großen Einfluß hatte. Wohl aus diesem Grund hat er den Abstimmungsvorgang sehr genau protokolliert:

> Herr Dr. Grebe verliest noch einmal namentlich die Stimmberechtigten: Für die Akademie für Sprache und Dichtung stimmt Herr Süskind, Herr Dr. Heyd für die arbeitsgemeinschaft neue rechtschreibung, Herr Kliemann fehlt, Herr Dr. Krämer-Badoni fehlt, ebenso Herr. Dr. Brinkmann für den Schwerpunkt deutsche Sprache und Herr Dr. Buchmann, der anstelle von Herrn Prof. Mackensen nunmehr die Gesellschaft für deutsche Sprache vertritt; Herr Prof. Moser, Herr Oberschulrat Oprée für die Arbeitsgemeinschaft deutscher Lehrerverbände, Herr Puschmann für die Korrektorensparte in der Industriegewerkschaft Druck und Papier, Herr Prof. Pfleiderer, ebenso wie Herr Prof. Moser persönliches Mitglied, anstelle von Herrn Rudolph, Herr Schmidt für die Arbeitsgemeinschaft der graphischen Verbände, Herr Süskind noch einmal für den Deutschen Journalistenverband, Herr Prof. Winkler als persönliches Mitglied, Herr Kübler für den DNA, Herr Dr. Arnold für die Gemeinschaft Deutscher Lehrerverbände, Herr Dr. Eicher für die Deutschlehrer im Germanistenverband, Herr Zieher anstelle von Herrn Rück für die Industriegewerkschaft Druck und Papier, so daß insgesamt mit den Herren Prof. Trier, Prof. Weisgerber und Dr. Grebe 16 Stimmberechtigte anwesend sind, während 4 fehlen.
> Herr Prof. Weisgerber: Wer entscheidet sich im Sinne des Absatzes 10a unseres Berichtes, d. h. für die Beibehaltung der Großschreibung? - Es melden sich die Herren Dr. Eicher, Puschmann und Süskind (zweimal).- Im Sinne 10b, Vorschlag der ge-(15)mäßigten Kleinschreibung ? - Dafür melden sich die Herren: Weisgerber, Trier, Grebe, Pfleiderer, Schmidt, Arnold, Heyd, Oprée, Moser, Winkler, Kübler, Zieher.
> Herr Prof. Weisgerber: Bis Punkt 12 des Berichtes bleibt alles unverändert. Danach käme das Ergebnis der Abstimmung: Bei 20 Stimmberechtigten, von denen 16 anwesend waren, ergaben sich 4 Stimmen für 10a (Beibehaltung) und 12 für 10b (gemäßigte Kleinschreibung). (A4/23:14f)

Heyd, Moser und Winkler, die an dieser Sitzung teilgenommen hatten, sagten übereinstimmend 1986, sie könnten sich an keinerlei Beeinflussungen oder Unregelmäßigkeiten erinnern und hielten auch bewußt falsche Darstellungen im Protokoll für ausgeschlossen.

Bemerkenswert ist, daß Puschmanns offensichtlich falsche Behauptung auch in die Presse gelangte; kurz nach der Veröffentlichung der WE deutete Korn in einem Aufsatz in der FAZ vom 9. Januar 1959 an, es sei bei der Abstimmung in Wiesbaden nicht ganz mit rechten Dingen zugegangen. Es liegt nahe, Puschmann für den Informanten zu halten; nachweisen läßt sich dies allerdings nicht. (Vgl. zu diesem Vorgang 4.Kap.2)

Noch ein dritter Vorwurf wurde von Puschmann erhoben: Trier habe schon zu Beginn der Sitzung einen Zettel aus der Tasche gezogen und die fertige, zur Abstimmung stehende Formulierung
vorgelesen, gegen die Einwände nicht mehr möglich gewesen sei-
en. Im Protokoll ist verzeichnet, daß Weisgerber den auf S. 434
zitierten Text vorlas, der ausführlich diskutiert wurde, ohne
daß es zu einer endgültigen Formulierung kam. Nach der Abstimmung erst meldete sich Trier zu Wort:

> Herr **Prof Trier** schlägt nochmals folgende Formulierung vor:
> Die Arbeiten des 1. Ausschusses haben den gegenwärtigen Zu-
> stand als unbefriedigend deutlich gemacht. Der 1. Ausschuß
> hält, ohne die Bedeutsamkeit von Rechtschreibfragen zu
> überschätzen, feste Reglungen für nötig. Mit einer Mehrheit
> von 12 Stimmen gegen 4 empfihlet (sic!) der 1. Ausschuß die
> gemäßigte Kleinschreibung. (A4/23:15)

Es kann also keine Rede davon sein, daß einzelne Teilnehmer ihre Meinung nicht hätten angemessen äußern können, vor allem, da
- wie aus den Protokollen ersichtlich - immer wieder die gleichen Gedanken vorgetragen wurden. Es mag allerdings sein, daß
Trier den Eindruck erweckt hat, auf einen Abschluß zu drängen,
und sich damit in Gegensatz zu Grebe setzte, der aus taktischem
Kalkül immer wieder bestrebt war, jeden ausführlich zu Wort
kommen zu lassen. Grebe hatte ein besseres Gespür dafür, welche
Verhaltensweisen die "Gegner" später anprangern könnten, um die
Reformbestrebungen zu unterlaufen.
Bei der Plenarsitzung kam das Thema Groß- und Kleinschreibung
als letztes zur Sprache, am 15. Oktober 1958 um 10.20 Uhr. Zunächst legte Weisgerber sehr ausführlich (mehr als vier Seiten
Protokoll) dar, in welcher Weise der Ausschuß gearbeitet hatte;
er verschwieg nicht, daß die konträren Standpunkte sich als un-
überbrückbar erwiesen hatten, so daß es zu einer Abstimmung gekommen sei, die er eigentlich hätte vermeiden wollen.

> Wir sind im Aussschuß nicht dazu gekommen, daß wir diese
> Spannungen in einem gemeinschaftlichen Vorschlag überwunden
> hätten, weil die Wahl zwischen zwei Möglichkeiten geblieben
> war. Deshalb mußte der Ausschuß in einer Abstimmung seine
> Meinung kundtun. (...) Von 20 Stimmberechtigten waren 16
> anwesend, von denen 4 für die Beibehaltung der Großschrei-
> bung waren, während sich 12 Stimmen für den Vorschlag der
> gemäßigten Kleinschreibung ausgesprochen haben. Und in die-
> ser Meinungsäußerung legt der Ausschuß sein Ergebnis vor.
> (A4/23:40a)

Trier verlas anschließend den Text, über den der 1. Ausschuß
abgestimmt hatte, und es sah fast so aus, als würde man jetzt
schnell zu Ende kommen, denn es wurde "die Frage der voraus-
sichtlichen Dauer der Plenarsitzung aufgeworfen" (A4/23:40a).
In dieser Situation hielt Dehnkamp es für taktisch unklug, sofort im Anschluß an Weisgerbers Referat abstimmen zu lassen;
ihm war wohl nicht verborgen geblieben, welche Widerstände es
gegen die Kleinschreibung gegeben hatte, und er wollte sich
nicht dem Vorwurf aussetzen, es sei hier zu übereilten Beschlüssen gekommen. Die zu Eile Drängenden bat er deshalb um
Geduld:

> Es handelt sich hier um ein Problem, das sehr wichtig ist.
> Nehmen Sie sich vorher keinen Termin vor. Es ist mir lie-
> ber, es werden noch einmal alle Gründe gegenseitig ausge-
> tauscht, als daß einer mit dem Gefühl nach Hause ginge,
> nicht ausreichend zu Wort gekommen zu sein. (A4/23:40a)

Die meisten Anwesenden nutzten diese sich bietende Gelegenheit,
ihre eigene Entwicklung zu referieren (so z. B. Pfleiderer),
wobei ihre an anderer Stelle (s. 3.Kap.3) noch zu erörternden
Motive klar zutage traten. In dieser Sammlung von Selbstdar-
stellungen kam es nur ansatzweise zu kurzen Diskussionen in dem
Sinne, daß vorgetragene Standpunkte aufgegriffen wurden, um sie
weiterzuführen oder zu widerlegen. Nicht erkannt wurde von den
meisten die sich hier bietende Möglichkeit, noch einmal für den
eigenen Standpunkt, das heißt für die Einführung der Kleinschreibung oder für die Beibehaltung der Großschreibung zu werben. Lediglich Weisgerber faßte in einem längeren Diskussionsbeitrag noch einmal alle seine Argumente, nicht nur die sprachwissenschaftlichen, sondern auch die soziologischen und pädagogischen, zusammen und äußerte sich auch zu dem Problem der politischen Durchsetzbarkeit einer Reform. Zusätzlich argumentierte er mit dem Abstimmungsergebnis, das er als Produkt wissenschaftlicher Überzeugung gewertet wissen wollte; es sei in
den beiden vergangenen Jahren zu einer Verschiebung des Stimmenverhältnisses gekommen, das zu Beginn der Verhandlungen
50:50 gewesen sei, "weil die Beschäftigung mit der Sache" dahin
geführt habe.

Von den vier Herren, die nicht hier sind und daher nicht
mit gestimmt haben, sindern (sic!) drei Meinungen bekannt,
die auch für die Kleinschreibung sind, so daß also tatsächlich 15 Mitglieder des 1. Ausschusses für die Kleinschreibung und 4 für die Beibehaltung der Großschreibung sind.
Von dem letzten Herrn kann ich das nicht authentisch sagen,
aber er war vor zwei Jahren der Meinung, daß er froh wäre,
wenn sich die Kleinschreibung durchsetzen würde. (A4/23:54a)

Sowohl von dieser Aufwertung des Abstimmungergebnisses als auch
von der These der Verschiebung des Stimmenverhältnisses versprach er sich eine werbende Wirkung. Es scheint aber so, als
seien alle schon vor dieser Sitzung sicher gewesen, allenfalls
Böckmann hat er verunsichert, wie dessen Äußerung bei der Abstimmung ("Ja, ich glaube ich muß mit Nein stimmen.") nahelegt.
Seine These von der Verschiebung des Stimmenverhältnisses
scheint eher eine geschönte Interpretation zu sein. Nur ein
einziger (Pfleiderer) hatte sich überzeugen lassen, die meisten
anderen hatten zunächst zur Frage der Groß- und Kleinschreibung
eher indifferente Meinungen und machten sich erst nach und nach
die im Ausschuß entwickelten Argumente zu eigen. Das endgültige
Abstimmungsergebnis von 14 : 3 spricht jedenfalls dafür.
Diese Abstimmung ist von Grebe ebenso wie die vorangegangenen
akribisch protokolliert worden:

Herr Dr. <u>Grebe</u> ruft wieder die einzelnen Verbände auf:
1. Akademie für Sprache und Dichtung: Nein
2. Arbeitsgemeinschaft der Akademien der Wissenschaften: Nein
   (Herr Böckmann formulierte: Ja, ich glaube ich muß mit
   Nein stimmen)
3. Arbeitsgemeinschaft Deutscher Lehrerverbände: Ja
4. Arbeitsgemeinschaft der graphischen Verbände: Ja
5. arbeitsgemeinschaft neue rechtschreibung: Ja
6. Arbeitsgemeinschaft für Sprachpflege: Ja
Herr Grebe stellt fest: Börsenverein fehlt, es fehlt auch
Herr Krämer-Badoni, der schriftlich hinterlassen hat, daß
er sich für die Kleinschreibung entscheidet.
Herr <u>Dehnkamp</u>: Wir können die Stimme nur zählen, wenn eine
ausdrückliche Übertragung der Stimme anerkannt ist.
Herr <u>Trier</u>: Wir dürfen nur in den Fällen die Stimme zählen,
wo der Abwesende einem Anwesenden die Stimme übertragen hat.
Herr Grebe ruft weiter auf:
 7. Deutschen Germanistenverband: Ja
 8. Deutschen Journalistenverband: Nein
 9. Deutschen Normenausschuß: Ja
10. Dudenredaktion: Ja
11. Gemeinschaft Deutscher Lehrerverbände: Ja
12. Gesellschaft für Deutsche Sprache: Ja
13. Industriegewerkschaft Druck und Papier: Ja

14. Schwerpunkt Deutsche Sprache: Ja
15. Herr Moser: Ja
16. Herr Pfleiderer: Ja
17. Herr Winkler: Ja
Ergebnis: von 17 Stimmen 14 Ja und 3 Nein. (A4/23:60a)

Die Nein-Stimmen von Puschmann und Eicher fielen unter den
Tisch, weil beide nur dem 1. Ausschuß angehörten, nicht aber
Mitglieder des Plenums waren. Für die IG Druck und Papier (der
Puschmann angehörte) stimmte Zieher (in Vertretung für Rück),
für den Germanistenverband, dem Eicher angehörte, stimmte
Trier. Ich halte es für möglich, daß Puschmann diese von der
Geschäftsordnung (nur eine Stimme pro Organisation, eine für
die persönlichen Mitglieder) vorgegebene Verschiebung für eine
ungerechte Zurücksetzung hielt und als Manipulation interpre-
tierte.
Eicher hatte schon einige Wochen vorher dagegen protestiert,
daß Trier im Arbeitskreis für den Germanistenverband abstimmen
sollte:

> Noch nicht ganz beruhigt bin ich von ihrer Mitteilung, daß
> Herr Professor Trier im Plenum des Arbeitskreises seine
> Stimme für den Deutschen Germanistenverband abgeben soll.
> Herr Prof. Trier ist zwar meines Wissens Vorsitzer des ge-
> samten Arbeitskreises für Rechtschreibregelung, aber seit
> 1956 nicht mehr Vorsitzer des Deutschen Germanistenverban-
> des. Die Fachgruppe "Deutschlehrer an höheren Schulen" im
> Deutschen Germanistenverband hat auf Grund eines Sitzungs-
> beschlusses Kollegen Baum und mich beauftragt, durch Ver-
> mittlung Herrn Professors Trier im Arbeitskreis mitzutun,
> nachdem die Grundeinstellung unserer Publikation (Erhaltung
> des großen Buchstabens) bekannt war. Das ist der einzige
> mir bekannte Beschluß personeller Art, den der Verband in
> der Frage der Rechtschreibung getroffen hat. (A5/E; Eicher
> an Grebe 27.9.58)

Grebe ließ diesen Brief unbeantwortet.
In der "Geschäftsordnung" (die lediglich in Absprachen von Grebe und Dehnkamp bestand) war die Möglichkeit der Zuwahl vorgesehen, und in den Fällen Moser, Pfleiderer und Winkler war zu
Beginn der Verhandlungen davon Gebrauch gemacht worden, um "das
wissenschaftliche Element zu stärken". Später vermied Grebe eine Erweiterung des Kreises; um keinen Präzedenzfall zu schaffen, machte - wie schon berichtet - Porzig seinen Platz für
Brinkmann frei. Wahrscheinlich hat Puschmann gewußt, daß auf
diese Weise auch ihm und Eicher ein Stimmrecht zu verschaffen

gewesen wäre, und er hat diese Unterlassung als ungerechtfer-
tigte Zurückweisung empfunden. Vielleicht ist ihm nur diese
Kränkung in Erinnerung geblieben, und der reale Zusammenhang
hat sich im Laufe der Jahre so verwischt, daß er eine Uminterpretation vorgenommen hat. Daß er völlig aus der Luft gegriffen
mir bewußt Unwahrheiten aufgetischt hat, halte ich nicht für
möglich.

Das Abstimmungsergebnis wurde mit Erleichterung und einer gewissen Siegesfreude aufgenommen; beides klingt in Triers ab-
schließendem Kommentar deutlich an:

> Die Reformfreudigen haben mit entschiedener Überzahl über
> die anderen gesiegt. Das ist ein Ereignis, das in seiner
> Bedeutung vielleicht heute noch gar nicht voll abgeschätzt
> werden (61a) kann. Wir wissen nicht, wie die ministeriellen
> Stellen unsere Empfehlung aufnehmen werden, aber da sie uns
> eingesetzt haben und da sie um unseren Rat gebeten haben,
> so dürfen wir annehmen, daß sie unsere Empfehlung sehr
> ernst nehmen werden. (A4/23:60a f)

Er sollte sich irren!
Die Hauptsache war geschafft, nun blieben nur noch "Kleinigkeiten, die auch nachträglich geregelt werden können" (A4/23:60a),
z. B. die Namen.

2.6.6 Der Rest: "Kleinigkeiten, die auch nachträglich geregelt
      werden können"

Die "Väter der WE" hatten nicht vergessen, die Eigennamen zu
definieren, wie spätere Kritiker monierten, sondern sie hatten
nicht erkannt, daß eine solche Definition in jedem Falle notwendig ist. Sowohl die Beibehaltung der Großschreibung als auch
die Einführung der Kleinschreibung hätte eine Untersuchung des
Eigennamenproblems erforderlich gemacht. Im endgültigen Text
der WE werden die Eigennamen nur an einer Stelle erwähnt:

> Danach werden künftig nur noch groß geschrieben: die Satz-
> anfänge, die Eigennamen, einschließlich der Namen Gottes,
> die Anredefürwörter und gewisse fachsprachliche Abkürzungen
> (z. B. H_2O). (WE:7)

Sicher war es ungeschickt, es bei dieser kurzen Erwähnung bewenden zu lassen; um sich zu rechtfertigen, hätte der Hinweis
genügt, daß das Eigennamenproblem in einem weiteren Schritt zu
lösen wäre. Diese offensichtliche Bagatellisierung gibt allerdings den Erkenntnisstand der Mitglieder des Arbeitskreises
nicht ganz zutreffend wieder. Sicher steht hinter diesem Versäumnis eine falsche Einschätzung ("Kleinigkeiten"), es stimmt
aber nicht, daß die Problematik völlig übersehen wurde. Schon
in der Sitzung des 1. Ausschusses vom 12. Januar 1957 hatte
Weisgerber gesagt, daß die "Differenzierung zwischen dem eigentlichen Sprachgut und dem Namengut bei der angestrebten Regelung immer wieder eine Rolle spielen müsse"; es sei für sich
zu prüfen, was "zum Namengut gehöre". (A3/7a:3) Bei der nächsten Sitzung (4./5. Oktober 1957) waren zwei Mitglieder des Arbeitskreises beauftragt worden, eine Untersuchung zum "Namengut" durchzuführen:

> Da das Namengut von einer etwaigen Einführung der gemäßig-
> ten Kleinschreibung nicht betroffen würde, hielt der Aus-
> schuss es für erforderlich, hierüber getrennte Untersuchun-
> gen anzustellen. Herr <u>Dr. Eicher</u> und Herr <u>Dr. Arnold</u> haben
> es übernommen, einen entsprechenden Bericht auszuarbeiten.
> Da die Absicht besteht, alle Ausschüsse einen Tag vor der
> Plenarsitzung noch einmal zusammentreten zu lassen, soll
> dieser Bericht bis dahin vorliegen. (A4/10:10)

Wie schon früher erwähnt, wurde dieser Bericht nicht vorgelegt,
und es gibt in den vorhandenen Protokollen und Briefen keinen
Hinweis darauf, daß sein Fehlen überhaupt bemerkt wurde. (Vgl.
dazu 3.Kap.2.6.2) Das mag nicht nur an der einjährigen Arbeits-
pause des 1. Ausschusses gelegen haben, sondern auch daran, daß
die kontroversen Diskussionen über die Kleinschreibung den
Blick für die zusätzlich auftauchenden Probleme verstellte.
Grebe hatte in den Bericht des 1. Ausschusses vom 1. März 1958
einen Passus über die Schreibung der Eigennamen eingefügt:

> B. Großschreibung der Namen
> Neben der Frage der Großschreibung von Hauptwörtern bleibt
> das Problem der Großschreibung von Eigennamen und eigenna-
> menartigen Titeln (Firmennamen; Zeitungs- und Buchtiteln
> u.ä.). Die Forderung, das (sic!) solches Namengut deutlich
> vom Wortgut der Allgemeinsprache abgehoben werden muss, be-
> steht zu Recht. Bereits bisher war die Notwendigkeit einer
> "Signal"schreibung (deutlicher Hinweis auf den Namencharak-

ter, sei es in der Buchstabenform, sei es durch (6) Zusatz-
zeichen) Gegenstand bestimmter Regelungen. Das Problem wird
auch bei der gemässigten Kleinschreibung bleiben. Wahrscheinlich wäre die Kleinschreibung der Hauptwörter ein Po-
sitivum für die Großschreibung der Namen. Hier sind Regelungen möglich, die nicht durch die grundsätzlichen Schwierigkeiten der Großschreibung der Hauptwörter belastet sind.
Der Ausschuss wird auch zu dieser Frage, soweit Änderungen
der bisherigen Praxis als zweckmäßig erscheinen, Vorschläge
machen. (A4/9:6f)

Dieser Abschnitt ist später der Endredaktion zum Opfer gefallen, obwohl Moser seine Aufnahme für notwendig hielt und Grebe
darauf hinwies:

3. Sollte in der Anlage nicht noch ein Hinweis auf die
   Schreibung der Namen aufgenommen werden? Vgl. Bericht
   des 1. Auschusses vom 1.3.1958. Mir scheint, daß wir
   nicht verschweigen dürfen, daß hier noch Regelungen erarbeitet werden müssen. (A6/M; Moser an Grebe 29.10.58)

Grebe antwortete darauf:

Zu 3
       Ich hatte mir lange überlegt, ob ich die Namen erwäh-
nen sollte. Aber Sie haben schon recht, wir müssen es tun.
(A6/M; Grebe an Moser 30.10.58)

Es scheint aber so, daß Grebe die Erwähnung der Eigennamen doch
nicht für so wichtig hielt; er hätte im Redaktionsausschuß sicher durchsetzen können, in die Anlagen zu den Empfehlungen
(WE:9-14) wenigstens einen Hinweis aufzunehmen.
Diese Zweiteilung in "Empfehlungen" (WE:7 und 8) und "Anlage"
(WE:9-33) hatte der Redaktionsausschuß aus taktischen Gründen
vorgenommen, wie aus einem Brief von Grebe an Moser hervorgeht:

Die Anregungen der Herren Trier, Weisgerber, Brinkmann aus
unserem Redaktionsausschuß haben ergeben, daß man sich in
dem eigentlichen Empfehlungsschreiben auf wenige Grundsätz
(sic!) beschränken und die Einzelrichtlinien in die Anlage
verweisen solle. Ich übersende Ihnen deshalb das Sechspunkteprogramm in der kürzeren Fassung. Die weggefallenen
Teile wollen Sie bitte in Gedanken hinter die jeweiligen
Grundsatzausführungen in der Anlage einfügen. (A6/M; Grebe
an Moser 11.11.58)

Es blieb also die Aufgabe der nächsten Reformergeneration, die
Eigennamen zu definieren und für deren Schreibung eine Regelung

444

auszuarbeiten; Nerius (1980 u.ö.), Mentrup (1979 u.ö...) und
andere haben entsprechende Arbeiten vorgelegt, die aber alle
die Einführung der gemäßigten Kleinschreibung voraussetzen.

Die grundsätzliche Frage, ob die Großschreibung beibehalten
oder die Kleinschreibung eingeführt werden soll, ist bis heute
nicht entschieden; man ist in diesem Punkt immer noch zweige-
spalten, Befürworter und Gegner der Kleinschreibung stehen sich
mehr oder weniger unversöhnlich gegenüber. Es gibt Wissenschaftler, Wissenschaftlergruppen und Gremien, die an den WE
festhalten und argumentieren, daß der Leser die Großschreibung
nicht brauche, diese aber für den Schreibenden eine unnötige
Belastung darstelle, weil die Beherrschung vieler Regeln und
Ausnahmen vorausgesetzt werde. Es gibt die andere Gruppe - vor
allen Dingen durch die GfdS vertreten - die meint, der Leser
brauche die Großschreibung, aber das bisherige System müsse
modifiziert werden. (Kommission 1989 und GfdS 1979)
Seit kurzem deutet sich aber durch die Initiative des rhein-
land-pfälzischen Kultusministers Gölter ein Lösung des Dilemmas
an: Er hat vorgeschlagen, zunächst über alle anderen Reformpunkte Beschlüsse zu fassen und die Groß- und Kleinschreibung
in das letzte Glied zu rücken. Wahrscheinlich bedeutet dies das
endgültige Aus für die gemäßigte Kleinschreibung; vom Prinzip
der Substantivgroßschreibung wird man m. E. nicht abgehen, allenfalls läßt sich bei den Regeln noch die ein oder andere
Spitzfindigkeit beseitigen.

3. Schlußbemerkung: Zu den Motivationen und Grundeinstellungen
   der handelnden Personen

Für die abschließende Plenarsitzung des Arbeitskreises hatte
Grebe sich um ein feudaleres Ambiente bemüht, als die Dudenredaktion es bieten konnte: Er hatte in dem vornehmen "Taunus-
hotel" in der Wiesbadener Rheinstraße den Spiegelsaal gemietet,
das heißt, man hatte ihm den Saal bei seinem "Hinweis auf den
gemeinnützigen Charakter" des Treffens kostenfrei überlassen
(A5/D; Grebe an Dehnkamp 14.8.58). In dieser Umgebung schienen
sich die Mitglieder des Arbeitskreises besonders wohl zu füh-

len, denn sie zeigten keinerlei Eile, mit den Beratungen zum Ende zu kommen. Fast jeder nutzte die Gelegenheit zu einer mehr oder weniger ausführlichen Selbstdarstellung.

Dabei offenbarte sich immer wieder, welches ihre Grundeinstellungen zu linguistischen und soziologischen Fragestellungen der Rechtschreibung waren und welche Motive sie zur Mitarbeit an einer Reform bestimmten; über den mehr oder weniger deutlich ausgesprochenen Auftrag seiner Organisation hinaus "schleppte" jeder Delegierte bewußt oder unbewußt die "Last" einer bestimmten Tradition mit. Alle eingebrachten Argumente haben - unabhängig von den Motiven, denen sie entstammen, - eine historische Dimension, denn niemand (auch nicht eine vom Staat beauftragte Kommission) agiert im historisch "luftleeren" Raum. Teilweise ausgeleuchtet wurde die historische Dimension einiger Argumente schon durch die unterschiedlich weit zurückreichende Geschichte der einzelnen Verbände und Interessengruppen. (S. 2.Kap.5.4)

Schon in den vorangegangenen Ausschußsitzungen waren sowohl die grundsätzlichen Auffassungen als auch die Motivationen in Diskussionen und schriftlichen Beiträgen punktuell immer wieder zum Ausdruck gekommen, und sie sind in diesem Zusammenhang beschrieben worden. Im folgenden sollen sie nun analysiert und systematisch dargestellt werden.

Nachdem Küppers die in der öffentlichen Auseinandersetzung vorgebrachten Argumente der Reformgegner und -befürworter analysiert und sie als wissenschaftlich relevante, pragmatische oder emotional-ideologische identifiziert hat (Küppers 1984:12), sollen hier - gleichsam auf der tiefer gelegenen Ebene der Handlung - die Motivationen für einige dieser Argumente beschrieben und eingeordnet werden. Aus einer personalen Perspektive lassen sich Motive herausarbeiten, welche die Mitglieder des Arbeitskreises bewogen haben, auf die eine oder andere Weise zu argumentieren, um daraus die Kriterien für ihre Entscheidungen zu gewinnen. Manche waren stärker von Motiven ihres entsendenden Verbandes geprägt, manche stärker von der eigenen biographischen Entwicklung bestimmt. Bei der heterogenen Zusammensetzung des Arbeitskreises hätte man vermuten können, daß die Wissenschaftler ausschließlich von linguistischen, die Vertreter der Verbände nur von pragmatischen Motiven bestimmt gewesen wären. Es gab aber eine Reihe von Fällen, in denen Wissenschaftler durchaus taktisch (Weisgerber: Dehnungsfrage zurückstellen) oder schreibpragmatisch (Brinkmann: Ziel bei Silbentrennung bessere Handhabung) argumentierten oder Interessenvertreter sich wissenschaftliche Argumente zu eigen machten. So äußerte Lauterbach (IG Druck und Papier), die Kleinschreibung sei das Hauptanliegen der Gewerkschaft; man sei der Meinung, bei einer gemäßigten Kleinschreibung ergäben sich "ganz neue Perspektiven in bezug auf die Frage: Kompositum oder nicht?" (A6/L; Lauterbach an Grebe 11.10.58).

An den im Laufe der Diskussion entwickelten Argumentationsstrategien läßt sich aber auch zeigen, wie stark die internen Argumente des Arbeitskreises die der öffentlichen Diskussion spiegeln.

Zunächst einmal lassen sich zwei große Motivgruppen ausmachen:

1. "Motive (...) aus diesen Bemühungen um die Muttersprache gewonnen" (Weisgerber A4/23:54a) und

2. Motive aus "der Verantwortung den heute Schreibenden gegenüber" (Schwanbeck A4/23:56a).

Unter die erstgenannten, die von dem Verständnis über den Zusammenhang von Sprache und Schrift bestimmt werden, lassen sich linguistische und "lingophile" (sprachpflegerisch-ästhetische aus Sorge um die Muttersprache), unter die zweiten, die der Polarität von Norm und Freiheit entspringen, pädagogische, soziologische, wirtschaftliche, strategische und politische subsumieren.

Beide Phänomene, sowohl das Verhältnis von Sprache und Schrift als auch die Antinomie von Norm und Freiheit, wurden schon als grundsätzliche Aspekte der gesamten Problematik bei der konstituierenden Sitzung in Frankfurt thematisiert und zogen sich als roter Faden durch alle weiteren Diskussionen.

3.1 "Motive (...) aus diesen Bemühungen um die Muttersprache"

Die Linguisten unter den Arbeitskreismitgliedern hielten es für selbstverständlich, mit wissenschaftlichen Methoden an die gestellte Aufgabe heranzugehen. Es ergab sich aber mehrmals die Notwendigkeit, diese Position gegenüber den anderen Reformern

dezidiert zu betonen. So erklärte Brinkmann bei einer der ersten Ausschußsitzungen "abschließend zu dieser allgemeinen Diskussion", man müsse "unabhängig von späteren Reformvorschlägen zunächst einmal mit dem sprachlichen Wissen an die Wortlisten herantreten (...), um die sprachlichen Erscheinungen zu klären". (A4/5:3)
Was Brinkmann hier "sprachliches Wissen" nennt, läßt sich identifizieren als die damals vorherrschende Auffassung über geschriebene Sprache und Rechtschreibung. Die beteiligten Wissenschaftler vertraten (noch) in unterschiedlicher Ausprägung die tradierte Auffassung, Schrift sei ein sekundäres Zeichensystem, das vornehmlich die Laute graphisch zu realisieren habe.[1] (Hier liegt auch die Erklärung dafür, daß die Reformdiskussion so lange von der Laut-Buchstaben-Beziehung beherrscht wurde.) Geschriebene Sprache soll zum einen gesprochene Sprache abbilden; sie ist im Grunde ein Hilfsmittel, das Kommunikation schriftlich ermöglicht, wenn die Gelegenheit fehlt, direkt miteinander zu reden. Gesprochenes wird in Buchstaben verwandelt und beim Lesen von jedem einzelnen wieder zurückverwandelt, so als ob gesprochen worden wäre.

> Ziel der Schrift ist das Umsetzen der sinnlichen Seite der Sprache vom Akustischen ins Optische: Hörzeichen werden ausgeweitet in Sehzeichen, und dadurch wird die Sprache in einer verstärkten Weise für den Menschen verfügbar. Es kommt also darauf an, daß diese Umsetzung so angemessen wie möglich verläuft: einfach, klar, reibungslos für den Schreibenden wie für den Lesenden. (A3/7c:1)

So hatte Weisgerber in einem Rundfunkvortrag am 16. Dezember 1956, dessen Manuskript (A3/7c) dem Arbeitskreis als Diskussionsgrundlage diente, seine Meinung fomuliert, die prinzipiell von den anderen Wissenschaftlern geteilt wurde. Aus dieser Grundeinstellung heraus kam es zu der Entscheidung, nach Sprechsilben zu trennen, und zu der Betonung des rhythmisch-intonatorischen Prinzips bei der Kommatierung (WE 7: Komma nur

---

1 Der Zusammenhang von Mündlichkeit und Schriftlichkeit ist in der linguistischen Forschung inzwischen weitgehend aufgearbeitet worden. (Vgl. dazu Müller 1990)

dort, wo das rhythmische Empfinden mit der grammatischen Gliederung des Satzes übereinstimmt).

Ebenfalls dieser Auffassung von geschriebener Sprache entstammt das für die Getrennt- beziehungsweise Zusammenschreibung angewandte Kriterium, die durch das Entstehen von "Wortungetümen" verursachte Lesehemmung möglichst zu mindern. Auch das bis heute immer wieder vorgetragene Argument, die Großschreibung erleichtere das Lesen, spielte in Wiesbaden eine große Rolle. Um diesbezügliche Argumente entkräften zu können, war Winkler in den Arbeitskreis berufen worden.

Weisgerber leitete von seiner Definition der Schrift, als einer Übertragung akustischer Phänomene in optische, Forderungen ab, die ihn in die Reihe der Reformer der ersten Jahrhunderthälfte stellen: "bestmögliche Durchführung der Buchstabenschrift; klare Zuordnung von Lautform und Schriftbild" (A3/7c:2). Er möchte für das Deutsche den "Grundcharakter der Buchstabenschrift" erhalten und einen "Rückfall in die Wortschrift" verhindern, weil dann "für jedes Wort einzeln" ein Schriftbild einzuprägen wäre (A3/7c:6), was die Beherrschung der Orthographie erschweren würde. Außerdem sah er die Gefahr "einer Versteinerung der Rechtschreibung", die "das ganze Kulturleben bedrohen" könnte. Dieser drohenden Versteinerung könne man aber noch entgegenwirken, weil "im Deutschen der Abstand zwischen Lautung und Schreibung noch nicht so groß ist wie im Französischen oder Englischen" (A3/7c:6). Auch diese Auffassungen wurden von den anderen Sprachwissenschaftlern noch weitgehend geteilt, jedenfalls wurde ihm nicht widersprochen. Nicht mehr diskutiert wurden allerdings die von Weisgerber daraus abgeleitete Forderung, die "Kennzeichnung der Vokaldauer" ebenfalls zu reformieren. Er hatte am 31. Dezember 1957 eine Ausarbeitung "Diskussionsvorschläge zur Kennzeichnung der Vokaldauer" (A3/11) an Grebe geschickt, die an alle Mitglieder des 1. Ausschusses weitergeleitet wurde. Puschmann schrieb dazu eine Stellungnahme (A7/W; Grebe an Weisgerber), die aber ebensowenig Beachtung fand wie der von Ringeln vorgelegte Beitrag "Warum eigentlich noch Wörter mit oo?" (Ringeln 1957b) (A7/R; Ringeln an Grebe 30.7.57) und Pfleideres Liste von "Wörtern mit überflüssigen Längenzeichen" (A7/P; Pfleiderer an Grebe 8.11.57). Grebe hielt es für taktisch unklug, dieses Thema in die Erörterungen einzubeziehen, zumal Storz in einer Sitzung geäußert hatte, "dass es wahrscheinlich der grösste Fehler der Stuttgarter Arbeitsgemeinschaft für Sprachpflege gewesen sei, dass sie in (11) ihren Empfehlungen zuviel auf einmal gewollt habe" (A4/10:10f). Es war Grebe offensichtlich gelungen, auch Weisgerber davon zu überzeugen, daß diese Forderung zunächst zurückzustellen sei. Weisgerber fügte sich nur schweren Herzens, denn er blieb dem phonologischen Prinzip stark verhaftet und war nach wie vor der Meinung, die "Dehnungsfrage sei an sich das dringendste Problem" (A4/10:10); er sah aber ein, daß "es kaum ratsam ist, zwei so bedeutende Reformprobleme wie Großschreibung und Dehnungszeichen gleichzeitig anzufassen". Darum räumte er ein, es sei für den Augenblick aussichtsreicher, "die Frage der Dehnungszeichen zurückzustellen", weil "alle Indizien darauf hinweisen, dass die Zeit reif ist für eine Entscheidung in Fragen der Groß- und Kleinschreibung" (A4/9:6). Historisch überholt schien die Dehnungsfrage zu diesem Zeitpunkt nur aus taktischen Gründen, wissenschaftlich blieb das Thema (Phonem-Graphem-Korrespondenz) als fundamentales Prinzip der Graphematik relevant bis heute.

Aus dem Briefwechsel Grebe/Moser (A6/M) und Grebe/Weisgerber (A7/W) geht hervor, daß Grebe plante, Weisgerbers Arbeit über die Vokalquantitäten (A3/11) als Heft 2 der "DUDEN-BEITRÄGE zu Fragen der Rechtschreibung, der Grammatik und des Stils" herauszubringen; davon war später nie mehr die Rede; als Heft 2 dieser Reihe erschienen die WE.

Trotz dieses Verzichts herrschte ein allgemeiner Konsens über die Laut-Buchstaben-Beziehung der Schreibung; daß die Schrift auch die grammatische bzw. syntaktische Ebene der Sprache abbilden könnte, wurde von den meisten abgelehnt. Schon in seinem Einführungsreferat auf der Frankfurter Sitzung hatte Weisgerber gesagt, die Schrift "sei nicht dazu da, bestimmte grammatikalische Anschauungen sichtbar werden zu lassen" (A3/1:6).

Noch weiter in der Auffassung, daß Grammatik und Schreibung zwei voneinander unabhängige Systeme seien, ging Trier. Als bei der Diskussion über die Getrennt- und Zusammenschreibung darüber gesprochen wurde, daß bei Verbindungen von Verben mit Substantiven zu beachten sei, ob diese Verbindung auf den Infini-

tiv beschränkt bleibe oder auch in flektierten Formen vorkomme,
wendete Trier ein:

> Das sind rein grammatische Fragen. Wir sollten uns auf un-
> seren Auftrag beschränken. Wenn wir hier in sprachwissen-
> schaftliche Überlegungen eintreten, bliebe die Frage, ob
> wir das nicht auch sonst hätten tun müssen. Ich würde raten
> zu versuchen, in der Formulierung keine Sätze zu bringen,
> die in den Bereich der Sprachwissenschaft gehören.
> (A4/23:31a)

Erstaunlich ist, daß weder Brinkmann noch Weisgerber noch Moser
widersprachen. Brinkmann widersprach nicht, obwohl er zu Recht
von seiner grammatischen Argumentation in diesem Zusammenhang
überzeugt war; er wollte wohl die Verhandlungen durch solche
zusätzliche Diskussionen, die er sowieso für eine überflüssige
Zeitverschwendung hielt (A5/B; Brinkmann an Grebe 31.8.58),
nicht verlängern.

Da sein Forschungsschwerpunkt von jeher bei der Grammatik lag,
sah er die Orthographie vorwiegend unter grammatischem Aspekt;
davon abgetrennt definierte er die Schrift als eine reine Technik, was in seinen Ausführungen zur Silbentrennung deutlich
wurde:

> Die Silbentrennung in Schrift und Druck ist eine technische
> Notwendigkeit; sie hat sich aus dem Zwang ergeben, längere
> Wörter beim Übergang von der einen zur anderen Zeile zweck-
> mäßig zu zerlegen. Durch diese Zerlegung werden aber nicht
> sprachliche Gebilde geschaffen, die unabhängig voneinander
> aufzufassen sind. (A4/14:1)

Moser erscheint aus heutiger Sicht in diesem Punkt am weitesten
fortgeschritten zu sein. (vgl. dazu Müller 1990:69)

Aber auch von ihm kam kein Widerspruch; er hatte sich sehr ausführlich mit einer lexikalischen Untersuchung zur Groß- und
Kleinschreibung auseinandergesetzt (s. 3.Kap.2.6.2 und 2.6.3
und Moser 1958) und war zu dem Schluß gekommen, daß hier mit
der Definition von Wortarten grammatisch nicht argumentiert
werden konnte: "Der Hauptwortbegriff reiche nun einmal zur Begründung der Großschreibung nicht aus." (A4/10:5) Er hatte damit bestätigt (für die Großschreibung der Substantive gibt es
keinen wissenschaftlichen Grund), was Weisgerber schon vorher
geäußert hatte, daß nämlich "das 'Hauptwort' ein aus der

Schreibpraxis und nicht aus der Sprache selbst gewonnener Begriff sei" (A4/10:15).

Weisgerber hatte sich auch bemüht, diese wissenschaftliche Position in der Öffentlichkeit bekannt zu machen. In seinem schon vorher erwähnten Rundfunkvortrag hatte er gesagt:

> Der Grund für diesen Mißstand (daß der Duden mindestens vier Seiten braucht, um eine Fülle von Regeln auszubreiten, so Weisgerber an anderer Stelle, H.S.) liegt darin, daß hier unsere Schreibung in eine Aufgabe hineingeschlittert ist, die ihr im Grunde nicht zukommt, nämlich zur Veranschaulichung bestimmter grammatischer Meinungen zu dienen. (...) Was aber Hauptwörter im Sinne der Großschreibregeln sind, das lässt sich aus der Sprache sowenig ablesen, daß die Grammatiker selbst bis heute darüber nicht einig sind und also auch keine einfachen Regeln aufstellen können."
> A3/7c:7)

Wie schon erwähnt, drehte sich die Diskussion über die Kommaregeln hauptsächlich um das Nebeneinander von grammatischem und rhythmischem Prinzip. Dabei stellte Pfleiderer die Frage,

> ob es mit Hilfe der Grammatik überhaupt möglich sei, einen Satz durch Satzzeichen sinnvoll zu gliedern, weil die Sinn-(2)erfassung des gesprochenen Satzes ohne grammatische Kenntnisse erfolge. Sie vollziehe sich vielmehr im Akt des Sprechens durch rhythmische Gliederung. (A3/3a:1f)

Hier wurde Grebe von Winkler und Basler unterstützt, die beide seine Meinung teilten,

> daß man auf das grammatische Prinzip bei der Festsetzung der Regeln für die Zeichensetzung nicht verzichten könne, weil es nur so möglich sei, ein allen Deutschsprechenden verständliches Regelsystem aufzustellen. (A3/3a:1f)

Daß in der endgültigen Formulierung der WE die Betonung des rhythmisch-intonatorischen Prinzips spürbar ist, muß auf diese Diskussion zurückgeführt werden.

Ob auch die Syntax Einfluß auf die geschriebene Sprache haben könnte oder sollte, wurde nur einmal von Baum unter pädagogischem Aspekt angesprochen; er wandte sich "gegen die Entstehung von Wortungetümen", weil die Schüler dazu angehalten werden müßten, "sich die syntaktischen Verhältnisse zu überlegen" (A4/5:3). In den weiteren Diskussionen wurde dieser Aspekt aber nicht weiter verfolgt, vermutlich weil die oben beschriebene

Auffassung von geschriebener Sprache ein syntaktisches Prinzip
nicht zuließ.

Ebensowenig entsprach es dieser Auffassung, daß Schrift die semantische Ebene abbilden könnte. Im Zusammenhang mit der Regelung der Getrennt- und Zusammenschreibung meinte Basler,

> daß die Sprachgemeinschaft bei der Tendenz zur Zusammen-
> schreibung die Neigung zeige, neue Begriffe im Wortbild
> sichtbar werden zu lassen. Auch der Wörterbuchbearbeiter
> müsse sich fragen, ob er ohne diese Kennzeichnung im
> Schriftbild auskomme. Der Weg für diese Entwicklung dürfe
> nicht verbaut werden. (A4/5:3)

Brinkmann hielt dem entgegen, es könne nicht die Aufgabe der
Schrift sein,

> den Unterschied zwischen übertragener und konkreter Bedeu-
> tung auszudrücken. Diese Unterscheidung bliebe ohnedies auf
> das Lexikon beschränkt, weil diese Zusammenrückungen im
> Satz in den weitaus meisten Fällen getrennt würden. (A4/5:3)

Schon in seiner Diskussionsvorlage für den 3. Ausschuß hatte
Brinkmann "die doppelte Möglichkeit der Zusammen- und Getrenntschreibung", die "zu vielfach spitzfindigen Unterscheidungen"
ausgenutzt würde, als einen durch die Reform zu beseitigenden
Mißstand bezeichnet. (A4/3:2) Auch Grebe war der Meinung, daß
man "mit den Begriffsisolierungen Schluß machen" und sich bei
den Vorschlägen für die Reformierung der Getrennt- und Zusammenschreibung "auf syntaktischen Boden zurückziehen müsse".
(A2/23:33a)

Dieser Bemerkung vorangegangen war ein Dialog, der ein gewisses
Unbehagen über das Aussparen bestimmter Ebenen der Sprache spüren läßt:

> Herr Grebe: Hier stehen wir vor einer Interpretationszone,
> die unvermeidbar ist. Das Wörterbuch muß die Interpretation
> vollzogen haben, ehe es erscheint, und soweit wieder Hilfe
> für die Praxis sein. Ich bin nach wie vor der festen Über-
> zeugung, daß es vollkommen zu Recht besteht, wenn wir bei
> der übertragenen Bedeutung genauso verfahren wie bei der
> realen.
> Der Tod der Metapher wäre ein Gesichtspunkt, den man im Au-
> ge behalten müßte.
> Herr Porzig: Eine Metapher stirbt allmählich. Wir haben
> dann wieder eine breite Übergangszone.

Herr Brinkmann: Wenn in einer syntaktischen Verbindung das Bild stirbt, dann braucht keine Zusammensetzung zu entstehen. (A4/23:30a)

Im Zusammenhang mit dem in diesem Dialog thematisierten Sachverhalt muß eine Äußerung von Brinkmann gesehen werden, in der er "ein Sprachgewissen" postuliert, das es gebiete, "Fehlentwicklungen" aufzuzeigen. Wenn er auch ausdrücklich betont, "das gestellte Problem" sei "nur vom System der Sprache aus zu sehen" (A4/5:2), und damit die (vermeintliche) Bezugsgröße für die Kriterien falsch/richtig angibt, so verweist das Wort "Sprachgewissen" auf die für die Entstehung der STE relevanten und dort beschriebenen sprachpflegerischen Intentionen. Allerdings war "Sprachpflege" nicht das Hauptmotiv der Wissenschaftler, wohl aber das einiger Arbeitskreismitglieder, die sich als "Sprachliebhaber" apostrophieren lassen. Diese beriefen sich besonders häufig auf die Tradition, ohne dabei zu registrieren, daß sie sich hier eines Pseudoargumentes bedienten; der vermeintlich historische Aspekt (Tradition) ihrer Argumentation läßt sich als zutiefst ahistorisch entlarven. Als Storz innerhalb einer Philippika sagte, "Alles Bestehende habe seinen Sinn und sein legitimes Recht." (A4/10:7), wollte Arnold "über die bereits erwähnten Argumente hinaus darauf hingewiesen haben, dass Tradition nicht heisse, nur Altes zu bewahren, sondern auch Neues zu schaffen, das lebensfähig sei" (A4/10:9). Diese Äußerung ist zwar kein direkter Widerspruch gegen die Meinung von Storz - den auch er nicht wagte, wie an der Formulierung im Protokoll unschwer zu erkennen ist - läßt aber immerhin vermuten, daß er das hinter dieser Haltung stehende desolate historische Bewußtsein wahrgenommen hat. Tradition manifestiert sich (nach dieser Auffassung) in Ritualen und in überlieferten Texten. Unabhängig davon, ob es sich um fiktionale literarische Texte, um Sachinformationen, um religiöse oder gesetzliche Vorschriften, um normative Setzungen wie z. B. die Orthographie handelt, gilt aber, daß alle Äußerungen nur über den Vorgang einer Interpretation, einer Erfassung der Bedeutung für den in der Gegenwart Lebenden, rezipiert werden können. Nur mit dem Wissen und aus der Perspektive der Gegenwart läßt sich Vergangenes für die Lösung anstehender Probleme funktional ma-

chen; bloßes historisch "bewußtloses" Zitieren hat nur eine af-
firmative Funktion. Um sich als ein seinem Gewissen verpflichteter Hüter der traditionellen Werte der Sprache zu kennzeichnen, zitierte Puschmann
sogar Kant; er erklärte während der letzten Sitzung des 1. Ausschusses:

> "Der kategorische Imperativ hat seine Bedeutung noch nicht
> verloren. Es handelt sich hier also um eine Gewissensfrage.
> Ich darf und kann meine Zustimmung niemals einer Sache ge-
> ben, die der Verflachung dient."
>
>   Bernhard Puschmann.
>   (Erklärung in der abschließenden Sitzung
>   des Arbeitskreises für Rechtschreibregelung,
>   Unterausschuß I.) (SP0/6)

Um zu erreichen, daß diese Äußerung auch in das Protokoll aufgenommen wurde, überreichte er diese Erklärung noch einmal
schriftlich an Weisgerber. In einem Brief an den Verleger
Brockhaus aus dem Jahr 1961, in dem er versicherte, er "habe
(gleich anderen Vertretern) g e g e n die Empfehlung gestimmt", wiederholte er das Zitat wörtlich (SP2/67; Puschmann
an Brockhaus 12.3.61; Sperrung im Original, H.S.).
Wenn Puschmann hier Kant bemüht, dann tut er das nicht, weil er
die Großschreibung als Teil des "Sittengesetzes" definiert - er
hätte dann die Gefahr der "Verflachung" beschreiben müssen - ,
sondern nur, um die Ernsthaftigkeit seiner eigenen Bemühungen
zu unterstreichen. Das historische Zitat, losgelöst von seinem
historischen und philosophischen Kontext, wird aus einem ver-
fügbaren Zitatenschatz nur abgerufen und als autoritatives Argument für die Beibehaltung einer äußerlichen Norm funktionalisiert.
Auch Weisgerber argumentiert mit dem Begriff der Tradition,
aber im Gegensatz zu Storz und Puschmann nicht ideologisch,
sondern historisch. Er glaubt, daß "eine Kultur mit einer ver-
steinerten Rechtschreibung", die durch eine Auseinanderent-
wicklung von Laut und Schrift zustande gekommen ist, eine
"Last" auf sich nimmt (A3/7c:3f); denn diese "Versteinerung"
erschwert das Erlernen der Rechtschreibung und behindert eher
die Auswirkungen des der Schrift inhärenten Potentials. Erst
die Entwicklung der Schrift eröffnet der Sprache neue Dimensio-

nen, nämlich "die vervielfachte geschichtliche Tiefe und räumliche Weite des in ihrem Schaffensprozeß Gegenwärtigen"; damit können die Menschen durch "das Worten der Welt" nicht nur geschichtlich-kulturelles Leben bahnen, sondern auch Kultur tradieren. (Vgl. dazu Weisgerber 1955:5) Um diesen Vorgang nicht zu behindern und eines Tages vielleicht unmöglich zu machen, muß nach seiner Meinung der fortschreitenden Versteinerung der Sprache Einhalt geboten werden.

Für dieses rationale Herangehen an sprachliche Erscheinungen hatten Leute wie Storz, Puschmann, Süskind und die vielen späteren Kritiker kein Verständnis, weil sie die Schrift als das "Kleid der Sprache" vorwiegend ästhetisch betrachteten und nach emotionalen Kriterien beurteilten, ohne dies allerdings zuzugeben. Für sie gab es keinen Unterschied zwischen linguistischen und "lingophilen" Argumenten.

3.2 Motive aus "der Verantwortung den heute Schreibenden gegenüber"

In der immer wieder aufflammenden Diskussion um den Antagonismus von Freiheit und Norm standen sich zwei Lager fast unversöhnlich gegenüber: Pädagogen und Drucker bzw. Korrektoren kämpften für feste Normen, Schriftsteller und andere "Schöngeister" setzten sich für partielle Freiräume ein. Diese Konfrontation war durch die Vertreter der Druckindustrie (Puschmann, Rück, Schmitt-Halin u.a.) und einige Lehrer (Oprée, Ringeln u.a.) einerseits und die Mitglieder der Darmstädter Akademie (Storz und Süskind) andererseits in Wiesbaden vorgegeben und beeinflußte immer wieder die Verhandlungen.

Süskind benannte das Dilemma, in dem er sich wähnte: "Der Schriftsteller als ein in gewisser Hinsicht konservatives Geschöpf" neige dazu, "am liebsten alles bestehen zu lassen", könne "sich aber als politisches Geschöpf einer Reform nicht verschließen" (A4/23:14a). Die dieser Selbstdarstellung scheinbar inhärente Schizophrenie definiert die Grundhaltung von vielen Intellektuellen dieser Epoche: die Selbsttäuschung, man könne losgelöst vom aktuellen historischen Kontext quasi unpolitisch schreiben und handeln.[1]

Grebe war sich von Anfang an der wirklichen Problematik bewußt:

> Wir stehen hier vor dem grundsätzlichen Verhältnis von Norm und Freiheit, das neben der Bewertung der Schrift in ihrer Beziehung zur Sprache das innerste Anliegen unserer Reformbemühungen ist. Da die Sprache lebt, entstehen immer fließende Übergänge, die sich der logischen Einordnung und deshalb der Normung entziehen. Wer auch diese Übergänge reglementieren will, kann nur gewaltsam entscheiden und muß zwangsläufig Widerspruch hervorrufen, wo er angebliche Widersprüche be-(7)seitigen will. Es handelt sich aber in der Sprache nicht um Widersprüche, sondern um Leben und Entwicklung. Wir müssen deshalb den Mut aufbringen, im Bereich dieser Übergänge (wir werden ihnen bei der Groß- und Kleinschreibung, Zusammen- und Getrenntschreibung noch öfters begegnen) die Fehlergrenze fallen zu lassen. Je stärker wir einsehen, daß der bisherige Weg zur "Reglementierung in allen Fällen" nicht zum Ziel führte und aus dem Wesen der Sprache heraus auch nicht führen konnte, desto eher werden wir in der Lage sein, bestehende Schwierigkeiten zu beseitigen, ohne neue zu schaffen. Es ist jedenfalls ein Irrtum, wenn man meint, daß sich die bestehenden Schwierigkeiten unserer Rechtschreibung dadurch beheben ließen, daß man die Norm verschärft, weil sich das Lebendige der Norm entzieht. (A3/2b:6f)

Einerseits hatte er die Notwendigkeit fester Regeln erkannt und diese Meinung in den Diskussionen mehrmals zum Ausdruck gebracht; andererseits erkannte auch er nicht immer, wann auf eine feste Regelung verzichtet werden konnte, wie das folgende Beispiel aus der Diskussion um die Getrennt- und Zusammenschreibung zeigt: In der Schlußsitzung verwies Brinkmann auf das den Entscheidungen bezüglich dieses Reformpunktes übergeordnete Prinzip, "Ernst" zu "machen mit der Forderung, nur echte Zusammensetzungen zusammenzuschreiben". Deshalb habe man im 3. Ausschuß "überlegt, wo die Grenzen gegenwärtig überschritten sind, die einer echten Zusammensetzung gezogen sind". Bei den Beispielen der Liste 2 (z. B. baden gehen - flötengehen) sei man leicht zu klaren Entscheidungen gekommen, weil es sich hier ausschließlich um syntaktische Verbindungen, nicht um echte Zu-

---

1 Auf dem Boden dieser Denkweise wuchs in den nachfolgenden Jahren (68er) der Konflikt.

sammensetzungen handele. (A4/23:28a) Indirekt stellte er damit fest, dies sei ein Definitionsproblem (echte und unechte Zusammensetzungen); das aber hätte die Formulierung von Abgrenzungskriterien, nicht aber eine Entscheidungen ermöglichende Regel erfordert.

Es verwies aber in seinen weiteren Ausführungen auf die Beispiele der Liste 3, bei der es sich um Verbindungen handelt, die "syntaktisch nicht möglich" sind (z. B. bruchrechnen, notlanden): "Wenn das Substantiv mit dem Verb sich in anderer Weise als sonst verbindet, handelt es sich um eine echte Zusammensetzung." Daraufhin wandte Grebe ein, daß dem "mit Recht angeführten Prinzip der syntaktischen Lösung (...) die Ableitungen parallel" stünden; da beide Dinge sich "gleichzeitig oder kaum erkennbar in der Trennung" vollzögen, ergäbe sich die Schwierigkeit, "von einem anderen Gesichtspunkt her zu trennen, z. B. radfahren gegenüber Auto fahren". (A4/23:29a)

Hier wurde nicht erkannt, daß jede Regelformulierung bzw. -änderung das Phänomen der Grenzziehung involviert. So erwecken die Formulierungen der WE - gerade auch zur Getrennt- und Zusammenschreibung - den Eindruck, als ließen sich zweifelsfrei anwendbare Regeln formulieren; allenfalls blieben noch einige Einzelfälle übrig, die - wie bei Punkt 11 dieser "Einzelrichtlinien" (WE:32) - nur aufzulisten wären. Unverkennbar ist die in den WE vorherrschende generelle Tendenz zur eindeutigen Regelung (auf welche bestimmte Berufskreise bestanden hatten), die den Eindruck erweckt, als ließen sich alle orthographischen Phänomene unter jeweils eine vorgeschriebene Regelung subsumieren. Es kommt nicht klar genug zum Ausdruck (obwohl Grebe dies in seiner oben zitierten Ausarbeitung deutlich beschrieben hatte), daß Sprache einem sich täglich vollziehenden Änderungsprozeß unterliegt, der sich auch auf die Schreibung auswirkt. Demzufolge werden die Schreiber immer wieder mit neuen Phänomenen konfrontiert, die von ihnen Entscheidungen fordern, welche außerhalb der geforderten Freiräume liegen, in denen (z. B. bei der Zeichensetzung) semantische Differenzierungen oder inhaltliche Akzentuierungen ermöglicht werden sollen. Fehlt der Hinweis innerhalb der einzelnen Punkte darauf, daß eine allgemein gültige Normierung der Orthographie nicht möglich ist, wird fälschlicherweise der Eindruck erweckt, die angegebenen Regelungen seien ausnahmslos anwendbar. Weder der in den WE verwendete Terminus Einzel<u>richtlinien</u> noch die vorgeschlagene flexible Fremdwortschreibung (WE:21f) wird diesem Sachverhalt ausreichend gerecht. Der oben vorgetragene Diskussionsausschnitt liefert eine der Erklärungen für dieses Defizit.

Mit diesem Glauben an die Allgemeingültigkeit fester Regeln korrespondiert die auch bei Mitgliedern des Arbeitskreises festzustellende Neigung, einmal gesetzte Normen für unveränderbar zu halten. Die wenigsten hatten sich Weisgerbers in der konstituierenden Sitzung geäußerte Meinung zu eigen gemacht, der dort gesagt hatte:

> Für die Verantwortlichen bleibt eine unabdingbare Folgerung. W e r   i m   B e r e i c h   d e r   S c h r i f t   e i n e   N o r m   s e t z t, eine bestimmte "Recht"schreibung verbindlich macht, der muß g l e i c h z e i t i g   b e - r e i t s   d i e   n ä c h s t e   R e c h t s c h r e i b -   r e f o r m   v o r b e r e i t e n, und zwar um so nachdrücklicher, je strenger er auf einer Befolgung der Norm besteht. (Weisgerber 1956:14; Sperrung im Original, H.S.)

Aus dieser Einstellung heraus erklärt sich, daß Weisgerber sich besonders aus <u>pädagogischen</u> Gründen für eine Rechtschreibreform einsetzte. Er hielt es für "pädagogisch verwerflich", "eine unverstanden gehandhabte Rechtschreibung durch Drill" herbeizuführen, "weil damit das innere Verhältnis des jungen Menschen zu seiner Muttersprache ernsthaft (sic!) gestört würde". Dies sei eine "Fehlleitung des jungen Menschen" und "für ihn der entscheidende Grund für den Übergang zur Kleinschreibung". (A3/7a:7)

Später präzisierte er seine Begründung:

> Nicht nur die reine Schreibpraxis erfordert unendliche Mühe; die Schule ist darüber hinaus gezwungen, die grammatischen Vorstellungen, auf denen die geltende Regelung beruht, in den Gesichtskreis der Kinder zu bringen, und zwar in einem Alter, in dem das Kind unmöglich diese Begriffe verstehen kann. (A3/7c:8)

Vor allem sah er die gesamte "muttersprachliche Erziehung" in Gefahr, weil "die Forderung der Großschreibung das eigentliche

Einfallstor des unverstandenen grammatischen Drills in die Volksschule" sei. Durch die "Beseitigung der bestehenden Schwierigkeiten" könne man "Zeit für die eigentliche Beschäftigung mit der Muttersprache gewinnen" (A3/7a:5). Dieses Argument erhielt seine besondere Relevanz durch die Feststellung, daß trotz der vielen Zeit, die man für die Erlernung der Großschreibung benötige, "die Verstöße gegen die Großschreibregeln immer noch ein Drittel der Schulfehler" ausmachten. (A3/7c:8) Auf diesem Argumentationsweg, der außer der Groß- und Kleinschreibung auch die anderen Reformgebiete berührte, folgten ihm vor allem die im Arbeitskreis vertretenen Pädagogen. Ringeln sprach sich "im Interesse der Kinder für eine weitgehende Eindeutschung" der Fremdwörter aus (A3/3a:4). Oprée berichtete, daß in einer Besprechung Ausbildungsleiter großer Firmen die Forderung gestellt hätten, ein Volksschulabgänger müsse "eine exakte Rechtschreibung beherrschen". Seiner Meinung nach sei dieses Ziel "bei der bestehenden Rechtschreibung, die das Denkvermögen der Kinder übersteige, nicht zu erreichen". (A3/7a:5f) Ebenfalls unterstützt wurde Weisgerber von Arnold, "weil auch er die Erlernung der auf grammatischer Grundlage aufgebauten Großschreibung für die Fehlorientierung des Kindes halte". Davon könne man sich in Gesprächen mit Müttern, "die überwiegend für die Kleinschreibung seien", überzeugen. (A3/7a:7) Auch der Widerstand gegen eine Freizügigkeit in der Rechtschreibung wurde pädagogisch begründet: von Arnold aus der Praxis heraus (weil "ein Unbehagen durch die Klasse ginge, wenn man den Schülern sage, daß sie es so oder so machen könnten" - A3/7a:8 -), von Eicher mehr grundsätzlich ("Der heranwachsende Mensch brauche eine bestimmte Norm." - A3/7a:5 -). Zu einer pädagogischen Motivation für die Rechtschreibreform bekannten sich auch Trier und Grebe, obwohl sie selbst keine Lehrer waren; Trier sprach von "scheingrammatischem Unterricht" (A4/23:6), und Grebe schrieb in einem späteren Brief, er halte "das Weisgerbersche Argument von der unverstandenen Grammatik in den frühen Schuljahren" für "das durchschlagendste". (A9/K; Grebe an Krassnigg 9.6.61) Aus heutiger Sicht scheint diese gesamte pädagogische Argumentation doch wenig substantiell, denn keiner konnte seine Behauptungen durch eine Untersuchung belegen. (Ohne eine Quelle zu nennen, wurde lediglich angeführt, daß ein Drittel der Rechtschreibfehler auf das Konto der Großschreibung gehe.) Dieses Manko hatte Storz (ebenfalls ein Pädagoge) erkannt, und niemand widersprach ihm, als er seine berechtigten Zweifel anmeldete:

> Hinsichtlich der Schule dürfe man ohnedies nicht annehmen, daß sich das Kind dem ganzen Komplex gegenüber sähe, weil es in Stufen lerne. Er glaube deshalb auch nicht, daß in der Grundschule mit den sich aus der syntaktischen Rechtschreibung ergebenden grammatischen Begriffen der Zugang zur Muttersprache verbaut würde. Von zehn Lehrern sei höchstens einer imstande, auf einem anderen Wege als dem der schlichten Einweisung über die grammatischen Grundbegriffe dem Schüler zu einem bewußten Reflektieren über die Muttersprache zu verhelfen. Wenn sich aus diesem Tatbestand eine Alternativstellung ergäbe, dann sei nicht dieser Arbeitskreis, sondern ein pädagogisches Forum zuständig. (A3/7a:9)

In dieser Bemerkung klingt an, daß Storz als ehemaliger Schauspieler auch an einen künstlerischen Zugang zu Sprache denkt.

Alle vorgebrachten pädagogischen Begründungen finden ihren Niederschlag in der endgültigen Formulierung der WE, in der Weisgerber alle seine Argumente zusammengefaßt hat unter dem Motto, daß der "Kaufpreis für die Bewahrung der geltenden Regeln" zu hoch sei (WE:11).

Eng verbunden mit den pädagogischen Motivationen sind die soziologischen, die eigentlich nur deren Ausdehnung auf die Allgemeinheit bedeuten. Neben den Schülern, denen das Erlernen der Rechtschreibung erleichtert werden sollte, gerieten die durchschnittlichen Erwachsenen, "die Masse der Schreibenden" (Grebe, A4/23:9a und 22), ins Blickfeld. Besonders dann, wenn die Freigabe verschiedener Schreibweisen gefordert wurde oder wenn bei der Formulierung von Regeln Begriffe auftauchten, deren Verständnis eine gewisse "Bildung" voraussetzt, kam die Forderung nach der "Faustregel", die man "dem Laien, dem Schüler an die Hand" geben müsse: "Frei entscheiden kann der Gebildete und der Geübte, der Durchschnittliche kann es nicht." (Pfleiderer, A4/23:5a)

Mit dieser Äußerung hatte Pfleiderer das Gespenst des "Bildungsbürgers" heraufbeschworen, das man - wie es in mehreren Diskussionsbeiträgen anklingt - innerhalb dieses Arbeitskreises

auf jeden Fall bannen wollte. Zunächst schien das Dilemma aber
unausweichlich. Für alle stand die nicht zu leugnende Tatsache fest, daß die
Fähigkeit zu schreiben bei den Sprachteilhabern höchst unterschiedlich entwickelt ist. Das spiegelt sich in der Wortwahl
deutlich wider: Grebe sprach von der "Masse der Schreibenden"
(A4/23:9a und 22), Pfleiderer von "Gebildeten" und "Geübten" im
Gegensatz zu "Laien" und "Durchschnittlichen" (A4/23:5a), Basler von einer "Kluft (...) zwischen Gebildeten und Ungebildeten" (A4/23:11a). Aber bei den meisten Diskussionsteilnehmern
meldete sich zunehmend Unbehagen über das diesen Differenzierungen zugrunde liegende Abgrenzungskriterium; das wird beim
Lesen des Protokolls immer wieder spürbar. Würde man der mehrfach erhobenen Forderung nach Freiräumen nachgeben, hätte man
damit eine große Bevölkerungsgruppe diskriminiert; auf keinen
Fall sollte "wieder eine Kluft (...) zwischen Gebildeten und
Ungebildeten" aufgerissen werden (A4/23:11a). Mit dem Wort
"wieder" drückte Basler aus, daß er diese Klassifizierung für
historisch überholt hielt - eine Ansicht, die Süskind erstaunlicherweise teilte und als einziger so deutlich formulierte,
daß sie sich für das Jahr 1958 recht revolutionär anhört:

> Als Hauptziel wäre anzustreben, daß die Regelrechtheit des
> Schreibens nicht mehr als gesellschaftliches Hauptkriterium
> sprachlicher Bildung angesehen, sondern auf den ihr zukom-
> menden Platz verwiesen wird. (A4/23:7)

Auch Grebe sah die Notwendigkeit, sich von derartigen gesellschaftlichen Unterteilungen zu distanzieren und ersetzte ein
zunächst formuliertes soziologisches Abgrenzungskriterium ausdrücklich durch ein linguistisches:

> Ich habe dabei den Begriff des aktiven Wortschatzes eines
> Volksschülers gewählt. Ich möchte das aber zunächst fallen-
> lassen und mich auf den Begriff der gebräuchlichen Fremd-
> wörter zurückziehen. (A4/23:10a)

Auch etwaige Empfindlichkeiten kleinerer Gruppen hielt er für
entscheidungsrelevant. Wie schon im Zusammenhang mit der Fremdwortschreibung berichtet (Ersetzen des th durch t in den Wörtern Apotheke oder Theologe und Ersetzen der Silbe -eur durch
-ör in verschiedenen Berufsbezeichnungen - s. 3.Kap.2.2), wies

er auf mögliche Proteste bestimmter Berufsgruppen hin. Besonders problematische Erfahrungen hatte die Dudenredaktion offensichtlich mit den Jägern gemacht, auf welche die Bezeichnung Berufsgruppe eigentlich gar nicht zutrifft:

> Obwohl Weid die etymologisch richtige Schreibung ist, so gibt es doch eine Berufsgruppe, die langsam einen Ehrenstandpunkt darin sieht, ai zu schreiben. Dieser Streit nimmt in Gremien wie die (sic!) Dudenredaktion solche Ausmaße an, (18a) daß man um des Friedens willen dieser Berufsgruppe das ai zubilligen und das ei herausnehmen sollte." (A4/23:17a f)

Sozialpsychologisch weniger brisant schien die Abgrenzung zwischen Allgemeinsprache und Fachsprachen; unter Hinweis auf den internationalen Schreibgebrauch hatte Kübler mehrfach gefordert, daß die Fachlexik ausgespart werden müsse. Grebe teilte seine Meinung, man könne die griechische Schreibweise aufgeben, "ohne die Fachsprachen zu berühren" (A4/23:22), ließ aber eine Diskussion zu diesem Thema nicht zu, vermutlich weil damit das Problem der Doppelformen wieder thematisiert worden wäre. Auch Brinkmann sprach sich gegen einen Hinweis auf Fachsprachen aus (A4/23:24a), der dann in der WE auch unterblieb.
Als Vertreter der Interessen des DNA hatte Kübler vorwiegend wirtschaftlich zu argumentieren, ebenso wie die Delegierten der in der Wirtschaft beheimateten Verbände; und hier herrschte sogar Einigkeit zwischen den Vertretern der Arbeitgeber und der Arbeitnehmer. Übereinstimmend wandten sie sich gegen Doppelformen:

> Wenn beide Schreibweisen freigegeben werden, sind die Folgen in den Druckereien geradezu schauerlich. Es müßten in jeder Druckerei zwei Korrektoren sitzen, wo bisher einer sitzt. (...) (4)
> Aber immerhin bedeutet es, das möchte ich mit aller Deutlichkeit hervorheben, daß das Drucken teurer wird. (A4/23:3f)

Diesen Warnungen von Schmitt-Halin, dem Vertreter der Arbeitsgemeinschaft der Graphischen Verbände, schloß sich Zieher (IG Druck und Papier) an:

> Als Vertreter der Arbeitnehmer im graphischen Gewerbe müssen wir uns unbedingt den Auffassungen von Herrn Schmitt-

Halin anschließen. Wir können nicht zulassen, daß beide Möglichkeiten freigegeben werden. (...) Dagegen würden wir uns entschieden wehren, schon aus wirtschaftlichen Gründen. (A4/23:4)

In diesem Punkt war auch Puschmann, der - wie schon erwähnt - im Gegensatz zu Rück und Zieher gegen die Einführung der Kleinschreibung war, der gleichen Meinung wie seine Kollegen aus der Gewerkschaft; er meinte, "durch Unmengen von Doppelkorrekturen" entstünde ein "Kosten- und Zeitverlust sondergleichen" (A4/23:25). Rück hatte schon in einer der ersten Sitzungen wirtschaftlich argumentiert, zwar nicht unter direktem Hinweis auf Mehrkosten, so doch mit einem deutlichen Akzent auf der Notwendigkeit industrieller Prosperität und "mit Rücksicht auf den internationalen Anschluß", denn "überall sei im technischen Zeitalter der Zug nach Vereinheitlichung spürbar" (A3/7a:3). Auch Küblers Hinweis (s. 3.Kap.2), in den entsprechenden Industriezweigen werde auf die Schreibung des Wortes "Limousine" (A4/23:18) Wert gelegt, ist ein wirtschaftliches Argument, weil anscheinend diese Schreibweise für publikumswirksamer (und damit verkaufsfördernd) gehalten wird.

In den geschilderten Fällen ist davon auszugehen, daß hier wirklich aus wirtschaftlichen Motiven heraus argumentiert und dies von den einzelnen auch zugegeben wurde. Wenn aber Storz, der - wie er selbst äußerte - mit seinem "Votum der Deutschen Akademie gegenüber verantwortlich" (A7/ST; Storz an Weisgerber 26.11.57) war, in seinem in die WE aufgenommenen Minderheitenvotum wirtschaftliche Argumente einbringt, so kann es sich dabei nur um eine kalkulierte Durchsetzungsstrategie handeln:

e) Endlich werden nicht geringe Kosten gespart, die aufgewendet werden müßten, wenn der Bestand an gedruckter Literatur neu gesetzt werden müßte. Die Möglickeit einer solchen Kostenlast wird, wie bereits vorliegende Äußerungen zeigen, nicht zuletzt auch von den Dozenten der deutschen Sprache und Literatur im Ausland mit Sorge betrachtet. (WE:14)

Storz' geschickte Verquickung der ökonomischen Problematik mit der Befürchtung, die Verbreitung der deutschen Kultur im Ausland würde behindert, ist ein zusätzliches Indiz für die Richtigkeit dieser Einschätzung. Diese (schon im Gutachten der Darmstädter Akademie über die STE 1955 verwendete) Strategie

muß ihm auch deshalb notwendig erschienen sein, weil sich die
Vertreter der Wirtschaft in den Wiesbadener Verhandlungen mit
ihren Argumenten nicht durchsetzen konnten; im Verhandlungsergebnis wurden wirtschaftliche und technische Probleme explizit
ausgeschlossen:

> f) Etwaige wirtschaftliche und technische Probleme, die die
> Einführung der Kleinschreibung mit sich brächte, erfordern
> Lösungen wirtschaftlicher und technischer Art. Sie dürfen
> keine Rolle bei der sachlichen Entscheidung spielen. (WE:12)

Mit dieser Formulierung (von Weisgerber) hatten die Sprachwissenschaftler die Dominanz der linguistischen Argumente sicher-
gestellt, was zweifwellos richtig war. Falsch eingeschätzt hatten sie aber die politische Dimension ihres Tuns. Natürlich
wußten alle, daß der Arbeitskreis einen staatlichen Auftrag zu
erfüllen hatte, aber es kam ihnen nicht in den Sinn, darin eine
politische Aufgabe zu sehen. Auch wenn Dehnkamp - wie er mehrmals betont hatte - bewußt nicht in die Verhandlungen eingriff,
um auf das in Auftrag gegeben wissenschaftliche Gutachten keinerlei Einfluß auszuüben, änderte das nichts an der Tatsache,
daß hier Vorschläge für die Änderung einer schon amtlich fest-
gesetzten Norm erarbeitet werden sollten. Diese Vorgabe geriet
während der Verhandlungen völlig in Vergessenheit, und Grebe
unternahm nichts, die staatliche Regelung von 1902 noch einmal
in Erinnerung zu rufen.
Nicht einmal Storz war sich dieser Aufgabe bewußt, wie aus seinen Äußerungen im Zusamenhang mit der Endredaktion der WE hervorgeht; dort hatte er seine Änderungsvorschläge nur dann für
wesentlich gehalten, wenn der Abschlußbericht "Behörden" oder
"Körperschaften" vorgelegt werden sollte. (S. 3.Kap.2.6.4) Auch
seine Ausführungen während einer Ausschußsitzung belegen eindeutig, daß er eine Reform für überflüssig hielt und außerdem
die Kompetenz, über sprachliche Phänomene zu urteilen, den
Dichtern und Schriftstellern (vor allem den der Darmstädter
Akademie angehörenden) zubilligte:

> Herr Dr. Storz führte aus, dass es im Volke weite Kreise
> gäbe, die an dem, was wir hier trieben, völlig desinteres-
> siert seien. Ihnen sei die Tatsache, dass sie sich da und
> dort in Schwierigkeiten verfingen, nicht wichtig genug, um
> darüber ein völlig anderes Schriftbild in Kauf zu nehmen.

Dieses neue Schriftbild würde auch, mindestens für die
Übergangszeit, dem Schriftsteller eine andere Perspektive
auf die Sprache geben, obwohl er wisse, dass die schriftliche Fixierung etwas anderes sei als die Sprache, (sic!) Man
sei so oder so vom Schriftbild affiziert. Im übrigen dürfe
man die Tatsache nicht so ganz gering achten, dass sich die
in der Deutschen Akademie für Sprache und Dichtung zusammengeschlossenen Dichter und Schriftsteller in (7) einer
Plenarsitzung von Anfang an einig gewesen sein (sic!), den
Status quo beizubehalten. Die Gründe dafür seien mehr oder
weniger sprachästhetischer Natur. Daraus resultiere, dass
ein grosser Teil des Volkes mit dieser Frage noch andere
Gesichtspunkte verbinde als die, die in der Sprache selber
lägen. Alles Bestehende habe seinen Sinn und sein legitimes
Recht. Es sei auch durchaus möglich, dass durch die Einführung der Kleinschreibung eine Schwelle zwischen Gestern und
Heute geschaffen würde. Niemand könne deshalb sagen, ob wir
nach Einführung der Kleinschreibung etwa Goethe noch genau
so lesen würden wie heute. Wir würden nicht recht tun, wenn
wir diese Gründe, die nicht im Bereich der wissenschaftlichen Erkenntnis lägen, als sekundär oder gar illegitim betrachten würden. Es frage sich, ob man angesichts dieser
Gefahrenmomente dem status quo nicht den Vorzug geben solle. (A4/10:6f)

Die hier zutage tretende konservative Einstellung (auf die in
anderem Zusammenhang schon hingewiesen wurde) besteht vor allem
darin, das hier zur Lösung anstehende Problem konsequent zu
entpolitisieren und in einen Bereich zu verweisen, in dem rationale Argumente keine oder nur eine untergeordnete Rolle
spielen. Da Storz an der Wiesbadener Schlußsitzung nicht teilgenommen hatte, ist er sich wahrscheinlich des politischen Auftrages erst voll bewußt geworden, als die WE der KMK zur Stellungnahme vorlagen; und erst zu diesem Zeitpunkt begann er,
seinen politischen Einfluß geltend zu machen, um die Reform zu
verhindern. (Vgl. dazu 4.Kap.3 und 4)
Aber auch die Befürworter der Reform waren geprägt durch ein
unpolitisches Selbstverständnis und eine konservative Haltung,
die immer wieder die Furcht aufkommen ließ, man könnte in den
Ruf geraten, sich revolutionären Umtrieben angeschlossen zu haben. So ist Triers Warnung zu verstehen, man könne "nicht so
radikal werden, daß die Leute sagen: Ihr seid Schreibbolschewisten!" Um einen solchen Verdacht von vornherein auszuschlie
ßen, könnte man "in diesem Fall sagen, es schadet nichts, wenn
eine kontinuierliche Evolution stattfindet, daß hier laufend
gebessert werden muß." (A4/23:22) Was Trier hier aussprach,

schwingt in vielen anderen Äußerungen der Mitglieder des Arbeitskreises unterschwellig mit.

Eine politische Motivation hätten wahrscheinlich alle weit von
sich gewiesen. Deshalb interessierten sich die meisten von ihnen auch kaum für das nun notwendig werdende politische Realisieren ihrer Vorschläge, und dieser naive Glaube daran, daß die
zuständigen Politiker das schon richten würden, hinderte sie
auch, an notwendige Durchsetzungsstrategien auch nur einen Gedanken zu verschwenden.

VIERTES KAPITEL

Eine Chronik des Scheiterns:

Wiesbadener Empfehlungen und Öffentlichkeit 1959 bis 1965

> An sich ist die Rechtschreibreform
> unpolitisch und weltanschaulich
> neutral, aber aus dem Zusammenhang
> gerissen, könnte sie in ihr Gegen-
> teil umschlagen, meint Grebe.
>
> Ekkehard Böhm, Duden: Nicht für
> Revoluzzer, Die Welt vom 16. März
> 1973

> Sobald wir jedoch eine Schreibung,
> und sei es die willkürlichste,
> "verinnerlicht " haben, hängen wir
> an ihr und begegnen jedem Ansinnen,
> sie zu ändern, mit flammender Ent-
> rüstung.
>
> Dieter E. Zimmer, Die Zeit vom
> 3. November 1989

Die Chronik beginnt mit dem Bericht über den im Dezember 1958 erfolgten offiziellen Übergabe-Akt samt Pressekonferenz im Bundesinnenministerium in Bonn; sie endet mit Grebes letztem Rundschreiben an alle Mitglieder des Arbeitskreises im Februar 1966. Sie listet Vorgänge auf, welche Dehnkamps von Anfang an bestehende Befürchtungen letztendlich doch als berechtigt erwiesen; er hatte nämlich kurz vor der konstituierenden Sitzung des Arbeitskreises seine persönliche Zurückhaltung begründet mit dem Bestreben, auf alle Fälle zu verhindern, daß "auch diese Angelegenheit eines Tages zu einem parteipolitischen Streitobjekt wird (wie etwa die Schulreform)" (B3/147; Dehnkamp an Hiehle 13.4.56).

Sie berichtet über das Scheitern der drei Hauptakteure - in der Reihenfolge ihres Auftretens: Thierfelder, Dehnkamp und Grebe. Thierfelder wurde ausgeschaltet, weil seine vermeintlichen Ungeschicklichkeiten höher bewertet wurden als sein ehrliches Bemühen um eine angemessene Lösung; Dehnkamp scheiterte am Desinteresse einiger Politiker und an gezielten Vereitelungsstrategien, die schließlich zu der von ihm befürchteten parteipolitischen Polarisierung führten (die sich freilich erst später als solche manifestierte); im Gefolge dieser Gegensätze mußte Grebe zwangsläufig auch scheitern, was er selbst erst viele Jahre später zugab und woraus er seine Konsequenzen zog.

So ist die Chronik auch die Geschichte des schleichenden Verlustes der Regie von Dehnkamp und Grebe; jeder verlor trotz unvermindertem Einsatz Einfluß und Macht; die Entwicklung entglitt ihnen - sei es weil ihnen bestimmte Informationen fehlten - sei es weil bestimmte Ereignisse (um das Wort Intrigen nicht zu gebrauchen) bestimmte Entwicklungen auslösten, die sich außerhalb ihres Gesichtsfeldes und ihres Erfahrungs- und Einflußbereiches verselbständigten.

Diese Entwicklung der Ereignisse hat für die Art der Darstellung wesentliche Konsequenzen: es gibt keine handelnden, regieführenden Personen mehr, aus deren Perspektive heraus "erzählt" werden könnte. Verschiedene Ereignisse und Entwicklungen müssen mehr oder weniger isoliert nebeneinandergestellt werden. So manifestiert sich in dieser einzig möglichen Erzählstrategie die desolate Entwicklung, das Scheitern.

Die Chronik listet somit Ereignisse auf, die - weil die Regie ausgefallen ist - mit einer gewissen Eigendynamik auf einen Fluchtpunkt (Storz) hinsteuern, der das endgültige Scheitern markiert und das folgende Geschehen zum Abgesang, nur noch Folgeereignis werden läßt: Ablehnung der WE in Österreich und der Schweiz.

1. Feierliche Übergabe der "Wiesbadener Empfehlungen" in Bonn

Über den Modus der offiziellen Übergabe der WE an die auftraggebenden Behörden KMK und BMI war es während der abschließenden Plenarsitzung in Wiesbaden zu einer Kontroverse zwischen Gussone (BMI) und Dehnkamp (KMK) gekommen. Der Vertreter des BMI hielt es für notwendig, "den 20 ehrenamtlichen Mitgliedern des Arbeitskreises durch eine etwas feierlichere Form der Empfangnahme der Empfehlungen den Dank abzustatten" (B6-0/15); Dehnkamp hingegen meinte, man solle

> hiervon kein Aufhebens machen (...), weil es sich ja nur um
> eine Art Zwischenakt handle, damit die Bundesregierung und
> die Länderregierungen sich zu den Vorschlägen äußern, bevor
> die Beauftragten des Arbeitskreises für Rechtschreibre-
> gelung mit den in ähnlicher Weise beauftragten Vertretern
> der anderen deutschsprachigen Ländern (sic!) verhandeln.
> Erst das Ergebnis dieser wirklich "gesamtdeutschen" Bera-
> tungen habe ja Aussicht, realisiert zu werden, und die
> Überreichung dieser Vorschläge sei natürlich ein wirklich
> feierlicher Akt. (A5/D; Dehnkamp an Orth, den Präsidenten
> der KMK, 18.10.58)

Auch Grebe schwebte "so etwas wie ein Danksagungsempfang vor", an dem aber seiner Meinung nach nur "die Vorsitzenden des Arbeitskreises und seiner Unterausschüsse" teilnehmen sollten. (B6-0/15) Was ihn dazu bewogen hat, nicht den gesamten Arbeitskreis nach Bonn einladen zu lassen, geht aus den vorhandenen Briefen nicht hervor; wahrscheinlich scheute er neue Diskussionen über finanzielle Verpflichtungen. Frey, der Generalsekretär der KMK, versuchte nämlich die Kosten des Empfangs auf das BMI abzuwälzen mit der Begründung, die KMK habe "bisher sämtliche Kosten der Vervielfältigungen getragen". (B6-0/15) Es fällt schwer zu glauben, daß er von der zu Beginn vereinbarten Verteilung nichts gewußt hat: die KMK hatte die Büroarbeiten übernommen, das BMI die Reise- und Tagungskosten der Teilnehmer des

Arbeitskreises. Auch wenn die Abrechnungen in den vorhandenen
Akten fehlen, so läßt sich doch leicht nachvollziehen, daß die
letzteren ein Vielfaches der Bürokosten betragen haben müssen.
Ort (Gesellschaftsräume des Carl-Schurz-Hauses in Bonn), Teilnehmer (Redaktionskomitee des Arbeitskreises; Hübinger und Gussone als Vertreter des BMI; Dehnkamp und Frey als Vertreter der
KMK) und Art (anschließender "Imbiß") der Übergabe bekunden den
Kompromiß. Brinkmann erinnerte sich (Telefongespräch am 2. Mai
1986 und Brief vom 6. Mai 1986), daß "der Wein umgekippt war";
es muß dahingestellt bleiben, ob (wegen des nur halb-feierli-
chen Anlasses oder wegen der Kosten ?!) verdorbener Wein ge-
reicht wurde oder ob er Brinkmann einfach nicht geschmeckt hat.
Er hatte nämlich zunächst keine Lust, nach Bonn zu fahren, weil
seiner Meinung nach "die Übergabe der Empfehlungen (...) nur
ein formaler Akt ohne inhaltliche Bedeutung" sei, bei dem
"sachliche Mitwirkung (...) kaum erforderlich" sei (A5/B;
Brinkmann an Grebe 9.12.58). Da Moser aber auch schon abgesagt
hatte (schließlich aber doch erschien), mußte Grebe fürchten,
"allein in Bonn bei der Übergabe" zu stehen; es gelang ihm, den
Widerstrebenden mit freundlichen Worten ("weil schließlich auch
die personelle Wirkung auf Herrn Ministerialdirektor Professor
Dr. Hübinger für die Sache nicht unwichtig ist") umzustimmen.
Die Mitglieder des Redaktionskomitees (Brinkmann, Grebe, Moser,
Süskind, Trier, Weisgerber) erhielten am 11. Dezember 1958 vom
Bundesminister des Innern und der Ständigen Konferenz der Kul-
tusminister der Länder in der Bundesrepublik Deutschland fol-
gende gleichlautende Einladung:

> Wie uns berichtet worden ist, sind die Verhandlungen
> des vom Bundesminister des Innern und der Ständigen Konfe-
> renz der Kultusminister der Länder in der Bundesrepublik
> Deutschland gemeinsam berufenen Arbeitskreises für Recht-
> schreibregelung inzwischen so weit fortgeschritten, daß die
> Vorschläge formuliert werden konnten, die nunmehr durch den
> vom Arbeitskreis gewählten Redaktionsausschuß übergeben
> werden sollen.
> Diese Übergabe soll am Mittwoch, den 17. Dezember 1958,
> 12,00 Uhr, in den Gesellschaftsräumen des Carl-Schurz-Hau-
> ses, Bonn, Nassestraße 15, Ecke Kaiserstraße, stattfinden;
> ein gemeinsamer Imbiß schließt sich an.
> Hierzu laden wir Sie freundlichst ein und bitten um Nach-
> richt (...), ob wir mit Ihrer Teilnahme rechnen können.
> (A5/B; BMI an Grebe 10.12.58)

Unterzeichnet hatten Staatssekretär Anders in Vertretung für den Bundesinnenminister Schröder und Dehnkamp im Auftrag der KMK.

Grebe antwortete sofort:

> Sehr geehrter Herr Staatssekretär!
> Die Einladung zur Übergabe der Empfehlungen unseres Arbeitskreises am Mittwoch, den 17. Dezember 1958, 12 Uhr in den Gesellschaftsräumen des Carl-Schurz-Hauses nehme ich dankend an.
>
> Mit vorzüglicher Hochachtung
Ihr sehr ergebener
>
> (A5/B; Grebe an BMI 11.12.58)

Einladungen und Antwortschreiben der anderen Mitglieder des Redaktionskomitees sind in den Akten nicht enthalten. Grebe hatte wegen der schon erwähnten Absagen mit einigen der Eingeladenen noch einen kurzen Briefwechsel über den Akt in Bonn geführt. (In Grebes Briefen wurde aus dem "Imbiß" ein "Mittagessen mit den ministeriellen Vertretern".) Aus taktischen Gründen, die Brinkmann offensichtlich nicht einleuchteten, war es Grebe wichtig, daß alle an der Übergabe teilnahmen; obwohl sich Moser - wegen eines Vortrages - und Trier - weil er mittwochs Vorlesung hätte - zunächst ebenfalls weigerten, waren bis auf Süskind alle eingeladenen Mitglieder des Arbeitskreises am 17. Dezember 1958 in Bonn anwesend. Wohlwollend könnte man für Süskinds Fehlen die weite Reise von München als Grund vermuten; weniger wohlwollend ist die berechtigte Annahme, daß er sich offiziell nicht mit den WE identifizieren wollte. Er hatte am 13. November noch Änderungsvorschläge für die endgültige Formulierung der WE vorgelegt und im gleichen Schreiben "mit schmerzlicher Genugtuung" festgestellt, "dass in den Empfehlungen in fast allen Punkten ausser Punkt 1 (GKS, H.S.) doch sehr stark die 'freibleibenden' Regelungskriterien zur Geltung kommen, als deren äusserste Konsequenz die Minderheit so lebhaft die Freizone empfohlen hatte" (A7/S; Süskind an Grebe 13.11.58). Auch Grebes Versicherung, wie gern er auch für sich "persönlich in der Frage der Groß- und Kleinschreibung eine freie Generalklausel eingefügt" hätte, da dies auch seinem "Gesamtverhältnis zur Sprache am besten entsprochen hätte", er aber aus der "Einsicht, die" er aus seiner "Stellung als Leiter der Dudenredaktion täglich" gewönne, "daß nämlich eine Schreibnorm in unserer

Zeit unerläßlich" sei, anders gehandelt habe (A7/s; Grebe an Süskind 17.11.58), schien ihm wohl keine ausreichende Würdigung seiner Einwände zu sein. Grebes Brief vom 8. Dezember 1958, in dem dieser ihm Zeitpunkt und Ort der Übergabe mitgeteilt und die Bonner Einladung avisiert hatte, blieb unbeantwortet. Vermutlich haben auch Storz und Korn ihm von der Reise nach Bonn abgeraten; das spätere Verhalten dieser beiden Reformgegner legt diese Annahme jedenfalls nahe.

Über den Verlauf des Übergabeaktes berichtete Dehnkamp am 19. Dezember 1958 ausführlich in einem Brief an Edo Osterloh, den damaligen Präsidenten der Kultusministerkonferenz:

> Am Mittwoch, dem 17. Dezember 1958, haben die Beauftragten des Arbeitskreises für Rechtschreibregelung, die Herren Prof. Dr. Trier, Dr. Grebe, Prof. Dr. Brinkmann, Prof. Dr. Moser und Prof. Dr. Weißgerber (sic!), die vom Arbeitskreis erarbeiteten Empfehlungen den Auftraggebern übergeben. Dabei waren für die Kultusministerkonferenz außer mir die Herren Frey und Dr. Seitzer anwesend und für das Bundesinnenministerium die Herren Prof. Dr. Hübinger und Dr. Gussone zugegen. Die übergabe erfolgte in der Weise, daß Herr Prof. Dr. Trier als Vorsitzender des Arbeitskreises in einer kurzen Ansprache die Tätigkeit des Arbeitskreises und den Inhalt der Empfehlungen darstellte und für das Vertrauen und das Verständnis der Auftraggeber dankte. Sodann übergab Herr Prof. Dr. Trier Herrn Prof. Hübinger und mir je 1 Stück der Empfehlungen mit der Erklärung, daß der Arbeitskreis damit die ihm gestellte Aufgabe als erfüllt betrachte, sich jedoch für evtl. weitere Arbeiten gern zur Verfügung halte. Darauf haben erst ich und dann Herr Hübinger den Mitgliedern des Arbeitskreises für ihre intensive und so erfolgreiche Arbeit gedankt und betont, daß die Kultusministerkonferenz und das Bundesministerium des Innern die Empfehlungen schnellstens prüfen und zu ihnen Stellung nehmen bzw. die Länder und die Bundesregierung zu einer Stellungnahme veranlassen würden. Wir haben sodann noch den Arbeitskreis gebeten, sich für die noch notwendigen Verhandlungen mit den anderen deutschsprachigen Ländern zur Verfügung zu halten, was die Herren zusagten. In einem anschließenden zwanglosen Gespräch haben wir dann noch über das weitere Verfahren gesprochen. (B6-0/22)

Im Anschluß an den "Imbiß" (der wohl doch ein Mittagessen war) mit dem "umgekippten Wein" (ein schlechtes Omen?) fand von 15.30 Uhr bis 16.45 Uhr eine Pressekonferenz statt, die aus politischen Gründen von Grebe und Trier geleitet wurde; die "ministeriellen Vertreter" zogen sich zurück, weil sie es den beiden Vorsitzenden des Arbeitskreises überlassen wollten, "auf die Notwendigkeit interzonaler Gespräche hinzuweisen" (A7/T;

Grebe an Trier 10.12.58). Auf diesen politischen Aspekt hatte die KMK - wahrscheinlich auf Betreiben von Dehnkamp - besonderen Wert gelegt, denn sie hatte durch ihren Generalsekretär Frey entsprechende "Verhaltensvorschriften" an Grebe übermitteln lassen:

> Ich darf Ihnen bei dieser Gelegenheit noch einmal ausdrücklich die Bitte des Präsidenten der Kultusminister-Konferenz übermitteln, in der Pressekonferenz alles zu vermeiden, was für die anderen deutschsprachigen Partner schon irgendwie einen fertigen amtlichen Charakter anläßlich der Übergabe der Empfehlungen erwecken könnte. Wesentlich ist zu betonen, daß die Arbeit vom Arbeitskreis fertiggestellt ist und nunmehr zur Diskussion steht. (A7/ST; KMK an Grebe 10.12.58)

In dem gleichen Schreiben ist von Namenshinweisen für die Pressekonferenz die Rede: dabei handele "es sich um Leute, die wirklich nur an kulturpolitischen Fragen interessiert sind". Eine entsprechende Liste fehlt, wahrscheinlich hat sie die Namen der folgenden Journalisten enthalten, denen Grebe Einladungen zu der Pressekonferenz schickte:

Reinhard <u>Appel</u>, Redaktion der Stuttgarter Zeitung, Bonn, Pressehaus VI/61-63

Günter <u>Gaus</u>, Deutsche Zeitung und Wirtschaftszeitung, Bonn, Pressehaus IIa/11

R. K. <u>Granier</u>, Chefredakteur, Neuer Landes-Dienst, Bonn

G. B. <u>Hassenkamp</u>, "Bonner Berichte", Bonn

M. W. <u>Hentschel</u>, Ass. Press, Bonn, Pressehaus VI/67

Wolfgang <u>Höpker</u>, "Christ und Welt", Bonn

Fides <u>Krause-Brewer</u>, Bonn

<u>Reißendörfer</u>, "Bremer Nachrichten", Bonn, Preesehaus V

Das Parlament, Redaktion (<u>Kippenberg</u>), Bonn

Dietrich <u>Schwarzkopf</u>, "Tagesspiegel", Bonn, Pressehaus IV/62

Joachim <u>Schwelien</u>, Frankfurter Allgemeine Zeitung, Beuel

Reinmar <u>Siemssen</u>, Bonn, Pressehaus IV/19

Dr. Wolfgang <u>Wagner</u>, Bonn, Pressehaus IV/66

DIE ZEIT, Feuilleton-Redaktion (<u>Fink</u>), Hamburg, Pressehaus

Die Einladungsschreiben an die obengenannten Journalisten hatten folgenden Wortlaut:

Sehr geehrter Herr   !
Wie Ihnen bekannt sein wird, haben der Herr Bundesminister
des Innern und die Ständige Konferenz der Kultusminister im
Jahre 1956 den Arbeitskreis für Rechtschreibregelung einberufen. Der Arbeitskreis hat nach zweieinhalbjähriger Tätigkeit jetzt seine Empfehlungen formuliert.Er wird sie am
              Mittwoch, den 17. Dezember 1958
durch seine Vorsitzenden, Herrn Prof. Dr. Jost Trier, Münster und mich, den beiden genannten ministeriellen Stellen
übergeben.
Da die Öffentlichkeit an dem Arbeitsergebnis unseres Kreises stark interessiert ist, gestatte ich mir, Sie zu einer
Pressekonferenz nach vollzogener Übergabe unserer Empfehlungen am 17. 12. 1958, 15.30 Uhr in das
Carl-Schurz-Haus, Bonn, Nassestraße 15, einzuladen.
              Mit vorzüglicher Hochachtung
                   Ihr sehr ergebener
    (A5, A6, A7)

Auf Grebes ausdrücklichen Wunsch war vorher ein vier Seiten
langes "Pressekommuniqué" (B6-0/19) erarbeitet worden; dort
wurde zunächst die offizielle Übergabe der Empfehlungen erwähnt, dann die sechs Punkte unter "griffigen" Überschriften
(1. Gemäßigte Kleinschreibung; 2. Weniger, aber sinnvolle Kommas; 3. Silbentrennung auch bei Fremdwörtern und Namen nach
Sprechsilben; 4. Beseitigung rechtschreiblicher Doppelformen;
5. f, t, r statt ph, th, rh in häufig gebrauchten Fremdwörtern;
6. Verminderte Zusammenschreibung) zusammengefaßt, der Verzicht
auf eine Reform der Dehnungen begründet und schließlich darauf
hingewiesen, "daß sich eine Reform unserer Rechtschreibung nur
im gesamten deutschen Sprachraum vollziehen darf". Angefügt war
eine Liste, die neben den Namen der Mitglieder des Arbeitskreises auch deren Zugehörigkeit zu Verbänden und Institutionen
enthielt.
Zu der Pressekonferenz waren nach Dehnkamps Bericht "leider nur
etwa 10 - 12" Journalisten erschienen; diese hatten aber nach
seiner Beobachtung "große(s) Interesse an den Fragen der Rechtschreibung", was ihn hoffen ließ, "daß die öffentliche Auseinandersetzung dieses Mal sachlicher und vielleicht sogar sachkundiger sein wird als vor 4 Jahren die Auseinandersetzung über
die Stuttgarter Empfehlungen". (B6-0/22; Dehnkamp an Osterloh,
Präsident der KMK, 19.12.58)
Diese Hoffnung schien sich zunächst zu bestätigen. Korn veröffentlichte in der Weihnachtsausgabe der FAZ einen Aufsatz, in
dem, wie Grebe an Dehnkamp schrieb, "die gemäßigte Kleinschrei-

bung bereits als einziger Ausweg akzeptiert wird" (A5/D; Grebe
an Dehnkamp 30.12.58). Auch in einem Brief an Trier kommt zum
Ausdruck, daß Grebe im allgemeinen die Aufnahme der WE in der
Presse sehr positiv beurteilte:

> Im übrigen glaube ich, daß wir mit der Stellungnahme der
> Öffentlichkeit zu unseren Empfehlungen bisher recht zufrie-
> den sein können, weil man doch offensichtlich darauf ver-
> zichtet hat, ein Wutgeschrei zu eröffnen, wie es im An-
> schluß an die Stuttgarter Empfehlungen seinerzeit geschehen
> ist. Von besonderer Bedeutung scheint mir ein Aufsatz von
> Karl Korn in der Weihnachtsnummer der Frankfurter Allgemei-
> nen Zeitung zu sein, in dem er sich nach einer Betrachtung
> der Moserschen Schrift, wenn auch schweren Herzens, zur
> Kleinschreibung bekennt und mit dem Satz schließt: "Die
> Kleinschreibung ist eine Konzession, nicht eine, sondern
> die äußerste." Da Karl Korn als Journalist für Sprachfragen
> unter seinen Kollegen legitimiert ist, wiegt dieser Aufsatz
> mehr als viele andere. (A7/T; Grebe an Trier 6.1.59)

In seine Zufriedenheit mischte sich aber auch berechtigte Skepsis: "Eine Schwalbe macht allerdings noch keinen Sommer."
schrieb er in dem schon erwähnten Brief an Dehnkamp. (A5/D;
Grebe an Dehnkamp 30.12.58)
Wesentlich ausgeprägter war die Skepsis bei Dehnkamp, wie aus
seinem Antwortbrief an Grebe hervorgeht.

> Vielen Dank für Ihr Schreiben vom 30. Dezember 1958 und den
> Hinweis auf den Aufsatz von Karl Korn, den ich noch nicht
> gelesen hatte. Sie haben recht: eine Schwalbe macht noch
> keinen Frühling (sic!), und leider gibt es nur sehr wenige
> Journalisten, die mit gleicher Sachkenntnis etwas über die-
> ses Thema sagen können. Von den etwa 20 Zeitungsausschnit-
> ten, die mir bisher vorgelegen haben, waren die allermei-
> sten rein referierend. Nur wenige Zeitungen haben eigene
> Gedanken zu den Vorschlägen geäußert, und in diesen Fällen
> halten sich die zustimmenden und ablehnenden Äußerungen et-
> wa die Waage. Im Vergleich zu den Stuttgarter Empfehlungen
> ist dies zwar beachtlich, doch es genügt mir eigentlich
> nicht. (B6-0/29)

Es entsprach nicht dem Naturell von Dehnkamp, einen Mißstand zu
konstatieren, ohne nach einer Lösungsmöglichkeit zu suchen;
auch hier machte er im gleichen Brief Grebe einen konstruktiven
Vorschlag:

> Könnten Sie nicht an die Mitglieder des Arbeitskreises her-
> antreten und ihnen nahelegen, daß sie in den ihnen naheste-
> henden Zeitungen über die Vorschläge schreiben. Vielleicht

könnten die Herren auch die Tageszeitungen ihres Wohnortes veranlassen, sich an ein anderes Mitglied mit der Bitte um einen sachkundigen Beitrag zu wenden. Wir sollten alles tun, um die Öffentlichkeit gut zu informieren und möglichst auch im Sinne der Vorschläge zu beeinflussen. Ich nehme an, daß auch Sie sich bereits mit dieser Frage befaßt haben, und würde mich freuen, wenn Ihre diesbezüglichen Bemühungen Erfolg haben. (B6-0/29)

Wie der weitere Briefwechsel zwischen den beiden belegt, ging Grebe auf diesen Vorschlag mit keinem Wort ein, und Dehnkamp kam auch nicht darauf zurück. Grebe hat die Anregung an die Mitglieder des Arbeitskreises offensichtlich nicht nur nicht weitergegeben, sondern deren Aktivitäten in puncto Pressearbeit eher gedämpft; so ignorierte er auch den späteren Vorschlag von Heyd, eine Art Pressestelle einzurichten.

Wahrscheinlich fürchtete er, es würden dann zu viele abweichende Meinungen publiziert, die deshalb Verwirrung stiften könnten, weil die Mitglieder des Arbeitskreises sicher als besonders kompetent respektiert würden; er wollte, wie gewohnt, als Vorsitzender des Arbeitskreises (sicher auch als Leiter der Dudenredaktion) alle Fäden in der Hand behalten. Aber gerade diese Entscheidung führte mit dazu, daß ihm die Entwicklung mehr und mehr entglitt, obwohl er sich in der Presseauseinandersetzung - hier besonders mit Korn - und auch in den Verhandlungen mit den drei anderen Staaten stark engagierte.

2.   Nur ein kleiner Pressekampf!

Küppers, der die Presseartikel zu den WE aufgelistet (Küppers 1984:314-325) und analysiert (133-137) hat, stellt zunächst fest, daß "ein T e i l der Medien wesentlich gelassener" reagierte als 1954 (133), räumt aber im weiteren Verlauf seiner Analyse ein, "daß die Emotionalität in der Reformdiskussion, trotz der erwähnten Ausnahmen, keineswegs abgenommen hatte". Er belegt dann mit zahlreichen Zitaten, daß einige Journalisten ihre Aufgabe darin sähen, "zu agitieren und nicht die Bevölkerung über die anstehenden Probleme und Lösungsvorschläge aufzuklären" (134).

Durch eine gut organisierte Pressekonferenz im Anschluß an die offizielle Übergabe und ein ausführliches Pressekommuniqué, das den Journalisten dort übergeben wurde, hatte Grebe gehofft, unsachliche Reaktionen der Presse vermeiden zu können, denn auch ihm war der von den STE ausgelöste Sturm noch unangenehm in Erinnerung. Seine Einschätzung war insofern falsch, als er glaubte, nach dieser einmaligen Aktion auf weitere Öffentlichkeitsarbeit verzichten zu können, ja zu müssen. Seiner Meinung nach konnten zu viele Kommentare - und sei es auch von Mitgliedern des Arbeitskreises oder anderen kompetenten Leuten - nur schaden. Hätte er mit Hilfe von Heyd, was dieser ihm mehrmals vorgeschlagen hatte, seinerseits mit einer sachlich fundierten Pressekampagne reagiert, wäre vielleicht noch einiges zu retten gewesen. Er aber beschränkte sich darauf, in einigen Einzelfällen zu reagieren.

Besonders getroffen hat ihn das Verhalten von Karl Korn - nicht nur weil hier durch eine Indiskretion falsche Informationen an die Öffentlichkeit gelangten, sondern auch weil dessen Artikel offensichtlich nicht ohne Folgen auf das Verhalten der verantwortlichen Politiker blieben. Dabei hatte es zunächst so ausgesehen, als bestünde aller Anlaß zu Optimismus. Der schon erwähnte Artikel von Korn "Im anfang war das wort" in der FAZ vom 24. Dezember 1958 und die darin enthaltene Zustimmung für die Kleinschreibung hatte ihn so positiv überrascht, daß er nicht nur gegenüber Dehnkamp seine - allerdings mit Skepsis gemischte - Genugtuung zum Ausdruck brachte (A5/D; Grebe an Dehnkamp 30.12.58), sondern auch die Mitstreiter aus Stuttgarter Zeiten darüber informierte. Indem er mit der Formulierung "alte Kämpfer" an die frühere Solidarität appellierte und diese auch für die Zukunft einforderte, schrieb er gleichlautend an Haller (bvr, Schweiz) und Krassnigg (bör, Österreich), es wäre ihm

sehr lieb, wenn gerade von den Stellen, die bereits seit langer Zeit für die Kleinschreibung sind, jetzt nicht ein "Siegesgeschrei" angestimmt wird, damit jene, die sich erst mühsam zur Kleinschreibung durchgerungen haben, nicht durch falsche Verhaltensweisen wieder zurückgestoßen werden. Sie werden es sicher verstehen, wenn ich sage, daß hier bei uns "alten Kämpfern" weniges mehr als viel ist. (A6/H; Grebe an Haller 19.12.58 und A6/K; Grebe an Krassnigg 19.12.58)

Der Brief an Krassnigg enthält zusätzlich noch einen Hinweis auf die Konvertiten: "wichtige Persönlichkeiten in Wien, aber

auch Professor Pfleiderer bei uns" (A6/K; Grebe an Krassnigg
19.12.58).

(Wie berechtigt seine Warnung vor dem "Siegesgeschrei" war,
zeigte sich kurze Zeit später an der Reaktion von Thierfelder,
den er offensichtlich nicht zu den "alten Kämpfern" gezählt
hatte.)
An den bund österreichischer rechtschreibreformer (bör) schrieb
er, die Wichtigkeit und Kompetenz von Korn besonders betonend:

> Da sich Karl Korn durch sein Buch "Sprache in der verwalte-
> ten Welt" eines besonderen Ansehens innerhalb der journali-
> stischen Kreise erfreut, soweit es um sprachliche Dinge
> geht, ist damit bereits eine kleine Schlacht gewonnen.
> (A5/B; Grebe an bör 6.1.59)

Unverkennbar ist hier, in welcher doppelten Absicht sich Grebe
an die führenden Persönlichkeiten der Reformbewegungen in der
Schweiz (bvr) und in Österreich (bör) wendet: Einerseits möchte
er großes Aufsehen vermeiden, die Presse nicht unnötig zum Widerspruch reizen und öffentliche Diskussionen möglichst dämp-
fen; andererseits möchte er aber auch den vermeintlichen Erfolg
ausbauen und den Einfluß der Presse und ihrer kompetenten Vertreter nutzen, um die Politiker in die gewünschte Richtung zu
lenken. In einem Brief an das Sekretariat der KMK spricht er
diese Absicht offen als Empfehlung aus:

> Von ganz besonderer Bedeutung scheint mir ein Aufsatz von
> Karl Korn, dem Mitherausgeber der Frankfurter Allgemeinen
> Zeitung, in der FAZ vom 24. Dezember 1958 zu sein, in dem
> er sich auf Seite 2 - wenn auch schweren Herzens (wie wir
> alle übrigens) - zur Kleinschreibung bekennt. Da sich Herr
> Korn durch sein Buch "Sprache in der verwalteten Welt" un-
> ter seinen Journalistenkollegen für Sprachfragen besonders
> legitimiert hat, wäre ich Ihnen dankbar, wenn Sie bei jeder
> Gelegenheit, die sich bietet, auf diesen Aufsatz hinwiesen.
> Vielleicht wäre es auch ganz nützlich, ihn etwas zögernden
> Herren der Ministerialverwaltungen als besonders eindrucks-
> volle Stellungnahme der Öffentlichkeit zugänglich zu ma-
> chen. (A7/St; Grebe an KMK 6.1.59)

Die in seinem Neujahrsbrief an Dehnkamp geäußerte Skepsis geriet fast in Vergessenheit, zumal ein weiterer Zeitungsartikel
seinen Optimismus noch verstärkte. In der Süddeutschen Zeitung
vom 7. Januar 1959 veröffentlichte Süskind seinen Aufsatz "Groß
oder klein - das ist die Frage"; er schickte am gleichen Tag

Grebe ein Belegexemplar mit der Bemerkung, er habe die Bitte seiner Redaktion,

> über unser Thema einen allgemein orientierenden Artikel zu schreiben, sine ira et studio (und doch ohne Unterschlagung des objektivierten persönlichen Standpunktes) erfüllt. (A7/S; Süskind an Grebe 7.1.59)

Süskinds eigene Anspielung auf seinen Stuttgarter Fehltritt (s. 1.Kap.4.1.4) wurde von Grebe sehr wohl verstanden, und er brachte in seinem Antwortbrief zum Ausdruck, wie sehr er sich über diesen sachlichen Beitrag freute, weil Süskind "mit Ritterlichkeit" seinen "Standpunkt gegenüber den anderen Argumenten vertreten" habe. (A7/S; Grebe an Süskind 12.1.59) Leider war Grebes Freude über die Reaktion der Presse nur von kurzer Dauer. Wie ein Keulenschlag traf ihn zwei Wochen später Korns neuer Aufsatz "Sprache, Schrift - Industrienorm?" (FAZ vom 10. Januar 1959). Grebe war fassungslos, vor allem auch deshalb, weil hier den Mitgliedern des Arbeitskreises unterstellt wurde, bei der Abstimmung "gemogelt" zu haben. In einem Nebensatz stand die Ungeheuerlichkeit: "...zumal man hört, daß bei der entscheidenden Schlußabstimmung eine nicht unbeträchtliche Anzahl von Gegnern nicht anwesend gewesen sei". Für Grebe war es unerklärlich, wie Korn zu dieser Behauptung kommen konnte, und es verwundert, daß er kein Wort über den Ursprung dieser Fehlinformation verlor und auch offensichtlich keinerlei Nachforschungen in diese Richtung anstellte. Aus heutiger Sicht ist die Frage aber durchaus wichtig, denn dieser Artikel hat für die weitere Entwicklung eine große Bedeutung gehabt. Daß Süskind, der durch seinen polemischen Aufsatz 1954 den Start der STE verdorben hatte, auch dieses Mal der Übeltäter war, scheint ausgeschlossen; er war schließlich selbst an der Abstimmung beteiligt, und nachträgliche Behauptungen dieser Art hätten ihm höchstens den Vorwurf eingebracht, diese Unregelmäßigkeiten nicht verhindert zu haben. Dagegen sprechen auch sein oben genannter Aufsatz in der Süddeutschen Zeitung vom 7. Januar 1959 und die kurze Korrespondenz mit Grebe, die sein Bemühen um faires Verhalten deutlich werden lassen. Auch sein kurz nach der Veröffentlichung der WE datierter Briefwechsel mit Puschmann belegt diese Haltung. Puschmann wollte ihn - was zwischen den Zeilen unschwer zu lesen ist - dazu bewegen, auch dieses Mal gegen die Reform zu agitieren:

> Die von dpa in diesen Tagen verbreitete Verlautbarung über dieses Thema ist so vermatscht und irreführend, daß etwas dagegen unternommen werden müßte. (SP2/87; Puschmann an Süskind 22.12.58)

Mit Eleganz wies Süskind dieses getarnte Ansinnen zurück, indem er Puschmann keine Möglichkeit bot, weiter zu bohren; er schickte ihm seinen Artikel vom 7.Januar 1959 (den vorher auch Grebe erhalten hatte) mit folgendem Kommentar:

> Sie werden finden, dass ich versucht habe, Bericht und kritische Anmerkung unter ein Dach zu bekommen, und ich bin beinahe sicher, dass ich mich mit Ihnen im Einverständnis befinde. (SP2/88; Süskind an Puschmann 21.1.59)

Unwahrscheinlich ist auch, daß Puschmann diese Information direkt an Korn weitergegeben hat; eine Verbindung zwischen den beiden läßt sich nicht beweisen. Puschmann selbst hat sich dazu nicht geäußert, und seine Unterlagen (SP), in denen er sonstige Briefwechsel mit wichtigen Leuten akribisch gesammelt hat, enthalten keine Hinweise auf mündliche oder schriftliche Kontakte. Puschmann ist der einzige, der immer wieder, auch im Interview am 5. August 1986, behauptet hat, es habe bei der Abstimmung Unregelmäßigkeiten gegeben; dieser Aussage wurde von allen anderen Zeitzeugen widersprochen. Wahrscheinlich ist deshalb, daß er damals diese Anschuldigungen gegenüber mehreren Leuten äußerte und Korn auf Umwegen davon erfahren hat.

Grebes ganze Enttäuschung über Korns Rückzieher klingt durch in den wenigen Sätzen, die er an Süskind schrieb:

> Während ihn am 24. Dezember die Moserschen Argumente, wenn auch - wie bei uns allen - schweren Herzens überzeugt hatten, weicht er jetzt wieder, doch offenbar gegen seine frühere Einsicht, dem öffentlichen Ansturm und zieht sich auf den Freiheitsbereich zurück, um den wir doch im Zusammenhang mit dem Vorschlag Glinz so ehrlich gerungen haben und der von Schule und graphischem Gewerbe so leidenschaftlich abgelehnt wurde. (A7/S; Grebe an Süskind 12.2.59)

In seinem Antwortbrief nahm Süskind Korn ausdrücklich in

Schutz; er habe beide Artikel gelesen und habe "den zweiten als etwas breit und beteuernd, nicht aber als Umfall oder Rückzieher von seiner zuerst eingenommenen Position" empfunden. (A7/S; Süskind an Grebe 18.1.59) Er verteidigte aber lediglich Korns erneutes Einfordern einer Freizone und ging mit keinem Wort auf die Behauptung von der unreellen Abstimmung ein. Aber gerade das hatte Grebe am meisten getroffen. Er überlegte sich seine Reaktion sehr genau und schrieb Korn einen betont sachlichen, emotionsfreien Brief, allerdings mit einer deutlichen Spitze im ersten Satz, die ihre Wirkung auch nicht verfehlte.

> Ich habe nicht die Absicht, mich in diesem Brief zu Ihren
> beiden Aufsätzen über die Rechtschreibreform vom 24. 12.
> 1958 und 10. 1. 1959 zu äußern, zudem ich mich vor allem
> beim Lesen Ihrer Ausführungen über die Groß- und Klein-
> schreibung in Ihrem zweiten Aufsatz noch einmal in die An-
> fangsdiskussionen unseres Arbeitskreises zurückversetzt
> fühlte.
> Mir kommt es heute lediglich darauf an, Ihre Ausführung in
> einem Punkt richtigzustellen. Sie schreiben: "...zumal man
> hört, daß bei der entscheidenden Schlußabstimmung eine
> nicht unbeträchtliche Anzahl von Gegnern nicht anwesend ge-
> wesen sei".
> Bei der Schlußabstimmung wurden zwei Stimmen nicht abgege-
> ben, weil Herr Kliemann, der den Deutschen Börsenverein,
> und Herr Krämer-Badoni, der den Deutschen Schriftsteller-
> verband vertritt, nicht anwesend waren. Von diesen beiden
> Herren hat sich Herr Krämer-Badoni während der Beratungen
> leidenschaftlich für die Kleinschreibung eingesetzt. Die
> Wertigkeit des Abstimmungsergebnisses (14 : 3) hätte sich
> also bei Vollzähligkeit nicht geändert. (A6/K; Grebe an
> Korn 12.1.59)

Korn beantwortete diesen Brief zwar nicht, aber zu Grebes gro-
ßer und freudiger Überraschung veröffentlichte die FAZ am 21. Januar 1959 unter der Überschrift: WIR SOLLEN GEMÄSSIGT KLEIN SCHREIBEN die wesentlichen Punkte der WE ohne Kommentar. Grebe glaubte, daß Korn "damit unserer Sache einen wirklichen Dienst erwiesen hat" (A5/D; Grebe an Dehnkamp 21.1.59) und schrieb ihm am gleichen Tag:

> Heute möchte ich Ihnen aufrichtig für die Veröffentlichung
> der wesentlichen Punkte unseres Gutachtens in der Ausgabe
> Ihrer Zeitung vom 21.1.59 danken. Ich tue dies deshalb,
> weil ich glauben möchte, daß durch diese Wiedergabe der
> Quelle eine sachliche Diskussion in der Zukunft möglich
> ist. (A6/K; Grebe an Korn 21.1.59)

Grebe buchte diese (vermeintlich?) faire Haltung als Erfolg seiner Bemühungen; er schrieb am 21. Januar 1959 gleichlautend an Dehnkamp und Höhne:

> Der Mitherausgeber der Frankfurter Allgemeinen Zeitung Herr Karl Korn hat sich auf Grund zahlreicher Zuschriften, zu denen auch ein scharfer Brief von mir gehörte, in der FAZ vom 21. 1. 1959 entschlossen, auf einer ganzen Seite (12) die wesentlichsten Gesichtspunkte unseres Gutachtens (...) zu publizieren. (A5/D; Grebe an Dehnkamp 21.1.59 und A6/H; Grebe an Höhne 21.1.59)

Auch hier erstaunt Grebes Optimismus; er glaubte, mit Briefen Einfluß nehmen zu können, und er war "überzeugt, daß das Verständnis der Öffentlichleit für unsere Empfehlungen um so größer wird, je mehr sie aus dem Wortlaut die Lauterkeit unserer Bemühungen erkennt" (A5/D; Grebe an Dehnkamp 21.2.59). In fast naiver Weise verkannte er den Einfluß einer großen und bedeutenden Zeitung und die Neigung von Politikern, sich an einmal hochgeschätzten angesehenen Autoritäten, wie Korn es im Bereich der Sprache war, zu orientieren. Der Artikel vom 10. Januar hatte eine unmittelbare politische Wirkung, wie sich zeigen sollte (s. 4.Kap.3), und Korns Einfluß auf das weitere Geschehen blieb ebenso ungeschmälert. Er hatte seine Meinung in keiner Weise geändert, wie der Anhang "Sprachnorm durch Orthographie?" zeigt, den er der Neuauflage seines auch von Grebe mehrfach zitierten Buches "Sprache in der verwalteten Welt" 1962 anfügte. Er begründete den Zusatz damit, daß einige der in der Reformdiskussion vorgebrachten Argumente "indirekt auch die Situation der Sprache in der verwalteten Welt berührten oder betrafen". Für ihn seien Sprache und Schrift nicht voneinander zu trennen, "weil die Sprache oft Sprachsinn konserviert, der ohne die schriftlichen Zeichen verlorenginge".

> In gewissem Sinne lassen sich die orthographischen Reformer mit den Sprachzeichennormern der industriellen Technik vergleichen. Es unterliegt keinem Zweifel, daß Versuche, die Sprache samt der Schrift im Industriezeitalter durch schematische Regelung möglichst leicht mitteilbar und lehrbar zu machen, ihre Berechtigung haben. (...)
> Das Problem einer Reform der Rechtschreibung muß aber im Zusammenhang mit dem Sprachzustand überhaupt gesehen und entschieden werden. Eine Rechtschreibreform, die der Tendenz Vorschub leistet, die Sprache undifferenzierter und ärmer an Sinn zu machen, ist vom Übel. (Korn 1962:151)

Viel gefährlicher als die Bedrohung der Sprache schien ihm aber
der immer noch vorhandene Hang zum Radikalismus. Er räumte zwar
ein, daß der Arbeitskreis nicht "in Verbindung mit gewissen politischen Tendenzen" der ersten Nachkriegsjahre zu bringen sei,
"die auf dem Umweg über eine radikale Änderung der Rechtschreibung das sogenannte bürgerliche Bildungsprivileg abschaffen"
wollten (Korn 1962:150), hielt die WE aber für einen Kompromiß,
dem immer noch radikale Tendenzen anhafteten, die es zu bekämp-
fen gelte. Diesen "Geist, der in dem Gremium die Oberhand gewonnen zu haben" schien, hatte er in dem Abschnitt über die
Dehnungsfrage ausgemacht. Dort fand er den - nach seiner Meinung "im klassischen Verbands- und Funktionärsstil" formulierten - Satz: "Das Hinarbeiten auf eine stärkere Durchführung des
Prinzips der Buchstabenschrift ist eine Grundforderung, die im
Hinblick auf die Rechtschreibung zu stellen ist." Mit einer
Analyse dieses Satzes versucht er zu beweisen, "daß hier ein
Abstimmungskollektiv formuliert und redigiert haben muß".

"Das Hinarbeiten" ist eine jener pseudoaktivistischen Infi-
nitivformeln, deren unfreiwilliger (152) Hintersinn in unserem Kapitel über 'Der Infinitiv und die Massen' genügend
entlarvt worden ist. Ähnliches gilt von Vokabeln wie
'Grundforderung' und 'im Hinblick auf'. Doch was verbirgt
sich hinter dem fatalen Satz, den man vermutlich in das Manifest hineinbugsiert hat, ohne daß jedes einzelne Mitglied
sich mit ihm identifizieren wollte oder könnte? Dahinter
steckt der vorläufige Verzicht auf jenen orthographischen
Radikalismus, der ein paar Jahre zuvor noch aufgetrumpft
hatte. Man bekennt, daß es im gegenwärtigen Augenblick noch
nicht möglich sei, die Orthographie radikal phonetisch um-
zuändern, und verweist auf kommende Zeiten, die durch das,
was vorläufig erreicht werden soll, reif gemacht werden.
(Korn 1962:151f)

Der "anstößige" Satz war keineswegs von einem "Abstimmungskollektiv formuliert und redigiert" worden, sondern steht wörtlich
im handschriftlichen Entwurf von Weisgerber (A7/W), von wo aus
die ganze Passage über die Dehnungsfrage ohne Änderung in die
endgültige Formulierung der WE übernommen worden war. Korns
"Fehlinterpretation" zeigt nicht nur, wie gefährlich diese
sprachlichen Deutungen sein können, sondern auch, wie leicht es
ist, auf diese Weise jemandem "Tendenzen" zu unterstellen.
Die Frage, warum er in einer öffentlichen Auseinandersetzung zu
solchen Mitteln griff, beantwortete er mehrfach selbst; in sei-

nem Aufsatz "Nur ein Traditionswert" (FAZ vom 12. Mai 1959)
schrieb er:

> Wie wir die Reformanhänger zu kennen glauben, ist Vorsicht
> am Platze. Sie sind, eine Minderheit, organisiert und ent-
> schlossen. Die Reformgegner sind nicht organisiert und dar-
> um schwach.

Daß nicht nur die Reformanhänger zu fürchten waren, sondern
auch die Politiker, war schon in seinem Artikel vom 10. Januar
1959 zu lesen gewesen: "Es ist schwer vorstellbar, daß die ver-
einigten Bundes- und Länderministerien gegen ihren Arbeitskreis
entscheiden werden, (...)."
Einen "Reformanhänger",- allerdings einen, dem Macht und Einfluß schon längst entglitten waren - hatte Korn mit diesem Artikel endgültig zum Schweigen gebracht: Thierfelder, der sich -
"nach den Erlebnissen der letzten Jahre natürlich etwas miss-
trauisch" (A7/T; Thierfelder an Grebe 26.2.58) - im Februar
1958 nach dem Fortgang der Verhandlungen erkundigt hatte und
von Grebe mit einem kurzen Bericht über die Arbeit des Arbeitskreises abgespeist worden war, hatte kurz vor Weihnachten auch
ein Exemplar der WE erhalten. Im Gegensatz zu Grebe hatte er
sich aber über Korns ersten Aufsatz geärgert und seinem Ärger
in einem Brief an den Verfasser Luft gemacht:

> Da Ihr Aufsatz "Im anfang war das wort" allzu leicht zu wi-
> derlegende Irrtümer enthält, möchte ich von jeder öffentli-
> chen Auseinandersetzung absehen und mich darauf beschrän-
> ken, Ihnen persönlich zu schreiben. Ihre Zeitung ist frei-
> lich vor vier Jahren anders verfahren und hat in völliger
> Unkenntnis der Umstände, die zu dem ersten Vorstoß in der
> Rechtschreibfrage führten, mich in so unfairer Weise per-
> sönlich angegriffen, dass ich es vorzog, mein Haupt zu ver-
> hüllen und auf den Augenblick zu warten, der mich von
> selbst rechtfertigen würde. Er scheint gekommen zu sein,
> und damit wäre die Angelegenheit erledigt, wenn Sie auf Ih-
> rem "melancholischen" Rückzugsgefecht nicht wiederum völlig
> unzutreffende Behauptungen Ihren Lesern auftischten. (A7/T;
> Thierfelder an Korn 31.12.58, Abschrift; Anlage zum Rund-
> schreiben an die Arbeitsgemeinschaft für Sprachpflege vom
> 2.1.59)

Nach dieser triumphierenden Einleitung widerlegt er die "unzutreffenden Behauptungen", indem er versichert, nicht eine radikale Gruppe habe in Stuttgart getagt, sondern "zwei Dutzend
maßvolle Deutsche, Schweizer und Österreicher", die - "jedem

Radikalismus abhold" - nur Schlimmeres hätten verhindern wollen. Die Hochschullehrer seien in Stuttgart keineswegs übergangen worden, denn zu den 24 Unterzeichnern der STE hätten "9 ordentliche Professoren und ein Privatdozent" gehört, darunter auch Moser und Weisgerber. Außerdem sei die Dehnungsfrage schon dort "als kaum lösbare Aufgabe erkannt" worden. Abschließend stellt er dann noch fest:

> Bei der ganzen Diskussion habe ich eins erkannt: man kann einem Menschen auch die Sprachehre abschneiden, was auch in meinem Falle getan worden ist. (...)
> Man hat mich schließlich einen "Meuchelmörder der Sprache" genannt - möchten Sie ein solches Wort auch jetzt noch rechtfertigen? Ich weiss, dass es nicht von Ihnen stammt.

Es ist durchaus möglich, daß dieser Brief Korn dazu bewogen hat, seinen umstrittenen Artikel vom 10. Januar 1959 zu schreiben. Dort widmet er Thierfelders Ausführungen drei Abschnitte und nennt ihn einen "Reformbesessenen", der ihm einen Brief "voll bitterer Vorwürfe" geschrieben habe, "worin Schadenfreude" durchscheine; dessen "Triumphgefühl" sei ihm aber unverständlich, weil er doch gleichzeitig wieder auf sein früheres Eintreten für die Erhaltung der Großbuchstaben hingewiesen habe.

Sicher bereute Grebe das Versäumnis, bei diesem "alten Kämpfer" die Warnung vor dem "Siegesgeschrei" unterlassen zu haben. Er mochte sich schon bei der Lektüre dieses Artikels über Thierfelder geärgert haben, geriet aber fast in Zorn, als dieser Anfang Januar 1959 an alle Mitglieder der Arbeitsgemeinschaft für Sprachpflege - also auch an Grebe - ein Rundschreiben schickte, dem eine Abschrift des Briefes an Korn beigefügt war. Aus dem Rundschreiben ging hervor, daß Thierfelder die Arbeitsgemeinschaft offensichtlich reaktivieren wollte:

> Seit zwei Jahren hat kein Gedankenaustausch mehr stattgefunden. Das unwürdige Verhalten eines Teiles der westdeutschen Presse machte es mir nicht mehr möglich, an den Beratungen der Rechtschreibreform aktiv teilzunehmen, wenn ich auch die Entwicklung mit lebhaftem Interesse weiterverfolgt habe.
> Wenn ich Ihnen heute einen Zeitungsaufsatz und einen Briefdurchschlag sende, so soll das weiter nichts bedeuten, als dass die Zeit des Schweigens zuende (sic!) ist. Unsere 1952 beginnende Aktion hat sich als richtig erwiesen, und wir

werden jetzt die Früchte ernten, wenn wir dafür sorgen,
dass die Aktion im Fluss bleibt.
Ich wäre den Mitgliedern des Arbeitskreises dankbar, wenn
sie sich zu der nunmehrigen Lage äussern würden. Ich beabsichtige, das Gutachten des Ausschusses der Kultusministerkonferenz, das mir Herr Professor Weisgerber zu Weihnachten
zugeleitet hat, im nächsten Heft unserer "Mitteilungen" zu
veröffentlichen (27 Seiten in Maschinenschrift 1 1/2 zei-
lig), und Sie werden mit Genugtuung sehen, welchen Niederschlag unsere Bemühungen in dieser vorzüglichen Ausarbeitung gefunden haben. (A7/T; Rundschreiben vom 2. Januar
1959)

Auch Moser hatte Thierfelders Rundschreiben erhalten und
schrieb an Grebe, seiner Meinung nach würde "ein Wiederaufleben
der 'Arbeitsgemeinschaft' (...) die Entwicklung komplizieren";
in dieser Angelegenheit sollten Weisgerber, Grebe und er selbst
"zu einer gemeinsamen Meinungsbildung" kommen. (A6/M; Moser an
Grebe 10.1.59)

Über die gemeinsame Meinungsbildung gibt es keinen Briefwechsel; mündliche Absprachen darüber kann es wegen der Kürze der
Zeit kaum gegeben haben, so daß Grebe es wohl für das beste
hielt, weil er (wie Moser in seinem Brief meinte) "die taktische Lage" am besten übersah, von sich aus die Existenz der Arbeitsgemeinschaft für Sprachpflege zu beenden. Er schrieb am
12. Januar 1959 an Thierfelder:

Ich darf Ihnen den Eingang Ihres Rundschreibens vom 2. 1.
1959 bestätigen. Welch schlechten Dienst Sie damit unserem
Arbeitskreis und der Sache selbst geleistet haben, werden
Sie inzwischen aus dem Aufsatz von Karl Korn "Sprache,
Schrift - Industrienorm?" in der Samstagnummer der FAZ vom
10. 1. 1959 ersehen haben. (A7/T; Grebe an Thierfelder
12.1.59)

Mit einem einzigen Satz setzte Thierfelder den Schlußpunkt unter seine Bemühungen um die Rechtschreibreform:

Ich danke Ihnen für Ihr Schreiben vom 12.1.59, auf das ich
nicht näher eingehen möchte. (A7/T; Thierfelder an Grebe
19.1.59)

Wenige Wochen nach diesen Ereignissen um die FAZ zeigte sich
ein neuer Hoffnungsschimmer am Horizont. Der NWDR in Köln plante ein Fernsehgespräch mit dem Titel "Orthographie oder ortografi?"; der verantwortliche Redakteur Dr. Klaus Simon setzte

sich zunächst mit Trier und Grebe telefonisch in Verbindung, um
über eventuelle Teilnehmer und die Form der Diskussion zu beraten. Diese telefonischen Absprachen müssen aber sehr ungenau
gewesen sein, denn sowohl Trier als auch Grebe waren vom Inhalt
der dann folgenden Einladung überrascht. (A7/N; Simon/NWDR an
Grebe 5.2.59)
Ziel der Sendung sollte es sein, "die Öffentlichkeit über die
geplante Reform sachlich und kritisch zu unterrichten". Man
plante die Diskussion als eine Gegenüberstellung von je drei
Mitgliedern des Arbeitskreises und drei Kritikern:
a) für den Arbeitskreis Trier, Weisgerber und Grebe;
b) als "Gegner" Luise Rinser, Studienrat Dr. Hahne[1] und Korn.
Auf seiner Einladung hat Grebe den Namen "Rinser" gestrichen
und handschriftlich "Albrecht Goes" hinzugesetzt. Wahrscheinlich bekam er diese Information durch eines der zahlreichen Te-
lefonate, die in diesem Zusammenhang geführt wurden.
Das Gespräch sollte von Dr. Fritz Brühl geleitet werden, der
diese Funktion auch schon bei der Fernsehdiskussion 1954 in
Hamburg innegehabt hatte; letzteres wurde aber nicht erwähnt.
Der Termin war schon festgelegt: 24. Februar 1959 um 21.15 Uhr
im Funkhaus des Westdeutschen Rundfunks in Köln. Die Teilnehmer
wurden gebeten, "sich bis spätestens 20.45 Uhr im Konferenzzim-
mer des Fernsehens, Funkhaus WDR" einzufinden.
Grebe verabredete sich mit Weisgerber und Trier am 24. Februar
1959 kurz nach 18.00 Uhr im "Erster-Klasse-Wartesaal" Hauptbahnhof Köln. (A7/W; Grebe an Weisgerber 10.2.59) Er freute
sich über diese sicher sehr wirksame Möglichkeit, die WE einer
breiten Öffentlichkeit sachlich darzustellen und indirekt auch
die verantwortlichen Politiker zu beeinflussen. Auch etwas
Stolz klingt in einer Bemerkung innerhalb eines Briefes an:

---

1 Hahne war Studienrat in Wuppertal; er hat zum Thema folgende
  Aufsätze veröffentlicht:
  - Bedenklicher Vorgriff auf die Zukunft, in: Neue deutsche
    Hefte, 1959, H. 61, 439-445.
  - Reform und kein Ende, Hannoversche Allgemeine, 29. April
    1959.
  - Vom Kaufpreis der Rechtschreibung, Frankfurter Allgemeine
    Zeitung, 9. August 1963.)

Die Herren Minister, denen sie (die WE, H.S.) vorgelegt sind, warten verständlicherweise zunächst die Reaktion der Öffentlichkeit ab. Daß die Diskussion noch voll im Gange ist, mögen Sie daraus erkennen, daß am 24. Februar um 21.15 Uhr von Köln aus eine große Fernsehdiskussion über dieses Thema stattfindet, an der ich selbst auch teilnehme. (A7/W; Grebe an Wagner 18.2.59)

Leider scheiterte der schöne Plan. Es erscheint zumindest zweifelhaft, daß die Gründe dafür nur in dem ungeschickten Verhalten des Redakteurs Simon und den daraus resultierenden im folgenden geschilderten Querelen zu suchen sind: Simon hatte nach Gesprächen mit Trier und Grebe am 30. Januar auch Süskind telefonisch zu dem Gespräch eingeladen; dieser hatte zugesagt, aber ausdrücklich darauf hingewiesen, daß er "in der gedachten Frage zu den Dissidenten zählte"; Simon hielt das nicht für störend. Süskind wunderte und ärgerte sich darüber, daß er zwei Tage später wieder ausgeladen wurde.

In einem zweiten Ferngespräch (mit meiner Frau) und einem Brief vom 2. Februar hat mich nun das Fernsehen wieder ausgeladen, und zwar mit der Begründung, die von ihm angegangenen Herren (in dem Brief ist explicite von Herrn Prof. Trier die Rede) hätten ihre Mitwirkung an die Bedingung geknüpft, dass nicht unter den mitsprechenden Arbeitskreisteilnehmern sei - und das Zustandekommen des Gesprächs sei dadurch in Frage gestellt worden.
Meine Beschwerde darüber, dass sich das Fernsehen einem solchen Druck fügt, habe ich heute nach Köln geschrieben. (A7/S; Süskind an Grebe 7.2.59)

Er wollte die Sache mit Trier "nicht unbereinigt lassen" und bat deshalb Grebe "um eine Wegweisung dazu".
Grebe rief Süskind sofort an ("ein halbstündiges Telefongespräch") und versicherte ihm auch noch einmal schriftlich, wie sehr er diese Vorgänge bedaure; er kenne zwar Herrn Simon noch nicht, meine aber, "daß einem gewandteren Herrn an dieser Stelle solche Mißgriffe nicht passieren würden". Außerdem habe er den Verdacht, daß "es diesem Herrn leider mehr auf die Attraktion als auf die Sache ankommt". Er versprach, sich sofort mit Trier wegen dessen angeblicher Äußerungen in Verbindung zu setzen; er sei sicher, daß dieser sich "die Dinge (...) ernsthaft überlegen" werde, "weil er doch (...) ein Grandseigneur ist". (A7/S; Grebe an Süskind 10.2.59)
Am gleichen Tag schrieb Grebe sowohl an Simon als auch an

Trier. Er konnte sich nur schwer vorstellen, daß Trier auf diese Weise Süskind als Vertreter der Minderheit habe brüskieren
wollen, teilte ihm das auch mit und fügte hinzu, er halte die
ganze Angelegenheit "für eine sehr unliebsame Störung unserer
Bemühungen, weil Herr Süskind sicher keinen Augenblick zögern
wird, diese seine Empfindungen der ganzen Akademie für Sprache
und Dichtung bekannt zu machen". (A7/T; Grebe an Trier 10.2.59)
Trier schrieb sofort einen Entschuldigungsbrief an Süskind -
Grebe erhielt davon einen Durchschlag - , in dem es heißt:

> In meinem Ferngespräch mit Herrn Doktor Simon habe ich die-
> sem nur erklärt, daß Sie in der Sache der Kleinschreibung
> nicht der Gruppe der Befürworter, sondern der Gegner zuzu-
> sprechen seien, und daß - wenn Simon drei Befürworter spre-
> chen lassen wolle - es nicht zweckmäßig sei, Sie den Befür-
> wortern zuzugesellen, sondern daß es besser wäre, Sie unter
> den Gegnern auftreten zu lassen. An den Folgerungen, die
> Herr Doktor Simon aus dieser meiner telefonischen Äußerung
> gezogen hat, bin ich ganz unbeteiligt. Die Teilnehmer des
> Gespräches von vornherein in Befürworter und Gegner zu
> gliedern, ist ein Gedanke von Herrn Doktor Simon, mit dem
> er als mit einem schon fertigen Plan an mich herantrat.
> (A7/T; Trier an Süskind)

Dieser "fertige Plan", wie er in dem schon zitierten Einladungsschreiben von Simon auch schriftlich festgelegt worden
war, hatte sowohl Trier als auch Grebe gründlich mißfallen und
die berechtigte Freude über diese Möglichkeit zur Popularisierung des Reformgedankens etwas getrübt. So versuchte Trier in
seinem Antwortschreiben an Simon auf die Modalitäten der Sendung Einfluß zu nehmen: Er stellte zunächst klar, daß die "geplante Überschrift 'Orthographie oder ortografi?' (...) insofern die Sache nicht " träfe, "als es ja nicht die Absicht des
Arbeitskreises war, die Dehnungs-e abzuschaffen". Die vor drei
Jahren von Hamburg ausgestrahlte Sendung veranlasse ihn "in
diesem Punkte zu einer gewissen Vorsicht". Außerdem halte er es
für angebracht, die gemäßigte Kleinschreibung, welche die Öffentlichkeit am meisten erregt habe, in den Vordergrund zu
stellen, und "alle anderen Fragen nur am Rande zu behandeln".
Er hätte es sehr gern gesehen, fuhr er fort, "wenn Sie uns die
Liste der Teilnehmer der Gegenseite nicht fertig präsentiert,
sondern mit uns über sie verhandelt hätten". (A7/T; Trier an
Simon 9.2.59)
Grebes Kritik richtete sich vor allem gegen die geplante Ein-

teilung der Gesprächsteilnehmer in Gegner und Befürworter. Er schrieb zwar an Trier, er werde seine Zusage nur unter der Bedingung geben, daß der Eindruck einer solchen Konfrontation von vornherein vermieden werde (A7/T; Grebe an Trier 10.2.59), formulierte diese Bedenken aber in seinem Brief an Simon nur als dringenden Hinweis:

> Die Vorgänge, die sich um die Einladung von Herrn W. E. Süskind abgespielt haben, lassen es mir jedoch notwendig erscheinen, dringend darauf hinzuweisen, daß bei einer etwaigen Vorstellung vor dem Bildschirm unter allen Umständen darauf verzichtet wird, zwei Parteien wie bei einem Sportkampf einander gegenüberzustellen, weil sich nicht nur die Grenzen zwischen den Auffassungen der unter a und b Ihres Einladungsschreibens genannten Personen vielfach überschneiden, sondern weil vor allem auch in unserem Arbeitskreis eine sehr zu beachtende Minderheit sich etwa in der Frage der Groß- und Kleinschreibung für die Beibehaltung der jetzigen Großschreibung entschieden hat. Ich möchte als Geschäftsführender Vorsitzender des Arbeitskreises für Rechtschreibregelung unter keinen Umständen, daß diese Minderheit in der Diskussion verschwiegen wird, zudem Herr Süskind nun nicht mehr die Möglichkeit hat, die Argumente dieser Gruppe zu vertreten.
> (...) Den Leiter des Gesprächs, Herrn Dr. Fritz Brühl, darf ich nachdrücklichst bitten, das Gespräch so offen wie nur möglich zu halten und die vorhandenen Frontstellungen erst durch die Diskussion selbst sichtbar zu machen. (A7/N; Grebe an Simon 10.2.59)

Simon beantwortete diesen Brief sehr ausführlich, was die Vorgänge um die Absage an Süskind betraf; diese sei notwendig geworden, weil man die Seite der Kritiker "mit drei Vertretern verschiedener Berufsstände besetzen wollte, die es in besonderer Weise mit der Handhabung der deutschen Sprache zu tun haben: einem Schriftsteller, einem Publizisten und einem Lehrer". Auf Grebes Vorschläge zur Gestaltung der Sendung und der Gesprächsführung ging er mit keinem Wort ein. (A7/N; Simon an Grebe 13.2.59)

Vier Tage später erhielt Grebe wieder einen Brief von Simon:

> Aus Gründen, die sich letztlich unserer Einsicht entziehen, ist es leider unmöglich, das für den 24.2. geplante Gespräch über die Rechtschreibe-Reform termingerecht durchzuführen. Da es Ziel der Diskussion sein sollte, die Öffentlichkeit über die geplante Reform sachlich und kritisch zu unterrichten, lag uns daran, das Gesprächsgremium paritätisch und fachlich zureichend zu besetzen. Wir haben uns sehr darum bemüht, leider jedoch bis zur Stunde ohne Erfolg.

Wir werden prüfen, ob das Gespräch zu einem späteren Zeitpunkt nachgeholt werden kann. (A7/N; Simon an Grebe 17.2.59)

Welche Vorgänge sich hier hinter den Kulissen abgespielt haben, die schließlich zu dieser Absage führten, ließ sich leider nicht ermitteln. Denkbar sind mehrere Gründe: Sowohl Rinser als auch Goes (über deren Einstellung zur Rechtschreibreform keine Äußerungen bekannt sind) könnten abgesagt haben; die Redakteure in Köln könnten sich darüber geärgert haben, daß Grebe und Trier die geplante Konzeption so hart kritisiert hatten; Brühl könnte sich wegen des Hinweises auf die Hamburger Sendung und wegen der Ratschläge für seine Gesprächsführung dupiert gefühlt haben; Korn könnte Einfluß genommen haben; ...

Fest steht nur, daß Süskind hier auf keinen Fall intrigiert hat. Er berichtete Grebe, Korn habe ihn "- da es für ihn eine Art conditio sine qua non sei -" telefonisch bedrängt, "doch noch mitzumachen", was er aber abgelehnt habe; am Ende des Briefes versicherte er noch:

> Ich sehe eben, dass es so wirken könnte, als hätte _ich_ mich an Herrn Korn gewandt. Dies ist nicht der Fall. Korns Anruf kam für mich aus heiterem Himmel. (A7/S; Süskind an Grebe 14.2.59)

Grebe, Trier und Korn waren sicher enttäuscht, keiner kam in der folgenden Korrespondenz noch einmal auf dieses Null-Ereignis zurück.

Vielleicht war da wirklich eine Chance vertan worden, einer breiten Öffentlichkeit den Reformgedanken allgemein und die WE im besonderen näherzubringen; vielleicht wäre es dann gelungen, die "Begegnungen mit Dichtern" (Weisgerber 1964:65) so zu propagieren, daß die Presse sachlicher über die Reformvorschläge informiert und ihren Lesern adäquate Beurteilungkriterien für ihre Meinungsbildung angeboten hätte. Aber die Auseinandersetzung zwischen Weisgerber und Bernt von Heiseler (Weisgerber 1960b und 1964:66) in der Zeitschrift Muttersprache und Weisgerbers Kritik an dem von Rudolf Alexander Schröder verfaßten Gutachten der Bayerischen Akademie der schönen Künste - erschienen in der FAZ vom 18. Juli 1959 unter dem Titel "Die Kleinode der Silbentrenner" - (Vgl. dazu Weisgerber 1964:67-69 und Jansen-Tang 1988:106f) wurden auf einer Ebene geführt, von

der aus man nur wenig Einfluß auf die "öffentliche Meinung" ausüben konnte. Alle folgenden Bemühungen konnten die Fronten nur noch weiter verhärten; dies wird besonders deutlich an der Kontroverse zwischen Dehnkamp und Korn im Anschluß an eine Pressekonferenz in Bremen. (S. 4.Kap.5)
Die Durchsetzung der Reform hing aber zunächst von der Entscheidung der Politiker ab, auf deren Verhalten die öffentliche Diskussion und die Darstellung der WE in der Presse nicht ohne Einfluß blieben, wie die im folgenden beschriebene Entwicklung sowohl in der Bundesrepublik als auch in Österreich und der Schweiz zeigen wird.

3. Erfolglose innenpolitische Initiativen
   oder:
   Geplanter (KMK) und ungeplanter (BMI) Rückzug der Politiker

Nachdem Dehnkamp bei der konstituierenden Sitzung in Frankfurt die Regie innerhalb des Arbeitskreises an Grebe übergeben hatte, versuchte er während der beiden darauffolgenden Jahre seine Fäden im Hintergrund zu spinnen, um dann nach der offiziellen Übergabe die Reformvorschläge politisch realisieren zu können. Ihm entglitt die Entwicklung ebenso wie Grebe, obwohl er von Anfang an konsequent an der Durchsetzung der Rechtschreibreform gearbeitet hatte und man ihm mangelndes politisches Durchsetzungsvermögen und Verhandlungsgeschick wirklich nicht nachsagen kann; er fand einfach keine engagierten "Mitspieler", oder anders gesagt, er scheiterte am Desinteresse der verantwortlichen Politiker und an vermutlich von Storz initiierten Absprachen innerhalb der KMK.
Dehnkamp hatte sich immer bemüht, bei den Kultusministern das Interesse an der Reformfrage wachzuhalten, indem er von Zeit zu Zeit gezielt Informationen weitergab und die Problematik wieder ins Gespräch brachte. Eine schon im Frühjahr 1957 geplante mündliche Information des Plenums der KMK scheiterte zunächst, weil die Konferenz "von den aktuellen politischen Fragen (...) so ausgefüllt" war, "daß für andere Punkte und Fragen kaum noch Zeit war" (A5/D; Dehnkamp an Grebe 21.1.57). Sicher ist es ihm

aber gelungen, in einer der nächsten Sitzungen einen kurzen Bericht zu geben; zudem wird er auch bei sich bietender Gelegenheit einzelne Kultusminesterkollegen über die Beratungen des
Wiesbadener Arbeitskreises informiert haben.

Um die Mitglieder der KMK auf das Kommende "einzustimmen", kündigte Dehnkamp im Herbst 1958 die WE an: Auf der 67. Plenarsitzung am 25./26. September in Berlin berichtete er über die Arbeit der Unterausschüsse des Arbeitskreises, deren Vorschläge
in der Gesamtsitzung vom 13. bis 16. Oktober abschließend beraten werden sollten; er fügte hinzu, daß diese im Anschluß daran
der Bundesregierung und der KMK vorgelegt werden sollten. Nach
der Zustimmung der zuständigen Stellen in der Bundesrepublik
sollten "Beauftragte des Arbeitskreises mit Beauftragten ähnlicher Ausschüsse aus den anderen deutschsprachigen Ländern
(Österreich, Schweiz und SBZ) zusammenkommen, um die Einheit
der Rechtschreibung im deutschen Sprachgebiet zu erhalten". Man
wisse aus bisher stattgefundenen privaten Gesprächen, "daß die
Vorarbeiten in der Bundesrepublik begrüßt werden und daß wahrscheinlich auch ihre Vorschläge gebilligt würden". Abschließend
bat er, die Vorschläge des Arbeitskreises "nach ihrem Eingang
in den Kultusministerien sofort prüfen zu lassen, damit die
Ständige Konferenz der Kultusminister recht bald zu ihnen Stellung nehmen könne".

Von diesem mündlich vorgetragenen Bericht ließ Dehnkamp eine
Niederschrift (B6-0/8a) anfertigen und diese an die Kultusministerien der Länder verschicken, weil er es für angebracht und
der Sache förderlich hielt, "wenn jetzt hierüber schon (...)
schwarz auf weiß etwas vorliegt" (B6-0/8).

Sofort nach seiner Rückkehr aus Wiesbaden, wo er an der Schlußsitzung des Arbeitskreises teilgenommen hatte, schrieb er einen
ausführlichen Brief an den Präsidenten der KMK (zu diesem Zeitpunkt noch Kultusminister Dr. Eduard Orth), in dem er über die
erarbeiteten Vorschläge referierte und noch einmal das von ihm
geplante amtliche Vorgehen auf nationaler und internationaler
Ebene darlegte. Abschließend bat er schon im voraus darum, "die
Empfehlungen gleich nach Empfang an alle Kultusministerien wei-
ter(zu)leiten und gleichzeitig den Schulausschuß (zu) beauftragen, möglichst schnell eine Stellungnahme (...) zu erarbeiten".
(B6-0/10)

Am 14. November wandte er sich erneut an den Präsidenten der KMK (inzwischen Kultusminister Edo Osterloh); sich auf eine "diesbezügliche Unterredung in Gottorf" beziehend, bat er, "sich recht bald mit dem Herrn Bundesminister Schröder wegen der Form der Übergabe der Vorschläge des Arbeitskreises zu verständigen, damit die Übergabe nicht durch irgendwelche Formfragen verzögert wird". (B6-0/10)

Das Sekretariat der KMK in Bonn erhielt jeweils Durchschläge dieser Schreiben, die dort auch als "Arbeitsanweisung" verstanden wurden; jedenfalls berichtete Frey, der Generalsekretär der KMK, unter Bezugnahme auf diese beiden Schreiben über seine Aktivitäten ("Die aufgetragene Fühlungnahme mit Dr. Gussone hat stattgefunden.") zur Vorbereitung der offiziellen Übergabe. (B6-0/10) Auch dieser Termin kam also nur auf Grund des beharrlichen Drängens von Dehnkamp zustande.

In ihrer 68. Plenarsitzung Ende November 1958 verwies die KMK die Sache zunächst an den Schulausschuß, wie aus einer Aktennotiz hervorgeht: "Der Schulausschuß wird zu den Empfehlungen Stellung nehmen müssen; Herr Höhne wird gebeten, auf der 56. Sitzung des Schulausschusses zu referieren." (B6-0/16). Höhne (Schulausschuß der KMK) und Gussone (BMI) waren die "Verbindungsleute" der "beiden Einberufer" zum Arbeitskreis (B4/35); Höhne hatte Grebe schon im Juli 1957 mitgeteilt, daß es ihm nicht möglich sei, an den Sitzungen in Wiesbaden teilzunehmen, bat aber, ihn durch Zusendung aller "Schriftsätze" auf dem laufenden zu halten (A5/H; Höhne an Grebe 1.7.57); außerdem ließ er sich regelmäßig von Bohusch und Basler über den Verlauf der Verhandlungen berichten (A5/H; Höhne an Grebe 13.1.59).

Anfang Januar 1959 war er mit den "Vorarbeiten für die Stellungnahme der Kultusminister-Konferenz" beschäftigt (Aus seinem Brief geht nicht hervor, ob er das oben erwähnte Referat für den Schulausschuß meinte.) und las in diesem Zusammenhang auch die zu den WE erschienenen Artikel in der Presse. Zu seiner "Überraschung " fand er "nur negative Stellungnahmen zu den Beschlüssen des Arbeitskreises, so in der Frankfurter Allgemeinen, in Christ und Welt, in der Süddeutschen Zeitung und im Münchener Merkur". Wahrscheinlich wollte er das Echo der Presse in seiner Stellungnahme zitieren, denn er bat Grebe in einem Brief: "Wenn Sie mir positive Äußerungen in großen Zeitungen benennen oder gar zuschicken könnten, wäre der Sache wohl sehr gedient". (A5/H; Höhne an Grebe 13.1.59) Der Artikel von Korn in der FAZ vom 10. Januar 1959 hatte ihn offensichtlich besonders mißtrauisch gemacht, weil er für ihn den "Eindruck erweckt" hatte, "als sei das Abstimmungsergebnis die Folge eines Zufalls". (Vgl. zu diesem Vorgang 4.Kap.2) Er bat deshalb Grebe um die Beantwortung einiger Fragen:

> Welches war das genaue Abstimmungsergebnis?
> Welche Persönlichkeiten haben mit ja, welche mit nein gestimmt?
> Welche stimmberechtigten Persönlichkeiten waren nicht anwesend?
> Haben abstimmende Herren die Stimmen von nichtanwesenden Mitgliedern übernommen? (A5/H; Höhne an Grebe 13.1.59).

Umgehend (am 14. Januar) verfaßte Grebe einen ausführlichen, drei Seiten langen Bericht, weil ihm nach eigener Aussage daran lag, "daß die falschen Behauptungen von Herrn Korn in der Frankfurter Allgemeinen Zeitung richtiggestellt werden". Er habe, so fügte er hinzu, "Herrn Korn bereits über seinen Irrtum aufgeklärt", wisse allerdings nicht, ob dieser "es für nötig hält, eine Richtigstellung zu bringen". (A5/H; Grebe an Höhne 14.1.59; Durchschläge gingen an Dehnkamp, Trier und Weisgerber.) In seinem Bericht schilderte Grebe den Abstimmungsvorgang in der abschließenden Plenarsitzung des Arbeitskreises im Oktober 1958 genau so, wie er im Protokoll aufgezeichnet ist, und äußerte dann seine ganz persönliche Einschätzung der Pressereaktionen:

> Ich habe gerade gestern Herrn Süskind geschrieben, daß ich es an sich nicht fair finde, wenn seine Anhänger, die die Presse in der Hand haben, diesen Freiheitsbereich immer wieder propagieren und dabei verschweigen, daß sie hier im krassen Gegensatz zu den Erfordernissen von Millionenorganisationen stehen.
> Da Herr Süskind den Journalistenverband vertritt, ist es an sich auch nicht überraschend, wenn zunächst in den großen Zeitungen nur seine Anhänger zu Wort kommen. Die anderen Stimmen werden erst nach und nach über die Fachzeitschriften laut werden. (A5/H; Grebe an Höhne 14.1.59)

Er wies darauf hin, daß die GfdS die nächsten Hefte ihrer Zeitschrift "Sprachdienst" "ganz in den Dienst der Reformbewegung stellen" wolle und sogar beabsichtige, "das kommende Heft ins-

497

gesamt in der neu vorgeschlagenen Rechtschreibung" zu setzen.
Den "Weihnachtsaufsatz von Karl Korn" halte er für die "beste
Stimme für die Einführung der Kleinschreibung", weil er "unter
dem unmittelbaren Eindruck der Argumente" von Moser (Groß- oder
Kleinschreibung 1958) geschrieben worden sei; Korns Aufsatz vom
10. Januar, der einem Widerruf gleichkomme, sei offensichtlich
unter "Beinflussung durch Dritte" entstanden. Der gesamte Vorgang zeuge nicht gerade von der besonderen Kompetenz der beteiligten Journalisten in dieser Frage.
Da Grebe inzwischen eingesehen hatte, daß sich Politiker stark
von der öffentlichen Meinung, wie sie sich in der Presse manifestiert, beeinflussen lassen, machte er noch einen zweiten Anlauf, um die negativen Äußerungen in den Zeitungen zu relati-
vieren:

> Im übrigen glaube ich überhaupt nicht, daß aus der Sprach-
> gemeinschaft umfangreichere positive Stellungnahmen zu er-
> warten sind, wenn man von der Gruppe der Reformer absieht.
> Wie sollte sich jemand freudig äußern, der einsieht, daß
> etwas unbrauchbar geworden ist, was er im Grunde doch
> liebt. Ich sehe gerade die positive Aufnahme unserer Emp-
> fehlungen in der Öffentlichkeit darin, daß sie sich nicht
> in breitem Maße, sondern nur durch ganz bestimmte Vertre-
> ter, von denen wir ja vorher wußten, daß sie es tun würden,
> dazu äußert. Auch diese Vertreter (ich verweise auf den
> Aufsatz von Herrn Süskind in der Süddeutschen Zeitung vom
> 7. 1. 1959 und auf den Aufsatz von Herrn Korn in der Frank-
> furter Allgemeinen Zeitung vom 10. 1. 1959) äußern sich ja,
> bis auf die gemäßigte Kleinschreibung, zu fast allen Punk-
> ten positiv.
> Ich wäre Ihnen außerordentlich dankbar, hochverehrter Herr
> Ministerialrat, wenn Sie in Ihrem Bericht an die Herren
> Kultusminister von dieser Wertigkeit der Presseäußerungen
> etwas einfließen lassen könnten. (A5/H; Grebe an Höhne
> 14.1.59)

Aus den vorhandenen Akten geht nicht hervor, wieweit Höhne sich
in seiner Stellungnahme diese Einschätzung von Grebe zu eigen
gemacht und ob er dann tatsächlich vor dem Schulausschuß der
KMK referiert hat. Ebensowenig ist seine Mitwirkung am "bayerischen Veto" (über das noch zu berichten sein wird) zu belegen;
da er Ministerialrat im bayerischen Kultusministerium war, ist
es allerdings nur schwer vorstellbar, daß er nichts davon gewußt haben sollte. Wenn er tatsächlich dem Schulausschuß vorgetragen hat, muß er dort im Sinne von Grebe und Dehnkamp für die
WE gesprochen haben, denn dieses Gremium legte dem Plenum der

KMK einen positiven Entwurf für eine Stellungnahme vor. Den Mitgliedern des Schulausschusses der KMK war das Problem seit längerem bekannt, und sie waren auch über die Arbeit des Arbeitskreises informiert worden; mit dem Vorsitzenden Reimers hatte Dehnkamp schon im Vorfeld der Wiesbadener Verhandlungen mehrfach konferiert und korrespondiert; außerdem hatte Dehnkamp, "um die kommenden Entscheidungen stimmungsmäßig vorzubereiten", an alle Mitglieder die Kopie eines Zwischenberichtes geschickt, den Grebe nach der wichtigen Sitzung des 1. Ausschusses am 12. Januar, bei der die Einrichtung einer Unterkommission beschlossen worden war, geschrieben hatte.

Anhand einiger Aktenvermerke läßt sich die Genese der dem Plenum der KMK vorgelegten Empfehlung seines Schulausschusses rekonstruieren: Der Schulausschuß der KMK tagte am 8. und 9. Januar 1959 in Aachen. Dehnkamps Mitarbeiter Schulrat Buhl (vgl. dazu 2.Kap.5.4), der diesem Ausschuß angehörte, war anscheinend damit beauftragt worden, den Text für die Vorlage zu formulieren. Der mit Maschine geschriebene Text hat folgenden Wortlaut:

Rechtschreibreform
Der Schulausschuss empfiehlt der KMK, im Einvernehmen mit dem Bundesinnenminister folgenden Beschluss zu fassen:
Die KMK dankt dem Arbeitskreis für Rechtschreibregelung für die geleistete Arbeit und die Vorlage der in den Empfehlungen vom 15.10.1958 niedergelegten Ergebnisse.
Sie hält die Empfehlungen für eine geeignete Verhandlungsgrundlage und beauftragt einen aus dem Arbeitskreis zu bildenden Ausschuss, die Beratung mit dem übrigen deutschen Sprachgebiete aufzunehmen. (B6-0/27)

Über dem Text stehen folgende handschriftliche Bemerkungen von Buhl: "Vorschlag   1. Fassung   E: Aachen 8/1.59
                                        Schulausschuß
                                                BU
                    (8 : 3 angenommen)"

Ein zweites Blatt mit der Überschrift in Buhls Handschrift "2. Fassung" enthält folgenden maschinengeschriebenen Text:

Der Schulausschuss empfiehlt der KMK, im Einvernehmen mit dem Bundesinnenminister folgenden Beschluss zu fassen:
Die KMK dankt dem Arbeitskreis für Rechtschreibregelung für die geleistete Arbeit und die Vorlage der in den Empfehlungen vom 15.10.1958 niedergelegten Ergebnisse.

Zweite Fassung des letzten Satzes:
Die KMK ist mit dem Arbeitskreis der Meinung, dass sich eine Reform der Rechtschreibung nur im gesamten deutschen
Sprachgebiet vollziehen darf. Sie empfiehlt, im Einvernehmen mit dem Bundesminister des Innern einen aus dem Arbeitskreis zu bildenden Ausschuss zu beauftragen, die Beratung mit den übrigen deutschen Sprachgebieten aufzunehmen.
(B6-0/28)

Dem Text hat Buhl handschriftlich hinzugefügt:

Aachen Sch A.
9/1.59   11 : 0 angenommen
             9/1.59   Bu   (B6-0/28)

Dieser Text wurde dem Plenum zur Entscheidung vorgelegt.

Diese 70. Plenarsitzung der KMK am 6./7. Februar 1959 in Berlin
muß für Dehnkamp eine herbe Enttäuschung gewesen sein. Es gibt
zwar keinen Beleg dafür, daß er dieser Enttäuschung direkt Ausdruck verliehen hätte, aber sein Verhalten in den folgenden Monaten und der Ton seiner Äußerungen in dem umfangreichen Briefwechsel mit verschiedenen Personen und amtlichen Stellen lassen
eine solche Interpretation zu.
Nachdem er mehrere Jahre beharrlich und konsequent daran gearbeitet hatte, wissenschaftliche und politische Voraussetzungen
für eine geplante Reform bereitzustellen, wurde er um den Erfolg dieser Arbeit regelrecht betrogen; auch wenn der Beschluß
isoliert betrachtet noch eine optimistische Deutung zuläßt, so
kann man die Veränderung gegenüber der Vorlage des Schulausschusses und das spätere Redigieren des Protokolls (s. S.503f)
nur als stufenweise Abwertung des ursprünglichen Auftrages und
als diplomatisch formulierte Ablehnung interpretieren.
Die de facto-Ablehnung der KMK kann nicht nur durch den Einspruch der beiden Kultusminister Maunz (Bayern) und Storz
(Baden-Württemberg) zustande gekommen sein, die übrigen neun
Kultusminister müssen Dehnkamp die Gefolgschaft verweigert, zumindest ihn aber nicht genügend unterstützt haben. (Diese Vorgänge lassen sich nur durch die Einsicht in die Protokolle der
KMK erhellen.) Mit dem Widerstand von Storz hatte er sicher gerechnet. Er wußte, daß dieser maßgeblich an dem ablehnenden
Gutachten der Darmstädter Akademie zu den STE beteiligt gewesen
war und daß er das in den WE enthaltene Minderheitenvotum ver-

faßt hatte; außerdem kannte er die Protokolle der Wiesbadener Verhandlungen, die Storz als Verfechter der Großschreibung und "Bewahrer von Traditionen" auswiesen. Auch daß sich diese Einstellung nicht nur auf sachliche Argumente gestützt hatte, konnte ihm nicht entgangen sein.

Nicht für möglich gehalten hatte er wahrscheinlich, daß auch auf Ministerebene unsachliche Argumentationen Gehör finden würden und darüber hinaus bewußte Verhinderungsstrategien (die auf Dehnkamp wie gezielte Intrigen gewirkt haben müssen) bei der Entscheidung eine Rolle spielen könnten. Daß letzteres der Fall war, geht aus einem Brief von Moser hervor, der am 10. Januar 1959, ohne seine Quelle zu nennen, an Grebe geschrieben hatte: "Privat und vertraulich hörte ich, daß Storz alles unternehmen will, um die empfohlene Kleinschreibung zu Fall zu bringen!" (A6/M; Moser an Grebe 10.1.59). Auch in diesem Fall hat Grebe (man muß sagen leider) seinen Grundsätzen entsprechend nicht kolportiert. Eine solche Information hätte Dehnkamp vielleicht geholfen, sich gegen das zu wappnen, was dann auf ihn zukam. Sein eigener Bericht, den er am 30. April 1959 an Hübinger schickte, um nach gescheiterten Terminabsprachen auf diesem Wege wenigstens eine Stellungnahme des BMI zu erwirken, spielt das wirkliche Geschehen offensichtlich stark herunter (vielleicht eine kaum bewußte Methode, um die eigene Enttäuschung zu verarbeiten):

In der 70. Plenarsitzung am 6./7. Februar 1959 in Berlin habe ich über die Tätigkeit des Arbeitskreises für Rechtschreibregelung und besonders über seine Schlußsitzung berichtet. Da der Arbeitskreis sich bei seinen Entscheidungen im wesentlichen von fachlichen Gründen habe leiten lassen, müßten die Kultusministerien die Empfehlungen mehr unter kulturpolitischen Gesichtspunkten betrachten und dabei auch die Möglichkeiten zu ihrer allseitigen Anerkennung prüfen. Abschließend hatte ich gebeten, diese Prüfung möglichst bald vorzunehmen und in der folgenden Plenarsitzung einen Beschluß zu fassen, in dem die Kultusministerkonferenz die Empfehlungen als brauchbare Grundlage für weitere Verhandlungen mit Vertretern aus den anderen deutschsprachigen Gebieten bezeichnet. Im Anschluß an meinen Bericht hat Herr Leitender Regierungsdirektor Dr. Reimers die befürwortende Stellungnahme des Schulausschusses dargelegt. In der Aussprache äußerten sich die Herren Minister Maunz und Storz mehr im ablehnenden, die anderen Herren mehr im zustimmenden Sinne. Aus diesem Grunde und auch im Hinblick auf die gegenwärtige politische Lage (Berlin-Problem) stieß mein oben erwähnter Vorschlag nicht auf allseitige Zustimmung.

501

Es wurde vielmehr und zwar einstimmig beschlossen:
"Die Kultusminister-Konferenz dankt dem Arbeitskreis für
die von ihm geleistete Arbeit. Seine Empfehlungen ermöglichen eine Fortsetzung der Diskussion mit Sachverständigen
und interessierten Persönlichkeiten innerhalb der deutschen
Sprachgebiete. Senator Dehnkamp wird gebeten, mit dem auf
der Bundesseite federführenden Bundesinnenministerium erneut Verbindung aufzunehmen und das Plenum zu gegebener
Zeit über die Auffassung der Bundesressorts zu unterrichten." (B6-0/56)

In der "Vorausmitteilung über das Ergebnis der Beratungen" des

70. Plenums, die Dehnkamp am 14. Februar zugeschickt worden

war, hatte der letzte Satz noch folgenden Wortlaut:

Senator Dehnkamp wird gebeten, den bisherigen Auftrag fort-
zuführen und insbesondere mit dem Bundesinnenministerium
eine Abstimmung über den einzunehmenden Standpunkt herbeizuführen. (B6-0/37)

Der Vordruck für diese Vorausmitteilungen enthält im Briefkopf

folgenden Satz: "(Die nachstehenden Ausführungen sind keine

vollständige Wiedergabe des Beratungsverlaufs dieser Sitzung,

auch ist für den Wortlaut der Beschlüsse allein das endgültige

Protokoll verbindlich.)" Der Beschluß ist also vor seiner end-

gültigen Protokollierung noch einmal redigiert worden in dem

Sinne, daß vom Fortführen des Auftrages nicht mehr die Rede war

und Dehnkamps weiteres Vorgehen durch eine noch unschärfere

Formulierung seine Bedeutung fast einbüßt: Anstatt "mit dem

Bundesinnenministerium eine Abstimmung über den einzunehmenden

Standpunkt herbeizuführen" sollte er lediglich "erneut Verbin-

dung auf(zu)nehmen" und "die Auffassung der Bundesressorts "

später dem Plenum mitteilen.

Diese einzige ihm verbliebene Aufgabe wollte Dehnkamp sofort

erledigen, aber es gelang den beiden Vorzimmern trotz wieder-

holter Versuche nicht, einen Besprechungstermin mit Hübinger zu

vereinbaren. Der entsprechende Schriftwechsel samt Aktennotizen

bezeugt ein weiteres Mal Hübingers geringes Interesse an der

Sache. Auszuschließen ist allerdings nicht, daß auch er von

Storz beeinflußt gewesen sein könnte; das würde sein ständiges

Verzögern erklären.

So entschloß Dehnkamp sich, zunächst die beiden Arbeitskreis-

vorsitzenden Trier und Grebe zu informieren. Inzwischen hatte

aber Grebe auf Umwegen von "der Panne" erfahren:

Zufällig habe ich gehört, dass bei der letzten Besprechung
der Kultusminister mit unserer Empfehlung schon die erste
Panne passiert ist (Bayern!). Ich muss sagen, dass mich die
Sache sehr erbost hat, und ich frage mich ernsthaft, ob wir
eine solche Missachtung unserer mehrmonatigen Arbeit ohne
jede Reaktion hinnehmen sollen. Meine erste Meinung war
die, daß man zurücktreten sollte. Ich übersehe die Dinge zu
wenig; bitte orientieren Sie mich doch über die Lage.
(A6/M; Moser an Grebe 24.2.59)

Entgegen seiner sonstigen Gewohnheit ließ sich Grebe mit der
Antwort viel Zeit; erst am 9. März schrieb er an Moser:

In der Reformfrage unserer Rechtschreibung ist es mehr oder
weniger still. Das Bundesinnenministerium will demnächst
die Sache wieder ankurbeln. Die Sache mit Bayern wird dort
nicht als schlimm angesehen. (A6/M; Grebe an Moser 9.3.59)

Bemerkenswert ist diese verzögerte, sehr kurze Antwort schon,
offenbart sie doch Grebes zunehmende Neigung zu einem gewissen
Zweckoptimismus. Er hatte zu diesem Zeitpunkt weder von Dehnkamp noch von einem Vertreter des BMI irgendwelche Informationen erhalten (zumindest nicht durch die entsprechenden Briefwechsel belegt), konnte also über die Einschätzung der Lage
durch das BMI keinerlei Kenntnisse haben. Seine Taktik zielte
ganz offensichtlich in zwei Richtungen: zum einen auf strikte
Zurückhaltung ("nur keinen Staub aufwirbeln"), um die Gegner
nicht zusätzlich zu reizen; zum anderen auf Ruhe innerhalb des
Arbeitskreises, um das von Moser und Weisgerber herbeigerufene
"Rücktrittsgespenst" zu bannen.
So blieb Weisgerbers Brief zur gleichen Problematik unbeantwortet, zumal er im Gegensatz zu Mosers Schreiben keine ausdrückliche Bitte um Information enthielt:

Über Herrn Moser hörte ich von dem bayrischen Querschuß.
Ganz unerwartet ist das ja nicht, obwohl man mit Vetos etwas vorsichtiger umgehen sollte. Ich frage mich, ob man
sich nicht ausdrücklich die Handlungsfreiheit zurückerbit-
ten sollte, auch insoweit es um die Kennzeichnung der Grenzen staatlichen Mitspracherechtes in Rechtschreibdingen
geht. Allerdings ist ja durch die gesamte politische Entwicklung die Frage, ob das Tempo der Weiterbehandlung nicht
eher verlangsamt werden sollte, dringlich geworden. (A7/W;
Weisgerber an Grebe 18.3.59)

Auch an Trier, mit dem er zu dieser Zeit mehrmals korrespondierte, gab er diese Information nicht weiter, so daß diesen

Dehnkamps Mitteilung über den Verlauf der Sitzung der KMK völlig unerwartet traf. Über sein Zusammentreffen mit Dehnkamp in Münster schrieb er an Grebe:

> Er (Dehnkamp, H.S.) brachte die betrübliche Nachricht, daß das bayerische Kabinett die Vorschläge des Arbeitskreises abgelehnt und sich damit schon in einem negativen Sinne festgelegt hat. Da schon vorher bekannt war, daß auch Baden-Württemberg in seinem Minister Storz eher zur negativen Seite neigt, erhebt sich die Frage, was man nun tun soll. Herr Senator Dehnkamp hatte zwei Vorschläge, die er auch mit Ihnen noch näher besprechen wollte (...). Erstens will er die Beziehungen zu Österreich verstärken, und zweitens regt er an, publizistisch stärker tätig zu sein, öfter einmal in der Presse einen Artikel im Sinne der Reform erscheinen zu lassen. Dabei sei es - meint Herr Dehnkamp - nicht zweckmäßig, wenn die Angehörigen des Arbeitskreises sich selbst äußern, es sei vielmehr besser, wenn Leute, die nicht zu unserem Kreis gehören, sich äußern. Herr Dehnkamp und ich waren der Meinung, daß die schwierige Lage in Süddeutschland für uns kein Grund sein kann, unsere Bestrebungen aufzugeben. (A7/T; Trier an Grebe 21.4.59)

Grebe traf sich am 22. April mit Dehnkamp in Frankfurt; dieser hatte in seinem Ankündigungsschreiben mit keiner Andeutung verraten, wie wenig sich die politische Behandlung der Reformfrage in seinem Sinne entwickelt hatte:

> Bei der bisherigen Beratung der Vorschläge des Arbeitskreises für Rechtschreibregelung hat sich einiges getan, worüber ich gern mit Ihnen gesprochen hätte. (A5/D; Dehnkamp an Grebe 10.4.59 bzw. B6-0/49)

Grebe ließ sich wiederum gegenüber Dehnkamp nicht anmerken, wieviel er schon über die Vorgänge innerhalb der KMK wußte; beide ließen sich ihren Optimismus nicht rauben und versuchten, die Tatsachen in eine erfolgversprechende Richtung hin zu interpretieren:

> 1. Ich habe am 8. April mit Herrn Prof. Trier in Münster und am 22. April mit Herrn Dr. Grebe in Frankfurt gesprochen und den beiden Herren dabei die Stellungnahme der KMK mitgeteilt. Beide waren über die auf die Ablehnung von Bayern zurückzuführende Haltung der KM (Kultusminister, H.S.) sehr bestürzt. Auf meine ausdrückliche Frage erklärten jedoch beide, daß der Arbeitskreis nach ihrer Meinung auch ohne vorherige Zustimmung der staatlichen Stellen in der Bundesrepublik bereit sein dürfte, mit geeigneten Personen + Stellen in den anderen deutschsprachigen Ländern zu verhandeln. Am Ende der Gespräche waren

beide Herren sogar der Meinung, daß es für die Unterhänd-
ler sogar besser sei, wenn sie ohne amtlichen Auftrag +
ohne offizielle Beteiligung über ihre eigenen Vorschläge
verhandeln. - Ich habe den Herren für die Bereitschaft
gedankt und zugesagt, daß ich mich baldmöglichst mit Herrn
Min Dir Hübinger in Verbindung setzen würde um zwi- schen
Bund und Ländern die notwendige Verständigung über das
künftige Vorgehen herbeizuführen. Das Ergebnis würde dem
Arbeitskreis sodann offiziell mitgeteilt werden.
2. In der 71. Plenarsitzung kurz über den Stand berichtet.
D 25/4.59
(B6-0/51; handschriftliche Aktennotiz von Dehnkamp)

Von optimistischer Uminterpretation zeugt auch Grebes Brief an
Weisgerber, dem er einen Durchschlag von Dehnkamps (schon zitierten) Bericht an Hübinger vom 30. April zuschickte:

Wenn man auch die Haltung der Ständigen Konferenz der Kultusminister nicht als Erfolg bezeichnen kann, so zeigt der
Beschluß doch, daß es nicht mehr ohne weiteres möglich ist,
den Tatbestand einfach vom Tisch zu wischen. Das Thema
bleibt im Gespräch, und dies scheint mir nicht unwichtig zu
sein. Da ich annehme, daß Herr Professor Hübinger sich bald
entscheiden wird, könnten die koordinierenden Gespräche mit
den Vertretern der anderen Teile des deutschen Sprachraums
noch in diesem Sommer beginnen. (A7/W; Grebe an Weisgerber
6.5.59)

Weder die im gleichen Brief geschilderte "betrübliche Entwicklung in Wien" (vgl. dazu 4.Kap.4) noch das zögerliche Verhalten
von Hübinger konnten zu großen Hoffnungen Anlaß geben, aber
Grebe vertrat die zweifellos richtige Ansicht, man dürfe sich
von Mißerfolgen nicht sofort entmutigen lassen und müsse statt
dessen versuchen, das angestrebte Ziel auch auf Umwegen zu erreichen. Daß sein Optimismus inzwischen etwas gedämpft war, beweist die Auskunft, die er einem Sprachbuchautor gab, der nach
dem geschätzten Zeitpunkt der Rechtschreibreform gefragt hatte:
"nicht vor 2 Jahren " (A7/W: Grebe an Wagner 18.2.59).

Noch vor seinem Treffen mit Dehnkamp hatte Grebe versucht, über
das Generalsekretariat der KMK etwas über die politische Wirkung der WE zu erfahren. In einem Brief an Frey, in dem es zunächst um Abrechnungsprobleme (Vervielfältigungen) ging, faßte
er die Reaktion auf die WE zusammen. Dabei ging er auf die
Pressediskussion in der Bundesrepublik ein, stellte fest, daß
die Schweiz sich wohl bewußt zurückhalte und erwähnte dann kon-

troverse Diskussionen in Österreich. Abschließend stellte er die Frage: "Wie sieht es inzwischen in Bonn aus? Für eine gelegentliche Information wäre ich dankbar." (A5/F; Grebe an Frey 2.4.59)

Freys Antwort gab wenig Anlaß zu Optimismus:

> In "Bonn" hat man, glaube ich, zu der Sache gar keine Meinung. Die Kultusminister-Konferenz wird durch das Bremsen von Bayern nicht sonderlich aktiv werden können; der Bundesinnenminister schien mir nie übermäßig aktiv interessiert. Es ist im Augenblick vielleicht ja auch nicht gerade politisch der richtige Moment, hier Entscheidungen oder auch nur Stellungnahmen zu verlangen. (A5/F; Frey an Grebe 8.4.59)

Ob Frey dabei an eine bestimmte außenpolitische "Großwetterlage" dachte, ob seine Bemerkung mehr auf die parteipolitische Konstellation in der KMK und die Haltung des BMI zielte oder ob er hier nur eine Ausrede formulierte, muß dahingestellt bleiben. Auffallend ist aber, daß die "Sprachregelung" von den ungünstigen politischen Verhältnissen auch vom BMI benutzt wurde, wie aus einem Brief von Gussone an Grebe hervorgeht. Er berichtete, daß bei der Jubiläumsfeier der Heidelberger Akademie Hübinger und Prof. Meister, der Präsident der österreichischen Akademie, über die geplante Rechtschreibreform gesprochen hätten; Meister habe dort die Meinung vertreten, "daß auch in den anderen deutschsprachigen Gebieten derartige Sachverständigenkommissionen gebildet werden sollten; auf Grund der Arbeitsergebnisse dieser Kommissionen könne alsdann das Sachverständigengespräch über die Grenzen hinweg in Gang gebracht werden". Angesichts "der lebhaften Diskussion in Österreich und vor allem angesichts der gegenwärtigen politischen Verhältnisse" stimme Hübinger dieser Auffassung zu. (A5/G; Gussone an Grebe 24.6.59)

Ob die Kultusminister von Bayern und Baden-Württemberg im BMI Einfluß hatten, ist nicht zu belegen; auf jeden Fall aber paßte Hübingers von Anfang an bestehendes Desinteresse ebenso genau in ihre Verzögerungstaktik wie der (von diesem wahrscheinlich vorgeschobene) Grund für die passive Haltung des BMI: Kurz vor seinem Ausscheiden aus dem Bundesinnenministerium - er folgte einem Ruf der Universität Bonn - teilte er Dehnkamp mit, wegen der kontroversen Diskussion in Österreich habe die "Bundesregierung bzw. der Bundesminister des Innern (...) sich zu den Empfehlungen noch nicht geäußert".

In dieser Situation erwies Dehnkamp sich als Pragmatiker, der die etwas fadenscheinige Begründung durchschaute, aber - die politische Sackgasse erkennend - gleichzeitig einen neuen Weg suchte. Er schrieb kurze Zeit später in einem Brief an Heyd, wahrscheinlich sei diese "Zurückhaltung (...) nicht nur auf taktische Gründe zurückzuführen". Auch er sei inzwischen der Meinung, "daß im Augenblick der Sache mit einer amtlichen Stellungnahme kaum gedient" sei; "die durch die Entwicklung in Oesterreich eintretende Verzögerung ist auch für uns in der Bundesrepublik insofern ein Gewinn (...), als der Arbeitskreis für Rechtschreibregelung dadurch Zeit zur Popularisierung seiner Empfehlungen" gewönne. (A5/D; Dehnkamp an Heyd 23.10.59)

Der Vorschlag, die WE durch gezielte Arbeit in der Presse stärker in das Bewußtsein der Öffentlichkeit zu tragen, den er in früheren Schreiben auch schon an Grebe und an Trier herangetragen hatte, fiel bei Heyd auf besonders fruchtbaren Boden. Er trug durch zahlreiche Presseartikel und Vorträge und nicht zuletzt durch die von ihm gegründete agnr wesentlich zur Popularisierung des Reformgedankens bei. Nur Grebe verkannte die sich hier bietende Möglichkeit und lehnte - wie schon erwähnt - Heyds wiederholte Angebote, eine Pressestelle für den Arbeitskreis einzurichten, stets ab.

Wenn es darum ging, Informationen über die Arbeit des Arbeitskreises und auch über die folgende poltische Entwicklung weiterzugeben, ließ Grebe ein fast geheimbündlerisches Verhalten erkennen. Sogar die Mitglieder des Arbeitskreises wurden nur spärlich, vorsichtig und zögernd mit Nachrichten versorgt. Erst als er aus einem Antwortschreiben, das Dehnkamp an Ringeln gerichtet hatte, an dem Verteiler feststellte, daß Durchschläge dieses Briefes an mehrere Mitglieder des Arbeitskreises gegangen waren, schloß er daraus, daß es Dehnkamp "wohl gar nicht mehr auf die Geheimhaltung des Beschlusses ankommt". Er ließ Anfang Mai 1959 "deshalb an die ordentlichen Mitglieder" des Arbeitskreises "eine entsprechende Mitteilung hinausgehen". (A7/T; Grebe an Trier 6.5.59)

Darin teilte er den Wortlaut des KMK Beschlusses mit und berichtete, daß nach einer Stellungnahme des BMI, um die sich Dehnkamp bemühe, die Gespräche mit den anderen Ländern beginnen könnten. Diese Mitteilung sei "noch vertraulich zu behandeln, weil wir zur Veröffentlichung des Ministerbeschlusses nicht befugt sind".

Dehnkamp hatte gut daran getan, sich mit der Haltung des BMI abzufinden und die Begründung (Probleme in Österreich) zu akzeptieren. Dort schien das Interesse für Kulturpolitik nur schwach zu sein, wie sich aus bestimmten personalpolitischen Entscheidungen ablesen läßt:

> Da für Herrn Prof. Hübinger immer noch kein Nachfolger bestimmt ist, hat die Kulturabteilung des Bundesministers des Innern z.Z. keinen Leiter und daher niemanden, der sich um die Fragen der Rechtschreibreform bemüht. Hoffentlich dauert dieser Zustand nicht mehr gar so lange. (A5/D; Dehnkamp an Grebe 25.1.60)

In dieser Situation gab es natürlich auch für Grebe innenpolitisch nichts mehr zu verhandeln; seine neuen Ansprechpartner saßen in Wien.

Bei den nun folgenden Verhandlungen mit den Österreichern ließ Dehnkamp Grebe, der ihn regelmäßig und umfassend informierte, freie Hand: "Sollten Sie jedoch anderer Meinung sein, dann schreiben Sie an Herrn Prof Dr. Meister bitte so, wie Sie es für richtig halten, (...)." (B6-0/82) Seine Sympathie für Dehnkamp hinderte Grebe daran, über den Machtzuwachs zu triumphieren; aber er nutzte ihn in der Folgezeit, so gut er konnte; ihn zu genießen, hatte er keine Gelegenheit, wie die Entwicklung in den folgenden Jahren zeigte.

Er mußte sogar fürchten, seine Führungsposition (und damit die der Bundesrepublik) in Sachen Rechtschreibreform zu verlieren. Im Juli 1960 schrieb er an Dehnkamp, aus dem Verhalten und den Äußerungen von Meister sei zu entnehmen, wie stark dieser sich "jetzt als Einberufender und damit wohl auch als Vorsitzender der künftigen koordinierenden Gespräche" präsentiere. Wie schon früher zu beobachten gewesen sei, entspräche dies wohl "vor allem dem Wunsche der Herren aus Mitteldeutschland". Er meine, man solle "diesem österreichischen Anspruch nicht widersprechen (...), um außerhalb der Sache liegende Schwierigkeiten zu vermeiden". (A5/D; Grebe an Dehnkamp 25.7.60)

Dehnkamp schloß sich dieser Meinung an:

> Wenn die Oesterreicher oder Herr Prof. Meister den Ehrgeiz
> haben, gewissermaßen die "gesamtdeutsche" Federführung zu
> übernehmen, so würde ich mich nicht dagegen wenden. Die
> Hauptsache ist, daß die Sache vorankommt, und wenn dies da-
> zu beitragen sollte, kann es uns nur recht sein." (A5/D;
> Dehnkamp an Grebe 4.8.60)

Leicht resignierender Unmut, der in dieser Formulierung nur
durchklingt, zeigt sich deutlich in einem Schreiben an das Sekretariat der KMK, in dem er auf eine Anfrage aus dem BMI reagierte. (Gussone hatte, nachdem Grebe ihn über die Konstituierung einer österreichischen Kommission informiert hatte, beim
Sekretariat der KMK angefragt, "wieweit bei den Kultusministerien der Länder die grundsätzliche Stellungnahme zu den Vorschlägen des Arbeitskreises erarbeitet ist". -B7/52-) Nach einem ausführlichen Bericht über seine vergeblichen Versuche, eine Stellungnahme des BMI zu erreichen, schloß er:

> Ich empfehle aber, dem Bundesminister des Innern bzw. Herrn
> Gussone zu schreiben, daß die Haltung der Kultusminister-
> konferenz seit dem 6./7. Februar 1959 feststehe und dem
> Bundesinnenministerium mitgeteilt worden sei, daß aber um-
> gekehrt der Kultusministerkonferenz nichts über die Haltung
> des Bundesministers des Innern bzw. der Bundesregierung be-
> kannt sei. (B6-0/79)

Wenn auch an keiner Stelle ausgesprochen, so präfiguriert sich
in den Antipoden Storz und Dehnkamp hier der von Dehnkamp befürchtete parteipolitische Zankapfel Rechtschreibreform. Ein
Briefwechsel zwischen beiden liegt nicht vor, in Briefen an andere Partner werden die Namen wechselseitig nur selten erwähnt.
Wenn einer der Gegenspieler des anderen war, dann nur hinter
den Kulissen. Storz ist hier nicht Regisseur, sondern nur Stö-
renfried; wie sich zeigen wird, organisierte er seine Störmanöver im Hintergrund.

Das politische Desinteresse von KMK und BMI an der Reformfrage
erscheint vor dem Hintergrund der außenpolitischen Vorgeschichte besonders unverständlich.

4. Erfolglose außenpolitische Initiativen

    oder:

    Genese der Ablehnungen aus Österreich (1961 und 1962) und
    der Schweiz (1963)

Um die Fragen zu klären, wie die offizielle Konstituierung des
"Arbeitskreises für Rechtschreibregelung" in den anderen
deutschsprachigen Staaten aufgenommen wurde und warum es
schließlich zu den bekannten Ablehnungen der WE in Österreich
(1961 und 1962) und der Schweiz (1963), bzw. der halboffiziel-
len Zustimmung der DDR kam, ist es notwendig, zunächst noch
einmal in das Jahr 1956 zurückzukehren.
Nachdem der Arbeitskreis in Frankfurt zu seiner konstituierenden Sitzung zusammengetreten war, schien es Dehnkamp "an der
Zeit zu sein, mit den diplomatischen Vorarbeiten für die spätere gesamtdeutsche Legalisierung der Neuregelung zu beginnen"
(B7/2; Dehnkamp an Hübinger 8.5.56). Auch jetzt war es ihm -
wie schon im Jahr 1955 - aus politischen Gründen verwehrt, direkt selbst tätig zu werden. Das Auswärtige Amt, das ihm bei
der Beschaffung der Akten von 1902 so schnell und unbürokra-
tisch geholfen hatte, schien aber an der gegenwärtigen Entwicklung dieser Angelegenheit wenig Interesse zu haben. Jedenfalls
war Dehnkamps Brief vom 23. November 1955 (B7/1), von dem auch
Hübinger eine Abschrift erhalten hatte, unbeantwortet geblieben; dort hatte er dargelegt, warum er ein analoges Verfahren
zu dem von 1902 für zweckmäßiger halte "als etwa ein Abkommen
oder einen Vertrag aller beteiligten Länder"; da diese Verfah-
rensfrage aber vor Beginn der Verhandlungen des Arbeitskreises
geklärt sein sollte, hatte er darum gebeten, "über die deutschen diplomatischen Vertretungen bei den zuständigen Stellen
in Wien, Bern und Luxemburg anfragen zu lassen, ob man dort mit
diesem Verfahren einverstanden ist".
In seinem Brief an Hübinger vom 8. Mai 1956 (B7/2) bat er nun
diesen "als den für die beteiligten Bundesministerien federführenden Herrn (...), sich jetzt dieser Angelegenheit anzunehmen
und beim Auswärtigen Amt anzufragen, ob die deutschen diplomatischen Vertretungen in Wien, Bern und Luxemburg sich bereits
deswegen bemüht haben". Knapp einen Monat später erhielt Dehnkamp von Grebe, der diese Informationen von Stur erhalten hat-

te, einen Bericht über sich anbahnende Aktivitäten in Wien.
Daraufhin schrieb Dehnkamp erneut an Hübinger und zitierte aus-
führlich aus Grebes Brief, ohne seine Quelle ("von befreundeter
Seite") zu nennen:

> Nachdem dort durch den Ministerwechsel im Kultusministerium
> vor einiger Zeit die radikalen Kräfte, die sich noch in
> Stuttgart geltend machen konnten, an Boden verloren haben,
> bildet sich ein neues Zentrum um Ministerialrat Dr. Stur
> (Kultusministerium Wien) in Verbindung mit dem Präsidenten
> der dortigen Akademie der Wissenschaften, Herrn Professor
> Dr. Richard Meister und dem Germanisten der dortigen Uni-
> versität, Herrn Professor Kranzmayer. Aufgabe dieses Gre-
> miums soll es sein, zunächst einmal wissenschaftliche
> Grundlagen mit Wissenschaftlern der anderen Gebiete des
> deutschen Sprachraums zu erarbeiten. Erst dann wolle man
> die berufsmäßig interessierten Kreise der Lehrerschaft, der
> Schriftsetzer, des Buchgewerbes sowie die Schriftsteller
> und Künstler hinzuziehen. (...)
> Die genannten Herren stehen zur Zeit in enger Verbindung
> mit Professor Frings, dem Leipziger Germanisten, und füh-
> renden Mitgliedern der Ost-Akademie. Herr Frings hält sich
> zur Zeit in Österreich auf, um u. a. auch mit Herrn Profes-
> sor Meister Gespräche über die Rechtschreibreform zu füh-
> ren. (B7/3; Grebe an Dehnkamp 1.6.56 und B7/5; Dehnkamp an
> Hübinger 5.6.56)

Noch bevor Dehnkamp mit einer Antwort aus dem BMI rechnete - er
hatte die zögerliche Behandlung dieser Angelegenheit inzwischen
einkalkuliert - erhielt er von Grebe die Abschrift eines Briefes von Stur (geschrieben am 12. Juli 1956), der weitere Neuig-
keiten aus Wien enthielt:

> Seit meinem letzten Schreiben fand in Wien in meiner Gegen-
> wart eine Aussprache zwischen Professor Frings und Präsi-
> dent Dr. Richard Meister (Universitätsprofessor, Hofrat,
> Präsident der Akademie der Wissenschaften in Wien) über die
> Rechtschreibreform statt. Es wurde begrüßt, daß in der Bun-
> desrepublik nunmehr die Frage der Rechtschreibreform im of-
> fiziellen Auftrag in Angriff genommen wird und daß Unter-
> ausschüsse gebildet wurden, die das notwendige Material be-
> reitstellen und durcharbeiten sollen. Ich fürchte sehr, daß
> die Arbeit dieser Kommission dasselbe Schicksal haben wird,
> (sic!) wie die Beratungen der Arbeitsgemeinschaft für
> Sprachpflege. Um dieses Schicksal zu vermeiden, wird es
> notwendig sein, daß die wissenschaftlichen Fachmänner die
> wesentlichen Vorarbeiten leisten. (...) Meister und Frings
> sind ebenso wie unser Minister Dr. Drimmel der Überzeugung,
> daß die wichtigste Arbeit auf der wissenschaftlichen Ebene
> geleistet werden muß und daß hier die Autorität der wissen-
> schaftlichen Fachleute ausschlaggebend sein muß. Es wäre
> daher nach der Meinung von Meister und Frings notwendig,

daß die Wissenschaftler der vier Staaten des deutschen
Sprachraumes im Herbst zusammenkommen und sich über diese
Fragen und deren Lösungsmöglichkeiten aussprechen. Diese
Aussprache soll nur auf privater Basis, aber mit Wissen der
offiziellen Stellen stattfinden und sich auf Wissenschaft-
ler beschränken. Von österreichischer Seite würde Präsident
Dr. Richard Meister, Universitätsprofessor Dr. Kranzmayer
und ich selbst teilnehmen. Aus der DDR würde Professor
Frings mit seinen Leuten kommen, aus der Schweiz wären Pro-
fessor Dr. Hotzenköcherle und Dozent Dr. Glinz einzuladen.
Aus der Bundesrepublik kämen in erster Linie Sie selbst und
Professor Dr. Weisgerber als Mitglied des Arbeitskreises in
Betracht. Weiter sollten Professor Dr. Trier und andere
Hochschulprofessoren des Arbeitskreises eingeladen werden.
Wenn die Duden-Redaktion Wiesbaden und Leipzig repräsen-
tiert sind, so könnte auch ich als Repräsentant des Öster-
reichischen Wörterbuches fungieren. Ich würde dann empfeh-
len, auch Herrn Professor Basler in München als Verfasser
des Bayerischen Wörterbuches einzuladen. (...)
Ich möchte Sie um Ihre Stellungnahme bitten, ob Sie diese
Anregung zu einer Aussprache auf wissenschaftlicher Ebene
annehmen, (sic!) und ob Sie bereit wären den Kreis der
Teilnehmer aus der Bundesrepublik und aus der Schweiz für
diesen Termin einzuladen. Für Österreich würde ich diese
Vorarbeit übernehmen.
Gleichzeitig schreibe ich an die Herren Professor Weisgerber, Hotzenköcherle und Dr. Glinz. (B7/6a; Stur an Grebe
12.7.56; Abschrift, Original nicht in den Akten A)

Dehnkamp und Grebe interpretierten diese Vorschläge zunächst
rein politisch; ob das zutreffend war, läßt sich aus den vorliegenden Akten nicht beantworten. Eine Auswertung der in Berlin und Wien vorhandenen Quellen könnte die Frage klären, ob es
sich hier wirklich, wie Grebe vermutete, um "die erwartete Initiative der Ostzone über den österreichischen Raum" (B7/6; Grebe an Dehnkamp 17.7.56) handelte. Dehnkamp, der damit gerechnet
hatte, "daß die SBZ auf unsere intensiven Bemühungen (...) mit
entsprechenden Parallelmaßnahmen antworten würde", formulierte
seine Einschätzung noch deutlicher:

Daß man sich dabei nicht direkt an Sie wendet, sondern den
Umweg über Wien wählt, verrät auch zugleich die Absicht der
ostzonalen Herren: sie möchten wenigstens in dieser Frage
nicht isoliert dastehen, sondern Bundesgenossen haben.
(B7/7; Dehnkamp an Grebe 20.7.59)

Um die zukünftigen Verhandlungen nicht zu belasten, wollte er
nun alles vermeiden, "was bei den anderen deutschsprachigen
Ländern den Eindruck hervorrufen oder stärken könnte, die Bundesrepublik wolle durch die Einsetzung des Arbeitskreises für

Rechtschreibregelung vollendete Tatsachen schaffen"; deshalb bat er Grebe, seine Antwort an Stur "so verbindlich wie möglich zu halten und so deutlich wie möglich zu sagen", daß der Arbeitskreis nur Vorarbeiten "für eine gesamtdeutsche Rechtschreibregelung leisten" wolle, keinesfalls aber eine Festlegung einer "bundesdeutsche(n) Rechtschreibung" beabsichtige. (B7/7; Dehnkamp an Grebe 20.7.59)

Bevor Grebe seinen Antwortbrief entwarf, verschaffte er sich noch Rückendeckung von verschiedenen Seiten. Aus der Schweiz teilten ihm Hotzenköcherle und Glinz auf "eine entsprechende Anfrage" mit, daß sie über Sturs Pläne "auch nicht sehr glücklich seien", aber auch nicht fehlen möchten, "wenn ein Gespräch zustande käme". Diese Antwort ließ Grebe befürchten, "daß sich die Herren aus der Ostzone, Österreich und der Schweiz auch ohne uns treffen" könnten.

Trier wollte "unsere Bereitschaft zum persönlichen Gespräch stärker betont wissen", und Weisgerber, der sich zwischenzeitlich mit Frings getroffen hatte, hielt eine Ablehnung für gefährlich, weil "sie die Haltung sehr versteifen würde". Er meinte, "die Arbeiten der 'Viererkonferenz', die ja doch so bald wie möglich kommen muß", sollte man ruhig jetzt schon vorbereiten. (B7/10; Grebe an Dehnkamp 7.8.56)

Da Dehnkamp am 8. August 1956 Grebe in der Dudenredaktion in Wiesbaden besuchte, konnten beide sofort über diese neue Entwicklung beraten. Sie beschlossen, Stur mitzuteilen, "jede Fühlungnahme von Herren des ganzen deutschen Sprachraumes" sei wünschenswert, denn man hielte "nur auf dieser Ebene eine Reform der Rechtschreibung für möglich". Bevor der neugebildete Arbeitskreis nicht "in allen Punkten zu einer einheitlichen Auffassung gekommen sei", sei wohl eine "offizielle oder auch nur inoffizielle Konferenz" nicht angebracht. Koordinierenden Gesprächen in Form eines privaten Gedankenaustausches stünde jedoch nichts im Wege. Eine gute Gelegenheit böte sich, wenn Professor Frings und Professor Meister "Ende September d.J. ohnedies in München seien". (B7/10; Grebe an Dehnkamp 7.8.56)

Nach Bremen zurückgekehrt, las Dehnkamp noch einmal den gesamten Briefwechsel in dieser Angelegenheit durch; dabei kamen ihm Zweifel, ob man die Anregung aus Wien nicht falsch interpre-

tiert haben könnte; vielleicht wurde durch Sturs Brief doch
Grebes schon früher geäußerte Einschätzung bestätigt, daß die
in Wien versammelte Gruppe lediglich andere Konsequenzen aus
der "Stuttgarter Erfahrung" gezogen hatte:

> Dieser Weg unterscheidet sich im taktischen Vorgehen we-
> sentlich von unseren Bemühungen, weil wir gerade aus der
> Stuttgarter Erfahrung gelernt hatten, Wissenschaftler und
> Verbände so früh wie möglich zusammenzuführen. (B7/3; Grebe
> an Dehnkamp 1.6.56)

Erst jetzt wurde Dehnkamp klar, daß die von Stur "sicher in
Übereinstimmung mit Herrn Professor Frings so nachdrücklich betonte 'Autorität der wissenschaftlichen Fachleute' gegen" den
Arbeitskreis gerichtet war. (B7/11; Dehnkamp an Grebe 10.8.56)
Er mag sich dabei auch daran erinnert haben, daß Frings im Vor-
jahr die mangelnde wissenschaftliche Begründung der STE kritisiert und damit zum Scheitern der damals von Thierfelder angestrebten Konferenz in Wien beigetragen hatte.
Aber die bundesdeutsche Entscheidung war irreversibel, weder
der "eingeschlagene(n) Kurs" noch die "Zusammensetzung des Arbeitskreises" ließ sich ändern; man konnte nur noch versuchen,
auch dieses Vorgehen als Konsequenz aus dem Scheitern der STE
darzustellen. Dies sollte man nach Dehnkamps Meinung in dem
Brief an Stur noch besonders betonen.
Verstärkt wurden Dehnkamps Zweifel wohl noch durch die inzwischen eingetroffene Antwort von Hübinger, der Erkundigungen
über etwaige Auswirkungen auf die Konstituierung des Arbeitskreises im Ausland eingezogen hatte:

> Die Besorgnis, daß die festgestellte neue Aktivität in Wien
> etwa als Reaktion auf das Tätigwerden des Arbeitskreises
> gewertet werden müßte, hat sich nicht bestätigt. (B7/9; BMI
> Hübinger an Dehnkamp 31.7.56)

Auch auf die von Dehnkamp vorgetragene Bitte um "diplomatische
Vorarbeiten" ging er ein, begründete aber, warum er diese nur
teilweise erfüllt habe:

> Offizielle Schritte der deutschen diplomatischen Vertretun-
> gen bei den Kultusministerien bezw. (sic!) Unterrichtsver-
> waltungen der Nachbarstaaten im deutschen Sprachraum könn-
> ten bei dieser Sachlage und in diesem Zeitpunkt eher Er-

staunen hervorrufen und Anlaß zu Besorgnissen vor übereilten und aufdringlichen Schritten der deutschen amtlichen
Stellen geben. Ihrer dankenswerten Anregung folgend (sic!)
habe ich jedoch veranlaßt, daß über das Auswärtige Amt die
deutschen diplomatischen Vertretungen von der Konstituierung des Arbeitskreises und seiner Zielsetzung entsprechend
in Kenntnis gesetzt werden, damit sie bei etwaigen Anfragen
in der Lage sind, sachlich richtige Auskünfte zu geben.
(B7/9; BMI Hübinger an Dehnkamp 31.7.56)

Mit dieser Antwort war Dehnkamp äußerst unzufrieden und teilte
dies Hübinger erstaunlich deutlich mit: "Ihre nach meiner Meinung etwas optimistische Auffassung über die Wiener Ansichten
teile ich nicht." (B7/12; Dehnkamp an Hübinger 11.8.56) Er
wollte sich bzw. die neue bundesdeutsche Initiative "unter keinen Umständen ausmanövrieren lassen" und bedauerte es einmal
mehr, daß weder die KMK noch er die Möglichkeit hatte, sich
"offiziell (...) an die oesterreichische diplomatische Vertretung" zu wenden. Allerdings konnte es niemandem verwehrt werden, bei zufälligen Treffen sich an die entsprechenden Personen
zu wenden; deshalb bat er den Generalsekretär der KMK, anläßlich eines eventuellen Zufalls entsprechend zu reagieren:

Vielleicht bietet sich Ihnen irgendeine Gelegenheit, mit
dem oesterreichischen Botschafter in Bonn oder dem dortigen
Kulturattaché deswegen ins Gespräch zu kommen und deren
Meinung bezw. (sic!) das, was sie über die Meinung in Wien
wissen, festzustellen. Falls dies möglich ist, bitte ich,
mir das Ergebnis mitzuteilen. (B7/13; Dehnkamp an KMK
11.8.56)

Auch Grebe hatte sich die ganze Angelegenheit noch einmal durch
den Kopf gehen lassen. Ihm wurde dabei "immer klarer, daß es
besser ist, zunächst nichts zu schreiben, sondern nach Wien zu
fliegen und mit den Herren Dr. Stur und Präsident Meister das
Ganze durchzusprechen". (B7/14; Grebe an Dehnkamp 13.8.56)
Dieser Plan wurde umgehend verwirklicht; Grebe gelang es nicht
nur, die befürchtete Wiener Konferenz aufzuschieben, sondern er
konnte auch einen Erfolg auf der diplomatischen Ebene verbuchen. Sofort nach seiner Rückkehr schickte er Dehnkamp einen
Bericht:

Am Sonntag, dem 9.9.1956, 10.oo Uhr, hatte ich das erbetene
Gespräch mit den Herren Präsident Professor Dr. Meister und
Ministerialrat Dr. Stur in der Wiener Universität. Herr

Präsident Meister gab mir zunächst den Inhalt eines soeben
bei ihm eingegangenen Schreibens von Herrn Professor Frings
aus der Ostzone bekannt, in dem Herr Frings ihn nochmals
dringend bat, angesichts der gesamten Situation "als neutrale Persönlichkeit" die Führung in der gesamten Rechtschreibfrage zu übernehmen und insbesondere möglichst umgehend die Einladungen für die am 27.9.1956 in München geplante Konferenz hinausgehen zu lassen.
Ich brachte zum Ausdruck, daß ich mich zu diesem Schreiben
erst äußern möchte, nachdem ich die Entwicklung in der
Rechtschreibfrage nach den Stuttgarter Empfehlungen in der
Bundesrepublik dargestellt hätte. (...)
Ich faßte am Ende meiner Ausführungen zusammen, daß es angesichts dieser Fakten nicht möglich sei, neue Konferenzen
im ganzen deutschen Sprachraum zusammenzurufen, bevor unser
Arbeitskreis für Rechtschreibregelung zu klaren Ergebnissen
gekommen sei. Ich würde mich sehr freuen, wenn währenddes-
sen in den anderen Teilen und Ländern des deutschen Sprachraumes ähnlich gearbeitet würde, damit bei späteren gemeinsamen Gesprächen jeder genau wisse, was in seinem Lande
durchführbar sei. Dies schließe nicht aus, daß man auch
zwischenzeitlich den persönlichen Kontakt aufrechterhielte,
um ein allzu großes Abweichen der Arbeitsergebnisse in den
einzelnen Ländern zu verhindern.
Herr Ministerialrat Dr. Stur war von diesen Ausführungen
sehr beeindruckt, beglückwünschte mich, daß wir in der Bundesrepublik so einen klaren Weg gefunden hätten, und äußerte, daß er bereits am nächsten Tage seinen Kultusminister,
Herrn Dr. Grimmel (sic!), um eine ähnliche Organisation
bitten wolle.
Herr Präsident Meister widersprach hier seinem eigenen Ministerialbeamten, weil er - offenbar stark unter dem Einfluß von Professor Frings stehend - an der überstaatlichen
Zusammenarbeit der wissenschaftlichen Akademien festhalten
wollte. (B7/16; Grebe an Dehnkamp 11.9.56)

Im weiteren Verlauf seines sehr ausführlichen Berichtes schilderte Grebe dann, wie es ihm zusammen mit Stur gelungen war,
Meister insoweit umzustimmen, daß "das Wort Konferenz überhaupt
vermieden" würde, man von "offiziellen Einladungen" und der Bestimmung eines Vorsitzenden absehen sollte, statt dessen sich
zu einem "persönlichen Gespräch zusammenfinden" könnte; dieses
sei schon am 27. September in München möglich. Grebe hatte
schließlich den Eindruck gewonnen, "daß auch Herr Präsident
Meister von unseren Argumenten überzeugt war".
Ebenfalls sehr ausführlich beschrieb Grebe seinen Besuch in der
Deutschen Botschaft:

Ich wurde von Herrn Botschaftsrat Graf Welcek zu einer
zweistündigen Unterredung empfangen, in der er sich an dieser Frage sehr interessiert zeigte, weil der ganze Ablauf
für ähnliches Verhalten in andern Fragen charakteristisch

sei. Ich brachte weiterhin zum Ausdruck, daß eine unmittelbare Unterstützung durch die deutsche Botschaft zur Zeit nicht erforderlich sei, nachdem sich die beiden Wiener Herren unserer Auffassung angeschlossen hätten. Da aber die Rechtschreibfrage aus organisatorischen Gründen das österreichische Kultusministerium in der nächsten Zeit stark beschäftigen würde und da unter Umständen mit ähnlichen Vorstößen der Ostzone in Wien zu rechnen sei, wäre bei evtl. sich ergebenden Gesprächen folgende Sprachregelung erwünscht: (B7/16; Grebe an Dehnkamp 11.9.56)

Diese von Grebe vorgeschlagene "Sprachregelung" beinhaltete die am Vortag besprochene Vereinbarung über die Vorarbeiten für die Reform in den einzelnen Ländern (besonders der Bundesrepublik) und die diese begleitenden koordinierenden Gespräche privater Art; keinesfalls fehlen sollte der Hinweis darauf, daß eine Neuregelung der Rechtschreibung "nur im gesamten deutschen Sprachraum gleichzeitig vollzogen werden kann". Daß Grebe in diesem Falle auch auf entsprechende Öffentlichkeitsarbeit besonderen Wert legte, beweist die folgende Bemerkung:

Den gleichen Fragenkreis besprach ich anschließend noch einmal mit dem Presseattaché unserer dortigen Botschaft, Herrn Dr. Kempnich, der am ersten Gespräch nicht teilnehmen konnte, weil Herr Minister Dr. Erhard, der gleichzeitig in Wien war, einen Presseempfang gab. (B7/16; Grebe an Dehnkamp 11.9.56)

Erstaunlich ist, daß Dehnkamp auf diesen Bericht nur kühl und kurz reagierte; er stellte lediglich fest, es sei doch gut gewesen, "daß Sie hingefahren sind und mit den Herren im Oesterreichischen Ministerium und in der deutschen Botschaft gesprochen haben". Wichtig schien ihm vor allem (wahrscheinlich weil er Hübinger mißtraute), "ob die Botschaft über die Sache und über unsere Bemühungen bereits vor Ihrem Gespräch unterrichtet war". (B7/17; Dehnkamp an Grebe 24.9.56) Daraufhin versicherte Grebe ihm, "Graf Welcek" sei "vom Auswärtigen Amt bereits über den Tatbestand selbst unterrichtet" gewesen. (B7/20; Grebe an Dehnkamp 29.9.56)
Hübinger, der ebenfalls Grebes Bericht erhalten hatte, reagierte ungewohnt prompt und offensichlich interessiert. Er erklärte sein Einverständnis mit dem von Grebe "vorgeschlagenen und eingeleiteten modus procedendi und der (...) skizzierten Grundhaltung den anderen Gesprächspartnern gegenüber" und versicherte,

er sehe dem "Bericht über das kollegiale Treffen in München (...) mit besonderer Spannung entgegen". (B7/19; Hübinger an Grebe 26.9.59; Durchschrift) Grebe blieb nur wenig Zeit, um - wie er in Wien versprochen hatte - das Treffen in München zu organisieren. Wie stark das politische Verhältnis zur DDR die Gemüter beschäftigte, belegt nicht nur die von ihm geäußerte Hoffnung, dieses Gespräch sei nunmehr "von allen ostzonalen Ambitionen befreit" (B7/16; Grebe an Dehnkamp 11.9.56), sondern auch Dehnkamps ausdrückliche Genehmigung:

> Gegen die geplante Unterredung mit Vertretern der sowjetischen Besatzungszone habe ich, wie schon gesagt, keine Bedenken, wenn der auch von Ihnen betonte private Charakter erhalten bleibt. (B7/17; Dehnkamp an Grebe 24.9.56)

So spielte denn auch, wie das bisher schon mehrmals der Fall gewesen war, die Wahl des Tagungsraums eine besondere Rolle. Wegen der "ostzonalen" Gesprächsteilnehmer kam ein Raum in einer Behörde nicht in Frage; auch "dem Wunsche von Herrn Präsidenten Meister nach einem Tagungsraum in der Münchener Akademie" wollte Grebe nicht entsprechen, "um jeden Eindruck eines offiziellen oder inoffiziellen Treffens zu vermeiden" (B7/16; Grebe an Dehnkamp 11.9.56). Man konferierte schließlich am 27. September 1956 in einem Münchener Hotel. Wie in Wien verabredet, hatte Grebe die Einladungen für die Schweiz und die Bundesrepublik übernommen und Meister sich um die Teilnahme der DDR-Vertreter gekümmert. Laut Grebes Bericht an Dehnkamp waren anwesend:

aus Österreich: Präsident Professor Dr. Meister
Ministerialrat Dr. Stur
aus der Schweiz: Dozent Dr. Glinz
aus Mitteldeutschland: Professor Dr. Frings
Frau Dr. Klappenbach (beide von der Ost-Akademie Berlin)
Dr. Ebert, Dudenredaktion Leipzig
aus der Bundesrepublik: Professor Weisgerber und ich.
Professor Trier war verhindert.
(B7/20; Grebe an Dehnkamp 29.9.56).

Grebes Formulierungen lassen deutlich erkennen, daß er dort als der Einladende auftrat und auch die Rolle des eigentlich unerwünschten Vorsitzenden übernommen hatte:

Vor Beginn der Sitzung fragte mich Herr Professor Frings,
ob ich damit einverstanden sei, wenn er Herrn Professor
Meister zum Vorsitzenden vorschlüge. Ich erwiderte darauf,
daß es mir bei einem privaten Informationsgespräch von 8
Personen nicht notwendig erschiene, einen Vorsitzenden zu
wählen. Herr Professor Frings gab daraufhin ohne weitere
Versuche seinen Plan auf.
Als das Gespräch begann, bat ich darum, daß zunächst jeder
Teilnehmer über die nach den Stuttgarter Empfehlungen ein-
getretenen Entwicklungen in seinem Lande referieren möge.
(B7/20; Grebe an Dehnkamp 29.9.56).

Stur berichtete nun, daß es wegen der allgemeinen Ablehnung der
STE in Österreich und wegen des Wechsels im Kultusministerium
notwendig gewesen sei, sich neu zu orientieren. Minister Drimmel habe es deshalb begrüßt, daß Prof. Meister sich der Reformfrage angenommen habe, wodurch "die radikaleren Reformkreise,
die in Stuttgart tonangebend waren, in den Hintergrund getreten" seien. Einen ähnlichen Ausschuß wie den Arbeitskreis in
der Bundesrepublik halte der Minister (und auch er selbst)
nicht mehr für notwendig, weil man "'dem großen Bruder' voll
vertrauen könne". Da es einen engen Kontakt zwischen den Wissenschaftlern beider Länder gebe, habe "die österreichische Regierung keine Bedenken, die in der Bundesrepublik ausgearbeiteten Vorschläge als spätere Verhandlungsgrundlage zu akzeptieren.
Über die Reaktion auf die STE in der Schweiz sagte Glinz, man
habe dort einen "Ausschuß von 4 Kantonalen Erziehungsdirektoren
unter Vorsitz des Schaffhausener Erziehungsdirektors Wanner"
gebildet, der Hotzenköcherle und Glinz mit der Erstellung eines
Gutachtens beauftragt habe. Dieses liege jetzt den Kantonalen
Erziehungsdirektoren zur Prüfung vor. Wanner habe vor wenigen
Tagen "zum Ausdruck gebracht, daß für die Schweiz kein Grund
vorläge, eine besondere Initiative in dieser Frage zu entwik-
keln, nachdem die Bundesrepublik hier tatkräftig vorangegangen
sei"; man "würde deshalb vertrauensvoll den etwaigen Ergebnissen in der Bundesrepublik entgegensehen".
Diese beiden Berichte kommentierte Grebe mit dem Satz:

Es war eindrucksvoll, mit welcher Selbstverständlichkeit
beide Sprecher die Führerrolle der Bundesrepublik in dieser
Frage anerkannten. (B7/20; Grebe an Dehnkamp 29.9.56).

Grebe gab dann "in längeren Ausführungen einen Bericht über den
sachlichen und psychologischen Stand der Rechtschreibfrage in

der Bundesrepublik nach den Stuttgarter Empfehlungen" und "den
sich daraus ergebenden Maßnahmen"; er wies nachdrücklich darauf
hin, daß "neue organisatorische Maßnahmen" erst nach Abschluß
der begonnenen Beratungen des Arbeitskreises möglich seien.
Frings hatte sich wohl sehr kurz gefaßt, denn Grebe gab in seinem Bericht den Inhalt seiner Ausführungen in nur zwei Sätzen
wieder:

Angesichts dieser vorausgegangenen Erklärungen konnte Herr
Professor Frings für Mitteldeutschland nur noch bemerken,
daß auch er die neue Initiative, wie sie sich in der Bundesrepublik entwickelt habe, dankbar begrüße. Im Grunde habe auch er nichts anderes als die von allen Herren als notwendig anerkannte gegenseitige Information angestrebt.
(B7/20; Grebe an Dehnkamp 29.9.56).

Resümierend stellte Grebe fest, "die freimütige Aussprache" habe nicht nur "klärend und beruhigend" gewirkt, sondern auch ein
"eindeutiges Bekenntnis zur Bundesrepublik" von Österreich und
der Schweiz gebracht, das die "Vertreter aus Mitteldeutschland
(...) nur zur Kenntnis nehmen" konnten; somit könne nun die Arbeit des Arbeitskreises "ungestört weitergeführt werden".

Für die "diplomatischen Glanzleistungen" in Wien und München
erntete Grebe Lob und Bewunderung. Hübinger schrieb:

Es ist mir ein aufrichtiges Bedürfnis, Ihnen für die Um-
sicht und Geschicklichkeit, mit denen Sie Gesprächspartner
und Materie zu behandeln wußten, herzlich zu danken.
(B7/22; BMI an Grebe 23.10.56)

Dehnkamp verlor sogar etwas von seiner bisher vorherrschenden
Skepsis, was in seinem "Dankesbrief" deutlich zum Ausdruck
kommt:

Zu dem Ergebnis der Münchener Besprechung kann man Sie und
uns alle nur beglückwünschen. Es ist besser gegangen, als
zu erwarten war, und nachträglich kann man sagen, daß Ihre
Reise nach Wien und die dortige Besprechung mit den Herren
Dr. Meister und Dr. Stur sich wirklich bezahlt gemacht haben. Unser Vorgehen hat damit gewissermaßen noch eine gesamtdeutsche Anerkennung erhalten, und das ist eine Be-
gleiterscheinung, die für uns besonders erfreulich ist.
(B7/21; Dehnkamp an Grebe 2.10.56)

Im darauffolgenden Jahr erhielt Dehnkamp unerwartet ebenfalls die Möglichkeit zu diplomatischen Aktivitäten. Die Carl-Schurz-Gesellschaft teilte ihm mit, daß der österreichische Kultusminister Drimmel nach Bremen kommen werde, um dort einen Vortrag zu halten. Er schrieb ihm sofort einen Brief mit der Bitte, Wünsche für ein "evtl. Besichtigungsprogramm" mitzuteilen und fuhr dann fort:

> Daneben würde ich es begrüssen, wenn sich bei Ihrem Besuch auch Gelegenheit fände, einmal über die mit der Reform der deutschen Rechtschreibung zusammenhängenden Fragen zu sprechen. Wir haben hierüber bereits im Frühjahr 1955 miteinander korrespondiert. Ausdrücklich betonen möchte ich, dass ich nicht etwa an eine offizielle Besprechung denke, sondern nur an eine für beide Seiten unverbindliche Fühlungnahme und Aussprache. (B7/26; Dehnkamp an Drimmel 16.9.57)

Das Gespräch kam zustande; Drimmel sprach sich dabei gegen "eine Konferenz von Vertretern der vier deutschsprachigen Länder" aus, plädierte aber für eine Beratung des Arbeitskreises "über die von ihm erarbeiteten Vorschläge mit Sachverständigen aus den anderen drei Ländern". Erst das Ergebnis dieser Beratungen solle man den Regierungen zuleiten, "damit diese zustimmen und in ihrem Gebiet für die Durchführung sorgen". Dehnkamp stellte befriedigt fest, daß sich diese Auffassung "mit der unseren" decke. (B7/27; Dehnkamp an Hübinger/BMI 25.11.57)
Sowohl Dehnkamp als auch Grebe waren sich jetzt ziemlich sicher, daß es später mit Wien keine größeren Probleme geben würde. Befürchtungen hegten sie aber immer wieder wegen eines Alleinganges der DDR, was auch durch das folgende Beispiel belegt wird: Als Grebe erfuhr, daß der DNA einen Ausschuß "Fachsprache und Rechtschreibung" gründen wollte (vgl. hierzu 3.Kap.1), kamen ihm vor allem Bedenken, weil "auch Bürger der Ostzone" teilnehmen sollten. Er schrieb deshalb an Kliemann, der ebenfalls zu dieser Sitzung eingeladen war, er möge "darauf hin-(zu)wirken, daß das Gespräch in Anwesenheit der ostzonalen Herren nicht in ein allgemeines Reformgespäch einmündet". (A6/K; Grebe an Kliemann 8.4.58) Kliemann, der "nicht den Eindruck" hatte, "dass hier ein allgemeines Gespräch über das gesamte Problem der Rechtschreibreform erfolgen soll", sagte aber zu, gegebenenfalls in Grebes Sinne Einfluß zu nehmen. (A6/K; Kliemann an Grebe 14.4.58) Daß Grebes Befürchtungen unbegründet wa-

ren, wird durch eine andere Quelle belegt, die sich auf die
hier erwähnte Sitzung des DNA bezieht:

> Aus einem Bericht von Dr. Ebert (Duden-Redaktion Leipzig)
> geht hervor, daß die sogenannte DDR in Fragen der Recht-
> schreibungsreform nicht initiativ werden, sondern das Pro-
> cedere der Bundesrepublik überlassen und demgemäß zunächst
> die Beschlüsse des Arbeitskreises abwarten will. (B7/30;
> Vermerk von Prof. Arntz über DNA-Sitzung in Berlin am
> 23./24.4.1958)

Immer noch gehegte Zweifel hätte die im folgenden beschriebene
Begegnung mit Wissenschaftlern aus der DDR, die er schon seit
Stuttgart kannte, eigentlich restlos beseitigen müssen. Im November 1958, als der Arbeitskreis seine Beratungen schon abgeschlossen hatte und der Redaktionsausschuß mit der Formulierung
der WE beschäftigt war, kam es noch einmal zu einem "internationalen" Treffen. Zu der 250-Jahr-Feier der Göttinger Akademie
der Wissenschaften kamen Frings, Steinitz und Meister in die
Bundesrepublik; Grebe arrangierte für den 7. November ein Treffen in einem Hotel, an dem auch Trier teilnahm. Bei dem Gespräch wurde noch einmal bestätigt, daß weder in der DDR noch
in Österreich eine Initiative ergriffen werden sollte, bevor
die Ergebnisse des Arbeitskreises vorlägen.
Steinitz legte in Göttingen offensichtlich großen Wert darauf
klarzustellen, daß er voll hinter dem "Sechspunkteprogramm"
stand und ihm ein Erfolg des Arbeitskreises wichtig war, "weil
ja nur dann darauf aufbauende, koordinierende Gespräche möglich
seien". Mit Recht wertete Grebe diese Aussagen als fast offizielle Absichtserklärung der DDR:

> Da Steinitz auch Frings gegenüber den Ausschlag gibt, zudem
> Mitglied des kommunistischen Zentralrates in Mitteldeutsch-
> land ist, dürfte sich hier also absolute Übereinstimmung
> zwischen den dortigen und unseren Bestrebungen ergeben.
> (A7/W; Grebe an Weisgerber 11.11.58)

In dieser Ansicht wurde Grebe noch bestärkt durch einen kurzen
Briefwechsel mit Frings im Anschluß an das Göttinger Treffen.
Er hatte - wie in Göttingen versprochen - den Text der WE nach
Leipzig geschickt und ein Exemplar der 14. Auflage des Dudens
beigefügt. Frings ließ es in seiner Antwort nicht mit dem übli-
chen Dank bewenden, sondern ging noch einmal auf das Göttinger

522

Treffen ein ("die Freude über unsere Begegnung lebt auch in mir") und meinte, wenn "man unserem kleinen Kreise die Regelung" überließe, "so wäre das ein schnelles Heil für alle Deutschen". (A5/F; Frings an Grebe 21.11. 58) (Bemerkenswert war auch noch Frings' besondere Anerkennung für die Vorschläge zur Getrennt- und Zusammenschreibung, die er seinen "Universitäts-übungen" zugrundelegen wollte.)

Auch der Kommentar von Ebert zu den WE zeigte, daß man in der DDR jetzt mit gemeinsamen Initiativen rechnete:

> Ich glaube, Sie dürfen mit dem Ergebnis zufrieden sein. Zweifellos werden nun die "koordinierenden Gespräche" über die deutschen Grenzen hinaus vorankommen, und so hoffe auch ich, daß wir uns im neuen Jahr in eifriger reformerischer Arbeit zusammenfinden werden. (A5/E; Ebert an Grebe 23.12.58)

Das wichtigste Ergebnis des Göttinger Gesprächs war aber zweifellos Meisters unerwartetes Bekenntnis zur Kleinschreibung; Grebe glaubte, daß man damit der endgültigen Lösung einen gewaltigen Schritt nähergekommen sei:

> Herr Meister bekannte sich ebenfalls zur gemäßigten Kleinschreibung, wobei er insbesondere darauf hinwies, daß ihn die Arbeit von Herrn Moser nun endgültig überzeugt hätte. Im der Fremdwortfrage will er allerdings an keiner Stelle von der bisherigen Schreibung abweichen. Ich sehe es aber bereits als ein entscheidendes Vorpostengefecht für die noch bevorstehende Schlacht um die gemäßigte Kleinschreibung an, daß sich der Präsident der Österreichischen Akademie früher oder später auch in der Öffentlichkeit für die Kleinschreibung entscheiden wird. Dies muß er spätestens in dem Augenblick tun, in dem er als österreichischer Delegationsführer uns gegenübersteht. (A7/W; Grebe an Weisgerber 11.11.58)

Der Sieg im "Vorpostengefecht" war ein Pyrrhussieg.

Dies wurde nach vielen umlaufenden Gerüchten für Grebe und Trier endgültig zur Gewißheit, als es (anläßlich des 50jährigen Bestehens der Heidelberger Akademie der Wissenschaften) am 24. Mai 1959 mit den gleichen Teilnehmern wie in Göttingen "zu einem der üblichen Koordinierungsgespräche" kam. Meister erklärte dort, er sehe sich "angesichts der geteilten Aufnahme der Wiesbadener Empfehlungen in Österreich leider nicht in der Lage (...), seinem Herrn Kultusminister jetzt bereits den Beginn gesamtdeutscher Gespräche vorzuschlagen". Man halte es für notwendig, zunächst einen Arbeitskreis nach dem Vorbild der Bundesrepublik zu bilden, "um die schroffen Gegensätze bei den bestehenden Meinungen durch sachliche Gespräche auszugleichen". Erst dann könne man sich an solchen Gesprächen im gesamtdeutschen Sprachraum beteiligen; als möglichen Termin nannte er den Spätherbst. (B7/37; Grebe an Dehnkamp 25.5.59) Grebes Bericht an Dehnkamp über dieses Treffen ist von ungewohnter Kürze - sicher nicht Ausdruck von beginnender Resignation, aber doch Anzeichen einer großen Enttäuschung, die auch zwischen den Zeilen des Schlußsatzes mitschwingt:

> Die Herren aus Mitteldeutschland waren über diese vorläufige Vertagung der uns gestellten Aufgabe ebensowenig erfreut wie wir, glaubten aber auch, daß es angesichts der schroffen Gegensätze in Wien (Akademie auf der einen Seite und politisierte Lehrerschaft auf der anderen Seite) zweckmäßig wäre, zunächst so zu verfahren. (B7/37; Grebe an Dehnkamp 25.5.59)

Dehnkamp zeigte sich nicht allzu sehr enttäuscht, denn ihn hatte eine gewisse Skepsis (wahrscheinlich aus jahrelanger politischer Erfahrung geboren) niemals ganz verlassen; er sei - so schrieb er an Grebe - nach allem, was er "in der letzten Zeit gehört und gelesen habe", nicht überrascht. (B7/38; Dehnkamp an Grebe 28.5.59) Über das, was er "gehört und gelesen" hatte, gibt es in den Akten B keinerlei Unterlagen, sein Informationsstand läßt sich also nicht rekonstruieren. Bei ihrem Treffen am 22. April 1959 haben Grebe und Dehnkamp anscheinend nicht über die Entwicklung in Wien gesprochen, denn Dehnkamp vermerkt in seiner Gesprächsnotiz (B7/35) lediglich die Mitteilung des KMK-Beschlusses. Auch in dem durch Ausführlichkeit und Offenheit gekennzeichneten Briefwechsel der beiden findet sich merkwürdigerweise kein Hinweis auf die Ereignisse in Wien, die zu dieser neuen Verzögerung geführt hatten. Trotzdem ist davon auszugehen, daß auch Dehnkamp sich allmählich von den Wiener Vorgängen ein Bild gemacht hatte. Wie Grebe sich nach und nach dieses Bild aus verschiedenen Informationen zusammengesetzt haben muß, wird im folgenden gezeigt - ein Prozeß, der sich nicht wesentlich vom Erkenntnisprozeß durch das heutige Aktenstudium unterscheidet.

Zuvor soll auszugsweise ein Zeitungsartikel ("Illustrierte Kronen-Zeitung" vom 2. Juli 1959) aus Österreich zitiert werden,
der in zweifacher Hinsicht bezeichnend und informativ ist; zum
einen gibt er repräsentativ den polemischen Stil der Auseinandersetzungen wieder, zum anderen listet er die beteiligten Organisationen und einige der beteiligten Personen auf. Unter der
Überschrift "Ortografihisches endgültig ad acta! Die befürchtete 'Rechtschreibreform' ist auf unbestimmte Zeit verschoben"
schreibt Hans Weigel:

> Eine entfesselte Meute von Sektierern und Monomanen war mit
> äußerster Entfaltung von Temperament und Demagogie am Werk
> gewesen, (...).
> Und es sah mehrfach so aus, als ob die Reformer durchdrin-
> gen würden. Sie operierten sehr geschickt. Wiener Lehrkräf-
> te wurden zwangsweise zum Beitritt in den Rechtschreibre-
> formerbund rekrutiert, gewisse Kreise der Gewerkschaft wur-
> den ebenso gewonnen - (...). In Österreich war es die Hal-
> tung des Ministers Doktor Drimmel, der Akademie der Wissen-
> schaften, der Gewerkschaft der öffentlich Bediensteten, der
> Hochschulzeitung, der "Salzburger Nachrichten", des "Neuen
> Kuriers", des "Bild-Telegraf" ("Express"), des Schriftstel-
> ler-Schutzverbandes, des PEN-Clubs, des Vereins "Mutter-
> sprache", unter den Schriftstellern ist vor allem Friedrich
> Wallisch, Friedrich Torberg und Rudolf Bayr zu danken, daß
> die Katastrophe vermieden wurde - (...). (Illustrierte Kro-
> nen-Zeitung, 2.7.1959)

Was sich dort in Wien abspielte, wo die Meinungen "mit der alten Schärfe aufeinandergestoßen" waren (A5/F; Grebe an Frey/KMK
2.4.59), erfuhr Grebe erst nach und nach aus den verschiedensten Quellen.

Der erste Hinweis kam am 20. Februar 1959 von Karl Paukert, dem
Obmann des bör: "Bei uns wurde in einer Salzburger Zeitung der
Krieg wieder begonnen. Wir sind jetzt nicht gewillt, nur den
Amboß zu spielen." (A5/B; Paukert/bör an Grebe 20.2.59) Pau-
kerts Einladung zu einer Veranstaltung des bör sagte Grebe aus
taktischen Gründen ab, weil er sich aus den Kämpfen in Wien auf
jeden Fall heraushalten wollte.

Wenige Wochen später häuften sich in der Presse der Bundesrepublik die Meldungen über die Ablehnung der WE bzw. der gesamten
Reform in Österreich; Meister und Drimmel wurden mehrmals namentlich erwähnt. Daraufhin entschloß sich Grebe, Meister "einen Ausschnitt aus der Hannoverschen Allgemeinen Zeitung (...),
der fast wörtlich mit einer Meldung (...) in der Wiener Zeitung

Neues Österreich" übereinstimmte, zu schicken und gleichzeitig um "einen kurzen Lagebericht" zu bitten. Anrede- und Schlußformel dieses Briefes ("Hochverehrter Herr Präsident!"... "Mit vorzüglicher Hochachtung Ihr sehr ergebener") widersprechen Grebes Bemerkung in einem Brief an Weisgerber, er habe Meister "auf Grund einer Pressenotiz aufgefordert", zu den Vorgängen in Wien Stelllung zu nehmen. (A7/W; Grebe an Weisgerber 6.5.59)

> Es ist für die Beurteilung unserer eigenen Position nicht unwichtig, hochverehrter Herr Präsident, zu wissen, ob damit über das Schicksal der gemäßigten Kleinschreibung in Österreich entschieden ist, zudem die Südost Tagepost in Graz meldet, Ihr hochverehrter Herr Kultusminister Dr. Drimmel habe geäußert, daß man sich bemühe, ein Regulativ zu finden, das "uns vor Überraschungen bewahrt".
> Dürfte ich Sie bitten, sehr geehrter Herr Präsident, mir einen kurzen Lagebericht über diese Fragen zukommen zu lassen, weil davon unsere weiteren Schritte nicht unwesentlich abhängen. (A6/M; Grebe an Meister 20.4.59)

Meister war nun in eine peinliche Situation geraten - teils durch eigenes Verhalten, teils ohne sein Zutun hineinmanövriert worden. In Göttingen hatte er alle Gesprächsteilnehmer mit seinem Bekenntnis zur Kleinschreibung nicht nur in Erstaunen versetzt, sondern auch deren berechtigte Hoffnung genährt, die persönliche Entscheidung des Präsidenten der österreichischen Akademie der Wissenschaften, zu der er sich zwangsläufig auch in der Öffentlichkeit bekennen müßte, würde der Rechtschreibreform förderlich sein. Die WE hatte er in einem Brief an Grebe mit der Bemerkung kommentiert, dies sei "nicht nur ein großer Schritt nach vorn, sondern auch Grundlage für alle weiteren Verhandlungen". (A6/M; Meister an Grebe 23.12.58)
In seinem ausführlichen Antwortbrief gab er sich nun alle Mühe, Grebe gegenüber sein Gesicht nicht zu verlieren. Zunächst berichtete er von einer Veranstaltung des Vereins "Muttersprache", die am 8. April 1959 in Wien stattgefunden hatte:

> Es fand in dem Verein "Deutsche Muttersprache" vor etwa 70 Teilnehmern ein Vortrag über die Wiesbadener Empfehlungen statt, und ich ging zunächst nur als Zuhörer hin, wurde aber dann vom Vorsitzenden um meine Stellungnahme befragt. Ich bin auf die einzelnen Punkte nicht eingegangen, sondern sagte, daß das Problem der Rechtschreibung von dem der Normierung der Hochsprache nicht getrennt werden kann, wie dies m.E. durch Professor Weisgerber geschieht. Ich bin

auch gegen eine Lösung des Rechtschreibproblems im Sinne
einer etappenweisen, wenn auch über weitreichende Zeiträume
durchzuführenden endgültigen Rechtschreibreform. Ich erwähnte auch, daß unter dem Gesichtspunkt der Tradition mit
der Hochsprache und der für ihre Ausgestaltung maßgeblichen
klassischen Literaturperiode neben den Argumenten der Schule und der zweckmäßigen Vereinfachung auch die Stimmen der
diese Tradition vertretenden Wissenschaft und der Schriftsteller erwogen werden müßten. (A6/M; Meister an Grebe
27.4.59)

Über diese Veranstaltung in Wien erhielt Grebe später einen

weiteren Bericht, der hier ebenfalls zitiert werden soll, weil

er Meisters Schilderung teilweise bestätigt und ergänzt und

weil er zeigt, wie der Verein "Mutterspache" Meisters Äußerun-

gen für seine Kampagnen zu instrumentalisieren versuchte. Dr.

Herbert Lattacher, der Geschäftsführer der Grazer Zweigstelle

des Vereins "Muttersprache", schrieb dazu:

Dem Vortrag wohnte auch Prof. Dr. Meister bei, der sich dabei äußerte, daß sich unser Deutsches Schrifttum am herr-
lichsten (unleserlich, H.S.) in der klassischen Zeit ent-
faltet habe und daß daher die Rechtschreibung im wesentlichen ihr werde folgen müssen. Übrigens sei die geltende
Rechtschreibung gar nicht so schwierig, wie stets vorgegeben wird! Nach dem Vortrag fand auch eine "Probeabstimmung"
statt, die 63:2 Stimmen gegen die Kleinschreibung ergab.
Diesen Ausführungen kann wohl entnommen werden, daß Prof.
Dr. Meister gegen die verschiedenen Reformvorschläge ist.
(A6/L; Lattacher an Grebe 8.6.59)

Meister berichtete weiter, er habe am 17. April in einem Refe-

rat vor der Akademie zu den einzelnen Punkten der WE und den

schon erwähnten Grundsätzen "Verhältnis von Schriftregelung und

Hochsprachenormierung, etappenweise Durchführung der Recht-

schreibregelung" Stellung genommen; den Text dieses ausführli-

chen Referates (14 Seiten) fügte er "nur zu Ihrem persönlichen,

vertraulichen Gebrauch" bei und wies ausdrücklich darauf hin,

daß dies nicht als seine endgültige Stellungnahme zu betrachten

sei. Ebensowenig seien die Äußerungen "der genannten wissen-

schaftlichen Körperschaften (Akademie, Universitäten) (...)

als endgültig für die österreichische Wissenschaft überhaupt"

zu werten. Nicht nur die in diesen Kreisen herrschende Stim-

mung, sondern auch die Äußerungen des Kultusministers und die

Aktivitäten der Reformfreunde hatten ihn verunsichert und ihm

bewußt gemacht, auf welch "gefährliches Terrain" er sich da be-

geben hatte:

Unterdessen mehren sich allerdings die Stimmen aus wissenschaftlichen Kreisen, die sehr stark (und zwar ohne mein
Zutun) sich gegen die sog. gemäßigte Kleinschreibung aussprechen. Hierzu gehören die an den Universitäten tätigen
Professoren und Dozenten der Germanistik, die Professoren-
kollegien der Universitätsfakultäten in Österreich und neu-
erlich die Majorität der Akademie.
Auch die Erklärung des Herrn Bundesministers für Unterricht
Dr.Heinrich Drimmel, daß die Angelegenheit der Akademie
zwecks Fühlungnahme mit den Schwesterorganisationen in den
anderen deutschen Ländern übergeben sei, ist noch keine
amtliche Betrauung der Akademie in dem Sinne, wie sie Ihr
Arbeitskreis für Rechtschreibregelung durch den Herrn In-
nenminister der DBR und die Herren Kultusminister der Länder der DBR erhalten hat.
Die Lage in Österreich ist so, daß ein Großteil der
Pflichtschullehrer, vielleicht sogar die Majorität für den
Übergang zu Kleinschreibung ist. Die Lehrer der höheren
Schulen stehen der Angelegenheit nicht sehr interessiert
gegenüber. Die Hochschullehrer sind an den Universitäten
unzweideutig mit überwiegender Majorität dagegen, die Stellungnahmen der Hochschulen technischer Richtung sind mir
noch nicht bekannt geworden. (A6/M; Meister an Grebe
27.4.59)

Daß Meister gegenüber Grebe stark in die Defensive geraten war
und hier ein Rückzugsgefecht einleitete, wird auch bestätigt
durch Informationen, die Moser kurz darauf aus Wien erhielt und
sofort an Grebe weitergab. Moser hatte erfahren, daß - initiiert von Prof. Höfler, Wien - "die österreichischen Hochschul-
germanisten um eine ablehnende Stellungnahme von Herrn Präsidenten Meister zu unterbauen, (...) eine einheitliche Stellungnahme" abgeben wollten. (A6/M; Moser an Grebe 8.5.59) Bestätigt
wurde diese Nachricht durch zwei äußerst polemische Aufsätze
(F. Wallisch, Die Geschichte einer Irrung und H. Swoboda, Zur
Psychologie der Neuerer und Abschaffer), die in der österreichischen Hochschulzeitung Nr. 9 vom 1. Mai 1959 veröffentlicht
wurden.

Meisters Brief, der Text seines Referates und die zusätzlichen
Informationen aus Wien konnten nur noch so interpretiert werden, daß Meister "unter dem Druck der öffentlichen Meinung um-
gefallen" war und jetzt "eine punktuelle Reform der derzeitigen
Großschreibung" befürwortete. Einige Jahre später bestätigte er
den Umfall öffentlich in einem Zeitschriftenartikel: Argumente
für und gegen die Kleinschreibung abwägend, schrieb er dort,
die Einführung der Kleinschreibung würde der künstlerischen und
wissenschaftlichen Sprache wesentliche Ausdrucksmöglichkeiten

rauben, hingegen könne man durch Vereinfachung der Regeln die
Groß- und Kleinschreibung für jeden durchschnittlich begabten
Schüler beherrschbar machen. (Meister 1964)
Für Grebe, Weisgerber, Trier und Moser, die um diese Zeit mehrfach miteinander korrespondierten, war nun klar, daß man "im
Zuge der weiteren Verhandlungen" nicht mit Hilfe aus Österreich
"für die Ausräumung der ministeriellen Bedenken" in der Bundesrepublik rechnen konnte; vielmehr kam noch eine neue Schwierigkeit hinzu, weil man "nunmehr auch noch auf die Bedenken des
österreichischen Kultusministers stoße(n)" würde, "der sich,
wie er selbst geäußert hat, weitgehend auf das dortige Akade-
mieurteil stützt". (A7/W; Grebe an Weisgerber 6.5.59) Zu Recht
befürchteten sie, "daß sich auf diese Weise alles verzögert"
und "der ursprüngliche Elan (...) verlorengeht". (A6/M; Moser
an Grebe 2.7.59)
Das Heidelberger Treffen, über das schon berichtet wurde, hatte
also keine Enttäuschung mehr bringen können. Wenn man - wie das
in der "großen" Politik üblich ist - der Wahl der Verhandlungs-
orte eine gewisse Bedeutung beimißt, so war hier ein Tiefpunkt
erreicht: Das Gespräch fand im Heidelberger Bahnhof statt, allerdings im "Wartesaal 1. Klasse".
Erst einige Zeit nach dem Heidelberger Treffen erhielt Grebe
aus mehreren Quellen eine Nachricht, die er eigentlich als Begründung für den radikalen Wiener Meinungsumschwung hätte interpretieren können, was er merkwürdigerweise aber nicht tat.
Anfang Juni fragte der bör bei ihm an, ob die KMK wirklich beschlossen habe, die Reform "einfach einfrieren zu lassen".
Flener-Flöttl, der Schreiber des Briefes, berichtete, vor einiger Zeit sei in der österreichischen Zeitschrift DIE FURCHE eine Notiz erschienen,

kultusminister dr.STORZ habe vertretern österreichischer
kulturvereinigungen auf ihre anfragen nach den aussichten
einer rechtschreibreform mitgeteilt, daß die vorschläge dazu (die 'wiesbadener vorschläge') von der ständigen konferenz der kultusminister auf unbestimmte zeit zurückgestellt
('vertagt') worden seien. (A5/B; bör an Grebe 3.6.59;
Kleinschreibung im Original, H.S.)

Grebe teilte in seiner Antwort den Wortlaut des KMK-Beschlusses
mit und verwies auf den von Drimmel geplanten Arbeitskreis.

Diese Informationen wurden vom bör erleichtert zur Kenntnis genommen:

> es geht also weiter, von einem 'einfrieren' der wiesbadener
> vorschläge im schoße der deutschen kultusminister ist keine
> rede!" (A5/B; bör an Grebe 8.7.59, Kleinschreibung im Ori-
> ginal)

Gleichzeitig wurde bedauert, daß ausgerechnet Meister, der vor-
mals "ein warmer, ja glühender reformfreund zu sein schien",
sich später aber "eine kehrtwendung geleistet" habe, vom Kultusminister mit der Verhandlungsführung beauftragt worden sei.
Es hat den Anschein, als habe Grebe sich dieser optimistischen
Einschätzung angeschlossen, die Behauptung von Storz bliebe ohne Wirkung, wenn sie als unzutreffend entlarvt würde. Keinen
seiner Briefpartner (auch Dehnkamp nicht) informierte er über
Storz' Vorgehen, obwohl ihn kurz darauf eine Bestätigung erreichte. Der schon erwähnte Grazer Obmann des Vereins Muttersprache berichtete, Prof. Mehl habe ihm am 11. Mai mitgeteilt:

> Das westdeutsche Innenministerium (also die wichtigste
> Stelle) hat die Stellung (sic!) zur Rechtschreibänderung
> auf unbestimmte Zeit vertagt! Damit ist die Sache für die
> nächste Zeit erledigt." (A6/L; Lattacher an Grebe 28.6.59)

In einem späteren Brief kam er noch einmal auf diese Mitteilung
zurück und zitierte Mehl ein zweites Mal:

> Die "Vertagung" der Rechtschreibfrage wurde im Auftrag des
> Kultusministers Dr. G. Storz Stuttgart dem Schutzverband
> der österr. Schriftsteller mitgeteilt. Präs. Meister hat
> mir dasselbe gesagt. Näheres kommt in die nächsten "Mittei-
> lungen". (A6/L; Lattacher an Grebe 11.8.59)

Die nächsten "Mitteilungen" (zweimonatlich erscheinendes Verbandsorgan des Vereins "Muttersprache") enthielten aber nichts
"Näheres", sondern nur eine kurze Notiz:

> DIE RECHTSCHREIBÄNDERUNG VERTAGT
> Die Deutsche Akademie für Sprache und Dichtung in Darmstadt
> hat im Auftrag des Kultusministers Dr. G e r h a r d
> S t o r z (Stuttgart) dem Schutzverband der österreichi-
> schen Schriftsteller mitgeteilt, daß die Konferenz der Kul-
> tusminister (der westdeutschen Bundesländer) "den ganzen
> Komplex der Rechtschreibreform auf vorläufig noch nicht ab-
> sehbare Frist vertagt hat".

Nach diesem Beispiele des größten deutschen Staates werden
die kleineren Länder (Ostdeutschland, Österreich, Schweiz,
Luxemburg) gleichfalls zuwarten, Jedoch (sic!) ist damit
die Frage keineswegs abgesetzt. (MITTEILUNGEN DES VEREINES
"MUTTERSPRACHE", WIEN, 9. Jg., 4. Stück S. 53-72, 5. Oktober 1959, S. 60; Sperrung im Original, H.S.)

Heyd, der diese Zeitschrift regelmäßig bezog, zitierte den ersten Abschnitt dieser Passage wörtlich in einem Brief an Grebe,
verbunden mit der Frage, ob ihm Näheres darüber bekannt sei;
schließlich widerspräche dies doch dem von ihm mitgeteilten Beschluß der KMK. Offensichtlich war Heyd entschlossen, diese
Meldung nicht unwidersprochen hinzunehmen:

> Nach dieser publikation müßte ich nun auch "auftreten". Ich
> bitte aber vorher um aufklärung - porzellan ist schon genug
> zerschlagen, ich möchte nicht auch noch beim draufhauen da-
> bei sein. (A6/H; Heyd an Grebe 17.10.59; Kleinschreibung im
> Original, H.S.)

Grebes Antwort war von bemerkenswertem Optimismus. Er gab zunächst zu, über diesen Vorgang schon etwas "aus Graz vernommen"
zu haben, neu sei für ihn lediglich, "daß die Nachricht von
Darmstadt aus nach Wien geschickt wurde". Seiner Meinung nach
seien "unsere Ministerien zunächst nicht gewillt (...), das
ganze Problem ad infinitum zu vertagen". Das zeige sich schon
darin, daß sowohl Dehnkamp als auch Gussone immer wieder an-
fragten, "ob Wien bereits etwas unternommen habe". (A6/H; Grebe
an Heyd 19.10.59)

Von Dehnkamp erhielt Heyd, der ihn als Vertreter der KMK um eine Stellungnahme gebeten hatte, deren Inhalt er auf der nächsten Mitgliederversammlung der agnr vortragen konnte, ebenfalls
nur den Hinweis auf den KMK-Beschluß und die zögerliche Haltung
des BMI, das "die Entwicklung in Österreich abwarten" wollte.
Im Gegensatz zu Grebe ging Dehnkamp aber auf das Verhalten von
Storz ein:

> Es ist sicher der Wunsch von Herrn Storz, "daß in der Bun-
> desrepublik der ganze Komplex einer Rechtschreibregelung
> auf vorläufig nicht absehbare Zeit verschoben" wird. Was
> tatsächlich beschlossen und geschehen ist, habe ich vorste-
> hend gesagt. (B7/44; Dehnkamp an Heyd 23.10.59)

Gleichgültig ob Storz nur auf eine Anfrage aus Wien reagiert
hatte oder ob seine Mitteilung nach Wien auf einer Eigeninitia-

tive beruhte - es war eine bewußte Aktion, um den Fortgang der Verhandlungen zu stören bzw. ganz zu verhindern. Erinnert sei an Mosers Warnung vom 10. Januar 1959: "Privat und vertraulich hörte ich, daß Storz alles unternehmen will, um die empfohlene Kleinschreibung zu Fall zu bringen!" Grebe hatte damals diese Information für sich behalten, auch gegenüber Dehnkamp; spätestens nach den Vorgängen um den KMK-Beschluß vom Februar 1959 müßte allerdings auch ihm klar gewesen sein, daß Storz viele Mittel recht sein würden.

Vor allem Dehnkamp muß gespürt haben, daß Storz seinen Bonus an Popularität und Einfluß, den er ihm gegenüber besonders in Intellektuellenkreisen hatte, bewußt ausspielte. Dies galt in der Bundesrepublik für große Teile der Presse, und dies galt auch für Österreich. Dort wurde sein Einfluß begünstigt durch die Tatsache, daß die Aktivitäten bezüglich der Rechtschreibreform sich in einen anderen Personenkreis verlagert hatten. Die in Stuttgart aufgetretene Gruppe um Stur, Krassnigg und Dechant - entstanden im österreichischen Bundesverlag im Zusammenhang mit der Erarbeitung des ÖW -, die durch Stur starken Einfluß im Kultusministerium hatte, war in die Defensive gedrängt worden. Es gab dafür mehrere Gründe. Zunächst hatte der seit November 1954 amtierende Kultusminister Drimmel im Gegensatz zu seinem Vorgänger Kolb wenig Interesse an der Reform; außerdem schienen seine Sympathien eher Vertretern der Akademie und der Schriftstellerverbände als der Lehrerschaft zu gehören. Sein Ministerialrat Stur war 1957 in Pension gegangen und widmete sich beim österreichischen Bundesverlag der Betreuung des ÖW, so daß im Ministerium ein starker Fürsprecher und Initiator fehlte. Krassnigg war inzwischen Präsident des "bundes österreichischer rechtschreibreformer" (bör). Dieser Verein wurde mehrfach als agitatorische Sektierergruppe diffamiert, was seine Wirkung in der Öffentlickeit nicht verfehlte, wenn das Urteil aus Kreisen der Germanistikprofessoren der Wiener Universität stammte. Dazu kam das Engagement der Presse, die sich fast ausschließlich auf die Seite der Reformgegner schlug.

So ließ es sich Hans Weigel in seinem schon zitierten Artikel nicht entgehen, fast triumphierend auf die Darmstädter Nachricht hinzuweisen:

Die Deutsche Akademie für Sprache und Dichtkunst (Darmstadt) teilt mit, daß die Pläne zu einer Rechtschreibreform
in der Bundesrepublik auf unbestimmte Zeit vertagt worden
sind. Durch diesen Vertagungsbeschluß wird ein ganzes in-
ternationales Unternehmen hinfällig, denn man war überein-
gekommen, die Reform nur gemeinsam mit (...) durchzuführen.
(Illustrierte Kronen-Zeitung vom 2. Juli 1959)

Erst im nachhinein erscheint dieses Verhalten von Storz als der
Fluchtpunkt des Scheiterns, auf den die Ereignisse seit der
entscheidenden KMK-Sitzung im Februar hinsteuerten. Unter diesem Aspekt erscheinen die Vorgänge in Österreich[1] und der
Schweiz, die zu den bekannten Ablehnungen der WE führten, nur
noch als zwangsläufige Folgeereignisse.

5.   Erneutes Scheitern der Wiener Schlußkonferenz

Daß Meister und Drimmel sich in der oben geschilderten Situation in Wien nicht gerade beeilten, den in Heidelberg in Aussicht
gestellten Arbeitskreis zu konstituieren, ist nur zu verständlich. Auf seine Nachfrage hin erhielt Grebe im Oktober 1959 von
Meister eine hinhaltende Nachricht (A6/M: Meister an Grebe
26.10.59); im Januar 1960 erreichte ihn "auf inoffiziellem Wege" eine Liste der Mitglieder der geplanten Kommission. Am 22.
Juli 1960 berichtete Meister, nun sei "eine Kommission für Orthographiereform gebildet worden nach dem Muster des Arbeitsausschusses in der DBR" (A6/M; Meister an Grebe 22.7.60), und
fügte eine Liste der Mitglieder bei:

1. Vertreter der Wissenschaft (6):
Univ.-Prof. Dr. Richard Meister, Aademie der Wissenschaften
Univ.-Prof. Dr. Eugen Thurnher, Universität Innsbruck, Ver-
                              treter der Rektorenkonferenz

---

1 Die Vorgänge in Wien, die schließlich zu der Ablehnung der
WE durch die österreichische Kommission führten, können im folgenden nur noch skizziert werden. Eine ausführliche Darstellung, wie sie sich nach den in den Akten A und B vorhandenen
Unterlagen erarbeiten ließe, die darüber hinaus noch Aussagen
von Zeitzeugen einbeziehen könnte, soll zu einem späteren Zeitpunkt vorgelegt werden.

Univ.-Prof. Dr. Otto Höfler, Universität Wien
Univ.-Prof. Dr. Hans Knobloch, Universität Innsbruck
Univ.-Prof. Dr. Eberhard Kranzmayer, Universität Wien
Doz. Dipl.-Ing. Dr. techn. Eugen Wüster, Normenausschuß

2. Vertreter der Schule (7):
Dr. Werner Tschulik, Gymnasialdirektor i. R.
Prof. Dr. Heinrich Neumayer, Bundesrealgymnasium
Hofrat Dr. Albert Krassnigg, Landesschulinspektor
Prof. Dr. Johann Hanich, Bundeslehrerbildungsanstalt
Aloisia Eder, Volksschuloberlehrerin
Ernst Pacolt, Volksschuldirektor
Dr. J. E. Görlich, Arbeitsgemeinschaft der Germanisten
                     an den techn. und gewerbl. Lehranstalten

3. Vertreter der Vereine (7):
Österreichischer PEN-CLUB
Presseclub "Concordia": Prof. Dr. Friedrich Schreyvogel
Schutzverband österr. Schriftsteller. Prof. Dr. Friedrich
                     Wallisch
Verein "Muttersprache": Prof. Dr. Erwin Mehl
Wiener Sprachgesellschaft: Prof. Dr. Heinrich Kronasser
Bund österr. Rechtschreibreformer: Cheflektor Dr. Karl Ziak
Österr. Stenographenverband: Prof. Wilhelm Zorn

4. Vertreter des Buchgewerbes (5):
Sektionschef i. R. Dr. Josef Stur, Österr. Wörterbuch,
                     Bundesverlag
Hofrat Dr. Rudolf Dechant, Österr. Bundesverlag
Hauptverband der österr. Buchhändler: Dr. Robert Stein
Hauptverband der graphischen Unternehmungen Österreichs:
                     Hans Reisser
Gewerkschaft der Arbeiter der graphischen und papierverarbei-
tenden Gewerbe: Hans Furtner

Grebe verständigte Dehnkamp sofort und schickte ihm auch eine
Kopie der Liste; diese Nachricht hat "in mir wieder den Optimi-
sten gestärkt" (B7/49; Dehnkamp an Grebe 4.8.60), schrieb dieser kurz darauf, mußte aber bald einsehen, daß seine Freude

voreilig gewesen war. Die österreichische Kommission trat erst
am 23. Februar 1961 erstmalig zusammen und beriet in drei weiteren Sitzungen (9. Mai, 20. Juni, 27. Juni) zunächst nur über
die Groß- und Kleinschreibung. Bei der Abstimmung über die
Kleinschreibung votierten 10 dafür und 10 dagegen, der Vorsitzende (Meister) enthielt sich, 2 Mitglieder fehlten, 2 weitere
Mitglieder (Knobloch und Wüster) gaben Sondererklärungen ab.
(Meister 1961:7) Das Ergebnis der Beratungen wurde - von Meister redigiert - sofort veröffentlicht (Meister 1961) und Grebe
zugeschickt. Dehnkamp und Grebe erwogen zunächst, den Arbeitskreis einzuberufen, entschlossen sich dann aber, das Ergebnis
der weiteren Beratungen abzuwarten. (B7/71-76)
Nach vier weiteren Sitzungen (24. Oktober und 16. Dezember
1961, 30. Januar und 16. März 1962) der österreichischen Kommission legte Meister den Bericht über die Beratungen zu den
Punkten 2 bis 6 vor (Meister 1962), den er Grebe ebenfalls sofort zusandte. Gleichzeitig lud er zu einem neuen koordinierenden Gespräch für den 25. Mai 1962 nach Wien ein (A9/M; Meister
an Grebe 7.5.62), das Grebe aber mit der Begründung ablehnte,
man müsse zunächst die Beratungen in der Schweiz abwarten, erst
dann könne es "zu einer Rechtschreibkonferenz in Wien" kommen.
(Grebe differenzierte hier ganz bewußt zwischen "Gespräch" und
"Konferenz".) Außerdem müßte der Arbeitskreis zuerst noch einmal einberufen werden, um eine Delegation aufzustellen, der für
die Bundesrepublik mindestens 6 Herren angehören müßten. Nach
Absprache mit Grebe lehnte auch Hotzenköcherle ab, stellte aber
in Aussicht, daß eine Schweizer Kommission eine Stellungnahme
ausarbeiten würde. (A9/H; Hotzenköcherle an Grebe 15.5.62)
Meister zeigte Verständnis für die Absagen und kündigte für den
Herbst eine neue Einladung an. Dehnkamp erwirkte einen Beschluß
der KMK, der besagte, daß keine Bedenken gegen die Teilnahme
von Vertretern des Arbeitskreises an einer Konferenz in Wien
bestünden. (B7/98; Präsident der KMK an Dehnkamp 5.6.62) Entsprechende Bemühungen beim BMI führten erneut zu einer auswei-
chenden Antwort: "Es war bis jetzt noch nicht möglich, die Angelegenheit dem Herrn Minister vorzutragen, (...)." (B7/109;
Hagelberg/BMI an Dehnkamp 18.8.62)
Am 5. November 1962 fand "die Besprechung über die recht-
schreibliche Situation und eine spätere Schlußkonferenz in den

Räumen der Akademie der Wissenschaften in Wien" statt; alle
vier beteiligten Staaten waren vertreten: Grebe und Trier aus
der Bundesrepublik, Frings und Steinitz aus "Ostdeutschland",
Hotzenköcherle und Wanner aus der Schweiz, Höfler und Krassnigg
aus Österreich. Grebe und Trier beschränkten sich darauf, auf
die im Druck vorliegenden WE hinzuweisen. Steinitz versicherte
erneut seine vorbehaltlose Zustimmung zu den WE und betonte,
ein selbständiges Vorgehen der DDR sei nicht beabsichtigt; es
gebe auch keine offizielle Kommission. Steinitz' "Meinungsäuße-
rung" war Grebe zufolge "durchaus als offiziös anzusehen". Hotzenköcherle und Wanner bekundeten ihre Absicht, keine neuen
"Vorschläge zu unterbreiten", sondern "lediglich die gedruckt
vorliegenden Empfehlungen aus Wiesbaden und Wien zu begutach-
ten". Die Stellungnahme der österreichischen Kommission wurde
von zwei Herren erläutert: Höfler setzte sich für die Großschreibung, Krassnigg für die Kleinschreibung ein. Eine Schlußkonferenz (Verhandlungsdauer 2 bis 3 Tage) wurde für Ende 1963
ins Auge gefaßt; dorthin sollte jedes beteiligte Land sechs
Vertreter entsenden. (B7/114; Grebe an Dehnkamp 8.11.62)
Daß Grebe zu diesem Zeitpunkt erneut Hoffnung schöpfte, geht
besonders aus der Tatsache hervor, daß er eine neue Akte anleg-
te: A14/ Wiener Reformkonferenz 5.11. 1962 und Vorbesprechung
am 31.1.-1.2.1964 zur beabsichtigten Schlußkonferenz.

Wieviel politische Brisanz immer noch in dem eher marginalen
Thema steckte, zeigt nicht nur die Verwendung des Wortes Ostdeutschland (dieses von Dehnkamp mehrmals nachträglich handschriftlich mit Anführungszeichen versehen) in der Korrespondenz, sondern auch die Reaktion aus Luxemburg. Meister hatte an
das dortige Erziehungsministerium eine Einladung zu dem Wiener
Gespräch geschickt und von dort (unterzeichnet von Prof. Dr.
Eduard Probst, Regierungsrat) folgende Antwort erhalten:

> Bei aller Anerkennung der Aufmerksamkeit, die Sie damit dem
> Großherzogtum zuteil werden lassen, kann ich leider Ihrer
> freundlichen Bitte nicht Folge leisten. Im letzten Kriege
> wurde Luxemburg als vorgeblich deutschsprechendes Land in
> Ereignisse mit einbezogen, die es der Bevölkerung als not-
> wendig erscheinen lassen, noch stärker als vorher auf der
> durch Jahrhunderte hindurch belegbaren Zweisprachigkeit im
> Schriftverkehr zu bestehen. Da das Luxemburgische im münd-
> lichen Verkehr im allgemeinen benutzt wird, werden sowohl

Französisch wie Deutsch als Fremdsprachen empfunden, deren
schriftlicher Gebrauch jedem wahlweise freisteht.
Aus diesen Gründen scheint mir eine Beteiligung Luxemburgs
an der Tagung nicht vertretbar, und ich kann Ihnen zu meinem Bedauern hin nicht die erwartete Zusage geben. (A14/M
und B7/119 - jeweils Abschrift; Probst an Meister 17.5.62)

Dehnkamp wandte sich daraufhin an das Auswärtige Amt in Bonn
mit der Bitte, man möge die deutsche Botschaft in Luxemburg vom
Inhalt dieses Schreibens in Kenntnis setzen.

Wie von Wanner und Hotzenköcherle angekündigt, trat im Sommer
1963 in der Schweiz eine Kommission zusammen, die eine Stellungnahme zu den WE erarbeitete; dieser Vorgang wird von
Müller-Marzohl (1971:8-11) im einzelnen kritisch und manchmal
polemisch beschrieben. Seine Kritik richtet sich vor allem gegen die "nicht nach den Regeln der Schweizer Demokratie zustande gekommene Kommission".
Die Stellungnahme, in der die Kleinschreibung mit einer Gegenstimme abgelehnt wird, lag im Oktober vor - nach Ansicht von
Grebe und Wanner zu spät, um sie in die Vorbereitungsarbeiten
für die geplante Konferenz zu integrieren, die Meister trotzdem
noch gern durchgeführt hätte, weshalb er den 9. Dezember als
neuen Termin vorschlug. Wanner und Grebe blieben aber bei ihrer
ablehnenden Haltung, und so wurde schließlich vereinbart, die
Wiener Schlußkonferenz auf das Frühjahr 1964 zu verlegen.

Fünf Jahre nach Veröffentlichung der WE schien das Ziel, nach
einer gemeinsamen Schlußkonferenz der beteiligten Staaten die
Reform endlich durchzusetzen, greifbar nahe. Zu dieser Konferenz kam es nicht mehr, unter anderem auch deshalb, weil Grebe
versuchte, die Regie wieder an sich zu ziehen und Einladungen
für den zunächst geplanten Termin im Herbst 1963 und den erneuten Vorschlag 9. Dezember 1963 ausschlug.
Während der ganzen Zeit, in der Meister sich als Einladender
fühlte und die entsprechenden Aktivitäten an sich zog, war Grebe immer mehr in die Rolle eines außenstehenden Betrachters gedrängt worden. Er erhielt zwar Informationen, konnte aber in
die Handlung oder besser gesagt den fast eigendynamischen Ablauf der Ereignisse nicht eingreifen. Dehnkamp, der nur durch
Berichte von Grebe etwas erfuhr, war noch mehr in den Hinter-

grund geraten; seine wiederholten Versuche, das Interesse bei
der KMK und dem BMI wachzuhalten, blieben angesichts des
schleppenden Fortgangs in Österreich und der Schweiz ohne nennenswerte Wirkung.

Auch seine sachlichen Äußerungen vor der Landespressekonferenz
in Bremen am 16. Mai 1963, die aber auch Kritik an der Berichterstattung einiger Zeitungen beinhalteten, waren der Propagie-
rung der Reform nicht förderlich. Es entwickelte sich wieder
eine kontroverse Diskussion in der Presse, bei der sich die FAZ
ein weiteres Mal besonders hervortat. Dort erschien am 22. Mai
1963 die mit K.K. (Karl Korn) unterzeichnete Glosse "Nun singen
sie wieder", über die Dehnkamp sich so sehr ärgerte, daß er
sich bei dem Verfasser über die darin enthaltenen "Unwahrheiten
bzw. Unrichtigkeiten" beschwerte. Er fügte hinzu, er habe sich
gegen die "unrichtige, unvollständige und tendenziöse Art einiger Zeitungsberichte - nicht gegen die Gegner einer Reform unserer Rechtschreibung - gewandt" und ließ sich zu der Äußerung
hinreißen: "Wem der Schuh paßt, der zieht ihn an." (B6-0/2,
Beiheft; Dehnkamp an Korn 7.6.63) Der sich nun entwickelnde
"unerfreuliche Briefwechsel" (Dehnkamp) gipfelte in einer Äußerung von Korn, mit der er dem Politiker Dehnkamp versuchte Beeinflussung der Presse unterstellte: "(...), aber ich verbitte
mir einen Rüffel in amtlicher Eigenschaft wegen der Verbreitung
angeblicher Unwahrheiten." (B6-0/5, Beiheft; Korn an Dehnkamp
24.6.63) Dehnkamp konterte, er wundere sich darüber, seine Antwort als "Rüffel in amtlicher Eigenschaft" interpretiert zu sehen, "da es so etwas bei uns glücklicherweise nicht gibt".
(B6-0/7, Beiheft; Dehnkamp an Korn 15.7.63) Spätestens bei dieser Gelegenheit muß es Dehnkamp endgültig klar geworden sein,
daß eine sachliche Diskussion vorerst nicht mehr möglich sein
würde.

Im Januar 1964 hatten alle Beteiligten wieder einmal Gelegenheit, sich über das widersprüchliche Verhalten des österreichischen Unterrichtsministers zu wundern. In der Presse erschienen
verschiedene Berichte (dpa/upi) über eine Pressekonferenz in
Wien. (Ob es sich dabei um eine Reaktion auf die Pressekonferenz in Bremen handelte, geht aus den vorhandenen Akten nicht
hervor.) Dehnkamp lag ein Artikel der Westdeutschen Allgemeinen
vom 13. Januar 1964 vor, der die Überschrift trug "Drimmel

warnt vor Schaden durch Rechtschreibreform". Darin wurde berichtet, Drimmel habe "die sprachschöpferische Heftigkeit", mit
der über die Rechtschreibreform gestritten werde, als Skandal
bezeichnet; den augenblicklichen Zeitpunkt halte er für eine
Reform für denkbar ungünstig. Außerdem sei eine Rechtschreibreform sowieso "ein gefährliches Unternehmen, das nicht wieder
gutzumachenden Schaden anrichten könnte". "Der Kulturfaktor
deutsche Sprache würde einen Rückschlag erleiden, der durch
nichts zu rechtfertigen wäre."
Dehnkamp schrieb Drimmel daraufhin am 23. Januar 1964 einen
Brief (B7/153), in dem er besonders Formulierungen wie "ein gefährliches Unternehmen" und "denkbar ungünstiger Zeitpunkt" monierte. Außerdem erinnerte er an das Treffen im November 1957
in Bremen und die dort getroffenen Absprachen über das Verfahren: zuerst nichtstaatliche Vorarbeiten in den einzelnen Ländern und "Entscheidung durch die einzelnen Regierungen", dann
"eine aus dem ganzen deutschen Sprachgebiet zu beschickende
Konferenz", die eine Entscheidung zu treffen habe, durch welche
die Einheit der deutschen Rechtschreibung auf keinen Fall ge-
fährdet werden dürfe.
Über Drimmels Antwort mußte Dehnkamp sich ein weiteres Mal wundern, denn die dort "wiederholten politischen Bedenken" waren
nicht neu:

Mein stärkstes Bedenken liegt bekanntlich darin, dass es
derzeit an einer moralischen und politischen Autorität
fehlt, die eine Rechtschreibreform im ganzen deutschen
Sprachraum einheitlich zum Tragen bringen könnte. Die Gefahr, dass schliesslich in einer der staatlichen Regionen
aus irgendwelchen Gründen die Reform ganz oder zum Teil
nicht zum Tragen käme, während sie andernorts zur Gänze
durchdringt, liegt meines Erachtens auf der Hand. Wer dieses kalkulierte Risiko übersieht, erweist unter den gegenwärtigen Verhältnissen der gemeinsamen Sache keinen guten
Dienst. (B7/158; Drimmel an Dehnkamp 3.2.64)

Über das Aufstellen unbewiesener Behauptungen und den im letzten Satz nur notdürftig kaschierten Tadel mag Dehnkamp sich geärgert haben, generell mußte man sich fragen, "warum Herr Minister Drimmel überhaupt eine 'Kommission für Orthographiereform'
berufen hat". (B7/154; Dehnkamp an Hagelberg/BMI) Grebe meinte
dazu, Drimmels Verhalten ließe "sich überhaupt nur aus der Ra-
dikalisierung der Fronten in Wien erklären" (A14/D; Grebe an

Dehnkamp 17.2.64), womit er wahrscheinlich recht hatte. Von diesem neuerlichen Eklat konnte Grebe natürlich noch nichts ahnen, als er sich nach Bekanntwerden der Schweizer Stellungnahme entschloß, den Arbeitskreis zu einer Sitzung einzuberufen. Die Einladung ging mit Rundschreiben vom 4. November 1963 (A4/28) an alle Mitglieder des Arbeitskreises. In den vergangenen Jahren waren diese über die laufenden Ereignisse von Grebe immer nur sehr knapp informiert worden:

- Rundschreiben vom 16. Oktober 1961 (A4/24): Mitteilung über den ersten Teil des Gutachtens aus Österreich
- Rundschreiben vom 24. Mai 1962 (A4/25): Mitteilung über den zweiten Teil des Gutachtens aus Österreich
- Rundschreiben vom 22. Oktober 1962 (A4/26): Mitteilung über das geplante Gespräch in Wien 5. November 1962 und Liste der Teilnehmer
- Rundschreiben vom 15. November 1962 (A4/27): Bericht über Gespräch in Wien 5. November 1962
- Rundschreiben vom 4. November 1963 (A4/28): Mitteilung über das Schweizer Gutachten und Einladung zur Sitzung 31.1.64
- Rundschreiben vom 5. April 1965 (A4/29): Mitteilung über den neuen Vorsitzenden der österreichischen Kommmission (Kranzmayer); Zusendung von Weisgerbers Veröffentlichung "Die Verantwortung für die Schrift"

Einige Mitglieder des Arbeitskreises fühlten sich zu Recht nicht ausreichend informiert, und es kam zu vereinzelten Anfragen sowohl bei Grebe als auch bei Dehnkamp, meistens dann, wenn bestimmte Pressemeldungen die Aufmerksamkeit wieder auf das Thema gelenkt hatten. Trotz dieser schlechten Informationspolitik versuchten in den Jahren nach der Übergabe der WE viele Mitglieder auf unterschiedliche Weise (Mitarbeit in Reformgruppen, Öffentlichkeitsarbeit durch Vorträge, Presseberichte, wissenschaftliche Arbeiten) zum Gelingen der Reform beizutragen.

Die letzte Sitzung des Arbeitskreises fand am 31. Januar und 1. Februar 1964 in Mannheim statt, wohin die Dudenredaktion inzwischen ihren Sitz verlegt hatte. Bis auf die Industriegewerkschaft Druck und Papier (Zieher hatte seine Teilnahme wegen

Krankheit abgesagt) und die Vereinigung der deutschen Schriftstellerverbände (der Präsident Pohl hatte mitgeteilt, die Mitarbeit an einer Neuregelung der Rechtschreibung sei Aufgabe der
Akademien - A10/V; Pohl an Grebe 3.12.63) waren alle Verbände
und Organisationen vertreten, die Darmstädter Akademie, der
Börsenverein und die GfdS mit neuen Delegierten.
Erschienen waren laut Anwesenheitsliste:

Oberstudienrat Dr.Arnold, Wiesbaden	Gemeinschaft Deutscher Lehrer-verbände
Professor Dr.P.Böckmann, Köln	Arbeitsgemeinschaft der Akademien der Wissenschaften
Professor Dr.Brinkmann, Münster (Westf)	Schwerpunkt Deutsche Sprache der Deutschen Forschungsgemeinschaft
Dr.phil.habil.Paul Grebe, Mannheim	Dudenredaktion
Ministerialrat Dr.Gussone, Bonn	Bundesinnenministerium
Dr.Werner P.Heyd, Oberndorf	arbeitsgemeinschaft neue recht-schreibung
Dr.Ernst Johann	Akademie für Sprache und Dichtung
Oberingenier (sic!) Gerh. Kübler, Berlin	Deutscher Normenausschuß
Professor Dr. Hugo Moser, Bonn	Germanist. Inst. der Universität Bonn
Oberschulrat Edmund Oprée, Berlin	Arbeitsgemeinschaft Deutscher Lehrerverbände
Professor Dr.Wolfgang Pfleiderer Waldenbuch/Württ.	
Herr Schmitt-Halin, Wiesbaden	Bundesvereinigung der Deutschen Graphischen Verbände e. V.
Herr Seibicke, Lüneburg	Gesellschaft für deutsche Sprache
Herr W.E.Süskind, Seeheim	Deutscher Journalisten-Verband
Herr Karl-Ernst Tielebier-Langenscheidt, München	Börsenverein des Deutschen Buch-handels
Professor Dr.Jost Trier, Münster (Westf)	Deutscher Germanisten-Verband
Professor Dr.Leo Weisgerber, Bonn	Arbeitsgemeinschaft für Sprach pflege
Professor Dr.Christian Winkler,Marburg/Lahn	

(A4/32a)

Grebe hatte als Gastgeber für einen gesellschaftlichen Rahmen
gesorgt; allen Teilnehmern war mit der Tagesordnung eine auf
Bütten gedruckte Einladung zugegangen:

Der Vorstand des Bibliographischen Instituts AG erlaubt
sich, anläßlich der Sitzung des Arbeitskreises für Rechtschreibregelung zu einem Empfang am Freitag, 31. Januar
1964 um 19 Uhr in der Bibliothek der Dudenredaktion einzuladen. (A14/5)

Von dieser letzten Sitzung des Arbeitskreises - einziger Punkt
der Tagesordnung war eine Beratung über die Stellungnahmen aus
Österreich und der Schweiz, verbunden mit einem Beschluß über
die Teilnahme an einer Schlußkonferenz - gibt es nur ein sehr
kurzes Ergebnisprotokoll, das auf großes Einvernehmen schließen
läßt. Alle Anwesenden waren sich einig,

> daß angesichts der unterschiedlichen Voten der einzelnen
> Kommissionen im deutschen Sprachraum von einer Schlußkonfe-
> renz, wie sie ursprünglich für das Frühjahr in Wien geplant
> gewesen war, abgesehen werden müsse. Wenn auch auf einer
> solchen Konferenz knappe Mehrheiten in der einen oder ande-
> ren Frage zu erreichen seien, so seien solche Abstimmungs-
> ergebnisse doch keine Grundlage für eine mögliche Reform.
> Der Arbeitskreis war aber ebenso einheitlich der Meinung,
> daß bei dem derzeitigen Stand der Diskussion kein Anlaß da-
> zu bestünde, den ihm erteilten Auftrag zurückzugeben.
> (A4/32)

Statt der geplanten Konferenz sollten "übergebietliche und wei-
terführende Beratungen im kleinen Kreise" eingeleitet werden;
daran sollten für den Arbeitskreis außer den beiden Vorsitzenden Trier und Grebe auch die Ausschußvorsitzenden teilnehmen.
Wenn man sich auf diese Weise einer gemeinsamen Lösung genähert
habe, könne dann - so der Schlußsatz der an dpa übergebenen
Pressenotiz - "die geplante abschließende Rechtschreibkonferenz
stattfinden".
Trier und Grebe teilten dieses Ergebnis Meister, Steinitz und
Wanner am 10. Februar 1964 mit (A14/M; A14/ST; A14/W). Wanner
antwortete, daß seine Kommission mit weiterführenden Beratungen
im kleineren Kreise einverstanden sei und als Gesprächspartner
Walter Heuer, Chefkorrektor der "NZZ" und Professor Hotzenköcherle vorschlage. (A14/W; Wanner an Grebe 13.3.63)
Steinitz berichtete, daß in der DDR "jetzt nicht mehr wie früher die Rechtschreibreform nur in der Akademie der Wissenschaften" behandelt würde, "sondern eine Kommission beim Volksbildungsministerium gebildet" worden sei; er müsse "die Frage dort
vorbringen". Seine "persönliche Ansicht" sei, "die erste Beratung zu dem von Meister vorgeschlagenen Termin in Wien" abzuhalten, "aber nur in kleinerem Kreise". (A14/ST; Steinitz an
Grebe 10.3.64) Er bezog sich dabei auf ein Schreiben von Mei-

ster vom 3. März 1964 (an Grebe, Wanner und Steinitz), dem dieser eine Anlage mit folgendem Wortlaut beigefügt hatte:

Vorschlag für die Orthographiekonferenz
der vier deutschsprechenden Länder im Frühsommer 1964

Zeitpunkt: Freitag, den 5. Juni 1964, 10 Uhr vormittags
          (Forts.nachmittags 15)
Ort: Wien, Akademie der Wissenschaften,I.,
          Seipel-Platz 2
Zahl der Teilnehmer
aus jedem Lande: sechs
          Sollten aus einem Lande weniger Teilnehmer kommen,
          so kann je einer eine zweite Stimme übernehmen.
Gegenstand:
          1. Kleinschreibung der Hauptwörter
          2. Die übrigen Wiesbadener Empfehlungen
          3. Sonstige Vorschläge
          (A12/M; Meister an Grebe 3.3.64, Anlage)

Dieser Vorschlag hatte die Empfänger in großes Erstaunen versetzt; ganz besonders wunderte Grebe sich über das Begleitschreiben (er war von Dehnkamp über den Vorgang informiert worden), in dem Meister sich wortreich bemühte, das von Drimmel
durch sein Interview im Januar zerschlagene Porzellan wieder zu
kitten. Er versicherte, die Äußerung des österreichischen Unterrichtsministers sei keineswegs so zu verstehen, "daß Österreich die Bemühungen um die Lösung der Orthographiefrage etwa
aufgeben wolle"; insbesondere die Kommission für Orthographiereform halte an ihrem Beschluß fest, "im Frühjahr oder Frühsommer eine gemeinsame Sitzung abzuhalten". Den beigefügten Aufsatz in der kulturpolitischen Wochenschrift DIE FURCHE habe er
"mit voller Zustimmung des Herrn Ministers geschrieben".
In diesem schon früher zitierten Aufsatz (Meister 1964) betonte
er, es sei dem Minister einzig um "die Erhaltung der deutschen
Spracheinheit gegangen"; anklingen ließ er einen (nach Kenntnis
der bisherigen Entwicklung) unberechtigten Vorwurf an nicht näher bezeichnete Personen, "die auf eine nach ihrer Meinung
längst fällige Entscheidung dringen", und er stellte auch noch
fest, er würde "immer wieder mit Anfragen aus Österreich, aber
auch aus dem Auslande, insbesondere der deutschen Bundesrepublik, geradezu bestürmt". Schließlich legte er seinen Plan von
der Orthographiekonferenz so wie im oben zitierten Vorschlag

dar, so daß die Leser den Eindruck gewinnen mußten, daß er
jetzt endlich dem Drängen von allen Seiten nachgäbe.

Grebe antwortete Meister am 16. März 1964 und äußerte die Vermutung, "der Inhalt des Briefes von Herrn Professor Trier und
mir vom 10. 2. 64 (sei) nicht ganz verstanden worden", und fügte eine Abschrift des Protokolls der Sitzung des Arbeitskreises
vom 31. Januar / 1. Februar 1964 bei. Außerdem schlug er (nach
Absprache mit Wanner) Schaffhausen als Treffpunkt für das nächste Gespräch vor. (A14/M; Grebe an Meister 16.3.64) Die Wahl
dieses Ortes war eine für Grebe typische taktische Maßnahme –
gleichzeitig zukunftsweisende Perspektive und historische Allu-
sion; ihm war nicht nur wichtig, daß "jedermann den Neuansatz
unserer Bemühungen erkennt" (A14/W; Grebe an Wanner 9.3.64),
was er selbst ausdrücklich betonte, sondern auch, daß sich hier
ein historischer Anknüpfungspunkt an die STE ergab, worauf er
mit dem Ausdruck "alte Kämpfer" schon häufig angespielt hatte.
Sicher wollte er darüber hinaus den Schweizer Verhandlungs-
partnern die ehrenvolle Rolle des Gastgebers zukommen lassen.

Meisters Antwort gab zu erneutem Erstaunen Anlaß, denn er blieb
– wahrscheinlich ohne das selbst zu bemerken – nicht bei der
Wahrheit:

> Die Abweichungen zwischen unseren beiden Briefen gehen
> nicht auf ein Mißverständnis meinerseits zurück, sondern
> darauf, daß unsere beiderseitigen Schreiben sich gekreuzt
> haben. Ich bin vollständig mit einem Gespräch in kleinstem
> Kreise etwa in Schaffhausen einverstanden und würde dann
> mit einem zweiten Wiener Vertreter daran teilnehmen.
> (A14/M; Meister an Grebe 24.3.64)

Die Schreiben hatten sich nicht gekreuzt – Meisters Brief vom
3. März 1964 beginnt mit den Worten: "Auf Ihr Schreiben vom
10.II. kann ich Ihnen zunächst mitteilen, (...)".

Grebes Vorschlag, Schaffhausen als Tagungsort zu wählen, war
von Wanner sehr unterstützt worden; er hatte mitgeteilt, "der
Regierungsrat des Kantons Schaffhausen" sei gerne bereit, "ein
Sitzungszimmer zur Verfügung zu stellen". Auch Prof. Hotzenköcherle sei "sehr mit Schaffhausen als Tagungsort einverstanden", wünsche aber einen Termin Ende Mai oder Anfang Juni.
(A14/W; Wanner an Grebe 13.3.63)

Seinen Plan hatte Grebe auch Steinitz vorgetragen, ohne dabei zu bedenken, daß sich hier neue politische Schwierigkeiten ergeben könnten; Steinitz antwortete auf den Vorschlag:

> Wir sind mit Ihren Einwänden gegen Wien einverstanden, sofern wir Visa von Seiten der Schweizer Behörden erhalten. Da dies aber erfahrungsgemäss öfters auf Schwierigkeiten stösst, müsste das wohl vorher geklärt werden.
> Ich würde es daher für richtig halten, dass wir diese Besprechung nun einmal in der DDR abhalten. Wenn dies aber für dieses Mal noch nicht möglich sein sollte, schlage ich die Bundesrepublik vor. (A14/ST; Steinitz an Grebe 4.5.64)

Grebe wollte unter keinen Umständen "aus der Frage des Tagungsortes eine Kardinalfrage" machen und meinte man sollte "für dieses Mal (...) lieber auf Mannheim oder von mir aus auf Ost-Berlin ausweichen". (A14/W; Grebe an Wanner 12.5.64)

Das Gespräch fand nicht mehr statt, und es kam auch nicht zu der Schlußkonferenz.

6.   Das Ende

Am 11. Juni 1964 starb Meister im Alter von 83 Jahren; am 24. Juni 1964 fragte Grebe bei dem neuen Präsidenten Erich Schmid an, "ob Ihre Akademie der Wissenschaften nach dem Tode von Herrn Professor Dr. Meister die Stelle des Vorsitzenden der Kommission für Othographiereform neu besetzt" (A10/Ö; Grebe an Schmid 24.6.64). Schmid teilte mit, darüber sei "noch keine Entscheidung getroffen", und schlug vor, "sich diesbezüglich vielleicht auch direkt mit dem Bundesministerium für Unterricht in Verbindung zu setzen". (A10/Ö; Schmid an Grebe 8.7.64)
Auf Grebes Anfragen vom 27. Oktober 1964 und 1. Dezember 1964 (A9/K; Grebe an Kultusministerium der Republik Österreich) erhielt er erst am 16. März 1965 (A9/K) die Nachricht, die österreichische Akademie der Wissenschaften habe "ihr Mitglied ord. Universitätsprofessor Dr. phil Eberhard KRANZMAYER, Mitvorstand des Germanistischen Institutes der Universität Wien, als Nachfolger des bisherigen Delegierten ord. Univ. Prof. Hofrat Dr. Richard MEISTER in die 'österreichische Kommission für die Or-

thographiereform' entsandt". Grebes Nachfrage bei Kranzmayer
(A9/K; Grebe an Kranzmayer 5.4.65), ob diese Mitgliedschaft in
der Kommission auch den Vorsitz einschließe, beantwortete dieser mit der Feststellung, es sei noch nicht bestimmt worden,
wer den Vorsitz führen sollte; er werde sich "in der nächsten
Zeit bei der Akademie erkundigen, was sie für Absichten haben",
um dann eine "klare Auskunft geben" zu können. (A9/K; Kranzmayer an Grebe 28.5.65)
In einer "Dokumentation der Bemühungen um koordinierende Gespräche über eine Rechtschreibreform" (A10/ST), die Grebe am 2.
Juli 1970 der KMK vorlegte, beschrieb er, wie die Sache
schließlich endete:

> Eine solche Auskunft ließ lange auf sich warten. Ende des
> Jahres 1965 brachte die österreichische Presse eine Mittei-
> lung, daß der damalige Österreichische Kultusminister auf
> Befragen der Presse erklärt habe, daß Österreich an weite-
> ren Gesprächen über diesen Fragenkreis zur Zeit nicht in-
> teressiert sei. (A10/ST; Grebe: Dokumentation für KMK
> 2.7.70)

Mit dem Tod von Meister war ein Schlußpunkt unter die Reformbemühungen auf internationaler Ebene gesetzt.
Ob die beiden Vertreter der DDR (wegen fortgeschrittenen Alters
oder wegen Krankheit) persönlich resignierten oder sich unter
politischem Druck zurückzogen, ist sehr schwer zu beurteilen.
Der zu diesem Zeitpunkt 78 Jahre alte Professor Frings schrieb
wenige Wochen nach Meisters Tod einen Brief an Grebe, dessen
resignierender Unterton beide Interpretationen zuläßt:

> Nach dem Tode von Präsident Meister sehe ich kaum noch eine
> Möglichkeit (sic!) unsere Rechtschreibsitzungen fortzuset-
> zen. Ich bedaure, daß die vorzüglichen Vorarbeiten, vor al-
> lem der Gelehrten Ihres Kreises, ohne Frucht bleiben sol-
> len. Die Universitäten haben eben Kraft und Ansehen einge-
> büßt. Wir alle müssen bedauern, daß eine Angelegenheit des
> ganzen deutschen Volkes, die Sorge um Schule und Erziehung
> außerhalb des Kreises der Gelehrten so fatal behandelt wor-
> den ist. Seit über vierzig Jahren habe ich bald unter die-
> sem bald unter jenem Regime zwecklos in Kommissionen geses-
> sen (sic!) und Sie werden verstehen, wenn ich mich zurück-
> ziehe. (A14/F; Frings an Grebe 19.9.64)

Daß Frings jemals mit verdeckten Karten gespielt haben sollte,
halte ich nicht für denkbar. Er hatte die mangelnde wissen-

schaftliche Begründung der STE kritisiert und mit dieser Haltung zum Scheitern der 1955 in Wien geplanten Konferenz beigetragen; den WE zollte er hier ausdrücklich Lob, und er hatte
auch vorher an seinem Urteil, diese seien als geeignete Basis
für eine gemeinsame Reform zu betrachten, keinen Zweifel gelassen. Politische Kämpfe hat er wohl mehrfach durchzustehen gehabt - so in früheren Jahren gegen Becher und später gegen
Feudel.
Auch Steinitz hatte in allen bisherigen Besprechungen (Göttingen 1958, Heidelberg 1959, Wien 1962) offiziell für die DDR
seine vorbehaltlose Zustimmung zu den WE gegeben; der von Meister 1964 geplanten Wiener Schlußkonferenz sah er nur wegen
"der zu erwartenden geringen Majorität bei der Fassung der Beschlüsse (...) mit einer gewissen Skepsis entgegen", das heißt,
er befürchtete, die Delegierten aus Österreich und der Schweiz
könnten die Deutschen überstimmen. Bemerkenswert, weil sicher
ehrlich gemeint, ist folgender Satz aus einem Brief an Grebe:
"Erfreulich, daß in diesem Fall wenigstens unsere beiden Vertretungen in der Hauptsache einig sind." (A14/ST; Steinitz an
Grebe 19.11.63)
Nach dem Tod von Meister meldete er sich zunächst nicht; seine
letzte Äußerung ist ein handschriftlicher undatierter Brief,
der zwischen dem 5. April und dem 3. Juni 1965 (Daten der entsprechenden Briefe von Grebe) geschrieben sein muß. Er bedankte
sich darin für die Zusendung von Weisgerbers Buch "Die Verantwortung für die Schrift" und schloß mit dem Satz: "Soll sie
(die Arbeit von Weisgerber, H.S.) der einstweilige Gedenkstein
für unsere 'Reformbemühungen' sein?" (A10/ST; Steinitz an Grebe
ohne Datum)
Steinitz starb 1967.
Über die weitere Entwicklung in der DDR gibt die schon erwähnte
Dokumentation von 1970 (A10/ST) Auskunft; die dort angeführten
Quellen sind in den Akten A nicht enthalten:

Diese Gesprächsbereitschaft endete im Jahre 1965, als der
linientreue Dr. G. Feudel Direktor des Instituts für deutsche Sprache und Literatur an der Deutschen Akademie der
Wissenschaften wurde. Herr Feudel ließ den Arbeitskreis für
Rechtschreibregelung über unsere Mittelsmänner wissen, daß
er an weiteren Gesprächen kein Interesse habe. Für den
plötzlichen Bruch, der mit seiner Ernennung erfolgte, ist

ein Brief charakteristisch, den er damals an den Präsidenten des Instituts für deutsche Sprache in Mannheim, Herrn
Professor Dr. Moser, richtete. Er bat Herrn Moser, von einem Vortrag vor dem Institut für deutsche Sprache in Ost-
berlin abzusehen, zu dem Herr Professor Frings Herrn Moser
eingeladen hatte, weil er nicht annehmen könne, daß Herr
Moser öffentlich gegen die Politik der Bonner Regierung
Stellung nehme. (A10/ST; Dokumentation 2.7.70)

Bemerkenswert ist, daß um diese Zeit in der DDR Aufsätze von
Scharnhorst (1964/65 und 1965) und Nerius (1966) erschienen,
die einen Neuansatz markieren.

Ein Jahr nach Frings Abschiedsbrief erhielt Grebe ein ähnliches
Schreiben von Wanner:

(...), mein vorgerücktes Alter und meine angeschlagene Ge-
sundheit gaben die erwünschte Gelegenheit, vom Präsidium
der Kommission für Rechtschreibreform zurückzutreten, das
ich seit 1949 innehatte. Zwei weitere Kommissionsmitglieder
haben wegen Departementswechsel unsere Kommission ebenfalls
verlassen. Auf internationaler Ebene scheint gegenwärtig
die Tätigkeit für die Rechtschreibreform zu ruhen. Die Konferenz kantonaler Erziehungsdirektoren hat deshalb gefunden, eine Neuwahl unserer Kommission sei im heutigen Zeitpunkt nicht notwendig.
Sämtliche Akten sind zur Aufbewahrung und Auskunfterteilung
bei der Zentralstelle für Dokumentation, Palais Wilson,
Genf (Direktor Dr. J. Egger) niedergelegt worden. (A10/W;
Wanner an Grebe 27.10.65)

(Ein möglicher Schweizer Forscher könnte hier nach Material
suchen.)

Auch in der Bundesrepublik trat eine der wichtigsten, die Reformgeschichte prägenden Persönlichkeiten ab - nicht aus persönlicher Resignation (zu der es genügend Gründe gegeben hätte), sondern bedingt durch bestimmte landespolitische Entwicklungen: Im Juli 1965 wurde Dehnkamp zum Präsidenten des Senats
der Freien Hansestadt Bremen gewählt. (Er war damit nicht mehr
Senator für Bildung und nicht mehr Mitglied der KMK.) Grebe
gratulierte ihm zu seiner Wahl, und Dehnkamp schrieb in seinem
Dankesschreiben, er "habe diesen Umzug mit einem trockenen und
einem nassen Auge vorgenommen" und denke gerne "an die Jahre
der Zusammenarbeit" und "an die Gründung des Arbeitskreises"
zurück. Er wünschte viel Erfolg für die weiteren Bemühungen und
bot wenn nötig auch weiterhin seine Hilfe an. (A8/D; Dehnkamp
an Grebe Ende Juli 1965)

Wie beide das wünschten, rissen "die menschlichen Beziehungen, die sich in den vergangenen Jahren zwischen" ihnen angebahnt hatten, nicht ab (A8/D; Grebe an Dehnkamp Ende Juli 1965), der in den Akten A gesammelte Briefwechsel reicht bis 1973.

Die Entwicklung von Dehnkamps politischer Karriere ließ den Generalsekretär der KMK lakonisch feststellen, "die Vertretung der Kultusministerkonferenz für Fragen der Rechtschreibregelung" sei nun "etwas verwaist". (A10/ST; Frey/KMK an Grebe 20.10.65) Seine Annahme, das Plenum der Kultusministerkonferenz würde einen Nachfolger für Dehnkamp bestimmen, erwies sich als Irrtum.

Grebes Äußerungen aus dieser Zeit zeugen zwar von einer gewissen Enttäuschung, lassen aber immer noch einen gedämpften Optimismus erkennen. Er wolle sich bemühen, "das Schiff wieder flott zu machen", wenn es auch "zu großer Fahrt (...) sicher nicht mehr auslaufen könne(n)" (A9/B; Grebe an Blindenverband 18.10.65), schrieb er einmal; dies war keine nur so hingeworfene Redewendung, sondern die Äußerung gab sicher seine Befindlichkeit zu dieser Zeit wieder. Auch in seinen Antworten auf die Abschiedsbriefe von Frings und Wanner findet sich dieser hoffnungsvolle Unterton:

> Nach allem, was sich inzwischen ereignet hat, kann man wohl nicht mehr annehmen, daß unser Ansturm auf die geltende Rechtschreibung zum Ziele kommt. Trotzdem glaube ich, daß unsere Bemühungen in der Zukunft fortwirken werden. (A14/F; Grebe an Frings 2.10.64)

> Damit dürften wohl alle Hoffnungen, die wir seit Anfang der 50er Jahre in uns tragen und die unsere gemeinsamen Bemühungen beflügelt haben, zunächst einmal begraben sein. Trotz allem denke ich mit viel Freude an unsere gemeinsamen Besprechungen, vor allem aber an die Besprechungen in Schaffhausen, zurück. (A10/W; Grebe an Wanner 14.1.66)

Zunächst blieb ihm zusammen mit Trier nur noch die unangenehme Aufgabe, die Mitglieder des Arbeitskreises über das (endgültige) Scheitern aller Bemühungen zu unterrichten. In dem letzten Rundschreiben vom 16. Februar 1966 (A4/33) berichtet er sehr kurz, daß die bei der letzten Sitzung (31.1./1.2.1964) beschlossenen weiterführenden Gespräche "mit den Vorsitzenden der entsprechenden Arbeitskreise in Mitteldeutschland, Österreich und der Schweiz", durch die man gehofft hatte, "wenigstens zu einer Teilreform zu gelangen", nicht realisiert werden konnten. In "Mitteldeutschland" bestehe die Gesprächsbereitschaft zwar noch, aber Österreich sei "an weiteren Gesprächen über diesen Fragenkreis z.Z. nicht interessiert", und in der Schweiz habe Wanner nach seinem altersbedingten Rücktritt "die dortigen Akten geschlossen und zur Aufbewahrung an die Zentralstelle für Dokumentation nach Genf geschickt".

Konsequenterweise hätten Grebe und Trier jetzt die Auflösung des Arbeitskreises verkünden müssen; sie konnten sich zu einer solchen Entscheidung aber nicht durchringen, weil ihnen (vor allem Grebe) eben immer noch ein Funken Hoffnung geblieben war.

> Damit werden auch wir genötigt, unsere Bemühungen um eine Reform der Rechtschreibung zunächst ruhen zu lassen. Wir bedauern das. Aber wir halten an dem Grundsatz fest, daß eine Reform nur mit Zustimmung aller Teile des deutschen Sprachraums durchgeführt werden soll.
> Da die von uns ausgearbeiteten Reformvorschläge (vgl. Wiesbadener Empfehlungen, Duden Beiträge, Nr. 2) in die Zukunft hinüber wirken werden, schlagen wir vor, den Arbeitskreis bestehen zu lassen. (A4/33, Rundschreiben vom 16.2.66)

Auch Dehnkamp - obwohl inzwischen nicht mehr zuständig - erhielt ein Exemplar des Rundschreibens; auch er war enttäuscht, hielt aber ebenfalls eine Zukunftsperspektive offen:

> Nach allem, was in den letzten Jahren und Monaten geschehen ist, mußte man ja damit rechnen. Trotzdem aber betrübt es mich, daß der Arbeitskreis für Rechtschreibregelung seine Tätigkeit ruhen lassen muß. Bei der augenblicklichen Lage aber gibt es wohl keine Wahl, denn es scheint auch mir das richtige zu sein, die Oesterreicher und Schweizer jetzt erst einmal in Ruhe zu lassen. Vielleicht sieht es in einigen Jahren auch in den beiden Ländern anders aus. Nicht zuletzt in dieser Erwartung halte ich es für gut, wenn der Arbeitskreis für Rechtschreibregelung bestehen bleibt, und begrüße daher den entsprechenden Vorschlag im letzten Absatz des Rundschreibens vom 6. Februar 1966. Ich hoffe, daß die Mitglieder des Arbeitskreises für Rechtschreibregelung damit einverstanden sind, und zweifle nicht daran, daß die beiden berufenen Stellen, Kultusministerkonferenz und Bundesminister des Innern, es auch sind. Sollten Sie es noch nicht getan haben, möchte ich empfehlen, beide Stellen anzuschreiben und um ihre Zustimmung zu bitten. (A8/D; Dehnkamp an Grebe 23.2.66)

Auch an die beiden "berufenen Stellen" BMI und KMK hatte Grebe am 18. Februar ein Exemplar des Rundschreibens geschickt. Im

BMI wurde das Rundschreiben kommentarlos zur Kenntnis genommen,
mit dem Generalsekretär der KMK entwickelte sich noch einmal
ein Briefwechsel über die Frage, ob der Arbeitskreis weiterbestehen sollte. Grebe argumentierte, dies schiene ihm "schon im
Hinblick auf den Osten wichtig", weil man "von dort her jederzeit mit einer Aktivität in dieser Frage rechnen" müsse.
(A10/ST; Grebe an Frey/KMK 13.4.66) Frey brachte den Punkt noch
einmal auf die Tagesordnung des Plenums der KMK; auf welche
Weise er sich mit dem BMI abgestimmt hat, geht aus der vorhandenen Korrespondenz nicht hervor. Eine Antwort erhielt Grebe
ziemlich genau ein Jahr später:

> Das Plenum der Kultusministerkonferenz hat sich bei der
> 115. Plenarsitzung am 19./20. Januar 1967 in Bremen noch
> einmal mit Ihrem Rundschreiben vom 16. Februar 1966 befaßt.
> In Übereinstimmung mit dem Bundesministerium des Innern
> sprach sich das Plenum der Kultusministerkonferenz für die
> Aufrechterhaltung des Arbeitskreises für Rechtschreibre-
> gelung aus.
> Ich erlaube mir, Sie von diesem Beschluß in Kenntnis zu
> setzen. (A10/ST; Frey KMK an Grebe 20.2.67)

Zwei Jahre später hatte die Aktion um den Arbeitskreis für
Rechtscheibregelung ein Nachspiel im deutschen Bundestag. Obwohl Grebe als letzter aller Beteiligten resignierte - er hielt
bis Mitte der 70er Jahre (die Korrespondenz in den Akten A
reicht bis 1975) Kontakt mit Österreich und der Schweiz, nahm
1973 an dem Kongreß "vernünftiger schreiben" in Frankfurt teil,
trat am 15. November 1973 in der Fernsehsendung Pro und Contra
(Kleinschreibung) (SP1/10) auf und soll erst 1974 oder 1975 einen bösen Abschiedsbrief an das BMI geschrieben haben, bevor er
die Akten A im IdS zur Aufbewahrung deponierte - muß die Antwort des damaligen Staatssekretärs des BMI vor dem Bundestag
als Schlußpunkt unter diese Phase der Reformgeschichte betrachtet werden:

Deutscher Bundestag - 5. Wahlperiode - 153. Sitzung. Bonn,
Donnerstag, den 8. Februar 1968 S. 7857f

Vizepräsident Schoettle: Die beiden nächsten Fragen, die
Fragen 25 und 26 des Abgeordneten Flämig, können wohl zusammen beantwortet werden:
Was hält die Bundesregierung von Bemühungen, das Erlernen
der deutschen Schriftsprache dadurch zu erleichtern, daß
im deutschen Sprachraum die gemäßigte Kleinschreibung
eingeführt wird?
Welche Dienststellen in der Bundesrepublik Deutschland
oder der Bundesländer befassen sich mit dem in Frage 25
erwähnten Problem?
Herr Staatssekretär, bitte!
Benda, parlamentarischer Staatssekretär des Bundesministers
des Innern: Die Bemühungen um eine Rechtschreibreform haben
sich besonders mit dem umstrittenen Problem der Groß- und
Kleinschreibung befaßt. Wie noch erinnerlich sein wird,
hatte der Bundesminister des Innern gemeinsam mit der Ständigen Konferenz der Kultusminister der Länder den "Arbeitskreis für Rechtschreibregelung" berufen, der sich aus Wissenschaftlern und sachkundigen Männern der Praxis zusammen-
setzt. Dieser Arbeitskreis hat in seinen sogenannten Wiesbadener Empfehlungen vom 15. Oktober 1958 zur Groß- und
Kleinschreibung empfohlen, daß die jetzige Großschreibung
der Hauptwörter durch die gemäßigte Kleinschreibung ersetzt
werden soll. Danach werden künftig nur noch groß geschrieben Satzanfänge, Eigennamen, Anredefürwörter und gewisse
fachsprachliche Abkürzungen.
Wichtigste Voraussetzung für die Durchführung einer Rechtschreibreform ist aber die Einheitlichkeit für den deutschen Sprachraum. Der Arbeitskreis hat deshalb nach Verkün-
dung der Empfehlung im Einvernehmen mit dem Bundesminister
des Innern und der Kultusministerkonferenz Bemühungen eingeleitet, die Schweiz, Österreich und die SBZ für diese
Empfehlung zu gewinnen. Leider war der Erfolg vorerst versagt, denn in Österreich und der Schweiz konnten sich die
dort gebildeten Fachgremien nicht mit der erforderlichen
Mehrheit zur Annahme der Empfehlung entschließen. Die Verbindungen zwischen den Fachleuten des ganzen deutschen
Sprachraumes bleiben jedoch aufrechterhalten, und die Bemühungen gehen weiter mit dem Ziel, wenigstens zu einer einheitlichen Minimallösung für die Rechtschreibreform zu
kommen.
Vizepräsident Schoettle: Herr Flämig!
Flämig (SPD): Herr Staatssekretär, nach dem, was Sie eben
ausgeführt haben, besteht also in absehbarer Zeit keine
Chance, zu einer gemäßigten Kleinschreibung im deutschen
Sprachraum zu kommen?
Benda, parlamentarischer Staatssekretär des Bundesministers
des Innern: Es ist die Frage, wie man "in absehbarer Zeit"
definiert. Aber für die nähere Zukunft, wenn ich so sagen
darf, sehe ich (7858) in der Tat keine sehr großen Aussichten, zu einem Erfolg zu gelangen.

SCHLUSSBETRACHTUNG - STATT EINER ZUSAMMENFASSUNG

Stuttgarter und Wiesbadener Empfehlungen -
ein historisches Lehrstück?
oder:
Zu den Chancen und Grenzen eines Normenwandels

> Es ist mir aufgefallen, daß kein
> Mensch so wenig verstanden wird,
> als wer in seinem persönlichen Le-
> ben Einheit von Theorie und Praxis
> zu erreichen sucht und gar erreicht.

Kurt Eisner 1919

> Tabuverletzung ist der Preis der
> Aufklärung - es gibt keinen anderen
> Zugang zur Wahrheit.

Nicolaus Sombart 1987

> ..."nicht nur klüger für ein ander-
> mal, sondern weise für immer"...??

Jacob Burckhardt

Von den Trägern des Wissens

"Wer das Wissen trägt, der darf nicht kämpfen; noch die
Wahrheit sagen; noch einen Dienst erweisen; noch nicht essen; noch die Ehrungen ausschlagen, noch kenntlich sein.
Wer das Wissen trägt, hat von allen Tugenden nur eine: daß
er das Wissen trägt", sagte Herr Keuner.

Brechts Kritik an den Intellektuellen liegt in der Ironie dieses Satzes und zielt auf den Hochmut von Wissenschaftlern, die
in selbstbezogener Manier glauben, ihre Arbeit losgelöst von
den gesellschaftlichen Verhältnissen tun zu können. Wenn auch
in den 30er-Jahren mit Blick auf die damalige politische Reali-
tät formuliert, trifft dieser Vorwurf auch für die beiden ersten Nachkriegsjahrzehnte noch zu - auch für die in Stuttgart
und Wiesbaden versammelten Sprachwissenschaftler. Ihre Grundhaltung, nur für die "wissenschaftlichen Prämissen" zuständig
zu sein, wird noch verstärkt durch die allgemeine Geringschät-
zung orthographischer Themen innerhalb der Linguistik, durch
die Anwesenheit der Vertreter von Interessengruppen, die auch
historisch gesehen für den Kampf um die Durchsetzung der Neuerungen zuständig waren, und durch Grebes (aus seiner Sicht be-
gründeten) Scheu vor der Presse.
Vordergündig scheint hier eine Kontinuität im Bewußtsein bestätigt, die kritisches, oppositionelles und innovatives Denken
nicht zuließ; es gibt in den Pressestimmen dieser Zeit genügend
Beweise dafür, daß Reformer (auch Wissenschaftler) als staats-
feindlich oder kommunistisch diffamiert wurden. Damit liefert
die Restaurationsthese aber nur e i n Erklärungsmodell für
die Denk- und Handlungsweise von einigen beteiligten Personen,
nicht aber für das Scheitern der Reform an sich.
Eine Änderung im Bewußtsein der Wissenschaftler, die sich in
einigen Äußerungen der in Wiesbaden Beteiligten (besonders
Weisgerber) abzuzeichnen beginnt, wird in den folgenden Jahren
evident. Parallel zur Aufarbeitung orthographischer Phänomene
innerhalb der Linguistik, die durch die WE initiiert worden
ist, entwickeln sich neue Reforminitiativen, die in verstärktem
Maße von Intellektuellen (die nicht alle Sprachwissenschaftler
oder Lehrer waren) getragen oder unterstützt werden. Die So-

zialwissenschaften gewinnen allgemein an Bedeutung und beeinflussen auch die Sprachwissenschaft; die Diskussion um eine
Rechtschreibreform gerät in den Sog der Soziolinguistik; Rechtschreibung wird nicht nur (wie schon in Wiesbaden) als Bestandteil von Sprachbarrieren gesehen, sondern auch als mögliches
Unterdrückungsinstrument. Das Jahr 1973 bringt einen neuen Höhepunkt der Reformbemühungen auf allen Ebenen; aber auch in dem
neuen, auch auf politischer Ebene reformfreudigen Klima war allen Aktivitäten das gleiche Schicksal beschieden wie den WE:
Sie versandeten irgendwo zwischen parteipolitischen Querelen
und internationalem Kompetenzgerangel. Diese Entwicklung legt
den Schluß nahe, daß restaurative Tendenzen für das Scheitern
der WE nur bedingt verantwortlich gemacht werden können.

Wenn aber zu einer Zeit, in der innovativ denkende Politiker
großen Einfluß haben, das Desinteresse an der Realisierung einer Rechtschreibreform weiterbesteht, müssen auf der politischen Ebene andere Ursachen ausgemacht werden können. Es gibt
eine Reihe von Beispielen dafür, daß Sprachfragen bei politischen Entscheidungen (sowohl in demokratischen als auch in au-
toritären Systemen) durchaus eine Rolle gespielt haben, allerdings nur dann, wenn sie sich für das Erreichen anderer Ziele
funktional einsetzen ließen. So wurde im Zusammenhang mit der
Russischen Revolution eine Reform der russischen Rechtschreibung dekretiert[1]; die Abschaffung der Großschreibung in Dänemark 1948 ging wohl deshalb so problemlos, weil sie motiviert
war von einem neuen Nationalgefühl, das sich durch eine starke,
auf der Kriegserfahrung beruhenden Ablehung alles Deutschen
auszeichnete und eine neue "Skandinavisierung" anstrebte.
Da sich die Liste solcher Beispiele noch verlängern läßt, liegt
die Vermutung nahe, daß die Regelung von Sprachfragen von Politikern eher unter einem machtpolitischen als einem sozialen
oder kulturellen Aspekt gesehen und dem Drängen von Interessengruppen auch nur innerhalb solcher Konstellationen nachgegeben
wird. Ein Politiker wie Dehnkamp, der die Notwendigkeit der Re-

---

1   Zu dieser Problematik s. Advances in the Creation and
Revision of Writing Systems. Edited by Joshua A. Fishman.
Mouton - The Hague - Paris 1977.

form sah und diese als primäres Ziel verfolgte, scheint eher
die Ausnahme zu sein; er scheiterte am Desinteresse vieler anderer Politiker, die in ihrem Handeln andere Prioritäten setzten.

Einer der Gründe für dieses Verhalten liegt in der mangelnden
Kenntnis über die Rolle des Staates bezüglich der Kompetenz für
Sprachregelungen. Während der Wiesbadener Verhandlungen konnte
der Vertreter des BMI eine entsprechende Frage nicht richtig
beantworten: In einer der ersten Sitzungen wurde das Problem
der Zuständigkeit ausführlich erörtert; Mackensen stellte dazu
zwei Fragen, die er ausdrücklich als Warnung verstanden haben
wollte:

1. Gibt es in Deutschland eine amtliche Rechtschreibung?
2. Besteht Aussicht, daß die Beschlüsse des Arbeitskreises
   durch den Staat amtlichen Charakter erhalten? (A3/7a:4)

Da Dehnkamp, der sich über die historischen Vorgaben sehr genau
informiert hatte (s. 2.Kap.1.4), nicht anwesend war, hatte Ministerialrat Gussone, der Vertreter des BMI, den staatlichen
Part zu übernehmen. Eine klare Auskunft über die gültige staatliche Normfestsetzung von 1902 hätte für die Mitglieder des Arbeitskreises die ihnen zugewiesene Aufgabe genau definiert und
gleichzeitig alle weiteren Diskussionen über Zuständigkeitsfragen von vornherein ausgeschlossen. In Unkenntnis der geschichtlichen Tatsachen führte Gussone aus,

daß man es bereits im 19. Jahrhundert für nötig befunden
habe, sich über die Rechtschreibung auf staatlicher Ebene
zu verständigen. Bismarck habe eine Konferenz einberufen,
deren Beschlüsse für den amtlichen Bereich als verbindlich
erklärt worden seien. Dies habe sich auf den ganzen Bereich
des privaten und öffentlichen Lebens ausgewirkt. Seitdem
könne man sehr wohl von einer amtlichen Rechtscheibung
sprechen. Bei den jetzigen Reformbewegungen müsse man sehr
behutsam vorgehen. Dies sei die Bitte der staatlichen Stellen - dargestellt durch Bund und Länder - an alle, die etwas von der Sache verstünden. Wenn die Arbeit des Arbeitskreises beendet sei, müßten sich die staatlichen Stellen
überlegen, wie sie die Ergebnisse in die Praxis umsetzen
könnten. Dabei sei auch mit den Nachbarländern des deutschen Sprachraumes Verbindung aufzunehmen. Es sei niemals
daran gedacht worden, daß der Arbeitskreis von sich aus eine Reform durchsetzen solle. Er habe nur die Grundlage zu
schaffen. Es dürfte also durchaus einen Weg zur verbindlichen Wirksamkeit geben. (A3/7a:5)

Keiner der Anwesenden (auch Grebe nicht, der nachweislich davon wußte) ergänzte diese Ausführungen durch einen Hinweis auf die Konferenz von 1901 und die im darauffolgenden Jahr amtlich sanktionierten Regeln. So wurde hier von dem Vertreter des zuständigen Ministeriums folgende nicht existente Alternative thematisiert: Entweder ein Gremium wie der Arbeitskreis könne "von sich aus eine Reform durchsetzen", oder " die staatlichen Stellen" hätten zu " überlegen, wie sie die Ergebnisse in die Praxis umsetzen könnten".[1]

Wie notwendig hier die richtige Information gewesen wäre, belegt eine Äußerung von Weisgerber in einem nur wenige Tage nach dieser Sitzung geschriebenen Brief:

> Meine Meinung ist, dass man sicher heute keine allgemeine Änderung ohne den Staat durchführen kann, dass dabei aber der Staat nicht als Gesetzgeber, sondern als Verwalter und Treuhänder der Sprachgemeinschaft auftritt. (A7/W; Weisgerber an Grebe 17.2.57)

So blieb (trotz des staatlichen Auftrages) innerhalb des Arbeitskreises das Bewußtsein erhalten, Sprache sei weitgehend Privatsache; auf diesem Mißverständnis beruht auch ein Teil der öffentlichen Kritik, die sich häufig auch gegen die Reformer persönlich richtete.

So wurde auch nicht aufgezeigt, wo die "Macht" des Staates in diesem Fall endet: die Regeln von 1902 - und analog dazu eine eventuelle Änderung - können nur für staatliche Behörden und Schulen verbindlich gemacht werden im Sinne einer Verwaltungsvorschrift; im Privatleben kann niemand per Gesetz gezwungen werden, die für die Rechtschreibung gültigen Regeln zu befolgen; dies durch Gesetz zu erzwingen, würde als Folge die Notwendigkeit der Ahndung jedes Vergehens nach sich ziehen.

Die Aufgabe des Arbeitskreises für Rechtschreibregelung bestand in der Erstellung eines Gutachtens, das als Grundlage für die

---

1 Der Hinweis auf Bismarck belegt, daß auch die staatliche Sanktionierung der Rechtschreibung von 1902 in einem größeren politischen Zusammenhang der politischen Einheitsbestrebungen und der Reichsgründung von 1871 zu sehen ist und auch so interpretiert wurde.

politische Meinungsbildung und der daraus resultierenden Entscheidung dienen sollte. Dehnkamp hatte diesen staatlichen Auftrag in seinem Referat in der konstituierenden Sitzung in Frankfurt klar formuliert und als Begründung für die Aktivitäten von BMI und KMK auf das Scheitern der bisherigen privaten Bemühungen verwiesen.

Sowohl eine Äußerung von staatlicher Seite, wie die oben zitierte, als auch die Mitarbeit der Interessengruppen verstärkte unterschwellig die Meinung, es handle sich bei der Rechtschreibreform um eine eher private Angelegenheit. So war weder den Mitgliedern des Arbeitskreises noch den zahlreichen Kritikern von außen deutlich genug bewußt, daß die Reform nur durch die Änderung einer staatlich gesetzten Norm realisiert werden konnte.

Aus diesem Grund kam es im Arbeitskreis und später auch in der Presse immer wieder zu Diskussionen über mögliche Freiheitsbereiche. Ein Brief, den Süskind kurz nach der Veröffentlichung der WE an Grebe schrieb, um diesem die Haltung von Korn (s. 4.Kap.2) zu verdeutlichen, enthält alle Elemente dieser Diskussion:

Ein Freiheitsbereich nur für Dichter und Schriftsteller wäre ein Unding (oder, wenn sie anders wollen, eine Selbstverständlichkeit, über die man nicht zu reden braucht). Was mich so erschreckt hat, war die generelle Unbereitschaft von Schule, graphischem Gewerbe und Rationalisierungsfachleuten, den Freiheitsbereich für eine Übergangszeit möglichst weit auszudehnen, damit so 1.) die organische Entwicklung angenommen und 2.) der freie Entschluß des Schreibenden und Lernenden beizeiten gekräftigt werde. Dass dieser Gedanke als derart abseitig und imprakikabel empfunden wurde, hat mir gezeigt - weit über unser Thema hinaus - unter welchem Tabu der Normung, unter welcher Vorherrschaft der Organisation über das Organische wir bereits stehen. Mit Bedacht habe ich deshalb in meinem Artikel von den alten Druckern und Setzern gesprochen, denen das Fehlen einer zwingenden Regel noch gar keine Pein verursachte - ich empfinde diese Bemerkung in meinem Artikel als eine viel schärfere Aussage als alles, was Korn schreibt. Ich kann auch nicht einsehen, warum die breiten Schichten in unserem Volk auf die Norm nicht sollten verzichten <u>können</u>; warum es Chaos bedeuten sollte, wenn wir in einem breiten Bereich sagen würden: sei ein Mann, denke selbst, lerne entscheiden und lerne, was freie Entscheidung für ein Gut ist - und zwar für jedermann. Überdies wäre dann das fatale Bildungsmoment mit Falsch und Richtig eingeschränkt. Aber eben dies wagt man offenbar nicht.
Verzeihen Sie die (scheinbare) Bitterkeit meiner Worte. Sie

wissen, dass sie nicht im mindesten meine Freude mindert, dabei gewesen zu sein. (A7/S; Süskind an Grebe 18.1.59)

Der unzutreffenden Einschätzung, die Änderung von Rechtschreib-regelungen könne auch privaten Initiativen überlassen werden, liegt ein Irrtum zugrunde; sie basiert auf der Annahme, die Rechtschreibung sei eine Verhaltensnorm. Rechtschreibregeln be-ruhen aber auf einer Konvention, die zu einem bestimmten Zeit-punkt (1902) festgeschrieben und für Schulen und staatliche Be-hörden zur verbindlichen Norm erklärt wurde; diese kann nur durch einen analogen Vorgang, nicht durch allmählichen Wandel im Verhalten der Sprachteilhaber - in diesem Falle durch den zunehmenden Gebrauch abweichender Schreibweisen - geändert wer-den. Die in diesem Sinne "normative Kraft des Faktischen" kann allenfalls als Argument für die politische Entscheidung genutzt werden. Eingedenk solcher Erfahrungen hatte Dehnkamp seine Ini-tiativen geplant.

In der Öffentlichkeit entstand sowohl nach Bekanntwerden der STE als auch der WE der Eindruck, es handle sich um Erneue-rungsvorschläge von Fanatikern, Sonderlingen oder Umstürzlern; manche persönliche Entgleisung innerhalb der Kritik wird so verständlich, weil sie psychologisch zu erklären ist. Recht-schreibung beruht auf gespeicherter "Bildeinprägung", das er-lernte Schriftbild wird zum "Gewohnheitsbild"; darüber war man sich in Wiesbaden durchaus klar, was durch eine Äußerung von Brinkmann während einer Sitzung belegt ist :

Man macht immer wieder (auch an sich selbst) die Erfahrung, daß das Widerstreben gegen eine "mechanische" Regelung von bestimmten gewohnten Schriftbildern ausgeht, von denen man sich nur ungern löst. So haftet man an bestimmten Stellen, der eine an dieser, der andere an jener. (A4/12:6)

Aus der soziologischen Forschung ist hinlänglich bekannt, daß Einstellungen, Vorurteile und Gewohnheiten sich als äußerst wi-derstandsfähig gegen Änderungsversuche von außen erweisen. Da-mit bietet sich eine plausible und mit großer Wahrscheinlich-keit zutreffende Erklärung für den Widerstand gegen eine Recht-schreibreform in der Öffentlichkeit und für das Verhalten der Presse. Der Kreis schließt sich wieder, wenn in Betracht gezo-

gen wird, daß Politiker in ihren Entscheidungen wahrscheinlich
häufig durch Äußerungen in der Presse beeinflußt werden.
Da kaum ein Politiker zugeben würde, solchen Einflüssen zu unterliegen, kann hier eine Ursache für deren Zurückhaltung in
der Reformfrage nur gemutmaßt, aber kaum bewiesen werden. Die
Tatsache, daß für den Ministerialrat Höhne, der nach der Veröffentlichung der WE einen Bericht für die KMK anzufertigen hatte, Pressestimmen eine so große Rolle spielten (s. 4.Kap.3),
läßt sich bei aller Vorsicht als ein solcher Beweis werten.

Geht man von der Annahme aus, daß die Presse diesen Einfluß
hat, liegt es auf der Hand, daß Journalisten und andere, die
dort publizieren, sich dieser Möglichkeit sehr wohl bewußt waren und sind und diese nutzten. Küppers (1984) hat in seiner
Untersuchung, die sich mit dem Einfluß der Presse auf die
Rechtschreibreform von 1876 bis 1982 auseinandersetzt, sowohl
die Argumente als auch die Argumentationsstrukturen untersucht.
Seine "ideologiekritische Analyse" legt offen, daß wissenschaftliche Argumente immer mehr in den Hintergrund gerieten
oder sogar unterschlagen wurden, statt dessen argumentierte man
vorwiegend pragmatisch. Die dort formulierten Gründe für das
Scheitern aller Reformversuche basieren auf abstrakten Folge-
rungen aus dem vorliegenden Material: Aufsätzen aus Zeitschriften und Zeitungen.
Für die hier vorliegende Untersuchung konnten zahlreiche Akten
und Dokumente ausgewertet werden, die das Handeln der eigentlichen Akteure festhalten. Damit ergab sich die Möglichkeit, von
der Ebene der Diskussion auf eine quasi tiefer liegende Ebene,
nämlich die des Handelns und seiner Motive vorzudringen. Für
den Zeitraum von 1952 bis 1966 ließen sich die konkreten Ereignisse rekonstruieren und darstellen, um auf dieser Basis eine
Antwort auf die Frage nach dem Scheitern zu versuchen: Ein kom-
pliziertes, mehrere Ebenen übergreifendes Geflecht von Kausal-
zusammenhängen, die erst in der Retrospektive und im historischen Kontext der Entwicklung der frühen Bundesrepublik als
solche zu identifizieren sind, ließ sich aufzeigen und daraus
ein Befund ableiten. Dieser wiederum war in vier Einzelkompo-
nenten aufzugliedern, die jeweils durch den Text eines Kapitels

zu erhellen waren. Unter Vernachlässigung aller Details ergibt sich:

1. Kapitel: In der Geschichte der Reformbewegung läßt sich in den 50er- Jahren insofern eine Zäsur ausmachen, als die Diskussion des Problems sich in eine andere soziale Gruppe verlagerte; traditionell, d. h. von 1901 bis 1950, kamen Reformvorschläge aus den Berufsgruppen der Lehrer und Drucker; mit den STE vollzog sich die Übernahme des Themas durch die Wissenschaftler. Diese soziologische Verlagerung berührte wegen der Teilnahme von Wissenschaftlern aus vier Staaten gleichzeitig das Problem der rein nationalstaatlichen Entscheidungen.

2. Kapitel: Durch die Aktivitäten des Politikers Dehnkamp und damit des Bundes (BMI) und der Länder (KMK) wird die staatenübergreifende Diskussion zurückgenommen und zur vorläufig innenpolitischen Maßnahme der Bundesrepublik erklärt.

3. Kapitel: Der "Arbeitskreis für Rechtschreibregelung" verhandelt in Wiesbaden im staatlichen Auftrag, aber ohne Einfluß von politischer Seite und arbeitet die bisher vorhandenen Vorschläge zu einer Rechtschreibreform wissenschaftlich so auf, daß alle weiteren Vorschläge auf der Basis der WE diskutiert werden.

4. Kapitel: Trotz wissenschaftlicher und politischer Vorbereitung scheitert die Reform an den damaligen innen- und außenpolitischen Konstellationen. Ein tatsächlicher oder vermuteter Einfluß der Presse auf Politiker liefert nur einen Teilaspekt zur Erklärung der Ursachen des Scheiterns.

Die diesen Feststellungen inhärente Sichtweise nimmt der Kritik den Stachel persönlicher Schuldzuweisung an die Akteure der Vergangenheit, die versucht haben, damals eine Rechtschreibreform durchzusetzen; sie liefert zwar den Verantwortlichen der Gegenwart und der Zukunft nur in Einzelfällen neue Handlungsmuster, könnte es aber ermöglichen, nach Überprüfung der taktischen Argumente für zukünftige Argumentationsstrukturen bestimmte Konsequenzen zu ziehen; denn "erst aus der kritischen Aufarbeitung des Vorherigen" kann "ein sinnvolles Späteres geschaffen werden" (Kohrt 1987:XII).

"Bewußtes", sinnlich konkretes Aneignen der Geschichte wird erst am Beispiel möglich, in dem verallgemeinerungsfähige Einzelschicksale von Menschen oder Gruppen erzählt werden; deshalb kann m. E. eine Monographie wie die hier vorliegende eine Hilfe

562

zur Sinndeutung dieser Geschichte sein. Da "Aneignen von Geschichte" im allgemeinen keine konkreten Handlungsmuster liefert, müssen innerhalb dieser narrativen Strukturen nicht zwin-
gend Identifikationsfiguren zur Verfügung stehen. Vermittelt
über den Prozeß des Rezipierens kann sich jedoch die Fähigkeit
entwickeln, Urteile zu formulieren, konstruktive Kritik zu üben
und eigenes Denken und Handeln aus den so gewonnenen Erkenntnissen abzuleiten.
Aus diesem Grund wird ein Ausschnitt aus der Geschichte der
Rechtschreibreform im 20. Jahrhundert - die Entstehung der
Stuttgarter Empfehlungen und der Wiesbadener Empfehlungen - aus
der Sicht der handelnden Personen "erzählt" und in deren Erlebniszusammenhängen gesehen; diese Art der Darstellung kann den
Leser befähigen, deren Argumente zu verstehen und in der aktuellen Situation nachzuvollziehen oder Gegenargumente zu formulieren. Darüber hinaus kann als sprachsoziologisches Problem
einsichtig werden, wie Prozesse ablaufen, die eine Veränderung
von Normen - in diesem Falle der Schreibnorm - initiieren oder
verhindern können.
Geschichte ist also kein "Musterdepot":

> Diese naive Art, Geschichte für die Gegenwart und für das
> Handeln nutzbar zu machen, indem man für eine heutige Si-
> tuation eine entsprechende in der Geschichte sucht, um dann
> deren Folgen für die eigene Zukunft zu prognostizieren, ist
> geradezu gefährlich, weil sie für die gegenwärtige Wirk-
> lichkeit blind machen kann und deshalb fast notwendig zum
> Scheitern führt. (Schulze 1987:9)

Am Beispiel von Dehnkamp, dem Bremer Senator für das Bildungswesen, der zu diesem Zeitpunkt "Beauftragter für Fragen der
Rechtschreibreform der KMK" war, wird aufgezeigt, wie im konkreten Fall (amtliche Gültigkeit der Rechtschreibnorm in allen
deutschsprachigen Staaten) historisches Wissen sich zum Verständnis der augenblicklichen Situation als notwendig erweist,
sich aber nur in der bewußt reflektierten veränderten Wirklichkeit als Entscheidungshilfe funktional machen läßt.
Das Postulat vom "Lernen aus der Geschichte" ist demnach zu mo-
difizieren zum "Erarbeiten eines historischen Bewußtseins"; das
heißt, die Vermittlung historischer Kenntnisse müßte Denkstrukturen erzeugen, die es jedem einzelnen ermöglichen, aus dem so

gewonnenen geschichtlichen Wissen im veränderten zeitlichen Kontext Konsequenzen zu ziehen für eigenes Denken und Handeln, wobei die Bedeutung des Wortes "handeln" auch Sprechen, Reden, Entscheiden umfaßt. Eingedenk der Prämisse, daß geschichtliches Wissen nur als Integrationspotential eines historischen Bewußtseins einen Sinn hat, kann die Entwicklung der Reformbemühungen nur im Zusammenhang bzw. vor dem Hintergrund der gesamten politischen Situation gesehen und beschrieben werden; durch eine integrative Darstellungsweise war aufzuzeigen, wie sich das Detailproblem Rechtschreibreform im Zusammenhang mit und in Abhängigkeit von anderen politischen Vorgängen und geistesgeschichtlichen Strömungen entwickelte.

Historische Abläufe begreiflich zu machen heißt, Geschichte am Beispiel zu erläutern, an verallgemeinerungsfähigen Einzelschicksalen von Menschen und Gruppen zu beschreiben, wie sich bestimmte Ereignisse entwickelt haben. Bleibt die Frage, ob die Enstehungsgeschichte dieser beiden Reformvorschläge - Stuttgarter Empfehlungen und Wiesbadener Empfehlungen - ein Lehrstück sein kann. Ein Lehrstück, das gegenwärtig verantwortlichen Wissenschaftlern und Politikern Erkenntnisformen eröffnen hilft, die sie brauchen, um die gegenwärtige politisch-gesellschaftliche Situation so transparent zu machen, daß sie konstruktive Kritik üben können, um für den geplanten neuerlichen Versuch daraus Konsequenzen zu ziehen. Eingedenk der Subjektivität des eigenen Standortes seien einige wenige Punkte angedeutet: Als gesichert kann gelten, daß die Problematik der Orthographie inzwischen wissenschaftlich gründlicher, systematisch und vollständig aufgearbeitet ist. Moser hatte im Rahmen der WE mit solchen systematischen und auch umfangreichen empirischen Untersuchungen begonnen. Aber seine Bemühungen waren noch zu sehr darauf abgestellt, einen bestimmten Reformvorschlag als richtig zu erweisen. Erst seit Mitte der 70er Jahre gibt es wieder umfassende Darstellungen, wie sie auch am Anfang der schließlich erfolgreichen Konferenz von 1901 gestanden haben. (R.v.Raumer, Wilmanns) Eine solche Aufarbeitung ist zwar notwendig, aber kein Garant für einen Erfolg.
Als sehr unwahrscheinlich ist anzunehmen, daß eine sachgemäße öffentliche Diskussion in den Pressemedien den Gedanken einer

Reform popularisieren könnte. Man vergleiche dazu den Dokumen-
tationsband von H. Zabel (1989).
Prüfen könnte man den Gedanken, die Rechtschreibung vielleicht
teilweise als DIN-Norm zu interpretieren, was neue Möglichkeiten der Realisierung eröffnen würde. Entsprechende Aktivitäten
des DNA sind von Grebe (vgl. 3.Kap.1) als nicht "reformför-
dernd" erkannt und deshalb zu schnell "abgebogen" worden.

Wenn die parteipolitische Polarisierung des Themas auch als
Folge der verschobenen Argumentationsschwerpunkte (von wissenschaftlichen zu pragmatischen Argumenten) identifiziert wird,
kann das dazu führen, daß heutige Entscheidungsträger ihre
Standpunkte neu überdenken. Dabei könnte die Erkenntnis reifen,
die bisher politisch festgelegten Positionen seien im gegenwärtigen Zeitpunkt nicht mehr vertretbar oder wenigstens hinterfragbar. Der darin abweichende Standpunkt der Kultusminister
Gölter und Laurien (1988) ist in diesem Sinne zu werten und
vielleicht für die Realisierung einer Reform zu nutzen und
funktional zu machen.
Vielleicht ist die neue gesamtpolitische Konstellation, die der
von 1902 insofern gleicht, als nur noch drei Staaten beteiligt
sind, ein gutes Omen.

ANHANG

1. Chronologie

1901

17. - 19. Juni
II. Orthographische Konferenz ("betreffend Erzielung einer einheitlichen deutschen Rechtschreibung") im Reichsamt des Innern, Berlin
Mitteilung des Konferenzergebnisses an alle deutschen Länder, die Schweiz und Österreich

16. November
Österreich stimmt dem Verhandlungsergebnis zu

1902

24. Februar
Verordnung zur Einführung der neuen Rechtschreibung in Österreich zum Beginn des Schuljahres 1902/03

18. Juli
Sitzung des Schweizerischen Bundesrates
Beschluß: Einführung der neuen Rechtschreibung für den Schulunterricht und den "amtlichen Gebrauch"

REGELN (1902): Regeln für die deutsche Rechtschreibung nebst Wörterverzeichnis. Neue Bearbeitung. Berlin.
(nach den Beschlüssen der Berliner Konferenz von Duden und Köpke erstelltes neues "amtliches" Regelbuch)

DUDEN, K. (1902): Orthographisches Wörterbuch der deutschen Sprache. Nach den für Deutschland, Österreich und die Schweiz gültigen amtlichen Regeln. 7. Aufl.

BRENNER, O. (1902): Die lautlichen und geschichtlichen Grundlagen unserer Rechtschreibung. (Kritik am amtlichen Regelwerk und neuer Forderungskatalog)

18. Dezember
Beschluß des Bundesrates, das neue amtliche Regelwerk in den staatlichen Behörden und den Schulen des damaligen Reichsgebietes einzuführen

1903

1. Januar   Einführung der neuen Rechtschreibung für die Behörden des damaligen Reichsgebietes

1. April   Einführung der neuen Rechtschreibung für die Schulen des damaligen Reichsgebietes (Beginn des neuen Schuljahres)

DUDEN, K. (1903): Rechtschreibung der Buchdruckereien deutscher Sprache. (Buchdruckerduden)

1912

KOSOG, O. (1912): Unsere Rechtschreibung und die Notwendigkeit ihrer gründlichen Reform. (enthält Ergebnisse seiner Versuche mit dem Diktat "Aus dem Testament einer Mutter", das er von Lammertz übernommen hatte)

1915

DUDEN (1915): Duden. Rechtschreibung der deutschen Sprache und der Fremdwörter. Mit Unterstützung des Allgemeinen Deutschen Sprachvereins, des Deutschen Buchdruckervereins, des Reichsverbandes Österreichischer Buchdruckereibesitzer, des Schweizerischen Buchdruckervereins sowie der deutschen und österreichischen Korrektorenvereine nach den für Deutschland, Österreich und die Schweiz gültigen amtlichen Regeln ... 9. Aufl. (Vereinigung von "Orthographischem Wörterbuch" und Buchdruckerduden)

1919

20. Oktober   Vorbesprechung zur Reichsschulkonferenz in Berlin; ein Punkt der Tagesordnung: Neuordnung der Rechtschreibung

28. November   Sitzung des Reichsschulausschusses: Einsetzung eines Sachverständigenausschusses für Fragen der Rechtschreibreform

1920

27. Januar   Sitzung dieses Sachverständigenausschusses, dem Delegierte auch aus der Schweiz und Österreich angehörten, im Reichsamt des Innern in Berlin; Mehrheit für "einen schleunigen und rücksichtslosen Umsturz der bestehenden Schreibweise" (gründliche phonetische Reform und Substantivkleinschreibung)

    Ablehnende Haltung der amtlichen Stellen und Proteste des Börsenvereins der deutschen Buchhändler (gemeinsam mit dem Bund für deutsche Schrift in Berlin: Aufruf zum Zusammenschluß gegen die Neuordnung der Rechtschreibung)

30. Oktober   Sitzung des Reichsschulausschusses: Einsetzung eines neuen Sachverständigenausschusses, dem auch Vertreter der Buchdrucker, Buchhändler und Schriftsteller angehören

1921

8. April   Vorschläge dieses Ausschusses: "Leitsätze aus der Sachverständigen-Beratung über die Vereinfachung der Rechtschreibung"

Juni   Beschluß des Reichsschulausschusses: Vereinfachung der deutschen Rechtschreibung wünschenswert; Durchführung erst nach Besserung der Lage in Deutschland und nach Abschluß der Neuordnung des Schulwesens

1924

    Schweiz: Gründung des bvr ("Bund für vereinfachte Rechtschreibung")
Gründungsmitglieder u.a. Hans Cornioley, Otto von Greyerz und Erwin Haller

1925

11.April   Aufruf des bvr im Berner Schulblatt (Kleinschreibung)

1926

Beginn der Zusammenarbeit des bvr mit den
Schweizer Lehrerorganisationen

1928

Konferenz der schweizerischen Erziehungsdirektoren: Einsetzung eines Ausschusses zur Beobachtung der Reformbewegung

1929

Konferenz der schweizerischen Erziehungsdirektoren: Vorläufige Ablehnung der Vorschläge
dieses Ausschusses (Substantivkleinschreibung
und andere Vereinfachungen; internationale
Orthographiekonferenz) und Auftrag an den bvr,
im deutschsprachigen Ausland entsprechende
"Neigung" zu erkunden

1931

LEIPZIG (1931): vereinfacht die rechtschreibung! ein vorschlag des leipziger lehrervereins

ERFURT (1931): Das Erfurter Rechtschrei-
bungsprogramm. 10 Punkte zur Reform unserer
Rechtschreibung. Beschlossen Ende Aug. 1931
vom 7. Vertretertag des Bildungsverbandes der
Dt. Buchdrucker in Erfurt

1932

Initiative des Schweizer Bundesrates (auf Anregung des bvr) mit Deutschland und Österreich
über Reformfragen zu konferieren; nur Interesse in Österreich

1933

Oktober

Reichsministerium der Innern: Einberufung einer Rechtschreibtagung wird verschoben

1941

Offizielle Verordnung: Übergang von der Fraktur zur Antiqua

14. September   RAHN, F. (1941): Die Reform der deutschen Rechtschreibung. (in der Zeitschrift "Das Reich")

1944

Neuauflage der "amtlichen Regeln" mit Reformvorschlägen:
Regeln für die deutsche Rechtschreibung und Wörterverzeichnis. Hrsg. v. Reichsministerium für Wissenschaft, Erziehung und Volksbildung. Berlin. (kurz nach Erscheinen eingestampft)

1946

17. April   Vorschläge des Vorausschusses zur Bearbeitung der Frage der Rechtschreibreform bei der Deutschen Verwaltung für Volksbildung
(Initiative von Paul Wandel, 1946-1949 Präsident der Zentralverwaltung für Volksbildung, 1949-1952 Volksbildungsminister)

27. November   2. Fassung dieser Vorschläge

Scheitern einer gesamtdeutschen Orthographie-Konferenz in Berlin

BVR (1946): Vorschlag des "bundes für vereinfachte rechtschreibung"

1947

Sommer   Wandel verhandelt mit den Kultusministern der westdeutschen Länder über die Berliner Vorschläge; Regierungsstellen der westlichen Zonen schicken diese Vorschläge zur Begutachtung an Einzelpersonen und Organisationen, z. B. GfdS

1947

FDGB LEIPZIG (1947): "ist eine reform unserer rechtschreibung notwendig?" hrsg. v. der gewerkschaft der lehrer und erzieher im fdgb kreis leipzig.

DUDEN (1947): Duden. Rechtschreibung der deutschen Sprache und der Fremdwörter. 13. Auflage. Leipzig.

1948

Österreichische Anträge in der Wiener Zeitschrift "Erziehung und Unterrricht" erörtert

1946 bis 1949

Reformvorschläge von Menzerath, Haller, Hiehle, Jensen, Kippel, Kräbs in der "Zeitschrift für Phonetik und allgemeine Sprachwissenschaft"

1949

Januar

Erstes Nachkriegsheft der Zeitschrift "Muttersprache" (GfdS; Schriftleiter Mackensen); darin: Die Änderung der deutschen Rechtschreibung (G. Winter)

Jahrestagung der "Konferenz der Kantonalen Erziehungsdirektoren" in der Schweiz; Referate über den Stand der Rechtschreibreform von Steiger und Haller

Bei einer Tagung der GEW in Marburg: Forderung einer Rechtschreibreform

Dezember

DUDEN (1949): Duden. Rechtschreibung der deutschen Sprache und der Fremdwörter. 13. Auflage. (Lizenzausgabe des Verlages Franz Steiner in Wiesbaden)

1950

27./28. Oktober Plenarsitzung der KMK in Freiburg: Beschluß
über vorläufige Geltung des Dudens und Einsetzung eines Ausschusses (Vorsitz Basler)

1951

16. Juni Sitzung des Schulausschusses der KMK; ein
Punkt der Tagesordnung: Arbeit des in Freiburg
gegründeten Ausschusses

LVN: Vorschlag des Rechtschreibausschusses des
Lehrerverbandes Niedersachsen (veröffentlicht
1953)

ÖSTERREICHISCHES WÖRTERBUCH (1951) Herausgegeben im Auftrage des Bundesministeriums für
Unterricht. (ÖW)

1952

21.-23. November Gründung der "Arbeitsgemeinschaft für Sprachpflege" in Konstanz (STE)

1953

9. Januar Sitzung des Schulausschusses der KMK; ein
Punkt der Tagesordnung: Arbeit des in Freiburg
gegründeten Ausschusses

23./24. Januar Sitzung des Plenums der KMK; Beschluß über
Baslers Mitarbeit bei der "Arbeitsgemeinschaft
für Sprachpflege" (STE)

Reformplan der "arbeitsgemeinschaft neue
rechtschreibung" (agnr) (Heyd)

bör ("bund österreichischer rechtschreibreformer"): Aufruf an alle, besonders Lehrer

Pfingsten Kongreß der Lehrer und Erzieher in Flensburg;
Debatte über Reform der Rechtschreibung und
Veröffentlichung des Vorschlages des LVN

1953

2./3. Juni   Arbeitstagung der "Arbeitsgemeinschaft für Sprachpflege" in Salzburg (STE)

20.-22. November   Arbeitstagung der "Arbeitsgemeinschaft für Sprachpflege" in Schaffhausen (STE)

1954

Mai   MACKENSEN, L. (1954): Deutsche Rechtschreibung. Verlag Bertelsmann Gütersloh.

15./16. Mai   Arbeitstagung der "Arbeitsgemeinschaft für Sprachpflege" in Stuttgart
Formulierung der STE

22./23. Mai   W. E. Süskind: Die Hofräte sind für 'di libe' / Von der Arbeit der Sprachpfleger (Süddeutsche Zeitung)

28. Mai   Thierfelders Beschwerdebrief an Kasack (Präsident der Deutschen Akademie für Sprache und Dichtung) über Süskinds Verhalten

Anfang Juni   Versendung der STE an die Kultus- bzw. Unterrichtsminister der Länder

17. Juni   Übergabe der STE an die wichtigsten Zeitungen in Berlin (Ost) durch Steinitz

25. Juni   Veröffentlichung der STE in der Zeitschrift "Mitteilungen des Instituts für Auslandsbeziehungen"

       Pressekonferenz von Thierfelder in Stuttgart; Übergabe der STE an die anwesenden Journalisten

       Übergabe der STE an die Deutsche Presseagentur und Associated Press

25. Juni   Die Zeitschrift "Weltwoche" (Zürich) veröffentlicht Zuschriften von Thomas Mann, Hermann Hesse und Friedrich Dürrenmatt zur Rechtschreibreform; daraus resultierende dpa-Meldung in vielen deutschen Zeitungen

1954

22. Juli	Rundschreiben (Thierfelder) an die Mitglieder der "Arbeitsgemeinschaft für Sprachpflege": ausbleibende Reaktion der Behörden; Wiener Konferenz; Bearbeiter für die einzelnen Reformpunkte
5. August	Fernsehsendung NWDR Hamburg: "Einer reformirten ortografi auf den zan gefült" - in der Reihe "Gespräch des Monats"; Teilnehmer: Thierfelder, Glinz, Ebert u.a.
28./29. September	Plenarsitzung der KMK in Hannover: Kenntnisnahme der STE
14. September	Konferenz der Erziehungsdirektoren in der Schweiz nimmt STE zur Kenntnis und bildet unter Vorsitz des Schaffhausener Erziehungsdirektors Wanner eine Kommission, die später Glinz mit der Erstellung eines Gegenvorschlages beauftragt
Anfang November	Rücktritt des österreichischen Unterrichtsministers Kolb; Nachfolger Drimmel
14. November	Treffen von Thierfelder und Glinz in München: Besprechung der "Wiener Konferenz"
Anfang Dezember	Briefwechsel zwischen Stur und Thierfelder über die Entwicklung in Wien
14. Dezember	Brief von Thierfelder an den Präsidenten der KMK Dehnkamp
1. September	DUDEN (1954): Duden. Rechtschreibung der deutschen Sprache und der Fremdwörter. 14. Auflage Mannheim und Wiesbaden

1955

12./13. Jan.	Sitzung des Schulausschusses der KMK: Beratung über die STE
2. Februar	Dehnkamp erhält das Gutachten der Deutschen Akademie für Sprache und Dichtung; Briefwechsel mit Kasack

1955

10. Februar	Dehnkamp: Besprechung mit dem Bundespräsidenten Heuss über die Rechtschreibreform und die STE
11. Februar	Dehnkamp: Besprechung mit dem Staatssekretär Hallstein im Auswärtigen Amt
24. Februar	Dehnkamp: "Erkundungsbrief" an den österreichischen Unterrichtsminister Drimmel über das Auswärtige Amt
24. Februar	Dehnkamp: Bitte an das Auswärtige Amt um Übersendung der Akten von 1902 (Österreich und Schweiz)
5. März	Treffen von Löffler (Vorsitzender des Schulausschusses der KMK) und Klappenbach in Berlin
16. März	Dehnkamp erhält vom Auswärtigen Amt Abschriften der erbetenen Akten
24. März	Dehnkamp: Besprechung mit Staatssekretär Thediek (Ministerium für gesamtdeutsche Fragen)
15. April	Rundschreiben (Thierfelder) an die Mitglieder der "Arbeitsgemeinschaft für Sprachpflege": Termin für "Wiener Konferenz" auf September 1955 verschoben
5. Mai	Staatsvertrag: Souveränität der Bundesrepublik Deutschland
7. Mai	Dehnkamp erhält Antwortbrief von Drimmel
11. Mai	Dehnkamp: Besprechung mit Innenminister Schröder über Rechtschreibreform und STE
15. Mai	Staatsvertrag: Souveränität der Republik Österreich
17. Mai	Frings und Stur: Besprechung über STE und "Wiener Konferenz" in Wien
18. Mai	Frings und Stur: Besprechung mit dem Präsidenten der Wiener Akademie der Wissenschaften Meister
23. Mai	Frings und Stur: Besprechung mit dem österreichischen Unterrichtsminister Drimmel
2. Juni	Dehnkamp: Gespräch mit Ringeln und Schwanbeck (während der Erzieherkongresses in Köln) über den Einfluß der Lehrerverbände auf die Reformbemühungen

1955

Juni	Rundschreiben (Thierfelder) an die Mitglieder der "Arbeitsgemeinschaft für Sprachpflege": Bericht über die Lage in Wien; neuer Termin (1. Oktober 1955) für die Ausarbeitungen zu den einzelnen Punkten der STE
Mitte Juni	DER DEUTSCHUNTERRICHT (1955). Der Deutschunterricht 7, H.3: Die deutsche Rechtschreibreform (Themenheft) mit Beiträgen von Moser, Hotzenköcherle, Ebert, Roemheld, Glinz, Klappenbach, Grebe, Rahn
25. Juni	Dehnkamp: Besprechung mit Hübinger, Leiter der Kulturabteilung im BMI
20. Juli	Vorläufiges Ende des Briefwechsels zwischen Thierfelder und Grebe über die "Wiener Konferenz"
5. August	Dehnkamp: "private Vorarbeit" als Grundlage für die spätere Entscheidung der Ministerien und Parlamente
September	Kultusminister Simpendörfer (Baden-Württemberg) neuer Präsident der KMK; Dehnkamp "Sonderbeauftragter" der KMK für Fragen der Rechtschreibreform
8. Oktober	Treffen in München: Frings, Meister, Basler, Kralik, Kranzmayer, Thierfelder
14. Oktober	Treffen von Grebe und Dehnkamp in Bremen: Vorbereitung des Duden-Beschlusses
23. Oktober	Dehnkamp: Besprechung mit führenden Mitgliedern der Deutschen Akademie für Sprache und Dichtung (Kasack, Storz, Usinger) über eine Rechtschreibreform
Ende Oktober	zufälliges Zusammentreffen von Dehnkamp und Hübinger in München; Dehnkamp drängt auf Aktivitäten des BMI
7. November	Dehnkamp erhält einen Bericht über das Treffen in München (Frings, Meister, Basler, Kralik, Kranzmeyar, Thierfelder)

1955

15. November	Dehnkamp: ausführlicher Bericht über die bisherige Entwicklung der Rechtschreibreform an die Mitglieder der KMK (gedacht als Entscheidungsgrundlage)
18./19. Nov.	Duden-Beschluß der KMK
Dezember	Briefwechsel Dehnkamp - Kasack über eine eventuelle Federführung der Akademie bei neuen Verhandlungen zur Rechtschreibreform

1956

18. Januar	Öffentlich zugängliche Veranstaltung des bör im Auditorium Maximum der Universität Wien; Vorträge von Thierfelder und Weisgerber; (Weisgerber: Über die Diktatur der Schrift - auch als Eröffnungsvortrag in Frankfurt am 4. Mai 1956)
18. Januar	Dehnkamp: Gespräch mit Grebe und Steiner in Wiesbaden
19. Januar	Dehnkamp: Gespräch mit Thierfelder in Stuttgart
19. Januar	Dehnkamp: Gespräch mit Hansen (Vors. der IG Druck und Papier) in Stuttgart
20. Januar	Dehnkamp: Gespräch mit Löffler (Vors. des Schulausschusses der KMK) in Stuttgart
20./21. Januar	50. Plenarsitzung der KMK in Stuttgart: "grünes Licht" für die Einberufung des "Arbeitskreises für Rechtschreibregelung"
28. Januar	Briefwechsel zwischen Dehnkamp und Weisgerber über Vorsitz des Arbeitskreises; Ablehnung von Weisgerber
7. Februar	Neuer Vorschlag der Deutschen Akademie für Sprache und Dichtung zum Verfahren; von Dehnkamp abgelehnt
21. Februar	Dehnkamp: Gespräch mit Mackensen in Bremen
8. März	Besprechung im BMI (Teilnehmer u.a. Dehnkamp, Hübinger und Vertreter verschiedener Ministerien): Planungen für die Konstituierung des "Arbeitskreises für Rechtschreibregelung"

1956

8./9. März	51. Plenarsitzung der KMK in Bonn: endgültiger Beschluß für die Einberufung des "Arbeitskreises für Rechtschreibregelung"
12. März	KMK und BMI: Einladungsschreiben an 16 Organisationen und Institutionen
20. März	Rundschreiben (Thierfelder) an die "Arbeitsgemeinschaft für Sprachpflege": Information über Einladung zum "Arbeitskreis für Rechtschreibregelung"
26. März	Dehnkamp und Grebe: organisatorische Vorbesprechung für die konstituierende Sitzung des Arbeitskreises
10. April	Thierfelder: "klarstellender" Brief (Rechtfertigung seines Verhaltens) an Dehnkamp
2. April	Trier designierter Vorsitzender des "Arbeitskreises für Rechtschreibregelung"
4. Mai	Konstituierende Sitzung des "Arbeitskreises für Rechtschreibregelung" in Frankfurt; Bildung von 3 Ausschüssen
5. Mai	Sitzung der Spartenexperten (IG Druck und Papier) für die Rechtschreibreform in Frankfurt: Benennung der Delegierten für den Arbeitskreis
10. Juli	Sitzung des 2. Ausschusses in Wiesbaden
9. September	Treffen in Wien: Grebe, Meister, Stur; Besuch Grebes bei der Deutschen Botschaft in Wien
17. September	Treffen mit privatem Charakter (anläßlich der Tagung der Monumenta Germaniae historica in München): DDR: Frings, Klappenbach, Ebert Österreich: Meister, Stur Schweiz: Glinz Bundesrepublik: Weisgerber, Grebe
16. Dezember	Vortrag von Weisgerber im Süddeutschen Rundfunk: Die Aussichten einer Rechtschreibreform

1957

12. Januar	Sitzung des 1. Ausschusses in Wiesbaden
9. März	Vortrag von Grebe über Rechtschreibreform bei der Gemeinschaft Deutscher Lehrerverbände in Essen
29./30. Juni	Sitzung der Unterkommission (Groß- und Kleinschreibung) des 1. Ausschusses in Wiesbaden
9. Juli	Brinkmann Vertreter der DFG (für Porzig) im "Arbeitskreis für Rechtschreibregelung"
25. September	Treffen von Brinkmann, Winkler, Grebe beim Germanistentag in Marburg
4./5. Oktober	Sitzung des 1. Ausschusses in Wiesbaden
22.-24. Nov.	Zusammentreffen von Dehnkamp und Drimmel in Bremen
6. Dezember	Sitzung des 3. Ausschusses in Wiesbaden

1958

23./24. April	Sitzung des DNA über Rechtschreibfragen in Berlin; Grebe erhält darüber einen Bericht
27./28. Juni	Sitzung des 3. Ausschusses in Wiesbaden
Juli/August	MOSER, H. (1958) Groß- oder Kleinschreibung? Ein Hauptproblem der Rechtschreibreform. Mannheim (= Duden-Beiträge 1)
15.August	Grebe: Pressebericht an dpa über den "Arbeitskreis für Rechtschreibregelung" mit Hinweis auf Mosers Veröffentlichung
18./19. Sept.	Grebe: Teilnahme an einer Sitzung des DNA in Berlin
30. Sept. bis 5. Oktober	Treffen von Grebe, Trier, Eicher u.a. anläßlich des Germanistentages in Hamburg
14./15. Oktober	Schlußsitzung der Ausschüsse und des Plenums des "Arbeitskreises für Rechtschreibregelung" im Spiegelsaal des Hotels Taunus in Wiesbaden
11. November	Redaktion der WE durch Grebe, Moser, Brinkmann, Trier

1958

7. November	Treffen von Grebe, Trier, Frings, Steinitz, Meister anläßlich der 250-Jahr-Feier der Göttinger Akademie der Wissenschaften
17. Dezember	Offizielle Übergabe der WE (durch das Redaktionskomitee) an KMK und BMI in Bonn mit anschließender Pressekonferenz
24. Dezember	Karl Korn (FAZ): Im anfang war das wort.

1959

2. Januar	Brief von Thierfelder an Korn über den FAZ-Artikel von Korn; Rundschreiben (Thierfelder) an die "Arbeitsgemeinschaft für Sprachpflege"; endgültiger Bruch Grebe - Thierfelder
7. Januar	W. E. Süskind (SZ): Groß oder klein - das ist die Frage.
10. Januar	Karl Korn (FAZ): Sprache, Schrift - Industrienorm.
14. Januar	Sonderausgabe der Zeitung "Das Parlament" zur Rechtschreibreform
6./7. Februar	70. Plenarsitzung der KMK in Berlin; Beschluß über WE
24. Februar	Scheitern der für diesen Tag geplanten Fernsehdiskussion mit Grebe, Trier, Weisgerber, Luise Rinser, Karl Korn, H. Hahne
8. April	Treffen von Dehnkamp und Trier in Münster
22. April	Treffen von Dehnkamp und Grebe in Frankfurt
13. und 26. Mai	Rundfunkgespräch (NDR und HR1) über Rechtschreibreform; Teilnehmer: Hugo Moser, Friedrich Georg Jünger, Karl Korn
Mai	Moser und Grebe erfahren von Auseinandersetzungen in Österreich
23. Mai	Vortrag von Trier (über die Rechtschreibreform) vor Stenographielehrern in Essen

1959

24. Mai	Anläßlich des 50-jährigen Jubiläums der Heidelberger Akademie: Treffen von Trier, Grebe, Frings, Steinitz und Meister; außerdem Treffen von Hübinger und Meister
18. Juli	Bayerische Akademie der Schönen Künste: Die Klein-ode der Silbentrenner. Ein Gutachten R. A. Schröders zu den Vorschlägen des Arbeitskreises für Rechtschreibregelung (FAZ)
16. Oktober	Gussone (BMI): Bericht über ausbleibende Reaktion aus den Nachbarländern
Oktober	Briefwechsel Grebe – Heyd – Meister über Stellungnahmen aus Wien

1960

Januar	Kommission für die Orthographiereform unter Vorsitz von Meister in Wien konstituiert
25. November	Voträge von Grebe und Heyd bei einer Lehrertagung in Alzey (Rheinhessen)

1961

Januar	Eingabe des Lehrerfortbildungswerkes Rheinhessen an die KMK (Rechtschreibreform beschleunigen); Antwort von Dehnkamp
Januar	Meister unterrichtet Grebe über den Fortgang der Verhandlungen in Wien
23. Februar	Erste Zusammenkunft der österreichischen Kommission in Wien
Oktober	Österreichische Kommission legt Ergebnis ihrer Beratungen vor (1. Teil; 2. Teil 1962)
9. November	Treffen von Dehnkamp und Grebe in Frankfurt; Aussprache über das Ergebnis der österreichischen Kommission

1962

19. Januar   Bericht von Wanner (Beauftragter der Konferenz
                 der Schweizer Erziehungsdirektoren) an KMK

Juni   Vorbereitungen der in Wien geplanten Konfe-
                 renz: KMK will Delegation entsenden; Dehnkamp
                 erbittet von BMI Entscheidung des Ministers
                 oder des Kabinetts

5. November   Vorbesprechung zu dieser Konferenz in Wien;
                 Teilnehmer: Trier, Grebe, Frings, Steinitz,
                 Hotzenköcherle, Wanner, Meister; Luxemburg
                 lehnt Teilnahme ab

1963

16. Mai   Pressekonferenz in Bremen mit Referat von
                 Dehnkamp; ausführliche Diskussion in der Pres-
                 se; Kontroverse Dehnkamp - Karl Korn

November   Dehnkamp und KMK erhalten Stellungnahme der
                 Schweiz

1964

31. Januar und   Letzte Sitzung des "Arbeitskreises für Recht-
1. Februar   schreibregelung" in Wiesbaden

Februar   Briefwechsel Dehnkamp - Drimmel; Drimmel
                 äußert Bedenken gegen Rechtschreibreform

April   WEISGERBER, L.(1964): Die Verantwortung für
                 die Schrift. Sechzig Jahre Bemühungen um eine
                 Rechtschreibreform. Mannheim (= Duden-Beiträge
                 18)

11. Juni   Tod von Meister in Wien; Nachfolger Kranz-
                 mayer; dessen Briefwechsel mit Grebe ohne Er-
                 gebnis

19. September   Abschiedsbrief von Frings an Grebe

24. November   Treffen von Dehnkamp und Grebe in Mannheim

1965

Juli	Dehnkamp Präsident des Senats von Bremen
25. Oktober	Dehnkamp an Frey (Generalsekretär der KMK): Trotz aller Bemühungen waren Österreich und die Schweiz nicht für die WE zu gewinnen
Oktober	Treffen Grebe - Kranzmayer ("weder Vorsitzender noch Wortführer der österreichischen Kommission") in Mannheim
27. Oktober	Wanner teilt Grebe offiziell mit: Schweizer Kommission hat ihre Arbeit eingestellt

1966

16. Februar	Letztes Rundschreiben von Grebe an die Mitglieder des "Arbeitskreises für Rechtschreibregelung"

2. Biographische und bibliographische Anmerkungen

Aufgeführt werden hauptsächlich die für den hier behandelten Abschnitt der Reformgeschichte relevanten Daten und Veröffentlichungen. Die Kleinschreibung in einigen Titeln stammt von den Autoren.

ARNOLD
Dr. August Arnold, Studienrat, Wiesbaden
Delegierter der Gemeinschaft deutscher Lehrerverbände (GDL) im Arbeitskreis für Rechtschreibregelung (WE); Mitarbeit im 1. und im 3. Ausschuß.
Veröffentlichung:
1964 Wie steht es um die Rechtschreibreform? In: Mitteilungen des Deutschen Germanistenverbandes 11, 1964, S. 2-5.

BASLER
Prof. Dr. phil. Otto Basler, München
*1892 +1975
Lehrstuhl für Deutsche Philologie und Völkerkunde an der Universität München; Leiter der Dudenredaktion von 1934 bis 1945; Mitglied der Kommission für Sprachpflege bei der Bayerischen Akademie der Wissenschaften; Herausgeber des Bayerischen Schulwörterbuchs; Mitglied des Wissenschaftlichen Rates des IdS Mannheim; Vorsitzender des 1950 von der KMK konstituierten Ausschusses für Rechtschreibreform; Mitglied der Arbeitsgemeinschaft für Sprachpflege (STE) und persönliches Mitglied des Arbeitskreises für Rechtscheibregelung (WE), dort Mitarbeit im 2. Ausschuß.
Veröffentlichung:
1955 Deutsche Rechtschreibung. Regeln und Wörterverzeichnis, München [12]1955.

BAUM
Theophil Baum, Studienrat, Gaildorf (Württemberg)
Mitglied des Deutschen Germanisten-Verbandes Abt. Deutschlehrer; in den 1. Ausschuß des Arbeitskreises für Rechtscheibregelung (WE) zugewählt.
Veröffentlichungen:
1956 Baum, Th./Eicher, R.: Das Heilbronner Abkommen vom 16./17.4.1956. In: Mitteilungen des Deutschen Germanisten-Verbandes 3, S. 4-15.
1957 Baum, Th./Eicher, R.: Erläuterungen und Beispiele zum "Heilbronner Abkommen" über die Rechtschreibreform. In: Mitteilungen des Deutschen Germanisten-Verbandes 4, S. 4-15.
1963 Baum, Th.: Wie steht es um die Rechtschreibreform? (1. Teil).In: Mitteilungen des Deutschen Gemanisten-Verbandes 10, H.4, S. 6-8.
1964 Baum, Th.: Wie steht es um die Rechtschreibreform? (2. Teil). In: Mitteilungen des Deutschen Germanisten-Verbandes 11, H.1, S. 3-5.
1964 Baum, Th.: Wie steht es um die Rechtschreibreform? (3. Teil). In: Mitteilungen des Deutschen Germanisten-Verbandes 11, H.2, S. 8-10.

BÖCKMANN
Prof. Dr. phil. Paul Böckmann, Köln
*1899 +1987
Lehrstuhl für Literaturwissenschaft in Heidelberg und Köln; Delegierter der Arbeitsgemeinschaft der Akademien der Wissenschaften im Arbeitskreis für Rechtschreibregelung (WE), Mitarbeit im
2. Ausschuß.
Interview am 4. Juni 1986 in Köln.

BOHUSCH
Dr. Otmar Bohusch, Oberstudiendirektor, München
Vertreter für Höhne (Schulausschuß der KMK) im Arbeitskreis für
Rechtschreibregelung (WE).

BRINKMANN
Prof. Dr. phil. Hennig Brinkmann, Senden
*1901
Lehrstuhl für Deutsche Philologie in Münster; Mitglied des
"Schwerpunkts Sprache und Gemeinschaft" der DFG, von dort an
Stelle von Porzig in den Arbeitskreis für Rechtschreibregelung
(WE) delegiert; Vorsitzender des 3. Ausschusses.
Veröffentlichungen u.a.:
1950 Die Wortarten im Deutschen. In: Wirkendes Wort 1, S. 65-79.
1957 Die Zusammensetzung im Deutschen. In: Sprachforum H.3/4,
     S. 222 ff.

BUHL
Hans Buhl
Schulrat beim Senator für Bildung in Bremen, enger Mitarbeiter
von Dehnkamp; Mitglied des Schulausschusses der KMK.

DECHANT
Rudolf Dechant, Wien
Direktor des österreichischen Bundesverlages und Mitherausgeber
des ÖW; Mitglied der Arbeitsgemeinschaft für Sprachpflege (STE),
Teilnahme an den Sitzungen in Konstanz, Salzburg, Schaffhausen
und Stuttgart.

DEHNKAMP
Willy Dehnkamp, Bremen
*1903 +1985
Zunächst Schlosser; 1920 Mitglied der SPD, seit 1928 Parteise-
kretär des Unterbezirks Vegesack-Blumenthal-Osterholz (Bremen);
1935 wegen illegaler Parteiarbeit 2 3/4 Jahre Strafhaft; Soldat
im 2. Weltkrieg; nach Rückkehr aus sowjetischer Kriegsgefangen-
schaft 1949 Ortsamtsleiter von Bremen-Blumenthal; 1951 bis 1965
Senator für das Bildungswesen, 1965 bis 1967 Präsident des Senats der Freien Hansestadt Bremen; 1954/55 und 1962/62 Präsident
der KMK, 1955 bis 1965 Beauftragter der KMK für Angelegenheiten
der Rechtschreibreform.
Verschiedene Veröffentlichungen zu kulturpolitischen Themen und:
1986 Von unten auf. Die sozialistische Arbeiterbewegung in Blu-
     menthal-Vegesack (Bremen-Nord). Bonn.

DRIMMEL
Dr. jur. Heinrich Drimmel, Wien
*1912
1954 bis 1964 österreichischer Bundesminister für Unterricht.

EBERT
Dr. phil. Wolfgang Ebert, Leipzig
*1903 +1972
1959 bis 1966 Leiter der Dudenredaktion in Leipzig; 1959 bis
1970 Mitglied des Redaktionsbeirates der Zeitschrift "Sprachpflege"; Mitglied der Arbeitsgemeinschaft für Sprachpflege
(STE), Teilnahme an der Sitzung in Stuttgart.
Veröffentlichungen u.a.:
1954a Beispiele für die Widersprüche in der heutigen Rechtschreibung. In: Mitteilungen des Instituts für Auslandsbeziehungen 4, H.5/6, S. 96-98.
1954b Müssen wir jetzt alle Bücher einstampfen? In: Börsenblatt
für den deutschen Buchhandel, Leipzig, S. 684f.
1954c Vorschläge zur Reform unserer Rechtschreibung für Gesamtdeutschland, Österreich und die Schweiz. In: Sprachpflege
2, S. 13-15.
1954d Fernsehsendung über Rechtschreibreform. In: Sprachpflege
3, S. 27.
1955a Bericht über Zuschriften zur Rechtschreibreform. In:
Deutschunterricht 8, Berlin (0), S. 348-358; 406-412.
1955b Groß oder klein? In: Der Deutschuntericht 7, H.3 (Die
deutsche Rechtschreibreform), S. 50-70.
1955c Querschnitt durch Diskussionen zur Rechtschreibreform. In:
Sprachpflege 4, S. 25-29.
Weitere Aufsätze zum Thema Rechtschreibreform (vorwiegend in der
Zeitschrift "Sprachpflege")

EICHER
Dr. Robert Eicher, Studienrat, Ludwigshafen
Mitglied des Deutschen Germanisten-Verbandes Abt. Deutschlehrer;
Vorsitzender des Landesverbandes von Reinland-Pfalz; in den 1.
Ausschuß des Arbeitskreises für Rechtscheibregelung (WE) zuge-
wählt.
Veröffentlichungen:
1956 Baum, Th./Eicher, R.: Das Heilbronner Abkommen vom
16./17.4.1956. In: Mitteilungen des Deutschen Germanisten-
Verbandes 3, S. 4-15.
1957 Baum, Th./Eicher, R.: Erläuterungen und Beispiele zum
"Heilbronner Abkommen" über die Rechtschreibreform. In:
Mitteilungen des Deutschen Germanisten-Verbandes 4, S.
4-15.

FREY
Kurt Frey, Bonn
Während der Verhandlungen des Arbeitskreises für Rechtscheibre-
gelung (WE) Generalsekretär der KMK.

FRINGS
Prof. Dr. phil. Theodor Frings , Leipzig
*1886 +1968
Professor für deutsche Sprache und Literatur in Bonn und Leipzig; Präsident der Sächsichen Akademie der Wissenschaften; Mitglied der Arbeitsgemeinschaft für Sprachpflege (STE), Teilnahme
an den Sitzungen in Schaffhausen und Stuttgart.

GEHLER
Rudolf Gehler, Berlin
Mitglied der IG Druck und Papier; in den 2. Ausschuß des Arbeitskreises für Rechtscheibregelung (WE) zugewählt.
Veröffentlichungen:
1958 Brauchen wir eine neue Rechtschreibung? In: Spandauer
      Volksblatt vom 9. November 1958.
1959 Reform der Rechtschreibung. In: Der Handsetzer, Berlin
      1959, H.4, S. 5f.
1959 Die handsetzer und die rechtschreibreform. In: Druck und
      Papier 21, S. 406.

GIESELBUSCH
Dr. Hermann Gieselbusch, Klett-Verlag Stuttgart
Mitglied der Arbeitsgemeinschaft für Sprachpflege (STE), Teil-
nahme an den Sitzungen in Schaffhausen und Stuttgart; 1955 Re-
daktion des Themenheftes "Die deutsche Rechtschreibreform" (Der
Deutschunterricht 7, H.3).
Veröffentlichung:
1963 Gegen den Regelzwang. In: Stuttgarter Zeitung vom 9. No-
      vember 1963.

GINTER
Gottfried Ginter, Lehrer, Bretten (Württemberg)
Reforminitiativen innerhalb der Lehrerschaft; Mitglied der agnr,
deren Delegierter (vertretungsweise) im Arbeitskreis für Recht-
schreibrgelung (WE), Mitarbeit im 3. Ausschuß.
Veröffentlichungen:
1954 Reform der Rechtschreibung. Ein Aufruf. In: Süddeutsche
      Schulzeitung 8, H.16, S. 259f.
1969 Rechtschreibreform auf Eis gelegt? In: ADLZ 5/69.

GLINZ
Prof. Dr. phil. Hans Glinz, Wädenswil (Schweiz)
*1913
Privatdozent in Zürich, später Lehrstuhl für Sprachwissenschaft
in Kettwig und Aachen; Mitglied der Arbeitsgemeinschaft für
Sprachpflege (STE), Teilnahme an den Sitzungen in Salzburg,
Schaffhausen und Stuttgart.
Interview am 2. Juni 1986 in Mannheim.
Veröffentlichungen u.a.:
1950a Zur Vereinfachung der Rechtschreibung. In: Sprachspiegel
      6, Nr.4, S. 49-60 (zusammen mit Steiger).
1950b Die Großschreibung der Substantive und der Geist der deut-
      schen Sprache. In: Neue Zürcher Zeitung, 23. September
      1950.

1952 Die innere Form des Deutschen. Bern.
1955 Die Kennzeichnung des langen Vokals in der deutschen
     Rechtschreibung und die Möglichkeiten und Grenzen einer
     Vereinfachung. In: Der Deutschunterricht 7, H.3 (Die deut-
     sche Rechtschreibreform), S. 83-93.
1979 Bereiche, die für eine Rechtschreibreform in Frage kommen.
     In: Mentrup, W. (Hg.), Rechtschreibreform in der Diskus-
     sion. Wissenschaftliche Arbeitstagung zur deutschen Ortho-
     graphie. Mannheim Mai 1979. (= Forschungsberichte des In-
     stituts für deutsche Sprache Bd. 49) Tübingen. S. 43-58.

GREBE
Prof. Dr. phil. Paul Grebe, Wiesbaden und Mannheim
*1908 +1987
1947 bis 1973 Leiter der Dudenredaktion in Wiesbaden und Mannheim; Mitglied der Arbeitsgemeinschaft für Sprachpflege (STE),
Teilnahme an den Sitzungen in Salzburg, Schaffhausen und Stuttgart; geschäftsführender Vorsitzender des Arbeitskreises für
Rechtscheibregelung (WE) und Vorsitzender des 2. Ausschusses.
Veröffentlichungen u.a.:

1955 Zur Reform der Zeichensetzung. In: Der Deutschunterricht 7,
     H.3 (Die deutsche Rechtschreibreform), S. 103-107.
1963 (Hg.) Akten zur Geschichte der deutschen Einheitsschrei-
     bung (1870-1880), Mannheim (= Sammlung Duden 3).
1966 Sprachnorm und Sprachwirklichkeit. In: Wirkendes Wort 16,
     S. 145-156.
1968 Der Stand der Rechtschreibreform. In: Geschichte und Lei-
     stung des Duden. Mannheim, S. 89-94.
1972a Ziele und Verwirklichung einer Rechtschreibreform. In:
     Pacolt, E. (Hg.), Beiträge zur Erneuerung der deutschen
     Rechtschreibung. Wien/München, S. 48-52.
1972b Bemerkungen zur Rechtschreibreform. In: Diskussion Deutsch
     3, S. 185f.
1973a Duden hat keinen Einfluß auf Reformen. In: Die Welt vom
     24. Dezember 1973.
1973b plädoyer für die kleinschreibung. In: Deutsche Zeitung vom
     18. Mai 1973.
1974a Die Wiesbadener Empfehlungen des Arbeitskreises für Recht-
     schreibregelung. In: Jahrbuch für Internationale Germani-
     stik 6, H.1, S. 61-69.
1974b Wie steht es um die Rechtschreibreform? In: Mitteilungen
     des Deutschen Germanisten-Verbandes 21, H.2, S. 29f.

GUSSONE
Dr. jur. Carl Gussone, Ministerialdirigent a. D., Bonn
*1907
Während der Verhandlungen des Arbeitskreises für Rechtscheibregelung (WE) zuständiger Referatsleiter in der Kulturabteilung
des BMI in Bonn.
Interview am 18. Februar 1986 in Bonn.

HALLER
Dr. Erwin Haller, Aarau
*1885 +1971
1926 bis 1962 Vorsitzender des 1924 von ihm mit gegründeten
"bundes für vereinfachte rechtschreibung" (bvr) in der Schweiz;
Mitglied der Arbeitsgemeinschaft für Sprachpflege (STE), Teilnahme an den Sitzungen in Konstanz, Salzburg, Schaffhausen und
Stuttgart.
Veröffentlichungen u.a.:

o.J. Rechtschreibreform (R.). Begründung. In: Lexikon der Pädagogik, Band II (Verlag A. Francke AG), Bern.

1925 Die vereinfachung der deutschen rechtschreibung. Aarau (2.
aufl. 1929; 3., umgearbeitete aufl. 1935).

1927 Ein weiteres Wort zur Orthographiereform. In: Schweizerische Lehrerzeitung 72, S. 80f.

1948 Reform der deutschen Rechtschreibung. In: Zeitschrift für
Phonetik und allgemeine Sprachwissenschaft 2, H.1, S.
44-51.

1951 Der reformvorschlag des lehrerverbandes Niedersachsen. In:
Rechtschreibung Nr.43, S. 1-3.

1952 Bilanz aus den vorschlägen zur reform der deutschen recht-
schreibung von Menzerath, Haller), Hiehle, Jensen und
Kippel. In: Zeitschrift für Phonetik und allgemeine
Sprachwissenschaft, H.3/4, S. 164-179.

1954 Die "stuttgarter empfehlungen" der "arbeitsgemeinschaft
für sprachpflege". In: Zeitschrift für Phonetik und allgemeine Sprachwissenschaft, H.8, S. 346-357.

1957 Atempause: In: Rechtschreibung Nr.56, S. 1.

1959 Stuttgarter und wiesbadener empfehlungen -, wie verhalten
sie sich zueinander? In: Rechtschreibung Nr.61, S. 1-3.

1962 Arbeit der "österreichischen kommission für die ortogra-
fiereform" (Oe.K.). In: Rechtschreibung Nr.70, S. 1-3.

1963a Bericht des vorbereitenden Fachausschusses zu den Empfehlungen des Arbeitskreises für Rechtschreibregelung (Wiesbadener Empfehlungen) - herausgegeben von der Konferenz
der kantonalen Erziehungsdirektoren in Verbindung mit dem
Department des Innern. In: Rechtschreibung Nr.72, S. 1-3.

1963b Die schweizerische ortografiekonferenz. In: Rechtschreibung Nr.73, S. 1f.

1964 Gross- oder kleinschreibung? - Der standpunkt der minderheit. In: Schweizer Schule 51, Nr.9, S. 279-285; auch in:
Rechtschreibung Nr.76, S. 1-7.

1967 Die berühmt berüchtigten 55 Beispiele. In: Schweizer Schule 54, Nr.10, S. 353-355.

Außerdem Jahresberichte und zahlreiche Artikel in der Zeitschrift des bvr "Mitteilungen" (1924-1948), später "Rechtschreibung" (seit 1948) und in anderen Zeitschriften.

HEYD
Dr. phil. Werner Paul Heyd, Journalist, Oberndorf (Neckar)
*1913
Geschäftsführer der von ihm 1951 in Stuttgart gegründeten Arbeitsgemeinschaft neue Rechtschreibung (agnr); Mitglied der Arbeitsgemeinschaft für Sprachpflege (STE), Teilnahme an den Sitzungen in Salzburg, Schaffhausen und Stuttgart; Delegierter des
agnr im Arbeitskreis für Rechtschreibregelung (WE), Mitarbeit im
1. Ausschuß.

Interview am 11. und 12. Juli 1987 in Oberndorf.
Veröffentlichungen:
1959 Bibliografie der zeitschriftenaufsätze zur rechtschreibreform. Stuttgart.
Außerdem eine große Zahl von Aufsätzen zum Thema Rechtschreibreform (auch unter verschiedenen Pseudonymen) in Zeitschriften und
Zeitungen aller Art; hier nur eine kleine Auswahl:
1953 Neue Rechtschreibung, wie? In: Form und Technik 8, S. 37f.
1954a Die Reform der deutschen Rechtschreibung. In: Druck und
Papier vom 15. Dezember 1954.
1954b Änderung unserer Rechtschreibung? In: Muttersprache, 64,
S. 20-24.
1957 Zur Rechtschreibreform. In: Druck und Papier vom 1. Dezember 1957.
1958a Organisierte rechtschreibreform. In: Grafschafter Nachrichten vom 4. Juni 1958.
1958b Wie steht die Industrie zur Rechtschreibreform? In: der
rechtschreibreformer Nr.11, S. 5f.
1959a Die Ministerien haben das Wort. In. Druck und Papier vom
15. Januar 1959, S. 30.
1959b Was hat Wiesbaden gebracht? In: Form und Technik 1-5, S.
39f, 79f, 149f, 207f.
1972 Wo steht die rechtschreibreform? In: Form und Technik 10,
S. 590.
1974 Rechtschreibung und Reformwille - Kleiner geschichtlicher
Rückblick. In: Hiestand, W.W. (Hg.), Rechtschreibung -
Müssen wir neu schreiben lernen? Weinheim und Basel, S.
17-26.

HIEHLE
Kurt Hiehle, Dipl.Ing., Heidelberg
*1882 +1960
Druckereifachmann; langjähriges Engagement für die Rechtschreibreform; Mitglied des agnr; ab 1957 (in Vertretung für Ringeln)
Delegierter dieses Verbandes im Arbeitskreis für Rechtschreibregelung (WE).
Veröffentlichungen u.a.:
1947 Zur Reform der Rechtschreibung. In: Der graphische Markt
2, Nr.19, S. 2-5
1949a Die Mängel des deutschen Alphabets. Zeitschrift für Phonetik und allgemeine Sprachwissenschaft 3, H.3/4, S. 156-162.
1949b Einfache Zeichen für ch, sch, ferner für langes i (ie),
weiches s und ng. Rechtschreibung Nr.40.
1950 Sprache und Schrift. In: Schola 5, H.10, S. 737-743.
1954 Soll unsere Rechtschreibung geändert werden? In: Sprachpflege 3, H.4, S. 37.
1955 Zur angeblichen Ablehnung der eingeleiteten Rechtschreibreform durch Thomas Mann. In: Sprachpflege 4, H.4, S. 41.
1956 Die angebliche Ablehnung der Schreibreform-Vorschläge der
"Arbeitsgemeinschft für Sprachpflege" durch Thomas Mann.
In: Rechtschreibung Nr.54, S. 2f.

HOHLFELD
Werner Hohlfeld, Lehrer, Estebrügge bei Hamburg
Mitglied des Rechtschreibausschusses des LVN (Vorschlag 1951/
1953); Mitglied des agnr; Delegierter im Arbeitskreis für Recht-

schreibregelung (WE), Mitarbeit im 3. Ausschuß.
Veröffentlichungen:
1954 Fernsehdiskussion über die Rechtschreibreform. In: Pädago-
       gischer Wegweiser 7, Nr.17, S. 5f.
1959 Die Lehrerschaft und die Rechtschreibreform. In: Pädagogi-
       scher Wegweiser 12, Nr.10, S. 10f.

HÖHNE
Dr. Ernst Höhne, München
Während der Verhandlungen des Arbeitskreises für Rechtscheibregelung (WE) Ministerialrat im Bayerischen Staatsministerium für
Unterricht und Kultus und Mitglied des Schulausschusses der KMK;
als dessen Beauftragter Mitglied des Arbeitskreises für Rechtschreibregelung (WE).

HOTZENKÖCHERLE
Prof. Dr. Rudolf Hotzenköcherle, Zürich
*1903 +1976
Lehrstuhl für Sprachwissenschaften in Zürich; Begründer und Herausgeber des "Sprachatlasses der deutschen Schweiz"; Mitglied
der Arbeitsgemeinschaft für Sprachpflege (STE), Teilnahme an den
Sitzungen in Schaffhausen und Stuttgart; Mitglied der Schweizerischen Orthographiekonferenz (1963).
Veröffentlichungen u.a.:
1954 Grundsätzliches zur Orthographiereform. In: Neue Zürcher
       Zeitung vom 11. Juli 1954.
1955 Großschreibung oder Kleinschreibung. Bausteine zu einem
       selbständigen Urteil. In: Der Deutschunterricht 7, H.3
       (Die deutsche Rechtschreibreform), S. 30-49.

HÜBINGER
Prof. Dr. phil. Paul Hübinger, Bonn
*1911 +1988
Lehrstuhl für Geschichte in Münster und Bonn; während der Verhandlungen des Arbeitskreises für Rechtscheibregelung (WE) Leiter der Kulturabteilung des BMI.

ISCHREYT
Dr. Heinz Ischreyt, Düsseldorf
Mitglied des VDI; vertrat mehrmals Mackensen bei den Verhandlun-
gen des Arbeitskreises für Rechtschreibregelung (WE).

KASACK
Hermann Kasack, Schriftsteller, Stuttgart
*1896 +1966
1953 bis 1963 Präsident der Deutschen Akademie für Sprache und
Dichtung; unterzeichnete 1954 gemeinsam mit Storz das Gutachten
über die STE.

KLAPPENBACH
Dr. phil. Ruth Klappenbach, Berlin
*1912 +1977
Akademie der Wissenschaften Berlin; seit 1961 zusammen mit Steinitz Herausgeberin des "Wörterbuchs der deutschen Gegenwartssprache"; Mitglied der Arbeitsgemeinschaft für Sprachpflege (STE), Teilnahme an der Sitzung in Stuttgart.
Veröffentlichungen u.a.:
1955a Fragen der deutschen Rechtschreibung. In: Schule der Nation 1, S. 24.
1955b Die Silbentrennung. In: Der Deutschunterricht 7, H.3 (Die deutsche Rechtschreibreform), S. 93-102.
1955c Zur Rechtschreibungsreform in Nachbarländern. In: Deutschunterricht 8, Berlin (0), S. 12-15; auch in: Sprachpflege 4, S. 29-33.

KLIEMANN
Horst Kliemann, Verleger (Oldenbourg) München
Verleger des Wörterbuches von Basler (Deutsche Rechtschreibung) und der Zeitschrift "Die Bayerische Schule"; Beauftragter für Fragen der Rechtschreibreform des Börsenvereins des deutschen Buchhandels; Delegierter dieser Organisation im Arbeitskreis für Rechtschreibregelung (WE).
Veröffentlichungen:
1955 Die Reform der Rechtschreibung und der Buchhandel. In: Börsenblatt für den deutschen Buchhandel (Frankfurter Ausgabe), Nr.40, S. 322-327.
1959 Zum Stand der Rechtschreibregelung. In: Börsenblatt für den deutschen Buchhandel (Frankfurter Ausgabe), Nr.20, S. 249-252.
1961 Der Stand der Rechtschreibregelung. In: Börsenblatt für den deutschen Buchhandel (Frankfurter Ausgabe), Nr.98, S. 2130.

KOLB
Ernst Kolb, Wien
Bis November 1954 (Rücktritt) österreichischer Bundesminister für Unterricht.

KORN
Dr. phil. Karl Korn, Journalist und Schriftsteller, Frankfurt
*1908 +1991
1949 bis 1973 Mitherausgeber und Leiter des kulturellen Teils der Frankfurter Allgemeinen Zeitung (FAZ); seit 1964 Mitglied der Deutschen Akademie für Sprache und Dichtung.
Veröffentlichungen u.a.:
1953 Für und wider eine Reform der deutschen Rechtschreibung. In: FAZ vom 18. Juli 1953.
1954 In einem Aufwaschen? In: FAZ vom 15. April 1954.
1954 Wissen sie, was sie tun? In: FAZ vom 6. August 1954.
1958 Im anfang war das wort. In: FAZ vom 24. Dezember 1958.
1959 Sprache, Schrift - Industrienorm. In: FAZ vom 10. Januar 1959.

1959 Nur ein Traditionswert? In: FAZ vom 12. Mai 1959.
1962 Sprachnorm durch Orthographie? Ein Anhang. In: Sprache in der verwalteten Welt. " Erweiterte Ausgabe. München, S. 149-157.
1963 Nun singen sie wieder. In: FAZ vom 22. Mai 1963.

KRÄMER-BADONI
Dr. phil. Rudolf Krämer-Badoni, Schriftsteller, Wiesbaden
*1913 +1989
Delegierter des Deutschen Schriftstellerverbandes im Arbeitskreis für Rechtschreibregelung (WE).
Interview am 20. Mai 1986 in Wiesbaden.
Veröffentlichungen:
1956 Vieh oder Fi. In: Handelsblatt vom 12. Oktober 1956 (und verschiedene Nachdrucke).
1963 Wie man die Einfachheit der Schrift verscherzen kann. In: Die Welt vom 22. November 1963 (und verschiedene Nachdrucke).
1985 Zwischen allen Stühlen. Erinnerungen eines Literaten. München Berlin.

KRASSNIGG
Dr. Albert Krassnigg, Landesschulinspektor, Wien
*1896 +1971
Mitherausgeber und Hauptautor des ÖW und zusammen mit Simonic Schriftleiter der Zeitschrift "Erziehung und Unterricht" (beides im Österreichischen Bundesverlag - Verlag für Jugend und Volk, Wien); Mitglied der Arbeitsgemeinschaft für Sprachpflege (STE), Teilnahme an den Sitzungen in Salzburg, Schaffhausen und Stuttgart; Mitglied der österreichischen Kommission für die Orthographiereform 1961ff; 1955 bis 1970 Präsident des von ihm mit gegründeten "bundes österreichischer rechtschreibreformer" (bör), seit 1967 "österreichische gesellschaft für sprachpflege und rechtschreiberneuerung"; zahlreiche Aufsätze in der von dieser Vereinigung herausgegebenen Zeitschrift "der rechtschreibreformer" (ab 1967 "die tribüne").
Veröffentlichungen u.a.:
1954 Krassnigg, A./Simonic, A.: Die Stuttgarter Empfehlungen zur Erneuerung der deutschen Rechtschreibung. In: Erziehung und Unterricht, S. 405-409.
1955 Plateau oder plato? In: der rechtschreibreformer Nr.2, S. 7f.
1956a Wienerwald oder Wiener Wald? In: der rechtschreibreformer Nr.4, S. 12.
1956b Pullmann- oder Pullmanwagen? In: der rechtschreibreformer Nr.5, S. 3-5.
1957a Das amtl. österr. kursbuch und die rechtschreibung. In: der rechtschreibreformer Nr.6, S. 6f.
1957b 2 + 1 = ? In: der rechtschreibreformer Nr.7, S. 7f.
1958 Aus a wird ä oder Unsere rechtschreibung ist doch so logisch! In: der rechtschreibreformer Nr.10, S. 3-6.
1967 Warum nicht "kleinschreiben"?. In: die tribüne Nr.33, S. 1f.
1968 Schiller - rechtschreibung nicht genügend! oder Das märchen vom kulturbruch durch rechtschreiberneuerung. In: die tribüne Nr.34, S. 1-5.

1969 "Großgeschrieben werden künftighin die e i g e n n a -
m e n ..." Eine aufforderung zur diskussion. In: die tribüne Nr.38, S. 1.

KÜBLER
Gerhard Kübler, Oberingenieur, Berlin
Geschäftsführer des Ausschusses Fachsprache und Rechtschreibung
im DNA Berlin; Delegierter des DNA im Arbeitskreis für Rechtschreibregelung (WE).
Veröffentlichung u.a.:
1959 Der Anteil des DNA an der Erneuerung und Verbesserung der
deutschen Rechtschreibung. In: DIN-Mitteilungen Bd.38,
H.2, S. 45-54.

LAUTERBACH
Heinz Lauterbach, Hannover
Mitglied der IG Druck und Papier, Sparte Maschinensetzer; in den
3. Ausschuß des Arbeitskreises für Rechtscheibregelung (WE) zugewählt.

LÖFFLER
Dr. rer. nat. Eugen Löffler, Ministerialrat, Stuttgart
*1883 +1979
1920 Mitglied des Reichsschulausschusses; 1924 bis 1951 Leiter
der Schulabteilung des baden-württembergischen Kultusministeriums, zuletzt mit der Dienstbezeichnung Präsident; 1949 bis 1955
Vorsitzender des Schulausschusses der KMK; Teilnahme an der
Schlußsitzung der Arbeitsgemeinschaft für Sprachpflege (STE) in
Stuttgart.

MACKENSEN
Prof. Dr. phil. Lutz Mackensen, Bremen
*1901 +1992
1948 bis 1958 Schriftleiter der von der GfdS herausgegebenen
Zeitschrift "Muttersprache"; Berater für Sprachfragen beim VDI;
Delegierter der GfdS im Arbeitskreis für Rechtschreibregelung
(WE).
Interview am 9. Mai 1988 in Bremen.
Veröffentlichungen u.a.:
1946 Neues deutsches Wörterbuch. Rechtschreibung. Grammatik.
Stil. Worterklärung. Fremdwörterbuch. Pfahl-Verlag Lau-
pheim/Württ.
1954 Deutsche Rechtschreibung. Verlag Bertelsmann Gütersloh.
1956 Muß sich ein Ingenieur um die Rechtschreibung kümmern? In:
VDI-Nachrichten Nr.15 vom 21. Juli 1956.

MARTINI
Prof. Dr. phil Fritz Martini, Stuttgart
*1909 +1991
Lehrstuhl für Literaturwissenschaft in Stuttgart; Mitglied der
Deutschen Akademie für Sprache und Dichtung, deren Delegierter
im Arbeitskreis für Rechtschreibregelung (WE).

MEISTER
Prof. Dr. Richard Meister,Wien
*1981 +1964
Präsident der österreichischen Akademie der Wissenschaften, Wien; Vorsitzender der österreichischen Kommission für die Orthographiereform 1961ff.
Veröffentlichungen u.a.:
1955 Das Problem der Rechtschreibreform. In: Anzeiger der phil. hist. Klasse der österreichischen Akademie der Wissenschaften 8, Wien, S. 95-112.
1961 (Hg.) Mitteilungen der österreichischen Kommission für die Orthographiereform, Wien, Folge 1 (Gutachten WE).
1962 (Hg.) Mitteilungen der österreichischen Kommission für die Orthographiereform, Wien, Folge 2 (Gutachten WE).
1964 Aktuell: Rechtschreibreform. In: DIE FURCHE 7 (15. Februar 1964), S.5.

MITZKA
Prof. Dr. phil Walter Mitzka, Marburg
*1888 +1976
Lehrstuhl für Deutsche Philologie in Marburg; Leiter des Deutschen Sprachatlasses; Mitglied der Arbeitsgemeinschaft für Sprachpflege (STE), Teilnahme an den Sitzungen in Konstanz, Salzburg, Schaffhausen und Stuttgart im Auftrag der Dudenredaktion.

MOSER
Prof. Dr. phil. Hugo Moser, Bonn
*1909 +1989
Lehrstuhl für Deutsche Sprachwissenschaft in Tübingen, Stuttgart, Saarbrücken und Bonn; Mitglied der Arbeitsgemeinschaft für Sprachpflege (STE), Teilnahme an der Sitzung in Stuttgart; persönliches Mitglied des Arbeitskreises für Rechtscheibregelung (WE).
Interview am 17. August 1986 in Bad Laasphe.
Veröffentlichungen u.a.:
1955 Rechtschreibung und Sprache. Von den Prinzipien der deutschen Orthographie. In: Der Deutschunterricht 7, H.3 (Die deutsche Rechtschreibreform), S. 5-29.
1958 Groß- oder Kleinschreibung? Ein Hauptproblem der Rechtschreibreform. Mannheim (= Duden-Beiträge 1).
1959 Zum Problem der Rechtschreibreform. In: Die Schulwarte 12, S. 321-325.
1963 Vermehrte Großschreibung - ein Weg zur Vereinfachung der Rechtschreibung? Mannheim (= Duden-Beiträge 16).
1967 Sprache - Freiheit oder Lenkung? Mannheim (= Duden-Beiträge 25).
1974 15 Jahre später: Nochmalige Überlegungen zum Problem der Großschreibung der "Hauptwörter". In: Jahrbuch für Internationale Germanistik 6, S. 16-42.
1976 Vermehrte Großschreibung als Reform der Rechtschreibung? Bemerkungen zum Vorschlag Eugen Wüsters. In: Deutsche Sprache 4, S. 231-243.

OPRÉE
Edmund Oprée, Schulrat, Berlin
Delegierter der GEW im Arbeitskreis für Rechtschreibregelung
(WE).

PFLEIDERER
Prof. Dr. phil. Wolfgang Pfleiderer, Eßlingen
Persönliches Mitglied des Arbeitskreises für Rechtscheibregelung
(WE), arbeitete in allen drei Ausschüssen mit.
Veröffentlichungen u.a.:
1959a Keine Furcht vor Reformen. In: Neue deutsche Hefte, H.61,
      S. 435-438.
1959b Groß oder klein? Die deutsche Rechtschreibung und ihre Re-
      form. In: Eßlinger Zeitung vom 23. März 1959.
1961 Schrift - Schreibung - Rechtschreibung. In: Wirkendes Wort
      11, S. 21 -34.
1963 klein oder Groß? In: Stuttgarter Zeitung vom 12. Oktober
      1963.
1966 Ablehnung der Kleinschreibung durch die Schweizer Ortho-
      graphiekonferenz. In: Wirkendes Wort 16, S. 18-23.
Gemeinsam mit Rahn Verfasser des Unterichtswerks für höhere
Schulen "Deutsche Spracherziehung"

PUSCHMANN
Bernhard Puschmann, München und Augsburg
*1905 +1987
Oberkorrektor; Mitglied der IG Druck und Papier, Bildungsobmann
der Korrektorensparten; in den 1. Ausschuß des Arbeitskreises
für Rechtscheibregelung (WE) zugewählt.
Interview am 7. August 1986 in Augsburg.
Veröffentlichungen u.a.:
1955a Der Weg der Mitte. In: Mitteilungen für die Korrektoren-
      sparten Februar 1955.
1955b Die liebe Praxis. In: Druck und Papier Nr.22, S. 436.
1955c Zur Frage der Rechtschreibreform. Sprachwart, Sonderdruck.
1957a Von der Freizügigkeit des Korrektors. In: Sprachwart Nr.5,
      S. 65-67.
1957b Von der Freizügigkeit des Schreibers. In: Sprachwart Nr.6,
      S. 83-86.
1957c Zur Rechtschreibreform. In: Druck und Papier vom 15. No-
      vember 1957, S. 436.
1958 ... und der Laie wundert sich! In: Sprachwart Nr.12, S.
      180-183.
1962 Keine Zweifelsfälle mehr. In: Sprachwart Nr.2, S. 33
1969 "Irreführung". In: Deutscher Drucker vom 20. November 1969.

RAHN
Dr. phil. Fritz Rahn, Studienrat, Schorndorf (Württemberg)
*1891 +1963
Veröffentlichungen u.a.:
1941 Die Reform der deutschen Rechtschreibung. In: Das Reich
      37, 14. September 1941.
1955 Die geplante Reform. Betrachtungen und Vorschläge. In: Der
      Deutschunterricht. Jg.7, H.3 (Die deutsche Rechtschreibre-
      form), S. 108-124.

1959 Welche Schangsen? In: Die Zeit vom 13. März 1959.
Gemeinsam mit Pfleiderer Verfasser des Unterichtswerks für höhere Schulen "Deutsche Spracherziehung"

REIMERS
Dr. Hans Reimers, Senatsdirektor beim Senator für Bildung in
Hamburg
Seit 1949 regelmäßige Teilnahme an den Beratungen des Schulaus-
schusses der KMK, seit 1955/56 dessen Vorsitzender; 1973 pensio-
niert.

RINGELN
Hans Ringeln, Lehrer, Wennigsen (Deister)
Reformbemühungen seit 1930, Verbindung mit Druckern (Erfurter
Programm von 1931); auf seine Initiative hin 1948 Gründung des
Rechtschreibausschusses des Lehrerverbandes Niedersachsen (LVN),
der 1951 einen Reformvorschlag vorlegte (veröffentlicht 1953);
Vertreter des bvr in Deutschland; Mitglied der agnr; zunächst
Delegierter der agnr, dann der AGDL im Arbeitskreis für Recht-
schreibregelung (WE).
Veröffentlichungen u.a.:
1950 Wie kommen wir aus dem irrgarten der rechtschreibung her-
      aus? In: Druck und Papier 2, S. 75f.
1952 Schweizer reform der deutschen rechtschreibung. In:
      Sprachwart Nr.7, S. 107f.
1953a Vorschlag zur Vereinfachung der deutschen Rechtschreibung.
      (Aufgestellt vom Rechtschreibausschuß des Lehrerverbandes
      Niedersachsen). Vorwort. In: Sonderdruck der Allgemeinen
      Deutschen Lehrerzeitung zum Kongreß der Lehrer und Erzie-
      her Flensburg 1953.
1953b Vom stande der rechtschreibreform. In: Niedersächsiche
      Lehrerzeitung Nr.3, S. 8.
1954a Dingwortgroßschreibung entbehrlich? In: Sprachwart Nr.3,
      S. 43f.
1954b Gemäßigte kleinschreibung. In: Niedersächsische Lehrerzei-
      tung Nr.6.
1954c Ein Weg von vielen. In: Niedersächsische Lehrerzeitung
      Nr.10, S. 11.
1957a Und was sagt Dr. Konrad Duden dazu? In: der rechtschreib-
      reformer Nr.6, S. 5f.
1957b Warum eigentlich noch Wörter mit oo?. In: Druck und Papier
      20, S. 390.
1965 Zum gegenwärtigen Stand der Rechtschreibreform. In: Bremer
      Lehrerzeitung 15, Nr.10, S. 153f.
Weitere Aufsätze in Verbandszeitschriften (IG Druck und Papier,
bvr, agnr, bör u.a.), in pädagogischen Zeitschriften, Tageszeitungen u.a.

RÜCK
Fritz Rück, Stuttgart
*1895 +1959
Mitglied des Zentralvorstandes der IG Druck und Papier; Schriftleiter der Zeitschrift " Sprachwart"; Delegierter der IG Druck
und Papier im Arbeitskreis für Rechtschreibregelung (WE).

SCHMIDT
Alfons K. Schmidt, Düsseldorf
Delegierter der Arbeitsgemeinschaft der graphischen Verbände des
Deutschen Bundesgebietes (AGV) im Arbeitskreis für Rechtschreib-
regelung (WE).
Veröffentlichung:
1959 Um die deutsche Rechtschreibreform. In: Graphische Woche
Nr. 2, S. 27-30.

SCHMITT-HALIN
Oskar Schmitt-Halin, Wiesbaden
Hauptgeschäftsführer der Arbeitsgemeinschaft der graphischen
Verbände des Deutschen Bundesgebietes (AGV) und Delegierter die-
ses Verbandes im Arbeitskreis für Rechtschreibregelung (WE).
Veröffentlichung:
1956 Läßt sich der gordische Knoten der Rechtschreibreform ent-
wirren? -In: Graphische Woche Nr. 18, S. 416f.

SCHULZ
Dr. Dora Schulz, München
Redakteurin der Zeitschrift "Deutschunterricht für Ausländer"
(Goethe-Institut, München); führte bei allen Sitzungen der Ar-
beitsgemeinschaft für Sprachpflege (STE) das Protokoll.

SCHWANBECK
Heinrich Schwanbeck, Rektor, Schöningen (Braunschweig)
Mitglied des Rechtschreibausschusses des Lehrerverbandes Niedersachsen (LVN); Delegierter der AGDL im Arbeitskreis für Rechtschreibregelung (WE).
Veröffentlichungen u.a.:
1951 Für eine Reform der Rechtschreibung. In: Schulverwal-
tungsblatt für Niedersachsen H.1, S. 12-15.
1953 Die Notwendigkeit einer Reform der deutschen Rechtschreibung auf Grund der Erfahrung. In: Sonderdruck der Allgemeinen Deutschen Lehrerzeitung zum Kongreß der Lehrer und
Erzieher Flensburg 1953, S. 1.
1969 Schwaneck (sic!) , H.: Erfahrungsergebnisse hinsichtlich
der notwendigkeit einer reform der deutschen rechtschreibung. In: Rechtschreibung Nr.90, S. 6f.

SIMONIC
Dr. Anton, Simonic, Landesschulinspektor, Wien
Mitherausgeber und Mitautor des ÖW und zusammen mit Krassnigg
Schriftleiter der Zeitschrift "Erziehung und Unterrricht" (bei-
des im österreichischen Bundesverlag - Verlag für Jugend und
Volk, Wien); Mitglied der Arbeitsgemeinschaft für Sprachpflege
(STE), Teilnahme an den Sitzungen in Salzburg, Schaffhausen und
Stuttgart.
Veröffentlichungen:
1954 Krassnigg, A./Simonic, A.: Die Stuttgarter Empfehlungen
zur Erneuerung der deutschen Rechtschreibung. In: Erziehung und Unterricht, S. 405-409.
1955 Bisherige Bestrebungen auf dem Gebiet der deutschen Rechtschreibung. In: der rechtschreibreformer Nr.2, S. 12.

STEIGER
Prof. Dr. August Steiger, Küsnacht
*1874 +1954
1942 bis 1954 Vorsitzender des Deutsch-schweizerischen Sprachvereins; Gründer und Schriftleiter der von diesem Verein herausgegebenen Zeitschrift "Sprachspiegel"; Mitglied der Schweizer
Duden-Kommission; Mitglied der Arbeitsgemeinschaft für Sprachpflege (STE) und Teilnahme an den Sitzungen in Konstanz, Salzburg, Schaffhausen und Stuttgart.
Veröffentlichung u.a.:
1950 Zur Vereinfachung der Rechtschreibung. In: Sprachspiegel
      6, Nr.4, S. 49-60 (zusammen mit Glinz).

STEINER
Franz Steiner, Verleger, Wiesbaden
Herausgeber des Duden (in Lizenz) bis 1959; Mitglied der Arbeitsgemeinschaft für Sprachpflege (STE), Teilnahme an den Sitzungen in Salzburg, Schaffhausen und Stuttgart.

STEINITZ
Prof. Dr. phil. Wolfgang Steinitz, Berlin
*1905 +1967
Professor an der Humboldt-Universität Berlin; 1954 bis 1964 Vizepräsident der Deutschen Akademie der Wissenschaften, Berlin,
dort Leiter der Abteilung Deutsche Sprache und Literatur; seit
1961 zusammen mit Klappenbach Herausgeber des "Wörterbuchs der
deutschen Gegenwartssprache"; Mitglied der Arbeitsgemeinschaft
für Sprachpflege (STE), Teilnahme an der Sitzung in Stuttgart.
Veröffentlichungen u.a.:
1946 Die Reform der deutschen Rechtschreibung. In: Tägliche
      Rundschau vom 27. November 1946, S. 3.
1955 Geht es um di libe. In: Wochenpost vom 8. Januar 1955, S.
      20f; auch in: Sprachpflege 4, S. 4-7.

STORZ
Dr. phil. Gerhard Storz, Schwäbisch-Hall
*1898 +1983
Oberstudiendirektor in Schwäbisch-Hall; 1958-1964 Kultusminister
von Baden-Württemberg; Mitglied der Deutschen Akademie für Sprache und Dichtung, 1966-1972 Präsident, vorher Vizepräsident; unterzeichnete 1954 gemeinsam mit Kasack das Gutachten über die
STE; Teilnahme (als Gast) an der Schlußsitzung der Arbeitsgemeinschaft für Sprachpflege (STE) in Stuttgart; Delegierter der
Deutschen Akademie für Spache und Dichtung im Arbeitskreis für
Rechtschreibregelung (WE).
Veröffentlichungen u.a.:
1953 Warnung vor Rechtschreibungs-Reformen. In: Stuttgarter
      Zeitung vom 19. Dezember 1953.
1954 Müssen wir wieder schreiben lernen? In: Christ und Welt
      30/1954.
1957 Aus dem Wörterbuch des Unmenschen, Hamburg (zusammen mit
      D. Sternberger und W. E. Süskind).
1963 Warnung. In: Stuttgarter Zeitung vom 5. Oktober 1963.
1966 Und dennoch Sprachrichtigkeit. Mannheim (= Duden-Beiträge
      29).

STUR
Dr. Josef Stur, Wien
Ministerialrat beim österreichischen Bundesminister für Unterricht; Vorsitzender der österreichischen Wörterbuchkommission;
nach Pensionierung (1957) pädagogischer "Konsulent" beim Österreichischen Bundesverlag, Hauptaufgabe Betreuung des ÖW; Mitglied der Arbeitsgemeinschaft für Sprachpflege (STE), Teilnahme
an den Sitzungen in Konstanz, Salzburg, Schaffhausen und Stuttgart; Mitglied der österreichischen Kommission für die Orthographiereform von 1961ff.

SÜSKIND
W.E. (Wilhelm Emanuel) Süskind, Journalist und Schriftsteller,
München
*1901 +1970
Mitglied der Deutschen Akademie für Sprache und Dichtung in
Darmstadt; Teilnahme (als Gast) an der Schlußsitzung der Arbeitsgemeinschaft für Sprachpflege (STE) in Stuttgart; Delegierter des Deutschen Journalisten-Verbandes im Arbeitskreis für
Rechtschreibregelung (WE).
Veröffentlichungen u.a.:
1954a Die Hofräte sind für "di libe" / Von der Arbeit der
      Sprachpfleger. In: Süddeutsche Zeitung vom 22./23. Mai
      1954.
1954b w.e.s.: Was man so Sprachpflege nennt. In: Süddeutsche
      Zeitung vom 16. Juni 1954.
1954c alles aus libe zur ortografi. Fug und Unfug einer Recht-
      schreibreform. In: Deutsche Zeitung vom 31. Juli 1954.
1959 Groß oder klein - das ist die Frage. In: Süddeutsche Zei-
      tung vom 7. Januar 1959.

THIERFELDER
Dr. phil. Dr. rer. pol. Franz Thierfelder, Stuttgart
*1896 +1963
1927 bis 1937 Generalsekretär der "Deutschen Akademie für wissenschaftliche Erforschung und zur Pflege des Deutschtums" in
München; 1949 bis 1960 Generalsekretär des Instituts für Auslandsbeziehungen Stuttgart; Vorstandsmitglied des Goethe-Instituts in München; Vorsitzender der Arbeitsgemeinschaft für
Sprachpflege (STE) und Organisator aller Sitzungen.
Veröffentlichungen u.a.:
1933 Die volkspolitische Bedeutung der Schriftpflege. In:
      Schrift und Schreiben 1, S. 14-17.
1938 Deutsch als Weltsprache. 1. Band: Die Grundlagen der deut-
      schen Sprachgeltung in Europa. Berlin.
1944 Lebendige Sprache ohne Logik. In: Frankfurter Oder-Zeitung
      Nr. 269 vom 15. November 1944.
1946 Schönheit des Schriftbildes: Eine Verteidigung der Groß-
      buchstaben. In: Pandora. Schriften für lebendige Überlie-
      ferung, Nr.4, S. 16-23.
1950a Der "Duden " am Pranger zu Bern. In: Norddeutsche Nach-
      richten vom 30. Oktober 1950
1950b Polemik gegen den "Duden". In: Frankfurter Neue Presse vom
      1. November 1950.

1950c Völkerverbindende Sprachpflege. Die Deutsche Akademie - Wahrheit und Dichtung. In: Welt und Wort, November 1950, S. 451-453.

1951 Die Germanistik vor neuen Aufgaben. In: Muttersprache, 61, S. 66-99.

1953 Groß oder klein? Dehnung oder Kürze? Zu den Plänen einer Reform-Rechtschreibung. In: Bayrische Staatszeitung vom 24. Dezember 1953.

1954a Ist eine Änderung unserer deutschen Rechtschreibung erforderlich? In: Mitteilungen des Instituts für Auslandsbeziehungen 4, H.5/6, S. 88-93.

1954b Sprache im Feuerofen. In: Der Fortschritt vom 9. Januar 1954.

1955 Die Rädelsführer der Sprachreform. In: Mitteilungen des Instituts für Auslandsbeziehungen 5, H.1/2, S. 57f.

1956 Die deutsche Sprache im Ausland. Band 1: Der Völkerverkehr als sprachliche Aufgabe. Hamburg - Berlin - Bonn.

TRIER
Prof. Dr. phil. Jost Trier, Münster
*1894 +1970
Lehrstuhl für Sprachwissenschaft in Münster; Vorsitzender des Deutschen Germanistenverbandes; Vorsitzender des Arbeitskreises für Rechtscheibregelung (WE).

WANNER
Theo Wanner, Schaffhausen
Erziehungsdirektor des Kantons Schaffhausen; 1949 bis 1965 Präsident der Kommission für Rechtschreibreform der Konferenz der kantonalen Erziehungsdirektoren.

WEISGERBER
Prof. Dr. phil. Leo Weisgerber, Bonn
*1899 +1985
Lehrstuhl für Sprachwissenschaft in Bonn; Mitglied der Arbeitsgemeinschaft für Sprachpflege (STE), Teilnahme an den Sitzungen in Konstanz, Salzburg, Schaffhausen und Stuttgart; Vertreter dieser Arbeitsgemeinschaft im Arbeitskreis für Rechtschreibregelung (WE); dort Vorsitzender des 1. Ausschusses.
Veröffentlichungen u.a.:

1954a Die Ordnung der Sprache im persönlichen und öffentlichen Leben. Köln und Opladen (= Arbeitsgemeinschaft für Forschung des Landes Nordrhein-Westfalen. Geisteswissenschaften 29) (Vortrag bei der Sitzung am 16. Juni 1954 in Düsseldorf).

1954b Herr oder Höriger der Schrift? Das Vorspiel zur Rechtschreibreform. In: Wirkendes Wort 2, S. 3-12.

1955 Die Grenzen der Schrift. Der Kern der Rechtschreibreform. Köln und Opladen (= Arbeitsgemeinschaft für Forschung des Landes Nordrhein Westfalen. Geisteswissenschaften 41).

1956 Die Diktatur der Schrift. In: Erziehung und Unterrricht, H.4, S. 193-205.

1957 Die Aussichten einer Rechtschreibreform. (Vortrag im Süddeutschen Rundfunk am 16. Dezember 1956) In: Sprachforum. Zeitschrift für angewandte Sprachwissenschaft 2, H.3/4, S. 286-294.

1960a Das Fremdwort im Gesamtrahmen der Sprachpflege. In: Muttersprache 70, S. 1-6.

1960b Rechtschreibreform. Ein Briefwechsel. (mit B.v.Heiseler). In: Muttersprache 70, S. 129-137.

1960c Klei-nig-kei-ten zur Silbentrennung. In: Wirkendes Wort H.10, S. 43-52.

1961 Der Buchstabe und der Geist. Rede anläßlich der feierlichen Überreichung des Konrad-Duden-Preises der Stadt Mannheim am 5. März 1961. Mannheim (= Duden-Beiträge 4)

1963 Sprachpflege und leistungsbezogene Sprachbetrachtung. In: Muttersprache 73, S. 97-108.

1964 Die Verantwortung für die Schrift. Sechzig Jahre Bemühungen um eine Rechtschreibreform. Mannheim (= Duden-Beiträge 18).

1967 Die Sprachgemeinschaft als Ziel der Sprachpflege. Vortrag bei der 10. Hauptversammlung der GESELLSCHAFT FÜR DEUTSCHE SPRACHE, Bremen, 7. Oktober 1966. In: Muttersprache 77, S. 1-13.

1972 Sprache und Rechtschreibung. In: Pacolt, E. (Hg.), Beiträge zur Erneuerung der deutschen Rechtschreibung. Wien und München, S. 18-37.

1974 Rechtschreibreform. Bedingungen, Umfang, Zeitpunkt. In: Jahrbuch für Internationale Germanistik 6, S. 43-60.

1980 Aufschub auf Sankt-Nimmerleins-Tag. Zum Stand der Rechtschreibreform. In: Der Sprachdienst 24, H.1, S. 1-4.

WINKLER
Prof. Dr. Christian Winkler, Marburg
*1904 +1989
Lehrstuhl für Deutsche Sprechkunde in Marburg; persönliches Mitglied des Arbeitskreises für Rechtscheibregelung (WE).
Interview am 26. März 1986 in Marburg.
Nicht veröffentlichtes Manuskript:
1963 Bericht über Versuche zum Einfluß der Groß- und der gemäßigten Kleinschreibung des Deutschen auf die Lesbarkeit.

ZIEHER
Harry Zieher, Stuttgart
Mitglied des Zentralvorstandes der IG Druck und Papier; nach dem Tod von Fritz Rück Delegierter im Arbeitskreis für Rechtschreibregelung (WE):
Veröffentlichung:
1958 Zur Rechtschreibreform. In: Druck und Papier 2, S. 36.

3.   Quellen

3.1   Dokumente

Die Numerierung wurde nach der in den Akten vorgefundenen Reihenfolge vorgenommen. Briefe werden (bis auf einige Ausnahmen) nicht aufgeführt, da Angaben wie Absender, Empfänger, Datum usw. an den jeweiligen Stellen im Text enthalten sind.

1. Akten A (A1 bis A14)

Die Akten des "Arbeitskreises für Rechtschreibregelung" aus den Beständen des "Instituts für deutsche Sprache" in Mannheim

A1 Institut für deutsche Sprache (IdS)
   Rundschreiben, Einladungen, Mitgliederlisten von 1965 und 1966

A2 Arbeitsgemeinschaft für Sprachpflege (STE)

   A2/1   Reform der Zeichensetzung von Dr.phil.habil. Paul Grebe (Manuskript)

   A2/2   Beistrich (Komma) Punkt 8 (Arbeitsvorlage von Grebe für die Tagung der Arbeitsgemeinschaft für Sprachpflege in Schaffhausen)

   A2/3   Korrektorengruppe Luzern: Stellungnahme zu den Empfehlungen der Arbeitsgemeinschaft für Sprachpflege. Grundsätzliches

   A2/4   Vorschläge zur Reform der deutschen Rechtschreibung, vorgelegt von der Arbeitsgemeinschaft für Sprachpflege, ausgearbeitet in Salzburg, 2. und 3. Juni 1953

   A2/5   Niederschrift der dritten Tagung der Arbeitsgemeinschaft für Sprachpflege in Schaffhausen vom 20. - 22. November 1953

   A2/6   Rundschreiben (Thierfelder) an die Mitglieder der Arbeitsgemeinschaft für Sprachpflege vom 15. April 1955

   A2/7   Rundschreiben (Thierfelder) an die Mitglieder der Arbeitsgemeinschaft für Sprachpflege vom 28. Mai 1954; Anlage: EMPFEHLUNGEN der Arbeitsgemeinschaft für Sprachpflege zur Erneuerung der Rechtschreibung (Entwurf STE)

A2/9 Rundschreiben (Thierfelder) an die Mitglieder der Arbeitsgemeinschaft für Sprachpflege vom 4. Juni 1954

A2/11 Niederschrift der vierten Tagung der Arbeitsgemeinschaft für Sprachpflege in Stuttgart am 15. und 16. Mai 1954

A2/12 Rundschreiben (Thierfelder) an die Mitglieder der Arbeitsgemeinschaft für Sprachpflege vom 24. Juni 1954

A2/14 Rundschreiben (Thierfelder) an die Mitglieder der Arbeitsgemeinschaft für Sprachpflege vom Juni 1955

A2/15 Rundschreiben (Thierfelder) an die Mitglieder der Arbeitsgemeinschaft für Sprachpflege vom 22. Juli 1954

A2/16 Aktennotiz (Grebe): Brief von Herrn Becker an Herrn Steiner. Von Herrn Steiner telefonisch am 10.10.52 durchgegeben.

A2/17 Aktennotiz (Grebe 22.10.53): Gespräch anlässlich der Tagung des Siebs-Ausschusses mit Herrn Dr.Thierfelder über die Rechtschreibreform.

A2/18 Brief von Thierfelder an Grebe vom 15.11.1954 mit Durchschlag eines Briefes von Thierfelder an Glinz vom 15.11.1954

A2/19 bis A2/26
Briefwechsel Grebe - Thierfelder vom 19.11.1954 bis 4.5.1955

A2/30 Wilde Rechtschreibreform. Eine Stellungnahme der Dudenredaktion (Juli 1955)

A2/36 Rundschreiben (Thierfelder) an die Mitglieder der Arbeitsgemeinschaft für Sprachpflege vom 20. März 1956

A2/37 Rundschreiben (Thierfelder) an die Mitglieder der Arbeitsgemeinschaft für Sprachpflege vom 18. Juni 1956

A2/44 Aktennotiz: Für Herrn Dr. Grebe 25.5.59 St/Ks
Auszug aus den "Vertraulichen Verlegermitteilungen", Nr.34/Mai 1959

A3 Arbeitskreis für Rechtschreibregelung (WE)

A3/1 Protokoll über die konstituierende Sitzung des Arbeitskreises für Rechtschreibregelung am 4. Mai 1956, Frankfurt/Main, Internationale Hochschule für Pädagogik. Einberufen vom Bundesminister des Innern und von der Ständigen Konferenz der Kultusminister der Länder in der Bundesrepublik Deutschland.

A3/1b Mitteilung an die Presse (Anlage 3 zum Protokoll vom 4.5.1956)

A3/1c Mitgliederliste des Arbeitskreises für Rechtschreib-regelung

A3/2 Rundschreiben (Grebe) an die Mitglieder des Arbeits-kreises für Rechtschreibregelung vom 19. Juni 1956

A3/2a Eröffnungsansprache von Ministerialdirektor Prof. Dr. Hübinger (Anlage 1 zum Protokoll vom 4.5.1956)

A3/2b Zur Reform der Zeichensetzung von Paul Grebe (Ar-beitsunterlage für den 2. Ausschuß)

A3/3 Rundschreiben (Grebe) an die Mitglieder des Arbeits-kreises für Rechtschreibregelung vom 21. August 1956

A3/3a Protokoll über die Sitzung des 2. Ausschusses für Zeichensetzung, Fremdwörter und Doppelformen am 10. Juli 1956 in Wiesbaden

A3/3b Mitglieder der Ausschüsse

A3/3c Wörterlisten (zusammengestellt von der Dudenredak-tion)
Liste 1: Eigenschaftswort (od. 2.Mittelwort) + Zeit-wort
Liste 2: Grundform + Grundform
Liste 3: Hauptwort + Zeitwort
Liste 4: Umstandswort oder Verhältniswort + Zeitwort
Liste 5: Eigenschaftswort + Eigenschaftswort
Liste 6: Eigenschaftswort + Mittelwort
Liste 7: Hauptwort + Mittelwort
Liste 8: Verhältniswort bzw. Eigenschaftswort oder Fürwort + Hauptwort
Liste 9: Fürwort oder Umstandswort + Mittelwort

A3/4 Rundschreiben (Weisgerber) an die Mitglieder des Ausschusses für Groß- und Kleinschreibung vom 4. September 1956

A3/4a Diskussionsvorschläge zur Frage der Groß- und Klein-schreibung (Weisgerber)

A3/5 Rundschreiben (Grebe) an die Mitglieder des 1. Aus-schusses vom 30. November 1956 (handschriftlicher Entwurf)

A3/5a Skizze zu einer sprachgerechten Großschreibung des Deutschen. Rohentwurf von Hans Glinz

A3/5b Auszug aus dem Heilbronner Abkommen vom 16./17.4. 1956 zwischen den Beauftragten des Deutschen Germanistenverbandes Th. Baum, Gaildorf (Württ.), und Dr. R. Eicher, Ludwigshafen/Rh.

A3/6 Rundschreiben (Grebe) an die Mitglieder des 1. Ausschusses vom 28. Dezember 1956 (handschriftlicher Entwurf)

A3/6a Prof. Dr. Hugo Moser, Anfang Dezember 1956 Stellungnahme zur Frage der Groß- und Kleinschreibung auf Grund der Vorschläge von Dr. Glinz und Baum - Dr. Eicher

A3/7 Rundschreiben (Grebe) an die Mitglieder des 1. Ausschusses vom 15. März 1957

A3/7a Protokoll über die Sitzung des 1. Ausschusses für Groß- und Kleinschreibung und Dehnungsfragen am 12. Januar 1957 in Wiesbaden

A3/7b Gegen die Kleinschreibung. 8 Thesen von Wolfgang Pfleiderer

A3/7c Leo Weisgerber: Die Aussichten einer Rechtschreibreform. Rundfunkvortrag zum 16.12.1956. Süddeutscher Rundfunk

A3/8 Rundschreiben (Grebe) an die Mitglieder des 2. Ausschusses vom 15. März 1957

A3/8a Entwurf einer Entschließung über das Fremdwort

A3/8b Doppelformen

A3/8c Liste der im Duden enthaltenen Fremdwörter griechischen Ursprungs mit ph, th, rh ...

A3/9 Rundschreiben (Weisgerber) an die Mitglieder des 1 Ausschusses vom 1. September 1957

A3/9b Wolfgang Pfleiderer: Die Schreibung des substantivierten Adjektivs (1.5.1957)

A3/9c Wolfgang Pfleiderer: Ergänzung zur Ausarbeitung über die Schreibung des substantivierten Adjektivs vom 1.5.1957. Rechtschreibung der Verbindung Präposition + Substantiv (Adverbiale)

A3/9d Prof. Dr. Hugo Moser, Stuttgart Mitte Mai 1957 Weitere Überlegungen zu der Frage der Groß- und Kleinschreibung im Hinblick auf die Vorschläge Baum-Eicher und Pfleiderer Listen in der Anlage: Liste 2a: Feste Verbindungen von Präposition + Substantiv Liste 2b: Unbestimmte Zahlwörter aus Substantiven

Liste 3a: Adverbiale + Verb
Liste 3b: Objekt + Verb
Liste 3c: Prädikatsnomen + Verb
Liste 3d: Objekt der Adverbiale + Partizip des Prä-
sens
Liste 3e: Objekt der Adverbiale + Partizip des Per-
fekts
Liste 4c: "Substantivierte" Adjektive in festen und
sonstigen häufigen Verbindungen (nicht im
Duden)

A3/9e Prof. Dr. Hennig Brinkmann, Düsseldorf 7.4.1957
Stellungnahme zu dem Vorschlag Baum-Dr. Eicher (unter Berücksichtigung der Entgegnung an Prof. Moser)

A3/9f Prof. Dr. Hennig Brinkmann, Düsseldorf 7.4.1957
Stellungnahme zu dem Vorschlag Pfleiderer

A3/9g Prof. Dr. Hennig Brinkmann, Düsseldorf 19. Juni 1957
Erläuterungen zu den sprachlichen Erscheinungen, die
bei der Entscheidung zwischen Gross- und Kleinschreibung zu beachten sind.

A3/10 Bericht der Kommission des 1. Ausschusses über die
Untersuchungen zur Groß- und Kleinschreibung am 29.
und 30. Juni 1957

A3/11 Diskussionsvorschläge zur Kennzeichnung der Vokaldauer. Das Dehnungs-h (von Weisgereber an die Mitglieder des 1. Ausschusses)

A4 Arbeitskreis für Rechtschreibregelung (WE)

A4/1 Dr. phil. habil. Paul Grebe, Wiesbaden 1.10.1957
Bemerkungen zur Reform der Silbentrennung

A4/2 Prof. Dr. Hennig Brinkmann, Düsseldorf 3.11.1957
Zur Silbentrennung im Deutschen

A4/3 Prof. Dr. Hennig Brinkmann, Düsseldorf 22. Oktober
1957. Getrennt- und Zusammenschreibung. Vorschläge
zur Reform

A4/5 Protokoll über die Sitzung des 3. Ausschusses des
Arbeitskreises für Rechtschreibregelung am 6. Dezember 1957

A4/7 Prof. Dr. Wolfgang Pfleiderer, Esslingen 15. Januar
1958. Orthographisches "Absetzen" nach Sprechsilben

A4/9 Bericht des 1. Ausschusses des Arbeitskreises für
Rechtschreibregelung (Groß- und Kleinschreibung und
Dehnungsfragen) 1. März 1958

A4/10 Protokoll über die Sitzung des 1. Ausschusses für Gross- und Kleinschreibung und Dehnungsfragen am 4. und 5. Oktober 1957 in Wiesbaden

A4/11 Rundschreiben an die Mitglieder des 1. Ausschusses vom 17. März 1958

A4/12 Prof. Dr. Hennig Brinkmann, Düsseldorf 7.6.1958 Die Silbentrennung im Deutschen. Nachtrag zu den Vorschlägen vom 3.11.1957

A4/13 Protokoll über die Sitzung des 3. Ausschusses des Arbeitskreises für Rechtschreibregelung am 27. und 28. Juni 1958

A4/14 Bericht des 3. Ausschusses des Arbeitskreises für Rechtschreibregelung (Silbentrennung, Zusammen- und Getrenntschreibung) 1.9.1958

A4/15 Bericht des 2. Ausschusses des Arbeitskreises für Rechtschreibregelung (Zeichensetzung, Fremdwörter, Doppelformen) 1.9.1958

A4/17 Empfehlungen des Arbeitskreises für Rechtschreibregelung vom 15.10.1958 (Endgültige Fassung)

A4/18 Das Sechspunkteprogramm des Arbeitskreises für Rechtschreibregelung (Kurzfassung)

A4/19 Rundschreiben an alle Mitglieder des Plenums vom 6. Mai 1959 (Bericht über KMK-Beschluß)

A4/20 Rundschreiben an alle Mitglieder des Plenums vom 25. Mai 1959 (Bericht über Treffen in Heidelberg)

A4/21 Rundschreiben an alle Mitglieder des Plenums vom 21. Oktober 1959 (Bericht über die geplante Einberufung eines Ausschusses in Österreich)

A4/22 Rundschreiben an alle Mitglieder des Plenums vom 25. Juli 1960 (Bericht über die Konstituierung der österreichischen Kommission für die Orthographiereform und Vorschlag für deren Zusammensetzung)

A4/23 Protokoll über die Schlußsitzungen der Ausschüsse und des Plenums des Arbeitskreises für Rechtschreibregelung vom 13. bis 15. Oktober 1958 in Wiesbaden

A4/24 Rundschreiben (Grebe) an die Mitglieder des Arbeitskreises für Rechtschreibregelung vom 16. Oktober 1961 (Stellungnahme der österreichischen Kommission für die Orthographiereform, 1. Teil)

A4/25 Rundschreiben (Grebe) an die Mitglieder des Arbeitskreises für Rechtschreibregelung vom 24. Mai 1962 (Stellungnahme der österreichischen Kommission für die Orthographiereform, 2. Teil)

A4/26 Rundschreiben (Grebe) an die Mitglieder des Arbeitskreises für Rechtschreibregelung vom 22. Oktober
1962 (Mitteilung über die geplante Besprechung in
Wien am 5.11.1962)

A4/27 Rundschreiben (Grebe) an die Mitglieder des Arbeitskreises für Rechtschreibregelung vom 15. November
1962 (Bericht über die Besprechung in Wien am 5.11.
1962)

A4/28 Rundschreiben (Grebe) an die Mitglieder des Arbeitskreises für Rechtschreibregelung vom 4. November
1963 (Stellungnahme der Schweizerischen Orthographiekonferenz und Einladung zur Sitzung des Arbeitskreises für Rechtschreibregelung am 31.1. und 1.2.
1964)

A4/32 Protokoll über die Sitzung des Arbeitskreises für
Rechtschreibregelung am 31.1. und 1.2.1964 in Mannheim (identisch mit A14/4)

A4/33 Rundschreiben (Grebe) an die Mitglieder des Arbeitskreises für Rechtschreibregelung vom 16. Februar
1966 (Bericht über die Reaktionen aus der DDR,
Österreich und der Schweiz)

A5 bis A13
Schriftwechsel zwischen dem geschäftsführenden Vorsitzenden (Grebe) und den Mitgliedern des Arbeitskreises für Rechtschreibregelung und anderen Personen; nach Empfängern alphabetisch geordnet.

A5   1957-1960   A-F

A6   1957-1960   G-M

A7   1957-1960   N-Z

A8   1961-1972   A-F

A9   1961-1972   G-M

A10   1961-1972   N-Z

A11   1973-   A-F

A12   1973-   G-M

A13   1973-   N-Z

A14 Wiener Reformkonferenz 5.11.1962 und Vorbesprechung am
     31.1.-1.2.1964 in der Dudenredaktion zur beabsichtigten
     Schlußkonferenz

A14/A-Z Schriftwechsel zwischen dem geschäftsführenden
         Vorsitzenden und einigen Mitgliedern des Arbeits-
         kreises für Rechtschreibregelung, Mitgliedern der
         Kommissionen in Österreich und der Schweiz, ver-
         schiedenen Institutionen u.a. über die Wiener Re-
         formkonferenz; nach Empfängern alphabetisch geord-
         net.

A14/4 Protokoll über die Sitzung des Arbeitskreises für
       Rechtschreibregelung am 31.1. und 1.2.1964 in
       Mannheim (identisch mit A4/32)

A14/4 a-d
       Teilnehmerlisten

A14/5 Einladung des Bibliographischen Instituts an die
       Mitglieder des Arbeitskreises für Rechtschreibre-
       gelung

A14/7 Aktennotiz: Luxemburg

2. Akten B (B0 bis B8)

Akten aus den Beständen des "Senators für Bildung der Freien Hansestadt Bremen" (Aktenzeichen 200 - 10 / 0 bis 8): Der Senator als Beauftragter der StKK für Angelegenheiten der Rechtschreibreform.

B0 (Az. 200 - 10 / 0)
Reform der deutschen Rechtschreibung. Allgemeines

B1 (Az. 200 - 10 / 1)
Bemühungen zur Erneuerung der Rechtschreibung

B2 (Az. 200 - 10 / 1)
Beiheft

B2 (Az. 200 - 10 / 2)
Verbindlichkeit des Duden für den Unterricht in den Schulen

B3 (Az. 200 - 10 / 3)
Vorbereitung und Einladung zu einem Arbeitskreis für Rechtschreibregelung

B4 (Az. 200 - 10 / 4)
Mitglieder und Konstituierung des Arbeitskreises für Rechtschreibregelung

B5 (Az. 200 - 10 / 5)
Protokolle und Rundschreiben des Arbeitskreises für Rechtschreibregelung (identisch mit A3 und A4)

B6-0 (Az. 200 - 10 / 6-0)
Empfehlungen des Arbeitskreises für Rechtschreibregelung

B6-0 (Az. 200 - 10 / 6-0)
Beiheft: Landespressekonferenz (Schriftwechsel mit Herrn Dr. Korn, F.A.Z.)

B6-1 (Az. 200 - 10 / 6-1)
Zeitungsausschnitte

B7 (Az. 200 - 10 / 7)
Reformarbeiten im übrigen deutschsprachigen Gebiet

B8 (Az. 200 - 10 / 8)
Umfrage des DNA zur Rechtschreibreform

3. Akten SP (SP1 bis SP7 und SP0)

SP1 bis SP7: von Bernhard Puschmann als R1 bis R7 bezeichnet innerhalb der von ihm zusamengestellten "Sammlung Puschmann - Dokumentation zur Frage einer Reform der deutschen Orthographie". Es handelt sich um Aufsätze und Artikel aus Zeitungen und (Fach-)Zeitschriften und um Briefwechsel.

SP0: einzelne Aktenstücke aus dem Nachlaß von Bernhard Puschmann.

SP1 Vorbemerkungen
     Zur Vorgeschichte (SP1/1 - SP1/14)
     Die Reformbewegung (SP1/16 - SP1/33)

SP2 Organisationen, Programme 1930 bis 1975 (SP2/1 - SP2/31)
     Schriftwechsel (SP2/32 - SP2/102)

SP3 Aufsätze zur Reformfrage:
     a) vor den Stuttgarter Empfehlungen (SP3/1 - SP3/15)
     b) nach den Stuttgarter Empfehlungen (SP3/16 - SP3/81)
     c) zu den Wiesbadener Empfehlungen (SP3/82 - SP3/163)

SP4 Abstimmungen, Entschließungen, Resolutionen, Beschlüsse, Anträge, Anfragen, Stellungnahmen (SP4/1 - SP4/72)
     KMK und Erklärungen einzelner Kultusminister (SP4/73 - SP4/86)

SP5 Gesellschaft für deutsche Sprache (GfdS):
     Sprachpflege (SP5/1 - SP5/22)
     Rechtschreibkommission der GfdS (SP5/23 - SP5/37)
     Augsburger Empfehlungen (SP5/38 - SP5/43)

SP6 Tagungsberichte 1963 bis 1983 (SP6/1 - SP6/55)

SP7 Wörterbücher, Lexika (Rezensionen):
     Duden (West/Ost)
     Deutsche Rechtschreibung
     Knaurs Rechtschreibung
     Österreichisches Wörterbuch
     Verschiedenes zu Wörterbüchern und Lexika

SP0 Einzelstücke

SP0/1 Rechtschreibungsausschuß der Gesellschaft für Deutsche Sprache, Leiter: Dr. Roemheld Hannover Bemerkungen zur Neuordnung der Rechtschreibung ("Denkschrift Roemheld")

SP0/2 Erläuterungen und Beispiele zum 2. Abschnitt
Unsere Stellungnahme zu Punkt 1 der "Stuttgarter Empfehlungen" (gegen Kleinschreibung; Verfasser ?) (identisch mit H35)

SP0/3 Zur Namenschreibung - Bernhard Puschmann

SP0/4 Stellungnahme zu den Diskussionsvorschlägen des Arbeitskreises für Rechtschreibregelung zur Frage der Groß- und Kleinschreibung (Unterausschuß I) Bernhard Puschmann September 1956 (identisch mit H36)

SP0/5 Entgegnung auf die "Stellungnahme" Herrn Prof. Mosers (zur Frage der Groß- und Kleinschreibung) von Anfang Dez. 1956 Dr. R. Eicher, Ludwigshafen

SP0/6 Erklärung Bernhard Puschmann
Sitzung des Unterausschusses I im Arbeitskreis für Rechtschreibregelung 4./5. Oktober 1957 (Wiesbaden)

SP0/7 Protokoll über die 1. Tagung des Arbeitskreises für Rechtschreibregelung am Freitag, 4. Mai 1956, in Frankfurt/M
Harry Zieher Zentralvorstand der Industriegewerkschaft Druck und Papier

SP0/8 Protokoll der Sitzung der Spartenexperten für die Rechtschreibreform in Frankfurt/M
Harry Zieher Zentralvorstand der Industriegewerkschaft Druck und Papier

SP0/9 Brief: Österreichischer Gewerkschaftsbund/Gewerkschaft der Arbeiter der graphischen und papierverarbeitenden Gewerbe an Puschmann 18.9.57

SP0/10 Brief: Korrektorensparte Berlin in der Industriegewerkschaft Druck und Papier an Puschmann 28.9.57

SP0/11 Brief: AASK Arbeitsausschuß der Schweizer Korrektoren an Puschmann 28.9.57

4. Akten H (H1 bis H42 und H/Zei)

Papiere aus den Beständen von Dr. Werner P. Heyd, Oberndorf

H1 bis H35: Arbeitsgemeinschaft für Sprachpflege (STE)

H1   Arbeitsbesprechung über Sprachfragen in Konstanz am Bo-
      densee vom 21. - 23.11.1952

H2   Rundschreiben (Thierfelder) an die Mitglieder der Ar-
      beitsgemeinschaft für Sprachpflege vom 6. Mai 1953

H3   Zweite Tagung der Arbeitsgemeinschaft für Sprachpflege
      in Salzburg vom 1. - 3. Juni 1953

H3a   Tagesordnung (Salzburg)

H4   Vorschläge zur Reform der deutschen Rechtschreibung,
      vorgelegt von der Arbeitsgemeinschaft für Sprachpflege,
      ausgearbeitet in Salzburg, 2. und 3. Juni 1953 (iden-
      tisch mit A2/4)

H5   Antrag der Bezirkslehrerkonferenz ... zur Reform der
      Rechtschreibung (Wien)
      VORSCHLÄGE ZU EINER REFORM DER RECHTSCHREIBUNG

H6   Arbeitsgemeinschaft neue rechtschreibung -agnr -
      D e n k s c h r i f t zur erneuerung und verbesserung
      der deutschen rechtschreibung gleichzeitig ergänzung und
      erwiderung zur denkschrift Roemheld

H6a   Bemerkungen zu der Denkschrift von Dr. Roemheld
      (Thierfelder)

H7   Handschriftliche Aufzeichnungen (Heyd) aus Salzburg

H8   Rundschreiben von Dr. Steiger (Küsnacht) an die Mitglie-
      der der Arbeitsgemeinschaft für Sprachpflege. Einladung
      für Schaffhausen

H9   Niederschrift der dritten Tagung der Arbeitsgemeinschaft
      für Sprachpflege in Schaffhausen vom 20. - 22. November
      1953 (identisch mit A2/5)

H10   Fritz Rahn an das Redaktionskomitee der Arbeitsgemein-
      schaft für Sprachpflege z. H. des Herrn Dr. Thierfelder
      (ohne Datum)

H11   Brief: Breyer (Leipzig) an Heyd 17.5.54

H12   Rundschreiben (Thierfelder) an die Mitglieder der Ar-
      beitsgemeinschaft für Sprachpflege vom 30. April 1954

H13 Niederschrift der vierten Tagung der Arbeitsgemeinschaft für Sprachpflege in Stuttgart am 15. und 16. Mai 1954 (identisch mit A2/11)

H13a Zu den empfehlungen der arbeitsgemeinschaft für sprachpflege (Korrekturvorschlag von Heyd)

H14 (Fremdwortschreibung) Entwurf zur vereinfachung der schreibung der gebräuchlichen fremdwörter im deutschen - im rahmen einer allgemeinen vereinfachung der deutschen rechtschreibung (Heyd)

H15 (Fremdwortschreibung/Wörterliste)
th wird t, rh wird r in Wörtern, die aus dem Griechischen kommen, und in anderen Lehnwörtern wie in den nachstehenden Beispielen:
ti wird zi in Fremd- oder Lehnwörtern wie in den nachstehenden Beispielen:
ph wird f in allen Fremd- oder Lehnwörtern wie in den nachstehenden Beispielen:
y wird i oder ü in allen Fremd- oder Lehnwörtern wie in den nachstehenden Beispielen:

H16 (Fremdwortschreibung/Wörterliste)
Angleichung der gebräuchlichsten Fremdwörter an die deutsche Schreibweise

H17 (Fremdwortschreibung/Wörterliste)
Heutige Schreibform   Empfohlen wird:
(c - d)

H18 (Fremdwortschreibung/Wörterliste)
Heutige Schreibform   Empfohlen wird:
(e - z)

H19 Liste (...) von wörtern mit unterschiedlicher rechtschreibung aber jeweils gleichen sinnes. (Vgl. protokoll der tagung in Schaffhausen, seite 6 zu punkt 3 der empfehlungen)
Dr. Werner P. Heyd, 20. januar 1954

H20 Zusammenstellung von Wörtern einheitlicher Aussprache, aber verschiedener Schreibung (Vorlage: Duden ^{13}1947)

H21 BUND für vereinfachte rechtschreibung
Liste der Doppelschreibungen nach Duden (Erwin Haller)

H22 Gleichlautende Wortpaare und Unterscheidungsschreibungen

H23 (Doppelformen/Wörterliste)
Heutige Schreibform   Empfohlen wird:

H24 Empfehlung zur vereinfachung des lautzeichens ß - vgl. empfehlungen der arbeitsgemeinschaft für sprachpflege in Salzburg im juni 1953 punkt 4, seite 2

H25   Punkt 5: Getrennt- oder Zusammenschreibung

H26   Beistrich (Komma) Punkt 8 (Grebe, identisch mit A2/2)

H27   Material und Anträge zur Schreibung der Dehnung (Punkt 9 des Salzburger Programms) unterbreitet von Dr. H. Glinz

H28   BUND für vereinfachte rechtschreibung
Anhang: Persönliche bemerkungen zur frage der dehnungszeichen (Erwin Haller); Beispieltexte

H29   Liste von zusammengesetzten Wörtern, in denen drei gleiche Konsonanten zusammenstoßen

H30   (Geographische Namen)
ITALIEN
Deutscher Name - Fremdname - Provinz
nach dem gleichen Muster: Schweiz, Frankreich, Luxemburg, Belgien, Holland, Dänemark, Litauen, Estland, Lettland, Rußland, Polen, Tschechoslowakei, Ungarn, Südslawien, Rumänien, Im übrigen Europa

H31   Stellungnahme zu Punkt: c) k - z
Dr. Wolfgang Ebert, 27.7.1954

H32   Schreibung von Fachfremdwörtern
Bemerkungen zu punkt 4 der empfehlungen der arbeitsgemeinschaft für sprachpflege und zu der ausarbeitung von dr. W. Ebert, Leipzig vom 31.7.1954
Dr. Werner P. Heyd, 10.8.54

H33   Beispiele für die Wirkung der Rechtschreibreform auf das Schriftbild der deutschen Texte
      I. Di geschichte vom summenwert
     II. Di behörde spricht vom ruhegehalt und der beamte nimmt seine pension in empfang. - ...
   III. Fotoamatöre haben meistens vil geduld und wenig geld. ...

H34   Di wirkung der vorgeschlagenen reform auf das schriftbild
      I. Aus einem roman ("Peter Camenzind" von Hermann Hesse)
     II. Di sprache des denkers (Aus "Platons lere von der warheit", von Martin Heidegger)
   III. Fremdwörter
   IV. Gesamteindruck der neuen schreibweise
    V. Besondere vorteile für uns schweizer

H35   Erläuterungen und Beispiele zum 2. Abschnitt
Unsere Stellungnahme zu Punkt 1 der "Stuttgarter Empfehlungen" (gegen Kleinschreibung; Verfasser ?)
(identisch mit SP0/2)

H36 bis H42: Arbeitskreis für Rechtschreibregelung (WE)

H36   Stellungnahme zu den Diskussionsvorschlägen des Arbeits-
      kreises für Rechtschreibregelung zur Frage der Groß- und
      Kleinschreibung (Unterausschuß I)
      Bernhard Puschmann, September 1956 (identisch mit SP0/4)

H37   arbeitsgemeinschaft neue rechtschreibung - agnr -
      Die gemäßigte Kleinschreibung
      Grundlagen für die arbeit im ausschuß 1 des arbeitskrei-
      ses f. rechtschreibregelung
      2.9.1956 - agnr - im auftrag: gez.Dr.Heyd geschäftsführer

H38   arbeitsgemeinschaft neue rechtschreibung - agnr -
      Stellungnahme zu den diskussionsvorschlägen zur frage
      der groß- und kleinschreibung
      13.9.1956 -agnr- im auftrag: gez.Dr.Heyd geschäftsführer

H39   Rundschreiben (Grebe) an die Mitglieder des Arbeitskrei-
      ses für Rechtschreibregelung vom 1. September 1959

H40   Zur fremdwortschreibung 28.6.56
      Als arbeitsgrundlage für die kommission 2 des arbeits-
      kreises für rechtschreibregelung im auftrag der agnr

H41   VORSCHLAG einer neufassung der regeln für die groß- und
      für die kleinschreibung nach dem schema des Duden 14.
      auflage
      2.9.1956 arbeitsgemeinschaft neue rechtschreibung -agnr-

H42   DIE RECHTSCHREIBLICHEN DOPPELFORMEN
      und ihre mögliche vereinheitlichung im rahmen einer
      rechtschreibreform im deutschen für den ausschuß zwei
      des arbeitskreises rechtschreibregelung (protokoll vom
      4.5.1956, s.8)
      Dr. Werner P. Heyd, September 1955; aktualisiert Juli
      1956

H/Zei Sammlung von Ausschnitten aus verschiedenen Zeitungen
       und Zeitschriften

5. Akten NT (NT1 bis NT19)

Nachlaß von Dr. Dr. Thierfelder aus den Beständen von Hannelore Wilken (Tochter von Thierfelder), Gerlingen

NT1 NACHRICHTEN UND BETRACHTUNGEN.
Mitteilungsblatt des WIESBADENER ARBEITSKREISES e.V.
Juli 1949

NT2 Die Arbeitsstelle für Sprachkultur

NT3 NACHRICHTEN UND BETRACHTUNGEN.
Mitteilungsblatt des WIESBADENER ARBEITSKREISES e.V.
September 1949

NT4 NACHRICHTEN UND BETRACHTUNGEN.
Mitteilungsblatt des WIESBADENER ARBEITSKREISES e.V.
No.5 November/Dezember 1949

NT5 Rechtschreibung und moderne Sprachbildung. Agram Jan.
1959 (Vortragsmanuskript)

NT6 Die Germanistik vor neuen Aufgaben. (Manuskript) erschienen in: Muttersprache 1951/2 S. 66-99

NT7 Leitsätze für die Pressebesprechung
Wien 18.1.56

NT8-NT17
Manuskripte und Belegstücke von Aufsätzen zur Rechtschreibreform

NT18 Dr.Dr. Franz Thierfelder zum Gedächtnis
von Wilhelm Reiter (Grabrede)

NT19 Helms Hardcastle, Irene (1980). Franz Thierfelder: 1896
- 1963. His life and his legacy. (295 Seiten, gebunden,
unveröffentlichtes Manuskript)

6. Akten Gl (Gll bis Gl8)

Einzelne Blätter aus den Beständen von Prof. Dr. Glinz, Wädenswill

Gll   Ansätze zur wissenschaftlichen Druchdringung des Satz-
zeichen-Gebrauchs, vor allem im Deutschen, aber vielleicht auch allgemeiner gültig
Donnerstag 27.8.53

Gl2   Zur Weiterbehandlung der Rechtschreibfragen
nach Schaffhausen 20.-22.11.53

Gl3   ohne Titel
Rechtschreibsitzung Donnerstag 18.2.(1954)

Gl4   Brief: Glinz an Thierfelder 13.4.54

Gl5   Die Aufgabe des Kommas in der deutschen Zeichensetzung
(28.4.-11.5.54)

Gl6   Skizze für den Punkt "Getrennt- oder Zusammenschreibung"
(für Stuttgart Mai 1954)

Gl7   Brief: Gieselbusch an Glinz 28.7.54

Gl8   Die geplante Reform der deutschen Rechtschreibung und
die Schweiz von PD Dr. Hans Glinz. Herausgegeben von der
Konferenz kantonaler Erziehungsdirektoren 1955-1962
(Gutachten von mir abgeliefert 28.6.1955)
Teil I, III, IV

3.2 Interviews

Prof. Dr. Paul Böckmann (+1987), Köln
Interview am 4. Juni 1986 in Köln

Prof. Dr. Hennig Brinkmann, Senden
Telefongespräch am 2. Mai 1986

Prof. Dr. Hans Glinz, Wädenswill
Interview am 2. Juni 1986 in Mannheim

Ministerialdirigent a. D. Dr. Carl Gussone, Bonn
Interview am 18. Februar 1986 in Bonn

Dr. Werner P. Heyd, Oberndorf
Interview am 11. und 12. Juli 1987 in Oberndorf

Dr. Rudolf Köster, Bensheim
Interview am 8. April 1987 in Bensheim

Dr. Rudolf Krämer-Badoni (+1989), Wiesbaden
Interview am 18. Mai 1986 in Wiesbaden

Frau Kübler, Berlin
Telefongespräch am 20. Mai 1987

Prof. Dr. Lutz Mackensen (+1992), Bremen
Interview am 9. Mai 1988 in Bremen

Prof. Dr. Hugo Moser (+1989), Bonn
Interview am 17. August 1986 in Bad Laasphe

Prof. Ernst Pacolt, Wien
Interview am 5. Juni 1986 in Mannheim

Bernhard Puschmann (+1987), Augsburg
Interview am 7. August 1986 in Augsburg

Karl-Heinz Schweingruber, Bremen
Telefongespräch am 8. Juni 1988

Hannelore Wilken geb. Thierfelder, Gerlingen
Interview am 5. Mai 1986 in Gerlingen

Prof. Dr. Christian Winkler (+1989), Marburg
Interview am 26. März 1986 in Marburg

3.3 Sekundärliteratur

AUGST, G. (1984): Kleine Korrektur zu dem Aufsatz von Albert Macht. In: Sprache und Literatur in Wissenschaft und Unterricht 15, S. 120-121.

AUGST, G. (Hg.) (1985a): Graphematik und Orthographie. Neuere Forschungen der Linguistik, Psychologie und Didaktik in der Bundesrepublik Deutschland. Frankfurt/Bern/New York.

AUGST, G. (1985b): 'Regeln der deutschen Rechtschreibung' vom 1. Januar 2001. Entwurf einer neuen Verordnung zur Bereinigung der Laut-Buchstabenbeziehung. Frankfurt/Bern/New York.

AUGST, G. (1987): Zur graphischen Bezeichnung der Vokalquantität bei Fremdwörtern. In: H. Zabel (Hg.) (1987), S. 94-110.

AUGST, G./STRUNK, H. (1988): Wie der Rechtschreibduden quasi amtlich wurde. In: Muttersprache 98, S. 329-344.

AUGST, G./STRUNK, H. (1989): Dokumente zur Einführung der amtlichen Rechtschreibung in den deutschsprachigen Ländern 1901 - 1903. In: Muttersprache 99, S. 231-248.

BASLER, O., s. biographische Anmerkungen.

BAUDUSCH, R. (1975): Die geltende Regelung unserer Zeichensetzung und Ansatzpunkte zu ihrer Vereinfachung. In: Linguistische Studien (1975), S. 39-87.

BAUDUSCH, R. (1980): Zu den sprachwissenschaftlichen Grundlagen der Zeichensetzung. In: D. Nerius/J. Scharnhorst (Hg.) (1980), S. 193-230.

BAUDUSCH, R. (1981): Untersuchungen zu einer Reform der deutschen Orthographie auf dem Gebiet der Interpunktion. In: Linguistische Studien (1981), S. 216-323.

BAYERISCHE AKADEMIE (1959): Bayerische Akademie der Schönen Künste: Die Klein-ode der Silbentrenner. Gutachten zu den Vorschlägen des Arbeitskreises für Rechtschreibregelung (R. A. Schröder). In: FAZ vom 18. Juli 1959.

BEHNISCH, R. (1954): Die 'gemäßigte kleinschreibung'. In: Neue deutsche Schule vom 5. September 1954, S. 256f.

BEHNISCH, R. (1957): Rechtschreibung - ein trübes Kapitel. In: Unser Kind, H.1, S. 2f.

BENZ, W. (1986): Potsdam 1945. Besatzungsherrschaft und Neuaufbau im Vier-Zonen-Deutschland. München.

br. (1954): Rechtschreibung bleibt gesamtdeutsch. In: Süddeutsche Zeitung vom 7./8. August 1954.

COUDENHOUVE-KALERGI, B. (1988): Wie deutsch sind die Österreicher? (Spiegel-Essay). In: Der Spiegel Nr. 39/1988, S. 176f.

DEMANDT, A. (1984): Ungeschehene Geschichte. Göttingen.

DER DEUTSCHUNTERRICHT (1955): Der Deutschuntericht 7, H.3: Die deutsche Rechtschreibreform (Themenheft), zitiert als DU 55.

DÖNHOFF, M. (1981): Von Gestern nach Übermorgen. Zur Geschichte der Bundesrepublik Deutschland. Hamburg.

DER SPIEGEL (1956): Rechtschreibung: Meer ist mehr als mer. In: Der Spiegel Nr. 4/1956, S. 176f.

EBERT, W., s. biographische Anmerkungen.

EISENBERG. P. (1985): Graphemtheorie und phonologisches Prinzip. Vom Sinne eines autonomen Graphembegriffs. In: G. Augst (Hg.) (1985a), S. 122-128.

EISENBERG. P. (1988): Über die Autonomie der graphematischen Analyse. In: Linguistische Studien (1988), S. 25-35.

GALLMANN, P./SITTA, H. (1988): Wohin steuert die deutsche Rechtschreibung? Zum aktuellen Stand der Reformbemühungen. In: Praxis Deutsch, H. 87, S. 7-11.

GFDS (1982): Modifizierte Großschreibung. Vorschläge zur Neuregelung der Groß- und Kleinschreibung. In: Der Sprachdienst 26, S. 161-168.

GINTER, G., s. biographische Anmerkungen.

GLINZ, H., s. biographische Anmerkungen.

GREBE, P., s. biographische Anmerkungen.

GUGGENHEIMER, W. (1948): Schulreform und Besatzungsrecht. In: Frankfurter Hefte 3, S. 488-491.

GUTACHTEN (1954): Gutachten der Deutschen Akademie für Sprache und Dichtung. In: Jahrbuch der Deutschen Akademie für Sprache und Dichtung. Darmstadt, S. 83-92.

HALLER, E., s. biographische Anmerkungen.

HARICH, W. (1954): Plädoyer für die deutsche Rechtschreibung. In: Die Weltbühne Nr. 45, 10. November 1954.

HELBIG, G. (1983): Geschichte der neueren Sprachwissenschaft. Opladen (6. Aufl.).

HELLER, K. (1975): Vorarbeiten für eine Reform der Fremdwortschreibung. In: Linguistische Studien (1975b), S. 51-87.

HELLER, K. (1979): Zur Fremdwortschreibung unter dem Aspekt von Zentrum und Peripherie des Sprachsystems. In: Linguistische Studien (1979), S. 83-85.

HELLER, K. (1980): Zum Problem einer Reform der Fremdwortschreibung unter dem Aspekt von Zentrum und Peripherie des Sprachsystems. In: D. Nerius/J. Scharnhorst (Hg.) (1980), S. 162-192.

HELLMANN, M. (1979): Artikel Sprache. In: DDR-Handbuch, hg. vom Bundesministerium für innerdeutsche Beziehungen. Köln (2. Aufl.).

HERBERG, D. (1981): Untersuchungen zu einer Reform der deutschen Orthographie auf dem Gebiet der Getrennt- und Zusammenschreibung. In: Linguistische Studien (1981), S. 109-215.

HERBERG, D. (1983): Zur Entwicklung der Getrennt- und Zusammenschreibung im Deutschen. In: Linguistische Studien (1983), S. 96-105.

HEYD, W.P., s. biographische Anmerkungen.

HIEHLE, K., s. biographische Anmerkungen.

HOFRICHTER, W. (1980): Die geltende Regelung der graphischen Worttrennung (Silbentrennung) und Ansätze zu ihrer Vereinfachung. In: D. Nerius/J. Scharnhorst (Hg.) (1980), S. 109-139.

HOHLFELD, W., s. biographische Anmerkungen.

HOTZENKÖCHERLE, R., s. biographische Anmerkungen.

ius (1954): libe. In: Sonntagsblatt Nr. 24 vom 13. Juni 1954.

JANSEN-TANG, D. (1988): Ziele und Möglickeiten einer Reform der deutschen Orthographie seit 1901. Historische Entwicklung, Analyse und Vorschläge zur Veränderung der Duden-Norm, unter besonderer Berücksichtigung von Groß- und Kleinschreibung und Interpunktion. Frankfurt am Main; Bern; New York; Paris.

JERING, K. (1979): Überleben und Neubeginn. Aufzeichnungen eines Deutschen aus den Jahren 1945/46. München-Wien.

KAMMRADT, F.(1952): Einheit der Muttersprache - Einheit des Vaterlandes. In: Sprachpflege 4/1952, S. 31f.

KLAPPENBACH, R., s. biographische Anmerkungen.

KLAUS, G./BUHR, M. (Hg.) (1974): Philosophisches Wörterbuch. 2 Bde. Leipzig (10. Aufl.).

KLIEMANN, H., s. biographische Anmerkungen.

KOHRT, M. (1987): Theoretische Aspekte der deutschen Orthographie. Tübingen.

KOHRT, M. (1988): Phonotaktik, Graphotaktik und die graphische Worttrennung. In: Linguistische Studien (1988), S. 125-165.

KOMMISSION (1985): Kommission für Rechtschreibfragen des IDS
(Hg.): Die Rechtschreibung des Deutschen und ihre Neuregelung. Bd.1. Düsseldorf.

KOMMISSION (1989): Kommission für Rechtschreibfragen des IDS
(Hg.): Zur Neuregelung der deutschen Rechtschreibung. Der
kommentierte Vorschlag... Düsseldorf.

KORN, K., s. biographische Anmerkungen.

KRÄMER-BADONI, R., s. biographische Anmerkungen.

KÜPPERS, H.-G. (1984): Orthographiereform und Öffentlichkeit.
Zur Entwicklung und Diskussion der Rechtschreibreform-Bemü-
hungen zwischen 1876 und 1982. Düsseldorf.

LINGUISTISCHE STUDIEN (1975): Sprachwissenschaftliche Probleme
einer Reform der deutschen Orthographie. Herausgegeben von
der Akademie der Wissenschaften der DDR. Zentralinstitut für
Sprachwissenschaft. Berlin.

LINGUISTISCHE STUDIEN (1979): Beiträge zu Problemen der Orthographie. Herausgegeben von der Akademie der Wissenschaften
der DDR. Zentralinstitut für Sprachwissenschaft. Berlin.

LINGUISTISCHE STUDIEN (1981): Sprachwissenschaftliche Untersuchungen zu einer Reform der deutschen Orthographie. Herausgegeben von der Akademie der Wissenschaften der DDR. Zentralinstitut für Sprachwissenschaft. Berlin.

LINGUISTISCHE STUDIEN (1983): Sprachwissenschaftliche Untersuchungen zu einer Reform der deutschen Orthographie. Herausgegeben von der Akademie der Wissenschaften der DDR. Zentralinstitut für Sprachwissenschaft. Berlin.

LINGUISTISCHE STUDIEN (1988): Probleme der geschriebenen Sprache. Beiträge zur Schriftlinguistik auf dem XIV. Internationalen Linguistenkongreß 1987 in Berlin. (Hg. D.Nerius und G.
Augst). Berlin.

MACKENSEN, L., s. biographische Anmerkungen.

MENTRUP, W. (1983): Zur Zeichensetzung im Deutschen - Die Regeln
und ihre Reform. Oder: Müssen Duden-Regeln so sein, wie sie
sind. Tübingen.

MENTRUP, W. (1985): Kommentar zum Kommissionsvorschlag der Zeichensetzung. In: Kommission (1985), S. 69-103.

MEISTER, R., s. biographische Anmerkungen.

MITSCHERLICH, A.u.M. (1967 u.ö.): Die Unfähigkeit zu trauern.
Grundlagen kollektiven Verhaltens. München.

MOSER, H., s. biographische Anmerkungen.

MÜLLER, K. (1990): "Schreibe wie du sprichst!". Eine Maxime im Spannungsfeld von Mündlichkeit und Schriftlichkeit. Eine historische und systematische Untersuchung. Frankfurt am Main/ Bern/New York/Paris.

MÜLLER-MARZOHL, A. (1971): Bestrebungen für eine rechtschreibreform in der Schweiz. Geschichtlicher rückblick und ausblick. In: Civitas. Monatsschrift für Politik und Kultur, S. 530-543.

MUNSKE, H.H. (1983): Zur Fremdheit und Vertrautheit der "Fremdwörter" im Deutschen. Eine interferenzlinguistische Skizze. In: D. Puschel (Hg.): Germanistik in Erlangen. Erlangen, S. 559-595.

MUNSKE, H.H. (1987): Läßt sich die Orthographie der Fremdwörter reformieren? In: H. Zabel (Hg.) 1987, S. 76-93.

NERIUS, D. (1966): Wie stehen wir heute zur Rechtschreibreform? In: Sprachpflege 15, S. 11-14.

NERIUS, D. (1980): Zu orthographischen Problemen der Eigennamen im Deutschen. In: Zeitschrift für Phonetik und allgemeine Sprachwissenschaft 33, S. 93-102.

NERIUS, D. (Hg.) (1989): Deutsche Orthographie. Leipzig (2., durchgesehene Aufl.).

NERIUS, D./ SCHARNHORST, J. (Hg.) (1980): Theoretische Probleme der deutschen Orthographie. Berlin.

ÖSTERREICHISCHES WÖRTERBUCH (1951) Mittlere Ausgabe. Herausgegeben im Auftrage des Bundesministeriums für Unterricht. Wien (2., unveränderte Aufl.), zitiert als ÖW.

PFLEIDERER, W., s. biographische Anmerkungen.

PLENARPROTOKOLL (1968): Plenarprotokoll des Deutschen Bundestages, 5. Wahlperiode, 153. Sitzung, 8. Februar 1968, S. 7857f.

REICHARDT, D. (1980): Zur Entwicklung der Bemühungen um eine Reform der deutschen Orthographie seit 1901. In: D. Nerius/ J. Scharnhorst (Hg.) (1980), S. 273-305.

REICHARDT, D. (1983): Zur Entwicklung der Bemühungen um eine Reform der deutschen Orthographie seit 1901. (Diss. A) Greifswald.

RICHTER, H.-E. (1986): Die Chance des Gewissens. Erinnerungen und Assoziationen. Hamburg.

RINGELN, H., s. biographische Anmerkungen.

ROEMHELD, F. (1954): Änderung unserer Rechtschreibung? Zur Neuordnung der deutschen Rechtschreibung. In: Muttersprache 64.
I. Wesen und Zweck der Rechtschreibung, S. 142-146;
II. Brauchen wir Dauerbezeichnungen in unserer Rechtschreibung? S. 227-232;
III. Brauchen wir Großbuchstaben? S. 274-279.

ROEMHELD, F. (1955): Die Längenbezeichnungen in der deutschen Rechtschreibung. In: Der Deutschunterricht 7, H.3: Die deutsche Rechtschreibreform (Themenheft), S. 71-82.

ROTZLER, K. E. (1947): Dudens Schreib- und Sprachdummheiten. Der "Große Duden" unter der schweizerischen Lupe. Beiträge für eine zuverlässige Rechtschreibung. Bern.

RUHL, K. J. (1982): Neubeginn und Restauration. Dokumente zur Vorgeschichte der Bundesrepublik Deutschland 1945-1949. München.

SAUER, W. W. (1988): Der "Duden". Geschichte und Aktualität eines "Volkswörterbuchs". Stuttgart.

SCHAEDER, B. (1985): Die Regulierung der Getrennt- oder Zusammenschreibung im Rechtschreib-Duden 1880-1980. Ein Beitrag zur Geschichte und Theorie der deutschen Orthographie. In: G. Augst (Hg.) (1985a), S. 129-194.

SCHARNHORST, J. (1964/65): Die Rechtschreibreform aus der Sicht der DDR. In: Schule und Nation 11, H.3, S. 19-24.

SCHARNHORST, J. (1965a): Die Rechtschreibreform und wir - eine Bilanz nach zehn Jahren. In: Deutschunterricht 18, H. 1, S. 20-27.

SCHMID, C. (1979): Erinnerungen. Dritter Band der Gesammelten Werke. Bern/München/Wien (6. Aufl.).

SCHULZE, H. (1987): Wir sind, was wir geworden sind. Vom Nutzen der Geschichte für die deutsche Gegenwart. München/Zürich.

STEINITZ, W., s. biographische Anmerkungen.

STÜBI-RENGGLI, J. (1955): Dichtung und Wahrheit um die Orthographie-Reform. In: Luzerner Neueste Nachrichten Nr. 269 vom 19. November 1955.

STUTTGART (1954): (Stuttgarter) Empfehlungen zur Erneuerung der deutschen Rechtschreibung. Hrsg. von der Arbeitsgemeinschaft für Sprachpflege. In: Mitteilungen des Instituts für Auslandsbeziehungen 4, H.5/6, S. 94f, zitiert als STE. (auch in: DU 55, Weisgerber 1964, u.ö.)

SÜSKIND, W.E., s. biographische Anmerkungen.

THIERFELDER, F. s. biographische Anmerkungen.

VEREINFACHUNG (1948): Vereinfachung der rechtschreibung. In: Technische Mitteilungen. Maschinensetzer-Vereinigung im Bezirk Niedersachsen. Industriegewerkschaft Graph. Gewerbe und Papierverarbeitung. November 1948, S. 1-3. Ohne weitere bibliographische Angaben.

VORWÄRTS (1950):
1. Das "österreichische Wörterbuch" oder: Wer wird die Zeche zahlen?. In: Vorwärts! Organ der Gewerkschaft der Arbeiter der graphischen und papierverarbeitenden Gewerbe (Wien) vom 17. Februar 1950.
2. Für oder gegen "Duden"? In: Vorwärts! Organ der Gewerkschaft der Arbeiter der graphischen und papierverarbeitenden Gewerbe (Wien) vom 5. März 1950.

WEBER, S. (1954): Sprache und Schrift - Rückschau und Ausblick. In: Mitteilungen des Instituts für Auslandsbeziehungen 4, H.5/6, S. 83-87.

WEISGERBER, L. s. biographische Anmerkungen.

WIESBADEN (1959): Empfehlungen des Arbeitskreises für Rechtschreibregelung. Authentischer Text. Mannheim, zitiert als WE.

WINTER, G. (1949): Die Änderung der deutschen Rechtschreibung. In: Muttersprache LIX, S. 74-84.

ZABEL, H. (Hg.) (1987): Fremdwortorthographie. Beiträge zu historischen und aktuellen Fragestellungen. Tübingen.

ZABEL, H. (1987): Zur Frage der Schreibung von Fremdwörtern im Deutschen. In: Hermann Zabel (Hg.) (1987), S. 3-75.

ZABEL, H. (1989): Der gekippte Keiser. Dokumentation einer Pressekampagne zur Rechtschreibreform. Bochum.

THEORIE UND VERMITTLUNG DER SPRACHE

Herausgegeben von Prof. Dr. Gerhard Augst und Prof. Dr. Rudolf Beier

Band   1   Gerhard Augst: Kinderwort: Der aktive Kinderwortschatz (kurz vor der Einschulung) nach Sachgebieten geordnet mit einem alphabetischen Register. 1985. (1. Auflage 1984)

Band   2   Gerhard Augst (Hrsg.): Graphematik und Orthographie. Neuere Forschungen der Linguistik, Psychologie und Didaktik in der Bundesrepublik Deutschland. 1985.

Band   3   Gerhard Augst / Hartmut Simon / Immo Wegner: Wissenschaft im Fernsehen - verständlich? Produktion und Rezeption der Wissenschaftssendung "Fortschritt der Technik - Rückschritt der Menschen?" unter dem Blickwinkel der Verständlichkeit. 1985.

Band   4   Gerhard Augst: 'Regeln zur deutschen Rechtschreibung' vom 1. Januar 2001. Entwurf einer neuen Verordnung zur Bereinigung der Laut-Buchstabenbeziehung. 1985.

Band   5   Gerhard Augst / Peter Faigel: Von der Reihung zur Gestaltung. Untersuchungen zur Ontogenese der schriftsprachlichen Fähigkeiten von 13 - 23 Jahren. 1986.

Band   6   Klaus-Wilhelm Bramann: Der Weg zur heutigen Rechtschreibnorm. Abbau orthographischer und lexikalischer Doppelformen im 19. und 20. Jahrhundert. 1987.

Band   7   Hermann Zabel: Verordnete Sprachkultur. Eine Bilanz der Bildungsreform im Bereich des Deutschunterrichts der Sekundarstufe II des Gymnasiums. 1987.

Band   8   Carl Ludwig Naumann: Gesprochenes Deutsch und Orthographie. Linguistische und didaktische Studien zur Rolle der gesprochenen Sprache in System und Erwerb der Rechtschreibung. 1989.

Band   9   Clemens Knobloch: Sprache als Technik der Rede. Beiträge zu einer Linguistik des Sprechens. 1988.

Band 10   Gerhard Augst: Schriftwortschatz. Untersuchungen und Wortlisten zum orthographischen Lexikon bei Schülern und Erwachsenen. 1989.

Band 11   Gerd Antos / Gerhard Augst: Textoptimierung. Das Verständlichermachen von Texten als linguistisches, psychologisches und praktisches Problem. 1992. 2. Aufl.

Band 12   Karin Müller: "Schreibe, wie du sprichst!" . Eine Maxime im Spannungsfeld von Mündlichkeit und Schriftlichkeit. Eine historische und systematische Untersuchung. 1990.

Band 13   Gerhard Augst / Burkhard Schaeder (Hrsg.): Rechtschreibwörterbücher in der Diskussion. Geschichte - Analyse - Perspektiven. 1991.

Band 14   Ursula Meyer-Schepers: Linguistik und Problematik des Schriftspracherwerbs. Von der Sachlogik des Zusammenhangs von Laut- und Schriftsprache über die Logik der Aneignung von Schriftsprachkompetenz zur Diagnose und Therapie von Fehlersyndromen. 1991.

Band 15   Gerhard Augst: Rechtschreibliteratur. Bibliographie zur wissenschaftlichen Literatur über die Rechtschreibung und Rechtschreibreform der neuhochdeutschen Standardsprache, erschienen von 1900 bis 1990. 1992.

Band 16   Hiltraud Strunk: Stuttgarter und Wiesbadener Empfehlungen. Entstehungsgeschichte und politisch-institutionelle Innenansichten gescheiterter Rechtschreibreformen von 1950 bis 1965. 1992.

Gerhard Augst (Hrsg.)
unter Mitarbeit von Andrea Höppner

Rechtschreibliteratur
Bibliographie zur wissenschaftlichen Literatur
über die Rechtschreibung und Rechtschreibreform
der neuhochdeutschen Standardsprache, erschienen
von 1900 bis 1990

Frankfurt/M., Bern, New York, Paris, 1992. V, 183 S.
Theorie und Vermittlung der Sprache. Herausgegeben
von Gerhard Augst und Rudolf Beier. Bd. 15
ISBN 3-631-44659-4   br. DM 59.--

In dem Band ist die gesamte wissenschaftliche Literatur über die
Rechtschreibung und Rechtschreibreform, die zwischen 1900 und
1990 erschienen ist, nach Autoren angeführt. Titel, die nicht autopsiert
werden konnten, sind markiert. Vor allem das alphabetische Sachre-
gister erlaubt einen systematischen Zugriff auf die ca. 2.600 biblio-
graphierten Arbeiten.

Aus dem Inhalt: Einführung – 2.600 Titel in alphabetischer Reihenfolge – Index nach Sachgebieten

Verlag Peter Lang Frankfurt a.M. · **Berlin** · **Bern** · **New York** · **Paris** · **Wien**
Auslieferung: Verlag Peter Lang AG, Jupiterstr. 15, CH-3000 Bern 15
Telefon (004131) 9411122, Telefax (004131) 9411131
– Preisänderungen vorbehalten –